PROCESSO DO TRABALHO
SINTETIZADO

O GEN | Grupo Editorial Nacional – maior plataforma editorial brasileira no segmento científico, técnico e profissional – publica conteúdos nas áreas de concursos, ciências jurídicas, humanas, exatas, da saúde e sociais aplicadas, além de prover serviços direcionados à educação continuada.

As editoras que integram o GEN, das mais respeitadas no mercado editorial, construíram catálogos inigualáveis, com obras decisivas para a formação acadêmica e o aperfeiçoamento de várias gerações de profissionais e estudantes, tendo se tornado sinônimo de qualidade e seriedade.

A missão do GEN e dos núcleos de conteúdo que o compõem é prover a melhor informação científica e distribuíla de maneira flexível e conveniente, a preços justos, gerando benefícios e servindo a autores, docentes, livreiros, funcionários, colaboradores e acionistas.

Nosso comportamento ético incondicional e nossa responsabilidade social e ambiental são reforçados pela natureza educacional de nossa atividade e dão sustentabilidade ao crescimento contínuo e à rentabilidade do grupo.

GUSTAVO CISNEIROS

PROCESSO DO TRABALHO SINTETIZADO

2ª edição

revista, atualizada e ampliada

gen | EDITORA MÉTODO

Impresso no Brasil – *Printed in Brazil*

EDITORA FORENSE LTDA.
Uma editora integrante do GEN | Grupo Editorial Nacional
Rua Conselheiro Nébias, 1384 – Campos Elíseos – 01203-904 – São Paulo – SP
Tel.: (11) 5080-0770 / (21) 3543-0770
faleconosco@grupogen.com.br / www.grupogen.com.br

- Capa: Danilo Oliveira

- Fechamento desta edição: 14.05.2018

- **CIP – BRASIL. CATALOGAÇÃO NA FONTE.**
SINDICATO NACIONAL DOS EDITORES DE LIVROS, RJ.

C527p
Cisneiros, Gustavo

Processo do trabalho sintetizado / Gustavo Cisneiros. – 2. ed. – Rio de Janeiro: Forense; São Paulo: MÉTODO, 2018.

ISBN 978-85-309-8092-4

1. Direito do trabalho – Brasil. I. Título. II. Série.

18-49099 CDU: 349.2(81)

Leandra Felix da Cruz - Bibliotecária - CRB-7/6135

Fazemos nossos caminhos
e lhes chamamos destino
(Benjamin Disraeli)

DEDICATÓRIA

Dedico esta obra à minha amada esposa, Valéria, pela infinita paciência e incondicional amor.

Aos meus filhos, Guilherme e Giovana, que já me incentivam na incessante busca pelo conhecimento.

À minha querida mãe, pelo inesgotável amor.

Ao meu pai, que habita outro plano, que me deixou inestimável herança: o amor pelo ensino.

Ao amigo e sogro, Adblando, por me mostrar que a simplicidade é uma grande virtude.

Aos queridos Hilton e Joanita, pai e mãe nos inesquecíveis verões na Praia de Ponta de Pedras.

Ao meu sócio e amigo Paulo Cristóvão, pela compreensão e fé, vitais no meu ofício.

Ao eterno mestre Manoel Erhardt, pelas inesquecíveis lições jurídicas e de vida.

APRESENTAÇÃO

Logo no seu art. 1º, o CPC decreta:

> [...] o processo civil será regido pelos valores e normas fundamentais estabelecidos na Constituição.

Valores e normas fundamentais são os princípios. Significa dizer que o Código de Processo Civil floresceu aguado e iluminado pelos princípios gerais do direito, isto é, por valores que devem reger a vida em sociedade.

A pessoa, natural ou jurídica, tem de se pautar, no mundo jurídico, seja processualmente, seja materialmente, pelos valores que regem a vida em sociedade, venerando a dignidade da pessoa humana, a isonomia, a razoabilidade, o bom senso (equidade), a boa-fé, a proporcionalidade, entre outros.

Os modernos doutrinadores, arautos do pós-positivismo, classificam as normas jurídicas em duas categorias: normas-disposição e normas-princípio.

As normas-disposição (leis no sentido lato) regulam situações específicas, "descrevendo fatos".

As normas-princípio (princípios) regulam situações inespecíficas, possuindo, portanto, um grau mais elevado de abstração, já que seu objeto são **valores**.

O CPC catapulta os princípios gerais do direito ao ponto mais alto de sua estrutura, destacando, sem pudor, o maior deles: **o princípio da dignidade da pessoa humana**.

Quando o jurista se deparar com um aparente conflito entre normas (normas-disposição ou normas-princípio), utilizar-se-á do princípio da proporcionalidade para se desvencilhar do labirinto, colocando, como fiel da balança, a dignidade da pessoa humana. É o que se chama de Ponderação de Valores, técnica utilizada quando há uma "tensão" entre princípios.

Em seu art. 8º, o CPC diz que o juiz, ao aplicar o direito, observará os fins sociais e as exigências do bem comum, resguardando e promovendo a dignidade da pessoa humana, sempre observando, como dito, a proporcionalidade, a razoabilidade, a legalidade, a publicidade e a eficiência. O juiz, portanto, para prestigiar a dignidade da pessoa humana, observará os princípios gerais do direito. Nosso legislador, nesse ponto, pretendeu, com rara felicidade, "humanizar o processo", e, por que não dizer, humanizar o magistrado, na qualidade de condutor do processo.

O CPC brota com um sonho: o de colocar sangue nas veias do magistrado, fazendo-o respirar o odor dos fatos, sentir o clima do litígio, ouvir os gritos dos desesperados, despejando-o da antiga morada da abstração, do mundo das ideias, indolor, inaudito, inodoro e, naturalmente, cômodo.

A inércia do magistrado, entrementes, continua encravada no nosso sistema processual, especificamente no art. 2º do CPC, que decreta que o processo começa por iniciativa da parte e se desenvolve por impulso oficial. Trata-se de regra que visa prestigiar o princípio do juiz natural, traduzido por um juiz imparcial e competente (na fase de execução, contudo, em se tratando de título executivo judicial transitado em julgado, cabe ao juiz iniciar e tocar de ofício o processo executório – art. 878 da CLT).

Para ser imparcial, o juiz não precisa ser frio. Para ser neutro, o juiz não precisa ser mudo, surdo e cego. A antiga deusa de olhos vendados (deusa romana *Iustitia*, que corresponde à deusa grega *Dice*) revela tão somente o desejo de igualar o tratamento jurídico dos litigantes, sem distinção, pavimentado pela imparcialidade do juiz e na certeza de que todos são iguais perante a lei.

O juiz, ao contrário da escultura, está ali, na audiência, de olhos bem abertos, dialogando com as partes e advogados, trocando ideias e, sobretudo, ouvindo (audiência = escutar, ouvir).

Iniciado o processo, o juiz tem ampla liberdade na condução do feito, podendo determinar a realização de diligências e indeferir os atos que considere inúteis ou meramente protelatórios (arts. 765 e 852-D da CLT), sempre fundamentando as suas decisões (arts. 93, IX, da CF e 11 do CPC).

Esse poder do magistrado deve ser exercido sob a luz dos valores (princípios) constitucionais e mediante a vontade real de resolver (solucionar) os conflitos.

Iniciado o processo, o juiz não está algemado à vontade e aos caprichos das partes (a boa-fé processual ganha força com o novo diploma – *vide* art. 5º). O magistrado é o comandante da demanda. A ele pertence o timão do barco, mas o vento, responsável pela celeridade da nau, está nas mãos de todos os que compõem o processo (juízes, advogados, partes, Ministério Público do Trabalho).

Em consonância com o processo trabalhista, o CPC colocou no ápice do desígnio processual a busca pela **conciliação**, pela solução amigável da contenda, permitindo, no seu art. 3º, a arbitragem, a promoção da mediação, da conciliação e de **outros métodos** de solução consensual de conflitos, estimulando juízes, advogados, defensores públicos e membros do Ministério Público a se empenhar na busca pela solução amigável da lide, não importando o estágio processual (art. 3º do CPC, em harmonia com o art. 764 da CLT).

O leitor poderia perguntar: qual o meio ideal para se buscar a conciliação?

Resposta: qualquer meio lícito de persuasão é válido!

Cabe não só ao magistrado, mas também aos advogados, a adoção de inovações que frutificam da criatividade. Cada caso é um caso. Não existe uma fórmula mágica para o procedimento de tentativa de acordo. Naquele momento, todos devem atuar como mediadores. Todos. O que o advogado do reclamante sabe da causa foi o que seu cliente contou. O que o advogado do reclamado sabe da causa foi o que seu cliente contou. Os advogados não presenciaram os fatos. O mesmo acontece com o juiz. Na tentativa de conciliação, que deve ocorrer **informalmente**, longe daquele clímax excessivamente formal do Poder Judiciário, composto por juízes carrancudos e advogados "armados" para a "batalha", as partes devem ser estimuladas a falar, a desabafar, a conversar.

Aos advogados e juízes cabe a missão de não instigar ainda mais os contendores, o ofício de mostrar os riscos de uma sentença e de destruir as falsas expectativas de reclamante e reclamado.

Lembro-me de um caso interessante em que atuei como juiz do trabalho, quando um acordo estava bem próximo, pois a empresa tinha proposto 15 mil reais, enquanto o reclamante tinha apresentado proposta de 18 mil reais. Costumo externar uma proposta apenas no final para não "atrapalhar". Fiz isso. Disse que 17 mil reais estariam de bom tamanho. Foi quando o reclamante informou que por ele aceitaria, mas que sua esposa, que se encontrava do lado de fora da sala de audiências, o tinha alertado para não fechar acordo por menos de 18 mil e isso o deixou sem margem para negociação. A empresa, depois disso, aumentou a proposta para 17 mil. O reclamante continuou inflexível. Peguei o *mouse* e entrei no YouTube. Procurei e achei uma música, interpretada por um cantor pernambucano chamado "O Conde do Brega", de nome "Não devo nada a ninguém". Cliquei e o som ecoou na sala de audiências, com trechos fortes: "eu posso fazer o que quero, eu posso dizer o que penso, não tem ninguém que mande em mim" e "se quiser fumar eu fumo, se quiser beber eu bebo, a liberdade tá aí, tá aí". A canção é um verdadeiro "hino do homem independente", que "não é dominado pela mulher". O reclamante, com os olhos marejados, disse: "Doutor Juiz, eu aceito a proposta de 17 mil. Quem manda em mim sou eu". O acordo foi homologado.

Qual o método utilizado por mim, na qualidade de juiz do trabalho, para resolver amigavelmente aquele litígio? A criatividade! A informalidade! Toquei nos brios do reclamante!

Isso está na legislação processual? Claro que sim! Na expressão "outros métodos de solução do conflito".

O ato praticado por este velho magistrado encontra respaldo no CPC e na própria CLT (art. 764), além de estar amparado nos princípios gerais do direito.

A informalidade deve ser louvada e não criticada. Deve ser alçada à condição de princípio: o princípio da informalidade.

O juiz não tem de ter vergonha de, no momento da tentativa de acordo, usar de linguagem comum, deixando de lado aquele ar de superioridade. Isso não o fará ser menos juiz. Pelo contrário, o fará ser admirado pela simplicidade que o momento suplica.

Eis o belíssimo texto do art. 166 do CPC:

> A conciliação e a mediação são informadas pelos princípios da independência, da imparcialidade, da **autonomia da vontade**, da confidencialidade, da oralidade, da **informalidade** e da decisão informada (sem grifos no original).

O incentivo à conciliação é muito bem-vindo, recebido como via única capaz de prestigiar o direito de as partes obterem em prazo razoável a solução integral do litígio.

A cooperação é um dos pontos mais marcantes do CPC, chegando a ser alçada à condição de princípio (princípio da cooperação), quebrando a antiga tríade processual, em que o juiz dirigia, determinava, decidia, conduzia e abraçava o processo sozinho, como se só a ele coubesse dirimir a contenda.

A relação triangular, com o magistrado no ápice da pirâmide, cede espaço à relação linear de cooperação.

Numa audiência, ato tão comum e vital no processo trabalhista, o juiz tem de se afastar da vaidade e do pesado sentimento de ser o líder absoluto do processamento do litígio, não enxergando muitas vezes os advogados à sua frente, como se a cegueira o acometesse, ensurdecendo aos apelos e protestos, transformando a sessão numa espécie de disputa pessoal ou corporativa, a ponto de o orgulho, a ostentação intelectual e a rastejante arrogância superarem o fim maior do processo: a pacificação.

O encanto do art. 6º do CPC é contagiante, dispondo sobre a **cooperação** que deve ninar a atuação de todos os sujeitos envolvidos no processo, na busca pela solução do conflito em tempo razoável. Afinal, justiça tardia é injustiça.

Ao magistrado cabe tratar com paridade os sujeitos da relação e seus advogados, tatuando na demanda o princípio do juiz natural. Juiz tendencioso não é juiz natural. Juiz maculado por convencimentos preconcebidos não é juiz natural. Juiz arrogante e impaciente não é juiz natural.

Aproveito para transcrever alguns artigos do Código de Ética da Magistratura Nacional (aprovado na 68ª Sessão Ordinária do Conselho Nacional de Justiça, do dia 6 de agosto de 2008, nos autos do Processo 200820000007337):

> Art. 8º O magistrado imparcial é aquele que busca nas provas a verdade dos fatos, com objetividade e fundamento, mantendo ao longo de todo o processo uma distância equivalente das partes, e evita todo o tipo de comportamento que possa refletir favoritismo, predisposição ou preconceito. [...]
>
> Art. 9º Ao magistrado, no desempenho de sua atividade, cumpre dispensar às partes igualdade de tratamento, vedada qualquer espécie de injustificada discriminação. [...]
>
> Art. 22. O magistrado tem o dever de cortesia para com os colegas, os membros do Ministério Público, os advogados, os servidores, as partes, as testemunhas e todos quantos se relacionem com a administração da Justiça.
>
> Parágrafo único. Impõe-se ao magistrado a utilização de linguagem escorreita, polida, respeitosa e compreensível. [...]
>
> Art. 39. É atentatório à dignidade do cargo qualquer ato ou comportamento do magistrado, no exercício profissional, que implique discriminação injusta ou arbitrária de qualquer pessoa ou instituição.

É de se lamentar, entretanto, a necessidade da criação de "códigos" para reger a "ética". *Data maxima venia* é a prova viva do declínio de nossa "civilização". A ética jamais deveria precisar de papiros e cláusulas, já que sua raiz está na alma da pessoa humana.

Quanto aos litigantes, as penas por ato atentatório à dignidade da justiça e por litigância de má-fé continuam previstas em lei, já que as partes têm o dever de atuar com boa-fé processual (art. 5º do CPC). Lei sem sanção é luz que não alumia, é fogo que não queima, é coração sem paixão.

Ponto importante do CPC é a supremacia do **contraditório** e da **ampla defesa** em relação à celeridade. Já tinha dito isso no *Manual de audiência e prática trabalhista* (Método, 4. ed.), quando esculpi: "entre a celeridade e a ampla defesa, este último princípio tem prioridade no CPC".

O CPC, no *caput* do seu art. 9º, reza: "Não se proferirá decisão contra uma das partes sem que ela seja previamente ouvida"; e no seu art. 10, dispõe: "O juiz não pode decidir, em grau algum de jurisdição, com base em fundamento a respeito do qual não se tenha dado às partes oportunidade de se manifestar, ainda que se trate de matéria sobre a qual deva decidir de ofício".

A intenção do legislador processual foi a de evitar a chamada "decisão-surpresa". A previsão aplica-se, em parte, ao processo trabalhista, como consagrou a Instrução Normativa 39/2016 do TST (editada pela Resolução 203 de 15/03/2016), que decreta:

> Art. 4º Aplicam-se ao processo do trabalho as normas do CPC que regulam o princípio do contraditório, em especial os arts. 9º e 10, no que vedam a decisão-surpresa.
>
> § 1º Entende-se por "decisão-surpresa" a que, no julgamento final do mérito da causa, em qualquer grau de jurisdição, aplicar fundamento jurídico ou embasar-se em fato não submetido à audiência prévia de uma ou de ambas as partes.
>
> § 2º Não se considera "decisão-surpresa" a que, à luz do ordenamento jurídico nacional e dos princípios que informam o Direito processual do trabalho, as partes tinham obrigação de prever, concernente às condições da ação, aos pressupostos de admissibilidade de recurso e aos pressupostos processuais, salvo disposição legal expressa em contrário.

Para o TST, portanto, não é considerada "decisão-surpresa" e, consequentemente, poderá ser proferida sem a manifestação prévia das partes, aquela cujo fundamento os litigantes tinham **obrigação de prever**, principalmente quando a matéria for de ordem pública (aquela que o órgão jurisdicional enfrenta de ofício).

A **previsibilidade** da decisão afasta o elemento "surpresa", tornando dispensável a oitiva de uma ou de ambas as partes.

Exemplificando fica mais fácil:

O advogado José foi contratado por Manoel para ajuizar reclamação trabalhista em face da empresa Calote Ltda., sendo firmado, entre José e Manoel, contrato de honorários de 30%. Antes mesmo da audiência, Manoel e a empresa Calote Ltda. fecharam um acordo de R$ 10.000,00, homologado pelo juiz do trabalho sem a presença do advogado José. O termo de conciliação silenciou sobre honorários advocatícios. Revoltado, o advogado José propôs, na Justiça do Trabalho, ação de cobrança em desfavor de Manoel, pleiteando sua condenação no pagamento de R$ 3.000,00 (30% do valor do acordo). Arguida ou não, na contestação de Manoel, a incompetência absoluta da Justiça do Trabalho, o juiz, à luz da sólida previsão contida na Súmula 363 do STJ, **sem a oitiva prévia das partes**, decretará a incompetência absoluta da Justiça do Trabalho, mediante sentença terminativa do feito.

Observem que não houve "decisão-surpresa", pois trata-se de fundamentação de que os litigantes tinham obrigação de conhecer (previsível).

"Decisão-surpresa" é aquela baseada em fundamento jurídico ou em fato que precisa ser esclarecido por uma ou por ambas as partes e, por essa razão, não pode ser proferida sem que o fundamento ou o fato sejam submetidos ao conhecimento prévio de um ou dos dois litigantes.

No caso de tutela provisória de urgência, seja antecipatória (antiga tutela antecipada), seja cautelar, a decisão também poderá ser proferida sem a oitiva da parte contrária (concessão de liminar *inaudita altera parte*). O mesmo se diga da tutela de evidência (*vide*, ainda, o art. 701 do CPC) – argúcia dos incisos I a III do art. 9º do CPC.

O processo trabalhista já estava pronto para receber o Novo CPC. Os impactos, diante dos princípios que norteiam o processo laboral, foram suaves e se encontram cirurgicamente abordados nesta obra, incluindo os primeiros posicionamentos do TST, corporificados nas Instruções Normativas 39 e 40, de março de 2016.

NOTA À 2ª EDIÇÃO

Quando a Reforma Trabalhista ganhou os noticiários e tomou conta do meio jurídico e de toda a sociedade, os debates foram crescendo, acalorados e virulentos, abstratos e ideológicos, em seminários e palestras, em salas de aula e nos fóruns, mas eu, apesar de também ter frequentando aqueles espaços, optei por **pensar** e **estudar** e **interpretar** a nova CLT.

Confesso que alguns alunos me cobraram uma "posição" sobre a Reforma.

Vivemos numa época tão medíocre e obtusa, que as pessoas não têm mais uma terceira via, restando apenas o "a favor" e o "contra", como se no universo tudo fosse dividido entre o "certo" e o "errado".

Nada melhor do que resgatar, neste momento, a mágica reflexão do poeta, jurista e teólogo Rumi, que habitou o mundo no século XIII, mas que ainda vive em nossas mentes: "*Em algum lugar, além do certo ou errado, existe um jardim. Encontrarei você lá*" (tradução que mais amo).

Procurei esse jardim e o encontrei na transpiração do pensar, estudar e interpretar.

A arma de um jurista está na sua interpretação, pois a hermenêutica jurídica é um canhão capaz de abater qualquer incongruência legal.

Foi assim que nasceu esta 2ª edição, ainda hoje úmida de todo o meu suor hermenêutico.

Desvendei para você, querido leitor e querida leitora, a nova CLT, repleta de defeitos, qualidades, idiossincrasias, imperfeições e tudo o mais que naturalmente exala de qualquer obra humana.

No estudo da conciliação, fui presenteado pelo respaldo legal à homologação de acordo extrajudicial, cujo termo agora está inserido no rol dos títulos executivos judiciais. O presente reside no fato de ter defendido a sua aplicabilidade na edição anterior.

No estudo da contestação, deparei-me com a possibilidade da instalação da *litiscontestatio* antes da audiência, importando na estabilização do processo, com todos os seus efeitos. Vi também nascer a tão esperada compatibilidade da objeção de convenção de arbitragem no processo laboral.

No estudo da exceção de incompetência territorial, fui brindado pela previsão legal que permite a instrução, quanto ao objeto da indireta defesa, a distância, evitando deslocamentos inúteis, tese que já defendia na edição anterior, por analogia ao CPC, e que me fez alvo de severas críticas.

No estudo do preparo, finalmente o beneficiário da justiça gratuita ficou livre do depósito recursal.

Detectei inúmeras inconstitucionalidades, desde os percentuais dos honorários advocatícios sucumbenciais até a exigência de justificativa legal para a ausência do reclamante à audiência, teses que já venho aplicando, de forma difusa, na qualidade de juiz do trabalho.

Vou parar por aqui e deixar você à vontade para mergulhar na intensidade dos meus pensamentos.

Estude e seja feliz.

SUMÁRIO

1

FONTES DO DIREITO PROCESSUAL DO TRABALHO

As fontes são divididas em fontes materiais e fontes formais (divisão clássica).

As fontes materiais dizem respeito a um **momento pré-jurídico**, que antecede a criação da fonte formal. São todas as influências (sociais, econômicas etc.) que conduzem à elaboração das normas jurídicas (fontes formais).

As fontes formais **exteriorizam o direito**, expõem a norma jurídica. A lei, no sentido lato, é uma fonte formal do direito. É a fonte por excelência. Além da CLT e do CPC, as Leis 5.584/1970, 7.701/1988, 6.830/1980, 6.858/1980, entre outras, ganham destaque no direito processual do trabalho.

O **costume** também é uma fonte formal do direito processual trabalhista, traduzindo uma forma de comportamento, uma práxis que termina encravada na rotina dos órgãos jurisdicionais. A fragmentação da audiência no rito ordinário, em audiência inicial e audiência de instrução, é fruto de norma costumeira, já que a CLT prevê a realização de audiência contínua, indivisível. Essa norma costumeira é tão forte que gera, em alguns regionais, a obrigação, do juízo que segue a CLT, de alertar as partes de que ali será realizada audiência única, e que elas devem comparecer pessoalmente, acompanhadas de testemunhas e preparadas para produzir todas as provas (art. 845 da CLT). Há, portanto, em alguns regionais, verdadeira presunção de fracionamento da audiência no rito ordinário, como se a norma costumeira tivesse revogado a norma legal.

O lançamento dos protestos em ata, pelos advogados, diante de decisões interlocutórias prejudiciais ao cliente, proferidas em audiência, também é apontado como fruto de norma costumeira, apesar de alguns enxergarem implicitamente a previsão no art. 795 da CLT. Os protestos traduzem, para muitos, um ato antipreclusivo, com natureza similar ao antigo agravo retido do CPC de 1973. Com o fim do agravo retido, que não foi mantido pelo Novo CPC, a posição dos que entendem desnecessários os protestos ganhou força. No entanto, os protestos não possuem apenas o escopo de evitar a preclusão. Eles devem ser lançados para que o advogado manifeste a sua intenção de obter a reconsideração da decisão, mediante o juízo de retratação.

A procuração *apud acta* deixou de ser norma costumeira depois da inserção do § 3º ao art. 791 da CLT, mas o mandato tácito continua válido no processo laboral.

Não é pacífica a inclusão dos precedentes jurisprudenciais no rol das fontes formais do direito processual. Particularmente, considero as súmulas, as orientações jurisprudenciais, os precedentes normativos, as instruções normativas e as resoluções do TST, do CNJ, do STJ e do STF típicas fontes formais do processo laboral, não entrando, aqui, na discussão sobre a obrigatoriedade ou não de o magistrado segui-los. O que importa, convenhamos, é que os precedentes expõem a interpretação dos tribunais sobre diversos temas, alicerçando decisões judiciais. Sem falar na força dos precedentes jurisprudenciais na fase recursal. A Reforma Trabalhista, corporificada na Lei 13.467/2017, inseriu o § 2º ao art. 8º da CLT, vedando aos tribunais do trabalho a criação de direitos e obrigações não previstas em lei, numa clara ofensiva contra o "ativismo do judiciário".

A título de exemplo, acerca da força dos precedentes jurisprudenciais, observem o art. 332 do CPC, que guarda consonância com os princípios do processo laboral, e, por conta disso, deve ser aplicado pelos juízes do trabalho (neste sentido, o art. 7º da IN 39/2016 do TST). Nas causas que dispensem a fase instrutória, o juiz, independentemente da citação do réu, julgará liminarmente improcedente o pedido que contrariar (hipóteses adaptadas ao processo do trabalho, à luz do art. 7º da IN 39/2016 do TST, com a exclusão de súmulas e decisões do STJ): I – enunciado de súmula do STF ou do TST; II – acórdão proferido pelo STF ou pelo TST em julgamento de recursos repetitivos; III – entendimento firmado em incidente de resolução de demandas repetitivas ou de assunção de competência; IV – enunciado de súmula de TRT sobre direito local, convenção coletiva de trabalho, acordo coletivo de trabalho, sentença normativa ou regulamento empresarial de observância obrigatória em área territorial que não exceda à jurisdição do respectivo tribunal.

Nos tribunais regionais do trabalho, a força dos precedentes continua nítida, como dispõe, por analogia, o art. 932 do CPC, o qual, no seu inciso IV, prevê que o relator pode negar provimento a recurso que for contrário a súmula do STF, do STJ, do TST, do próprio TRT, a acórdão proferido pelo STF, pelo STJ ou pelo TST em julgamento de recursos repetitivos, e também a entendimento firmado em incidente de resolução de demandas repetitivas ou de assunção de competência (súmulas e decisões do STJ não foram excluídas pela IN 39/2016 do TST).

Além disso, o relator, depois de facultada a apresentação de contrarrazões (no processo trabalhista, as contrarrazões continuam sendo dirigidas ao juízo *a quo*, que vai exercer o primeiro juízo de admissibilidade, sendo inaplicável o § 3º do art. 1.010 do CPC – art. 900 da CLT e art. 2º, XI, da IN 39/2016 do TST), pode dar provimento ao recurso, à luz do art. 932, V, do CPC, se a decisão recorrida for contrária a súmula do STF, do STJ, do TST ou do próprio TRT, assim como a acórdão proferido pelo STF, pelo STJ, pelo TST ou pelo próprio TRT em julgamento de recursos repetitivos, além de entendimento firmado em incidente de resolução de demandas repetitivas ou de assunção de competência (súmulas e decisões do STJ não foram excluídas pela IN 39/2016 do TST).

Difícil não enxergar os precedentes jurisprudenciais, incluindo a resolução de demandas repetitivas, como fontes formais do direito processual.

Árdua e desalentadora está, ainda mais, a caminhada dos que lutam contra os precedentes. Com a inserção do § 2º ao art. 8º da CLT, essa dificuldade foi abrandada, porquanto o advogado poderá se insurgir contra determinada "jurisprudência" alegando que ela está violando o inciso II do art. 5º da CF.

Como visto na "Apresentação" desta obra, os princípios foram alçados a uma categoria especial de fontes do direito. Está na hora de acabar com a enfadonha discussão e incluir, de vez, os princípios gerais do direito na lista de fontes formais do direito processual trabalhista.

Esquema:

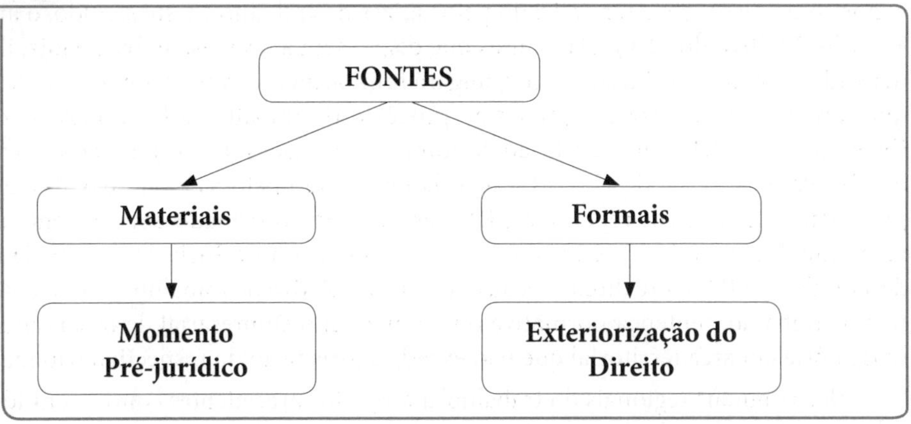

QUESTÃO COMENTADA SOBRE FONTES DO DIREITO PROCESSUAL DO TRABALHO

1. **(FGV – Exame de Ordem 2010.3). Segundo o texto da Consolidação das Leis do Trabalho, é correto afirmar que a Lei de Execução Fiscal:**
   (A) é fonte subsidiária para a aplicação das normas na execução trabalhista.
   (B) somente é fonte subsidiária para aplicação das normas na execução trabalhista caso não exista regramento sobre o assunto no Código de Processo Civil, que é a primeira fonte subsidiária da legislação processual do trabalho.

(C) somente é fonte subsidiária do processo do trabalho na execução das contribuições previdenciárias.

(D) somente é fonte subsidiária do processo do trabalho na execução das contribuições previdenciárias e sindicais.

Comentário: A LEF (Lei de Execuções Fiscais – 6.830/1980) é a primeira fonte subsidiária do processo de execução trabalhista, nos termos do art. 889 da CLT. Caso a lacuna não seja por ela suprida, o aplicador do direito utilizar-se-á do Código de Processo Civil. Eis o motivo de a letra "A" estar correta. O art. 889 da CLT serve, até, como alicerce para a posição do TST quanto à inaplicabilidade, no processo trabalhista, do rito de "cumprimento de sentença" do processo civil, afastando, por conseguinte, a aplicação da multa do § 1º do art. 523 do CPC.

Atenção:

No processo de conhecimento, a primeira fonte subsidiária é o Código de Processo Civil, como define o art. 769 da CLT.

Resposta: A

2

PRINCÍPIOS

Apesar da resistência de doutrinadores clássicos, hoje, sob a égide do pós-positivismo, os princípios têm indubitavelmente natureza normativa. Significa que os princípios são capazes de regular um caso concreto, servindo de base para uma decisão judicial. Entre uma norma e um princípio, este último deve prevalecer, principalmente quando do exercício hermenêutico do aplicador do direito (interpretação).

Uma lei, um código e até mesmo uma constituição podem existir no mundo jurídico e não ter legitimidade ou efetividade. Quantas leis no nosso país caem no vazio? Quantas regras, oriundas do Poder Legislativo, já brotam natimortas? Um princípio é imune a isso! Ele está acima de governos, de congressistas, de ideologias!

Atenção:

- As **normas-disposição** (leis) regulam situações específicas, "descrevendo fatos".
- As **normas-princípio** (princípios) regulam situações inespecíficas, possuindo, portanto, um grau mais elevado de abstração, já que o seu objeto são valores.

Eis a força dos princípios. Eles valoram a própria norma, guiam o aplicador do direito na direção correta da interpretação jurídica, evitando o abismo da incongruência.

Além da própria função normativa, os princípios também têm natureza de fonte supletiva do direito, pois, diante de lacunas legais, é comum o aplicador do direito se socorrer dos princípios jurídicos.

A lacuna pode ser extrínseca, ou seja, não existir, para determinado caso (fato), lei capaz de regulá-lo. A lacuna, por outro lado, pode ser intrínseca, quando o jurista, mesmo existindo uma lei, observa que ela não é capaz de solucionar determinado conflito. Daí dizer que os princípios também atuam de forma descritiva, cumprindo importante papel na interpretação do direito.

Sintetizando:

Os princípios possuem múltiplas funções:

a) Função normativa (normas-princípio).
b) Função supletiva (atuando na integração do direito, suprindo lacunas legais).
c) Função informativa (auxiliando o aplicador na interpretação das normas-disposição).

2.1. PRINCÍPIO DA ISONOMIA

O princípio influencia o legislador processual, obrigando-o a criar normas capazes de assegurar igualdade na relação processual (se o reclamante, no rito ordinário, pode apresentar até três testemunhas, o mesmo número deve ser assegurado ao reclamado – art. 821 da CLT; a gratuidade da justiça não é uma exclusividade do reclamante – §§ 3º e 4º do art. 790 da CLT etc.).

A isonomia, no entanto, será ultrajada com o tratamento igualitário dos desiguais, só sendo alcançada em sua plenitude com o tratamento diferenciado dos desiguais, na medida de suas desigualdades.

Isso também vale para a relação processual, com recomendável cautela, evidentemente.

Eis o brilho, por exemplo, dos §§ 1º a 3º do art. 818 da CLT, que tratam da **distribuição dinâmica do ônus da prova**. A previsão encontra-se no art. 373 do CPC, mas foi inserida na CLT pela Lei 13.467/2017. No vínculo doméstico, o empregado dificilmente possui prova testemunhal convincente, pois na maioria das vezes nunca teve um colega de trabalho (testemunha ocular). Sua pretensão geralmente está maculada com o que chamamos de "prova diabólica". A distribuição dinâmica do *onus probandi* encontra, na relação doméstica de emprego, *habitat* natural.

Essa distribuição, entretanto, como reza o § 3º do art. 818 da CLT, "não pode gerar situação em que a desincumbência do encargo pela parte seja impossível ou excessivamente difícil". Seria o mesmo que resgatar uma das partes do fosso do inferno e jogar a outra naquele abismo.

Vale reforçar que o legislador não soterrou a distribuição estática do ônus da prova, como alguns andam apregoando. A previsão contida nos incisos I e II do art. 818 da CLT, que traduz literalmente o que dispõem os incisos I e II do art. 373 do CPC, manteve a distribuição estática como regra geral, sendo, a distribuição dinâmica, uma exceção, e, como tal, só deve ser usada em situações excepcionais.

O juiz do trabalho, assim como qualquer aplicador do direito, não deve transformar exceção em regra. Fazendo isso, *data venia*, estará desprestigiando as pilastras sagradas da hermenêutica jurídica. Eis a preciosa lição do eterno e inimitável Carlos Maximiliano, em sua emblemática obra *Hermenêutica e aplicação do direito*, 18. ed., Forense, 1999, p. 83, *verbis*:

> Na esfera criminal e correcional, e em parte na civil, sobressaiu o Bom Juiz, com exculpar os pequenos furtos, amparar a mulher e os menores, profligar erros administrativos, atacar privilégios, proteger o plebeu contra o potentado. Não jogava com a hermenêutica, em que nem falava sequer. Tomava atitudes de tribuno; usava de linguagem de orador ou panfletário; empregava apenas argumentos humanos sociais e concluía do alto, dando razão a este ou àquele sem se preocupar com os textos.

O "Bom Juiz" representa tudo o que o juiz não pode ser: parcial.

A isonomia também deve ser o fio condutor do magistrado no tratamento das partes e dos advogados. Se conceder ao advogado do reclamante a oportunidade para se pronunciar sobre um incidente, tem de conceder a mesma oportunidade ao advogado da parte contrária, sob pena de prejudicar um dos litigantes, e, com isso, manchar de nulidade o ato processual (art. 794 da CLT).

Lembro-me de um caso interessante, envolvendo um incidente processual em que, antes de decidir, dei a palavra ao advogado de uma das partes (eu já sabia como iria decidir, antes mesmo de ouvi-lo), proferindo, a seguir, a decisão. O *decisum* favoreceu a parte cujo advogado nada disse (ele não se pronunciou porque não deixei, indeferindo o seu requerimento para falar). Convenci-me, depois de um tempo, que tinha errado naquela oportunidade, pois eu era apenas o órgão de primeira instância, existindo outras. De grande importância seria para o litigante, mesmo favorecido com a decisão naquele momento, que o seu advogado externasse sua tese a respeito da matéria. Não me esqueci da lição, gerada por meu próprio equívoco.

2.2. PRINCÍPIO DO CONTRADITÓRIO

O contraditório pode ser apontado como o princípio mais prestigiado pelo CPC de 2015, o qual, por meio dele, deixou claro que o processo não pode ser manchado por "decisões-surpresa", "arapucas" e "armadilhas", terminando por influenciar o legislador da Reforma Trabalhista (Lei 13.467/2017), principalmente quanto ao litisconsorte necessário agora previsto no § 5º do art. 611-A da CLT. O princípio do contraditório é constitucional, já que se encontra esculpido no inciso LV do art. 5º da Lei Maior, devendo ser observado inclusive para as matérias de ordem pública. Costumo dizer que, entre a celeridade e o contraditório, este sempre prevalecerá, em deságue natural da aplicação da Ponderação de Valores.

O CPC, no seu art. 9º, reza: "Não se proferirá decisão contra uma das partes sem que ela seja previamente ouvida." E essa "decisão" pode ser meritória ou não.

No caso de tutela provisória de urgência, seja antecipatória, seja cautelar, a decisão poderá ser proferida sem a oitiva da parte contrária (*inaudita altera parte*). O mesmo se diga da tutela de evidência (art. 701 do CPC). Nesses casos, o contraditório não será ignorado, mas apenas postergado, diante da urgência da pretensão.

A intenção do legislador processual, como exposto na apresentação desta obra, foi evitar a chamada "decisão-surpresa". A previsão se aplica ao processo trabalhista, à luz da Instrução Normativa 39/2016 do TST (editada pela Resolução 203, de 15/03/2016), que decreta:

> Art. 4º Aplicam-se ao Processo do Trabalho as normas do CPC que regulam o princípio do contraditório, em especial os arts. 9º e 10, no que vedam a decisão-surpresa.
>
> § 1º Entende-se por "decisão-surpresa" a que, no julgamento final do mérito da causa, em qualquer grau de jurisdição, aplicar fundamento jurídico ou embasar-se em fato não submetido à audiência prévia de uma ou de ambas as partes.
>
> § 2º Não se considera "decisão-surpresa" a que, à luz do ordenamento jurídico nacional e dos princípios que informam o direito processual do trabalho, as partes tinham obrigação de prever, concernente às condições da ação, aos pressupostos de admissibilidade de recurso e aos pressupostos processuais, salvo disposição legal expressa em contrário.

Atenção:

- Não é considerada "decisão-surpresa" e, consequentemente, poderá ser proferida sem a manifestação prévia das partes, aquela cujo fundamento os litigantes tinham **obrigação de prever**, principalmente quando a matéria for de ordem pública.
- A previsibilidade do desfecho processual torna desnecessária a manifestação das partes como condição para a prolação da decisão.
- A imprevisibilidade do desfecho processual é o pressuposto da "decisão-surpresa".

O princípio do contraditório cadencia a marcha processual, principalmente na produção probatória. Juntado um documento por uma das partes, o juiz terá de oportunizar à outra a possibilidade de falar sobre ele. Juntado o laudo pericial, o juiz terá de conceder a oportunidade para os contendores impugnarem o conteúdo da prova técnica. O contraditório afasta o soar de uma única voz – vide arts. 436 e 437 do CPC.

O princípio do contraditório, entretanto, pode ser alvo de renúncia. Basta o litigante silenciar, por exemplo, sobre um documento juntado pela parte adversa, ou não fazer perguntas à parte contrária ou a determinada testemunha. Operar-se-á a preclusão temporal, definida como a perda da oportunidade de praticar, pelo decurso do tempo, um ato processual.

Na seara do direito do trabalho, o princípio do contraditório também se irradia, como prevê o art. 5º, LV, da CF, aos atos administrativos praticados nas relações de trabalho. É o caso, por exemplo, da apuração que, em determinados casos, deve preceder a demissão por justa causa do empregado. A depender da situação, o descaso patronal quanto ao contraditório (oportunizar ao empregado o direito de tomar conhecimento do fato a ele imputado e se defender da acusação a ele atribuída) pode ensejar a nulidade do ato demissional.

2.3. PRINCÍPIO DA AMPLA DEFESA

Umbilicalmente ligado ao contraditório, o princípio da ampla defesa se aplica às partes e não só ao reclamado. Falamos em "ampla defesa no sentido lato" – art. 5º, LV, da CF.

O reclamado, ao ser citado, é avisado pelo Estado-Juiz de que existe contra ele uma pretensão, tanto assim que ele, para exercitar seu direito à ampla defesa, precisa ter acesso à petição inicial, ou seja, aos fatos narrados pela parte contrária (art. 341 do CPC). A mudez do reclamado, quanto a um fato descrito pelo reclamante, produz consequências graves (revelia e confissão ficta) – art. 344 do CPC.

A defesa não é uma obrigação, mas um ônus. Ninguém é coagido a se defender.

O reclamado, se desejar, pode não apresentar contestação e não comparecer à audiência (revelia e contumácia, respectivamente). Se quiser, pode aparecer na audiência e, diante do juiz, externar que nada tem a dizer (revelia).

A CLT, no *caput* do art. 844, mistura contumácia e revelia. A Reforma Trabalhista não corrigiu esse equívoco, infelizmente. No entanto, inseriu o parágrafo único ao art. 847 da CLT, proporcionando expressamente a possibilidade de o reclamado ofertar contestação antes da audiência, pelo PJE, e, com isso, instalar de imediato a *litiscontestatio*, desde que a juntada ocorra sem sigilo. Essa novidade terminou servindo para "remendar" implicitamente o *caput* do art. 844 da CLT, porquanto a contumácia deixou de gerar automaticamente a revelia. A conclusão encontra respaldo no novo § 5º do art. 844 da CLT.

Sempre é bom reforçar que a revelia não é uma pena, não é uma sanção, não é uma punição infligida pelo magistrado sobre o reclamado. A revelia nada mais é do que um mero fato processual, traduzido pela ausência do *animus* de defesa. A revelia é uma espécie de preclusão (perda da oportunidade de praticar um ato processual). Logo, o advogado não deve requerer ao juiz a "aplicação" da revelia. O magistrado, por sua vez, não deve "aplicar" a revelia, pois assim agindo estará prestando um desserviço à boa técnica processual. Ocorrendo a revelia, ela será simplesmente "constatada" pelo juiz e registrada em ata.

O *caput* do art. 841 da CLT dispõe que o prazo mínimo para a elaboração da defesa é de cinco dias, ao fixá-lo, como lapso temporal mínimo, entre a realização da citação e a ocorrência da audiência. No caso das pessoas jurídicas de direito público (Fazenda Pública) e dos Correios (art. 12 do Decreto-lei 509/1969), o prazo de defesa é quatro vezes maior (quádruplo), como prevê o inciso II do art. 1º do Decreto-lei 779/1969, logo, o juiz deverá respeitar o mínimo de vinte dias entre a citação e a audiência.

Os fatos alegados pelos contendores, observando-se a distribuição do fardo probante, devem ser provados. A produção probatória é um direito dos litigantes. O impedimento ao exercício desse direito é comumente chamado "cerceamento do direito de defesa", fato que pode gerar a nulidade do ato impeditivo e de todos os atos posteriores que dele dependam ou decorram, incluindo a sentença, considerados frutos da árvore envenenada (*fruits of the poisonous tree*) – arts. 794 e 798 da CLT.

No processo trabalhista, vale o registro, o juiz tem ampla liberdade na condução do processo, o que abrange a produção de provas; afinal, ele é o seu destinatário (arts. 765 e 852-D da CLT). O alvedrio do magistrado não pode, no entanto, consagrar a arbitrariedade de exonerar provas sem a devida justificativa (fundamentação) – art. 11 do CPC e inciso IX do art. 93 da CF.

Entre a ampla defesa e a celeridade, aquela deve sempre ser prestigiada. Quanto à **celeridade**, sempre é bom lembrar que a legislação prevê alguns casos de "**tramitação preferencial**". São eles:

- Interessado possuir idade igual ou superior a 60 anos – art. 1.048 do CPC.
- Interessado for portador de doença grave – art. 1.048 do CPC.
- Interessado for portador de deficiência – art. 69-A da Lei 9.784/1999 e IN 29/2005 do TST.
- Ações contra a massa falida – art. 79 da Lei 11.101/2005.

2.4. PRINCÍPIO DA IMPARCIALIDADE DO JUIZ

A Lei Maior, no art. 5º, XXXVII, perpetua: "não haverá juízo ou tribunal de exceção".

A neutralidade do magistrado é um direito constitucionalmente garantido (art. 5º, XXXVII, LIII, LIV, LV, CF).

Juiz natural é juiz competente e imparcial.

O princípio do juiz natural é a pilastra de sustentação do templo da jurisdição, protegendo a sociedade de julgamentos políticos, tendenciosos, pré-concebidos. Assim reza o art. 8º do Código de Ética da Magistratura Nacional (aprovado na 68ª Sessão Ordinária do Conselho Nacional de Justiça, do dia 6 de agosto de 2008, nos autos do Processo nº 200820000007337):

> Art. 8º O magistrado imparcial é aquele que busca nas provas a verdade dos fatos, com objetividade e fundamento, mantendo ao longo de todo o processo uma distância equivalente das partes, e evita todo o tipo de comportamento que possa refletir favoritismo, predisposição ou preconceito.

O juiz do trabalho, pela sua própria formação, tem de tomar muito, mas muito cuidado com a "pesada" influência dos princípios do direito do trabalho no processo trabalhista.

O direito do trabalho foi construído sobre o alicerce do princípio da proteção ao hipossuficiente. Eis a sua essência, a sua face, o seu espírito, a sua luz.

No direito processual, todavia, não há espaço para o juiz "protetor do trabalhador". Se existir alguma exceção protetiva, ela derivará da lei ou de precedentes jurisprudenciais consolidados, não da vontade ou de mero capricho do magistrado.

O juiz do trabalho, sombreado pela cálida sombra da imparcialidade, não pode impor, na condução do processo, falsas e inaceitáveis premissas, no afã de "abrigar" aquele que ele considera mais fraco.

A relação jurídica de direito material, uma vez deduzida em juízo, transforma-se em relação processual, livre de preconceitos e desatada de presunções capazes de desvendar os olhos do juiz natural.

2.5. PRINCÍPIO DA MOTIVAÇÃO DAS DECISÕES JUDICIAIS

O juiz do trabalho, como vimos, tem ampla liberdade na condução do processo, podendo determinar ou indeferir a realização de diligências (atos processuais). Essa previsão está nos arts. 765 e 852-D da CLT.

No art. 370 do CPC há previsão similar, de que caberá ao juiz, de ofício ou a requerimento, determinar as provas necessárias ao julgamento do mérito, podendo indeferir, **em decisão fundamentada**, as diligências inúteis ou meramente protelatórias.

Ninguém, em sã consciência, vai negar o poder de direção processual do magistrado. Porém, ninguém, em hígido pensar, negará o dever de o juiz fundamentar todas as suas decisões. A fundamentação deve constar de todas as decisões – art. 11 do CPC e inciso IX do art. 93 da CF.

A fundamentação das decisões judiciais não é uma faculdade do magistrado. Com ela, o juiz explicita aos litigantes as razões do seu convencimento. O juiz não faz isso na tentativa de extrair um retumbante sorriso de ambas as partes. O juiz faz isso por dever de ofício, mesmo que um dos contendores venha a "espernear" (*jus esperniandi* ou *jus sperniandi* – expressão espirituosa no meio jurídico, mas inexistente no latim). Estou falando do inconformismo da parte com a decisão judicial, que, se proferida em audiência, deve ser atacada mediante a consignação da irresignação em ata (protestos – art. 795 da CLT).

A Súmula 418 do TST serve de mote para uma boa discussão. Ela diz que a homologação judicial de um acordo constitui faculdade do magistrado, pois decorre de sua livre persuasão racional. Perfeito. Contudo, a súmula, *data maxima venia*, "esqueceu" de dizer que o juiz, ao indeferir o "desejo" das partes, **tem o dever de fundamentar a sua decisão**. Esse tema ganhou ainda mais relevância com a Reforma Trabalhista, em face da inclusão na CLT da "homologação de acordo extrajudicial", procedimento de jurisdição voluntária corporificado nos seus arts. 855-B a 855-E.

A conciliação é o objetivo maior do magistrado. Chego a dizer que o processo, como instrumento de pacificação social, só alcança sua plenitude com a conciliação (solução pacífica da lide). A sentença é uma alternativa secundária, visto que, em regra, não pacifica o litígio; pelo contrário, prorroga a contenda nas vias recursais.

O TST, quanto à recusa do magistrado a homologar um acordo, já decidiu que, mesmo não sendo compulsória a chancela do juiz, não lhe é facultada a recusa de fundamentação.

O magistrado não pode simplesmente se negar a homologar sem explicar os motivos.

A 3ª Turma do TST, no julgamento do RR 948/1995-001-17-00.9, em abril de 2009, ratificou: "É necessário que a recusa à homologação, quando houver, esteja baseada em razões objetivas e de pronta verificação." O TST reconheceu "a validade de um acordo firmado em primeira instância, cuja homologação foi recusada pelo juiz da vara do trabalho e, posteriormente, pelo TRT". Segundo o relator, "O juiz tem todo o direito de se recusar a homologar um acordo, **mas precisa dizer o porquê**" (sem grifos no original).

Só me resta transcrever o inciso IX do art. 93 da CF:

> [...] todos os julgamentos dos órgãos do Poder Judiciário serão públicos, e fundamentadas todas as decisões, sob pena de nulidade, podendo a lei limitar a presença, em determinados atos, às próprias partes e a seus advogados, ou somente a estes, em casos nos quais a preservação do direito à intimidade do interessado no sigilo não prejudique o interesse público à informação.

O CPC é bem exigente quanto à fundamentação das decisões judiciais, dispondo sobre lacunas que maculam os fundamentos. Assim reza o § 1º do seu art. 489 (aplicável ao processo trabalhista, segundo o art. 3º, IX, da IN 39/2016 do TST):

> Não se considera fundamentada **qualquer** decisão judicial, seja ela interlocutória, sentença ou acórdão, que:
>
> I – se limitar à indicação, à reprodução ou à paráfrase de ato normativo, **sem explicar** sua relação com a causa ou a questão decidida;

II – empregar **conceitos jurídicos indeterminados**, sem explicar o motivo concreto de sua incidência no caso;

III – invocar motivos que se prestariam a justificar qualquer outra decisão;

IV – não enfrentar todos os argumentos deduzidos no processo capazes de, em tese, infirmar a conclusão adotada pelo julgador;

V – se limitar a invocar precedente ou enunciado de súmula, sem identificar seus fundamentos determinantes nem demonstrar que o caso sob julgamento se ajusta àqueles fundamentos;

VI – deixar de seguir enunciado de súmula, jurisprudência ou precedente invocado pela parte, sem demonstrar a existência de distinção no caso em julgamento ou a superação do entendimento.

(sem grifo no original).

2.6. PRINCÍPIO DA ORALIDADE

Princípio marcante no processo trabalhista, desde a possibilidade de ajuizamento de reclamação verbal (art. 840 da CLT), passando pela possibilidade de apresentação de defesa oral (*caput* do art. 847 da CLT) e lançamento de protestos (art. 795 da CLT), até a adução de razões finais oralmente (art. 850 da CLT).

A chegada do PJE não fulminou as previsões da CLT, cabendo ao processo eletrônico adaptar-se à legislação processual trabalhista. A Lei 13.467/2017, responsável pela Reforma Trabalhista, ratificou a conclusão.

Digamos que o reclamado, nos termos do *caput* do art. 847 da CLT, deseje ofertar oralmente a sua contestação em audiência. A recusa do magistrado, sob o fundamento de que a defesa teria de ser juntada antes da audiência, representará um ato arbitrário e ilegal, trucidando o direito à ampla defesa e maculando de total nulidade, a partir dali, o processo.

A tentativa de conciliação representa bem a importância do princípio da oralidade. Ela é feita verbalmente, contando com a participação direta do juiz do trabalho. A prova oral, pelo fato de o contrato de trabalho ter índole de ato não solene, tem grande importância no processo laboral.

2.7. PRINCÍPIO DA CONCENTRAÇÃO DOS ATOS PROCESSUAIS EM AUDIÊNCIA

No processo trabalhista, muitos atos processuais estão concentrados na audiência, tais como as tentativas de conciliação, a possibilidade de apresentação da contestação (com ou sem reconvenção) e da exceção de incompetência territorial, a produção probatória (art. 845 da CLT), as decisões sobre exceções e incidentes no rito sumaríssimo (art. 852-G da CLT), a apresentação das razões finais e até mesmo a prolação da sentença (previsão pouco observada na prática).

A concentração dos atos processuais em audiência fortalece o contato das partes com o juiz e, assim sendo, prestigia o princípio da imediação do magistrado e o princípio da oralidade. Esse agrupamento de atos facilita a conciliação e prestigia a celeridade e a simplicidade.

2.8. PRINCÍPIO DA CONCILIAÇÃO

Para o art. 764 da CLT, a conciliação é possível em qualquer fase processual, a qualquer tempo, em qualquer instância, como forma ideal para a resolução do conflito, seja ele individual ou coletivo.

A CLT prevê, com muita sapiência, a tentativa de acordo antes da instalação da *litiscontestatio*, isto é, antes da apresentação da contestação. Sem ouvir o reclamado, o juiz do trabalho já tentará conciliar o litígio. Significa que o magistrado buscará a conciliação antes do "acirramento dos ânimos". Vale dizer que a *litiscontestatio*, depois da Reforma Trabalhista, pode ser instalada antes da audiência, a critério do reclamado, que pode ofertar no PJE a sua defesa sem sigilo. Fazendo isso, estabilizará o processo, impedindo a desistência unilateral da ação (§ 3º do art. 841 da CLT) e o aditamento da petição inicial. Entretanto, a estabilização processual também resultará na impossibilidade de o réu complementar/aditar a contestação, nos termos do art. 342 do CPC, salvo nos casos específicos nele previstos (fato novo ou matéria de ordem pública).

No art. 850 da CLT, o legislador reza que, depois de aduzidas as razões finais, o juiz tentará novamente a conciliação. No sumaríssimo, diante da ausência de razões finais, por falta de previsão legal, o magistrado usará, desde o início da audiência, e em qualquer fase desta, os meios adequados para a solução amigável do conflito (art. 852-E da CLT). O rito sumaríssimo nasceu no ano de 2000 (Lei 9.957/2000) e foi muito feliz ao "estimular" o magistrado a buscar a conciliação "em qualquer fase da audiência" - vide art. 852-E da CLT. O juiz, não importa o rito, deve buscar, de forma atemporal e incessante, a solução conciliatória do litígio.

Na fase de execução, as tentativas de conciliação também devem ser estimuladas, quer na liquidação da sentença, quer na fase de impugnação à decisão de liquidação, quer na fase de embargos à execução, quer mesmo nos dias que antecedem a realização da hasta pública.

Como já destacado na "Apresentação" desta obra, o CPC de 2015, em consonância com o processo trabalhista, exaltou com veemência a busca pela solução amigável da contenda, permitindo, no seu art. 3º, a arbitragem, a promoção da mediação, da conciliação e de outros métodos de solução consensual, estimulando juízes, advogados, defensores públicos e membros do Ministério Público a se empenhar na busca pela solução pacífica da lide, não importando o estágio processual (o art. 3º do CPC está em harmonia com o art. 764 da CLT).

Cabe não só ao magistrado, portanto, buscar o acordo, mas a todos os sujeitos processuais, não existindo uma fórmula mágica para o procedimento. Quanto mais informal se tornar o ambiente durante a tentativa de conciliação, melhor.

2.9. PRINCÍPIO DA IRRECORRIBILIDADE IMEDIATA DAS DECISÕES INTERLOCUTÓRIAS

As decisões interlocutórias são aquelas que resolvem questões incidentais (deferimento ou indeferimento de: contradita de testemunhas; requerimento de juntada de "documento novo"; pedido de adiamento da audiência; concessão de tutela provisória de urgência ou medida liminar etc.).

O processo é o instrumento que o Estado-Juiz possui para pacificar (solucionar) os conflitos oriundos das relações jurídicas. Ele é constituído de uma sucessividade de atos (atos processuais). O processo tem um caminho a percorrer e, no seu caminhar, pode encontrar obstáculos, chamados incidentes processuais. Essas "barreiras" encontradas pelo processo, durante sua marcha em direção à "decisão final", são removidas pelas decisões interlocutórias.

No processo trabalhista, as decisões interlocutórias são, em regra, irrecorríveis de imediato, como reza o art. 893, § 1º, da CLT, particularidade responsável pela tão famosa celeridade atribuída ao processo laboral. O TST, mediante o § 1º do art. 1º da IN 39/2016, perante a chegada do CPC/2015, ratificou o império, no processo trabalhista, do princípio da irrecorribilidade imediata das decisões interlocutórias.

Na Lei 12.016/2009, que regula o mandado de segurança, encontramos uma exceção, especificamente no § 1º do art. 7º: "Da decisão do juiz de primeiro grau que conceder ou denegar a liminar caberá agravo de instrumento". Logo, no caso de mandado de segurança de competência do juiz do trabalho (primeira instância), contra a decisão interlocutória que deferir ou indeferir o pedido de concessão de liminar cabe agravo de instrumento, a ser interposto no juízo de origem (IN 16/1999 do TST), que poderá modificar a decisão (juízo de retratação), mas será julgado pelo TRT (segunda instância), caso o juízo *a quo* não reconsidere a deliberação. Nesse sentido, ainda, a Súmula 20 do TRT da 6ª Região: "Contra decisão que aprecia liminar em mandado de segurança, ajuizado em primeiro grau, cabe agravo de instrumento, previsto no artigo 7º, § 1º, da Lei 12.016/2009, a ser interposto no juízo de origem". Entendo que o prazo para esse agravo de instrumento é o do CPC, ou seja, 15 dias, já que não se trata de um agravo de instrumento trabalhista, previsto no art. 897, *b*, da CLT, usado apenas para atacar decisão denegatória de seguimento a recurso, mas sim do agravo de instrumento consagrado no inciso I do art. 1.015 do CPC, voltado contra decisão interlocutória sobre tutela provisória, tornando inaplicáveis também o § 2º do art. 1º da IN 39/2016 e o art. 6º da Lei 5.584/1970. **Na prática, todavia,**

o advogado não deve correr riscos, aconselhando-se, por extrema cautela, a interposição, se possível, no prazo de oito dias. Afinal, o profissional, diante de discussões doutrinárias, abraçará sempre a tese que seja capaz de resguardar o direito do seu cliente.

Caso o mandado de segurança seja de competência originária de tribunal (TRT ou TST atuando como órgão de primeira instância), contra a decisão interlocutória que deferir ou indeferir o pedido de concessão de liminar, proferida pelo relator (desembargador ou ministro), cabe de imediato, no prazo de oito dias, agravo interno (ou agravo regimental), que será julgado pelo colegiado (turma ou seção), observando-se as regras do regimento interno do respectivo tribunal quanto a seu processamento (parte final do *caput* do art. 1.021 do CPC). A previsão está no parágrafo único do art. 16 da Lei 12.016/2009: "Da decisão do relator que conceder ou denegar a medida liminar caberá agravo ao órgão competente do tribunal que integre". O prazo de oito dias justifica-se em razão do comando contido no próprio art. 1.021 do CPC, de que o agravo interno será processado de acordo com o Regimento Interno do Tribunal, tornando-se, assim, um recurso tipicamente trabalhista - aplicáveis o § 2º do art. 1º da IN 39/2016 e o art. 6º da Lei 5.584/1970. Muito cuidado com a Súmula 622 do STF, fulminada pelo parágrafo único do art. 16 da Lei 12.016/2009. Ela diz ser incabível agravo regimental (intitulado, pelo CPC, de agravo interno - art. 1.021) contra decisão do relator que concede ou indefere liminar em mandado de segurança. Interessante é que nem o parágrafo único do art. 16 da Lei 12.016/2009 foi capaz de levar o STF a cancelar o citado precedente (a Súmula 622 do STF foi publicada em outubro de 2003, antes, portanto, da entrada em vigor da "nova lei do *mandamus*" - Lei 12.016/2009).

Na Súmula 214 do TST encontramos três exceções ao princípio da irrecorribilidade imediata das decisões interlocutórias. Nas duas primeiras ressalvas ao princípio (alíneas *a* e *b*), o recurso cabível é o agravo interno (ou agravo regimental). Na alínea *c*, entretanto, encontramos uma decisão interlocutória proferida por juiz do trabalho - acolhimento de exceção de incompetência territorial que gera a ordem de remessa dos autos para vara do trabalho de outro TRT. Cabível, no caso, recurso ordinário, que será julgado pelo TRT do juiz que acolheu a exceção. A citação, na alínea *c* da Súmula 214 do TST, do § 2º do art. 799 da CLT, reforça o entendimento daqueles que enxergam nesse tipo de decisão natureza de "decisão terminativa do feito", e não de "decisão interlocutória típica", razão pela qual o recurso ordinário, indubitavelmente, é o remédio cabível, à luz do art. 895, I, da CLT.

A decisão denegatória de seguimento a recurso também é apontada como decisão interlocutória que desafia recurso de imediato. De fato, cabe contra ela agravo de instrumento, à luz do art. 897, *b*, da CLT, quando proferida pelo juízo *a quo* (primeiro juízo de admissibilidade). Caso a decisão denegatória seja da lavra do juízo *ad quem* (segundo juízo de admissibilidade), o recurso cabível será o agravo interno (ou agravo regimental) previsto no art. 1.021 do CPC.

Sempre é bom lembrar que os embargos de declaração também podem ser usados, antes do agravo de instrumento ou do agravo interno, para tentar reverter decisão denegatória de seguimento a recurso, desde que a decisão seja fruto de um manifesto equívoco na análise de pressuposto extrínseco de admissibilidade (parte final do *caput* do art. 897-A da CLT).

O princípio da irrecorribilidade imediata das decisões interlocutórias tem como premissa a celeridade processual, mas não pode violar o princípio da ampla defesa, consagrado no art. 5º, LV, da CF. O pressuposto para sua incidência é o fato de que será prolatada, depois das decisões interlocutórias, decisão final (definitiva ou terminativa), que desafiará recurso específico, em que o recorrente poderá impugnar, até, aquelas decisões que resolveram incidentes processuais (art. 893, § 1º, da CLT). Sendo assim, caso determinada decisão interlocutória seja proferida sem que exista qualquer possibilidade de futuramente ser prolatada outra decisão considerada definitiva ou terminativa, ela desafiará de imediato o recurso. É o que acontece, por exemplo, com o acolhimento pelo juízo da execução de exceção de pré-executividade, cuja decisão pode ser atacada pelo exequente mediante agravo de petição (decisão de natureza terminativa), de imediato, no prazo de oito dias. No entanto, se a exceção de pré-executividade for rejeitada, nenhum recurso será admitido de imediato, porquanto poderá o executado, diante da rejeição e depois de garantida a dívida, opor embargos à execução – art. 884 da CLT. Da decisão que apreciar os embargos aí sim caberá agravo de petição.

O CPC (arts. 133 a 137) regulamentou o procedimento de desconsideração da personalidade jurídica, que deixou de ser exclusividade do processo executório, podendo incidir na fase de conhecimento, até mesmo quando o reclamante, na própria petição inicial, já inclui a pessoa jurídica e seus sócios (pessoas físicas) no polo passivo, formando um litisconsórcio. Com a Reforma Trabalhista, os arts. 133 a 137 do CPC passaram a ser aplicados, em sua integralidade, ao processo do trabalho, mediante previsão contida no art. 855-A da CLT (incluído pela Lei 13.467/2017). O art. 6º da IN 39/2016 do TST já considerava aplicável ao processo do trabalho o incidente de desconsideração da personalidade jurídica, porém uma previsão da referida IN ruiu com a Reforma Trabalhista. Estou falando da "possibilidade de o juiz do trabalho, na fase de execução, instaurar de ofício o incidente". **Isso acabou.** O art. 855-A da CLT, ao determinar a incidência dos arts. 133 a 137 do CPC sobre o processo laboral, afastou qualquer possibilidade de "desconsideração *ex officio*". Assim sendo, a instauração do incidente, quer na fase de conhecimento, quer na fase de execução, fica condicionada à iniciativa da parte interessada. Caso ocorra na fase de conhecimento, a decisão que acolher ou rejeitar o incidente de desconsideração da personalidade jurídica é irrecorrível de imediato (inciso I do § 1º do art. 855-A da CLT e § 1º do art. 893 da CLT). Caso a decisão seja proferida na fase de execução, cabe agravo de petição no prazo de oito dias, independentemente de garantia do juízo (inciso II do § 1º do art. 855-A da CLT). Caso a decisão seja proferida por desembargador (TRT) ou ministro (TST) relator, em incidente instaurado originariamente no tribunal, cabe agravo interno no prazo de oito dias (inciso III do § 1º do art. 855-A da CLT c/c o *caput* do art. 1.021 do CPC e regimentos internos dos tribunais trabalhistas). Todos esses recursos estarão irradiados pela suspensão do processo, provocada pela instauração do incidente, à luz do § 2º do art. 855-A da CLT e do § 3º do art. 134 do CPC. A suspensão não ocorrerá quando a desconsideração for requerida na própria petição inicial, nos termos da parte final do § 3º do art. 134 do CPC c/c o *caput* do art. 855-A da CLT. De qualquer sorte, o § 2º do art. 855-A da CLT assevera que a suspensão não prejudica o pleito específico de concessão da tutela provisória de urgência de natureza cautelar.

Na fase de conhecimento, o art. 332 do CPC prevê a possibilidade de o juiz, antes mesmo da citação ao réu, julgar liminarmente improcedente o pedido. Contra essa decisão cabe recurso ordinário no prazo de oito dias, sendo possível o juízo de retratação no prazo de cinco dias – §§ 2º a 4º do art. 332 do CPC c/c o art. 7º da IN 39/2016 do TST.

Ainda na fase de conhecimento, o CPC brindou-nos com outra novidade. O juiz pode julgar antecipada e parcialmente o mérito da causa. Caberá, contra a decisão, recurso ordinário, no prazo de oito dias – art. 356 do CPC (inaplicável o seu § 5º, que prevê o cabimento de agravo de instrumento) c/c o art. 5º da IN 39/2016 do TST.

No rito sumário, o juiz fixará o valor da causa "quando a petição inicial for omissa" (art. 2º da Lei 5.584/1970). Fixado, pelo juiz, o valor da causa, ante a omissão da exordial, a quantia poderá ser impugnada por uma ou ambas as partes. A impugnação será ofertada oralmente, quando das razões finais – vide § 1º do art. 2º da Lei 5.584/1970. Caso o juiz mantenha o valor, rejeitando a impugnação (ou as impugnações), surge a possibilidade de interposição imediata de recurso (típica exceção ao "princípio da irrecorribilidade imediata das decisões interlocutórias", previsto no § 1º do art. 893 CLT). Trata-se de um recurso exclusivo do rito sumário, chamado de "Pedido de Revisão do Valor da Causa", nos termos dos §§ 1º e 2º do art. 2º da Lei 5.584/1970, com prazo para interposição de 48 horas, diretamente no TRT.

Na execução, uma vez elaborada a conta e tornada líquida a sentença, exequente e executado serão intimados para, no prazo de oito dias, impugnar a decisão de liquidação, nos termos do § 2º do art. 879 da CLT (redação dada pela Lei 13.467/2017). Existindo verba de natureza remuneratória na decisão exequenda, a União também será intimada para, no prazo de dez dias, impugnar os cálculos previdenciários, como dispõe o § 3º do art. 879 da CLT. O juiz, diante das impugnações (ou da impugnação, caso apenas uma parte se manifeste), proferirá decisão tipicamente interlocutória, visto que estará apenas resolvendo uma questão incidental (o epíteto usado na parte final do § 3º do art. 884 da CLT – "sentença de liquidação", desde 1954, é fruto de um grave erro do nosso legislador). Contra essa decisão cabe agravo de petição. A minha conclusão tem por base dois pontos. O primeiro diz respeito à mantença do § 1º do art. 897 da CLT, que exige do agravante, como pressuposto de admissibilidade do agravo, a *delimitação dos valores impugnados*. Ora, se a delimitação dos valores é pressuposto para o processamento do agravo e a discussão sobre cálculos encerra-se na decisão que julgar as impugnações, não há como afastar o imediato cabimento do agravo. O segundo nasce da seguinte pergunta: "Se não admitirmos o agravo de petição de imediato, como ficará o direito de o credor recorrer contra a decisão que julgou as impugnações no caso de o devedor não oferecer embargos à execução, depois de garantir o juízo?". Ora, com a nova redação do § 2º do art. 879 da CLT, não há mais espaço, salvo na execução contra a Fazenda Pública, para discussão sobre cálculos em sede de embargos à execução, fato que torna imprescindível a recorribilidade imediata da decisão de julgamento das impugnações. Assim sendo, a Reforma Trabalhista gerou uma nova exceção ao princípio da irrecorribilidade imediata das decisões interlocutórias e revogou tacitamente o já fragilizado § 3º do art. 884 da CLT.

Para não dizer que não falei das flores, os embargos de declaração podem ser usados para suprir os vícios da omissão, da contradição e/ou da obscuridade de uma típica decisão interlocutória. O Novo CPC merece todos os elogios, neste aspecto, pois é enfático ao consagrar o cabimento de embargos de declaração contra qualquer decisão judicial (*caput* do art. 1.022), bem diferente do CPC/1973 e do *caput* do art. 897-A da CLT. Doutrina e jurisprudência já haviam se rebelado contra a injustificável restrição contida no CPC/1973, sendo certo que os precedentes respaldavam o uso dos embargos declaratórios contra qualquer decisão, antes mesmo do início da vigência do Novo CPC. Isso não afasta os merecidos louvores ao *caput* do art. 1.022 do CPC/2015: "Cabem embargos de declaração contra qualquer decisão judicial para: [...]". A larga abrangência deve ser observada no processo trabalhista.

Sintetizando:

- No caso de mandado de segurança de competência do juiz do trabalho, contra a decisão interlocutória que deferir ou indeferir o pedido de concessão de liminar cabe agravo de instrumento – art. 7º, § 1º, da Lei 12.016/2009.
- No caso de mandado de segurança de competência originária de tribunal, contra a decisão interlocutória que deferir ou indeferir o pedido de concessão de liminar cabe agravo interno (ou "agravo regimental") – art. 16, parágrafo único, da Lei 12.016/2009.
- Na Súmula 214 do TST encontramos três exceções ao princípio da irrecorribilidade imediata das decisões interlocutórias. Nas duas primeiras ressalvas (alíneas *a* e *b* da referida Súmula), o recurso cabível é o agravo interno (ou "agravo regimental"). Na alínea *c* cabe recurso ordinário.
- A decisão denegatória de seguimento a recurso também é uma decisão interlocutória que desafia recurso de imediato. Cabe contra ela agravo de instrumento, quando proferida pelo juízo *a quo* (primeiro juízo de admissibilidade). Caso a decisão denegatória seja da lavra do juízo *ad quem* (segundo juízo de admissibilidade),

o recurso cabível será o agravo interno (ou "agravo regimental"). Os embargos de declaração também podem ser usados, antes do agravo de instrumento ou do agravo interno, para tentar reverter decisão denegatória de seguimento a recurso, "desde que a decisão seja fruto de um manifesto equívoco na análise de pressuposto extrínseco de admissibilidade".

- No acolhimento de exceção de pré-executividade, a decisão interlocutória pode ser atacada pelo exequente mediante agravo de petição. Caso a exceção de pré--executividade seja rejeitada, nenhum recurso será admitido de imediato.
- Da decisão interlocutória que acolher ou rejeitar o incidente de desconsideração da personalidade jurídica na fase de execução cabe agravo de petição, independentemente de garantia do juízo - inciso II do § 1º do art. 855-A da CLT. Caso a decisão ocorra na fase de conhecimento, não cabe recurso de imediato - inciso I do § 1º do art. 855-A da CLT. Se a decisão tiver sido proferida monocraticamente pelo relator (TRT ou TST), em incidente instaurado originariamente no tribunal, cabe agravo interno, independentemente da fase do processo - inciso III do § 1º do art. 855-A da CLT c/c o art. 1.021 do CPC.
- Da decisão interlocutória que julgar as impugnações aos cálculos de liquidação (§§ 2º e 3º do art. 879 da CLT) cabe agravo de petição de imediato.
- Contra decisão de juiz do trabalho que julgar liminarmente improcedente o pedido cabe recurso ordinário de imediato.
- Contra decisão de juiz do trabalho que julgar antecipada e parcialmente o mérito da causa cabe recurso ordinário de imediato.
- Fixado, no rito sumário, pelo juiz, o valor da causa, ante a omissão da exordial, a quantia poderá ser impugnada por uma ou por ambas as partes, em razões finais. Caso o juiz mantenha o valor, cabe o recurso intitulado "Pedido de Revisão do Valor da Causa".
- Qualquer decisão interlocutória pode ser objeto de embargos de declaração, para suprir os vícios da omissão, da contradição e/ou da obscuridade - *caput* do art. 1.022 do CPC c/c o art. 9º da IN 39/2016 do TST.

2.10. PRINCÍPIO DO JULGAMENTO *EXTRA PETITA*

O órgão jurisdicional não pode julgar fora (*extra*) ou acima (*ultra*) do que foi pedido. O magistrado, por conseguinte, encontra-se "algemado" aos limites da lide, como preveem os arts. 141 e 492 do CPC. No direito processual do trabalho, a regra também se aplica. Com a Reforma Trabalhista, os pedidos passaram a exigir liquidação também no rito ordinário - § 1º do art. 840 da CLT. Não se trata da antecipação da discussão do *quantum debeatur*, pois seria ilógico imaginar a instauração de um incidente de liquidação antes mesmo de saber se existirá ou não condenação. De qualquer sorte, a indicação do valor do pedido impedirá o julgamento *ultra petita*.

No processo trabalhista, entretanto, temos exceções interessantes quanto à vedação do julgamento *extra petita*.

A concessão dos benefícios da justiça gratuita, com base no fato de o beneficiário receber salário mensal igual ou inferior a 40% do limite máximo dos benefícios do Regime Geral de Previdência Social, por exemplo, não depende de requerimento, podendo ocorrer de ofício, seja para o reclamante, seja para o reclamado – art. 790, § 3º, da CLT.

A substituição *ex officio* do pedido de reintegração ao emprego, formulado por empregado portador de estabilidade, para o pagamento dos salários e acessórios do período entre a rescisão contratual e o final da estabilidade, prevista no art. 496 da CLT e ratificada pelo item II da Súmula 396 do TST, é outro clássico exemplo da incidência do princípio.

O registro em CTPS também será ordenado pelo juiz de ofício, quando incontroverso o fato, podendo ser realizado ainda pela própria secretaria da vara do trabalho (sem qualquer marca ou carimbo – § 4º do art. 29 da CLT), nos termos do art. 39 da CLT.

A condenação no pagamento dos reflexos (das horas extras, demais adicionais, diferença salarial etc.), quando não requeridos expressamente pelo reclamante, também é apontada como caso típico de julgamento fora do pedido, mas não goza de unanimidade entre os juízes e tribunais (há quem entenda que, se o advogado não pediu determinada repercussão, mesmo sendo esta um acessório natural do pleito principal, o juiz não estará autorizado a condenar o réu no respectivo pagamento).

Previsão simbólica encontra-se no art. 495 da CLT, que trata dos efeitos da improcedência do inquérito judicial para apuração de falta grave, ação prevista nos arts. 853 a 855 da CLT. O art. 494 da CLT dispõe que o empregador poderá suspender preventivamente o empregado acusado de ter praticado falta grave para que ele responda ao inquérito judicial, dispondo que a suspensão vai perdurar até a conclusão do processo (prolação da sentença). Pois bem. Caso o juiz não se convença da falta grave imputada ao réu, julgará improcedente o pedido de rescisão por justa causa do pacto, determinando de ofício o retorno do empregado ao trabalho, caso ele tenha sido suspenso preventivamente pelo empregador. Além disso, condenará o empregador a pagar-lhe os salários e acessórios de todo o período da suspensão. A decisão sobre o "fim da suspensão, o retorno do obreiro ao labor e o pagamento dos salários e consectários" é um típico caso de julgamento *extra petita*.

Não há, no processo de conhecimento trabalhista, previsão legal para a exigência, pelo juiz do trabalho, de rol de testemunhas, pois estas são convidadas pelas próprias partes, comparecendo espontaneamente à audiência, independentemente de intimação judicial, como dispõe o *caput* do art. 825 da CLT. O não comparecimento de testemunha convidada gera o adiamento da audiência e a determinação de sua intimação postal. O adiamento da sessão e a expedição da intimação decorrem de atos judiciais que podem ser praticados de ofício ou a requerimento da parte interessada – parágrafo único do art. 825 da CLT. Tratando-se de rito sumaríssimo, contudo, o adiamento da audiência e a expedição da intimação dependem do requerimento do interessado e da comprovação do convite realizado à testemunha faltosa – § 3º do art. 852-H da CLT. No processo de execução é diferente, já que existe previsão legal para o arrolamento prévio de testemunhas – § 2º do art. 884 da CLT.

2.11. PRINCÍPIO DA GRATUIDADE DA JUSTIÇA

O recolhimento das custas, no processo trabalhista, é realizado apenas no final, depois do trânsito em julgado da sentença ou, se for o caso, dentro do prazo recursal – § 1º do art. 789 da CLT e Súmula 245 do TST. Sendo assim, o reclamante não tem que efetuar qualquer pagamento antecipado para fins de processamento da ação. A Lei 13.467/2017 (Reforma Trabalhista) alterou significativamente o instituto da gratuidade da justiça, seja quanto aos critérios para a sua concessão, seja na sua extensão, com indisfarçável escopo de restringir a sua aura protetora e amedrontar os pretensos reclamantes, não conseguindo disfarçar a intenção de retaliar e punir trabalhadores, objetivando a diminuição do número de reclamações trabalhistas. Detectei diversas inconstitucionalidades na Lei 13.467/2017, quanto a esse tema.

No caso de pessoa física, defendo a aplicação do § 3º do art. 99 do CPC (nesse sentido o item I da Súmula 463 do TST), gozando, portanto, a declaração de hipossuficiência, de presunção de veracidade. No caso de pessoa jurídica, não basta uma mera declaração. É necessária a comprovação de impossibilidade de a parte arcar com as despesas do processo, nos termos do item II da Súmula 463 do TST e da interpretação *a contrario sensu* do § 3º do art. 99 do CPC.

Os benefícios da justiça gratuita podem ser requeridos em qualquer tempo ou grau de jurisdição, desde que, na fase recursal, seja o requerimento formulado no prazo alusivo ao recurso. Caso indeferido o requerimento de justiça gratuita, formulado na fase recursal, cumpre ao órgão julgador fixar prazo para que o recorrente efetue o preparo, nos termos do art. 99, § 7º, do CPC. Essa previsão se encontra na OJ 269 da SDI-1.

O salário mínimo deixou de ser o alicerce de aferição da hipossuficiência para fins de concessão da gratuidade da justiça (antes da Reforma Trabalhista, os benefícios eram concedidos àqueles que recebessem salário mensal igual ou inferior ao dobro do salário mínimo). O § 3º do art. 790 da CLT, com a redação dada pela Lei 13.467/2017, agora diz que os benefícios da justiça gratuita serão concedidos àqueles que perceberem salário igual ou inferior a **40% do limite máximo dos benefícios do Regime Geral de Previdência Social**.

Antes da Reforma Trabalhista, o § 3º do art. 790 da CLT exigia, daqueles que não se enquadrassem no critério objetivo para a concessão da gratuidade da justiça (salário mensal), a mera declaração de hipossuficiência, que podia ser feita pelo próprio advogado, munido de procuração com poderes especiais (art. 105 do CPC), e que gozava de **presunção de veracidade**. A Lei 13.467/2017 extirpou arbitrariamente a simplicidade daquela regra, inserindo o § 4º ao art. 790 da CLT, passando a exigir, como condição para a concessão da gratuidade da justiça daquele com salário mensal superior a 40% do teto previdenciário, a **comprovação** da insuficiência de recursos. A virulenta previsão fere o *caput* do art. 5º da CF, norma que consagra o princípio da isonomia, já que o CPC continua imprimindo presunção de veracidade à declaração de hipossuficiência feita por pessoa física (§ 3º do art. 99 do CPC) – *Ubi eadem ratio ibi idem jus* –, "onde houver o mesmo fundamento haverá o mesmo direito". O § 4º do art. 790 da CLT também viola o inciso III do art. 1º da CF, que respalda o princípio da dignidade da pessoa humana.

Vale destacar, neste ponto do nosso estudo, a flagrante inconstitucionalidade do § 2º do art. 844 da CLT, que prevê a condenação do reclamante, mesmo beneficiário da justiça gratuita, ao pagamento de custas, quando este não comprovar, no prazo de quinze dias, que a sua ausência à audiência ocorreu por motivo legalmente justificável. A dita norma viola o inciso III do art. 1º da CF (princípio da dignidade da pessoa humana) e o *caput* do art. 5º da CF (princípio da isonomia), principalmente pelo fato de não existir, no regramento processual comum, especificamente nos arts. 98 e 99 do CPC, qualquer condição ou exigência similar.

A inconstitucionalidade também assombra o art. 790-B da CLT, que impõe o pagamento de honorários periciais ao beneficiário da justiça gratuita. A despesa deve ser suportada pela União, nos termos da Súmula 457 do TST, mediante a declaração, de forma difusa, de sua inconstitucionalidade, por violação ao inciso III do art. 1º da CF, que traduz o princípio da dignidade da pessoa humana, e violação mortal ao *caput* do art. 5º da CF, que exala o princípio da isonomia, mormente pelo fato de o CPC, no seu art. 98, VI, isentar, sem exceção ou condição, o beneficiário da justiça gratuita do pagamento de honorários periciais, em clara demonstração de que as previsões do *caput* e do § 4º do art. 790-B da CLT são inconstitucionais, pois todos são iguais perante a lei.

2.12. PRINCÍPIO DO *JUS POSTULANDI*

O *jus postulandi* é mais uma herança da época em que a Justiça do Trabalho não integrava o Poder Judiciário. Ele está previsto no art. 791 da CLT, norma que permite que empregados e empregadores atuem sem advogado. Não é uma exclusividade da Justiça do Trabalho. Nos Juizados Especiais, por exemplo, também há espaço para o *jus postulandi*, limitado, porém, ao valor da causa (até 20 salários mínimos) - art. 9º da Lei 9.099/1995.

O *jus postulandi* trabalhista não encontrava limitação, nem mesmo no valor da causa, mas o TST, no ano de 2010, mediante a Súmula 425, mitigou o seu alcance, afastando-o do mandado de segurança, da ação cautelar (chamada agora de "tutela provisória de urgência de natureza cautelar"), da ação rescisória e de toda e qualquer ação ou recurso de competência do TST. No TST, portanto, não mais se aplica o *jus postulandi*, restrito às Varas do Trabalho e aos Tribunais Regionais do Trabalho. Para a ação rescisória, o mandado de segurança e a tutela provisória de urgência de natureza cautelar o advogado também é indispensável, não importa qual seja a instância. A Reforma Trabalhista, corporificada na Lei 13.467/2017, tornou ainda mais incongruente o instituto do *jus postulandi*, transformando a CLT, nesse ponto, numa aberração normativa. Ora, no novo art. 855-A, a CLT, ao tratar de "processo de jurisdição voluntária", ou seja, não oriundo de uma lide (conflito de interesses qualificado pela pretensão resistida) - Homologação de Acordo Extrajudicial - diz ser **obrigatória a representação das partes por advogado** (exigência louvável). No entanto, ao cuidar de processos de jurisdição contenciosa, mantém, inexplicavelmente, a representação das partes por advogado como uma mera faculdade de empregados e empregadores, sem qualquer limitação ao valor da causa. Há mais um aspecto inquietante. O art. 791 da CLT, ao dispor sobre o *jus postulandi*, restringe a sua incidência apenas às relações de emprego. Significa que para as demais relações de trabalho deduzidas em juízo a representação por advogado é obrigatória (o art. 5º da IN 27/2005 do TST já consagrava essa distinção).

O *jus postulandi* afetava diretamente a condenação em honorários advocatícios sucumbenciais, afastando a aplicação do art. 85 do CPC e do Capítulo VI da Lei 8.906/1994 ao processo trabalhista. Neste aspecto, a Lei 13.467/2017 corrigiu o absurdo, criando o art. 791-A da CLT, que passou a consagrar a verba honorária derivada da mera sucumbência. Entretanto, nem tudo são flores, já que os percentuais fixados no novo artigo são inconstitucionais (de 5% a 15%), por violação aos princípios da isonomia, da não discriminação remuneratória e da dignidade da pessoa humana, como estudaremos em tópicos específicos desta obra.

A notória complexidade das lides trabalhistas não mais comporta o *jus postulandi*, principalmente com a chegada do Processo Judicial Eletrônico (PJE). Desprezar, hodiernamente, a imprescindibilidade do advogado, *data venia*, é ignorar a realidade.

"*Jus*" ou "*Ius*" significa direito. "*Postulandi*" significa postular. *Jus postulandi* nada mais é do que o **direito** ou a **faculdade** de postular em causa própria, sem advogado. Digamos que um empregado ajuizou reclamação trabalhista, representado por advogado, e que, à audiência inicial, as partes tenham comparecido devidamente acompanhadas dos seus respectivos patronos, apresentando, o reclamado, depois de frustrada a tentativa de acordo, contestação, sendo então marcada a audiência de instrução. No dia da audiência de instrução, um dos advogados não compareceu (irrelevante se a ausência foi do patrono do reclamante ou do patrono do reclamado). Pode o juiz realizar a audiência sem a presença do advogado de uma das partes? Não me furto a afirmar que temerária seria a realização da assentada, ato que poderia provocar manifesto prejuízo à parte desprovida de advogado, motivo suficiente para macular de total nulidade os atos processuais praticados durante a sessão, contaminando os posteriores - arts. 794 e 798 da CLT c/c o art. 281 do CPC.

A minha posição está amparada pela premissa de que o *jus* (direito) *postulandi* (de postular) é uma **faculdade de empregados e empregadores**, e, como tal, pode ser objeto de renúncia. Reclamante e reclamado, ao constituírem advogado, renunciaram ao *jus postulandi*. A ausência de um dos advogados, diante da renúncia ao *jus postulandi*, desequilibra a relação processual, fato, por si só, capaz de causar sérias avarias durante a fase mais importante do processo.

O juiz do trabalho não pode "infligir" o *jus postulandi* às partes que, ao constituírem advogado, expressamente renunciaram àquela faculdade.

A audiência, diante da ausência do advogado de uma das partes, só poderia ser realizada se o litigante expressamente concordasse (estaria optando, naquele momento, pelo *jus postulandi*) ou se outro advogado anuísse em prestar assistência à parte "órfã", mediante a sua concordância, evidentemente.

Devo confessar que a minha posição, quanto à necessidade de adiamento da audiência, no caso de não comparecimento do advogado de uma das partes, quando confrontada com a previsão do CPC (art. 362, II), não é das mais agudas, podendo ser questionada. Isso porque o regramento processual civil só autoriza o adiamento da assentada "se a ausência do advogado ocorrer por motivo justificado", fato que deve ser comprovado "até a abertura da audiência" (art. 362, § 1º, do CPC).

A "exigência" de "comprovação do fato até a abertura da audiência", convenhamos, está poluída pelo desprezo do legislador aos "motivos de força maior", cuja marca principal é a imprevisibilidade. Lamentável a frieza da lei. O bom jurista, entretanto, não perde tempo com lamentações, pois tem na hermenêutica jurídica a sua arma. Por isso, digo que a interpretação serve exatamente para humanizar a gélida letra normativa.

2.13. PRINCÍPIO DA EXECUÇÃO *EX OFFICIO*

A Reforma Trabalhista, implantada pela Lei 13.467/2017, alterou a redação do *caput* do art. 878 da CLT e revogou expressamente o seu parágrafo único. Com isso, o legislador soterrou o princípio da execução *ex officio*, dispondo, agora, que "a execução será promovida pelas partes", ou, melhor dizendo, **por seus advogados**, e não mais pelo próprio juízo.

Importante destacar a presença do advogado, pois a norma manteve, como exceção, o antigo princípio, ao "permitir a execução de ofício pelo juízo apenas nos casos em que as partes não estiverem representadas por advogado".

Afinal, o princípio da execução *ex officio* foi ou não foi exterminado?

Foi sim, pois princípio é regra, e a execução de ofício, depois da Reforma Trabalhista, transformou-se em exceção, deixando, portanto, de ser um princípio do processo trabalhista.

O juiz do trabalho, por conseguinte, não poderá mais iniciar de ofício a execução, **salvo** quando o exequente não possuir advogado (*jus postulandi*; morte do advogado de credor, sem que este o tenha substituído; revogação do mandato etc.).

Com isso, surgiu mais uma "assombração" na vida dos advogados, visto que, a partir do trânsito em julgado da decisão ou do descumprimento do acordo, o advogado do credor terá dois anos para "ajuizar" **ação de execução**, requerendo o início do processo executório. Não o fazendo dentro do referido biênio, incidirá a **prescrição da execução**, capaz de fulminar a pretensão executória, nos termos da Súmula 150 do STF.

A prescrição da execução já era aplicada para os títulos executivos extrajudiciais. Passou a incidir, a partir do dia 11/11/2017, também sobre os títulos executivos judiciais, mediante a incidência do art. 14 do CPC: "A norma processual não retroagirá e será aplicável imediatamente aos processos em curso, respeitados os atos processuais praticados e as situações jurídicas consolidadas sob a vigência da norma revogada".

Aplicamos, no nosso sistema processual, a **Teoria do Isolamento dos Atos Processuais**, à luz do art. 1.046 do CPC: "Ao entrar em vigor este Código, suas disposições se aplicarão desde logo aos processos pendentes". Sendo assim, nos atos processuais ainda não realizados a Reforma Trabalhista incidirá. Serão respeitados, entretanto, os atos processuais já praticados na regência da lei antiga, significando que a nova legislação é irretroativa, não alcançando os atos processuais efetivados, nem seus efeitos, mas aplicando-se aos atos processuais que ainda serão realizados.

QUESTÕES COMENTADAS SOBRE PRINCÍPIOS DO DIREITO PROCESSUAL DO TRABALHO

1. **(FGV – IX Exame de Ordem). Um dos princípios norteadores do processo do trabalho é o da celeridade, dada a natureza salarial do crédito trabalhista. Entretanto, por força de Lei, algumas causas especiais possuem preferência na tramitação. Das situações listadas a seguir, assinale aquela que terá preferência em todas as fases processuais:**

(A) a que será executada contra a União, estados ou municípios.
(B) a que será executada perante o juízo da falência.
(C) a que será executada em face de empregador doméstico.
(D) a que será executada em face de empresa pública.

Comentário: A tramitação preferencial aplica-se a pessoas com idade igual ou superior a 60 anos, a pessoas portadoras de doença grave, a pessoas portadoras de deficiência (necessidades especiais) e às reclamações contra a massa falida. O CPC trata dos dois primeiros casos no art. 1.048. O terceiro caso (portadores de necessidades especiais) deriva da Lei 12.008/2009, que acrescentou o art. 69-A à Lei 9.784/1999, e da Instrução Normativa 29/2005 do TST. O quarto caso (falência), vocês encontrarão no art. 79 da Lei 11.101/2005. A letra "B" é a correta. Concedida a prioridade, essa não cessará com a morte do beneficiado, estendendo-se em favor do cônjuge supérstite ou do companheiro em união estável (§ 3º do art. 1.048 do CPC).

Resposta: B

2. **(FGV – IX Exame de Ordem). Na Justiça do Trabalho, segundo o entendimento sumulado pelo TST, é correto afirmar-se que o *jus postulandi*:**

(A) não se aplica à ação rescisória, à ação cautelar, ao mandado de segurança e aos recursos de competência do TST.

(B) não tem mais aplicação na Justiça do Trabalho desde o advento da Emenda Constitucional 45.

(C) aplica-se em todas as causas cujo valor seja inferior a vinte salários mínimos, porque, a partir deste patamar, o advogado é indispensável.

(D) aplica-se irrestritamente na seara trabalhista, em todas as esferas, instâncias e ações, sendo uma de suas características marcantes.

Comentário: A letra "A" está correta, em consonância com a previsão contida na Súmula 425 do TST. O *jus postulandi* também não se aplica às lides que envolvam relação de trabalho que não seja relação de emprego (só se aplica a empregados e empregadores – *caput* do art. 791 da CLT).

Resposta: A

3. **(FGV – XII Exame de Ordem). Em 10/04/2013 a empresa AlfaBeta Ltda. recebeu cópia da petição inicial de ação em face dela ajuizada, com notificação citatória para audiência no dia 14/04/2013. Nesta data, compareceu apenas o preposto da ré, munido da respectiva carta e carteira de trabalho, sem portar defesa, requerendo oralmente o adiamento da audiência. A partir do caso apresentado, assinale a afirmativa correta:**

(A) O juiz deverá manter a audiência e aplicar a revelia por ausência de defesa.

(B) O juiz deverá adiar a audiência pela exiguidade de tempo entre a citação e a realização da audiência.

(C) O juiz deverá manter a audiência, podendo o preposto apresentar defesa oral no prazo legal de vinte minutos, já que vigora o *jus postulandi*.

(D) Face aos princípios da celeridade e economia processual, o juiz deverá manter a audiência, mas em razão da presença da ré, evidente o ânimo de defesa, não aplicará a revelia.

Comentário: O prazo mínimo para a elaboração da defesa é de cinco dias, à luz do art. 841 da CLT. Significa dizer que a audiência só pode ser realizada do sexto dia em diante, a contar do dia útil imediatamente subsequente à citação do reclamado (arts. 774 e 775, CLT). No caso, como não foi observado o quinquídio mínimo, caberá ao juiz adiar a sessão, devolvendo ao reclamado o prazo de defesa. A letra "B" está correta.

Resposta: B

4. **(FGV – XII Exame de Ordem). Carlos Alberto foi caixa numa instituição bancária e ajuizou reclamação trabalhista, postulando o pagamento de horas extras, já que em uma das agências, na qual trabalhou por dois anos, cumpria jornada superior à legal. Em contestação, foram apresentados os controles, que não continham sobrejornada, e por essa razão foram expressamente impugnados pelo acionante. Na instrução, o banco não produziu prova, mas Carlos Alberto conduziu uma testemunha que com ele trabalhou sete meses na agência em questão e ratificou a jornada mais extensa declarada na petição inicial. Diante desta situação e de acordo com o entendimento consolidado do TST, assinale a afirmativa correta:**

(A) Uma vez que a testemunha trabalhou com o autor somente sete meses, este é o limite de tempo que limitará eventual condenação.

(B) Se o juiz se convencer, pela prova testemunhal, que a sobrejornada ocorreu nos dois anos, poderá deferir as horas extras em todo o período.

(C) Uma vez que a testemunha trabalhou com o autor em período inferior à metade do tempo questionado, não poderá ser fator de convencimento acerca da jornada.

(D) Considerando que os controles foram juntados, uma única testemunha não poderia servir de prova da jornada cumprida.

Comentário: A letra "B" é a correta, traduzindo, com maestria, o princípio da livre persuasão racional do magistrado. O juiz, por conseguinte, não fica limitado ao período em que a testemunha trabalhou para o reclamado, desde que se convença de que o procedimento questionado (fato) superou aquele lapso temporal – *vide* OJ 233 SDI-1.

Resposta: B

3

JURISDIÇÃO

O direito processual estuda e regulamenta a atuação, pelo Estado, da função jurisdicional. Já foi conhecido como "direito jurisdicional".

A jurisdição é a atividade típica do Poder Judiciário, consistindo na "aplicação do direito" a um caso concreto, com o escopo de solucionar conflitos (*juris dictio* = "dizer o direito"). O poder jurisdicional, no entanto, vai além do simples "dizer o direito", satisfazendo-o, mediante a execução forçada.

- **PROCESSO DE CONHECIMENTO = dizer o direito.**
- **PROCESSO DE EXECUÇÃO = satisfazer o direito.**

Na fase cognitiva o juiz vai dos fatos ao direito, sentenciando no final. Transitando em julgado a decisão, o juiz, a partir daí, vai do direito aos fatos, ou seja, sai da abstração da coisa julgada e entra, com a força necessária, no mundo real, na busca do cumprimento daquela decisão.

Na fase de execução, o juiz tem de ter garra, sentindo que, caso a decisão não seja cumprida, ele (Estado-Juiz) é que será desmoralizado.

A jurisdição se encontra marcada pela inércia, amparando-se, também, na imparcialidade.

Surgindo um conflito de interesses, qualificado pela pretensão resistida (lide), o sujeito não pode, salvo raríssimas exceções (legítima defesa, desforço imediato, greve), utilizar-se da autotutela (*Lex talionis*: olho por olho, dente por dente), devendo buscar a satisfação de sua **pretensão** no Poder Judiciário, provocando-o, mediante a propositura de uma **ação**.

O Estado, uma vez provocado, usará de um instrumento para aplicar o direito. Essa ferramenta chama-se processo.

Processo, desse modo, nada mais é do que o instrumento que o Estado usa para solucionar os conflitos humanos (escopo imediato), pacificando a sociedade (escopo mediato).

Quanto maior o subdesenvolvimento intelectual de um povo, maior a quantidade de lides (conflitos marcados pela resistência à pretensão). Quanto menor o desenvolvimento cultural de uma sociedade, menor a capacidade de autocomposição (resolução dos conflitos sem a atuação estatal). No Brasil, o índice de conciliação ainda é muito baixo, retratando bem o nível de nossa sociedade.

O CPC de 2015 nasceu iluminado pela força da solução pacífica dos conflitos humanos. Mas não basta apenas legiferar. É preciso mudar a cultura da coletividade.

3.1. COMISSÕES DE CONCILIAÇÃO PRÉVIA

O legislador, ao dispor sobre a possibilidade (faculdade) de criação de comissões de conciliação, no âmbito das empresas e/ou dos sindicatos, visou criar uma instância administrativa capaz de "desafogar" o Judiciário Trabalhista (arts. 625-A a 625-H, CLT).

A ideia sempre foi a de criar uma instância administrativa obrigatória. Para tanto, basta observar a redação do art. 625-D, *caput*, CLT: "Qualquer demanda de natureza trabalhista será submetida à comissão de conciliação prévia se, na localidade da prestação de serviços, houver sido instituída a comissão no âmbito da empresa ou do sindicato da categoria".

A criação da comissão sempre foi facultativa. Porém, uma vez existindo, o obreiro só poderia ajuizar reclamação na Justiça do Trabalho depois de passar por ela.

Essa obrigatoriedade ruiu diante de liminar do STF que suspendeu a eficácia do art. 625-D CLT (liminar em duas Ações Diretas de Inconstitucionalidade: ADI 2.139 e ADI 2.160).

Hoje, portanto, mesmo existindo comissão de conciliação, o empregado pode procurar diretamente a Justiça do Trabalho, sem passar por aquela. A submissão da demanda à comissão de conciliação prévia tornou-se meramente **facultativa**.

Apesar de opcional a ida à comissão, caso o empregado a procure e ali firme um acordo, será lavrado um termo de conciliação, com natureza de título executivo extrajudicial (art. 876 da CLT), com eficácia geral e irrevogável do seu objeto, salvo quanto aos títulos expressamente ressalvados (parágrafo único do art. 625-E da CLT). Assim sendo, se o empregado firmar um termo de conciliação em comissão prévia, sem qualquer ressalva, sua pretensão na Justiça do Trabalho será soterrada pela incidência do art. 485, IV, do CPC/2015 ("ausência de pressupostos de constituição e de desenvolvimento válido e regular do processo").

Caso do termo de conciliação conste ressalva quanto a algum "direito", como por exemplo, ao pagamento de horas extras e reflexos, a "pretensão ressalvada" poderá ser processada e julgada na Justiça do Trabalho. No exemplo, a pretensão de "pagamento de horas extras e reflexos".

Sempre é bom lembrar que a prescrição trabalhista, quer bienal, quer parcial, fica suspensa enquanto a demanda está tramitando na comissão de conciliação prévia (art. 625-G da CLT).

A posição do STF, naturalmente, desestimulou empresas e sindicatos de criarem comissões de conciliação prévia.

3.2. ARBITRAGEM

O art. 507-A da CLT, incluído pela Lei 13.467/2017, dispõe que, nos contratos individuais de trabalho, cuja remuneração do empregado seja superior a duas vezes o limite máximo estabelecido para os benefícios do Regime Geral de Previdência Social, as partes poderão inserir uma "cláusula compromissória de arbitragem", desde que por iniciativa do empregado ou mediante a sua concordância expressa, nos termos da Lei 9.307/1996.

O compromisso arbitral representa a **renúncia ao Poder Judiciário**. Isso mesmo.

Quando os sujeitos de um contrato acordam que os litígios gerados pelo pacto serão dirimidos por um árbitro (escolhido por eles), estão, na verdade, abrindo mão de levar as suas pretensões ao Judiciário (inciso VII do art. 485 do CPC e inciso X do art. 337 do CPC).

A cláusula compromissória arbitral deve ser estipulada por escrito, como exige o § 1º do art. 4º da Lei 9.307/1996, podendo estar inserta no próprio contrato ou em documento apartado que a ele se refira.

Tratando-se de **contrato de adesão**, a cláusula arbitral deve, por cautela, constar de documento anexo, à luz da previsão contida no § 2º do art. 4º da Lei 9.307/1996.

Com a Reforma Trabalhista, a CLT passou a reconhecer a validade do compromisso arbitral firmado por empregado que possuir **remuneração mensal específica**, sem exigir, contudo, como o fez no parágrafo único do art. 444 da CLT, nível educacional diferenciado do obreiro (diploma de nível superior). Surpreendente a previsão do art. 507-A da CLT, exatamente pela ausência deste último requisito, que considero mais relevante do que a quantia remuneratória.

Poderíamos facilmente concluir, de forma simplória, em interpretação literal, que o legislador, quando quis exigir os dois requisitos, especificamente no parágrafo único do art. 444 da CLT, fê-lo, e dizer que, para fins de validade do compromisso arbitral, o único requisito "trabalhista" seria o valor "especial" da remuneração mensal do obreiro (dobro do teto dos benefícios previdenciários), o qual não precisaria ser o "empregado hipersuficiente", nos estritos limites do parágrafo único do art. 444 da CLT.

Seria essa a melhor orientação de um advogado cauteloso ao seu cliente empregador?

Definitivamente, não!

Entendo, humildemente, que a definição do "empregado hipersuficiente", esculpida no parágrafo único do art. 444 da CLT, também deve ser observada para fins de firmamento de um compromisso arbitral, pois este representa a renúncia prévia ao Poder Judiciário, cujos efeitos são bem mais contundentes do que a renúncia à tutela sindical numa negociação (efeitos previstos no parágrafo único do art. 444 da CLT).

O advogado, portanto, não deve aconselhar o seu cliente a firmar cláusula compromissória arbitral com um empregado que não possua diploma de curso superior, mesmo que a sua remuneração seja igual ou superior ao teto dos benefícios previdenciários.

Eis a minha singela interpretação sistêmica do art. 507-A da CLT – quem pode o mais pode o menos; mas quem pode o menos não pode o mais.

Bom, além dos requisitos "trabalhistas" (remuneração diferenciada e diploma de curso superior), o advogado deve observar os requisitos "arbitrais", esculpidos na Lei 9.307/1996, evitando, por exemplo, inserir a cláusula compromissória no bojo do próprio contrato de trabalho.

Na relação de emprego, o pacto firmado entre empregado e empregador é um típico contrato de adesão. Para esse tipo de contrato, a cláusula compromissória só terá eficácia se o aderente (empregado) tomar a iniciativa de instituir a arbitragem ou concordar, expressamente, com a sua instituição, desde que por **escrito** "em documento anexo ou em negrito", com a assinatura ou visto especialmente para essa cláusula, nos termos do § 2º do art. 4º da Lei 9.307/1996, sem esquecer a necessidade de o acordo ser também **assinado por duas testemunhas**, nos moldes do § 2º do art. 9º da Lei 9.307/1996 (se o instrumento for público, não haverá necessidade de testemunhas).

Existindo cláusula compromissória arbitral no contrato de trabalho, o advogado do reclamado tem que lembrar que a objeção (preliminar de mérito) **não poderá ser conhecida de ofício pelo juiz**, à luz do § 5º do art. 337 do CPC, sendo, portanto, passível de preclusão, já que não é considerada matéria de ordem pública. Sendo assim, quando da confecção da contestação, todo cuidado é pouco, até mesmo pela incidência da preclusão consumativa quando da juntada da peça contestatória aos autos do PJE sem sigilo, conforme estudamos, tornando inócua a tentativa de complementação oral da defesa em audiência. Nesse sentido, o art. 342 do CPC.

3.3. PDV OU PIDV PREVISTO EM ACORDO COLETIVO OU CONVENÇÃO COLETIVA

O art. 477-B da CLT, inserido pela Lei 13.467/2017, prevê que o Plano de Demissão Voluntária (PDV) ou Incentivada (PIDV), para dispensa individual, plúrima ou coletiva, previsto em **convenção coletiva ou acordo coletivo de trabalho**, enseja quitação plena e irrevogável dos direitos decorrentes da relação empregatícia, salvo disposição em contrário estipulada entre as partes.

A Reforma Trabalhista apenas consagrou decisão plenária do STF, proferida na sessão do dia 30/04/2015, que já havia decidido sobre a validade da cláusula que dava quitação ampla e irrestrita de todas as parcelas decorrentes do contrato de emprego, desde que esse item constasse dos termos assinados pelo empregado e estivesse previsto em acordo coletivo ou convenção coletiva de trabalho. A histórica e salutar decisão pode ser encontrada no julgamento do REXT 590415, com repercussão geral, a qual fragilizou, à época, a OJ 270 da SDI-1.

O art. 477-B da CLT representa apenas o respaldo legal do que já havia sido pacificado pelo STF.

Sempre é bom destacar que a quitação plena e irrevogável de todos os direitos decorrentes da relação empregatícia está condicionada à expressa previsão em convenção coletiva ou acordo coletivo de trabalho, sendo válidas as ressalvas lançadas pelas partes no termo de adesão, propiciando a análise, pela Justiça do Trabalho, das parcelas expressamente ressalvadas.

QUESTÃO COMENTADA SOBRE JURISDIÇÃO

1. **(TRT da 1ª Região, 2012, FCC, Juiz do Trabalho Substituto). Quanto à comissão de conciliação prévia é correto afirmar:**

   (A) Comissão instituída no âmbito da empresa será composta de, no mínimo, dois e, no máximo, dez membros, com mandato de dois anos, permitida uma recondução.

   (B) Aceita a conciliação, será lavrado termo assinado pelo empregado, pelo empregador ou seu preposto e pelos membros da comissão, garantindo-se ao interessado o prazo de 8 (oito) dias para interposição de recurso ordinário.

   (C) O termo de conciliação é título executivo extrajudicial e terá eficácia liberatória geral, exceto quanto às parcelas expressamente ressalvadas.

   (D) É vedada a dispensa dos representantes dos empregados e dos empregadores, membros da comissão de conciliação prévia, titulares e suplentes, até um ano após o final do mandato, salvo se cometerem falta grave, nos termos da lei.

   (E) Qualquer demanda de natureza trabalhista será submetida à comissão de conciliação prévia, desde que formulada obrigatoriamente por escrito se, na localidade da prestação de serviços, houver sido instituída a comissão no âmbito da empresa ou do sindicato da categoria.

Comentário: A letra "A" possui um único erro. A duração do mandato de comissão de conciliação prévia instituída **no âmbito da empresa** será de apenas **um ano** (art. 625-B, III, da CLT). Lembrando que a constituição e regulamentação das Comissões criadas no **âmbito sindical** serão definidas em convenção coletiva ou acordo coletivo de trabalho (art. 625-C da CLT). O termo de conciliação firmado em comissão de conciliação prévia tem natureza de título executivo extrajudicial (art. 625-E, parágrafo único, da CLT e art. 876 da CLT). Sendo assim, não há pensar na interposição de "recurso judicial". Caso uma das partes deseje anular o termo de conciliação o fará mediante o ajuizamento de ação anulatória. A letra "B" está errada. A letra "C" está correta, em consonância com o parágrafo único do art. 625-E da CLT. De fato, além de ser um título executivo extrajudicial, o termo de conciliação firmado em comissão de conciliação prévia possui eficácia liberatória geral quanto a todas as verbas do contrato de trabalho, salvo as que forem expressamente ressalvadas no próprio termo (parágrafo único do art. 625-E da CLT). A letra "D" está errada por ter estendido a estabilidade aos "representantes dos empregadores". O art. 625-B, § 1º, da CLT restringe a garantia de emprego **apenas aos representantes dos empregados**. A letra "E" está errada, pois traduz o *caput* do art. 625-D da CLT, norma que se encontra com a sua **eficácia suspensa por decisão do STF** (ADI 2.139-7 e ADI 2.160-5). No momento, portanto, o obreiro só submeterá demanda em comissão de conciliação prévia se quiser (mera faculdade), podendo, se assim desejar, buscar imediatamente a Justiça do Trabalho (a decisão do STF fez com que a comissão de conciliação prévia deixasse de ser uma instância administrativa obrigatória).

Resposta: C

4

COMPETÊNCIA

A competência é a medida da jurisdição, uma parte desta, um fragmento. Na competência, a jurisdição é fatiada. Daí dizer que todo juiz possui jurisdição, mas não possui toda e qualquer competência.

O art. 43 do CPC dispõe que a competência é determinada no momento do registro ou da distribuição da petição inicial, sendo irrelevantes as modificações do estado de fato ou de direito ocorridas posteriormente, salvo quando suprimirem órgão judiciário ou alterarem a competência absoluta.

A alteração da competência absoluta pode ocorrer por decisão do STF, com ou sem modulação dos seus efeitos. Aconteceu, com efeitos *ex nunc*, no caso das lides envolvendo empregados e planos privados de previdência.

Situação excêntrica é aquela prevista na Súmula 10 do STJ, que trata da instalação de vara do trabalho em localidade órfã de jurisdição trabalhista, consagrando que, a partir da criação da vara trabalhista, cessa a competência, cognitiva e executória, do juiz de direito que estava exercendo, nos termos dos arts. 112 da CF e 668 da CLT, competência trabalhista. Nesse caso, a alteração da competência é total, abarcando os feitos que estão na fase de conhecimento e aqueles que já se encontram em execução.

A Justiça do Trabalho é competente para processar e julgar as ações decorrentes das relações de trabalho – art. 114, I, CF. Mas isso não é tão simples, pois a medida da jurisdição trabalhista é influenciada por precedentes jurisprudenciais e também pela própria CLT.

A competência pode ser absoluta ou relativa.

Esquema:

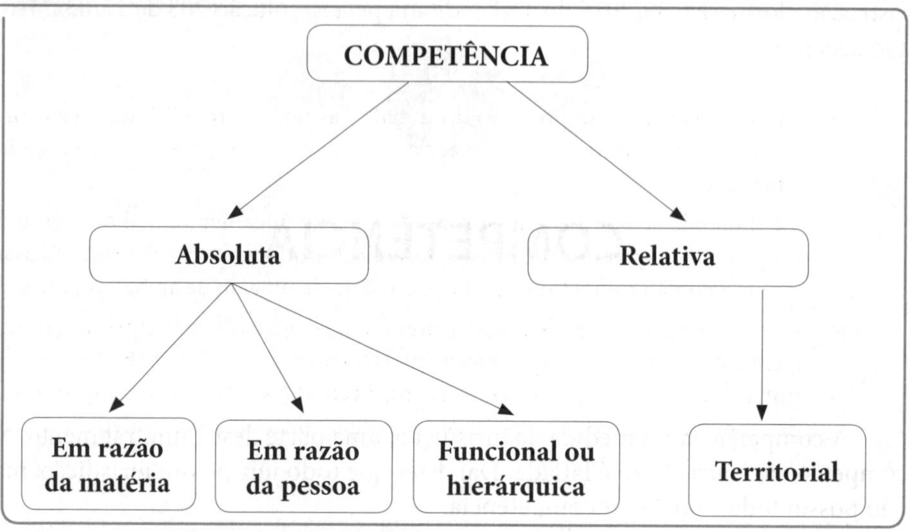

4.1. COMPETÊNCIA ABSOLUTA

A competência absoluta, nos termos do art. 62 do CPC, é determinada em razão da matéria, da pessoa ou da função, sendo inderrogável por convenção das partes. Eis sua divisão:

- Competência em razão da matéria.
- Competência em razão da pessoa.
- Competência funcional ou hierárquica.

A competência absoluta é matéria de ordem pública. Significa dizer que não precisa, para ser analisada, da manifestação do reclamado (§ 1º do art. 64 e § 5º do art. 337 do CPC).

Os órgãos do Poder Judiciário têm o dever de avaliar, *ex officio*, ou seja, independentemente de arguição da parte ré, a competência absoluta em um caso concreto, seja no processo como um todo, seja em relação a um pedido.

E como ficam os arts. 9º e 10 do CPC?

O CPC, no *caput* do seu art. 9º, reza: "*Não se proferirá decisão contra uma das partes sem que ela seja previamente ouvida*"; e no seu art. 10 dispõe: "*O juiz não pode decidir, em grau algum de jurisdição, com base em fundamento a respeito do qual não se tenha dado às partes oportunidade de se manifestar, ainda que se trate de matéria sobre a qual deva decidir de ofício*".

A intenção do legislador processual, nos citados artigos, foi evitar a chamada "**decisão-surpresa**". A previsão se aplica ao processo trabalhista, como consagrou a Instrução Normativa 39/2016 do TST (editada pela Resolução 203 de 15/03/2016), que decreta:

> Art. 4º Aplicam-se ao processo do trabalho as normas do CPC que regulam o princípio do contraditório, em especial os arts. 9º e 10, no que vedam a decisão-surpresa.
>
> § 1º Entende-se por "decisão-surpresa" a que, no julgamento final do mérito da causa, em qualquer grau de jurisdição, aplicar fundamento jurídico ou embasar-se em fato não submetido à audiência prévia de uma ou de ambas as partes.
>
> § 2º Não se considera "decisão-surpresa" a que, à luz do ordenamento jurídico nacional e dos princípios que informam o Direito processual do trabalho, as partes tinham obrigação de prever, concernente às condições da ação, aos pressupostos de admissibilidade de recurso e aos pressupostos processuais, salvo disposição legal expressa em contrário.

Para o TST, portanto, não é considerada "decisão-surpresa" e, consequentemente, poderá ser proferida sem a manifestação prévia das partes, aquela cujo **fundamento os litigantes tinham obrigação de prever**, principalmente quando a matéria for de ordem pública (aquela que o órgão jurisdicional enfrenta de ofício).

"Decisão-surpresa" é aquela marcada pela **imprevisibilidade**.

"Decisão-surpresa" é aquela baseada em fundamento jurídico ou em fato que precisa ser **esclarecido** por uma ou ambas as partes, e por essa razão não pode ser proferida sem que o fundamento ou o fato seja submetido ao conhecimento prévio de um ou dos dois litigantes.

Sendo de ordem pública a matéria e previsível a decisão, esta deverá ser imediatamente proferida pelo órgão jurisdicional, sem a inócua oitiva de uma ou de ambas as partes.

A competência absoluta é tão relevante que desafia ação rescisória, ou seja, pode ser arguida mesmo depois do trânsito em julgado da decisão – art. 966, II, do CPC.

Segundo o TST, entretanto, para que a matéria seja analisada em ação rescisória, é preciso que tenha sido discutida durante o processo, com pronunciamento explícito (Súmula 298 do TST). É o que chamamos de prequestionamento. A exigência está exposta na OJ 62 SDI-1, a seguir transcrita:

> Prequestionamento. Pressuposto de admissibilidade em apelo de natureza extraordinária. Necessidade, ainda que se trate de incompetência absoluta. É necessário o prequestionamento como pressuposto de admissibilidade em recurso de natureza extraordinária, ainda que se trate de incompetência absoluta.

Segundo o CPC, as competências absoluta e relativa devem ser abordadas, pelo reclamado, em preliminar de contestação (art. 64). Com isso, o CPC fulminou a exceção de incompetência territorial como peça autônoma.

Convenci-me, todavia, de que essa alteração não se aplica ao processo trabalhista, pois não há lacuna que autorize a aplicação do CPC (art. 769 da CLT). Logo, a competência relativa, no processo do trabalho, continua sendo objeto de peça de resposta autônoma (exceção de incompetência territorial), nos termos do art. 800 da CLT.

A competência em razão da matéria (*ratione materiae*) é delimitada em virtude **da natureza da relação jurídica material deduzida em juízo**. O jurista não leva em conta, na análise da competência, o direito que o juiz vai aplicar. Ele observa a natureza da relação de direito material geradora do conflito.

O Poder Judiciário resolve os conflitos sociais, pois as pessoas, físicas e jurídicas, se relacionam (relação jurídica). A natureza dessa relação é que marca a competência de uma "justiça". Essa é a regra, que, naturalmente, possui exceções.

A EC 45/2004 produziu sensíveis modificações na competência material da Justiça do Trabalho, alterando o art. 114 da CF.

Compete à Justiça do Trabalho processar e julgar as ações oriundas da relação de trabalho, abrangidos os entes de direito público externo e da Administração Pública direta e indireta da União, dos estados, do Distrito Federal e dos municípios.

Logo, não há falar em restrição da competência apenas à relação de emprego. Antes mesmo da EC 45, a Justiça do Trabalho já era competente para processar e julgar as lides envolvendo o trabalhador avulso, o OGMO e o operador portuário, além daquelas abrangendo o chamado "pequeno empreiteiro operário ou artífice", por força do art. 652 da CLT.

De outra banda, a mera presença do ente público na demanda não afasta a competência da Justiça do Trabalho. O mesmo se diga da presença de pessoa jurídica de direito público externo.

Com a nova competência, é importante destacar a diferença entre "relação de emprego" e "relação de trabalho".

Prevalece o entendimento de que a relação de emprego é uma das espécies de relação de trabalho. Relação de emprego é a "relação de trabalho subordinado", em que o trabalhador está marcado pela subordinação jurídica ao tomador de serviços (empregador). Além disso, o liame é caracterizado pela pessoalidade do obreiro, a onerosidade, a não eventualidade da prestação de serviços (a LC 150/2015 finalmente fixou três dias de trabalho por semana como o mínimo para fins de reconhecimento do vínculo doméstico de emprego), e o fato de o trabalhador ser pessoa física – arts. 2º e 3º da CLT.

Os litígios oriundos das demais relações de trabalho passaram a ser de competência da Justiça do Trabalho, com a nova redação do art. 114 da CF. Já tínhamos o avulso e o pequeno empreiteiro. Agora temos o estagiário, o cooperativado, o trabalhador eventual, o profissional liberal etc. Neste ponto do nosso estudo, alguns comentários pontuais precisam ser externados.

4.1.1. Servidor público estatutário

O STF concedeu liminar em ADI (3.395) proposta pela Ajufe (Associação dos Juízes Federais), mantendo a competência da justiça comum para processar e julgar os litígios envolvendo servidores públicos estatutários e a Administração Pública Direta, Autárquica e Fundacional (incluindo as ações que versem sobre o direito de greve).

Mesmo existindo conflito entre a natureza da relação jurídica (estatutária x celetista), a Justiça do Trabalho não será competente, ocorrendo uma presunção relativa favorável à estatutária. A posição do STF levou o TST a cancelar a OJ 205 da SDI-1, o que apenas ratifica a tese.

4.1.2. Profissional liberal e relação de consumo

As controvérsias oriundas de típica relação de consumo são processadas e julgadas pela justiça estadual. É o que acontece com a ação de cobrança de honorários por profissional liberal, dirigida contra o cliente (Súmula 363 do STJ), em que "o cliente" é o destinatário final da prestação de serviços, ou seja, o "consumidor" (art. 2º da Lei 8.078/1990 – CDC). O mesmo ocorre quando o cliente, se sentindo lesado, deseja processar o profissional liberal.

> Súmula 363 do STJ. Compete à Justiça estadual processar e julgar a ação de cobrança ajuizada por profissional liberal contra cliente.

Observem que a Justiça do Trabalho não tem competência quando a relação jurídica envolver diretamente o profissional liberal e o cliente, sem a presença de intermediários. Existindo a intermediação, tudo pode mudar.

Digamos que um cliente tenha procurado um hospital e, depois da realização de exames, foi detectada uma doença grave, fato que levou o hospital a contratar a prestação de serviços de um médico renomado, acertando com ele o valor dos honorários. Temos, no exemplo, duas relações jurídicas distintas. A primeira, de consumo, envolvendo o cliente e o hospital (competência da justiça estadual). A segunda, de trabalho, abarcando o hospital e o médico (competência da Justiça do Trabalho).

4.1.3. Indenização por dano (material e/ou moral e/ou estético e/ou existencial)

Se o dano decorrer de relação de trabalho, a competência será da Justiça do Trabalho, inclusive no caso de acidente do trabalho (acidente típico, doença profissional e doença do trabalho), como dispõem o inciso VI do art. 114 da CF, a Súmula Vinculante 22 e a Súmula 392 do TST (*vide* também a Súmula 387 do STJ).

Se a controvérsia decorrer da relação previdenciária (aquela mantida entre o segurado e o INSS), por exemplo, quando o empregado não concorda com o resultado da perícia médica ou da alta médica, fato que o levará a acionar o INSS, a competência será da justiça federal, no caso de benefício previdenciário que não foi gerado por acidente do trabalho (B31), ou da justiça estadual, se o benefício previdenciário decorrer de acidente do trabalho (B91) - inciso I do art. 109 da CF, Súmula 501 do STF e Súmula 15 do STJ.

4.1.4. Competência criminal

A Justiça do Trabalho não tem competência criminal, mesmo se o crime for contra a organização do trabalho, exploração de mão de obra infantil ou submissão a regime análogo ao de escravidão. O STF pacificou o tema.

> Competência criminal. Justiça do Trabalho. Ações penais. Processo e julgamento. Jurisdição penal genérica. Inexistência. Interpretação conforme dada ao art. 114, I, IV e IX, da CF, acrescidos pela EC 45/2004. Ação direta de inconstitucionalidade. Liminar deferida com efeito *ex tunc*. O disposto no art. 114, I, IV e IX, da CF, acrescidos pela EC 45, não atribui à Justiça do Trabalho competência para processar e julgar ações penais (ADI 3.684-MC, Rel. Min. Cezar Peluso, j. em 1º/02/2007, Plenário, *DJ* 03/08/2007).

4.1.5. Representante comercial

A Justiça do Trabalho, quanto ao contrato de empreitada, tem sua competência condicionada à pessoa do empreiteiro. Sendo o empreiteiro um operário ou artífice, a competência será da Justiça do Trabalho - art. 652, *a*, III, CLT.

Na relação de representação comercial deve ser aplicada a mesma regra pertinente ao contrato de empreitada, ou seja, prevalecerá a competência em razão da **pessoa**.

Após a promulgação da EC 45, entrou em pauta do Congresso Nacional o Projeto de Lei 6.542/2006, regulamentando a competência da Justiça do Trabalho. À luz deste Projeto de Lei, a Justiça do Trabalho é competente para processar e julgar as ações de cobrança de crédito resultante de comissões de representante comercial ou de contrato de agenciamento e distribuição, quando o representante, agente ou distribuidor for pessoa física. Caso o representante comercial não seja pessoa física, a competência continuará sendo da justiça estadual, nos termos do art. 39 da Lei 4.886/1965.

Não estou tratando da reclamação trabalhista em que o representante comercial pleiteia a nulidade do contrato de representação (art. 9º da CLT) e o reconhecimento do vínculo empregatício, cuja competência é da Justiça do Trabalho, pois a negativa de vínculo, tese levantada na defesa, é matéria meritória, espancando, *a priori*, qualquer questão preliminar relacionada ao tema (incompetência absoluta e ilegitimidade passiva).

4.1.6. Plano de previdência privada

O STF, no dia 20/02/2013, apreciando os Recursos Extraordinários 586.453 e 583.050, decidiu que a Justiça do Trabalho não tem competência para processar e julgar as ações decorrentes de planos de previdência complementar privada, pois a relação entre o fundo fechado de previdência complementar e o beneficiário (trabalhador) não tem natureza trabalhista.

O Plenário do STF também decidiu modular o efeito da decisão, nos termos do art. 27 da Lei 9.868/1999:

- Permanecerão na Justiça do Trabalho os processos que já tiveram sentença de mérito proferida até 20/02/2013.
- Os demais processos que tramitam na justiça trabalhista deverão ser remetidos à Justiça comum.

4.1.7. Multas administrativas

O art. 114, VII, da CF dispõe que a Justiça do Trabalho é competente para processar e julgar as ações decorrentes das penalidades administrativas aplicadas pela fiscalização trabalhista. Estou falando das ações decorrentes das multas aplicadas pelos auditores-fiscais do trabalho. Entendam: aplicada a multa, qualquer ação oriunda do fato, seja de conhecimento, seja de execução, será processada na Justiça do Trabalho (ação anulatória, mandado de segurança, ação de execução fiscal com base em certidão de dívida ativa etc.).

A Justiça do Trabalho **não tem competência para aplicar** as multas administrativas previstas em lei, inclusive aquelas esculpidas na CLT.

Digamos que o empregador deseja recorrer administrativamente de uma multa aplicada pela fiscalização trabalhista, mas se depare com a exigência de "depósito prévio" da multa, como condição de admissibilidade do referido recurso. A exigência de depósito prévio da multa administrativa é considerada ilegal pelas cortes superiores (*vide* Súmula 424 do TST e Súmula Vinculante 21), desafiando mandado de segurança.

A competência para processar e julgar esse mandado de segurança é da Justiça do Trabalho, em sua primeira instância – art. 114, VII, da CF –, pois trata-se de uma "ação decorrente de multa aplicada pelo órgão responsável pela fiscalização trabalhista".

4.1.8. Competência previdenciária

O art. 114, VIII, da CF reza que compete à Justiça do Trabalho **executar**, de ofício, as contribuições previdenciárias decorrentes de suas decisões. Observem que a competência se restringe à fase de execução. A Justiça do Trabalho, portanto, não tem competência para processar e julgar ação de cobrança de recolhimentos previdenciários. A competência previdenciária da justiça laboral é meramente acessória.

Digamos que o empregado descobriu que seu empregador não vem recolhendo as contribuições previdenciárias. Caso ajuíze reclamação trabalhista, pleiteando a condenação do reclamado nos referidos recolhimentos, o advogado de defesa deverá suscitar a preliminar de incompetência absoluta, citando o art. 114, VIII, da CF, a Súmula 368 da TST e a Súmula Vinculante 53.

Mesmo que não conste da contestação a preliminar, inclusive no caso de revelia, deverá o juiz do trabalho, de ofício, decretar a incompetência absoluta da Justiça do Trabalho, extinguindo o feito sem resolução meritória.

Diferente é o caso de o empregado ajuizar reclamação pleiteando, por exemplo, o pagamento de diferenças salariais por desvio de função (verba de natureza remuneratória). Se o reclamado for condenado a pagar o título, o juiz do trabalho, além de executar as diferenças salariais, cobrará também "o crédito previdenciário decorrente daquela condenação".

Se o pedido fosse de indenização por dano moral, caso o juiz condenasse a empresa, nenhuma contribuição previdenciária seria cobrada, pois o título condenatório não é fato gerador da referida contribuição (ela incide apenas sobre verbas de natureza remuneratória).

Importante destacar o item II da Súmula 368 do TST, fruto da conversão da antiga OJ 363 SDI-1. Ele prevê que o imposto de renda e as contribuições previdenciárias devem ser recolhidos pelo empregador, mas que ambas as partes arcarão com as referidas contribuições, cada qual com seu quinhão. Destarte, depois da comprovação do recolhimento pelo empregador, o juiz, mediante a retenção sobre o crédito devido ao obreiro, devolverá ao empregador os valores do imposto e dos créditos previdenciários de responsabilidade do obreiro.

Sempre é bom reforçar que a Justiça do Trabalho não tem competência para averbar tempo de serviço para fins de aposentadoria (OJ 57 SDI-2).

> **Súmula Vinculante 53**. A competência da Justiça do Trabalho, prevista no art. 114, VIII, da Constituição Federal alcança a execução de ofício das contribuições previdenciárias relativas ao objeto da condenação constante das sentenças que proferir e acordos por ela homologados.
>
> **SÚMULA 368 DO TST**. DESCONTOS PREVIDENCIÁRIOS. IMPOSTO DE RENDA. COMPETÊNCIA. RESPONSABILIDADE PELO RECOLHIMENTO. FORMA DE CÁLCULO. FATO GERADOR (aglutinada a parte final da Orien-

tação Jurisprudencial nº 363 da SBDI-I à redação do item II e incluídos os itens IV, V e VI em sessão do Tribunal Pleno realizada em 26.06.2017) - Res. 219/2017, republicada em razão de erro material - DEJT divulgado em 12, 13 e 14.07.2017

I - A Justiça do Trabalho é competente para determinar o recolhimento das contribuições fiscais. A competência da Justiça do Trabalho, quanto à execução das contribuições previdenciárias, limita-se às sentenças condenatórias em pecúnia que proferir e aos valores, objeto de acordo homologado, que integrem o salário de contribuição. (ex-OJ nº 141 da SBDI-1 - inserida em 27.11.1998).

II - É do empregador a responsabilidade pelo recolhimento das contribuições previdenciárias e fiscais, resultantes de crédito do empregado oriundo de condenação judicial. A culpa do empregador pelo inadimplemento das verbas remuneratórias, contudo, não exime a responsabilidade do empregado pelos pagamentos do imposto de renda devido e da contribuição previdenciária que recaia sobre sua quota-parte. (ex-OJ nº 363 da SBDI-1, parte final)

Súmulas

III - Os descontos previdenciários relativos à contribuição do empregado, no caso de ações trabalhistas, devem ser calculados mês a mês, de conformidade com o art. 276, § 4º, do Decreto nº 3.048/1999 que regulamentou a Lei nº 8.212/1991, aplicando-se as alíquotas previstas no art. 198, observado o limite máximo do salário de contribuição (ex-OJs nºs 32 e 228 da SBDI-1 - inseridas, respectivamente, em 14.03.1994 e 20.06.2001).

IV - Considera-se fato gerador das contribuições previdenciárias decorrentes de créditos trabalhistas reconhecidos ou homologados em juízo, para os serviços prestados até 4.3.2009, inclusive, o efetivo pagamento das verbas, configurando-se a mora a partir do dia dois do mês seguinte ao da liquidação (art. 276, "caput", do Decreto nº 3.048/1999). Eficácia não retroativa da alteração legislativa promovida pela Medida Provisória nº 449/2008, posteriormente convertida na Lei nº 11.941/2009, que deu nova redação ao art. 43 da Lei nº 8.212/91.

V - Para o labor realizado a partir de 5.3.2009, considera-se fato gerador das contribuições previdenciárias decorrentes de créditos trabalhistas reconhecidos ou homologados em juízo a data da efetiva prestação dos serviços. Sobre as contribuições previdenciárias não recolhidas a partir da prestação dos serviços incidem juros de mora e, uma vez apurados os créditos previdenciários, aplica-se multa a partir do exaurimento do prazo de citação para pagamento, se descumprida a obrigação, observado o limite legal de 20% (art. 61, § 2º, da Lei nº 9.430/96).

VI - O imposto de renda decorrente de crédito do empregado recebido acumuladamente deve ser calculado sobre o montante dos rendimentos pagos, mediante a utilização de tabela progressiva resultante da multiplicação da quantidade de meses a que se refiram os rendimentos pelos valores constantes da tabela progressiva mensal correspondentes ao mês do recebimento ou crédito, nos termos do art. 12-A da Lei nº 7.713, de 22/12/1988, com a redação conferida pela Lei nº 13.149/2015, observado o procedimento previsto nas Instruções Normativas da Receita Federal do Brasil.

OJ 57 do SDI-2. Mandado de segurança. INSS. Tempo de serviço. Averbação e/ou reconhecimento. Conceder-se-á mandado de segurança para impugnar ato que determina ao INSS o reconhecimento e/ou averbação de tempo de serviço.

4.1.9. Greve

Também se inserem na competência da Justiça do Trabalho as ações decorrentes do exercício do direito de greve (inciso II do art. 114 da CF), inclusive as ações possessórias ajuizadas em decorrência do exercício do direito de greve, tais como a ação de reintegração de posse e o interdito proibitório – Súmula Vinculante 23.

Se a greve for de servidores públicos estatutários, a competência não será da Justiça do Trabalho.

O "dissídio coletivo de greve" pode ser ajuizado por qualquer empregador ou por seu sindicato, visando obter a declaração de abusividade da greve e a ordem de retorno dos grevistas ao trabalho. Excepcionalmente a ação poderá ser ajuizada pelo MPT, quando a greve estiver atingindo serviços ou atividades essenciais (art. 10 da Lei 7.783/1989) e colocando em risco o interesse público (§ 3º do art. 114 da CF).

4.1.10. Meio ambiente do trabalho

As ações pertinentes ao "meio ambiente do trabalho" (ergonomia, iluminação, poeira, frio, calor etc.) também são de competência da Justiça do Trabalho, nos termos da Súmula 736 do STF, incluindo a ação civil pública, movida pelo MPT, e as ações ajuizadas pelo sindicato da categoria profissional, na qualidade de substituto processual (art. 8º, III, da CF, art. 18 do CPC, art. 195, § 2º, da CF, OJ 121 da SDI-1 e OJ 359 da SDI-1).

4.1.11. Sindicatos

No Brasil, uma categoria, seja profissional, seja econômica, só pode ser representada por um único sindicato, numa base territorial que não pode ser menor que a de um município.

Eis o princípio da unicidade sindical, previsto no art. 8º, II, da CF.

Comuns, portanto, os litígios envolvendo sindicatos acerca da legitimidade para representar determinada categoria. A competência para processar e julgar ações sobre representação sindical é da Justiça do Trabalho, assim como ações entre sindicatos, entre sindicatos e trabalhadores e entre sindicatos e empregadores – *vide* art. 114, III, da CF.

Exemplo clássico, além das ações sobre a representatividade sindical, diz respeito às ações que buscam a anulação de eleições sindicais (ação anulatória de eleição sindical), sendo inafastável a competência da Justiça do Trabalho.

Trata-se de típica competência em razão da **pessoa** do sindicato, abrangendo as discussões sobre as contribuições sindicais, eleições sindicais etc.

Se o sindicato for de servidores públicos estatutários, a competência não será da Justiça do Trabalho.

4.1.12. Morte do empregado e dano reflexo

Falecendo o empregado, o contrato de trabalho encontra sua natural extinção, já que a relação de emprego é, quanto ao obreiro, personalíssima. O pagamento das verbas trabalhistas será feito aos dependentes do empregado falecido, devidamente habilitados perante a Previdência Social, à luz de certidão emitida pelo INSS. É o que prevê o art. 1º da Lei 6.858/1980. Na ausência de dependentes cadastrados, o juiz do trabalho tem competência para fixar os beneficiários, independentemente de arrolamento ou inventário.

Caso o empregado tenha falecido por conta de acidente do trabalho, surge a possibilidade de os dependentes ajuizarem reclamação trabalhista com pedidos de indenização por dano material (emergente e/ou lucros cessantes) e de indenização por dano moral. A Justiça do Trabalho detém a competência para processar e julgar esse tipo de ação, envolvendo o que se costuma chamar de "dano reflexo" ou "dano por ricochete".

Em outubro de 2010, no julgamento do RR 19400-08.2009.5.24.0061, o TST declarou que o espólio, uma vez representado por filhos e/ou viúva do trabalhador, detém legitimidade para ajuizar ação de indenização por danos morais e materiais decorrentes da morte do empregado. Segundo o TST, os sucessores têm legitimidade para propor qualquer ação de indenização, por tratar-se de direito patrimonial, conforme o art. 943 do CCB.

> Art. 943 do Código Civil. O direito de exigir reparação e a obrigação de prestá-la transmitem-se com a herança.

Segundo o TST, o que se transmite é o direito de ação e não o direito material em si, pelo fato de não se tratar de direito personalíssimo, o que impediria sua transmissão a terceiros.

Sintetizando:

- O que se transmite com a herança é o direito de ação.
- O direito de ação é um direito patrimonial.
- O que se transmite com a herança, portanto, é a pretensão de indenização por dano, ou seja, o direito de pleitear, na Justiça do Trabalho, uma reparação.
- A dor (o sofrimento, a angústia etc.) não se transmite a terceiros, pois ninguém pode sentir a dor de outrem.

A 8ª Turma do TST, no mês de março de 2012, ratificou por unanimidade o entendimento, declarando que a legitimidade dos sucessores para propor ação judicial está fundamentada nos arts. 943 e 1.784 do CCB, ou seja, os herdeiros ou o espólio podem ajuizar reclamação.

Por conseguinte, caso o advogado seja procurado pela viúva e/ou pelos filhos do empregado falecido, ele terá duas opções:

- Opção 1: A reclamação pode ser proposta pelo espólio, desde que representado pelo(s) herdeiro(s) (viúva, filhos etc.).
- Opção 2: A reclamação pode ser proposta pessoalmente pelo(s) herdeiro(s) (viúva, filhos etc.).

O STF manteve a competência da Justiça do Trabalho para processar e julgar as ações de indenização por "dano reflexo", resultando no cancelamento da infeliz Súmula 366 do STJ.

4.1.13. Cadastramento no PIS e seguro-desemprego

A Justiça do Trabalho tem competência para processar e julgar as lides envolvendo empregados e empregadores quanto ao cadastramento no PIS e remessa da RAIS (Súmula 300 do TST), assim como quanto aos prejuízos pela não liberação do seguro-desemprego (Súmula 389 do TST). Tudo isso nada mais é do que reflexo das normas dos arts. 186 e 927 do CCB.

4.1.14. FGTS

As ações entre empregados e empregadores envolvendo o recolhimento ou diferenças do FGTS são processadas e julgadas na Justiça do Trabalho.

Diferente é o caso de o trabalhador desejar acionar o órgão operador do FGTS (Caixa Econômica Federal), pleiteando diferenças fundiárias ou a própria liberação dos valores. No caso, entre o empregado e a CEF não há relação de trabalho, o que conduz a competência à justiça federal (Súmulas 82, 349 e 249 do STJ).

4.1.15. Contratação temporária de servidores públicos

A competência, no caso de servidores públicos temporários, é da justiça comum, inclusive quando a contratação for feita em "regime especial".

O STF, em diversas decisões, ratificou o entendimento, o que levou o TST, mediante a Resolução 156, de 23 de abril de 2009, a cancelar a OJ 205 da SDI-1, ou seja, a competência continua sendo da justiça comum.

A competência da Justiça do Trabalho, para as contratações temporárias lastreadas no artigo 37, IX, CF, fica restrita aos casos de "expressa previsão de incidência do regime celetista". A informação é importante, resumindo o atual posicionamento do STF e do TST, ratificado pelo cancelamento da OJ 205 da SDI-1.

Existe até proposta de súmula vinculante sobre o assunto – PSV 23/DF, *verbis*:

> Competência da Justiça comum e contratação temporária: "Compete à Justiça comum processar e julgar causas instauradas entre a Administração Pública e seus servidores submetidos a regime especial disciplinado por lei local editada com fundamento no art. 106 da Constituição de 1967, na redação que lhe deu a Emenda Constitucional 1/1969." Ou "Compete à Justiça Federal ou estadual, conforme o caso, processar e julgar causas instauradas entre a Administração Pública e seus servidores submetidos a regime especial disciplinado por lei editada com fundamento no art. 106 da Constituição de 1967, na redação que lhe deu a Emenda Constitucional 1/1969, ou no art. 37, IX, da Constituição de 1988." Ou "Compete à Justiça estadual julgar causas entre a Administração Pública e (seus) servidores, qualquer que seja a norma aplicável".

4.1.16. Servidores públicos "celetistas" (ou "trabalhistas")

Mantendo, o servidor público, um vínculo contratual, não estatutário, a competência será da Justiça do Trabalho. Os chamados "empregados públicos", por exemplo, ligados às empresas públicas e sociedades de economia mista, já tinham suas controvérsias dirimidas na Justiça do Trabalho.

4.1.17. Falência e recuperação judicial

Quanto à massa falida, a competência da Justiça do Trabalho se restringe à fase de conhecimento.

Transitando em julgado a decisão, o juiz do trabalho não terá competência para executar a massa, restando a ele apenas habilitar o crédito trabalhista no juízo universal da falência (justiça comum).

O mesmo entendimento se aplica às empresas em recuperação judicial. Segundo o STF, no julgamento do RE/583.955, em 28/05/2009, a Justiça do Trabalho não tem competência para executar a massa falida e a empresa em recuperação judicial.

> Ementa: Conflito negativo de competência. Execução de créditos trabalhistas em processos de recuperação judicial. Competência da Justiça estadual comum, com exclusão da Justiça do Trabalho. Interpretação do disposto na Lei 11.1012005, em face do art. 114 da CF. Recurso extraordinário conhecido e improvido.
>
> I – A questão central debatida no presente recurso consiste em saber qual o juízo competente para processar e julgar a execução dos créditos trabalhistas no caso de empresa em fase de recuperação judicial.
>
> II – Na vigência do Decreto-lei 7.661/1945 consolidou-se o entendimento de que a competência para executar os créditos ora discutidos é da Justiça estadual comum, sendo essa também a regra adotada pela Lei 11.101/2005.

III – O inc. IX do art. 114 da Constituição Federal apenas outorgou ao legislador ordinário a faculdade de submeter à competência da Justiça laboral outras controvérsias, além daquelas taxativamente estabelecidas nos incisos anteriores, desde que decorrentes da relação de trabalho.

IV – O texto constitucional não o obrigou a fazê-lo, deixando a seu alvedrio a avaliação das hipóteses em que se afigure conveniente o julgamento pela Justiça do Trabalho, à luz das peculiaridades das situações que pretende regrar.

V – A opção do legislador infraconstitucional foi manter o regime anterior de execução dos créditos trabalhistas pelo juízo universal da falência, sem prejuízo da competência da Justiça laboral quanto ao julgamento do processo de conhecimento.

VI – Recurso extraordinário conhecido e improvido.

(STF, RE 583.955-9, Relator Ministro Ricardo Lewandowski, *DJE* 28/08/2009, Trânsito em julgado em 30/11/2009).

4.1.18. Dissídios coletivos e ação de cumprimento

Além dos dissídios individuais, a Justiça do Trabalho também processa e julga os dissídios coletivos – § 2º do art. 114 da CF.

O Ministério Público do Trabalho, excepcionalmente, pode ajuizar dissídio coletivo de greve, no caso de "greve em atividade essencial, com possibilidade de lesão do interesse público" – § 3º do art. 114 da CF.

O dissídio coletivo restrito à jurisdição de um TRT por este será processado e julgado, como prevê o art. 678, I, *a*, da CLT.

Os dissídios coletivos que abarquem a jurisdição de mais de um TRT (suprarregional) serão processados e julgados pelo TST, nos termos do art. 2º, I, *a*, da Lei 7.701/1988.

Há uma exceção, pertinente ao estado de São Paulo, que possui dois Tribunais Regionais, o da 2ª Região e o da 15ª Região, prevista no art. 12 da Lei 7.520/1986. Ocorrendo dissídio coletivo abarcando todo o estado de São Paulo, mas não se estendendo a outro, a competência não será do TST, mas do TRT da 2ª Região, com sede na capital paulista.

Os juízes do trabalho (primeira instância da Justiça do Trabalho) não têm competência para processar e julgar dissídios coletivos, mas têm competência para processar e julgar ação de cumprimento.

A ação de cumprimento é aquela usada no caso de descumprimento de norma coletiva (acordo coletivo, convenção coletiva, sentença arbitral coletiva ou sentença normativa). Ela será processada e julgada nas varas do trabalho – art. 872, parágrafo único, da CLT e Súmula 286 do TST.

Nesse ponto do nosso estudo, em relação tanto aos dissídios coletivos como à ação de cumprimento, abordamos a competência funcional, aquela pertinente ao órgão da Justiça do Trabalho competente para julgar a ação.

4.1.19. Mandado de segurança

Os mandados de segurança decorrentes dos atos administrativos praticados pelos órgãos de fiscalização das relações de trabalho são de competência da primeira instância trabalhista (Juízes do Trabalho), por força do art. 114, IV e VII, da CF. É o que acontece com os mandados de segurança impetrados contra os atos de aplicação das multas administrativas, frutos da fiscalização do Ministério do Trabalho às empresas.

A Lei 12.016/2009 prevê que só cabe mandado de segurança se não existir recurso administrativo com efeito suspensivo, e, no caso das multas administrativas, o efeito suspensivo é previsto na Súmula Vinculante 21 e na Súmula 424 do TST. Assim sendo, a ação mandamental só poderá ser manejada depois de esgotada a instância administrativa, seja pela interposição dos recursos, seja pelo fato de a empresa deixar fluir o prazo recursal.

No caso de ato praticado pelo juiz do trabalho ou pelo juiz de direito investido em jurisdição trabalhista, marcado por ilegalidade ou abuso de poder, ferindo direito líquido e certo do litigante, o mandado de segurança será impetrado diretamente no TRT.

Caso o ato seja praticado por desembargador de TRT, inclusive presidente ou vice, cabe ao próprio TRT o julgamento do mandado de segurança (OJ 4 do TP).

O mesmo se diga de ato praticado por ministro do TST, inclusive presidente ou vice, quando caberá ao próprio TST o julgamento do *mandamus* (art. 2º, I, *d*, e art. 3º, I, *b*, da Lei 7.701/1988).

4.1.20. Organismos internacionais

O STF, em julgamento de recurso extraordinário (RE 599076 AgR/MT), ratificou entendimento quanto à imunidade de jurisdição e execução da ONU em relação às demandas trabalhistas, declarando a incompetência da Justiça do Trabalho, apenas reafirmando tese já firmada no RE 578.543-MT, da lavra do ministro Teori Zavascki, *verbis*:

> Direito internacional público. Direito constitucional. Imunidade de jurisdição. Organização das Nações Unidas (ONU). Programa das Nações Unidas para o Desenvolvimento (ONU/Pnud). Reclamação trabalhista. Convenção sobre privilégios e imunidades das Nações Unidas (Decreto 27.784/1950). Aplicação.

1. Segundo estabelece a "Convenção sobre Privilégios e Imunidades das Nações Unidas", promulgada no Brasil pelo Decreto 27.784, de 16 de fevereiro de 1950, "A Organização das Nações Unidas, seus bens e haveres, qualquer que seja seu detentor, gozarão de imunidade de jurisdição, **salvo na medida em que a organização a ela tiver renunciado em determinado caso. Fica, todavia, entendido que a renúncia não pode compreender medidas executivas.**
2. Esse preceito normativo, que no Direito interno tem natureza equivalente à das leis ordinárias, aplica-se também às demandas de natureza trabalhista.
3. Recurso ordinário provido.

O TST, mediante a OJ 416 da SDI-1, esculpiu nos seus precedentes a posição do STF:

> OJ 416 da SDI-1. Imunidade de jurisdição. Organização ou organismo internacional. As organizações ou organismos internacionais gozam de imunidade absoluta de jurisdição quando amparados por norma internacional incorporada ao ordenamento jurídico brasileiro, não se lhes aplicando a regra do Direito Consuetudinário relativa à natureza dos atos praticados. Excepcionalmente, prevalecerá a jurisdição brasileira na hipótese de renúncia expressa à cláusula de imunidade jurisdicional.

A posição do STF não atinge os Estados (França, Alemanha, Estados Unidos, Chile, Argentina etc.), sendo da Justiça do Trabalho a competência para julgar as causas envolvendo entes de direito público externo, nos termos do art. 114, I, da CF. Não tem, evidentemente, diante da impenhorabilidade dos bens, competência executória, que deverá se processar pela via diplomática.

4.2. COMPETÊNCIA RELATIVA

No processo trabalhista, a única competência relativa é a territorial.

Ela não é matéria de ordem pública, ou seja, o órgão jurisdicional só analisará a competência territorial se o reclamado ofertar, tempestivamente, exceção de incompetência, nos termos do art. 800 da CLT e do § 5º do art. 337 do CPC. Caso não o faça, ocorrerá o que o CPC chama de "prorrogação da competência", fruto da preclusão temporal – art. 65 do CPC.

A prorrogação é tida como um dos tipos de deslocamento da competência. Além da prorrogação, a conexão e a continência também modificam a competência. Para tanto, torna-se necessário detectar o juízo prevento. No processo do trabalho, a prevenção terá como base a data e a hora do ajuizamento da reclamação trabalhista.

O art. 64 do CPC, quando se reporta à competência relativa, não se aplica ao processo trabalhista, pois inexiste lacuna em nossa legislação que autorize sua incidência.

A incompetência territorial, por conseguinte, na Justiça do Trabalho, não será arguida em "preliminar de contestação", como prevê o CPC, mas em peça específica chamada "exceção de incompetência territorial", prevista no art. 800 da CLT.

As normas de competência territorial encontram-se no art. 651 da CLT. A reclamação trabalhista, em regra, deve ser ajuizada no local da prestação de serviços, independentemente de onde ocorreu a contratação, à luz do *caput* do referido artigo. Há, no entanto, três situações especiais previstas nas alíneas do art. 651 da CLT:

a) Empregado agente ou viajante comercial – A reclamação deve ser ajuizada no local onde estiver situada a filial da empresa. Em caso de inexistência de filial, o ajuizamento se dará no local do domicílio do empregado – art. 651, § 1º, da CLT.
b) Empregado brasileiro que labora no exterior pode propor reclamação no Brasil, desde que não exista norma internacional prevendo o contrário – art. 651, § 2º, da CLT.
c) Empregado que labora em empresa que atua em localidades diversas daquela onde ocorreu a contratação – A reclamação pode ser ajuizada tanto no local da contratação como em qualquer local no qual o obreiro tenha prestado serviços – art. 651, § 3º, da CLT.

A primeira situação (§ 1º do art. 651 da CLT) aplica-se exclusivamente a um tipo de empregado: aquele que trabalha no comércio e viajando. A reclamação deve ser ajuizada no local onde estiver situada a filial da empresa. O local da sede é irrelevante. O que vale é o local da filial (agência; sucursal). Não existindo filial, a reclamação será ajuizada no local do domicílio do empregado. Se existir filial, mas o empregado não estiver subordinado a ela (sua subordinação é diretamente com a matriz), para esse empregado não existirá filial e, por conta disso, a reclamação deverá ser ajuizada no local do domicílio do empregado.

A segunda situação (§ 2º do art. 651 da CLT) remete-nos à Lei 7.064/1982, que dispõe sobre a situação de trabalhadores contratados ou transferidos para prestar serviços no exterior. Para o ajuizamento da ação no Brasil, bastam dois requisitos: empregado ser brasileiro + inexistir norma internacional dispondo o contrário.

A terceira situação (§ 3º do art. 651 CLT) aplica-se às empresas que se deslocam, tais como as companhias circenses, as companhias teatrais, os clubes de futebol, as companhias aéreas quanto aos aeronautas, empresas de ônibus que realizam viagens intermunicipais ou interestaduais etc.

No § 1º, quem se desloca é o empregado (agente ou viajante comercial). No § 3º, o deslocamento fica por conta da empresa (empregador).

Estudaremos, nos tópicos seguintes, cada caso.

Não custa lembrar que o *caput* do art. 651 da CLT, que é a regra geral da competência territorial, ao fixar o local da prestação de serviços como o competente, assim agiu por entender que ali as partes teriam maior facilidade para obter as provas necessárias.

A Reforma Trabalhista, corporificada na Lei 13.467/2017, **alterou significativamente o procedimento de apresentação da Exceção de Incompetência Territorial**, modificando a redação do art. 800 da CLT.

O art. 800 da CLT foi muito bem alterado pela Reforma Trabalhista, prevenindo deslocamentos inúteis de reclamados que desejem, preliminarmente, discutir a competência territorial. A nova regra, entretanto, não alterou a previsão contida no *caput* do art. 847 da CLT, ou seja, o reclamado continua podendo opor exceção de incompetência territorial na audiência, inclusive oralmente.

A preclusão consumativa do ato contestatório, prevista no art. 342 do CPC e no § 3º do art. 841 da CLT c/c o parágrafo único do art. 847 da CLT, atinge a contestação e a reconvenção, mas não se irradia à exceção de incompetência territorial, pois tal objeção é um meio de "defesa" do réu e que possui "peça específica", ou seja, não está inserida na "contestação" (no processo civil, está – inciso II do art. 337 do CPC; no processo do trabalho, não está – art. 800 da CLT). Logo, mesmo já apresentada, sem sigilo, contestação, não precluirá o direito de o reclamado opor exceção de incompetência territorial, ato que poderá ser praticado até mesmo na própria audiência.

Caso o reclamado queira discutir a questão **"a distância"**, sem se deslocar ao local de tramitação do processo, seu advogado precisará observar o prazo preclusivo para a apresentação da exceção de incompetência territorial, que é de cinco dias, a contar do dia útil imediatamente subsequente ao recebimento da citação. Trata-se de prazo processual, logo, será contado apenas em dias úteis. Esse prazo "não é preclusivo para a apresentação da exceção". Ele é preclusivo para "a discussão da matéria sem a necessidade de deslocamento do excipiente".

Juntada aos autos, sem sigilo, exceção de incompetência territorial, no prazo de até cinco dias, a contar do dia útil imediatamente subsequente ao da citação, o excipiente (reclamado) não precisará se deslocar, pois o processo será suspenso e a audiência adiada, nos termos do § 1º do art. 800 da CLT.

Suspenso o processo e adiada a audiência, os autos serão conclusos ao juiz, que intimará o excepto (reclamante) para manifestação (impugnação) no prazo de cinco dias – § 2º do art. 800 da CLT. O silêncio do excepto resultará na sua ficta confissão dos fatos narrados na exceção.

Caso o juízo entenda necessária a produção de prova oral, será designada audiência específica para esse fim, com a garantia de o excipiente e de suas testemunhas serem ouvidos por **carta precatória**, no juízo indicado como competente na exceção – § 3º do art. 800 da CLT.

O novo procedimento de instrução "a distância" da exceção de incompetência territorial deve ser aplicado a todos os ritos processuais (ordinário, sumaríssimo, sumário, inquérito judicial para apuração de falta grave, consignação em pagamento etc.). O art. 852-G da CLT continua vivo, mas deixa de ser absoluto quanto a essa objeção.

No caso de a exceção de incompetência territorial não ter sido ofertada dentro do prazo de cinco dias, o reclamado terá que comparecer à audiência, pois esta não será adiada, podendo o seu advogado juntar a exceção aos autos antes da audiência, com ou sem sigilo, ou até apresentá-la na própria sessão, oralmente, por escrito ou por meio digital.

O art. 800 da CLT, antes da Reforma Trabalhista, fixava prazo de 24 horas para o excepto impugnar a exceção. Esse prazo desapareceu e o legislador "esqueceu" de fixar um novo. Considerando a mudez legal, **o prazo passou a ser judicial**, ou seja, será "fixado pelo juiz". Dessarte, apresentada a exceção de incompetência territorial depois dos cinco dias previstos no *caput* do art. 800 da CLT, o magistrado fixará livremente o prazo para o excepto impugnar a defesa indireta. No caso de rito sumaríssimo, incidirá o art. 852-G da CLT, cabendo ao advogado do excepto impugnar a exceção de plano, na própria sessão.

Aplica-se o § 5º do art. 844 da CLT à exceção de incompetência territorial, já que ela integra o complexo defensório do réu. Sendo assim, ainda que ausente o excipiente (reclamado), se o seu advogado estiver presente à audiência, será aceita a exceção e todos os documentos eventualmente apresentados. Se da citação tiver constado a advertência quanto à cominação da ficta confissão fática, nos termos do § 1º do art. 385 do CPC, a presença do advogado, diante da ausência do excipiente, não será capaz de elidir a dita confissão, tornando inócua a aceitação da exceção, quando então prevalecerão os fatos narrados pelo excepto em sua manifestação. O magistrado, entrementes, na formação do seu convencimento, não se torna "escravo" da confissão ficta, devendo levar em conta todos os elementos que habitam os autos – itens II e III da Súmula 74 do TST.

A decisão que acolhe ou rejeita a exceção de incompetência territorial tem natureza de decisão interlocutória, irrecorrível, portanto, de imediato, como dispõe o § 1º do art. 893 da CLT, salvo se o acolhimento da exceção gerar a ordem de remessa dos autos a uma vara do trabalho de TRT diferente, quando, então, o excepto poderá interpor de imediato recurso ordinário, cujo prazo é de oito dias, à luz da consagrada ressalva esculpida na alínea "c" da Súmula 214 do TST.

Foro de eleição – O art. 63 do CPC faculta às partes a mudança da competência territorial, elegendo foro onde será proposta ação oriunda de direitos e obrigações. O TST, manifestando-se sobre tema, decretou que o referido artigo é inaplicável ao processo trabalhista (art. 2º, I, da IN 39/2016 do TST – editada pela Resolução 203 de 15/03/2016). Com isso, *data maxima venia*, o TST simplesmente ignora a existência de trabalhadores diferenciados que possuem discernimento suficiente para eleger, contratualmente, o foro competente. É o caso, por exemplo, do **empregado hipersuficiente**, definido no parágrafo único do art. 444 do CLT.

Nem sempre o caminho mais fácil conduz o intérprete ao paraíso da lógica hermenêutica. A rigidez legal, cuidando uniformemente de situações desiguais, representa um costume sinistro do nosso legislador (o "legislador", no caso da IN 39, é o TST).

No caso de ação ajuizada por sindicato, para defesa de interesses próprios, ou seja, ele não está atuando na qualidade de substituto processual da categoria, a regra de competência prevista no art. 651 da CLT torna-se inaplicável. Deve incidir a regra do art. 46 do CPC, que prevê como competente o local do domicílio do réu.

No caso de Ação Civil Pública, a OJ 130 da SDI-2 deve ser observada:

> OJ 130 da SDI-2. AÇÃO CIVIL PÚBLICA. COMPETÊNCIA. LOCAL DO DANO. LEI Nº 7.347/1985, ART. 2º. CÓDIGO DE DEFESA DO CONSUMIDOR, ART. 93 (redação alterada na sessão do Tribunal Pleno realizada em 14.09.2012) – Res. 186/2012, DEJT divulgado em 25, 26 e 27.09.2012.
>
> I – A competência para a Ação Civil Pública fixa-se pela extensão do dano.
>
> II – Em caso de dano de abrangência regional, que atinja cidades sujeitas à jurisdição de mais de uma Vara do Trabalho, a competência será de qualquer das varas das localidades atingidas, ainda que vinculadas a Tribunais Regionais do Trabalho distintos.
>
> III – Em caso de dano de abrangência suprarregional ou nacional, há competência concorrente para a Ação Civil Pública das Varas do Trabalho das sedes dos Tribunais Regionais do Trabalho.
>
> IV – Estará prevento o juízo a que a primeira ação houver sido distribuída.

4.2.1. Empregado agente ou viajante comercial (§ 1º do art. 651 da CLT)

A reclamação, nesse caso, deve ser ajuizada no local onde estiver situada a filial da empresa. Em caso de inexistência de filial, o ajuizamento se dará no local do domicílio do empregado. O parágrafo só se aplica ao empregado que labora no **comércio e viajando.**

Se a empresa possuir apenas a sede, sem qualquer filial, a reclamação será ajuizada no local do domicílio do empregado.

Se existir filial, mas o empregado se reportar diretamente à sede da empresa, para esse empregado não existirá filial, sendo competente o local do seu domicílio.

4.2.2. Empregado brasileiro que labora no exterior (§ 2º do art. 651 da CLT)

O empregado brasileiro, trabalhando em outro país, pode propor reclamação no Brasil, salvo se existir norma internacional prevendo o contrário. Observem que o fato de o labor se desenvolver em outro país não afasta, por si só, a competência da Justiça do Trabalho. Para isso, dois requisitos são necessários:

- Trabalhador brasileiro (nato ou naturalizado).
- Inexistência de norma internacional dispondo o contrário.

Não há uma definição sobre o local, no Brasil, da propositura da ação (sede da empresa; sede da filial, residência do trabalhador; local da contratação etc.).

4.2.2.1. Legislação trabalhista a ser aplicada no caso de labor no exterior

A Lei 7.064/1982 dispõe sobre a situação de trabalhadores contratados ou transferidos para prestar serviços no exterior.

A partir de julho de 2009, com a publicação da Lei 11.962/2009, a Lei 7.064/1982, antes aplicada apenas aos empregados das empresas prestadoras de serviços de engenharia, passou a reger o labor de **todos os empregados** que trabalham no exterior, independentemente da atividade empresarial.

Nos artigos 12 a 20, a referida Lei regula a contratação de trabalhador, por empresa estrangeira (não sediada no Brasil), para trabalhar no exterior, impondo, especificamente no art. 14, a incidência da legislação trabalhista do país da prestação dos serviços. Apesar de reconhecer a aplicabilidade da legislação trabalhista alienígena, a Lei 7.064/1982 repassa diversos direitos ao empregado, fixando cláusulas obrigatórias contratuais, tais como a assunção, pela empresa estrangeira, das despesas de viagem de ida e volta do trabalhador e dos seus dependentes, além de fixar a permanência máxima em três anos, salvo se for assegurado ao obreiro o gozo de férias anuais no Brasil, com "todas as despesas por conta do empregador".

Diferente é o caso do **empregado transferido** para o exterior. Empregado transferido é aquele que passa a laborar em outro país ou aquele contratado por empresa sediada no Brasil para trabalhar a seu serviço no exterior, ou seja, a "transferência" pode ocorrer mesmo que o empregado não tenha trabalhado no Brasil, basta que seja "contratado por empresa sediada no Brasil para laborar em outro país". A legislação trabalhista do país da prestação de serviços, *a priori*, deve ser observada. Porém, a Lei 7.064/1982, no seu art. 3º, II, prevê que a aplicação da legislação trabalhista brasileira é possível, *desde que* "mais favorável do que a legislação territorial, no conjunto de normas e em relação a cada matéria".

A previsão nada mais é do que a consagração, para o caso, da teoria do conglobamento mitigado, prestigiando a norma mais benéfica, observando-se o tratamento de cada matéria ("direitos trabalhistas", tais como férias, 13º salário, aviso prévio etc.).

Para os empregados transferidos, além da norma mais benéfica, devem ser aplicadas as regras pertinentes à Previdência Social, ao PIS e ao FGTS. Após dois anos de permanência, o empregado transferido terá direito a gozar, anualmente, férias no Brasil, cujas despesas de viagem correrão por conta do empregador.

O TST, em abril de 2012, diante da nova abrangência da Lei 7.064/1982, diferenciando empregado contratado por empresa estrangeira para laborar no exterior de empregado transferido para laborar no exterior, foi obrigado a cancelar a Súmula 207, que, sem fazer qualquer distinção, determinava a aplicação da legislação estrangeira.

O juiz do Trabalho não tem obrigação de dominar o conteúdo da legislação estrangeira. Não se aplica, no caso, o adágio *iura novit curia* ("o juiz conhece o direito"). É o que prevê o art. 376 do CPC/2015: "A parte que alegar Direito municipal, estadual, estrangeiro ou consuetudinário provar-lhe-á o teor e a vigência, se assim o juiz determinar".

4.2.2.2. Lei do Pavilhão ou da Bandeira

A Lei do Pavilhão ou da bandeira se encontra na Convenção de Havana, ratificada mediante o Decreto 18.871/1929, conhecido por Código de Bustamante.

Não estamos discutindo a competência em razão do lugar, pois ela já está definida no art. 651 da CLT. Nesse tópico, a exemplo do anterior, o debate envolve a legislação trabalhista a ser aplicada.

Segundo a Lei do Pavilhão, a legislação a ser aplicada às relações de trabalho da tripulação de navios deve ser a do **local da matrícula da embarcação**. A regra, contudo, não é absoluta, comportando exceções, a depender do caso. Significa dizer que a Lei do Pavilhão (ou Lei da Bandeira) não é o critério definitivo em matéria de aplicação da legislação trabalhista.

À luz dos princípios norteadores do direito laboral pátrio, o aplicador do direito sempre vai enxergar a existência de relação de emprego entre o tripulante (empregado) e a empresa que explora o navio ("armador"). O empregador, por conseguinte, não é necessariamente o proprietário da embarcação, mas a empresa que a utiliza (art. 2º, CLT). Isso se encontra, inclusive, no Decreto 64.618/1969, art. 3º, que trata das embarcações pesqueiras: "Considera-se empregador, para os efeitos deste Regulamento, o armador da embarcação pesqueira, seja ou não o proprietário dela".

Digamos que Maria seja contratada por uma empresa brasileira para trabalhar em um navio italiano que vai realizar diversos cruzeiros na Grécia. Maria, brasileira, pode ajuizar reclamação aqui no Brasil, pois não existe norma internacional prevendo o contrário (§ 2º do art. 651 da CLT). A legislação trabalhista a ser aplicada pelo juiz do trabalho é a brasileira, diante da nacionalidade do seu empregador. Observem que a Lei do Pavilhão, nesse caso, é totalmente desprezada (navio com bandeira italiana), prevalecendo, em detrimento da bandeira, a nacionalidade do "armador" (empresa que explora o navio).

No meu humilde entendimento, a Lei 7.064/1982 hoje é capaz de regular também esse tipo de relação. No exemplo anterior, me arrisco a dizer que Maria foi transferida para laborar no exterior, fazendo jus, portanto, à legislação mais benéfica, considerando cada matéria - art. 3º, II, da citada Lei.

Ainda sobre a Lei do Pavilhão, o art. 9º da CLT resolve, com facilidade, os casos de fraude (navios com "bandeira de aluguel", visando prejudicar os trabalhadores). Se o registro do navio traduzir fraude, caracterizada pela "bandeira de favor", isto é, viaja com determinada bandeira, mas a empresa que o explora pertence a uma nacionalidade diversa, a relação de emprego se estabelece com a empresa exploradora ("armador") - princípio da primazia da realidade sobre a forma.

4.2.3. Empregado de empresa que atua em localidades diversas (§ 3º do art. 651 da CLT)

A reclamação, nesse caso, pode ser ajuizada tanto no local da contratação como no local da prestação de serviços.

A norma procura proteger (isso mesmo) os trabalhadores daquelas empresas que atuam em locais diversos, característica que termina afetando a vida dos empregados.

Digamos que o obreiro foi contratado em Salvador e depois foi transferido para Recife, onde foi demitido. Ele poderá ajuizar reclamação em Salvador ou em Recife.

Se ele atuou em diversas localidades, poderá ajuizar reclamação tanto no local da contratação como em qualquer local onde tenha prestado serviços (interpretação ampliativa hoje consagrada, pelo fato de o § 3º ser encarado como norma processual de proteção ao hipossuficiente).

Digamos que um piloto de avião (aeronauta) foi contratado em Campinas para trabalhar na linha São Paulo–Recife. Pelo § 3º do art. 651 da CLT, ele poderá ajuizar reclamação em Campinas (local de sua contratação), São Paulo, Recife, Rio de Janeiro (ele trabalhou nesta cidade, pois o avião a sobrevoava), Salvador (mesmo fundamento do Rio de Janeiro), e assim por diante. Isso é que é interpretação ampliativa!

4.2.4. Efeitos do pré-contrato na competência territorial

O pré-contrato de trabalho é capaz de influenciar na fixação da competência territorial. A pré-contratação está prevista no art. 48 do CDC e no art. 427 do CCB, normas aplicadas subsidiariamente ao direito do trabalho, pela sintonia que têm com os princípios do direito laboral - inteligência do art. 8º da CLT.

> Art. 48 do CDC. As declarações de vontade constantes de escritos particulares, recibos e pré-contratos relativos às relações de consumo vinculam o fornecedor, ensejando inclusive execução específica, nos termos do art. 84 e parágrafos.

Art. 427 do CCB. A proposta de contrato obriga o proponente, se o contrário não resultar dos termos dela, da natureza do negócio, ou das circunstâncias do caso.

Art. 422 do CCB. Os contratantes são obrigados a guardar, assim na conclusão do contrato, como em sua execução, os princípios de probidade e boa-fé.

A base do direito do consumidor é a mesma do direito do trabalho: o princípio da proteção ao hipossuficiente. Esse detalhe fortalece ainda mais a aplicação subsidiária do CDC à relação de emprego.

Nos estados do Nordeste do Brasil a arregimentação de mão de obra rural é um fato corriqueiro.

Digamos que uma usina, localizada no interior de São Paulo, esteja com dificuldade de conseguir cortadores de cana na região e a solução é "importar" empregados de outras localidades. Um representante da usina vai até a Zona da Mata de Pernambuco e consegue trezentos trabalhadores rurais, que acertam os detalhes do trabalho ainda em Pernambuco, sendo transportados de ônibus para São Paulo. Chegando ao local de trabalho, fazem exame médico e têm as carteiras assinadas. No fim da safra, os trabalhadores são levados de volta a Pernambuco. Por não terem recebido verbas rescisórias, desejam buscar a Justiça do Trabalho. Caso as reclamações sejam propostas em Pernambuco, possivelmente a usina, em sua defesa, irá opor exceção de incompetência em razão do lugar, alegando que a prestação de serviços ocorreu exclusivamente no interior de São Paulo, onde fica a sede da empresa, pelo que deve incidir o *caput* do art. 651 da CLT. Por cautela, a usina também demonstrará que o § 3º do art. 651 da CLT não pode ser aplicado ao caso, afinal os empregados foram contratados no interior de São Paulo, sendo este também o local da prestação de serviços. Ora, se o local da contratação coincide com aquele da prestação de serviços, o § 3º do art. 651 da CLT perde o seu fato gerador, irá argumentar o advogado de defesa.

O advogado do excepto (reclamante), quando for se pronunciar sobre a exceção de incompetência em razão do lugar, deverá levantar a tese da pré-contratação, falando dos arts. 48 do CDC e 427 do CCB. Dirá que os empregados foram "pré-contratados" em Pernambuco e prestaram serviços em São Paulo, requerendo a aplicação do § 3º do art. 651 da CLT, afirmando, com vigor, que esta norma garante ao obreiro o ajuizamento da ação no local da "pré-contratação", da contratação ou da prestação de serviços, demonstrando que se trata de preceito de lei que merece interpretação extensiva, pois nasceu com o escopo de proteger a parte mais frágil da relação, garantindo a "acessibilidade ao Poder Judiciário".

4.3. CONFLITOS DE COMPETÊNCIA

Os tribunais do trabalho têm competência para julgar os conflitos de competência entre órgãos com jurisdição trabalhista (inciso V do art. 114 da CF), ressalvado o conflito que envolver tribunal superior, cuja competência é do STF (art. 102, I, da CF).

O conflito de competência é matéria de ordem pública, pois é suscitado pelo próprio órgão jurisdicional (parágrafo único do art. 66 do CPC/2015). Também pode ser requerido por uma das partes.

Pode ser positivo, quando dois ou mais órgãos se dizem competentes, ou negativo, quando dois ou mais órgãos se dizem incompetentes.

Pode ser gerado também diante da controvérsia acerca da reunião ou separação de processos (prevenção).

> Art. 66 do CPC/2015. Há conflito de competência quando:
>
> I – dois ou mais juízes se declaram competentes;
>
> II – dois ou mais juízes se consideram incompetentes, atribuindo um ao outro a competência;
>
> III – entre dois ou mais juízes surge controvérsia acerca da reunião ou separação de processos.
>
> Parágrafo único. O juiz que não acolher a competência declinada deverá suscitar o conflito, salvo se a atribuir a outro juízo.

4.3.1. Competência para apreciar o conflito

Vamos direto na jugular, elencando os casos.

- Compete ao respectivo TRT julgar conflito envolvendo juízes do trabalho (ou juízes de direito investidos em jurisdição trabalhista) a ele vinculados.
- Compete ao TST julgar conflito envolvendo juízes do trabalho (ou juízes de direito investidos em jurisdição trabalhista) de tribunais regionais distintos.
- Compete ao TST julgar conflito envolvendo dois tribunais regionais do trabalho.
- Compete ao STJ julgar conflito envolvendo juízes do trabalho (ou juízes de direito investidos em jurisdição trabalhista) e juízes de direito ou juízes federais (juízes de "justiças diferentes").
- Compete ao STJ julgar conflito envolvendo TRT e TJ ou TRT e TRF (tribunais de "justiças diferentes", desde que não envolva tribunal superior).
- Compete ao STF julgar qualquer conflito que envolva o TST ou qualquer tribunal superior.

Impossível o conflito de competência envolvendo TRT e juiz a ele vinculado – Súmula 420 do TST.

> Súmula 420 do TST. Competência funcional. Conflito negativo. TRT e vara do trabalho de idêntica região. Não configuração. Não se configura conflito de competência entre tribunal regional do trabalho e vara do trabalho a ele vinculada.

QUESTÕES COMENTADAS SOBRE COMPETÊNCIA DA JUSTIÇA DO TRABALHO

1. **(FGV – Exame de Ordem 2010.3). O sindicato representante de determinada categoria profissional ajuizou ação civil pública em face da Construtora Beta Ltda., postulando sua condenação na obrigação de se abster de coagir seus empregados a deixarem de se filiar ao respectivo ente sindical. A pretensão foi julgada procedente, tendo transitado em julgado a decisão condenatória. Diante dessa situação hipotética, assinale a alternativa correta.**

(A) Seria obrigatória a intervenção do Ministério Público do Trabalho como fiscal da lei nesse processo.

(B) O ajuizamento dessa ação civil pública visou à tutela de interesses ou direitos meramente individuais.

(C) A sentença fará coisa julgada às partes entre as quais é dada (*inter partes*), não beneficiando nem prejudicando terceiros.

(D) A competência funcional para julgamento dessa ação civil pública é do tribunal regional do trabalho que tenha jurisdição no local onde se situa a sede da empresa.

Comentário: A ação civil pública é regulada pela Lei 7.347/1985 e também pelo CDC. No art. 5º, § 1º, da Lei 7.347/1985 e no art. 92 do CDC, encontramos a previsão de que se o Ministério Público não intervier no processo como parte (não for o autor da ação civil), atuará obrigatoriamente como fiscal da lei. Isso já basta para tornar a letra "A" correta. A referida ação, descrita na questão, tem por objeto a defesa de interesses coletivos, pertinentes aos empregados da Construtora Beta Ltda. Eis o equívoco da letra "B". A definição de direitos coletivos está exposta no inciso II do parágrafo único do art. 81 do CDC: "os transindividuais, de natureza indivisível de que seja titular grupo, categoria ou classe de pessoas ligadas entre si ou com a parte contrária por uma relação jurídica base". Os interesses difusos, apenas para reforçar o estudo, são aqueles pertinentes a "pessoas **indeterminadas** e ligadas por circunstâncias de fato". A sentença, por se tratar de interesse coletivo, fará coisa julgada *ultra partes*, mas limitadamente ao grupo, categoria ou classe, salvo improcedência por insuficiência de provas, hipótese em que qualquer legitimado poderá intentar outra ação com idêntico fundamento, valendo-se de nova prova (art. 103, II, CDC). Eis o erro da letra "C". Para fins de fixação da competência funcional (absoluta) e territorial (relativa), a OJ 130 SDI-2 é suficiente para afastar qualquer dúvida, fulminando a letra "D", pois a competência originária sempre será da primeira instância trabalhista.

Resposta: A

2. **(FGV – Exame de Ordem 2010.3). Determinada turma do Tribunal Superior do Trabalho não conheceu de recurso de revista interposto pela empresa Alfa Empreendimentos Ltda. em razão de a decisão recorrida (proferida por Tribunal Regional do Trabalho em sede de recurso ordinário, em dissídio individual) estar em perfeita consonância com enunciado de súmula de direito material daquela Corte Superior. Transcorrido *in albis* o prazo recursal, essa decisão transitou em julgado. Na condição de advogado contratado pela respectiva empresa, para ajuizamento de ação rescisória, é correto afirmar que a decisão rescindenda será a proferida pelo:**

(A) Tribunal regional do trabalho, em recurso ordinário, tendo competência originária para o seu julgamento o próprio tribunal regional do trabalho.

(B) Tribunal superior do trabalho, que não conheceu do recurso de revista, tendo competência originária uma das turmas do próprio Tribunal Superior do Trabalho.
(C) Tribunal regional do trabalho, em recurso ordinário, tendo competência originária para o seu julgamento a Seção Especializada em Dissídios Individuais do Tribunal Superior do Trabalho.
(D) Tribunal Superior do Trabalho, que não conheceu do recurso de revista, tendo competência originária a Seção Especializada em Dissídios Individuais do próprio Tribunal Superior do Trabalho.

Comentário: Em regra, a competência seria do próprio TRT (item I da Súmula 192 TST), considerando ter sido ele a proferir a última decisão meritória. No caso, entretanto, o não conhecimento do recurso de revista teve por base o fato de a decisão recorrida (decisão do TRT) estar em consonância com súmula de Direito material do TST, detalhe que, segundo o item II da Súmula 192 TST, torna meritória a decisão, razão pela qual é sua a competência para processar e julgar a ação rescisória. A letra "D" está correta.

Resposta: D

3. **(FGV – Exame de Ordem 2010.3). Em relação aos embargos de terceiro na execução por carta precatória, é correto afirmar que:**
(A) devem ser oferecidos no juízo deprecante, exceto quando se tratar de vício ou irregularidade de penhora, avaliação ou alienação dos bens, praticados pelo juízo deprecado.
(B) devem ser oferecidos no juízo deprecado, que possui competência por delegação para a execução em outra localidade.
(C) devem ser oferecidos no juízo deprecante, pois a carta precatória se presta apenas para que se pratiquem atos em outra localidade, mantida a competência para atos decisórios no juízo principal da execução.
(D) podem ser oferecidos no juízo deprecante ou deprecado, sendo do juízo deprecante a competência para julgamento, exceto quando se tratar de vício ou irregularidade de penhora, avaliação ou alienação dos bens, praticados pelo juízo deprecado.

Comentário: A questão trata de carta precatória executória. Essa carta é expedida quando a penhora tem de ser realizada fora da jurisdição do juiz da execução, que solicita a prática do ato ao juiz da região onde se encontra o bem. O juiz que expede a carta é o deprecante. O juiz que realizará a penhora é o deprecado. E se um terceiro (pessoa que não é parte no processo) desejar opor os embargos previstos nos arts. 674 a 681 do CPC (embargos de terceiro)? Em que juízo deverá protocolar a petição inicial? A CLT é omissa. À luz do parágrafo único do art. 676 do CPC, "Nos casos de ato de constrição realizado por carta, os embargos serão oferecidos no juízo deprecado, salvo se indicado pelo juízo deprecante o bem constrito ou se já devolvida a carta." A Súmula 419, TST, por sua vez, dispõe: "Na execução por carta precatória, os embargos de terceiro serão oferecidos no juízo deprecante ou no juízo deprecado, mas a competência para julgá-los é do juízo deprecante, salvo se versarem, unicamente, sobre vícios ou irregularidades da penhora, avaliação ou alienação dos bens, praticados pelo juízo deprecado, em que a competência será deste último." A letra "D" está em harmonia com a Súmula 419 TST, e, por conta disso, é a assertiva correta. Porém, com a chegada do CPC, a lacuna existente na CLT foi suprida, seja na fase de conhecimento, seja na fase de execução (pois a Lei 6.830/1980 – LEF também é omissa), nos termos dos arts. 769 e 889 CLT, respectivamente. Sob a égide do CPC/2015, os embargos de terceiro devem ser protocolados no juízo deprecado, salvo se o bem objeto da penhora foi indicado pelo juízo deprecante ou se já devolvida a carta ao deprecante, após cumprimento pelo deprecado. A aplicação da Súmula 419 do TST findou com a revogação do CPC de 1973 e a entrada em vigor do CPC de 2015, já que o antigo Código de Processo era omisso quanto ao local de ajuizamento dos embargos de terceiro, em execução por carta precatória, omissão sanada pelo Novo Código. O TST terá de cancelar ou alterar a referida súmula.

Resposta: D

4. **(FGV – VIII Exame de Ordem). Se for instalado conflito de competência positivo entre dois juízes do trabalho do estado de Pernambuco, qual será o órgão competente para julgá-lo?**

(A) O TST.
(B) O STJ.
(C) O TRT de Pernambuco.
(D) O STF.

Comentário: Como se trata de conflito de competência entre dois juízes do trabalho de um mesmo TRT, cabe ao próprio TRT processar e julgar o incidente, motivo pelo qual a letra "C" está correta. Se o conflito envolvesse dois juízes do trabalho de tribunais regionais distintos, a competência seria do TST. Caso o conflito envolvesse juízes de "justiças diferentes" (juiz do trabalho x juiz de direito ou juiz federal), a competência seria do STJ. Por fim, o STF julga conflitos que envolvam tribunal superior (TST, no nosso caso) – *vide* art. 114, V, CF; art. 102, I, *o*, CF; art. 105, I, *d*, CF.

Resposta: C

5. **(FGV – X Exame de Ordem). Uma reclamação trabalhista é ajuizada em São Paulo (TRT da 2ª Região) e, na audiência designada, a reclamada apresenta resposta escrita sob a forma de contestação e exceção de incompetência relativa em razão do lugar, pois o autor sempre trabalhara em Minas Gerais, que na sua ótica deve ser o local onde tramitará o feito. Após conferida vista ao exceto, na forma do art. 800 da CLT, e confirmada a prestação dos serviços na outra localidade, o juiz acolhe a exceção e determina a remessa dos autos à capital mineira (MG, TRT da 3ª Região). Dessa decisão, de acordo com o entendimento do TST, e independentemente do seu mérito:**

(A) cabe de imediato recurso de agravo de instrumento para o TRT de São Paulo, por tratar-se de decisão interlocutória.
(B) nada há a fazer, pois das decisões interlocutórias, na Justiça do Trabalho, não é possível recurso imediato.
(C) compete à parte deixar consignado o seu protesto e renovar o inconformismo no recurso ordinário que for interposto após a sentença que será proferida em Minas Gerais.
(D) cabe de imediato a interposição de recurso ordinário para o TRT de São Paulo.

Comentário: Da decisão cabe recurso ordinário, no prazo de oito dias, conforme prevê a alínea *c* da Súmula 214 do TST, pois gerou a ordem de remessa dos autos para uma vara de outro TRT (TRT diferente). A competência para o julgamento do recurso ordinário será do TRT da 2ª Região, o qual poderá manter ou anular a decisão do juiz do trabalho a ele vinculado. A letra correta é a "D". A questão explora uma exceção ao princípio da irrecorribilidade imediata das decisões interlocutórias, que marca o processo trabalhista (art. 893, § 1º, CLT, e art. 799, § 2º, CLT).

Resposta: D

6. **(FGV – XIII Exame de Ordem). Pedro, estivador, logo trabalhador avulso, está insatisfeito com os repasses que lhe são feitos pelos trabalhos no Porto de Tubarão. Pretende ajuizar ação em face do operador portuário e do Órgão Gestor de Mão de Obra – Ogmo. Como advogado de Pedro, indique a Justiça competente para o processamento e julgamento da demanda a ser proposta.**

(A) Justiça comum federal, dado que o avulso não tem vínculo de emprego com os réus e a matéria portuária é de âmbito nacional.

(B) Justiça do Trabalho.

(C) Justiça comum estadual, pela ausência de relação empregatícia, sendo o avulso uma espécie de trabalhador autônomo.

(D) Poderá optar pela Justiça comum estadual ou Justiça do Trabalho, caso pretenda o reconhecimento de vínculo de emprego.

Comentário: A letra "B" é a correta, em consonância com o art. 652, *a*, V, CLT. Mesmo antes da EC 45, portanto, a Justiça do Trabalho já tinha competência para processar e julgar as ações envolvendo trabalhadores avulsos, operadores portuários e os órgãos gestores de mão de obra.

Resposta: B

7. **(FGV – XV Exame de Ordem). Pedro trabalhou por um ano em Goiânia/GO e quatro anos em Varginha/MG. Ao ser dispensado, retornou para Goiânia, onde ajuizou ação trabalhista em face do ex-empregador. Na audiência, foi apresentada exceção de incompetência em razão do lugar, a qual foi acolhida pelo juiz, que determinou a remessa dos autos para o TRT/GO. Dessa decisão, Pedro:**

(A) poderá interpor agravo de instrumento, porque a remessa dos autos equivale ao trancamento da ação, dada a hipossuficiência do empregado.

(B) poderá interpor recurso ordinário.

(C) poderá impetrar mandado de segurança.

(D) nada poderá fazer, por se tratar de decisão interlocutória, que é irrecorrível na Justiça do Trabalho.

Comentário: A questão foi anulada por erro material, já que o enunciado, equivocadamente, diz que o juiz remeteu os autos ao TRT/GO, quando seria o TRT/MG. Se não fosse o manifesto equívoco, a letra "B" seria a correta, pois Pedro poderia interpor recurso ordinário, com base na alínea *c* da Súmula 214 do TST, já que a decisão teria gerado remessa dos autos para uma vara de **TRT diferente**, sendo de competência do TRT/GO o julgamento do recurso (TRT do juízo que acolheu a exceção).

Resposta: B

8. **(FGV – XVII Exame de Ordem). A sociedade empresária Beta S.A. teve a falência decretada durante a tramitação de uma reclamação trabalhista, fato devidamente informado ao juízo. Depois de julgado procedente em parte o pedido de diferenças de horas extras e de parcelas rescisórias, nenhuma das partes**

recorreu da sentença, que transitou em julgado dessa forma. Teve, então, início a execução, com a apresentação dos cálculos pelo autor e posterior homologação pelo juiz. Diante da situação, assinale a afirmativa correta.

(A) Há equívoco, pois, a partir da decretação da falência, a ação trabalhista passa a ser da competência do juízo falimentar, que deve proferir a sentença.

(B) O pagamento do valor homologado deverá ser feito no juízo da falência, que é universal.

(C) A execução será feita diretamente na Justiça do Trabalho, porque o título executivo foi criado pelo juiz do trabalho.

(D) Essa é a única hipótese de competência concorrente, ou seja, poderá ser executado tanto na Justiça do Trabalho quanto na Justiça comum.

Comentário: A letra correta é a "B". A Justiça do Trabalho, no que diz respeito à massa falida e à recuperação judicial, tem competência restrita à fase de conhecimento (art. 6º, §§ 2º e 5º, da Lei 11.101/2005). Liquidada a sentença, o crédito deve ser habilitado no juízo universal (justiça comum). A discussão doutrinária e jurisprudencial sobre a execução de empresa em recuperação judicial foi soterrada pelo STF, prevalecendo a competência executória do juízo universal.

Resposta: B

9. **(FGV – XIX Exame de Ordem). Hudson ajuizou ação na Justiça do Trabalho na qual postula exclusivamente diferenças na complementação de sua aposentadoria. Hudson explica que, durante 35 anos, foi empregado de uma empresa estatal e contribuiu para o ente de previdência privada fechada, da qual a ex-empregadora é instituidora e patrocinadora. Ocorre que, ao longo do tempo, os empregados da ativa tiveram reajustes salariais que não foram observados na complementação da aposentadoria de Hudson, gerando diferenças, que agora o autor cobra tanto da ex-empregadora quanto do ente de previdência privada. Considerando o caso e de acordo com a CLT, assinale a afirmativa correta.**

(A) O processo deverá ser remetido pelo Juiz do Trabalho para a Justiça estadual.

(B) A reclamação trabalhista deverá ser extinta sem resolução do mérito por falta de competência.

(C) A ação trabalhista deverá ter curso normal, com citação e designação de audiência para produção de provas.

(D) O destino do feito dependerá dos termos da contestação, pois pode haver prorrogação de competência.

Comentário: O STF, no dia 20/02/2013, apreciando os Recursos Extraordinários 586453 e 583050, decidiu que a Justiça do Trabalho não tem competência para processar e julgar as ações decorrentes de planos de previdência complementar privada, pois a relação entre o fundo fechado de previdência complementar e o beneficiário (trabalhador) não tem natureza trabalhista. O Plenário do STF também decidiu modular o efeito da decisão, nos termos do art. 27 da Lei 9.868/1999: Permanecerão na Justiça do Trabalho os processos que já tiveram sentença de mérito proferida até 20/02/2013. Os demais processos que tramitam na justiça trabalhista deverão ser remetidos à justiça comum. Eis a razão pela qual a letra "A" está correta.

Resposta: A

5

DOS ATOS PROCESSUAIS

O processo nada mais é do que a sucessão de atos processuais (petição inicial, citação, audiência, tentativa de conciliação, contestação, decisões, recursos etc.). Eis a manifestação objetiva do processo - conjunto de atos. A depender do rito (cadência), o processo pode ser mais célere (sumaríssimo) ou não (ordinário). O procedimento cadencia, dá o ritmo ao processo.

Intrinsecamente ou, se preferir, "romanticamente", o processo é o instrumento de que o Estado dispõe para resolver (solucionar, pacificar) conflitos de interesses qualificados pela pretensão resistida (lide).

Nos termos do art. 770 da CLT, os atos processuais serão públicos (princípio da publicidade). Excepcionalmente, o órgão jurisdicional poderá decretar, de ofício ou a requerimento, mediante decisão fundamentada, segredo de justiça.

O **segredo de justiça** será decretado quando existir risco à dignidade da pessoa humana, à imagem, à intimidade, ou seja, quando houver risco de arranhar direitos da personalidade de uma ou de ambas as partes.

Eis o que diz o art. 5º, LX, da CF: "*a Lei só poderá restringir a publicidade dos atos processuais quando a defesa da intimidade ou o interesse social o exigirem*".

No mesmo caminho o inciso IX do art. 93 da CF: "*todos os julgamentos dos órgãos do Poder Judiciário serão públicos, e fundamentadas todas as decisões, sob pena de nulidade, podendo a lei limitar a presença, em determinados atos, às próprias partes e a seus advogados, ou somente a estes, em casos nos quais a preservação do direito à intimidade do interessado no sigilo não prejudique o interesse público à informação*".

Importante frisar que o **segredo de justiça** não se confunde com a juntada de documentos em **sigilo** no PJE. O primeiro deriva da proteção à dignidade e os autos ficam indisponíveis para consulta, salvo para os advogados e para as partes, além de impor a realização das audiências apenas com a presença destes. A juntada de uma petição ou de um instrumento processual em sigilo deságua da vontade de que aquele documento só seja revelado no momento próprio, que geralmente é a audiência, e tem por base o art. 845 da CLT e o § 4º do art. 28 da Resolução 185/2013 do CNJ. O segredo de justiça deriva de uma decisão do juiz, que pode ser proferida de ofício ou a requerimento do interessado, mediante clara e robusta fundamentação. A juntada de documentos em sigilo é uma faculdade de advogados e partes.

Atenção:

- Entre o princípio da publicidade dos atos processuais e o princípio da dignidade da pessoa humana, prevalecerá este último.

A conclusão nasce da simples aplicação do princípio da proporcionalidade, decorrente da ponderação de valores, capaz de solucionar, sozinho, o aparente conflito principiológico.

O art. 11 do CPC praticamente "copia" a norma constitucional, dispondo que todos os julgamentos dos órgãos do Poder Judiciário serão públicos. Nos casos de segredo de justiça, pode ser autorizada a presença somente das partes, de seus advogados, de defensores públicos ou do Ministério Público. No art. 189, o CPC volta ao tema.

Nosso sistema jurídico é assim, recheado de normas redundantes, repetitivas, que terminam causando um verdadeiro enfado em qualquer jurista. O legislador parece não cansar de tanto legislar, como se a repetição fosse capaz de mudar a realidade. A sanha legiferante do Estado, abarcando os seus três poderes, não vem se mostrando eficaz, diante da involução da nossa sociedade.

Bom, nada melhor do que trazer à baila situações concretas de segredo de justiça.

Exemplos:

Primeiro passo	O juiz do trabalho, lendo a petição inicial e se deparando com a alegação de assédio sexual do gerente contra a reclamante, e depois de verificar a impossibilidade de acordo, não deve realizar a instrução processual "a portas abertas", sob pena de fazer ecoar, em todas as esquinas, a situação vexatória que pode ter afetado a vida daquelas pessoas.
Segundo passo	O magistrado, a partir daí, mediante límpida e objetiva fundamentação, deverá decretar segredo de justiça, acessando, no PJE, o ícone específico e, o mais importante, esvaziando a sala de audiências, onde permanecerão ele, seus assistentes, as partes e os respectivos advogados, além das testemunhas, que serão paulatinamente chamadas.

Terceiro passo	Caso o juiz assim não proceda, qualquer advogado poderá requerer a decretação do segredo de justiça.
Quarto passo	Pode acontecer de um dos advogados não concordar com a decisão de decretação ou não do segredo de justiça. Como se trata de decisão interlocutória, não há recurso específico para enfrentar a decisão de deferimento ou de indeferimento (§ 1º do art. 893 da CLT). Cabe, contudo, em tese, mandado de segurança, se existir a possibilidade de o impetrante demonstrar de plano o direito líquido e certo violado.

No caso de processo que corre em segredo de justiça, apenas as partes e os seus advogados constituídos é que terão acesso aos autos processuais (art. 107, I, e art. 189, § 1º, do CPC). Terceiro interessado poderá requerer ao juiz certidão do dispositivo sentencial (art. 189, § 2º, do CPC).

Não estando o processo em segredo de justiça, qualquer advogado, com ou sem procuração, poderá consultar os autos processuais (art. 107, I, do CPC e art. 7º, XIII, da Lei 8.906/1994 – Estatuto da Advocacia).

Juntada de documentos em sigilo no PJE – Ao contrário do que alguns andam alardeando e praticando, o PJE em nada modificou a previsão do art. 845 da CLT, regra mantida inclusive pela Reforma Trabalhista. Significa que os advogados, caso queiram apresentar prova documental antes da audiência, devem fazê-lo em sigilo, cabendo ao juiz, durante a sessão, depois da tentativa de acordo, retirá-lo. Para os magistrados trabalhistas que ainda implicam e se opõem ao uso do sigilo, inclusive ameaçando os patronos das partes, faço questão de registrar que a juntada da prova documental em sigilo é um direito potestativo dos advogados, previsto no § 4º do art. 28 da Resolução 185/2013 do CNJ, que deságua da expressa previsão legal esculpida no art. 196 do CPC. Qualquer resistência injustificada do juiz importará em violação ao inciso II do art. 5º da Lei Maior. Sinceramente, não entendo a celeuma que se instalou sobre isso, pois, com clareza infantil, o ato judicial de "retirada do sigilo de documentos" nada mais é do que "a produção probatória documental em audiência - art. 845 da CLT". Não há lei que obrigue as partes a exibir seus documentos probantes com antecedência, ou seja, antes da audiência, seja em processo físico, seja em processo eletrônico. No rito ordinário, quando adotada a fragmentação da audiência, a juntada em sigilo é inócua, pois o magistrado, na audiência inicial, concederá prazo para a juntada de documentos e prazo para a sua impugnação. No prazo assinalado pelo juiz, os litigantes não podem juntar documentos em sigilo, pois isso impossibilitaria a impugnação pela parte adversa (art. 794 da CLT). No caso de audiência contínua (incluindo os ritos sumário e sumaríssimo), a juntada em sigilo da prova documental e, no caso do reclamado, também de sua defesa, é fundamental. Caso o advogado do reclamante junte a prova documental sem sigilo, em processo com audiência una, o advogado do reclamado, antes mesmo da sessão, terá a oportunidade de impugnar toda a documentação, no conforto do seu escritório, degustando um bom café. O advogado do reclamante, com isso, estará facilitando a vida do advogado da parte adversa. O mesmo ocorrerá se o advogado do reclamado juntar contestação, exceção de incompetência territorial e prova documental sem sigilo. Dificultar a vida do "inimigo" faz parte do embate processual. Entre a impugnação prévia e a impugnação no calor da audiência, o advogado deve impor, nos termos do art. 845 da CLT, a segunda via ao seu adversário. Isso torna a disputa justa. Equilibrada. Para finalizar, considero **inócua a Resolução 185/2017 do CSJT**, pois o art. 196 do CPC delegou exclusivamente ao CNJ o poder de regulamentar os atos processuais eletrônicos, destacando que os tribunais só podem lançar mão desse tipo de regulamentação **supletivamente**: "*Compete ao Conselho Nacional de Justiça e, supletivamente, aos tribunais, regulamentar a prática e a comunicação oficial de atos processuais por meio eletrônico e velar pela compatibilidade dos sistemas, disciplinando a incorporação progressiva de novos avanços tecnológicos e editando, para esse fim, os atos que forem necessários, respeitadas as normas fundamentais deste Código*". Diante disso, a Resolução 185/2017 do CSJT deve ser ignorada, e, por conseguinte, a **Resolução 185/2013 do CNJ merece total prestígio**.

Os atos processuais, segundo o art. 770, *caput*, da CLT, serão praticados em dias úteis das 6 h às 20 h. Com o PJE essa previsão parece mumificada. Mas, convenhamos, ainda há processos físicos em tramitação, tanto assim que o CPC veio ao mundo com previsão similar (art. 212).

No art. 213, porém, o CPC já trata da prática **eletrônica** de ato processual, consagrando que ela pode ocorrer em "qualquer horário até as 24 h do último dia do prazo", observando-se o horário vigente no juízo perante o qual o ato deve ser praticado.

Digamos que o processo tramita em uma das varas da cidade de Recife, capital de Pernambuco, estado que costumeiramente não adota o horário de verão. O que vale é a hora de Recife, para todos os fins, e não o horário de Brasília.

Os atos processuais poderão ser praticados em domingo ou feriado, mediante autorização expressa do juiz (parágrafo único do art. 770 da CLT). Essa "autorização" diz respeito aos atos do Poder Judiciário (citação, intimação, notificação, penhora etc.), porque, para os advogados, no PJE, a prática dos atos é livre, seja qual for o dia.

Estudaremos a audiência em tópico específico, mais adiante. Lembrando que a audiência também é um ato processual, porém diferente dos demais, e só pode ser realizada entre 8 h e 18 h (art. 813 da CLT).

O inciso III do art. 362 do CPC trouxe uma novidade interessante, prevendo que, por atraso injustificado de seu início, em tempo superior a trinta minutos do horário marcado, a audiência poderá ser adiada. Observem que a regra não restringe o retardo ao "atraso da chegada do juiz à unidade jurisdicional", fixando, com isso, uma interpretação ampliativa. Digamos que, sem qualquer justificativa plausível, o juiz chegou com uma hora de atraso à unidade jurisdicional, provocando com isso o atraso de toda a pauta. De acordo com o CPC, o advogado de um processo que está no meio da pauta poderia, constatando que a sua audiência foi impactada com atraso superior a trinta minutos, pleitear o adiamento, com base na norma citada.

O TST, entretanto, na IN 39/2016, especificamente no seu art. 2º, VI, entende inaplicável o inciso III do art. 362 do CPC ao processo trabalhista, porquanto existe previsão específica sobre o tema, no parágrafo único do art. 815 da CLT. Essa previsão celetista, entretanto, é bem mais restrita, pois fixa a tolerância de quinze minutos por audiência, apenas quando o juiz não tiver ainda comparecido à unidade jurisdicional, ou seja, a partir da chegada do juiz, nenhuma audiência mais poderá ser adiada, mesmo que o atraso tenha provocado um retardo significativo no seu andamento.

Exemplo:

- Na vara do trabalho de determinada localidade, o advogado Fulano tem uma audiência marcada para as 10 h. Trata-se da sétima audiência do dia. A primeira audiência está marcada para as 9 h. Ocorre que o juiz do trabalho, sem motivo justificado, se atrasou, iniciando os trabalhos às 10 h, ou seja, com uma hora de atraso. De acordo com o CPC, o advogado Fulano, caso a sua audiência não comece às 10h30min, teria direito ao adiamento da sessão, com base exatamente no inciso III do art. 362: "por atraso injustificado de seu início em tempo superior a trinta minutos do horário marcado". Indubitável, no exemplo, a presença do fato gerador. Esse direito, entretanto, foi tolhido pelo TST, com a publicação da IN 39/2016. Logo, o advogado Fulano, já que o juiz, quanto à sua audiência, cumpriu o prazo previsto no parágrafo único do art. 815 da CLT, terá de aguardar pacientemente a realização da audiência, mesmo que ela comece uma, duas, três horas depois do horário marcado. Lamentável.

QUESTÃO COMENTADA SOBRE ATOS PROCESSUAIS

1. **(FGV – XIV Exame de Ordem). Determinada audiência, designada para as 10 h, só teve início às 12 h, ocasião em que o preposto e o advogado da empresa já tinham se ausentado. A pauta de audiências fora pontualmente iniciada pelo juiz; porém, a complexidade de processos e depoimentos gerou atrasos substanciais. A partir da situação sugerida, assinale a opção correta.**

(A) Não haverá a revelia, pois o atraso do juiz está limitado a quinze minutos, podendo as parte se retirar.

(B) Diante do atraso, o juiz deverá adiar a audiência, já que a parte ré está ausente, mas se fez presente no horário inicial.

(C) O juiz deverá aguardar a parte ausente por quinze minutos, pelo princípio da reciprocidade.

(D) A audiência deverá ser realizada normalmente, cabendo a aplicação da revelia e confissão à parte ré.

Comentário: Questão elaborada com base no parágrafo único do art. 815 da CLT, que dispõe: "*Se, até quinze minutos após a hora marcada, o juiz ou presidente não houver comparecido, os presentes poderão retirar-se, devendo o ocorrido constar do livro de registro das audiências*". De fato, se o juiz não tiver comparecido ao local da audiência, dentro do prazo de quinze minutos da hora marcada para o seu início, as partes e os advogados poderão deixar o recinto, mediante a expedição de certidão pela secretaria da vara. Há, portanto, uma tolerância para o atraso do magistrado, que é de quinze minutos (para as partes, contudo, não há qualquer tolerância quanto a atrasos – *vide* OJ 245 SDI-1). No caso, o juiz já se encontrava na vara trabalhista, realizando as audiências normalmente. Ocorreu um significativo atraso na pauta, mas isso não justifica a ausência de advogados e partes. A letra "D" é a correta (art. 844 da CLT).

Resposta: D

6

DOS PRAZOS PROCESSUAIS

O ato processual deve ser realizado dentro de determinado prazo, que já pode estar previsto em lei (prazo legal) ou, se não, será fixado pelo órgão jurisdicional (prazo judicial).

Com a Reforma Trabalhista, instrumentalizada pela Lei 13.467/2017, os prazos processuais, legais ou judiciais, **passaram a ser contados em dias úteis**, com exclusão do dia do começo e inclusão do dia do vencimento. Essa inovação pode ser encontrada no *caput* do art. 775 da CLT. A contagem apenas em dias úteis já estava prevista no *caput* do art. 219 do CPC, mas o TST, na IN 39/2016, vedou a sua aplicação subsidiária. Agora, felizmente, temos uma uniformidade, quanto a esta questão, entre o processo comum e o processo do trabalho.

O novo § 1º do art. 775 da CLT dispõe que os prazos podem ser prorrogados, pelo tempo estritamente necessário, em duas hipóteses, previstas nos seus dois incisos: I – quando o juiz entender necessário; ou II – em virtude de força maior, devidamente comprovada.

A norma contida no inciso II do § 1º do art. 775 da CLT já se encontrava na antiga redação da CLT, não representando, por conseguinte, novidade. Motivo de força maior (motivo relevante) é, acima de tudo, um fato **imprevisível** e para o qual **a parte não tenha contribuído direta ou indiretamente**. Exemplificando. A estrada foi bloqueada por um protesto organizado por movimentos sociais, impedindo que o reclamado comparecesse à audiência. Eis um motivo de força maior, ou, como prevê o § 1º do art. 844 da CLT, um motivo relevante capaz de justificar o adiamento da sessão. O mesmo se diga de um acidente ou de uma doença que tenha atingido uma das partes. O trânsito caótico de uma grande cidade, por outro lado, não pode ser considerado um motivo relevante para a dilação do prazo, exatamente por conta de sua previsibilidade. O motivo de força maior pode ser notório, prescindindo, por conta disso, de provas (inciso I do art. 374 do CPC). Também pode ser reconhecido pela parte adversa, tornando-se incontroverso, e, como tal, também não precisará ser provado (incisos II e III do art. 374 do CPC). Não sendo notório ou incontroverso, o juiz exigirá a comprovação do fato, mediante a concessão de prazo para tanto. Juntados documentos, à parte contrária será garantido o direito de impugná-los. Amparado por motivo de força maior (motivo relevante), o juiz poderá dilatar prazos legais e judiciais.

A disposição contida no inciso I do § 1º do art. 775 da CLT é, no mínimo, curiosa, para não dizer surreal. Ela simplesmente arremata que os prazos processuais podem ser prorrogados "*quando o juiz entender necessário*". Ora, se o juiz tivesse toda essa liberdade, qual seria a serventia do inciso II, que trata de força maior? Ao intérprete precipitado pode parecer que a Lei 13.467/2017 repassou ao magistrado total liberdade para dilatar qualquer prazo, "por mero desejo ou capricho". Chegar a esse tipo de conclusão é o que se chama de conduzir a interpretação ao abismo do absurdo. **Entendo que o inciso I do art. 775 da CLT só se aplica aos prazos judiciais**, não encontrando espaço para incidir sobre os prazos fixados em lei (legais). Os prazos judiciais têm natureza dilatória, enquanto os prazos legais possuem natureza peremptória. E digo mais. A validade da dita norma, uma vez utilizada pelo magistrado para dilatar um prazo que foi por ele fixado, está condicionada à robusta e convincente fundamentação, capaz de justificar a prorrogação do lapso temporal, como exigem os arts. 11 do CPC e 93, IX, da CF.

Apenas para reforçar o nosso estudo, dizemos que **o prazo judicial é dilatório** por sua natureza, enquanto **o prazo legal é peremptório**.

Quando, inexistindo prazo legal, o juiz determinar a realização de um ato, sem fixar expressamente o prazo, entender-se-á que ele fixou o prazo de cinco dias (art. 218, § 3º, do CPC).

A perda do prazo para praticar um ato processual é chamada preclusão temporal. Ela atinge os **prazos próprios** (aqueles que se aplicam aos advogados e às partes). Os **prazos impróprios** (que se aplicam aos juízes, servidores, peritos etc.) não são passíveis de preclusão.

Uma sentença proferida dois anos depois da data marcada, por exemplo, tem validade. Não se opera a preclusão sobre o ato. O magistrado, evidentemente, pode responder pelo retardo, mas o ato em si (sentença) não é soterrado pela preclusão.

A responsabilidade do magistrado está prevista no CPC:

> Art. 143. O juiz responderá, civil e regressivamente, por perdas e danos quando:
>
> I – no exercício de suas funções, proceder com dolo ou fraude;
>
> II – recusar, omitir ou retardar, sem justo motivo, providência que deva ordenar de ofício ou a requerimento da parte.
>
> Parágrafo único. As hipóteses previstas no inciso II somente serão verificadas depois que a parte requerer ao juiz que determine a providência e o requerimento não for apreciado no prazo de dez dias.

A intempestividade só ocorre se **o ato for praticado depois do final do prazo.** Ato praticado **antes do início do prazo** é considerado **tempestivo.** A previsão se encontra no CPC, especificamente no § 4º do art. 218: "*Será considerado tempestivo o ato praticado antes do termo inicial do prazo*". O tema já tinha sido pacificado pelo STF, para fins recursais. O TST, inclusive, foi obrigado a cancelar a Súmula 434. Expliquemos.

O STF, julgando agravo regimental no AI 703.269, em março de 2015, alterou radicalmente seu entendimento, concluindo por unanimidade **que o recurso interposto antes do início do prazo é tempestivo.** Eis o motivo pelo qual o TST teve de cancelar a Súmula 434. A decisão do STF, da lavra do ministro Luiz Fux, concluiu que a interposição antecipada de recurso **contribui para a celeridade processual**, citando, à época, até mesmo o art. 218, § 4º, do CPC, que ainda não havia entrado em vigor. Com o novo entendimento legal (tempestividade de recurso prematuro), o STF, além de prestigiar norma específica do CPC de 2015, valorizou os princípios da instrumentalidade das formas, da celeridade, da boa-fé processual e da utilização do processo como um instrumento de efetividade do direito material.

6.1. DA CONTAGEM DOS PRAZOS PROCESSUAIS

Estudamos que o TST, mediante a IN 39/2016, posicionou-se contra a aplicação do art. 219 do CPC, privando os profissionais da advocacia trabalhista dos finais de semana e feriados. A nova redação do *caput* do art. 775 da CLT pôs uma pá de cal na injusta diferenciação (discriminação), consagrando a suspensão da contagem dos prazos processuais em dias não úteis. O advogado trabalhista, agora, quando for intimado, por exemplo, da prolação de uma sentença, numa quarta-feira, não terá apenas até a próxima segunda-feira para opor embargos de declaração (cinco dias), mas até a próxima quarta-feira, exatamente pela exclusão da contagem do sábado e do domingo (observem que a intimação da sentença ocorreu na quarta-feira; o início da contagem se deu na quinta-feira; o sábado e o domingo suspenderam a contagem; logo, o *dies ad quem* será a próxima quarta-feira).

Na suspensão, o prazo não zera. Ele apenas estanca a sua contagem, a qual é retomada de onde parou, depois do fim da própria suspensão. No exemplo acima, contamos: quinta, sexta, segunda, terça e quarta, completando os cinco dias para a oposição de embargos de declaração.

Sempre é bom destacar que prescrição e decadência não são prazos processuais, mas de direito material (arts. 189 e seguintes do CCB), cuja contagem ocorre de forma contínua (vide o parágrafo único do art. 219 do CPC). Eis os prazos decadenciais mais famosos: dois anos para ajuizamento de ação rescisória; cento e vinte dias para impetração de mandado de segurança; trinta dias para ajuizamento de inquérito para apuração de falta grave (a partir da suspensão preventiva – art. 853 da CLT c/c a Súmula 403 do STF); cinco dias para oposição de embargos à execução (a partir da garantia do juízo – art. 884 da CLT). Exemplificando.

O advogado do executado é intimado da penhora, que garantiu a dívida, na terça-feira. Sabendo que tem cinco dias para opor embargos à execução (art. 884 da CLT), faz a contagem com base no art. 775 da CLT, desconsiderando sábado e domingo, opondo os embargos na terça-feira seguinte. Como o prazo não é processual, mas decadencial, a ação de embargos à execução será considerada intempestiva. Olho vivo!

Observações:

1ª Observação – Processo eletrônico

No processo eletrônico há um detalhe muito interessante: não se confundem as datas da **disponibilização** e da **publicação**. O § 2º do art. 224 do CPC dispõe: "*Considera-se como data de publicação o primeiro dia útil seguinte ao da disponibilização da informação no Diário da Justiça eletrônico*". Logo, o início do prazo não ocorre na disponibilização da informação no *DJE*, e sim no primeiro dia útil imediatamente subsequente, considerado o dia da publicação. A contagem, por conseguinte, dar-se-á com a desconsideração desse primeiro dia útil seguinte ao da disponibilização da informação no *DJE*, como prevê o § 3º do art. 224 do CPC: "*A contagem do prazo terá início no primeiro dia útil que seguir ao da publicação*".

Digamos que a informação foi lançada no *DJE* na tarde da terça-feira. Esse dia eu vou desconsiderar. Quarta-feira será oficialmente o dia da publicação no *DJE*. Quinta-feira começará a correr o prazo processual. No *DJE* aparecem as respectivas datas: **disponibilização** e **publicação**.

A previsão contida no CPC não é nova, pois já esculpia os §§ 3º e 4º do art. 4º da Lei 11.419/2006 e os §§ 2º e 3º do art. 15 da Instrução Normativa 30/2007 do TST.

2ª Observação – Inaplicabilidade do prazo em dobro para litisconsortes com procuradores distintos

O TST sempre repeliu a aplicação do prazo em dobro a litisconsortes com advogados diferentes (benefício já previsto no art. 191 do CPC/1973 e renovado no art. 229 do CPC/2015, com um novo requisito: *advogados de escritórios de advocacia distintos*), citando a sua incompatibilidade com o princípio da celeridade. Essa posição não foi revista com a Reforma Trabalhista, e tudo indica que não o será, já que o "maldito" *jus postulandi* não foi extinto.

> OJ 310 SDI-1. Litisconsortes. Procuradores distintos. Prazo em dobro. Art. 229, *caput* e §§ 1º e 2º, do CPC de 2015. Art. 191 do CPC de 1973. Inaplicável ao processo do trabalho. Inaplicável ao processo do trabalho a norma contida no art. 229, *caput* e §§ 1º e 2º, do CPC de 2015 (art. 191 do CPC de 1973), em razão de incompatibilidade com a celeridade que lhe é inerente.

3ª Observação – Fim do prazo em quádruplo para a contestação da Fazenda Pública – Inaplicabilidade ao processo do trabalho (art. 1º, II, do Decreto-lei 779/1969).

O art. 183 do CPC acabou com o prazo em quádruplo para a apresentação de defesa pelas pessoas jurídicas de direito público, uniformizando "o prazo em dobro" para todos os atos processuais (defesa, recurso etc.). O TST, na IN 39/2016, silenciou sobre a aplicabilidade da inovação ao processo trabalhista.

Depois da preciosa ajuda do brilhante processualista e amigo Matheus Rezende, professor de brilho próprio e colega na magistratura, concluímos que não há lacuna no processo trabalhista capaz de justificar o fim do prazo em quádruplo para a apresentação de defesa pelos órgãos da Fazenda Pública e pelos Correios (art. 12 do Decreto-lei 509/1969), por força da previsão contida no art. 1º, II, do Decreto-lei 779/1969, norma processual trabalhista específica, que impede a aplicação subsidiária ou supletiva do art. 183 do CPC.

Sendo assim, tratando-se de processo cujo reclamado seja uma pessoa jurídica de direito público ou os Correios, o juiz deverá respeitar o prazo mínimo de vinte dias entre a citação, que será pessoal (por oficial de justiça), e a realização da audiência (quatro vezes mais do que o prazo comum - art. 841 da CLT).

4ª Observação - Recurso enviado via fac-símile

O tema é jurássico, pois cuida de previsão com pouquíssima efetividade nos dias atuais. De qualquer sorte, vale o registro.

Quando ocorrer de o recurso ser enviado por fax, o recorrente tem de juntar aos autos o original, no prazo de cinco dias, iniciando-se do final do prazo recursal.

Se o último dia do recurso for uma sexta-feira, a contagem para a juntada do original começará já no sábado, e não na segunda-feira, sendo inaplicável a regra do art. 224 do CPC (art. 184 do CPC/1973), pois, segundo o item III da Súmula 387 do TST, trata-se de ato processual do qual o recorrente não será intimado a realizar, pois já sabia do ônus quanto à juntada do original do recurso.

É uma exceção à regra de que a contagem de um prazo processual não pode ter início em dia não útil.

> Súmula 387 TST. Recurso. Fac-símile. Lei nº 9.800/1999.
>
> I - A Lei 9.800, de 26.05.1999, é aplicável somente a recursos interpostos após o início de sua vigência.
>
> II - A contagem do quinquídio para apresentação dos originais de recurso interposto por intermédio de fac-símile começa a fluir do dia subsequente ao término do prazo recursal, nos termos do art. 2º da Lei 9.800, de 26.05.1999, e não do dia seguinte à interposição do recurso, se esta se deu antes do termo final do prazo.
>
> III - Não se tratando a juntada dos originais de ato que dependa de notificação, pois a parte, ao interpor o recurso, já tem ciência de seu ônus processual, não se aplica a regra do art. 224 do CPC de 2015 (art. 184 do CPC de 1973) quanto ao *dies a quo*, podendo coincidir com sábado, domingo ou feriado.
>
> IV - A autorização para utilização do fac-símile, constante do art. 1º da Lei 9.800, de 26.05.1999, somente alcança as hipóteses em que o documento é dirigido diretamente ao órgão jurisdicional, não se aplicando à transmissão ocorrida entre particulares.

O prazo para a juntada do original do recurso tem início no dia útil imediatamente subsequente ao final do prazo recursal, sendo irrelevante o fato de o recurso ter sido interposto antes do seu *dies ad quem*. A contagem, evidentemente, ocorrerá com a exclusão do dia do começo.

5ª Observação – PJE indisponível ou com problemas de conexão

O § 1º do art. 224 do CPC, zelando pela boa-fé e prestigiando os princípios basilares do processo, reza: "Os dias do começo e do vencimento do prazo serão protraídos para o primeiro dia útil seguinte, se coincidirem com dia em que o expediente forense for encerrado antes ou iniciado depois da hora normal ou houver indisponibilidade da comunicação eletrônica".

A norma é compatível com o processo trabalhista.

Para a prorrogação do **início da contagem** do prazo ou do seu **vencimento**, a indisponibilidade do sistema terá de ser contundente, abarcando boa parte daquele dia, não se considerando como tal a inconsistência eventual ou por curto período de tempo.

Na prática, para evitar surpresas desagradáveis, o advogado deve consultar o setor competente do TRT.

6.2. DA SUSPENSÃO E DA INTERRUPÇÃO DOS PRAZOS PROCESSUAIS

A suspensão da contagem de um prazo processual faz com que seu cômputo, no final da suspensão, seja retomado de onde cessou, ou seja, o lapso processual não é zerado. Casos clássicos de suspensão dos prazos processuais, o recesso forense e as férias coletivas dos Ministros do TST estão previstos no item II da Súmula 262 do TST.

> Prazo judicial. Notificação ou intimação em sábado. Recesso forense.
>
> I – Intimada ou notificada a parte no sábado, o início do prazo se dará no primeiro dia útil imediato e a contagem, no subsequente.
>
> II – O recesso forense e as férias coletivas dos Ministros do Tribunal Superior do Trabalho suspendem os prazos recursais.

O recesso forense na Justiça do Trabalho acontece no período entre 20/12 e 20/01, inclusive, à luz do *caput* do art. 775-A da CLT, incluído pela Lei 13.545/2017, equiparado, agora, àquele previsto no art. 220 do CPC.

A suspensão dos prazos processuais também ocorre nos finais de semana e feriados, à luz do *caput* do art. 775 da CLT.

Exemplo:

- Digamos que o advogado tenha sido intimado da sentença no dia 14/12/2015 (segunda-feira). Diante da sucumbência do seu cliente, vai interpor recurso ordinário, cujo prazo é de oito dias (art. 895 da CLT). A contagem começará no dia

15/12/2015 (terça-feira) e fluirá até a sexta-feira 18/12/2015, último dia, naquele ano, de funcionamento da Justiça do Trabalho. Foram computados quatro dias na contagem (terça, quarta, quinta e sexta). Resta o saldo de quatro dias, cuja contagem começará no dia 21/01/2016 (quinta-feira), terminando na terça-feira 26/01/2016.

A interrupção da contagem de um prazo processual faz com que o respectivo lapso "zere". É o que ocorre com o prazo dos demais recursos, para ambas as partes, quando opostos tempestivamente, com regularidade de representação e assinatura digital, embargos de declaração, cujo prazo é de cinco dias – § 3º do art. 897-A da CLT e art. 1.026 do CPC.

Exemplo:

- Digamos que o advogado do reclamado tenha sido intimado de sentença condenatória no dia 07/06/2016 (terça-feira). Ele deseja interpor recurso ordinário, cujo prazo é de oito dias (art. 895 da CLT). O advogado sabe que o início da contagem ocorrerá no dia 08/06/2016 (quarta-feira), ocorrendo em dias úteis, dispõe o *caput* do art. 775 da CLT. . No dia 14/06/2016 (terça-feira), foram opostos embargos de declaração (não importa se pelo reclamante, pelo reclamado, ou por ambos). A oposição foi tempestiva (cinco dias), interrompendo, por conseguinte, o prazo do recurso ordinário, à luz da previsão contida no art. 897-A, § 3º, da CLT. No dia 04/07/2016 (segunda-feira), o advogado do reclamado foi intimado da sentença de embargos de declaração. A partir do dia 05/07/2016 (terça-feira) começará a correr o prazo integral de oito dias para a interposição de recurso ordinário, que findará no dia 14/07/2016 (quinta-feira).

Atenção:

- **SUSPENSÃO DO PRAZO.** O prazo tem sua contagem paralisada, mas não "zera"; terminada a suspensão, a contagem é retomada de onde parou.
- **INTERRUPÇÃO DO PRAZO.** O prazo tem a sua contagem "zerada"; terminada a interrupção, a contagem começará do início do prazo, como se este jamais tivesse iniciado.

Os prazos de prescrição e decadência, previstos no CCB, na CLT, na Lei 8.036/1990 e na CF, **não são prazos processuais**, mas prazos de direito material. Logo, esses prazos não serão suspensos no recesso forense e em outras situações de suspensão dos prazos processuais. Aplicamos, para prescrição e decadência, o art. 132 do CCB. Sendo o prazo em dias, a contagem dar-se-á com a exclusão do dia do começo e a inclusão do dia final (*caput* do art. 132 do CCB). Sendo em meses ou anos, o prazo expirará no dia de igual número do de início, ou no imediato, se faltar exata correspondência (§ 3º do art. 132 do CCB). Se o dia do vencimento cair em dia não útil, considerar-se-á prorrogado o prazo até o seguinte dia útil (§ 1º do art. 132 do CCB).

Exemplo:

- O empregado teve seu contrato rescindido no dia 28/12/2015 (segunda-feira). Sempre é bom lembrar que o aviso prévio, seja trabalhado ou indenizado, é computado também para o início da prescrição bienal, que só começa a correr depois do prazo do pré-aviso (OJ 83 da SDI-1). Pois bem. Empregado e empregador deverão observar, em caso de reclamação trabalhista, a bienal prescrição prevista no art. 7º, XXIX, da CF, cuja data limite, no caso em análise, é 28/12/2017 (quinta-feira). Eis a importância do § 3º do art. 132 do CCB. Bom, o final do período imprescrito coincidirá com o recesso forense da Justiça do Trabalho. O advogado desavisado poderia imaginar que o prazo prescricional de dois anos será suspenso no dia 20/12/2017 (quarta-feira), início do recesso. Mas não será! Prescrição não é prazo processual. Logo, o último dia imprescrito para o ajuizamento de reclamação será o primeiro dia de funcionamento da Justiça do Trabalho em 2018 (aplicamos o § 1º do art. 132 do CCB).

QUESTÕES COMENTADAS SOBRE PRAZOS PROCESSUAIS

1. **(FGV – VI Exame de Ordem). Uma ação é movida contra duas empresas integrantes do mesmo grupo econômico e uma terceira, que alegadamente foi tomadora dos serviços durante parte do contrato. Cada empresa possui um advogado. No caso de interposição de recurso de revista,**

(A) o prazo será computado em dobro porque há litisconsórcio passivo com procuradores diferentes.

(B) o prazo será contado normalmente.

(C) o prazo será de dez dias.

(D) fica a critério do juiz deferir a dilação do prazo para não prejudicar os réus quanto à ampla defesa.

Comentário: O prazo será contado normalmente, como traduz a letra "B", pois, no processo trabalhista, litisconsortes com procuradores distintos não têm prazo em dobro para a prática dos atos processuais, como prevê a OJ 310 SDI-1. Com o CPC, a posição do TST permaneceu inalterada. Creio que seja bom destacar que o CPC, no art. 229, apenas garante o prazo em dobro para os litisconsortes que tiverem **diferentes procuradores, de escritórios de advocacia distintos**. Essa prerrogativa cessa no caso de apresentação de defesa única ou de defesa por apenas um dos litisconsortes (§ 1º do art. 229 do CPC). No PJE, à luz do § 2º do art. 229 do CPC, não há espaço para a incidência de prazos em dobro ("§ 2º Não se aplica o disposto no *caput* aos processos em autos eletrônicos"). A Reforma Trabalhista manteve o *jus postulandi*, e, com isso, tudo indica que o art. 229 do CPC continuará inaplicável ao processo do trabalho.

Resposta: B

2. **(FGV – XVIII Exame de Ordem). Em ação trabalhista, a parte ré recebeu a notificação da sentença em um sábado. Assinale a opção que, de acordo com a CLT, indica o dia a partir do qual se iniciará a contagem do prazo recursal.**

(A) O início do prazo será na segunda-feira e a contagem do prazo deverá ser iniciada na terça-feira, se forem dias úteis.

(B) O início do prazo será na segunda-feira e a contagem do prazo também deverá ser iniciada na própria segunda-feira, se dia útil.

(C) O início do prazo será no sábado, mas a contagem do prazo será iniciada na terça-feira, se dia útil.

(D) O início do prazo será no sábado, mas a contagem do prazo será iniciada na segunda-feira, se dia útil.

Comentário: A letra "A" está correta, em consonância com o art. 775 da CLT e o item I da Súmula 262 do TST.

Resposta: A

7 PROCEDIMENTOS

Três ritos se destacam no processo trabalhista: o rito ordinário; o rito sumaríssimo; e o rito sumário (ou rito de alçada). Nos três, o legislador prevê a realização de audiência una (indivisível; contínua; ininterrupta). Isso costuma ser ignorado por muitos juízes, salvo nos ritos sumaríssimo e sumário. Esse costume (norma consuetudinária) deu vida a precedentes jurisprudenciais prestigiadíssimos, como as Súmulas 9 e 74 do TST.

Além dos três procedimentos, estudaremos também o processamento do Inquérito Judicial para Apuração de Falta Grave e da Ação de Consignação em Pagamento.

7.1. RITO ORDINÁRIO

No rito ordinário, que é o "procedimento comum", previsto basicamente nos arts. 843 a 852 da CLT, o legislador edificou a audiência em "ato contínuo", ressalvando a possibilidade de suspensão e remarcação por "motivo relevante" (§ 1º do art. 844 da CLT). .

A expressão "motivo relevante" jamais foi interpretada em seu sentido estrito, i.e., como um ato imprevisível e para o qual as partes não tenham contribuído direta ou indiretamente, principalmente porque, ao longo do tempo, a audiência, no rito ordinário, passou a ser realizada em atos fracionados, a ponto de o TST uniformizar o entendimento quanto aos efeitos da ausência da parte "à audiência em prosseguimento, na qual deveria depor" – item I da Súmula 74 TST.

Em alguns tribunais regionais, chega a ser notório o fato de a audiência, no rito ordinário, ser "dividida" em audiência inicial e audiência de instrução.

Na **audiência inicial** ocorre a tentativa de conciliação e, caso frustrada, a apresentação de defesa (a defesa pode ser apresentada antes da audiência, no PJE, à luz do parágrafo único do art. 847 da CLT). E é só. A ausência do reclamante importará no arquivamento da reclamação, enquanto a ausência do reclamado atrairá a revelia e a confissão ficta quanto à matéria de fato – art. 844, *caput*, da CLT (o § 5º do art. 844 da CLT fulminou parte da Súmula 122 do TST, já que determina o acolhimento da contestação e de todos os documentos, mesmo que ausente o reclamado, se o seu advogado estiver presente à audiência). Apesar de aparentemente simples, o advogado deve se preparar para a audiência inicial, pois alguns incidentes podem ocorrer (aditamento à inicial, desde que a contestação ainda não tenha sido juntada no PJE ou tenha sido acostada em sigilo; desistência da ação, no todo ou em parte, desde que a contestação ainda não tenha sido juntada no PJE ou tenha sido acostada em sigilo – § 3º do art. 843 da CLT; requerimento envolvendo intervenção de terceiros; requerimento de exclusão da lide; complementação oral da contestação escrita, desde que esta ainda não tenha sido juntada no PJE ou tenha sido juntada em sigilo – art. 342 do CPC etc.).

Na **audiência de instrução**, como o próprio nome diz, o juiz instruirá o processo, colhendo o depoimento pessoal do reclamante e do reclamado, ouvindo as testemunhas, analisando a prova documental, determinando a produção de prova técnica, enfim, realizando todos os atos necessários para encontrar o seu convencimento (persuasão). Uma vez convicto, o magistrado encerrará a instrução. Depois disso, as partes aduzirão razões finais e a tentativa de conciliação será renovada. A ausência de uma das partes à audiência de instrução importará na aplicação da pena de confissão ficta quanto à matéria fática, desde que anteriormente advertida desta cominação – Súmula 74, I, do TST e art. 385, § 1º, do CPC.

Na prática, uma "terceira" audiência ainda pode ser marcada. Trata-se da audiência de razões finais, agendada depois do encerramento da instrução, comum nos processos em que a matéria é só de direito ou quando algum ato ainda tiver que ser praticado depois da instrução e antes das razões finais. Se o juiz marcar uma audiência de "razões finais", é recomendável que conste da ata de audiência a dispensa da presença das partes e dos advogados, evitando deslocamentos desnecessários. Isso pode ser requerido pela(s) parte(s) ou por seu(s) patrono(s). Tecnicamente, a ausência das partes à audiência de razões finais já se encontra "autorizada" por lei, especificamente no art. 848, § 1º, da CLT.

O fracionamento da audiência, no rito ordinário, tem natureza de norma costumeira, minguando, em muitas unidades jurisdicionais, a previsão do art. 848, *caput*, da CLT, que dispõe: "Terminada a defesa, seguir-se-á a instrução do processo [...]".

No caso de fragmentação da audiência, assim ficaria a redação do referido artigo: "Terminada a defesa, **o juiz suspenderá os trabalhos e marcará nova data para a continuidade da audiência**, quando a instrução será realizada".

O juiz do trabalho é livre para aplicar a audiência contínua, prevista na CLT, ou a audiência fragmentada, fruto do costume. Daí a piada: "cada juiz do trabalho é uma CLT ambulante".

A **Reforma Trabalhista**, corporificada na Lei 13.467/2017, alterou a redação do § 1º do art. 840 da CLT, passando a exigir a **indicação do valor do pedido**, ou seja, a prévia liquidação das verbas pleiteadas na petição inicial, igualando, neste aspecto, o rito ordinário aos ritos sumário e sumaríssimo. Caso os pedidos não indiquem valores, a reclamação será arquivada, como prevê o § 3º do art. 840 da CLT. Entendo que o arquivamento (extinção do processo sem resolução do mérito) só deve ocorrer depois de o advogado do reclamante ser intimado para emendar/complementar/retificar a petição inicial, no prazo de 15 dias, mediante a aplicação supletiva do art. 321 do CPC.

7.2. RITO SUMARÍSSIMO

No rito sumaríssimo, aplicável às causas cujo valor não exceda a quarenta vezes o salário mínimo vigente na data do ajuizamento da reclamação, o legislador também não abriu mão da audiência contínua, como bem define o art. 852-C da CLT: "*As demandas sujeitas a rito sumaríssimo serão instruídas e julgadas em audiência única* (...)".

Relevante destacar que esse rito é **inaplicável** às demandas em que for parte a Administração Pública direta, autárquica e fundacional (parágrafo único do art. 852-A da CLT) e os Correios (art. 12 do Decreto-lei 509/1969).

No rito sumaríssimo, a exemplo do que hoje também se aplica ao rito ordinário, o pedido tem que se fazer acompanhar do valor correspondente – art. 852-B da CLT.

A citação por edital, no procedimento sumaríssimo, é proibida, em face da previsão contida no art. 852-B, II, da CLT. A interpretação da referida norma vem desaguando em iniquidades latentes, pois muitos juízes simplesmente desprezam a "intenção do legislador", ou seja, a finalidade da norma. Teleologicamente, não me furto a dizer que a vedação à citação editalícia está umbilicalmente ligada ao § 1º do art. 852-B da CLT, que prevê o arquivamento da reclamação "quando o reclamante não indicar corretamente o nome e/ou o endereço do reclamado", gerando, por conta disso, a frustração da citação postal. Apresentando a petição inicial de reclamação no rito sumaríssimo, lacuna ou erro quanto ao endereço e/ou ao nome do réu, o processo será extinto sem resolução do mérito, não se aplicando o art. 321 do CPC (concessão de prazo de 15 dias para que seja sanado o vício). A disposição legal, portanto, é uma espécie de "sanção processual" ao reclamante negligente, desidioso, descuidado, tanto assim que o legislador fez questão de ressaltar que o reclamante, nesse caso, será "condenado no pagamento das custas" (§ 1º do art. 852-B da CLT). O juiz, evidentemente, poderá conceder os benefícios da justiça gratuita, dispensando o autor do pagamento (§§ 3º e 4º do art. 790 da CLT).

Para que o juiz não cite o reclamado por edital no rito sumaríssimo, é imprescindível que o reclamante tenha provocado culposamente a frustração postal.

Não é o caso, por exemplo, de o juiz constatar, no curso do processo, que o reclamado está em local incerto e não sabido. Ora, **o Poder Judiciário não pode colocar na conta do autor a melancólica descoberta do fato, penalizando-o com o arquivamento da reclamação, como se o reclamante fosse culpado do desaparecimento do réu**. Iníquo e, naturalmente, inaceitável o arquivamento da reclamação nesse tipo de situação, quando o demandante não tiver contribuído direta ou indiretamente para a frustração das citações postal e por oficial de justiça.

***Conclusão*: a citação por edital não é absolutamente vedada no rito sumaríssimo.**

O art. 852-G da CLT ratifica a unicidade da audiência, impondo ao juiz o dever de decidir, de plano, todos os incidentes e exceções que possam interferir no andamento da sessão e do processo. Isso não afeta a possibilidade de o reclamado ofertar, no prazo de cinco dias, a contar da citação, exceção de incompetência territorial, pois o art. 800 da CLT, com a nova redação dada pela Lei 13.467/2017, é compatível com todos os procedimentos. Eis uma ressalva à continuidade da audiência.

As demais ressalvas à indivisibilidade da audiência no rito sumaríssimo também são encontradas no art. 852-H da CLT, quais sejam: Absoluta impossibilidade de a parte impugnar, na audiência, os documentos juntados pela parte contrária (§ 1º); deferimento de intimação de testemunha que, comprovadamente convidada, deixar de comparecer à assentada (§ 3º); e realização de prova técnica, somente quando o fato a exigir (§ 4º).

A oposição de exceção de suspeição ou de impedimento contra o magistrado também se insere nos incidentes capazes de fragmentar a audiência.

No rito sumaríssimo, os juízes do trabalho sempre buscam prestigiar a previsão legal de audiência una. Logo, a reclamação é incluída em pauta de audiência e os advogados já sabem que, naquela data, o juiz buscará a conciliação e, caso a tentativa de acordo não prospere, receberá a resposta do reclamado, instruirá o feito e prolatará sentença (ou marcará uma data específica para a sentença). Infelizmente, como é de praxe no nosso sistema jurídico, o abismo entre a lei e a realidade é colossal, dando a impressão de que o legislador vive num mundo de fantasia, abrolhado de uma inebriante fábula.

O legislador, no que pertine ao rito sumaríssimo, em bucólica trajetória, como se miragem fosse o atordoado ritmo da realidade da Justiça do Trabalho, dispõe que a apreciação da reclamação deverá ocorrer no prazo **máximo** de quinze dias do seu ajuizamento, podendo constar de pauta especial, se necessário, de acordo com o movimento judiciário da Vara do Trabalho (art. 852-B, III, da CLT).

O juiz instruirá e julgará a reclamação em audiência única (art. 852-C da CLT) e julgará, na própria audiência, de plano, todos os incidentes e exceções (art. 852-G da CLT).

A parte manifestar-se-á imediatamente, sem interrupção da audiência, sobre os documentos apresentados pela parte adversa, salvo absoluta impossibilidade, a critério do juiz (art. 852-H, § 1º, da CLT).

Entre a suspensão da audiência, para fins de produção de prova técnica, e a sentença, o juiz deve observar **o prazo máximo de trinta dias**, salvo motivo relevante justificado nos autos pelo próprio magistrado.

Quinze dias para a apreciação da reclamação; julgamento na própria audiência; apreciação, também na audiência, de todos os incidentes e exceções etc.

Data maxima venia, são previsões que brotam de premissa de que, em tempo algum, respirou o mesmo oxigênio de advogados e juízes.

Apenas a título de exemplo, a exceção de incompetência territorial requer, muitas vezes, a realização de instrução específica, fato que impedirá a apreciação do incidente na própria audiência. Além disso, há de observar o art. 800 da CLT, com a nova redação dada pela Lei 13.467/2017.

A exceção de suspeição e a exceção de impedimento, à luz de cediço entendimento jurisprudencial, *não serão julgadas pelo magistrado excepto*, mas pelo TRT, obstáculo que também afasta a possibilidade de incidência da previsão contida no art. 852-G da CLT.

Os arts. 653, *c*, e 802 da CLT, construídos sob a égide da representação classista, dizem que a exceção de suspeição será julgada pelo próprio juízo excepto (órgão apontado como impedido ou suspeito). Não há mais espaço para a aplicabilidade dessa norma. O TST já definiu que a competência para julgar exceção de impedimento ou de suspeição contra juiz do trabalho é do TRT, aplicando, neste aspecto, supletivamente, o CPC (art. 146, § 1º, do CPC).

Seguindo a nossa tradição processualista, o Rito Sumaríssimo é balizado pelo valor da causa, como se este, por si só, fosse capaz de garantir a simplicidade (ou a menor complexidade) da lide.

Já me deparei com reclamações enquadradas no rito sumaríssimo bem mais complexas do que as usuais ações que tramitam no rito ordinário.

O juiz do trabalho, a depender da complexidade da lide, pode/deve conduzir o feito, enquadrado no rito sumaríssimo, como se ordinário fosse. Lembro bem de uma demanda envolvendo acidente do trabalho e a consequente alegação de redução da capacidade laborativa do obreiro, ratificada pelo INSS. A necessidade de produção de prova técnica (perícia médica), por si só, já impôs a suspensão da assentada. Na verdade, o processo foi concluído depois da realização de cinco audiências.

O TST consagrou a aplicabilidade da "correção do valor da causa" de ofício pelo magistrado, expondo a compatibilidade do § 3º do art. 292 do CPC com o processo trabalhista, no art. 3º, V, da IN 39/2016. Muitos, a partir daí, passaram a defender a impossibilidade de o advogado do reclamante optar pelo procedimento, pois competirá ao juiz do trabalho analisar, de ofício ou a requerimento do réu (inciso III do art. 337 do CPC/2015), se o valor da causa corresponde ao conteúdo patrimonial em discussão ou ao proveito econômico perseguido pelo autor, podendo, com isso, alterar o rito.

No processo civil, a correção do valor da causa tem significativa relevância, podendo afetar a competência funcional entre as varas e os juizados especiais. Além disso, no processo comum o recolhimento das custas é feito antecipadamente (art. 82 do CPC), tendo por base o valor da causa. No processo trabalhista, contudo, a análise, de ofício ou a requerimento do reclamado, do valor da causa não tem a mesma importância, servindo tão somente para o enquadramento do rito, pois não há juizados especiais na Justiça do Trabalho e o recolhimento das custas só é realizado no final (§ 1º do art. 789 da CLT). Aquela relevância do processo civil, por conseguinte, perde força no processo trabalhista.

7.3. RITO SUMÁRIO

Quanto ao rito sumário, sempre defendi a ocorrência de sua natural revogação pelo rito sumaríssimo. Porém, levando em conta o rol de procedimentos existentes no PJE e os editais de concursos públicos e Exame de Ordem, sou voto vencido.

O rito sumário, também chamado de rito de alçada, está previsto no art. 2º da Lei 5.584/1970, aplicável às causas de até dois salários mínimos.

O rito sumaríssimo veio ao mundo no ano de 2000, mediante a Lei 9.957/2000, que inseriu os arts. 852-A a 852-I à CLT, aplicável às causas de até quarenta salários mínimos. Ora, se existia um procedimento especial para causas de zero a dois salários mínimos e posteriormente foi criado um novo procedimento especial para causas de zero a quarenta salários mínimos, o anterior foi revogado pelo ulterior, nos termos do art. 2º, § 1º, do Decreto 4.657/1942 (Lei de Introdução às Normas do Direito Brasileiro – LINDB), *verbis*: "A lei posterior revoga a anterior quando expressamente o declare, quando seja com ela incompatível ou quando regule inteiramente a matéria de que tratava a lei anterior".

A incompatibilidade é latente, pois o rito sumaríssimo "abocanhou", "mastigou", "engoliu" e "digeriu" o antigo rito sumário, passando a cuidar das causas de zero a quarenta salários mínimos. Difícil aceitar posições que defendem a sobrevida do rito sumário, algumas delas baseadas nos epítetos: "sumário" x "sumaríssimo" ("sumaríssimo" não poderia revogar "sumário").

O rito sumário, todavia, conforme deixei claro no início da abordagem, ainda consta dos editais de concursos públicos e do Exame de Ordem. Não bastasse, também integra o rol das opções de procedimentos no PJE. Paciência. Como não sou adepto do "*jus sperniandi*", vamos estudá-lo.

O § 3º do art. 2º da Lei 5.584/1970 dispõe que o rito sumário, também chamado rito de alçada, incidirá sobre as reclamações trabalhistas cujo valor da causa não ultrapasse a dois salários mínimos. A "opção" pelo rito de alçada é do reclamante, pois cabe a este, na petição inicial, fixar o valor da causa. Nesse sentido o *caput* do art. 2º da Lei 5.584/1970: "Nos dissídios individuais, proposta a conciliação, e não havendo acordo, o juiz, antes de passar à instrução da causa, fixar-lhe-á o valor da causa para a determinação da alçada, **se este for indeterminado no pedido**".

O juiz do trabalho só fixará o valor da causa **se este não tiver sido estipulado pelo reclamante.**

A conclusão provavelmente provocará um "susto" nos advogados que atuam na Justiça do Trabalho, acostumados ao fato de o juiz, inexoravelmente, fixar na ata de audiência o "valor da causa para fins de alçada", quase sempre mantendo o "valor constante da petição inicial" (nas atas de audiência o juiz esculpe: "valor da causa pela inicial"). O juiz precisa fazer isso? Claro que não!

A fixação do valor da causa, pelo magistrado, "para fins de alçada", dar-se-á apenas quando a petição inicial for omissa. Sendo omissa a petição inicial, aí sim o juiz fixará o valor da causa, podendo o reclamante e/ou o reclamado, nesse caso, impugnar o valor fixado pelo magistrado. A impugnação será ofertada oralmente quando das razões finais - vide § 1º do art. 2º da Lei 5.584/1970. Caso o juiz mantenha o valor, rejeitando a impugnação (ou as impugnações), surge então a possibilidade de interposição imediata de recurso (típica exceção ao "princípio da irrecorribilidade imediata das decisões interlocutórias", previsto no § 1º do art. 893, CLT).

Trata-se de um recurso exclusivo do rito sumário, chamado "pedido de revisão do valor da causa", previsto nos §§ 1º e 2º do art. 2º da Lei 5.584/1970, com prazo para interposição de 48 horas, diretamente no TRT.

No rito sumário o juiz não é obrigado a fazer constar da ata de audiência os relatos das partes (depoimento pessoal) e das testemunhas. Essa decisão cabe ao juiz do trabalho, visto que o § 3º do art. 2º da Lei 5.584/1970 usa o termo "dispensável".

A sentença proferida no rito sumário tem natureza de decisão "em única instância", desafiando tão somente recurso extraordinário ao STF – inteligência do § 4º do art. 2º da Lei 5.584/1970, c/c o art. 102, III, *a*, CF.

7.4. IMPUGNAÇÃO E CORREÇÃO DO VALOR DA CAUSA

A impugnação ao valor da causa, na legislação processual trabalhista, está prevista apenas para o rito sumário, desde que o valor seja fixado pelo juiz do trabalho, quando a petição inicial for omissa, devendo ser arguida nas razões finais – *caput* e § 1º do art. 2º da Lei 5.584/1970. Essa previsão tornou-se inócua com a chegada do PJE, já que o sistema exige do advogado a indicação, quando do protocolo da petição inicial, do valor da causa.

Bom, independentemente do rito, o reclamado poderá apontar a "incorreção do valor da causa" na contestação, à luz do inciso III do art. 337 do CPC. O réu, no caso, estará "impugnando o valor da causa", objeção meramente dilatória no processo trabalhista, já que, se acatada, resultará apenas na alteração do procedimento.

Não custa reforçar que a "correção do valor da causa" poderá ser feita de ofício pelo magistrado, à luz do § 3º do art. 292 do CPC, c/c o inciso V do art. 3º da IN 39/2016 do TST.

Assim sendo, o juiz do trabalho deve analisar, de ofício ou a requerimento do réu, se o valor da causa corresponde ao conteúdo patrimonial em discussão ou ao proveito econômico perseguido pelo reclamante, podendo com isso alterar o procedimento. Essa análise será feita em todos os ritos.

No processo trabalhista, conforme dito, a análise do valor da causa servirá tão somente para o enquadramento do rito, pois não há juizados especiais na Justiça do Trabalho, tampouco recolhimento antecipado de custas (§ 1º do art. 789 da CLT). A discussão, por conseguinte, não envolve competência funcional nem "complementação do recolhimento de custas", perdendo em importância quando comparada ao processo civil.

No processo civil, a correção do valor da causa tem significativa relevância, podendo afetar a competência funcional entre as varas e os juizados especiais. Além disso, no processo comum o recolhimento das custas é feito antecipadamente (art. 82 do CPC), tendo por base o valor da causa. No processo trabalhista, contudo, a análise, de ofício ou a requerimento do reclamado, do valor da causa não tem a mesma importância, servindo tão somente para o enquadramento do rito, pois não há juizados especiais na Justiça do Trabalho e o recolhimento das custas só é realizado no final (§ 1º do art. 789 da CLT). Aquela relevância do processo civil, por conseguinte, perde força no processo trabalhista.

Diante da Reforma Trabalhista, aquilo que já era exigido nos ritos sumário e sumaríssimo, também passou a integrar o rito ordinário: "a indicação do valor de cada pedido" (§ 1º do art. 840 da CLT). É o que se costuma chamar de "pedido líquido". Essa liquidez, entretanto, não precisa se fazer acompanhar por planilha de cálculos ou documento similar. Em momento algum o legislador impõe a instauração de um incidente de liquidação na fase de conhecimento, pois isso representaria uma incongruência, já que o juiz estaria exigindo a quantia da dívida (*quantum debeatur*) antes mesmo de decidir sobre a existência da dívida (*an debeatur*).

Não estou aqui afirmando que o advogado do reclamado está impedido de impugnar determinados valores atribuídos a um pedido, a alguns pedidos ou à causa, mas apenas argumentando que o advogado do reclamante não precisa anexar à petição inicial qualquer comprovante, planilha ou roteiro de como chegou àqueles valores, pois, em momento algum, o legislador exige tal comprovação, seja qual for o rito.

7.5. AJUIZAMENTO DA AÇÃO

Protocolada a petição inicial da reclamação trabalhista, o advogado do reclamante já é informado para qual vara do trabalho o processo foi distribuído (caso na localidade exista mais de uma vara do trabalho – art. 713 da CLT) e também da data e do horário da audiência (art. 841, § 2º, da CLT).

Sempre é bom lembrar que todas as provas serão produzidas em audiência, como dispõe o art. 845 da CLT, mas nada impede que os advogados juntem documentos antecipadamente, com ou sem sigilo – § 4º do art. 28 da Resolução 185/2013 do CNJ.

Atenção:

- O ato judicial de "retirar o sigilo dos documentos" deve ser entendido como "a produção probatória documental em audiência" – art. 845 da CLT.

O PJE em nada modificou a previsão do art. 845 da CLT, regra mantida inclusive pela Reforma Trabalhista. Significa que o advogado do reclamante, caso deseje apresentar prova documental antes da audiência, deve fazê-lo em sigilo, cabendo ao juiz, durante a sessão, depois da tentativa de acordo, retirá-lo.

Para os magistrados trabalhistas que ainda implicam e se opõem ao uso do sigilo, inclusive ameaçando os patronos das partes, faço questão de registrar que a juntada da prova documental em sigilo é um direito potestativo dos advogados, previsto no **§ 4º do art. 28 da Resolução 185/2013 do CNJ**, que deságua da expressa previsão legal esculpida no **art. 196 do CPC**. Qualquer resistência injustificada do juiz importará em violação ao inciso II do art. 5º da Lei Maior.

A sorumbática *Resolução 185/2017 do CSJT* não resiste à expressa previsão do art. 196 do CPC, que **delegou exclusivamente ao CNJ o poder de regulamentar os atos processuais eletrônicos**, destacando que os tribunais só podem lançar mão desse tipo de regulamentação supletivamente. Diante disso, a dita Resolução CSJT deve ser ignorada e, por conseguinte, **a Resolução 185/2013 do CNJ merece total prestígio**.

Não há, no processo trabalhista, em regra, o "despacho saneador" previsto no art. 334 do CPC.

Com o CPC (art. 334), o juiz, depois de verificar que a petição inicial não merece "reparos" e não for o caso de "improcedência liminar do pedido", designará audiência de conciliação ou de mediação com antecedência mínima de trinta dias, devendo ser citado o réu com pelo menos vinte dias de antecedência.

No processo trabalhista, a citação não brota de um "despacho do magistrado", tendo natureza de mero ato ordinatório (ato praticado pelo servidor da vara do trabalho, sem a participação do juiz) – *caput* do art. 841 da CLT.

Eis a razão pela qual o TST considerou inaplicável ao processo do trabalho a marcação de "audiência de conciliação ou de mediação", prevista no art. 334 do CPC – vide art. 2º, IV, da IN 39/2016 do TST.

A exceção fica por conta da reclamação com pedido de tutela provisória (antecipatória ou cautelar), pelo fato de o reclamante requerer, nesse caso, a concessão de uma liminar *inaudita altera parte*, i.e., liminar "sem a oitiva do reclamado", quando então o juiz terá de decidir o requerimento de tutela provisória antes de o servidor expedir a citação.

7.5.1. Interrupção da prescrição provocada pelo ajuizamento da ação

O principal efeito do ajuizamento da reclamação trabalhista é a interrupção da prescrição.

No processo trabalhista, a interrupção prescricional ocorre exatamente quando a petição inicial é protocolada, independentemente da realização ou não da citação.

Esse mesmo entendimento se aplica ao "protesto judicial", exatamente pelo fato de não incidir no processo do trabalho, por conta do art. 841 da CLT, o § 2º do art. 240 do CPC – *vide* OJ 392 da SDI-1. O protesto judicial era, no CPC/1973, uma medida cautelar. Com o CPC/2015, passou ter natureza de "tutela provisória de urgência de natureza cautelar" (§ 2º do art. 726, c/c o parágrafo único do art. 294 e o art. 301). A Reforma Trabalhista não acabou com a interrupção prescricional decorrente do protesto judicial, pois a palavra "somente" foi equivocadamente inserida no § 3º do art. 11 da CLT. O reformador teve a intenção de apenas dizer que a interrupção "somente ocorrerá uma única vez", à luz do que se encontra insculpido no *caput* do art. 202 do CCB.

Mesmo que a reclamação seja futuramente arquivada, irreversível será a interrupção do fluxo prescricional, **restrita, no entanto, ao objeto da ação** – inteligência do § 3º do art. 11 da CLT, da Súmula 268 do TST e da OJ 359 SDI-1.

A interrupção **zera** o prazo prescricional apenas dos pedidos constantes da petição inicial.

A interrupção da prescrição, entretanto, só poderá ocorrer **uma única vez** – argúcia do art. 202, *caput*, do CCB.

Exemplo 1:

- Digamos que o reclamante tenha sido dispensado em janeiro de 2015 e ajuizado reclamação em julho de 2016, pedindo a condenação do reclamado no pagamento de adicional noturno. A reclamação foi arquivada (não importa o motivo). Não foi interposto recurso ordinário contra a decisão que arquivou a reclamação (sentença terminativa), a qual "transitou em julgado" (coisa julgada formal) no dia 12/03/2017.

O reclamante voltou a ajuizar reclamação em janeiro de 2018, pleiteando, além do pagamento de adicional noturno, o pagamento da multa prevista no art. 477, § 8º, da CLT. O advogado do reclamado, na contestação, deve requerer a aplicação da prescrição bienal sobre a pretensão de pagamento da multa do art. 477, § 8º, da CLT, argumentando que a interrupção da prescrição, operada pela propositura da primeira reclamação, atingiu apenas a pretensão de pagamento do adicional noturno, nos termos do § 3º do art. 11 da CLT e da Súmula 268 do TST. A primeira vez em que o reclamante pediu o pagamento da multa do art. 477, § 8º, da CLT foi na segunda reclamação, ajuizada três anos depois da extinção contratual. Quanto ao adicional noturno, o ajuizamento da primeira reclamação zerou (interrompeu) a prescrição. Arquivada a primeira reclamação, o prazo prescricional, para o adicional noturno, iniciou novamente sua contagem a partir do surgimento da "coisa julgada formal". Vale dizer que parcela doutrinária e jurisprudencial minoritária defende que o início da nova contagem da prescrição deve ocorrer da data do arquivamento, e não do "trânsito em julgado" da decisão definitiva.

Exemplo 2:

- Digamos que um empregado, dispensado no dia 28/01/2013, tenha ajuizado reclamação trabalhista no dia 28/01/2015, pleiteando o pagamento de horas extras (observem que o ajuizamento se deu no último dia antes da incidência da prescrição bienal). A reclamação foi arquivada (não importa o motivo). A sentença terminativa (decisão de arquivamento) "transitou em julgado" (coisa julgada formal) no dia 24/03/2015, iniciando-se nessa data a contagem do novo biênio (há decisões judiciais que consideram, para fins de início da contagem do novo biênio, a data do arquivamento). No dia 02/07/2016, o obreiro ajuizou nova reclamação com o mesmo pedido. A segunda reclamação foi arquivada (não importa o motivo), tendo a sentença terminativa (decisão de arquivamento) transitado em julgado no dia 21/11/2016. O empregado, no dia 29/08/2017, ajuizou uma terceira reclamação trabalhista, com o mesmo pedido. O advogado do reclamado, com fulcro no art. 202 do CCB e no § 3º do art. 11 da CLT, deve requerer na contestação a aplicação da bienal prescrição. A prescrição será aplicada pelo magistrado, **pois sua interrupção só pode ocorrer uma única vez** (art. 202 do CCB). No caso, a interrupção ocorreu quando da propositura da primeira reclamação, tendo a prescrição bienal iniciado nova contagem a partir de 24/03/2015 (há decisões judiciais que consideram, para fins de início da contagem do novo biênio, a data do arquivamento). O obreiro, dessarte, teria até o dia 24/03/2017 para ajuizar reclamação trabalhista. Como a terceira reclamação só foi ajuizada no dia 29/08/2017, a pretensão encontra-se corroída pela bienal prescrição.

A decisão de "arquivamento" da reclamação tem natureza de **sentença terminativa**, já que o juiz, ao proferi-la, extingue o processo sem resolução do mérito.

Nos termos do art. 895, I, da CLT, cabe recurso ordinário, no prazo de oito dias, contra sentença definitiva ou terminativa. Logo, contra a decisão que arquiva reclamação trabalhista cabe recurso ordinário. Daí o entendimento de que o início da nova contagem da prescrição bienal dar-se-á do "trânsito em julgado" da decisão de arquivamento.

Há, conforme dito, entendimento diverso, no sentido de que o início da nova contagem da prescrição bienal ocorrerá a partir da data do arquivamento da reclamação, desde que, depois disso, não tiver sido praticado qualquer ato.

Atenção:

São duas correntes. Arquivada a reclamação, a nova contagem da prescrição bienal começará:

- (1ª) – do trânsito em julgado (coisa julgada formal).
- (2ª) – do arquivamento da reclamação, desde que, depois disso, não tenha sido praticado qualquer ato.

<u>Decisão baseada na 1ª corrente</u>:

> Prescrição. Interrupção. Para provocar a interrupção da prescrição, há necessidade de ação anterior ajuizada dentro do prazo bienal, além de identidade entre os pedidos formulados. A contagem de um novo biênio recomeça a fluir a partir do trânsito em julgado da decisão que extinguiu o processo sem julgamento do mérito. Recurso ordinário conhecido e provido (TRT 16ª Região, Proc. 02171-2007-012-16-00-0, Relator: José Evandro de Souza. Data de Julgamento: 05/08/2009. Data de Publicação: 25/08/2009).

<u>Decisão baseada da 2ª corrente</u>:

> Prescrição. Arquivamento. Nos termos da Súmula 268 do TST, a demanda trabalhista, ainda que arquivada, interrompe a prescrição. O arquivamento consubstancia o último ato praticado no processo, dando-se, a partir daí, o reinício da contagem, por inteiro, do biênio para a propositura de nova ação (TRT 1ª Região, RO 320002620095010021, Relator: Mario Sergio Medeiros Pinheiro. Data de Julgamento: 11/04/2012. 1ª Turma. Data de Publicação: 24.04.2012).

A discussão deriva da interpretação do parágrafo único do art. 202 do CCB, o qual dispõe que a prescrição interrompida recomeça a correr **da data do ato que a interrompeu ou do último ato do processo para interrompê-la**. A primeira parte do artigo se aplica à parcial prescrição ("recomeça a correr da data do ajuizamento da reclamação"), enquanto a segunda incide sobre a prescrição bienal ("recomeça a correr do último ato do processo").

O último ato, para alguns, corresponde ao trânsito em julgado da decisão de arquivamento (1ª corrente).

Para outros, o último ato é a própria decisão de arquivamento (2ª corrente).

Sendo o ajuizamento da reclamação a condição interruptiva da prescrição, o arquivamento, por si só, não é capaz de extinguir essa condição, pois, no prazo de oito dias depois do arquivamento, o reclamante pode recorrer da decisão (art. 895, I, da CLT). Logo, o término da condição interruptiva ocorre apenas com o trânsito em julgado formal da sentença terminativa, quando então começará o novo biênio.

Sigo, por conseguinte, a 1ª corrente. Eis a minha posição.

7.5.2. Interrupção da prescrição bienal e parcial

Filio-me à corrente doutrinária e jurisprudencial que não faz distinção, quanto ao efeito interruptivo, entre prescrição bienal e parcial. Ajuizada a reclamação trabalhista, as duas são interrompidas, quanto ao objeto da ação.

No caso da prescrição bienal, o início da contagem do novo biênio, quando a reclamação for arquivada, ocorre com o trânsito em julgado da sentença terminativa (coisa julgada formal), lembrando que há uma segunda corrente que defende o início da contagem a partir do próprio arquivamento, por considerar esse o último ato praticado no processo.

No caso da prescrição parcial, a interrupção retroagirá à data do ajuizamento da primeira reclamação, nos termos do art. 240, § 1º, do CPC.

Seguem algumas decisões do TST que ratificam a tese:

> Recurso de revista. Contagem da prescrição quinquenal na hipótese de interrupção da prescrição. A prescrição quinquenal conta-se da data do ajuizamento da primeira ação trabalhista. Ao disciplinar que a interrupção da prescrição retroagirá à data da propositura da ação (arts. 219, § 1º, do CPC, 173 do CCB de 1916 e parágrafo único do art. 202 do Novo CCB de 2002), o legislador tratou do gênero prescrição, não distinguindo entre prescrição bienal e quinquenal. Onde o legislador não distingue, não cabe ao intérprete fazê-lo. Recurso de revista provido (TST, RR 493300-63.2002.5.04.0900, Relator: Carlos Alberto Reis de Paula, Data de Julgamento: 11/04/2007, 3ª Turma, Data de Publicação: *DJ* 04/05/2007).

> Recurso de revista. Prescrição. Interrupção. Contagem. O ajuizamento da reclamação trabalhista interrompe a prescrição, seja bienal ou quinquenal. A contagem do biênio recomeça a partir do término da condição interruptiva, pois, nos termos do art. 202, parágrafo único, da Lei Adjetiva Civil, conclui-se que o termo *a quo* do prazo prescricional bienal inicia-se no dia subsequente do último ato do processo para a interromper. Logo, o cômputo do biênio é reiniciado a partir do término da condição interruptiva, qual seja o trânsito em julgado da decisão proferida. Precedentes. Incidência da Súmula 333 do TST e do § 4º do artigo 896 da CLT. Não conhecido. Prescrição. Interrupção. Ajuizamento de ação anterior. Início da contagem do prazo quinquenal. O efeito interruptivo do prazo prescri-

> cional, mediante a propositura de ação trabalhista anterior, não se opera tão só em relação à prescrição extintiva, mas também quanto à prescrição quinquenal, por absoluta falta de impedimento legal (Precedentes desta Corte) (TST, 5ª Turma, RR 947/2005-513-09-00.1, Relator: Emmanoel Pereira, *DJ* 13/11/2009).

> Recurso de revista. Prescrição bienal. Interrupção do prazo. A reclamação trabalhista interrompe a prescrição bienal e a quinquenal. Logo, o cômputo do biênio é reiniciado a partir do término da condição interruptiva, qual seja, o trânsito em julgado da decisão proferida na primeira ação, enquanto a prescrição quinquenal conta-se do primeiro ato de interrupção, isto é, a propositura da primeira reclamação trabalhista, na forma dos arts. 219, I, do CPC e 202, parágrafo único, do Código Civil de 2002. Recurso de revista não conhecido (TST, 2ª Turma, RR 27/2006-013-02-00.1, Relator: Renato de Lacerda Paiva, *DJ* 20/11/2009).

> Arquivamento. Interrupção do prazo prescricional. A reclamação trabalhista interrompe a prescrição bienal e a quinquenal. Logo, o cômputo do biênio é reiniciado a partir do término da condição interruptiva, qual seja, o trânsito em julgado da decisão proferida na primeira ação, enquanto a prescrição quinquenal conta-se do primeiro ato de interrupção, isto é, a propositura da primeira reclamação trabalhista, na forma dos arts. 219, § 1º, do CPC e 202, parágrafo único, do Código Civil de 2002. Recurso conhecido e provido (TST, 2ª Turma, RR 215000-58.2003.5.15.0018, Relator: José Simpliciano Fontes de F. Fernandes, *DJ* 16/05/2008).

O § 3º do art. 11 da CLT, a Súmula 268 da TST e a OJ 359 da SDI-1, bem como o próprio art. 202 do CCB, **não fazem qualquer restrição ao tipo de prescrição.**

Ora, se a fonte formal não restringe, não cabe ao intérprete fazê-lo. Trata-se de regra de hermenêutica:

> Onde o legislador não distingue, não cabe ao intérprete fazê-lo, muito menos para adotar óptica que acabe por prejudicar aquele a quem o preceito visa a proteger.

A reclamação ajuizada por sindicato na qualidade de substituto processual também interrompe a prescrição, mesmo que seja decretada sua ilegitimidade ativa.

O sindicato representa, judicial e extrajudicialmente, toda a categoria (filiados e não filiados), como dispõe o art. 8º, III, da CF. Por conta disso, indiscutível, no seio jurisprudencial, a amplitude de sua atuação como substituto processual. Para o TST, a ação proposta por sindicato, na qualidade de substituto processual, interrompe a prescrição, ainda que tenha sido considerado parte ilegítima. A interrupção prescricional tem efeitos *erga omnes.*

> OJ 359 da SDI. Substituição processual. Sindicato. Legitimidade. Prescrição. Interrupção. A ação movida por sindicato, na qualidade de substituto processual, interrompe a prescrição, ainda que tenha sido considerado parte ilegítima *ad causam.*

7.6. DISTRIBUIÇÃO E PREVENÇÃO

Existindo mais de uma vara do trabalho na localidade, a ação será submetida à distribuição, exatamente para preservar a imparcialidade do magistrado, evitando a "escolha do juiz" pelo reclamante (arts. 713 a 715 e 783 a 788 da CLT).

O CPC, no seu art. 284, dispõe que todos os processos estão sujeitos a registro, devendo ser distribuídos onde houver mais de um juiz. À luz do art. 285, a distribuição, que poderá ser eletrônica, será alternada e aleatória, obedecendo-se rigorosa igualdade.

Sintetizando:

- Se na localidade existir apenas uma vara, no momento do ajuizamento, a ação será simplesmente **registrada**; existindo mais de uma vara, no momento do ajuizamento, a ação será **distribuída**.

A prática de "chicana" é repudiada pela legislação processual e pelo Judiciário, podendo gerar a aplicação das penas por litigância de má-fé sobre o reclamante e denúncia à OAB quanto ao(s) advogado(s) envolvido(s).

O que é "chicana"?

No caso da distribuição, "chicana" é a criação de processos artificiais. Digamos que na localidade há três varas do trabalho. A matéria, objeto da reclamação, vem sendo acolhida pelo juiz de uma das varas e rejeitada pelos demais. O que faz o advogado? Ajuíza mais de uma reclamação até que uma delas seja distribuída e registrada na vara pretendida. Depois disso, ele peticiona nos demais processos, desistindo das ações. Resultado: o juiz foi escolhido pelo reclamante, ocorrendo burla à distribuição dos feitos e fraude ao princípio do juiz natural.

A "chicana" é combatida pelo regramento processual, mormente pelo fato de o ajuizamento da ação tornar **prevento o órgão jurisdicional**. Detectada a distribuição de múltiplas ações, deve o magistrado, de ofício ou a requerimento do réu, remeter os autos ao juízo prevento.

A prevenção é usada também para fins de conexão e continência entre ações, fatos capazes de **modificar a competência em razão do lugar**, nos termos do art. 54 do CPC.

À luz do art. 55 do CPC, reputam-se conexas duas ou mais ações quando lhes for comum o pedido **ou** a causa de pedir. Os processos de ações conexas serão reunidos para decisão conjunta, **salvo se um deles já houver sido sentenciado**. A reunião, portanto, só ocorre antes da prolação da sentença.

A conexão se aplica às ações, aos títulos executivos extrajudiciais e às execuções fundadas no mesmo título executivo. O objetivo é afastar o risco de prolação de decisões conflitantes ou contraditórias.

À luz do art. 56 do CPC, dá-se a continência entre duas ou mais ações quando houver **identidade** quanto às partes **e** à causa de pedir, mas o pedido de uma, por ser mais amplo, **abrange** o das demais.

Ocorrendo continência e a ação continente (que possui pedido mais amplo) tiver sido proposta anteriormente, o processo da ação contida (que possui pedido mais restrito) será extinto sem resolução de mérito. Caso contrário, as ações serão necessariamente reunidas no juízo prevento.

A reunião das ações propostas em separado, seja na conexão, seja na continência, **far-se-á no juízo prevento**, em que serão decididas simultaneamente.

Nos termos do art. 59 do CPC, o registro ou a distribuição da petição inicial torna prevento o juízo. Leva-se em conta não só a data, mas, se necessário, o horário do registro ou da distribuição.

O art. 286 do CPC trata da distribuição por dependência: "Serão distribuídas por dependência as causas de qualquer natureza: I – quando se relacionarem, por conexão ou continência, com outra já ajuizada; II – quando, **tendo sido extinto o processo sem resolução de mérito**, for reiterado o pedido, ainda que em litisconsórcio com outros autores ou que sejam parcialmente alterados os réus da demanda" (sem grifos no original).

Observem a reação da legislação no inciso II do art. 286 do CPC (previsão idêntica também constava do CPC 1973, inciso II do art. 253) à "chicana". Caso uma ação seja distribuída e posteriormente o feito seja extinto sem resolução de mérito, por exemplo, na desistência da ação, essa primeira distribuição, mesmo o processo sendo extinto, tatuou naquele órgão jurisdicional a marca da prevenção.

Prevenção é matéria de ordem pública; logo, cabe ao juiz, independentemente da manifestação das partes, acompanhar e cuidar de todos os fatos a ela relacionados.

O parágrafo único do art. 200 do CPC contribui para o controle das "chicanas", mantendo a homologação judicial das desistências das ações: "**A desistência da ação só produzirá efeitos após homologação judicial**" (a exigência também constava no CPC 1973, parágrafo único do art. 158).

7.6.1. Reclamação verbal

A CLT não se "acovardou" diante do processo judicial eletrônico, mantendo, até hoje, tanto no art. 840 como no art. 786, a possibilidade de ajuizamento de "reclamação trabalhista verbal". A Reforma Trabalhista, fruto da Lei 13.467/2017, em nada afetou essa alternativa.

Os tribunais regionais, mediante normas internas, vêm proibindo a prática. Mas se você está se preparando para concursos públicos ou exame de ordem, as normas internas dos regionais, *data maxima venia*, não interessam, salvo se expressamente previstas no respectivo edital.

Caso exista na localidade apenas uma vara do trabalho, o registro da reclamação verbal será feito imediatamente, cabendo ao servidor "reduzir a reclamação a termo", colhendo a assinatura ou a impressão digital do reclamante ("colocar no papel", escanear e "inserir no sistema PJE").

Caso exista mais de uma vara na localidade, a reclamação verbal será distribuída antes de sua "redução a termo", como prevê o art. 786, *caput*, da CLT. Feita a distribuição, o reclamante deverá, salvo motivo de força maior, apresentar-se no prazo máximo de cinco dias à vara para a qual a ação foi distribuída, exatamente para reduzi-la a termo. Não o fazendo, sofrerá a incidência do que chamamos "perempção trabalhista" ou "perempção temporária", prevista no art. 731 da CLT, que corresponde à proibição de acionar aquele reclamado pelo prazo de seis meses, sem prejuízo da fluência natural da prescrição.

Existem dois casos de perempção trabalhista. O segundo será estudado adiante, quando da abordagem do arquivamento da reclamação pelo não comparecimento do reclamante à audiência.

7.7. *JUS POSTULANDI*

O *jus postulandi* está previsto no art. 791 da CLT, norma que permite que empregados e empregadores atuem sem advogado. Não é uma exclusividade da Justiça do Trabalho. Nos juizados especiais cíveis, por exemplo, também há espaço para o *jus postulandi*, limitado, porém, ao valor da causa (até vinte salários mínimos) – art. 9º da Lei 9.099/1995.

O *jus postulandi* trabalhista não encontra limitação no valor da causa, mas o TST, em 2010, mediante a Súmula 425, mitigou seu alcance, afastando-o do mandado de segurança, da ação cautelar, da ação rescisória e de toda e qualquer ação ou recurso de competência do TST.

> Súmula 425 TST. *Jus postulandi* na Justiça do Trabalho. Alcance. O *jus postulandi* das partes, estabelecido no art. 791 da CLT, limita-se às varas do trabalho e aos tribunais regionais do trabalho, não alcançando a ação rescisória, a ação cautelar, o mandado de segurança e os recursos de competência do Tribunal Superior do Trabalho.

No TST não se aplica o *jus postulandi*, limitado pela Súmula 425 "às varas do trabalho e aos tribunais regionais do trabalho".

Para ação rescisória, mandado de segurança e ação cautelar, o advogado é essencial, não importa a instância.

Jus ou *Ius* significa "direito". *Postulandi* significa "postular".

Jus postulandi nada mais é do que o direito (a faculdade) de postular em causa própria, sem advogado. Dessarte, o *jus postulandi* não pode ser fruto de uma imposição, pois é mera faculdade de empregados e empregadores.

Sempre fui um crítico brutal do *jus postulandi*. Minha opinião pode ser encontrada nesta obra, no item 2.12. (Princípio do *jus postulandi*).

7.8. INQUÉRITO JUDICIAL PARA APURAÇÃO DE FALTA GRAVE

Apesar do nome, o inquérito judicial tem natureza de ação, cuja legitimidade ativa pertence exclusivamente ao empregador. Surgiu como "garantia extra" para os empregados detentores de estabilidade decenal.

A estabilidade decenal está prevista no art. 492 da CLT. O empregado que contava com mais de dez anos de serviço na mesma empresa não poderia ser despedido, senão por motivo de falta grave ou circunstância de força maior, devidamente comprovadas. A comprovação da "falta grave", capaz de justificar a demissão do estável decenal, seria realizada na Justiça do Trabalho, mediante o inquérito judicial (art. 494 da CLT).

Logo, se o empregado detentor de estabilidade decenal cometesse falta grave, nos termos do art. 482 da CLT, o empregador não poderia simplesmente demiti-lo. Teria de ajuizar inquérito judicial na Justiça do Trabalho para provar o fato (falta grave praticada pelo obreiro), requerendo, então, a extinção do contrato.

Em 1967 entrou em vigor a primeira Lei do FGTS, que nascia exatamente com o escopo de exterminar a estabilidade decenal. O legislador, porém, não impôs a obrigatoriedade do FGTS, criando a partir dali um sistema híbrido, com empregados optantes e não optantes pelo fundo. Os empregados contratados como optantes do FGTS não teriam direito à estabilidade decenal. A Constituição Federal de 1988, acertadamente, tornou obrigatório o FGTS, acabando com a "antiga opção". Nasceu, pouco tempo depois, a atual Lei do FGTS (8.036/1990).

Sempre é bom esclarecer que o direito adquirido daquele que já era detentor da estabilidade decenal ("não optante") foi preservado pela CF/1988, mas a Lei 8.036/1990 criou a possibilidade de a garantia ser negociada – art. 14, § 2º.

Sintetizando:

- O art. 492 da CLT, que previa a estabilidade decenal, não foi recepcionado pela Constituição de 1988, mas é possível, mesmo que improvável, que ainda existam empregados detentores daquela estabilidade.
- O inquérito judicial, mesmo com o fim da estabilidade decenal, foi preservado pela jurisprudência para alguns casos de estabilidade provisória.

O inquérito judicial está regulado nos arts. 853 a 855, 494 e 495 da CLT. Não foi criado, *a priori*, para os casos de estabilidade provisória, mas para a antiga estabilidade decenal. O TST, porém, no ano de 1997, passou a exigir sua aplicabilidade ao dirigente sindical (titular e suplente), trazendo à baila o § 3º do art. 543 da CLT (norma citada na antiga OJ 114 da SDI e, atualmente, na Súmula 379 da TST). Andou bem o TST, visto que o § 3º do art. 543 da CLT exige, para a extinção do contrato do dirigente sindical, "a apuração da falta grave nos termos da CLT". Ora, se a falta grave do dirigente sindical deve ser apurada "nos termos da CLT", o inquérito é o meio processual hábil para tal.

> Súmula 379 do TST. Dirigente sindical. Despedida. Falta grave. Inquérito judicial. Necessidade. O dirigente sindical somente poderá ser dispensado por falta grave mediante apuração em inquérito judicial, inteligência dos arts. 494 e 543, § 3º, da CLT.

Com o tempo, os estudiosos passaram a enxergar a necessidade do uso do inquérito para a rescisão do contrato de outros empregados estáveis.

Foi o caso do diretor de cooperativa (apenas o titular, nos termos da OJ 253 da SDI-1). O art. 55 da Lei 5.764/1971 dispõe que ele gozará "das garantias asseguradas aos dirigentes sindicais pelo art. 543 da CLT". Se o diretor de cooperativa goza das garantias asseguradas aos dirigentes sindicais, claro que seu contrato só poderá ser extinto mediante apuração em inquérito judicial. Não parou por aí.

O representante dos trabalhadores no Conselho Nacional da Previdência Social (CNPS), titular e suplente, tem a sua estabilidade prevista no art. 3º, § 7º, da Lei 8.213/1991. A norma diz que a extinção do contrato desse empregado deve ser precedida de *comprovação da falta grave mediante processo judicial.* Esse "processo judicial" corresponde ao inquérito, concluíram os juristas.

O representante dos trabalhadores no Conselho Curador do FGTS e o representante dos empregados em comissão de conciliação prévia, titulares e suplentes, completam o rol. O primeiro tem a estabilidade prevista no § 9º do art. 3º da Lei 8.036/1990, que só permite sua demissão mediante apuração da falta grave em "processo sindical". Prevaleceu a interpretação que o processo sindical seria o mesmo processo aplicável ao dirigente sindical, ou seja, aquele oriundo do ajuizamento do inquérito. O segundo tem a estabilidade prevista no art. 625-B, § 1º, da CLT, só podendo ser demitido em caso de cometimento de "falta" (grave), nos termos da lei. A expressão "nos termos da lei" terminou influenciando a aplicação, por analogia, da exigibilidade do inquérito.

O empregado portador do vírus HIV ou de qualquer outra doença grave (alcoolismo, hanseníase, câncer de pele etc.) que suscite estigma ou preconceito tem direito à estabilidade, nos moldes da Súmula 443 do TST, da OJ 142 da SDI-2 e do art. 4º da Lei 9.029/1995. Essa estabilidade pode ser definitiva, pois seu fato gerador é a doença. Sendo incurável, a estabilidade perdurará por toda a vida do trabalhador. Seria ou não um caso para a incidência do inquérito judicial? Entendo que sim, porquanto o inquérito nasceu exatamente para proteger o empregado detentor de um tipo de estabilidade sem limite temporal, passando posteriormente a ser aplicado aos casos de estabilidade provisória. Quem pode o mais, pode o menos. Se o inquérito é aplicado a casos de estabilidade provisória, não seria aceitável ignorar sua incidência no caso de estabilidade definitiva.

Sintetizando:

O inquérito judicial para apuração de falta grave é condição *sine qua non* para desconstituir, por justa causa, contrato de trabalho de:

- Empregado detentor da estabilidade decenal prevista no art. 492 da CLT.
- Dirigente sindical, titular e suplente – Súmula 379 do TST.
- Empregado eleito diretor de sociedade cooperativa (apenas o titular – OJ 253 da SDI-1), nos termos do art. 55 da Lei 5.764/1971.
- Representante dos trabalhadores no CNPS, titular ou suplente, nos termos no § 7º do art. 3º da Lei 8.213/1991.
- Representante dos trabalhadores no CCFGTS, titular ou suplente, nos termos do § 9º do art. 3º da Lei 8.036/1990.
- Representantes dos empregados em CCP, titular ou suplente, nos termos do art. 625-B, § 1º, da CLT.
- Empregado portador do vírus HIV ou de outra doença grave que suscite estigma ou preconceito – Súmula 443 do TST, OJ 142 da SDI-2 e art. 4º da Lei 9.029/1995.

Observações:

- Nos casos do diretor de cooperativa e do representante dos trabalhadores no CNPS, as leis foram claras na extensão das "mesmas garantias do dirigente sindical" (cooperativa) e na "apuração mediante processo judicial" (CNPS).
- No caso do representante dos trabalhadores no CCFGTS, a Lei 8.036/1990 (art. 3º, § 9º) admite a rescisão contratual por motivo de falta grave "regularmente comprovada através de processo sindical". Vem prevalecendo o entendimento de que processo sindical diz respeito àquele mesmo aplicável ao dirigente sindical, atraindo a aplicação do inquérito.
- No caso dos representantes dos empregados em CCP, o art. 625-B, § 1º, da CLT assegura a estabilidade, "salvo se cometerem falta grave, nos termos da lei". Prevalece o entendimento de que a referida expressão equivale àquela constante do art. 543, § 3º, CLT ("salvo se cometer falta grave devidamente apurada nos termos desta Consolidação").
- O inquérito não se aplica à estabilidade gestante e à estabilidade acidentária.
- O inquérito também não se aplica aos membros da Cipa (art. 165 da CLT).

O inquérito judicial tem natureza de ação constitutiva negativa (desconstitutiva), pois seu escopo é "desconstituir o contrato de trabalho". O empregador é quem possui legitimidade para propor o inquérito judicial, buscando a desconstituição, por justa causa, do contrato de trabalho.

Digamos que dois empregados foram flagrados cometendo falta grave. Um deles é dirigente sindical e a outra está grávida. O empregador deseja rescindir, por justa causa, os dois contratos. No caso do dirigente sindical, o empregador poderá suspendê-lo preventivamente, nos termos do art. 494 da CLT, para ajuizar inquérito, a partir daí, no prazo de trinta dias. Quanto à empregada grávida, o empregador poderá demiti-la sumariamente, porquanto, para ela, é inaplicável o inquérito.

A ação deve ser proposta obrigatoriamente por escrito – art. 853 da CLT.

O art. 494 da CLT, citado no exemplo, faculta ao empregador suspender preventivamente o empregado até a conclusão do processo. A suspensão preventiva, prevista no art. 494 da CLT, apesar de não ser obrigatória, é recomendável. Ao suspender preventivamente o empregado, o empregador já mostra sua intolerância quanto à falta grave. Caso a suspensão preventiva seja aplicada, o empregador deve ajuizar o inquérito dentro de trinta dias a contar do início da suspensão, à luz do art. 853 da CLT. O prazo de trinta dias tem natureza decadencial – Súmula 403 do STF. Diante disso, a sua contagem dar-se-á em dias corridos, à luz do art. 132 do CCB, não se aplicando sobre ele a contagem apenas em dias úteis, prevista no art. 775 da CLT.

A suspensão preventiva não se confunde com a suspensão disciplinar. Esta tem natureza punitiva (art. 474 da CLT), não podendo ultrapassar trinta dias. Aquela tem natureza de faculdade patronal (direito do empregador) de afastar o empregado até a conclusão do processo (vide OJ 137 da SDI-2).

Observem que a suspensão preventiva dura até a prolação da sentença, ou seja, até o julgamento do inquérito, o que poderá durar meses. Durante esse período, o contrato estará suspenso (não há trabalho ou pagamento de salário). O TST, mediante a OJ 137 da SDI-2, ratifica a natureza da suspensão preventiva como um "direito líquido e certo patronal".

> OJ 137 da SDI-2. Mandado de segurança. Dirigente sindical. Art. 494 da CLT. Aplicável. Constitui direito líquido e certo do empregador a suspensão do empregado, ainda que detentor de estabilidade sindical, até a decisão final do inquérito em que se apure a falta grave a ele imputada, na forma do art. 494, *caput* e parágrafo único, da CLT.

O inquérito judicial é uma "ação dúplice" ("faca de dois gumes"; "o tiro pode sair pela culatra"). Basta observar a previsão contida no art. 495 da CLT: "*Reconhecida a inexistência de falta grave praticada pelo empregado, fica o empregador obrigado a readmiti-lo no serviço e pagar-lhe os salários a que teria direito no período de suspensão*".

Se o inquérito judicial alcançar procedência, ou seja, o juiz se convencer da falta grave praticada pelo obreiro, o contrato será extinto com efeitos *ex tunc*, caso o empregado tenha sido suspenso preventivamente, ou com efeitos *ex nunc*, caso o empregado não tenha sido suspenso.

Se o juiz não se convencer da acusação feita pelo empregador, julgando, por conseguinte, improcedente o pedido de extinção do contrato, na própria sentença, *ex officio*, ele determinará o "retorno do empregado ao serviço" (fim da suspensão preventiva) e o "pagamento dos salários e acessórios" de todo o período do injusto afastamento (lapso da suspensão preventiva). O juiz faz isso de ofício, independentemente, portanto, de reconvenção.

A improcedência do inquérito gera, portanto, uma sentença condenatória.

Se procedente, a sentença será meramente desconstitutiva (constitutiva negativa), porquanto o magistrado decretará a extinção do pacto.

Se improcedente, a sentença será condenatória, pois o juiz determinará o retorno do obreiro ao trabalho (obrigação de fazer) e o pagamento dos salários e consectários do período de suspensão (obrigação de pagar), caso o empregado tenha sido preventivamente suspenso. O juiz fará isso de ofício, ou seja, independentemente de "reconvenção" (tecnicamente, nem cabe reconvenção nesse caso, por ausência de interesse de agir). A reconvenção, no inquérito judicial, seria cabível no pedido de pagamento de indenização por dano moral, diante do constrangimento sofrido pelo obreiro (réu no inquérito e reconvinte na reconvenção). Lembrando que o CPC/2015 não exterminou a reconvenção, apenas a incluiu no corpo da contestação.

O art. 495 da CLT apresenta um erro técnico grave quando diz que o empregador será obrigado a "readmitir" o empregado. Ora, não há pensar em readmissão, por dois motivos: 1º) o contrato não foi extinto, apenas suspenso, logo o empregado simplesmente retornará ao trabalho; 2º) readmissão é a expressão usada para o retorno do trabalhador ao emprego, após a extinção do contrato, com efeitos *ex nunc*, isto é, sem direito ao pagamento do "retroativo", que não é o caso.

7.9. AÇÃO DE CONSIGNAÇÃO EM PAGAMENTO

A ação de consignação em pagamento é regulada pelos arts. 539 a 549 do CPC, sendo compatível com o processo do trabalho – art. 769 da CLT. O CPC apresenta dois tipos de ação de consignação, uma de natureza extrajudicial e outra de natureza judicial. Apenas a última nos interessa.

A ação de consignação em pagamento não é uma ação condenatória, tampouco constitutiva. Trata-se de uma ação meramente declaratória, em que o consignante (autor) busca se desonerar de uma obrigação de pagar ou de fazer.

Desejo pagar uma quantia a determinada pessoa, mas não consigo. Desejo entregar um objeto a uma pessoa, mas não consigo. Desejo pagar uma quantia, mas tenho fundadas dúvidas quanto à figura do credor.

Eis o cerne da consignatória: o "devedor" deseja cumprir a obrigação. Entretanto, por algum motivo alheio à sua vontade, se vê impossibilitado de fazê-lo.

Exemplos:

Situações corriqueiras que atraem o ajuizamento da ação de consignação na justiça do trabalho:

- Empregado que se recusa expressamente a receber verbas rescisórias, seja por discordar dos valores, seja por divergir da própria demissão.
- Empregado que se recusa tacitamente a receber verbas rescisórias, não comparecendo ao local de pagamento.
- Empregado menor de 18 anos que, apesar de concordar em receber as verbas rescisórias, não se encontra acompanhado do seu representante legal (art. 439 da CLT).
- Empregado que se encontra em local incerto e não sabido (comum no caso de demissão por abandono de emprego – Súmula 32 do TST).
- Empregado que morre e o INSS expede "certidão negativa de dependentes" (o empregador não sabe a quem pagar as verbas rescisórias – art. 1º da Lei 6.858/1980).
- Empregado que morre e, apesar de constar os nomes dos seus dependentes na certidão do INSS, o empregador tem indícios de que ele possui outros (há notícias de que o empregado, além da esposa e filhos, possuía outra companheira, também com filhos).

O consignante deve requerer o depósito da quantia e/ou da "coisa", a ser efetivado no prazo de cinco dias, a contar do deferimento (art. 542, I, do CPC). Deve requerer, ainda, a citação do consignatário para levantar o valor e/ou receber a "coisa", e, se desejar, apresentar contestação.

O consignatário, uma vez citado, poderá ofertar resposta (contestação, com ou sem reconvenção, e/ou exceção de incompetência em razão do lugar). É bastante comum o uso da contestação e da reconvenção em sede de ação de consignação em pagamento, apesar de vozes doutrinárias que repelem a possibilidade de ação reconvencional na consignatória (com o CPC/2015, a reconvenção passou a compor o corpo da contestação, deixando de ser uma peça autônoma – art. 343).

Exemplo:

- Digamos que o consignante (empregador) ajuizou ação visando quitar as verbas rescisórias decorrentes de demissão por justa causa aplicada a determinado obreiro. As verbas consistem em "saldo de salário" e "férias vencidas + um terço", sendo certo que o trabalhador não compareceu para recebê-las (eis o interesse de agir do empregador). O empregado, na qualidade de consignatário, comparece à audiência, acompanhado de advogado, apresentando contestação, nos termos do art. 544 do CPC, argumentando que não cometeu falta grave que justificasse a demissão, motivo pelo qual discorda do valor das verbas rescisórias (art. 544, II e IV, do CPC). O art. 544 do CPC dispõe que, na contestação, o consignatário poderá alegar que a recusa, quanto ao recebimento do pagamento, foi justa (inciso II), diante da discordância do valor (inciso IV). No parágrafo único do art. 544 do CPC, o legislador impõe ao consignatário, quando da tese de discordância do valor, a indicação do montante que ele entende devido. **Eis a base para a ação reconvencional**. Nada mais natural do que o consignatário, a partir daí, apresentar, no corpo da própria contestação, reconvenção pleiteando a nulidade da demissão por justa causa e sua conversão em dispensa imotivada (sem justa causa), com o consequente pagamento de todas as verbas rescisórias, além da liberação do FGTS, do seguro-desemprego e da indenização de 40% sobre o FGTS, sem falar de indenização por dano moral, decorrente do constrangimento de ter sido acusado injustamente de ato ilícito que não praticou. As verbas pleiteadas na reconvenção terão que indicar cada qual o seu valor, pois trata-se de "ação reconvencional". O juiz, nesse caso, vai dizer que não aceita a reconvenção, porque a ação consignatória é uma ação dúplice e, como tal, à luz de respeitada corrente doutrinária, não admite ação reconvencional? De que adiantaria essa "sopa de letrinhas", quando o advogado do consignatário, ora reconvinte, diante da intransigência do magistrado, poderia, logo depois do fim da audiência, mediante seu *laptop*, ajuizar pelo PJE reclamação trabalhista com o mesmo objeto da reconvenção? O magistrado, ao se recusar a receber a reconvenção (no corpo da contestação), estará desprestigiando os princípios da celeridade e da economia processuais, tumultuando desnecessariamente o processo.

Bom, a procedência da ação de consignação desonera o autor (consignante) daquelas obrigações esculpidas na petição inicial, pertinentes, inclusive, ao valor declarado, não privando o consignatário de procurar o Judiciário para satisfazer outras pretensões.

Atenção:

- A ação de consignação em pagamento não é uma ação condenatória.
- A ação de consignação em pagamento não é uma ação constitutiva ou desconstitutiva.
- A ação de consignação em pagamento é uma ação **meramente declaratória**, servindo apenas para desonerar o autor das obrigações de pagar e/ou de fazer ali confessadas.

QUESTÕES COMENTADAS SOBRE PROCEDIMENTOS

1. (FGV – Exame de Ordem 2010.3). Tício, gerente de operações da empresa Metalúrgica Comercial, foi eleito dirigente sindical do Sindicato dos Metalúrgicos. Seis meses depois, juntamente com Mévio, empregado representante da Cipa (Comissão Interna para Prevenção de Acidentes) da empresa por

parte dos empregados, arquitetaram um plano para descobrir determinado segredo industrial do seu empregador e repassá-lo ao concorrente mediante pagamento de numerário considerável. Contudo, o plano foi descoberto antes da venda, e a empresa, agora, pretende dispensar ambos por falta grave. Você foi contratado como consultor jurídico para indicar a forma de fazê-lo. O que deve ser feito?

(A) Ajuizamento de inquérito para apuração de falta grave em face de Tício e Mévio, no prazo decadencial de trinta dias, caso tenha havido suspensão deles para apuração dos fatos.

(B) Simples dispensa por falta grave para ambos os empregados, pois o inquérito para apuração de falta grave serve apenas para a dispensa do empregado estável decenal.

(C) Ajuizamento de inquérito para apuração de falta grave em face de Tício, no prazo decadencial de trinta dias, caso tenha havido suspensão dele para apuração dos fatos; e simples dispensa por justa causa em relação a Mévio, independentemente de inquérito.

(D) Ajuizamento de inquérito para apuração de falta grave em face de Tício, no prazo decadencial de trinta dias, contados do conluio entre os empregados; e simples dispensa por justa causa em relação a Mévio, independentemente de inquérito.

Comentário: Os dois empregados praticaram faltas graves (violação de segredo da empresa – art. 482, *g*, CLT, e improbidade – art. 482, *a*, CLT) e são portadores de estabilidade. O dirigente sindical, uma vez praticando falta grave, não pode ser sumariamente demitido pelo empregador, pois tem direito ao inquérito judicial (Súmula 379 do TST, c/c os arts. 494, 495 e 853 a 855 da CLT). O representante dos empregados na Cipa não tem o mesmo direito (art. 165, CLT). A letra "C", por conseguinte, é a correta. O prazo decadencial de trinta dias (Súmula 403, STF) tem início da suspensão preventiva prevista no art. 494 da CLT e não da prática do ato ilícito, como dispõe o art. 853 da CLT, sendo contado em dias corridos, à luz do art. 132 do CCB.

Resposta: C

2. **(FGV – VIII Exame de Ordem). A respeito do procedimento sumaríssimo no processo do trabalho, assinale a afirmativa correta.**

(A) A apreciação da reclamação trabalhista deverá ocorrer no prazo máximo de quinze dias da data de seu ajuizamento.

(B) A citação por edital somente é cabível se esgotadas todas as tentativas de se localizar o reclamado.

(C) As partes devem ser intimadas da sentença por notificação postal.

(D) Não cabe a interposição de recurso de revista.

Comentário: A letra "A" está correta, em consonância com o inciso III do art. 852-B da CLT. A citação por edital é vedada (art. 852-B, II, CLT). Conforme o § 3º do art. 852-I da CLT, as partes serão intimadas da sentença na própria audiência em que for proferida (idêntica previsão se aplica a todos os ritos no processo trabalhista – Súmula 197 do TST; com o PJE, os juízes vêm usando a publicação no *DJE*, método mais seguro). No sumaríssimo cabe recurso de revista em três hipóteses: violação da CF, contrariedade à súmula vinculante ou contrariedade à súmula do TST (§ 9º do art. 896 da CLT). Eis os motivos que justificam os erros das demais assertivas.

Resposta: A

3. **(FGV – X Exame de Ordem). José ajuizou reclamação trabalhista contra a empresa Libertação Ltda., valendo-se do procedimento sumaríssimo. Contudo, José não liquidou os pedidos. De acordo com a CLT, o juiz deve**

(A) conceder prazo de dez dias para que José sane o vício.

(B) enviar os autos ao calculista da vara, que liquidará o pedido.

(C) arquivar a reclamação trabalhista e condenar o autor em custas.

(D) prosseguir na reclamação e enfrentar o assunto caso provocado pela ré.

Comentário: A falta de liquidação dos pedidos, em reclamação que tramita no rito sumaríssimo, conduz ao arquivamento da reclamação, com a condenação do reclamante no recolhimento das custas, salvo se beneficiário da justiça gratuita (vide art. 852-B, § 1º, CLT). A letra "C" é a correta.

Resposta: C

4. **(FGV – XVI Exame de Ordem). Antônio é assistente administrativo na sociedade empresária Setler Conservação Ltda., que presta serviços terceirizados à União. Ele está com o seu contrato em vigor, mas não recebeu o ticket-refeição dos últimos doze meses, o que alcança o valor de R$ 2.400,00 (R$ 200,00 em cada mês). Em razão dessa irregularidade, estimulada pela ausência de fiscalização por parte da União, Antônio pretende cobrar o ticket por meio de reclamação trabalhista contra a empregadora e o tomador dos serviços, objetivando garantir deste a responsabilidade subsidiária, na forma da Súmula 331 do TST. Diante da hipótese, assinale a afirmativa correta.**

(A) A ação deverá seguir o procedimento ordinário, vez que há litisconsórcio passivo, sendo, em razão disso, obrigatório o rito comum.

(B) A ação deverá seguir o procedimento sumaríssimo, uma vez que o valor do pedido é inferior a quarenta salários mínimos.

(C) A ação tramitará pelo rito ordinário porque um dos réus é ente público.

(D) O autor poderá optar pelo procedimento que lhe seja mais vantajoso.

Comentário: A letra "A" está errada, pois a presença de litisconsórcio, ativo ou passivo, não influencia no rito processual. A letra "B" está errada, pois o rito sumaríssimo é proibido quando for parte na demanda pessoa jurídica de direito público (art. 852-A, parágrafo único, CLT). A presença da União, na qualidade de litisconsorte passivo, impõe a adoção do rito ordinário, razão pela qual a letra "C" está correta.

Resposta: C

8

CITAÇÃO

A citação é o ato processual que, prestigiando os princípios do contraditório e da ampla defesa, leva ao conhecimento do reclamado o inteiro teor da pretensão, i.e., do que "pretende o reclamante" na ação ajuizada, dando-lhe a oportunidade de apresentar defesa (resposta).

Trata-se de ato de extrema relevância, **considerado de ordem pública**, já que o próprio juiz, *ex officio*, tem o dever de observar seu regular processamento - inteligência do art. 337, I e § 5º, do CPC.

A falta ou nulidade da citação pode ser arguida, até, na fase de execução, nos casos em que o processo correu à revelia - aplicação analógica do art. 525, § 1º, I, do CPC.

Sendo matéria de ordem pública, não haveria necessidade sequer da garantia do juízo (requisito para a oposição de embargos à execução - art. 884 da CLT). Bastaria ao executado opor exceção (ou "objeção") de pré-executividade. Esse "remédio", apesar de não previsto em lei, é amplamente admitido no processo laboral, estando, ainda, em consonância com o CPC, que busca prestigiar, na tutela jurisdicional (art. 8º), os fins sociais, o bem comum e os princípios da dignidade da pessoa humana, da razoabilidade, da legalidade, da impessoalidade, da moralidade, da publicidade e da eficiência. Nada mais razoável e eficiente, portanto, que a exceção de pré-executividade quando o objeto da impugnação for de **ordem pública**.

Atenção:

- A inexistência ou nulidade de citação representa uma "falha" do Poder Judiciário, cabendo ao juiz, de ofício ou mediante provocação, em qualquer fase do processo, analisar a questão.

Sempre é bom trazer à baila o conteúdo do art. 794 da CLT: "*Nos processos sujeitos à apreciação da Justiça do Trabalho só haverá nulidade quando resultar dos atos inquinados manifesto prejuízo às partes litigantes*".

Prejuízo maior do que ser condenado, sem a oportunidade de se defender, é difícil imaginar!

Aos processualistas puros, digo apenas que o processo não pode ser um entrave à realização da justiça. Deve apenas cumprir modestamente sua função genuinamente instrumental. Tal humildade tem de estar encravada no espírito do "cirurgião" do direito, que é o magistrado.

A citação, no processo trabalhista, é realizada por via postal (art. 841, § 1º, da CLT). A CLT fala em "notificação" (art. 841, § 1º, da CLT), herança de uma época em que a Justiça do Trabalho não integrava o Poder Judiciário. Posteriormente, quando da criação do rito sumaríssimo, no ano de 2000, a CLT se rendeu ao termo "citação", tecnicamente mais correto (art. 852-B, II, da CLT).

Não há previsão na CLT para a citação por oficial de justiça, mas os juízes do trabalho acertadamente aplicam, nesse aspecto, supletivamente o CPC, antes de recorrer à última alternativa: a citação por edital.

A citação por edital é uma "ficção jurídica", pois o reclamado não toma conhecimento, de fato, da existência da reclamação. Sendo assim, esse tipo de ato apenas deve ser praticado quando o magistrado tiver esgotado todo seu arsenal para localizar o réu. Exauridas todas as vias, o juiz constatará o fato de o reclamado se encontrar em "local incerto e não sabido", determinando a citação editalícia.

No rito sumaríssimo a citação por edital é proibida.

Observações:

a) Posição pragmática (a ser adotada na fase objetiva de concursos públicos e no exame de ordem) – Impera o entendimento de que no rito sumaríssimo a citação por edital é proibida, diante da previsão contida no art. 852-B, II, da CLT. Eis o caminho a ser seguido por qualquer candidato quando do enfrentamento de uma questão sobre o tema.

b) Análise crítica (para advogados, juízes e candidatos que estejam na etapa subjetiva de concursos da magistratura trabalhista e do MPT) – A interpretação do inciso II do art. 852-B da CLT precisa guardar consonância com a intenção do legislador (a finalidade da norma). Teleologicamente, não me furto de dizer que a vedação à citação editalícia está umbilicalmente ligada ao § 1º do art. 852-B da CLT, que prevê o arquivamento da reclamação "quando o reclamante não indicar corretamente o nome e/ou o endereço do reclamado", gerando, por conta disso, a frustração da citação postal. Apresentando a petição inicial de reclamação no rito sumaríssimo lacuna ou erro quanto ao endereço e/ou ao nome do réu, o processo será extinto sem resolução do mérito, não se aplicando o art. 321 do CPC (concessão de prazo de quinze dias para que seja sanado o vício). A disposição legal, portanto, é uma espécie de "sanção processual" ao reclamante negligente, desidioso, descuidado, tanto assim que o legislador fez questão de ressaltar que o reclamante, nesse caso, será "condenado no pagamento das custas" (§ 1º do art. 852-B da CLT). O juiz, evidentemente, poderá conceder os benefícios da justiça gratuita, dispensando o autor do pagamento (§ 3º do art. 790 da CLT). Conclusão: para que o juiz não cite o reclamado por edital no rito sumaríssimo, é imprescindível que o reclamante tenha provocado culposamente a frustração postal. Não é o caso, por exemplo, quando o juiz, no curso do processo, constata que o reclamado está em local incerto e não sabido. Ora, o Poder Judiciário não pode colocar na conta do autor a melancólica descoberta do fato, penalizando-o com o arquivamento da reclamação, como se o reclamante fosse culpado do desaparecimento do réu. Iníquo e naturalmente inaceitável o arquivamento da reclamação quando o demandante não tiver contribuído direta ou indiretamente para a frustração das citações postal e por oficial de justiça.

c) E se o advogado do reclamante já souber que o reclamado está em local incerto e não sabido antes mesmo de ajuizar a reclamação? Será que terá de "optar" necessariamente pelo rito ordinário? Entendo que não. A uma, pelo fato de que o juiz do trabalho, nos termos do art. 292, § 3º, do CPC, aplicável ao processo do trabalho, como dispõe o art. 3º, V, da IN 39/2016 do TST, ao constatar que o valor da causa não corresponde ao conteúdo patrimonial em discussão ou ao proveito econômico perseguido pelo reclamante, corrigirá o *quantum* atribuído, o que pode resultar na alteração do procedimento. Depois de modificado o rito de ordinário para sumaríssimo, por determinação do juiz, seria surreal o arquivamento da ação, pela "vedação à citação por edital". A duas, porque o fato de o réu se encontrar em local incerto e não sabido, como já estudamos, não pode penalizar o reclamante, privando-o de um rito mais célere (sumaríssimo). Pensar o contrário seria ceder a um capricho processual, distorcendo, por desprezível filigrana, o objetivo maior do direito instrumental. A três, pelo fato de a liquidação dos pedidos, depois da Reforma Trabalhista, ter passado a incidir também no rito ordinário.

A Súmula 16 do TST, *data maxima venia*, representa mais um dos tantos delírios jurisprudenciais e, por incrível que pareça, ninguém, absolutamente ninguém até agora tomou a iniciativa de propor sua revisão ou cancelamento. Eis sua melancólica redação:

> Presume-se recebida a notificação 48 horas depois de sua postagem. O seu não recebimento ou a entrega após o decurso desse prazo constitui ônus de prova do destinatário.

Se interpretada literalmente, a Súmula 16 do TST é capaz de soterrar princípios processuais básicos, fazendo ruir a pilastra de sustentação do templo sagrado do Poder Judiciário, já que ela, sem sutileza alguma, fixa uma presunção *juris tantum* (relativa) de recebimento da citação pelo reclamado, no prazo de 48 horas depois de sua postagem, deixando sobre os ombros do destinatário (reclamado) o ônus de provar "que não foi citado".

Exigir prova de fato negativo é uma anomalia, desarrimando por completo o princípio da razoabilidade (presente, expressamente, no art. 8º do CPC).

Prova de fato negativo é prova diabólica!

Eis uma perversidade difícil de ser praticada por qualquer juiz que opte pela trilha do bom senso (equidade).

Sombreado de justeza e prudência, o magistrado, sem a comprovação da realização da citação, não deve dar prosseguimento ao feito. Não deve constatar a revelia. Suspenderá a audiência e renovará o ato citatório.

A revelia, ao contrário do que se vê na prática, não é uma "punição" a ser infligida pelo magistrado. Requerer a "aplicação da revelia" é erro grosseiro do advogado, *data venia*. "Aplicar a revelia" é um desserviço que presta o órgão julgador para tantos alunos que ali estão, na audiência, buscando conhecimento, e, vítimas das trevas da ignorância, depois de ouvirem o magistrado "punir" o réu com a "aplicação da revelia", saem dali sabendo menos do que quando entraram.

A revelia é mero fato processual. É uma espécie de preclusão (perda da oportunidade de praticar um ato processual). Só isso. Nada mais.

Sintetizando:

- A revelia não deriva do "poder do juiz".
- A revelia não compõe o "arsenal punitivo" do magistrado.
- A revelia ocorre independentemente da vontade do julgador.
- A revelia simplesmente acontece, pois seu espírito está na ausência do *animus* de defesa.

A audiência só pode ser realizada se respeitado o prazo mínimo para a elaboração da defesa, que é de cinco dias (art. 841, *caput*, da CLT). Os prazos processuais, à luz do art. 775 da CLT, são contados apenas em dias úteis, com a exclusão do dia do começo (*dies a quo*) e a inclusão do dia final (*dies ad quem*). O reclamado tem direito a, no mínimo, cinco dias para elaborar sua defesa (resposta). Conclusão: a audiência só pode ocorrer a partir do sexto dia útil da citação.

Digamos que a citação seja realizada na sexta-feira (*dies a quo*). A contagem do prazo iniciar-se-á na segunda-feira (Súmula 1 do TST). A audiência não poderá ser realizada na sexta-feira seguinte (quinto dia), mas apenas a partir do sexto dia (no caso, a segunda-feira seguinte). Se a audiência fosse realizada no quinto dia, prejudicando de alguma forma o reclamado quanto ao exercício do seu direito de defesa, o ato seria nulo, nos termos do art. 794 da CLT.

Durante o curso da contagem dos cinco dias, a audiência não pode ocorrer, **salvo se o reclamado comparecer e não pedir o adiamento, ofertando espontaneamente sua defesa**. Caso compareça e não apresente defesa, o juiz, de ofício ou a requerimento do réu, adiará a sessão, considerando data da citação a própria data da audiência – inteligência do art. 239, § 1º, do CPC.

Muito importante observar que o art. 774 da CLT afasta a aplicação do art. 231, I e II, do CPC. Vou explicar.

Os prazos, no processo trabalhista, têm início a partir da "realização da citação, notificação ou intimação", e não da "juntada do comprovante da realização do ato aos autos processuais". Desse modo, o que vale é a **data efetiva da realização do ato** e não a data da juntada aos autos de sua comprovação. Digamos que o reclamado assinou o AR (Aviso de Recebimento) na segunda-feira, juntado aos autos na quarta-feira. O início do prazo para a elaboração da defesa ocorreu na segunda, e não na quarta-feira. A contagem, evidentemente, começará no dia útil imediatamente subsequente.

O art. 183 do CPC/2015 acabou com o prazo em quádruplo para a apresentação de defesa pelas pessoas jurídicas de direito público, uniformizando "o prazo em dobro" para todos os atos processuais (defesa, recurso etc.). O TST, na IN 39/2016, silenciou sobre a aplicabilidade da inovação ao processo trabalhista. O silêncio do TST não calou o brado do Decreto-lei 779/1969, norma processual trabalhista que garante o prazo em quádruplo para a apresentação de defesa pelos órgãos públicos da Administração direta, autárquica e fundacional. A mesma prerrogativa deve ser observada para os Correios, por conta do art. 12 do Decreto-lei 509/1969.

Sintetizando:

- Não há lacuna no processo trabalhista capaz de justificar o fim do prazo em quádruplo para a apresentação de defesa pelos órgãos da Fazenda Pública e pelos Correios (art. 12 do Decreto-lei 509/1969), por força da previsão contida no art. 1º, II, do Decreto-lei 779/1969, norma processual trabalhista específica, que impede a aplicação subsidiária ou supletiva do art. 183 do CPC/2015.

Logo, tratando-se de processo cujo reclamado seja pessoa jurídica de direito público ou os Correios, o juiz do trabalho deverá respeitar o prazo mínimo de vinte dias entre a citação, que será pessoal (por oficial de justiça), e a realização da audiência (quatro vezes maior do que o prazo comum – art. 841 da CLT).

A citação das pessoas jurídicas de direito público (União, estados, municípios, Distrito Federal, autarquias, fundações públicas e consórcios públicos) e dos Correios será sempre pessoal (por oficial de justiça ou por meio eletrônico – art. 183, § 1º, do CPC/2015 e art. 12 do Decreto-Lei 509/1969).

Quanto ao art. 229 do CPC, o TST o considera inaplicável ao processo trabalhista, por não guardar harmonia com o princípio da celeridade. O entendimento está consolidado na OJ 310 da SDI-1:

> OJ 310 DA SDI-1. Litisconsortes. Procuradores distintos. Prazo em dobro. Art. 229, *caput* e §§ 1º e 2º, do CPC de 2015. Art. 191 do CPC de 1973. Inaplicável ao processo do trabalho (atualizada em decorrência do CPC de 2015). Res. 208/2016, *DEJT* divulgado em 22, 25 e 26.04.2016. Inaplicável ao processo do trabalho a norma contida no art. 229, *caput* e §§ 1º e 2º, do CPC de 2015 (art. 191 do CPC de 1973), em razão de incompatibilidade com a celeridade que lhe é inerente.

O entendimento é mais um reflexo do *jus postulandi*, pois visivelmente encarna a "desnecessidade" da constituição de advogado (mera faculdade do empregado e do empregador).

QUESTÃO COMENTADA SOBRE CITAÇÃO

1. **(FGV – X Exame de Ordem). Em reclamação trabalhista movida contra um município, este não comparece à audiência inaugural. Diante dessa hipótese, assinale a afirmativa correta.**

   (A) Não se cogita de revelia porque o direito é indisponível.
   (B) Aplica-se a revelia contra o ente público.
   (C) Não há revelia, mas se aplica a confissão.
   (D) O juiz deve designar audiência de instrução, haja vista tratar-se de ente público.

Comentário: A letra "B" está correta, em consonância com a OJ 152 da SDI-1 e o art. 844 da CLT, não existindo, nesse particular, qualquer privilégio para a Fazenda Pública.

Resposta: B

9

AUDIÊNCIA

Impera, no direito processual do trabalho, o princípio do agrupamento dos atos processuais em audiência, atraindo com suave naturalidade os princípios da oralidade, simplicidade, imediação do magistrado, conciliação, economia, irrecorribilidade imediata das decisões interlocutórias e, com maestria, o princípio da celeridade.

A audiência é o ponto culminante do direito processual trabalhista. Trata-se de ato processual complexo, concentrando como um imã outros atos processuais.

Na audiência:

- O juiz propõe a conciliação (arts. 846 e 850 da CLT, c/c o art. 764 da CLT).
- O reclamado pode apresentar, oralmente ou por escrito, a sua resposta (art. 847 da CLT).
- O juiz constata a revelia (art. 844 da CLT).
- As partes produzem todas as provas (art. 845 da CLT).
- As partes podem aduzir razões finais (art. 850 da CLT).
- O juiz prolata sentença (arts. 850 e 852 da CLT).

A reunião, na audiência, de tantos atos processuais e de todos os seus efeitos justifica, por si só, o aprofundado estudo do tema.

9.1. AUSÊNCIA DO RECLAMANTE À AUDIÊNCIA

Em caso de não comparecimento do reclamante à audiência (audiência única e "audiência inicial"), a reclamação será "arquivada", como prevê o art. 844 da CLT. O "arquivamento" da reclamação é uma decisão judicial, com natureza de sentença terminativa, i.e., o juiz estará naquele momento proferindo "sentença sem resolução do mérito", nos termos dos arts. 354 e 485 do CPC.

Contra sentença terminativa do feito (no caso, "arquivamento da reclamação"), cabe recurso ordinário, como prevê o art. 895, I, da CLT.

A previsão contida no art. 843, § 2º, da CLT continua efetiva, sendo necessário destacar que sua redação foi construída sob os pilares do *jus postulandi*. Atualmente, caso o empregado esteja impossibilitado de comparecer à audiência, seja por doença, seja por outro motivo relevante, não há mais a necessidade de enviar, no seu lugar, "outro empregado que pertença à mesma profissão" ou o "sindicato", sendo suficiente a presença do seu advogado, que, munido ou não de comprovação, levará o fato ao conhecimento do juiz, requerendo o adiamento da sessão e, se for o caso, a concessão de prazo para juntar o atestado médico ou quaisquer outros documentos capazes de alicerçar o ocorrido, inclusive a procuração (art. 104, parte final, e §§, do CPC/2015). O mesmo se diga quando o reclamante for o empregador (art. 839 da CLT).

A audiência é um ato processual, e, como tal, pode ser alvo de adiamento em caso de motivo relevante, como define o § 1º do art. 844 da CLT.

9.1.1. Perempção trabalhista

O duplo arquivamento consecutivo, diante da ausência do reclamante à audiência, provoca a incidência da "perempção trabalhista" (ou "perempção temporária"), prevista nos arts. 731 e 732 da CLT. Trata-se de verdadeira sanção aplicada ao reclamante, que não poderá ajuizar, pelo prazo seis meses, reclamação trabalhista contra o mesmo reclamado (interpretação restritiva de norma punitiva).

Durante o lapso da perempção não há suspensão do fluxo prescricional, do contrário a sanção se esvaziaria.

A "perempção trabalhista", também chamada "perempção temporária", tem três fatos geradores cumulativos: a) dois arquivamentos; b) consecutivos; c) pelo não comparecimento do reclamante à audiência.

Esquema:

A ausência de um dos fatos geradores afasta a aplicação da "perempção trabalhista".

Digamos que o reclamante não compareça à audiência. O advogado, mediante poderes especiais constantes da procuração, poderá desistir da ação, ato que levará o juiz a proferir sentença terminativa (sem resolução meritória), nos termos do art. 485, VIII, e parágrafo único do art. 200 do CPC/2015. O arquivamento decorrente da desistência da ação não se confunde com aquele capaz de gerar a "perempção trabalhista" (arquivamento pela ausência do reclamante à audiência).

A desistência da ação não é fruto de "decisão judicial", mas de ato que traduz a livre disposição da vontade do reclamante. Nesse sentido o art. 485, § 4º, do CPC/2015, o qual consagra o direito de o autor desistir da ação unilateralmente, desde que o faça antes da apresentação da contestação. O ato será meramente homologado pelo juiz (parágrafo único do art. 200 do CPC/2015).

A resposta do réu, no processo trabalhista, é apresentada em audiência depois da tentativa de conciliação. Logo, quando o advogado, mediante procuração com poderes especiais, "desiste da ação" em nome do seu cliente, ele o faz antes mesmo da tentativa de conciliação, ou seja, antes da apresentação da contestação, agindo por conseguinte unilateralmente, não havendo pensar na necessidade de "concordância do reclamado". Para o juiz até é um erro, nesse tipo de situação, constar em ata decisão do tipo "defiro o requerimento de desistência da ação". Expressão inócua, alheia à boa técnica processual. Compete ao juiz apenas homologar a desistência (art. 485, VIII, c/c o parágrafo único do art. 200 do CPC/2015), fixando o valor das custas (2% sobre o valor da causa - art. 789, II, da CLT) e, se for o caso, dispensando o reclamante do seu recolhimento, mediante a concessão dos benefícios da justiça gratuita (art. 790, § 3º, da CLT).

A perempção trabalhista impede o reclamante de ajuizar reclamação, pelo prazo de seis meses, em desfavor do mesmo reclamado. A interpretação restritiva se justifica pela natureza punitiva e excepcional da perempção.

A perempção prevista no Código de Processo Civil (art. 486, § 3º, do CPC/2015) não se aplica ao processo laboral.

9.1.2. Inconstitucionalidade da exigência de comprovação de motivo legalmente justificável para o não comparecimento do reclamante à audiência

A Lei 13.467/2017 incluiu o § 2º do art. 844 da CLT, passando a exigir do reclamante, para fins de isenção de custas, **mesmo sendo ele beneficiário da justiça gratuita**, a comprovação, no prazo de 15 dias, do motivo legalmente justificável para a sua ausência à audiência, condicionando, no caso de inexistência de comprovação, o ajuizamento de uma nova reclamação à comprovação do recolhimento das custas daquela que foi arquivada – § 3º do art. 844 da CLT.

O § 2º do art. 844 da CLT é inconstitucional, tanto assim que já foi ajuizada ADI (pela PGR - ADI 5766). Até o momento, entretanto, o STF ainda não proferiu decisão de concessão ou não da liminar pleiteada.

A sua inconstitucionalidade reside exatamente na violação ao *caput* do art. 5º da CF, que consagra o princípio da isonomia (todos são iguais perante a lei). Ora, se o CPC, no seu art. 98, **não condiciona** a isenção do recolhimento de custas, **pelo beneficiário da justiça gratuita**, a qualquer comprovação, a CLT, ao fazê-lo, age de forma discriminatória, movida por sórdida finalidade - atemorizar o trabalhador. A exigência de comprovação do "*motivo legalmente justificável*" para o não comparecimento à audiência, além de violar o princípio da isonomia, afronta o princípio da dignidade da pessoa humana, previsto no inciso III do art. 1º da CF (apontado pela ADI da PGR).

9.2. AUSÊNCIA DO RECLAMADO À AUDIÊNCIA - REVELIA E CONFISSÃO FICTA

No processo trabalhista, antes da Reforma (Lei 13.467/2017), a contumácia gerava a revelia, exatamente pelo fato de a defesa ser ofertada em audiência. Não era levado em conta o fato de a contestação já ter sido juntada aos autos do PJE. Isso era irrelevante. Não é mais. Diante da mudança, o *caput* do art. 844 da CLT, inexplicavelmente mantido, terá de se adaptar, mediante a boa técnica hermenêutica.

O § 5º do art. 844 da CLT soterrou parte da Súmula 122 do TST, dispondo que a presença do advogado do réu, mesmo diante da ausência do seu cliente, tem sim relevância, pois serão aceitos a contestação e todos os documentos juntados aos autos ou apresentados pelo advogado naquele momento. Ora, se a defesa será aceita, a ausência do reclamado à audiência, por si só, não mais conduz à constatação da revelia, que se caracteriza exatamente pela ausência de defesa (ausência do *animus* de se defender).

Vale dizer, inclusive, que o advogado do reclamado, mesmo diante da ausência do seu cliente, poderá ofertar defesa oral na audiência, no prazo de até 20 minutos, como prevê o *caput* do art. 847 da CLT, possuindo ou não procuração, nos termos do art. 76, II, do CPC. Inexistindo procuração, o juiz, depois de ofertada a contestação oral, fixará prazo razoável para a sua juntada (observem que, no caso, não será possível a consignação em ata da procuração *apud acta*, exatamente pela ausência da parte, cuja presença é imprescindível para o nascimento do referido instrumento - § 3º do art. 791 da CLT).

A diferença entre contumácia e revelia finalmente ganhou prestígio no processo trabalhista.

Contumácia é a ausência do reclamado à audiência. Revelia é a ausência de defesa, já que o ato de se defender não é uma obrigação, mas um ônus do réu, que não é obrigado a impugnar os fatos narrados pelo autor, porém, não o fazendo, arcará com os drásticos efeitos da sua renúncia. Revelia nada mais é do que uma espécie de preclusão temporal – "perda da oportunidade de praticar um ato processual pelo decurso do tempo".

Logo, como já dizia na edição anterior desta obra, a revelia pode ocorrer sem a "contumácia". Basta que o reclamado compareça à audiência e não apresente defesa.

Conclusão: a revelia não decorre necessariamente da contumácia.

De outra banda, a contumácia não mais provoca obrigatoriamente a revelia, à luz do já comentado § 5º do art. 844 da CLT.

Da mesma forma que o reclamante pode justificar o não comparecimento, o reclamado também poderá fazê-lo, inclusive mediante o seu advogado. O TST, no entanto, faz uma exigência para a validade do atestado médico apresentado pelo reclamado: "*deverá declarar, expressamente, a impossibilidade de locomoção do empregador ou do seu preposto no dia da audiência*" (vide Súmula 122 do TST, na parte que não foi afetada pelo § 5º do art. 844 da CLT). Particularmente, não aplico, na qualidade de juiz do trabalho, essa previsão. No entanto, para concursos públicos e Exame de Ordem, a literalidade do precedente tem grande valor.

Entendo que o atestado médico, por si só, já basta tanto para elidir a revelia quanto para evitar o arquivamento da reclamação, mostrando-se desproporcional, exagerada e ilegal a exigência contida na Súmula 122 do TST (§ 2º do art. 8º da CLT c/c o inciso II do art. 362 do CPC e inciso II do art. 5º da CF). Agora, com a Reforma Trabalhista, minha tese saiu fortalecida, ante a impactante previsão do § 2º do art. 8º da CLT, que veda a atuação dos tribunais como legisladores, proibindo-os de restringir direitos legalmente previstos e de criar obrigações que não estejam previstas em lei. O preciosismo quanto ao atestado médico, contido na Súmula 122 do TST, não encontra amparo legal.

Entretanto, caso o magistrado entenda aplicável tal exigência, contida na Súmula 122 do TST, deverá estendê-la também ao reclamante. Injustificável seria, nesse aspecto, o tratamento diferenciado às partes. Diferenciar sem razoabilidade é sinônimo de discriminação. O fato de a Súmula 122 do TST falar apenas no reclamado não deixa de ser um claro reflexo da "parcialidade" que muitas vezes exala da Justiça do Trabalho. Estou imprimindo aqui um tom crítico, já que o órgão jurisdicional tem que atuar de forma imparcial, em respeito ao princípio do juiz natural (competente + imparcial).

O tratamento isonômico às partes é crucial para a imparcialidade do julgador, preservando, em sua soberania, o princípio do juiz natural.

Recebido o atestado médico, o juiz deve conceder prazo para a parte contrária se manifestar sobre o documento. Arguida a falsidade documental, o juiz suspenderá o processo e aplicará o disposto nos arts. 430 a 433 do CPC.

Estudamos que a presença do advogado do **reclamado**, diante da ausência do seu cliente, afastará a **revelia**, desde que o patrono tenha apresentado ou apresente contestação. O juiz deverá "receber" a defesa, assim como todos os documentos. Tudo isso está no § 5º do art. 844 da CLT. Precisamos, neste ponto do nosso estudo, fazer um alerta.

O leitor não deve concluir que o § 5º do art. 844 da CLT isenta o réu do comparecimento à audiência. Não é isso. A norma simplesmente diz que a contumácia não impede o advogado de apresentar defesa e juntar documentos, mas não afasta a possibilidade de o réu ser considerado **confesso quanto aos fatos**. Expliquemos.

O reclamado foi citado e na citação consta a advertência de que o seu não comparecimento à audiência importará na aplicação da pena de ficta confissão fática, nos termos do § 1º do art. 385 do CPC (também prevista no item I da Súmula 74 do TST). Significa que o juiz o está advertindo da referida cominação, exigindo, com isso, a sua presença à sessão, na qual "poderá" ser interrogado. Aquele que não comparecer à audiência, na qual poderia prestar depoimento pessoal, será considerado confesso quanto aos fatos narrados pela parte adversa, "desde que tenha sido expressamente advertido da cominação". Conclusão: Caso o reclamado, devidamente advertido na citação, não compareça à audiência, mas o seu advogado se faça presente, já tendo ofertado defesa e juntado documentos, o juiz manterá nos autos a contestação e toda a documentação, fato que elidirá a revelia, mas não afastará a aplicação da pena de confissão ficta quanto aos fatos, por conta da previsão contida no § 1º do art. 385 do CPC.

Entretanto, existe um meio que pode ser usado pelo advogado para evitar a confissão ficta do reclamado. Estou falando de ele requerer ao juiz a possibilidade de atuar, naquela audiência, como advogado e preposto, simultaneamente. E pode? Sim, pode! A análise da possibilidade de cumulação pode ser encontrada no item 9.3.1, desta obra.

A depender do objeto do processo, a mera apresentação da defesa e dos documentos e, consequentemente, a elisão da revelia podem não ser suficientes para evitar que o juiz julgue totalmente procedente a pretensão autoral, encerrando, inclusive, antecipadamente a instrução, caso entenda que a ficta confissão do réu já é o suficiente para a sua plena persuasão – itens II e III da Súmula 74 do TST. De outra banda, a confissão ficta do réu, por si só, assegurará a vitória ao reclamante? Claro que não!

Em primeiro lugar, sempre é bom destacar que a confissão abarca apenas a matéria fática. Logo, a matéria de direito não é contaminada, reinando, nesse aspecto, soberano, o adágio *iura novit curia* (o juiz conhece o direito). Conhecendo o direito, o juiz, independentemente da revelia e da confissão, aplicá-lo-á. Vamos exemplificar.

Digamos que o reclamante tenha ajuizado reclamação trabalhista pleiteando a condenação do reclamado em diferenças do FGTS, visto que, segundo ele, o seu empregador realizou o recolhimento fundiário com base na alíquota de apenas 2%, em vez de 8%. O reclamado e o seu advogado não compareceram à audiência, tornando-se o réu revel e confesso quanto à matéria fática. O magistrado, lendo a petição inicial, verificou que as partes mantiveram contrato de aprendizagem. Diante disso, o juiz vai julgar improcedente o pedido, porquanto o FGTS, no caso de contrato de aprendizagem, é recolhido à razão de 2% (art. 15, § 7º, da Lei 8.036/1990). Mesmo revel, o reclamado não será condenado!

Isso também ocorre com as questões de ordem pública, muitas delas previstas no art. 337 do CPC.

A pretensão de pagamento de adicional de insalubridade ou de adicional de periculosidade, em regra, também é imune aos efeitos da revelia, pois, *a priori*, a produção de prova técnica é imprescindível (art. 195, § 2º, CLT). Ratifica a conclusão a previsão contida na parte final do art. 375 do CPC. Nesse aspecto, temos exceções interessantes que surgiram com a alteração do art. 193 da CLT, fruto da Lei 12.740/2012. Foram criadas duas novas modalidades de atividades perigosas: segurança pessoal ou patrimonial e trabalho em motocicleta. A revelia e/ou a ficta confissão, quando a controvérsia envolver a realização ou não desse tipo de atividade, serão capazes de solucionar a lide sem a necessidade de prova técnica.

A decadência deve ser aplicada de ofício pelo juiz do trabalho, diferente da prescrição contra pretensão trabalhista de empregado. Diante da revelia, caso o magistrado verifique a existência de suporte fático para a incidência da decadência, o processo será extinto com resolução meritória (inciso II do art. 487 do CPC/2015). Seria o caso do prazo decadencial para ajuizamento de Inquérito Judicial para Apuração de Falta Grave (art. 853 da CLT e Súmula 403 do STF). Com relação à prescrição é diferente, pois o juiz, quando a lide envolver pretensão trabalhista de empregado, deverá ignorar os prazos prescricionais quando não existir requerimento do réu para a sua aplicação. O TST, no parágrafo único do art. 7º da IN 39/2016, deixou bem claro o seu entendimento, diferenciando prescrição e decadência, consagrando que apenas quanto a esta última é que o juiz do trabalho poderá aplicar § 1º do art. 332 do CPC e julgar liminarmente improcedente o pedido.

Em segundo lugar, o juiz poderá não encerrar a instrução, mesmo constatando a revelia ou aplicando a ficta confissão, quando não tiver alcançado o seu convencimento (persuasão), nos termos do art. 765 da CLT e do art. 852-D da CLT. A instrução, portanto, só será finalizada a partir do momento em que o destinatário das provas (magistrado) estiver pronto para proferir o seu julgamento.

O convencimento pode nascer da revelia e/ou da ficta confissão, quando, então, o juiz estará pronto para sentenciar. Caso contrário, mesmo revel e/ou confesso o reclamado, o juiz prosseguirá com a audiência, podendo, inclusive, colher o depoimento pessoal do reclamante, intimar testemunhas referidas, determinar a realização de diligências etc. Eis o brilho do princípio da livre persuasão racional do magistrado, tão bem exposto nos arts. 765 da CLT, 852-D da CLT, 370 e 371 do CPC (arts. 130 e 131 do CPC/1973). A antiga OJ 184 da SDI-1, integrada, no ano de 2005, à Súmula 74 do TST (ela se encontra no item II da Súmula), retrata, com rara felicidade, o tema ora debatido. O item II da referida Súmula diz o seguinte: "*A prova pré-constituída nos autos pode ser levada em conta para confronto com a confissão ficta (arts. 442 e 443, do CPC de 2015 - art. 400, I, do CPC/1973), não implicando cerceamento de defesa o indeferimento de provas posteriores*".

O juiz, portanto, é livre para apreciar tudo aquilo que habita os autos e, também, para indeferir a produção de outras provas, mediante decisão fundamentada (art. 93, IX, da CF c/c o art. 11 do CPC e parágrafo único do art. 370 do CPC).

No ano de 2011, o TST voltou a modificar na Súmula 74, inserindo o elogiável item III: "*A vedação à produção de prova posterior pela parte confessa somente a ela se aplica, não afetando o exercício, pelo magistrado, do poder/dever de conduzir o processo*".

O fato de a Súmula 74 do TST ter sido publicada para preencher a lacuna da fragmentação da audiência, cuidando, especificamente, do efeito da ausência do reclamante ou do reclamado à "*audiência de instrução*", não enfraquece a extensão do seu conteúdo à análise da revelia e da ficta confissão (na primeira audiência), principalmente pelo fato de a CLT tratar as audiências, independentemente do rito processual, como atos contínuos.

O juiz tem o poder/dever de conduzir o processo até o seu fim. Esse fim tem nome: "persuasão do magistrado".

Em terceiro lugar, a Lei 13.467/2017 inseriu na CLT o § 4º ao art. 844, que nada mais é do que a mera cópia do art. 345 do CPC. Sendo assim, a revelia não resultará em confissão ficta quanto aos fatos, quando, havendo pluralidade de réus, algum deles contestar a ação e essa contestação aproveitar o revel. Também não haverá confissão ficta do revel se o litígio versar sobre direitos indisponíveis, ou se a petição inicial não estiver acompanhada de instrumento que a lei considere indispensável à prova do fato, ou quando as alegações do reclamante, na petição inicial, forem inverossímeis ou estiverem em contradição com prova constante dos autos.

9.2.1. Revelia e pessoa jurídica de direito público

Comum encontrar doutrinadores defendendo a inaplicabilidade da revelia e da confissão ficta às pessoas jurídicas de direito público, sob o argumento de que a matéria discutida envolve direito indisponível. No mundo do "dever ser" é coerente a posição. Mas como fica a situação no mundo do "ser"?

Lá está o juiz do trabalho, depois do terceiro ou quarto pregão, aguardando pacientemente a chegada do procurador público, quer municipal, quer estadual, quer federal, e nada. O que fará o juiz? Adiará a audiência sob o argumento de que não pode constatar a revelia do órgão público? E se, na audiência seguinte, o procurador novamente não comparecer? O juiz voltará a adiar a sessão? Ficará o Judiciário à disposição da boa vontade do ente público para realizar a audiência? Tornar-se-á o juiz refém do advogado público?

Para o TST, o juiz deve, sim, constatar a revelia.

> OJ 152 da SDI-1. Revelia. Pessoa jurídica de direito público. Aplicável (art. 844 da CLT). Pessoa jurídica de direito público sujeita-se à revelia prevista no art. 844 da CLT.

Eis algumas decisões, também do TST, quanto ao tema:

> Agravo de instrumento. 1. Confissão ficta. Aplicação a ente público. Esta Corte tem o entendimento, consubstanciado na Orientação Jurisprudencial 152 da SBI-1, de que a revelia é aplicável à pessoa jurídica de direito público. 2. (*omissis*). 3. (*omissis*) (TST, AIRR: 449-57.2010.5.15.0068, Rel. Valdir Florindo, 2ª Turma, *DEJT* 30/08/2013).
>
> Revelia. Pessoa jurídica de direito público. Aplicável. A iterativa, notória e atual jurisprudência desta Corte é no sentido de que a revelia é aplicável às pessoas jurídicas de direito público. Incidência do Enunciado 333/TST. Recurso de revista não conhecido (TST, RR 500128-73.1998.5.20.5555, Relator: Carlos Alberto Reis de Paula, 3ª Turma, *DJ* 29/06/2001).

E onde fica a indisponibilidade do direito das pessoas jurídicas de direito público?

Importante lembrar, *ab initio*, que a revelia gera a confissão quanto à matéria de fato, não atingindo a matéria de direito. Em segundo plano, sempre é bom destacar a previsão contida na parte final do art. 37, § 6º, da CF, concernente ao direito de regresso das pessoas jurídicas de direito público contra o responsável pelo dano, nos casos de dolo ou culpa.

Uma vez constatadas a revelia e a confissão ficta em face de uma pessoa jurídica de direito público, caber-lhe-á a responsabilidade objetiva do fato, sem prejuízo, porém, da responsabilidade subjetiva do procurador a quem cabia comparecer à audiência.

9.2.2. Súmula 122 do TST – Cancelamento parcial e análise crítica

As minhas críticas à Súmula 122 do TST parece que foram ouvidas, pois a Lei 13.467/2017, mediante a inclusão do § 5º do art. 844 da CLT, tacitamente cancelou o seu principal trecho. A citada Súmula tornava o advogado do reclamado "invisível" para o juiz, pois dizia que de nada adiantava a sua presença, mesmo apresentando defesa e documentos, diante da ausência do seu cliente. Ela misturava, influenciada pelo *caput* do art. 844 da CLT, contumácia (ausência do réu à audiência) com revelia (ausência do *animus* de defesa). Ora, se o reclamado não comparecer à sessão, a contumácia ocorrerá, mas se o seu advogado se fizer presente, com defesa e quaisquer outros documentos, exala, de forma inquestionável, o desejo de defesa do réu, o qual, portanto, não poderá ser considerado revel. Isso não significa que todos os problemas do demandado estarão resolvidos, pois, conforme estudamos no item anterior, ele poderá ser considerado confesso quanto à matéria de fato, mesmo não sendo revel. De qualquer sorte, a antiga previsão da Súmula 122 do TST teve o destino merecido.

Além de dispor sobre a ausência do réu à audiência, a Súmula 122 do TST exige que o atestado médico, para fins de espancar a contumácia, declare expressamente a impossibilidade de locomoção do reclamado. Estudamos, no item anterior, que tal exigência é inconstitucional e ilegal, pois fere o inciso II do art. 5º da CF e o inciso II do art. 362 do CPC. Além disso, a peculiar previsão extrapola os limites da atuação do Poder Judiciário, como bem dispõe o § 2º art. 8º da CLT.

De qualquer sorte, caso o juiz do trabalho insista em exigir que o atestado médico expresse a impossibilidade de locomoção do reclamado, terá que praticar a mesma iniquidade com o reclamante, afinal a Lei Maior não lhe concede o direito de tratar desigualmente os litigantes, salvo nos excepcionais casos expressamente previstos na legislação processual.

9.3. PREPOSTO

Ao empregador é facultado fazer-se substituir, na audiência, pelo "gerente" ou por qualquer outro "preposto" que tenha conhecimento dos fatos (art. 843, § 1º, da CLT).

Em momento algum a CLT prevê ou exige que o preposto apresente "Carta de Preposição". Trata-se de documento não previsto em lei. A sua exigência, portanto, viola o princípio da legalidade, tatuado no inciso II do art. 5º da Lei Maior.

Na prática, no entanto, é comum a exigência da juntada desse documento, o qual não tem natureza de "procuração", visto que o preposto não é mandatário do reclamado. A exigência tornou-se maquinal e quando uma pessoa começa a agir maquinalmente significa que ela abdicou do seu direito/dever de raciocinar. É o que acontece com a famosa "carta de preposição", documento insignificante, mas capaz de tirar o sono dos advogados.

Pode o juiz considerar revel o reclamado pelo simples fato de o preposto não estar portando carta de preposição? Entendo que não, afinal, como prevê o art. 5º, II, da Lei Maior, ninguém é obrigado a fazer ou a deixar de fazer alguma coisa senão em virtude de lei. Princípio da legalidade. Nada mais, nada menos.

Já estudamos que a revelia não é uma pena a ser infligida pelo magistrado sobre o reclamado, mas um mero fato processual. Caso o reclamado não apresente carta de preposição, o juiz, de ofício ou a requerimento, pode simplesmente perguntar ao trabalhador se ele conhece a pessoa do "preposto" ali presente. Na maioria das vezes o trabalhador diz que sim, que trabalhou com o preposto etc. A partir daí, em face da inexistência de impugnação/oposição do obreiro e/ou do seu advogado (incidente), dispensável tornar-se-á a juntada da carta, pois o juiz consignará o fato em ata (é muito importante que tudo conste da ata, já que o juiz do trabalho é apenas a 1ª instância e ninguém sabe como será apreciada a situação no tribunal; a cautela é companheira inseparável do bom advogado).

Caso o advogado do empregado suscite dúvida a respeito do preposto, o juiz, com parcimônia e longe do maquiavélico açodamento, fixará um prazo para a juntada da "Carta de Preposição".

O TST já se pronunciou sobre a inexigibilidade da carta de preposição, *verbis*:

> RECURSO DE REVISTA. RECURSO ORDINÁRIO NÃO CONHECIDO. IRREGULARIDADE DE REPRESENTAÇÃO. OBSERVÂNCIA AOS ATOS CONSTITUTIVOS DA SOCIEDADE E DEFEITO NA CARTA DE PREPOSIÇÃO. DESCABIMENTO. Na espécie, inexistiu irregularidade no mandato tácito em questão em face de carta de preposição irregularmente constituída. **Na verdade, inexiste lei que obrigue o empregador a apresentar carta de preposição em sua faculdade de se fazer substituir pelo preposto (art. 843, § 1º, da CLT)**. Em face do conhecimento do recurso de revista por contrariedade à Súmula nº 164 desta Corte, dá-se-lhe provimento a fim de determinar o retorno dos autos ao Tribunal de origem para, afastada a hipótese de irregularidade de representação processual, seja examinado o recurso ordinário empresarial como entender de direito. Recurso de revista conhecido e provido (TST, 7ª Turma, RR 5829-40.2011.5.12.0026, Rel. Luiz Philippe Vieira de Mello Filho j. 28/08/2013, *DEJT* 06/09/2013; sem grifos no original).

Decisões dos Regionais também ratificam a conclusão:

> IRREGULARIDADE NA APRESENTAÇÃO DA CARTA DE PREPOSIÇÃO. REVELIA. INOCORRÊNCIA. **Não há previsão legal com relação à obrigatoriedade de comprovação de investidura de preposto pelo empregador de modo que a não observância desta formalidade não acarreta a irregularidade de representação e por consequência não atrai a aplicação da regra do artigo 844 da CLT** (TRT-1ª Região, 8ª Turma, RO 00015423720115010027, Rel. Dalva Amelia de Oliveira, j. 25/03/2014, Data de Publicação: 16/04/2014; sem grifos no original).

Caso o juiz, diante da ausência de carta de preposição, **fixar um prazo para a sua juntada**, o advogado do empregador **não deve ignorar a determinação judicial**. Observem esta decisão do TST:

> IRREGULARIDADE DA REPRESENTAÇÃO DO EMPREGADOR EM AUDIÊNCIA. AUSÊNCIA DE JUNTADA DA CARTA DE PREPOSIÇÃO NO PRAZO DETERMINADO PELO JUÍZO. APLICAÇÃO DA PENA DE CONFISSÃO. **Não há, no ordenamento jurídico brasileiro, norma que imponha**

o dever de comprovação formal da condição de preposto. Todavia, não obstante o silêncio normativo, o entendimento, há muito, prevalente na doutrina e na jurisprudência, é o de que a não apresentação da carta de preposição, no prazo assinalado pelo Juízo, acarreta, para o empregador, a confissão ficta quanto à matéria fática delineada pela parte autora na sua exordial. Na hipótese destes autos, **incontroverso o fato de que o Juízo de primeiro grau, diante da ausência da carta de preposição, conferiu ao preposto da reclamada prazo para a juntada do documento, sob pena de confissão.** Entretanto, a despeito da determinação judicial, **não cuidou o representante da parte ré de juntar a carta de preposição aos autos no prazo assinalado pelo Juízo, o fazendo posteriormente.** Desse modo, verifica-se que, a despeito da ausência de previsão legal, e, não obstante o entendimento doutrinário a respeito da obrigatoriedade da apresentação da carta de preposição em audiência, o fato é que, no caso destes autos, **ao deixar de cumprir a determinação judicial para a juntada do respectivo documento, sem protesto e sob pena de expressa cominação de confissão no caso de desatendimento, o preposto assumiu as consequências do seu ato negligente.** E mais, a juntada posterior do documento, ainda que antes da prolação da sentença, não tem o condão de sanar a irregularidade de representação do empregador, diante da preclusão consumativa verificada, na hipótese, consoante determina o artigo 183 do CPC. Nesse contexto, o comparecimento do preposto da reclamada em audiência, sem estar munido da carta de preposição ou apresentação desse documento fora do prazo determinado pelo Juízo, enseja a aplicação da pena de confissão ficta prevista no artigo 844 da CLT, por se tratar de documento indispensável à prova da outorga de poderes ao preposto para atuar em nome do empregador réu na reclamatória trabalhista. Recurso de revista conhecido e provido (TST, 2ª Turma, RR 472100-70.2007.5.09.0872, Rel. José Roberto Freire Pimenta, j. 22/05/2013, *DEJT* 31/05/2013; sem grifos no original).

O TST, quanto à figura do preposto, fazia uma exigência estranha à lei. Estou falando dos precedentes consubstanciados na **soterrada Súmula 377.** Segundo a mais alta corte trabalhista, o preposto, em regra, deveria ser empregado do "reclamado", ficando as ressalvas por conta do empregador doméstico e do micro e pequeno empresário. Na edição anterior desta obra, fiz duras críticas à Súmula 377 do TST, pois jamais enxerguei base legal para a exigência nela contida.

Finalmente, com o advento do novo § 3º do art. 843 da CLT, incluído pela Lei 13.467/2017, a Súmula 377 do TST foi tacitamente cancelada. Aquela norma dispõe que **o preposto não precisa ser empregado da parte reclamada** (do empregador; da empresa). Observem que a nova norma não faz qualquer ressalva, e onde o legislador não restringe não cabe ao intérprete fazê-lo. Sendo assim, a partir do dia 11/11/2017, o empregador, seja ele qual for, poderá se fazer substituir em audiência por qualquer pessoa que tenha conhecimento dos fatos. Essa liberalidade não retroage, ou seja, é incapaz de sanar vícios ocorridos antes do dia 11/11/2017 – Teoria do Isolamento dos Atos Processuais – art. 14 do CPC.

Se o preposto não tiver conhecimento dos fatos discutidos no processo, o empregador tornar-se-á confesso (confissão ficta). A liberalidade, quanto à figura do preposto, poderá resultar num tiro no próprio pé. De um lado, o § 3º do art. 843 da CLT, que permite que qualquer pessoa figure como preposto. De outro, o § 1º do art. 385 e o art. 386 do CPC, que não perdoam a recusa ou o "não saber" quando do interrogatório (depoimento pessoal).

O "não saber" tem o mesmo efeito da "recusa" a depor, ou seja, faz do depoente confesso quanto àquele fato – inteligência do § 1º do art. 385 e art. 386 do CPC. A confissão, conforme estudamos, é capaz de tornar incontroverso o fato, situação que pode bastar para o juiz encontrar o seu convencimento – inteligência do art. 374, II e III, do CPC. Ocorrendo isso, o juiz poderá proferir sentença, pois o CPC reza que o juiz julgará antecipadamente o mérito da causa diante da revelia e da confissão ficta – art. 355, II, do CPC. Esse julgamento pode ser integral ou parcial – art. 356 do CPC.

As pessoas jurídicas de direito público não precisam de preposto, porquanto, à luz do art. 75 do CPC, "cabe ao respectivo procurador a sua representação em juízo" (representação em sentido *lato*, abarcando a personificação e a capacidade postulatória típica do advogado). Nesse sentido, a Súmula 436 do TST:

> SÚMULA 436 do TST. REPRESENTAÇÃO PROCESSUAL. PROCURADOR DA UNIÃO, ESTADOS, MUNICÍPIOS E DISTRITO FEDERAL, SUAS AUTARQUIAS E FUNDAÇÕES PÚBLICAS. JUNTADA DE INSTRUMENTO DE MANDATO.
>
> I – A União, Estados, Municípios e Distrito Federal, suas autarquias e fundações públicas, quando representadas em juízo, ativa e passivamente, por seus procuradores, estão dispensadas da juntada de instrumento de mandato e de comprovação do ato de nomeação.
>
> II – Para os efeitos do item anterior, é essencial que o signatário ao menos declare-se exercente do cargo de procurador, não bastando a indicação do número de inscrição na Ordem dos Advogados do Brasil.

9.3.1. Advogado e preposto – possibilidade de cumulação das "funções"

Muito se discute sobre a possibilidade de o advogado acumular a função de preposto, i.e., atuar em audiência como advogado e preposto, simultaneamente. Tradicionalmente, os juízes não permitem a cumulatividade, usando, na fundamentação do indeferimento, a previsão contida no art. 3º do Regulamento Geral do Estatuto da OAB e no art. 23 do Código de Ética e Disciplina da OAB: "*É defeso ao advogado funcionar no mesmo processo, simultaneamente, como patrono e preposto do empregador ou cliente*".

Ao formular o requerimento, o advogado não deve "renunciar" ao mandato para assumir a função de preposto. O pedido deve ser de cumulação das funções, e não de renúncia a uma para assumir a outra. O requerimento de renúncia é arriscado, pois esta, em regra, não tem efeito imediato – inteligência do art. 112, *caput* e § 1º, do CPC e do art. 5º, § 3º, da Lei 8.906/1994 (Estatuto da Advocacia):

> Art. 112 do CPC. O advogado poderá renunciar ao mandato a qualquer tempo, provando, na forma prevista neste Código, que comunicou a renúncia ao mandante, a fim de que este nomeie sucessor. § 1º Durante os dez dias seguintes, o advogado continuará a representar o mandante, desde que necessário para lhe evitar prejuízo.
>
> Art. 5º, § 3º, da Lei 8.906/1994. O advogado que renunciar ao mandato continuará, durante os dez dias seguintes à notificação da renúncia, a representar o mandante, salvo se for substituído antes do término desse prazo.

Se o advogado fizer esse tipo de requerimento (renúncia ao mandato), o juiz terá outra fundamentação para o indeferimento: "A renúncia, doutor, não tem efeito imediato, mas apenas depois de dez dias, a contar da ciência do seu cliente, fato que impossibilita o deferimento do requerimento".

Há uma exceção. A renúncia ao mandato poderá ter eficácia imediata, nos termos do § 2º do art. 112 do CPC, sem a necessidade sequer de comunicação ao cliente, "quando a procuração tiver sido outorgada a vários advogados e a parte continuar representada por outro, apesar da renúncia". Nesse caso, o juiz não poderia indeferir o requerimento.

Não existindo mais de um advogado na procuração, a única opção seria a da cumulatividade (atuação simultânea), mesmo contrariando o Regulamento Geral do Estatuto da OAB.

Recentemente, o TST admitiu a atuação simultânea, com base no princípio da legalidade, esculpido no art. 5º, II, da CF.

A decisão merece elogios, afinal o Regulamento Geral do Estatuto da OAB não é lei. Segue um resumo da decisão publicada em 14/09/2012 (Processo RR 1555-19.2010.5.09.0651), extraído de notícia estampada no *site* do TST, a seguir transcrita (a ementa vem logo a seguir):

> Determinado TRT, mantendo a decisão do juiz do trabalho, considerou que a atuação simultânea como preposta e advogada é prática vedada pelo art. 3º do Regulamento Geral do Estatuto da OAB: "Tendo em vista que não houve qualquer revogação dos poderes concedidos à advogada até a abertura da audiência, é inviável sua nomeação como preposta, ainda que ostente a condição de empregada, por se tratar de posições jurídicas incompatíveis", afirmou o acórdão regional. No recurso ao TST, a empresa afirmou que não há no ordenamento jurídico dispositivo que inviabilize a atuação concomitante do advogado também como preposto no processo, apontando que a decisão do TRT contrariava o art. 5º, inciso II, da Constituição da República, segundo o qual "ninguém será obrigado a fazer ou deixar de fazer alguma coisa senão em virtude de lei". O relator do recurso de revista relacionou diversos precedentes do TST favoráveis à tese da

> empresa, asseverando: "Este tribunal tem se orientado no sentido de que, exceto quanto à reclamação trabalhista de empregado doméstico, o preposto deve ser necessariamente empregado da empresa reclamada, não existindo norma legal da qual se possa inferir a incompatibilidade entre as funções de advogado e preposto, ainda que no mesmo processo, desde que o advogado seja empregado." A decisão foi unânime (Decisão publicada em 14/09/2012. Processo RR 1555-19.2010.5.09.0651).
>
> Recurso de revista. Preposto. Advogado. Atuação simultânea. Revelia. Este tribunal tem se orientado no sentido de que é possível a atuação simultânea nas funções de advogado e preposto, ainda que no mesmo processo, desde que o advogado seja empregado da reclamada. Precedentes. Recurso de revista conhecido e provido (TST, 2ª Turma, AIRR 1555-19.2010.5.09.0651, Rel. Caputo Bastos, *DJ* 14/09/2012).

O referido processo envolvia uma grande empresa e a advogada era sua empregada. A exigência da Súmula 377 do TST, portanto, à época, foi atendida (preposto tinha que ser empregado do empregador). Com a "queda" da Súmula 377 do TST, em face do novo § 3º do art. 843 da CLT, a possibilidade de o advogado acumular as duas funções tornou-se um direito, pois não há mais qualquer requisito de validade para isso.

O advogado, ao atuar simultaneamente como preposto, pode ser punido pela OAB?

Sim, pois se trata de prática vedada pelo Regulamento Geral do Estatuto da OAB e pelo Código de Ética e Disciplina da OAB. A apuração (processo disciplinar) é de competência exclusiva da OAB; afinal, o juiz do trabalho não tem poder legal para aplicar qualquer sanção sobre o advogado.

9.4. ATRASO DO JUIZ E ATRASO DAS PARTES À AUDIÊNCIA

A audiência é um ato processual e, como tal, pode ser alvo de adiamento, em caso de força maior, como define o inciso II do § 1º do art. 775 da CLT. Poderíamos pensar que a sua suspensão também seria lícita com base no inciso I do § 1º do art. 775 da CLT, que permite ao juiz a prorrogação do prazo "quando entender necessário", já que o prazo da audiência é um típico prazo judicial e, como tal, não peremptório, mas dilatório por sua natureza. Contudo, importa registrar que o § 1º do art. 844 da CLT prevê que o adiamento da audiência fica condicionado à ocorrência de "motivo relevante", que é sinônimo de força maior.

Somos vítimas de um punhado de previsões legais e forçados a usar de toda a paciência possível para interpretar esse emaranhado normativo.

Apesar de a audiência ser, indubitavelmente, um ato processual, cujo prazo processual é de natureza judicial, não há espaço para a incidência, sobre ela, do inciso I do § 1º do art. 775 da CLT, pois o seu adiamento está sombreado por previsão legal específica, esculpida no § 1º do art. 844 da CLT, que exige **motivo relevante**.

Sempre é bom lembrar que qualquer ato judicial que venha a provocar manifesto prejuízo a uma das partes será nulo, à luz do art. 794 da CLT, daí a necessidade de justo motivo e de clara fundamentação para o adiamento ou a suspensão da audiência.

Vale registrar que a audiência também pode ser adiada por convenção das partes e/ou dos seus advogados – inciso I do art. 362 do CPC.

O advogado tem que saber que força maior é aquele acontecimento imprevisível, inesperado, surpreendente, excepcional (o inciso II do art. 362 do CPC fala em "motivo justificado"; o § 1º do art. 844 da CLT também).

Há profissionais que entram na sala de audiência, depois do pregão, já com a sessão no seu horário, dizendo ao juiz que o reclamante está atrasado, mas que ligou e que, em alguns minutos, chegará. Isso não é para ser dito ao juiz, pois ele nada pode fazer, já que não se trata de um motivo de força maior ("motivo relevante"). O advogado deve, nesse tipo de situação, conversar com o advogado da parte contrária, exatamente para saber dele se há ou não a possibilidade de tolerância ou até de adiamento (inciso I do art. 362 do CPC).

Segundo o TST, não há como o juiz tolerar o atraso injustificado das partes. Neste sentido a OJ 245 da SDI-1.

Diferente é o caso de o cliente ligar e dizer ao advogado que foi atropelado e que está na emergência, ou que o seu filho está doente e por esse motivo teve que acompanhá-lo ao médico/hospital, ou que está ocorrendo um protesto que interditou a estrada de acesso à Vara do Trabalho etc. Nesses casos, facilmente se nota a presença do "motivo relevante", do "justo impedimento", da "imprevisibilidade", ou seja, da força maior. Diante da relevante informação, o advogado leva ao conhecimento do juiz a ocorrência, que deve ser consignada em ata, com a concessão, inclusive, de prazo para a comprovação do fato. Sendo notório ou restando incontroverso, a prova será desnecessária. O advogado não deve dizer que "o fato ocorreu", mas que "recebeu uma ligação telefônica ou uma mensagem do seu cliente dizendo que o fato ocorreu". O advogado atuará como mero informante do juiz. Se futuramente o magistrado comprovar que o fato não ocorreu, a mentira pesará sobre os ombros da parte, e não do seu advogado.

Caso o juiz não adie a audiência, no caso de reclamante ausente, sem conceder prazo para a comprovação do justo motivo, a reclamação será arquivada, podendo o advogado interpor, no prazo de oito dias, recurso ordinário, juntando ao recurso os documentos capazes de comprovar o fato (força maior), como prevê a Súmula 8 do TST.

Quanto ao § 2º do art. 775 da CLT, nada mais é do que uma extensão do art. 765 da CLT e do art. 370 do CPC, podendo o juiz alterar a ordem de produção dos meios de prova, adequando-os às necessidades do conflito, sempre buscando conferir maior efetividade à prestação da tutela jurisdicional (já defendia isso nas edições anteriores deste Manual, citando a possibilidade de alteração na ordem da oitiva das partes e das testemunhas, prestigiando a lógica que deriva da distribuição do ônus da prova).

A Lei 13.467/2017 incluiu o § 2º do art. 844 da CLT, passando a exigir do reclamante, para fins de isenção de custas, **mesmo sendo ele beneficiário da justiça gratuita**, a comprovação, no prazo de 15 dias, do motivo legalmente justificável para a sua ausência à audiência, condicionando, no caso de inexistência de comprovação, o ajuizamento de uma nova reclamação à comprovação do recolhimento das custas daquela que foi arquivada – § 3º do art. 844 da CLT. Já estudamos que essa norma é inconstitucional, tanto assim que foi ajuizada ADI (pela PGR – ADI 5766), pois viola o *caput* do art. 5º da CF, que consagra o princípio da isonomia (todos são iguais perante a lei). Ora, se o CPC, no seu art. 98, não condiciona a isenção do recolhimento de custas, pelo beneficiário da justiça gratuita, a qualquer comprovação, a CLT, ao fazê-lo, age de forma discriminatória, movida por sórdida finalidade – atemorizar o trabalhador. A exigência de comprovação do "*motivo legalmente justificável*" para o não comparecimento à audiência, além de violar o princípio da isonomia, afronta o princípio da dignidade da pessoa humana, previsto no inciso III do art. 1º da CF (apontado pela ADI da PGR).

A CLT prevê uma tolerância de quinze minutos para o atraso do juiz, especificamente no art. 815, parágrafo único, *verbis*:

> Se, até quinze minutos após a hora marcada, o juiz ou presidente não houver comparecido, os presentes poderão retirar-se, devendo o ocorrido constar do livro de registro das audiências.

Esse atraso se refere ao comparecimento do juiz ao local da audiência, não se estendendo aos costumeiros "atrasos no andamento da pauta". Significa que se o juiz estiver realizando as audiências normalmente, o atraso quanto ao horário da pauta não justifica a retirada das partes.

O inciso III do art. 362 do CPC prevê que a audiência poderá ser adiada "por atraso injustificado de seu início em tempo superior a trinta minutos do horário marcado". A norma, infelizmente, não se aplica ao processo trabalhista, à luz do art. 2º, VI, da IN 39/2016.

A legislação processual, quanto aos litigantes, não prevê qualquer tolerância para atrasos injustificados. Os precedentes jurisprudenciais, com fulcro na ausência de previsão legal, terminaram consagrando a disposição exarada na OJ 245 da SDI-1, que traduz "tolerância zero".

> OJ 245 da SDI-1. Revelia. Atraso. Audiência. Inexiste previsão legal tolerando atraso no horário de comparecimento da parte na audiência.

O tema é espinhoso, pois a parte contrária não acolherá de bom grado a decisão judicial de indulgência ao atraso. Eis o teor de uma decisão do TST sobre a matéria:

> I. Agravo de instrumento. Recurso de revista. Cabimento. Revelia. Atraso ínfimo. Agravo de instrumento a que se dá provimento, para melhor exame do recurso de revista. II. Recurso de revista. Revelia. Atraso ínfimo. De acordo com a disciplina legal aplicável, devem as partes comparecer à audiência, independentemente da presença de seus representantes, sob pena de arquivamento, ou revelia e confissão ficta, caso ausentes, respectivamente, o reclamante ou o reclamado (CLT, art. 844). Nesse sentido, não havendo tolerância legal expressa para ausências injustificadas ou eventuais atrasos das partes à audiência, atrasos que não sejam resultantes de razões de força maior, a aplicação das sanções legais cominadas será imperativa, sob pena de violação à literalidade do art. 844, *caput*, da CLT. A aplicação dessas sanções legais, entretanto, quando em discussão atrasos de inexpressiva duração – no caso, um minuto –, há de se processar com bom senso e razoabilidade, tendo presentes os fins visados pela norma jurídica considerada (LICC, art. 5º) e o próprio objetivo maior da jurisdição, que consiste em conferir a cada um o que lhe pertence. Mas a jurisdição, enquanto expressão da soberania do Estado, há de ser exercitada com ponderação, razoabilidade e equilíbrio (CF, art. 5º, LIV), não se mostrando aceitável que o processo – método oficial de solução de conflitos – possa se prestar à construção de situações iníquas, absolutamente divorciadas do próprio sentido ético de Justiça. Assim, verificado o comparecimento da parte demandada e de seu advogado quando ainda não praticado qualquer ato processual que pudesse configurar a preclusão do instante processual para o oferecimento da resposta, não há contrariedade à OJ 245 da SDI-I do TST e consequentemente revelia a ser decretada. Recurso de revista não conhecido (TST, RR 225000-65.2009.5.18.0102, Rel. Alberto Luiz Bresciani de Fontan Pereira. Data de Julgamento: 14/12/2011, 3ª Turma. Data de Publicação: *DEJT* 19/12/2011).

A decisão supratranscrita reflete precedentes que usam a previsão contida no art. 847 da CLT, pertinente ao prazo de vinte minutos para a apresentação de defesa oral, como "álibi" para a tolerância ao atraso do reclamado. Se este chegou dois, três, quatro minutos depois do início da audiência, esse "pequeno lapso", diante do prazo legal previsto para a defesa oral, torna-se irrelevante.

Mas o tema é bastante controvertido. Observe, por exemplo, a decisão do TST (Processo RR 626385-60.2005.5.12.0014), transcrita com base em notícia publicada em 30/05/2012 no seu *site*.

> O atraso de oito minutos do preposto à audiência foi suficiente para o TST reconhecer a revelia e, consequentemente, aplicar a pena de confissão ficta. Iniciada a audiência na qual seriam tomados os depoimentos das partes, a empregada respondia ao juiz questões sobre sua contratação, função, duração da jornada e local do trabalho quando o preposto adentrou na sala, justificando que havia se envolvido numa confusão de trânsito. O magistrado entendeu que a chegada do preposto durante o depoimento pessoal da empregada, embora tardia, não implicaria a penalização do reclamado com a pena de confissão, pois, naquele momento, estava em curso a fase de colheita dos depoimentos pessoais. A sentença foi confirmada pelo TRT e os autos vieram ao TST por meio de recurso de

revista da empregada. Ao examinar os autos, o relator entendeu de forma diversa das instâncias anteriores. Para ele, a diretriz da OJ 245 da SDI-1 não permite tolerância com atraso no horário de comparecimento da parte em audiência, por falta de previsão legal. No julgamento foi destacado que, a despeito de precedentes admitindo impontualidades de um e três minutos, o fato de a tomada do depoimento da empregada ter sido iniciada pelo juiz configura prática de ato processual que atrai a preclusão (perda do direito de agir) para o comparecimento do réu. Para a relatora, admitir a tolerância nessa hipótese seria afrontar o princípio da igualdade de tratamento das partes. "É de se exigir delas o rigor na observância do horário previamente estabelecido para a audiência, sob pena de aplicação do previsto no art. 844 da CLT", concluiu (Decisão publicada em 30/05/2012. Processo: RR 626385-60.2005.5.12.0014).

Segue a ementa:

> Recurso de embargos regido pela Lei 11.496/2007. Atraso de oito minutos do preposto do reclamado em audiência. Depoimento pessoal já iniciado. Efeitos. Discute-se se o atraso de oito minutos do preposto do reclamado à audiência, quando a reclamante já se encontrava prestando depoimento pessoal, pode elidir a revelia. A diretriz firmada na Orientação Jurisprudencial 245 da SBDI-1 não permite tolerância com atraso no horário de comparecimento da parte em audiência, à míngua de previsão legal. Nesse cenário, reputa-se inviável a elisão da revelia e de suas consequências legais. Registre-se que a hipótese de mitigação da referida orientação jurisprudencial efetuada por esta Subseção só foi levada a efeito quando ocorreram atrasos de um minuto e de três minutos sem a prática de qualquer ato processual que pudesse configurar a preclusão do instante processual para o oferecimento da resposta, caso diverso da espécie em debate. Recurso de embargos conhecido e provido (TST, SDI-1, RR 626385-60.2005.5.12.0014, Rel. Ministra Delaíde Miranda Arantes, *DJ* 11/05/2012).

Na decisão, o TST admite a existência de precedentes a favor da "tolerância de impontualidades de um a três minutos", "desde que não se tenha praticado qualquer ato processual capaz de atrair a preclusão".

A vida de quem luta contra precedentes é sempre mais difícil.

O TST, no julgamento proferido no Processo RR 141200-73.2007.5.04.0014, ratificou a previsão contida na OJ 245 da SDI-1. Eis o teor da notícia publicada no seu *site*, e, a seguir, a ementa:

> Determinada empresa foi julgada à revelia porque o preposto chegou um minuto após o encerramento da audiência. A audiência foi marcada para as 9h20, começou às 9h22 e encerrou-se às 9h28. No entanto, os representantes da empresa chegaram à sessão às 9h29, depois de o juiz haver assinado a ata em que registrou a revelia. A empresa pediu a nulidade da sentença alegando que a presença dos seus representantes à audiência antes de o empregado ter assinado a ata compro-

vava seu interesse em se defender das acusações. TRT manteve a sentença com o entendimento de que a ausência da empresa na audiência "não pode, de qualquer forma, ser imputada ao juízo de primeiro grau". Para o regional, a empresa simplesmente não estava na audiência, que foi apregoada várias vezes, inclusive por meio da OAB, não se cogitando, portanto, de cerceamento de direito de defesa. A 8ª Turma do TST afirmou que a decisão estava em conformidade com o ordenado na Orientação Jurisprudencial 245 da SDI-1, no sentido de que não existe previsão legal sobre tolerância a atraso no horário de comparecimento da parte em audiência. Também para a turma, não houve cerceamento de defesa, pois a empresa é que não foi diligente o suficiente, pois não compareceu à audiência no horário previsto. Decisão unânime (Decisão publicada em 16/03/2012. Processo: RR 141200-73.2007.5.04.0014).

Recurso de revista. Nulidade processual. Cerceamento de defesa. Não ocorrência. Revelia. Confissão. Trata-se da hipótese em que a reclamada, embora notificada para audiência que se realizaria às 9h20, mas que teve início às 9h22 e encerrou-se às 9h28, compareceu às 9h29, quando a ata já havia sido assinada pelo juiz, com o registro da revelia e confissão quanto à matéria de fato. Segundo o regional, "a parte simplesmente não estava na audiência e, como certificado, foi apregoada várias vezes, inclusive por meio da OAB. Quando ingressaram na sala, a parte e seu advogado, o ato já se havia encerrado e o fato de o reclamante e o procurador estarem assinando a ata não inibe a confissão aplicada, pois o ato formal da audiência estava encerrado, não tendo a parte comparecido no momento oportuno". Incólumes os dispositivos tidos por violados, na medida em que, segundo a Orientação Jurisprudencial 245 da SBDI-1 do TST, não há previsão legal tolerando atraso no horário de comparecimento da parte na audiência. Recurso de revista não conhecido (TST, 8ª Turma, RR 141200-73.2007.5.04.0014, Márcio Eurico Vitral Amaro - *DJ* 16/03/2012).

QUESTÕES COMENTADAS SOBRE AUDIÊNCIA

1. **(FGV – Exame de Ordem 2010.2). No dia 23.05.2003, Paulo apresentou reclamação verbal perante o distribuidor do fórum trabalhista, o qual, após livre distribuição, o encaminhou para a 132ª Vara do Trabalho do Rio de Janeiro. Entretanto, Paulo mudou de ideia e não compareceu à secretaria da vara para reduzi-la a termo. No dia 24.12.2003, Paulo retornou ao distribuidor da Justiça do Trabalho e, decidido, apresentou novamente a sua reclamação verbal, cuja livre distribuição o encaminhou para a 150ª Vara do Trabalho do Rio de Janeiro. Desta vez, o trabalhador se dirigiu à secretaria da vara, reduziu a reclamação a termo e saiu de lá ciente de que a audiência inaugural seria no dia 01.02.2004. Contudo, ao chegar o dia da audiência, Paulo mudou de ideia mais uma vez e não compareceu, gerando o arquivamento dos autos. Diante desta situação concreta, é correto afirmar que:**

(A) Paulo não poderá ajuizar uma nova reclamação verbal, uma vez que a CLT proíbe o ajuizamento sucessivo de três reclamações desta modalidade.

(B) Paulo poderá ajuizar uma nova reclamação verbal, uma vez que somente a segunda foi reduzida a termo, gerando apenas um arquivamento dos autos por ausência do autor na audiência inaugural.

(C) Paulo não poderá ajuizar uma nova reclamação verbal, uma vez que deu ensejo à perempção prevista no CPC, aplicável subsidiariamente ao processo do trabalho.

(D) Paulo poderá ajuizar nova reclamação trabalhista, mas apenas na forma escrita e assistido obrigatoriamente por advogado.

Comentário: A questão aborda uma prática há muito proibida internamente pelos tribunais regionais do trabalho: apresentação de reclamação verbal. Em que pese a ofuscante realidade, a FGV exigiu do examinando o conhecimento da letra da lei (art. 840, CLT). Segundo o art. 786 da CLT, a reclamação verbal será distribuída antes de sua redução a termo, cabendo ao reclamante comparecer à vara do trabalho para a qual a reclamação foi distribuída, no prazo de cinco dias, exatamente para o servidor responsável reduzir a termo a ação (colocar no sistema o que o reclamante está pedindo). Caso o reclamante, sem justo motivo, não compareça à vara do trabalho no prazo de cinco dias, será punido com a incidência da perempção trabalhista, consistente na proibição de ajuizar uma nova reclamação, contra aquele reclamado, pelo prazo de seis meses (art. 731, CLT). O reclamante, no caso, cumpriu a "pena", pois a primeira reclamação foi ajuizada em maio de 2003 e a segunda, em dezembro de 2003. Esta segunda reclamação foi arquivada por outro motivo: não comparecimento do reclamante à audiência (art. 844, CLT). O primeiro arquivamento já está consumado, pois o reclamante cumpriu a "pena" de perempção. Quanto ao segundo arquivamento, ele não impede o reclamante de ajuizar uma terceira reclamação. Estou falando do segundo e último caso de perempção trabalhista, previsto nos arts. 732 e 844 da CLT (dois arquivamentos consecutivos pelo não comparecimento do reclamante à audiência). Não há fato gerador para o segundo caso de perempção, pois só ocorreu um arquivamento pelo não comparecimento do autor à audiência. Fica fácil, agora, resolver a questão. A letra "B" é a correta. Para finalizar, fica o registro de que a perempção prevista no CPC, completamente diferente da nossa, é inaplicável ao processo trabalhista.

Resposta: B

2. **(FGV – X Exame de Ordem). Em reclamação trabalhista movida contra um município, este não comparece à audiência inaugural. Diante dessa hipótese, assinale a afirmativa correta.**

(A) Não se cogita de revelia porque o direito é indisponível.

(B) Aplica-se a revelia contra o ente público.

(C) Não há revelia, mas se aplica a confissão.

(D) O juiz deve designar audiência de instrução, haja vista tratar-se de ente público.

Comentário: A letra "B" está correta, em consonância com a OJ 152 da SDI-1 e o art. 844 da CLT, não existindo, nesse particular, qualquer privilégio para a Fazenda Pública.

Resposta: B

3. **(FGV – XI Exame de Ordem). Ícaro, piloto de avião, foi empregado da empresa VoeAlto Linhas Aéreas S/A de 12 de maio de 2010 a 20 de abril de 2012. Ao ser dispensado, deixou de receber parte de seus haveres trabalhistas da extinção, razão pela qual ajuizou reclamação trabalhista. A audiência foi designada para 10/10/2013. Porém, nessa data Ícaro estaria fora do país, já que,**

necessitado de emprego e com a escassez do mercado nacional, empregou-se como piloto na China, onde reside, e não faz voos para o Brasil. Você é o advogado de Ícaro que, naturalmente, tem pressa em receber seus direitos sonegados. Assinale a alternativa que indica a medida legal a ser adotada para o mais rápido desenrolar do processo.

(A) Deverá ser requerido o adiamento da audiência sem data posterior e, tão logo Ícaro informe quando poderá estar no Brasil, será requerido ao juiz a designação da realização da audiência.

(B) Como advogado de Ícaro você deverá ter procuração com poderes especiais para representa-lo e assisti-lo em audiência, suprindo assim a ausência.

(C) Tendo em vista tratar-se de motivo relevante, e estar devidamente comprovado, Ícaro poderá fazer-se representar por outro empregado de mesma profissão ou por seu sindicato de classe.

(D) Tendo em vista tratar-se de motivo poderoso, e estar devidamente comprovado, Ícaro poderá fazer-se representar por membro de sua família ou outro empregado da mesma empresa empregadora.

Comentário: A letra "C" traduz a literalidade do § 2º do art. 843 CLT, motivo pelo qual foi apontada como a correta no gabarito. A FGV, *data maxima venia*, no caso, prestou um desserviço ao processo trabalhista moderno, pois a referida norma só se aplica no caso de *jus postulandi*, ou seja, quando o empregado não possuir advogado. Possuindo advogado, a presença deste à audiência já seria suficiente, com ou sem poderes especiais no instrumento de mandato, para evitar o arquivamento (audiência una ou audiência inicial) ou a confissão ficta (audiência de instrução), o qual levará ao conhecimento do juiz o fato (impossibilidade de seu cliente comparecer à sessão), comprovando-o ou requerendo prazo para tal. A CLT, diante da influência do *jus postulandi*, muitas vezes não enxerga o advogado, como se este fosse um ser invisível e prescindível. A FGV fez o mesmo. Lamentável. A letra da lei, mesmo divorciada da realidade, continua sendo decisiva em provas objetivas.

Resposta: C

4. (FGV – XV Exame de Ordem). Jorge, que presta serviços a uma companhia aérea na China, é autor de um processo em face da Viação Brasil S/A, sua ex-empregadora. Na data da audiência, Jorge estará, comprovadamente, trabalhando na China. Considerando que Jorge tem interesse no desfecho rápido de seu processo, deverá

(A) requerer o adiamento para data próxima.

(B) dar procuração com poderes específicos ao seu advogado para que este o represente.

(C) fazer-se representar por outro empregado da mesma profissão ou pelo seu sindicato.

(D) deixar arquivar a demanda e ajuizar uma nova.

Comentário: A letra "C", a exemplo do que foi dito no comentário da questão anterior, nada mais representa do que a literal previsão do § 2º do art. 843 da CLT. Aos que se preparam para concursos públicos e Exame de Ordem fica o alerta quanto ao prestígio de que ainda gozam previsões da CLT, mesmo que ultrapassadas na prática.

Resposta: C

10

TENTATIVA DE CONCILIAÇÃO E HOMOLOGAÇÃO DE ACORDO EXTRAJUDICIAL

O princípio da conciliação se confunde com a própria Justiça do Trabalho. Chego a afirmar que esse princípio retrata **a face do processo trabalhista**, influenciando a atuação dos advogados e magistrados.

A tentativa de conciliação é obrigatória e pode ocorrer em qualquer fase do processo – argúcia do art. 764 da CLT.

> Art. 764 da CLT. Os dissídios individuais ou coletivos submetidos à apreciação da Justiça do Trabalho serão sempre sujeitos à conciliação.
>
> § 1º Para os efeitos deste artigo, os juízes e tribunais do trabalho empregarão sempre os seus bons ofícios e persuasão no sentido de uma solução conciliatória dos conflitos.
>
> § 2º Não havendo acordo, o juízo conciliatório converter-se-á obrigatoriamente em arbitral, proferindo decisão na forma prescrita neste Título.
>
> § 3º É lícito às partes celebrar acordo que ponha termo ao processo, ainda mesmo depois de encerrado o juízo conciliatório.

No *caput*, o legislador consolidado fala em "conciliação", querendo dizer, naturalmente, que os dissídios serão sempre sujeitos à "tentativa de conciliação".

No § 1º, o legislador se dirige diretamente ao juiz do trabalho, cobrando deste uma postura pacificadora, aconselhando-o a sempre empregar seus bons ofícios, sua maturidade, sua experiência, seu conhecimento, sua cultura, enfim, seu poder de persuasão no sentido de buscar uma solução conciliatória dos conflitos, deixando a entender que a sentença deve ser a última alternativa do Poder Judiciário.

O § 2º é mais uma herança da época em que a Justiça do Trabalho não integrava o Judiciário, desmerecendo demais delongas.

O § 3º dispõe sobre a inexistência de preclusão para a conciliação, sendo lícito celebrar acordo em qualquer tempo e em qualquer grau de jurisdição.

A CLT, quando trata da audiência no rito ordinário, prevê duas tentativas de conciliação, a primeira antes da defesa e a segunda após as razões finais (arts. 846 e 850).

No rito sumaríssimo, pela inexistência de razões finais, não há previsão específica para a "segunda" tentativa de conciliação, mas o legislador alardeia que o juiz, ao abrir a audiência, informará aos litigantes sobre as vantagens da conciliação e usará os meios adequados de persuasão para a solução conciliatória do litígio, em qualquer fase da audiência (art. 852-E da CLT).

No sumário, o art. 2º, *caput*, da Lei 5.584/1970 também destaca que a tentativa de conciliação deve ocorrer no início da audiência.

A "audiência de conciliação" passou a integrar o processo civil, mediante previsão contida no art. 334 do CPC. O processo trabalhista já tem, na sua audiência, as etapas de tentativa de acordo definidas, razão pela qual o TST entendeu inaplicável o art. 334 do CPC ao processo do trabalho (art. 2º, IV, da IN 39/2016 do TST).

A previsão legal do art. 850 da CLT, conhecida como "segunda" ou "derradeira" tentativa de conciliação, deve ser vista como mais uma tentativa de acordo. Não será necessariamente a "segunda" (pode ser a "terceira", a "quarta", a "quinta" etc.) tampouco a "última", porquanto o § 3º do art. 764 da CLT prevê que a conciliação pode ser realizada a qualquer tempo, mesmo depois de prolatada a sentença.

O juiz deve, ao longo da audiência, buscar a todo o momento conciliar o litígio.

Depois do depoimento de uma das partes, o juiz, analisando o material colhido, pode tentar conciliar, mostrando, por exemplo, as contradições entre o que foi dito e o que foi narrado na petição inicial ou na contestação. A mesma postura pode ser adotada depois da oitiva de uma, de algumas ou de todas as testemunhas. O juiz não precisa ouvir as partes e todas as testemunhas para, depois das razões finais, quando a audiência já alcançou mais de três horas de duração, desprezando os princípios da celeridade, da economia e da simplicidade, buscar a conciliação, interpretando erroneamente o art. 850 da CLT, como se a tentativa ali prevista fosse de fato a "segunda".

O juiz deve registrar em ata todas as tentativas de conciliação realizadas, incluindo os valores das propostas e contrapropostas, forma de pagamento, entre outros detalhes.

Atenção:

- Mesmo quando o juiz encerra os trabalhos e marca a data da sentença, a conciliação pode ser realizada.
- Prolatada a sentença, a conciliação também pode ser realizada.
- O acordo também pode ser feito no TRT, já na fase recursal, ou até mesmo no TST.
- Transitando em julgado a sentença, o juiz, de ofício ou a requerimento de uma das partes, pode incluir o feito em pauta de tentativa de conciliação, sem prejuízo do andamento da execução, e, se for o caso, realizar o acordo.

Sintetizando:

- Não há preclusão para a tentativa de conciliação!

Assim reza o § 3º do art. 3º do CPC: "*A conciliação, a mediação e outros métodos de solução consensual de conflitos deverão ser estimulados por juízes, advogados, defensores públicos e membros do Ministério Público, inclusive no curso do processo judicial*".

A ausência de tentativa de conciliação durante a audiência é considerada "ato" prejudicial às partes e, como tal, capaz de gerar nulidade processual - arts. 794 e 764 da CLT.

10.1. TRANSAÇÃO E RENÚNCIA

A conciliação deve nascer de uma transação (negociação), que envolve, necessariamente, uma *res dubia* (coisa duvidosa), conhecida, na linguagem processual, como "fato controvertido" ou "fato controverso" – vide art. 840 do CCB.

A controvérsia representa um risco para ambas as partes. Cabe ao juiz, nas tentativas de conciliação, usar esse mote, mostrando aos contendores a temeridade que paira no prolongamento da lide. Não pode o juiz, todavia, utilizar-se de qualquer tipo de constrangimento ou intimidação para que as partes conciliem (art. 165, § 2º, do CPC).

Sendo controvertido o fato, a transação encontra o ambiente ideal para florejar, visto que as "concessões recíprocas" são a marca da transação (ambas as partes cedem em suas pretensões).

Inexistindo controvérsia (*res dubia*), não há que se pensar em transação. Caso um acordo seja realizado, mesmo não existindo controvérsia, ele não terá sido fruto de transação, mas de renúncia, que é a concessão unilateral, afinal, diante de fatos inconcussos (indiscutíveis), apenas uma parte cedeu, já que a outra não tinha o que conceder.

Renunciar é abandonar, largar, abrir mão, abdicar!

No processo trabalhista, o "termo de conciliação judicial" homologado pelo juiz é válido, seja oriundo de uma transação, seja nativo de uma renúncia. Essa afirmação pode doer nos sensíveis ouvidos de juristas que insistem em viver no mundo meditativo, absorto, contemplativo, ideal. Mas a dor é um dos principais efeitos da verdade. Uma coisa é dizer: "isso não pode acontecer". Outra coisa é dizer: "isso acontece". A primeira frase habita o plano "beatificado". A segunda, o mundo real.

Trata-se de falsa devoção dizer que na Justiça do Trabalho todos os acordos provêm de uma transação. Diante do juiz, o princípio da irrenunciabilidade dos direitos trabalhistas pelo obreiro pode ser mitigado, prevalecendo o princípio da conciliação.

Não estou aqui defendendo, tampouco criticando a prática da conciliação sem limites, mas apenas constatando um fato rotineiro que ocorre na justiça obreira. O próprio TST, na OJ 132 da SDI-2, ratifica a irrelevância prática da diferença entre transação e renúncia.

> OJ 132 da SDI-2. Ação rescisória. Acordo homologado. Alcance. Ofensa à coisa julgada. Acordo celebrado – homologado judicialmente – em que o empregado dá plena e ampla quitação, sem qualquer ressalva, alcança não só o objeto da inicial, como também todas as demais parcelas referentes ao extinto contrato de trabalho, violando a coisa julgada, a propositura de nova reclamação trabalhista.

A CLT, ignorando se o fruto da conciliação é maduro ou podre, reza que o "termo de conciliação" é um ato irrecorrível para as partes (art. 831, parágrafo único). Sendo a conciliação fruto de uma árvore envenenada (fraude, simulação, dolo, coação etc.), restará à parte prejudicada a alternativa de ajuizar ação rescisória, nos termos da Súmula 259 do TST, a seguir descrita:

> Termo de conciliação. Ação rescisória. Só por ação rescisória é impugnável o termo de conciliação previsto no parágrafo único do art. 831 da CLT.

10.2. SÚMULA 418 DO TST – ANÁLISE CRÍTICA

O juiz não pode simplesmente dizer, **desprovido de justificativa**, que não vai realizar determinado acordo, pois tem o dever constitucional de fundamentar todas as suas decisões (art. 93, IX, CF).

A inafastabilidade da fundamentação de toda e qualquer decisão judicial também está encravada no art. 11 do CPC.

Imaginem o juiz olhar para o trabalhador e dizer que não vai homologar o acordo porque determinada verba não foi contemplada. O empregado, em resposta, diz que quer fazer o acordo de todo jeito, pois seu empregador o ajudou quando sua filha estava doente, ou pelo fato de já ter recebido valores que compensariam a verba, ou porque vai viajar e não deseja mais retornar àquele lugar etc.

Ficará o magistrado aprisionado a doutrinas superadas e a crenças incompatíveis com a mitigação temporal da hipossuficiência obreira?

O CPC, em seu art. 166, dispõe que a conciliação e a mediação são informadas pelos **princípios da independência, da imparcialidade, da autonomia da vontade, da confidencialidade, da oralidade, da informalidade e da decisão informada**.

Deve o magistrado, quando das tentativas de acordo, despir-se do excesso de formalismo, agindo com neutralidade, desnudado do autoflagelo de pensar que carrega sozinho o pesado escudo da proteção ao hipossuficiente.

Deve o juiz respeitar a autonomia da vontade. Se, porventura, detectar a presença do fétido odor do vício de consentimento (dolo, simulação, coação, fraude), terá fundamentos para proferir decisão capaz de estancar a tramoia (art. 142 do CPC). **Não pode, contudo, presumir vício de vontade. Não pode presumir a má-fé.**

A Súmula 418 do TST, quando fala em "faculdade do magistrado", não atropela (nem poderia) o dever de o juiz fundamentar todas as suas decisões.

> Súmula 418 do TST. Mandado de segurança visando à homologação de acordo. A homologação de acordo constitui faculdade do juiz, inexistindo direito líquido e certo tutelável pela via do mandado de segurança.

Como destacado, a homologação judicial não é obrigatória. O entendimento está consubstanciado na Súmula 418 do TST. Porém, como já decidiu o TST, mesmo a chancela do juiz não sendo compulsória, não lhe é facultada a recusa de fundamentação. A posição jurisprudencial prestigia com naturalidade os arts. 11 do CPC e 93, IX, da CF.

O magistrado não pode simplesmente se negar a homologar sem explicar os motivos.

O juiz pode não concordar com o acordo, por enxergar a presença de renúncia e não de transação. Daí ele expõe os fundamentos e indefere o pedido de homologação.

O juiz pode enxergar a presença de uma farsa, de uma simulação entre as partes, fato que leva o processo à sua extinção sem resolução meritória – art. 142 do CPC.

A 3ª Turma do TST, no julgamento do RR 948/1995-001-17-00.9, em abril de 2009, ratificou: **"É necessário que a recusa à homologação, quando houver, esteja baseada em razões objetivas e de pronta verificação"**. O TST reconheceu **"a validade de um acordo firmado em primeira instância, cuja homologação foi recusada pelo juiz da vara do trabalho e, posteriormente, pelo TRT"**.

Eis o que aconteceu.

O acordo, no valor de R$ 1.600,00, foi firmado pela empresa e seis reclamantes (reclamação plúrima), que acostaram petição aos autos. O juiz do trabalho despachou: "À audiência", sem indicar as razões que o levaram a "rejeitar a conciliação". O processo prosseguiu, e, quando da sentença, o juiz disse que o acordo não havia sido homologado e que os atos posteriores eram totalmente incompatíveis com a vontade nele manifestada. A empresa recorreu ao TRT, buscando a homologação. O TRT rejeitou o recurso sob o argumento de que, após a sentença, não havia como homologar acordo da fase de conhecimento, pois a decisão do juiz já havia composto o litígio trabalhista. Seria preciso, segundo o TRT, que o acordo fosse renovado na fase de execução. O TRT acrescentou que o juiz não está obrigado a homologar acordo que entenda ser lesivo ao trabalhador. A empresa recorreu ao TST, sustentando que a recusa à homologação violou o dispositivo da CLT segundo o qual é lícito às partes celebrar acordo que ponha termo ao processo, ainda que encerrada a fase de conciliação (art. 764, CLT). Segundo o relator do recurso de revista, **"a insurgência da empresa é inteiramente procedente, pois a conciliação é um objetivo a ser perseguido por todo o Poder Judiciário brasileiro e, na Justiça do Trabalho, é cabível a qualquer momento"**. Segundo o relator, **"O juiz tem todo o direito de se recusar a homologar um acordo, mas precisa dizer o porquê". "A jurisdição encontra razão de ser na necessidade de composição de litígios, sendo de todo repelidos os atos que redundem na sua ampliação"**, concluiu o relator.

Para finalizar, trago à baila, a título de analogia, o art. 1.574 do CCB: "Dar-se-á a separação judicial por mútuo consentimento dos cônjuges se forem casados por mais de um ano e o manifestarem perante o juiz, sendo por ele devidamente homologada a convenção. Parágrafo único. O juiz pode recusar a homologação e não decretar a separação judicial se apurar que a convenção não preserva suficientemente os interesses dos filhos ou de um dos cônjuges." Observem que o CCB corrobora o entendimento de que a recusa à homologação deve ser fundamentada!

10.3. CONCILIAÇÃO DE PESSOAS JURÍDICAS PÚBLICAS

As pessoas jurídicas de direito público, mesmo imperando a regra da "indisponibilidade dos bens e do interesse público", também podem conciliar.

O STF já se pronunciou sobre o tema.

> Transação. Validade. Em regra, os bens e o interesse público são indisponíveis, porque pertencem à coletividade. É, por isso, o Administrador, mero gestor da coisa pública, não tem disponibilidade sobre os interesses confiados à sua guarda e realização. Todavia, há casos em que o princípio da indisponibilidade do interesse público deve ser atenuado, mormente quando se tem em vista que a solução adotada pela Administração é a que melhor atenderá à ultimação deste interesse (RE 253.885, Rel. Min. Ellen Gracie, julgamento em 04/06/2002, *DJ* 21/06/2002).

A Lei 9.469/1997, em seu art. 1º (com redação dada pela Lei 13.140/2015), diz o seguinte: "*O Advogado-Geral da União, diretamente ou mediante delegação, e os dirigentes máximos das empresas públicas federais, em conjunto com o dirigente estatutário da área afeta ao assunto, poderão autorizar a realização de acordos ou transações para prevenir ou terminar litígios, inclusive os judiciais*".

10.4. TERMO DE CONCILIAÇÃO JUDICIAL

O termo de conciliação judicial tem natureza de "decisão judicial", transitando em julgado, para as partes, no momento de sua homologação (assinatura do juiz do trabalho) – inteligência do art. 831, parágrafo único, da CLT e das Súmulas 100, V, e 259 do TST.

Para reclamante e reclamado, portanto, o termo de conciliação judicial é uma "decisão irrecorrível".

À luz da Súmula 259 do TST, caso uma das partes deseje pleitear a nulidade do termo de conciliação judicial, terá que ajuizar, no prazo de dois anos, ação rescisória, com fulcro no rol taxativo do art. 966 do CPC – inteligência do art. 975 do CPC.

O art. 975 do CPC dispõe que os dois anos serão contados do trânsito em julgado da última decisão proferida no processo. O TST, no item I da Súmula 100, esclarece que o prazo é contado do "dia seguinte" ao trânsito em julgado.

> Item I da Súmula 100 TST – O prazo de decadência, na ação rescisória, conta-se do dia imediatamente subsequente ao trânsito em julgado da última decisão proferida na causa, seja de mérito ou não.

Caso o termo de conciliação tenha sido fruto de simulação ou colusão (conluio, arranjo, conchavo) das partes, a fim de fraudar a lei, o Ministério Público do Trabalho terá legitimidade para ajuizar ação rescisória – inteligência do art. 967, III, *b*, do CPC.

> Execução de título extrajudicial. Ilegitimidade do Ministério Público do Trabalho. Nulidade processual. Colusão. Extinção da execução. A ausência de notificação às partes para se manifestarem acerca dos documentos juntados pelo Ministério Público do Trabalho não implica nulificar o feito, máxime quando os fatos denunciados dão conta de ato simulado. Atuação singular da d. Procuradoria do Trabalho, de cunho investigativo. Inteligência do art. 129 do Código de Processo Civil. Desarrazoado arguir a ilegitimidade do Ministério Público do Trabalho, pois este não é partícipe da relação jurídico-processual. Aplicação do *caput* do art. 127 da Constituição Federal, c/c o art. 83, inciso II, da Lei Complementar 75/1993. Execução fundada em título executivo extrajudicial, produto de acordo entabulado perante Comissão de Conciliação Prévia. Conjunto da prova que atesta o menoscabo e a vil conduta das "partes" que, valendo-se do processo trabalhista,

> almejam a chancela do Poder Judiciário a fim de validar suas práticas espúrias. Dados precisos que conspiram para que se conclua pela prática da colusão, perfectibilizada pelo claro escopo do exequente em, simulando lide, constituir crédito privilegiado, a fim de lesar terceiros de boa-fé, tais como o sem-número de ex-empregados e a Fazenda Pública. Exequente carecedor de ação, por ausência de interesse processual (art. 267, IV, do CPC), face a não visualização de nenhum antagonismo de interesses – lide. A precariedade do título exequendo advindo de ato nulo (inciso II, § 1º, do art. 167 do Código Civil), torna-o inexigível, retirando-lhe condições de validade e eficácia. Além disso, sendo o exequente sócio da empresa executada, configura-se a hipótese versada no art. 381 do Código Civil – confusão. Aplicação do inciso X do art. 267 do CPC. Sentença que extingue a execução, sem julgamento do mérito, que se confirma. Recurso não provido (TRT, 4ª Região, 8ª Turma, RO 01159-2002-029-04-00-1, Rel. Des. Maria Helena Mallmann, *DOE*-RS 27.04.2005).

O TST entende que a legitimidade do Ministério Público do Trabalho não se restringe às hipóteses previstas no CPC, vislumbrando, nessa norma, rol meramente exemplificativo. Eis a Súmula 407 do TST.

> Súmula 407 TST. Ação rescisória. Ministério Público. Legitimidade *ad causam* prevista no art. 967, III, *a*, *b* e *c*, do CPC de 2015. Art. 487, III, *a* e *b*, do CPC de 1973. Hipóteses meramente exemplificativas. A legitimidade *ad causam* do Ministério Público para propor ação rescisória, ainda que não tenha sido parte no processo que deu origem à decisão rescindenda, não está limitada às alíneas *a*, *b* e *c* do inciso III do art. 967 do CPC de 2015 (art. 487, III, alíneas *a* e *b*, do CPC de 1973), uma vez que traduzem hipóteses meramente exemplificativas.

10.5. COLUSÃO E SIMULAÇÃO

Na colusão, **as partes agem de comum acordo**, buscando fraudar a lei ou prejudicar terceiros. É o caso, por exemplo, de um preposto acertar um alto valor de acordo com o reclamante, sem a autorização do reclamado, fixando por fora a percepção de uma "comissão".

A colusão é chamada pelo Código de Processo Civil de "simulação" (não deixa de ser um "ato simulado"), especificamente no art. 142 do CPC: "*Convencendo-se, pelas circunstâncias, de que autor e réu se serviram do processo para praticar ato simulado ou conseguir fim vedado por lei, o juiz proferirá decisão que impeça os objetivos das partes, aplicando, de ofício, as penalidades da litigância de má-fé*".

Na Justiça do Trabalho, porém, o termo "simulação" tem outro fato gerador, além daquele previsto no CPC. Estou falando da colusão envolvendo o empregador e os advogados das partes. O conluio, no caso, não tem como partícipe o trabalhador (uma das partes); pelo contrário, este é a vítima da "simulação".

Exemplo:

- Digamos que o empregador, ao dispensar o empregado, já o encaminhe a um advogado, que "simula" ("forja"; "inventa") uma reclamação trabalhista apenas com o objetivo de obter a quitação total e irrevogável de todas as verbas decorrentes do contrato (ato conhecido como "quitação do contrato"), mediante o firmamento de um "acordo" (OJ 132 da SDI-2). Lavrado o termo de conciliação e homologado pelo juiz, o empregador realiza o seu sonho: "não encontrar mais aquele empregado na Justiça do Trabalho".

Esse tipo de simulação ocorre diariamente na Justiça do Trabalho, terminando por criar um ambiente desfavorável à própria conciliação. Essa nefasta prática, que priva o empregado de verbas indiscutíveis, não pode ser confundida com aquele pré-acordo que atende aos anseios de ambas as partes, mas que por "segurança" termina sendo levado à Justiça do Trabalho em forma de reclamação, na busca da tão sonhada "homologação judicial". Com a Reforma Trabalhista, esse pré-acordo ganhou instrumento processual próprio para a sua satisfação. Estou falando da Homologação de Acordo Extrajudicial, prevista nos arts. 855-B a 855-E da CLT, que se encontra no item 10.7 deste capítulo.

No pré-acordo, empregado e empregador estão satisfeitos com os termos da conciliação, mas o patrão se sente inseguro em realizar o pagamento "fora da Justiça do Trabalho", temendo que o empregado, depois do pacto, ajuíze reclamação trabalhista. Esse temor do empregador decorre da inexistência de uma instância administrativa que garanta, de forma absoluta e irrevogável, a eficácia do ajuste. Eis a serventia da Homologação de Acordo Extrajudicial.

O legislador pátrio, em 2000, buscou preencher essa "lacuna", inserindo na CLT os arts. 625-A a 625-H, criando as comissões de conciliação prévia. A CLT, na época, tornou obrigatória a submissão de qualquer demanda trabalhista à comissão de conciliação prévia, caso existisse (a criação é facultativa), quer no âmbito empresarial, quer no âmbito intersindical. Mas o art. 625-D, nesse aspecto, teve sua **eficácia suspensa por liminar concedida pelo STF** (ADI 2.139 e ADI 2.160), *verbis*:

> Ações diretas de inconstitucionalidade. Coincidência de objeto. Alteração da CLT pelas Leis 9.957 e 9.958, ambas de 2000. Cautelares parcialmente deferidas. Vista ao Advogado-Geral da União e ao Procurador-Geral da República para julgamento do mérito. 1. Em questão de ordem decidida na sessão plenária de 06.04.2000, o Supremo Tribunal Federal decidiu pela prevenção do relator desta ação direta de inconstitucionalidade na ocasião, o eminente Ministro Octavio Gallotti, em relação às Ações Diretas de Inconstitucionalidade 2.148 e 2.160, originalmente distribuídas aos Ministros Marco Aurélio e Celso de Mello, respectivamente, tendo em vista a coincidência de objeto dessas ações e a anterioridade na distribuição. 2. Em decisão de 12.09.2000, o Ministro Octavio Gallotti assentou,

em decisão monocrática (*DJ* 12.09.2000), a ilegitimidade ativa da confederação autora da ADI 2.148, tendo essa decisão transitado em julgado em 26.09.2000. 3. Discute-se, nas ações diretas remanescentes, a higidez constitucional de (ns. 2.139 e 2.160) dispositivos acrescentados à Consolidação das Leis do Trabalho pelas Leis 9.957 e 9.958, ambas de 12 de janeiro de 2000 (arts. 625-D e 852-B, inc. II), os quais, em síntese, dispõem sobre as comissões de conciliação prévia e impossibilitam a citação por edital no procedimento sumaríssimo da Justiça do Trabalho, respectivamente. 4. Em 13.05.2009, este Supremo Tribunal concluiu o julgamento das medidas cautelares requeridas nesta e na ação direta de inconstitucionalidade apensa (2.160), deferindo-as parcialmente, por maioria, para dar interpretação conforme à Constituição da República relativamente ao art. 625-D, introduzido pelo art. 1º da Lei 9.958/2000, no sentido de afastar a obrigatoriedade da fase de conciliação prévia que disciplina (*DJe* 23.10.2009). 5. Pelo exposto, dê-se vista ao Advogado-Geral da União e ao Procurador-Geral da República, sucessivamente, para que cada qual se manifeste, na forma da legislação vigente, no prazo máximo e igualmente improrrogável e prioritário de quinze dias (art. 8º da Lei 9.868/1999) (STF, ADI 2139/DF. Relator: Min. Cármen Lúcia. Data de Julgamento: 01/02/2010).

10.6. DISCRIMINAÇÃO DA NATUREZA DAS VERBAS

O § 3º do art. 832 da CLT reza que as sentenças e os termos de conciliação deverão sempre indicar a natureza jurídica das parcelas constantes da condenação (sentença) ou do acordo (termo de conciliação). É o que se chama "discriminação das verbas".

O art. 114, VIII, CF fixa a competência da Justiça do Trabalho para executar (cobrar) as contribuições previdenciárias decorrentes de suas decisões. A competência se restringe, portanto, à fase executória, sendo uma típica "competência acessória".

Na justiça laboral, não há espaço para o pedido de condenação do empregador no recolhimento de contribuições previdenciárias, exatamente por conta da sua absoluta incompetência cognitiva – Súmula Vinculante 53, art. 114, VIII, da CF e Súmula 368 do TST.

O termo de conciliação é uma decisão judicial. Logo, o juiz também executará as contribuições previdenciárias oriundas do acordo. Para tanto, terá de "discriminar as verbas", ou seja, atribuir natureza remuneratória ou indenizatória às parcelas constantes do termo, exatamente pelo fato de as contribuições incidirem apenas sobre as verbas remuneratórias.

Na sentença, convenhamos, a discriminação torna-se redundante, inexpressiva, cansativa e, evidentemente, dispensável pois deriva, com singela naturalidade, da própria condenação.

Bem diferente é a discriminação das verbas no termo de conciliação.

A discriminação pode integrar a negociação que precede o acordo?

A discriminação das verbas pode ser negociada entre as partes?

Entendo que sim. Afinal, a prioridade é solucionar o conflito entre reclamante e reclamado, tendo a contribuição previdenciária natureza meramente secundária (acessória).

Inadmissível imaginar a não concretização de um acordo por conta de uma subsidiária discussão acerca da natureza dos títulos. Alguns juízes, entretanto, não admitem a negociação sobre a discriminação, atuando, *data venia*, como se auditores-fiscais fossem.

O escopo maior do magistrado é a busca da pacificação social, finalidade do processo (art. 764 da CLT). Dentro dos limites da lide, ou seja, da pretensão que marca a demanda, não vislumbro limites para a livre discriminação das verbas. Vou mais além. Defendo que a discriminação pode alcançar títulos que não integram o objeto da lide, principalmente quando a intenção das partes é a quitação de todas as verbas/obrigações decorrentes da relação, o que se costuma chamar "quitação do contrato de trabalho" (OJ 132 da SDI-2).

Digamos que o reclamante esteja pedindo a condenação do reclamado no pagamento de horas extras (verba de natureza remuneratória) e de uma indenização por dano moral (verba de natureza indenizatória). O reclamado, em audiência, faz uma proposta considerada irrecusável pelo reclamante, sob uma condição: "a de que o reclamante confesse a não realização de horas extras, e, com isso, que o valor do acordo tenha, em sua totalidade, natureza indenizatória".

Poderia o juiz se imiscuir na negociação a ponto de ignorar a confissão do reclamante e travar o fechamento do acordo?

Poderia o juiz impedir a franca admissão da parte autora de que não laborava em sobrejornada?

Não consigo imaginar, no caso, como "bloquear" o ato conciliatório.

Sempre é bom lembrar (sou chato nisso) que toda e qualquer decisão judicial deve ser fundamentada, sob pena de nulidade – inteligência do art. 93, IX, da CF. Não basta, portanto, que o juiz simplesmente diga que "não homologará o acordo" ou que afirme "não concordar com a discriminação proposta pelas partes". Ele tem por dever de ofício, sombreado pela Lei Maior, de externar fundamentação convincente a respeito do tema. Não é uma faculdade, mas um dever!

Não é uma incongruência encarar a discriminação das verbas, em um termo de conciliação, como ato discricionário do magistrado. Porém, quanto maior a discricionariedade de um ato, mais relevante e inafastável a fundamentação se torna.

Particularmente, defendo que a discriminação seja feita pelas próprias partes (autonomia da vontade). O art. 166 do CPC consagra o princípio da autonomia da vontade como um dos princípios norteadores da conciliação.

O INSS, na qualidade de "terceiro interessado", não pode ser "representado" pelo juiz do trabalho, tampouco a névoa de sua "presença" pode servir de obstáculo à plena realização de um dos mais significantes princípios do processo trabalhista, o da conciliação.

Juiz do trabalho não é um "arrecadador" do INSS, não é um "fiscal" do INSS. Juiz do trabalho é um órgão do Poder Judiciário (art. 111, III, da CF), com autoridade e independência suficientes para decidir, sob a flâmula indeclinável do princípio da livre persuasão racional e na latitude necessária à pacificação e resolução do conflito.

Voltando ao art. 832 da CLT, caso conste verba de natureza indenizatória no termo de conciliação judicial, o juiz intimará a União Federal, abrindo-lhe prazo para recorrer (a União poderá interpor recurso ordinário no prazo de dezesseis dias, ante a incidência do art. 183 do CPC/2015) – inteligência do art. 832, §§ 4º e 5º, da CLT.

Lembro-me bem de uma questão de exame de ordem mais ou menos assim: "Qual o recurso cabível contra termo de conciliação judicial homologado por juiz do trabalho?"

A vivacidade do questionamento está principalmente na palavra "recurso". A pergunta não se refere a "remédio", mas a "recurso". Caso o termo "remédio" fosse utilizado, o candidato responderia, sem titubear, pelo cabimento de ação rescisória, nos termos do art. 831, parágrafo único, da CLT, c/c as Súmulas 100, V, e 259 do TST.

Mas a pergunta foi "qual o recurso cabível".

"O recurso cabível é o recurso ordinário, a ser interposto exclusivamente pela União Federal, caso conste, do termo de conciliação, verba de natureza indenizatória, como reza o art. 832, §§ 3º e 4º, da CLT, merecendo destaque o fato de que as partes não poderão recorrer do termo de conciliação, pois este, depois de homologado pelo juiz do trabalho, transita em julgado, tornando-se irrecorrível para os litigantes, aos quais restará tão somente a opção de ajuizamento de ação rescisória, à luz das previsões contidas no art. 831, parágrafo único, da CLT e nas Súmulas 259 e 100, V, da CF."

Não custa lembrar que o recurso ordinário da União Federal tem de guardar pertinência temática com seu interesse recursal, restrito apenas à discriminação das verbas. Fora isso, a União nada mais pode questionar.

Nos dissídios coletivos de competência do TST, o termo de conciliação judicial ali firmado pode ser objeto de recurso pelas partes, desde que a decisão homologatória não seja unânime (decisão por maioria). O recurso cabível é o de "embargos infringentes" (ou "embargos à SDC"), previsto no art. 894, I, *a*, da CLT, com redação dada pela Lei 11.496/2007.

Voltando aos dissídios individuais, pode acontecer de o juiz do trabalho não discriminar as verbas no termo de conciliação. Não estou no "mundo do dever ser", caro leitor. Estou no mundo do "ser".

Eis o fato: as partes assinaram e o juiz homologou o termo de conciliação, sem qualquer discriminação quanto à natureza das verbas. O termo de conciliação foi omisso.

> Recordo de uma questão de concurso público que dizia mais ou menos o seguinte:
> "O juiz do trabalho homologou termo de conciliação judicial sem definir a natureza das verbas. Cabem embargos de declaração para suprir a omissão?"
>
> Questão de admirável incubação, exigindo o máximo de atenção do candidato!
>
> Eis a resposta: "Não cabem embargos de declaração, porquanto o termo de conciliação judicial transita em julgado, para as partes, no momento de sua homologação, tornando-se, pois, irrecorrível, nos termos do art. 831, parágrafo único, da CLT e Súmulas 100, V, e 259 do TST. Em relação à União Federal, também não cabem embargos de declaração ou recurso ordinário, por falta de interesse recursal, visto que, quando omisso o termo de conciliação, no que concerne à discriminação das verbas, o TST, mediante a OJ 368 da SDI-1 (que apenas traduz previsão contida no § 1º do art. 43 da Lei 8.212/1991), entende que o juiz, no caso, atribuiu natureza remuneratória a todo o valor do acordo, ou seja, a União Federal sequer será intimada da decisão homologatória – inteligência do art. 832, § 3º, da CLT".

Preciosa lição àqueles que advogam para empregadores: ler atentamente o termo de conciliação antes de sua assinatura pelo cliente e posterior homologação judicial. Caso não conste a discriminação das verbas, o advogado orientará ao cliente que não assine o termo, procurando imediatamente o magistrado para que a omissão seja sanada. Do contrário, entender-se-á que a contribuição previdenciária incidirá sobre "todo o valor do acordo". Segue, na íntegra, o teor da OJ 368 da SDI-1 e do § 1º do art. 43 da Lei 8.212/1991 (a OJ foi publicada em 2008, antes da alteração do art. 43 da Lei 8.212/1991, ocorrida um ano depois, mediante a Lei 11.941/2009; o parágrafo único do art. 43 já não mais existe, mas o seu inteiro teor hoje se encontra no § 1º).

> OJ 368 da SDI-1. Descontos previdenciários. Acordo homologado em juízo. Inexistência de vínculo empregatício. Parcelas indenizatórias. Ausência de discriminação. Incidência sobre o valor total. É devida a incidência das contribuições para a Previdência Social sobre o valor total do acordo homologado em juízo, independentemente do reconhecimento de vínculo de emprego, desde que não haja discriminação das parcelas sujeitas à incidência da contribuição previdenciária, conforme parágrafo único do art. 43 da Lei 8.212, de 24.07.1991, e do art. 195, I, *a*, da CF/1988.

> Art. 43, § 1º, da Lei 8.212/1991. Nas sentenças judiciais ou nos acordos homologados em que não figurem, discriminadamente, as parcelas legais relativas às contribuições sociais, estas incidirão sobre o valor total apurado em liquidação de sentença ou sobre o valor do acordo homologado. (Redação dada pela Lei 11.941/2009.)

Insisto em dizer que a "discriminação" das verbas em sentença é um ato maçante e desnecessário, posto que, na decisão, o juiz já se pronuncia sobre todas as parcelas que compõem a condenação, sendo notória a natureza de cada uma delas. Ademais, a execução do crédito previdenciário é matéria de ordem pública, tanto assim que se processa *ex officio*, como determina o art. 114, VIII, da CF.

Se o juiz, no entanto, afastar na sentença a incidência tributária, quer do imposto de renda, quer da contribuição previdenciária, como no caso, por exemplo, da condenação em indenização por dano moral, o *decisum* não comportará dedução fiscal. Nesse sentido, a segunda parte da redação da Súmula 401 do TST.

> Súmula 401 do TST. Ação rescisória. Descontos legais. Fase de execução. Sentença exequenda omissa. Inexistência de ofensa à coisa julgada. Os descontos previdenciários e fiscais devem ser efetuados pelo juízo executório, ainda que a sentença exequenda tenha sido omissa sobre a questão, dado o caráter de ordem pública ostentado pela norma que os disciplina. A ofensa à coisa julgada somente poderá ser caracterizada na hipótese de o título exequendo, expressamente, afastar a dedução dos valores a título de imposto de renda e de contribuição previdenciária.

A execução do crédito previdenciário se restringe às verbas de natureza remuneratória constantes das decisões, inclusive homologatórias de acordos, proferidas pelos órgãos da Justiça do Trabalho, não alcançando contribuições do período clandestino (Súmula Vinculante 53).

A competência previdenciária da Justiça do Trabalho é meramente acessória, limitando-se à fase de execução. O juiz do trabalho não tem competência para condenar o empregador a recolher as contribuições previdenciárias de um contrato de trabalho. O juiz do Trabalho não tem competência para averbar tempo de serviço para fins de aposentadoria. A competência previdenciária da Justiça do Trabalho não incide na fase de conhecimento.

O STF já pacificou o entendimento com a Súmula Vinculante 53. Eis os precedentes:

> Recurso extraordinário. Repercussão geral reconhecida. Competência da Justiça do Trabalho. Alcance do art. 114, VIII, da CF. A competência da Justiça do Trabalho prevista no art. 114, VIII, da CF alcança apenas a execução das contribuições previdenciárias relativas ao objeto da condenação constante das sentenças que proferir (RE 569.056, Rel. Min. Menezes Direito, j. 11/09/2008, Plenário, *DJE* 12/12/2008, com repercussão geral) [no mesmo sentido: AI 760.826-AgR, Rel.

Min. Eros Grau, j. 15/12/2009, 2ª Turma, *DJE* 12/02/2010; AI 757.321-AgR, Rel. Min. Cármen Lúcia, j. 20/10/2009, 1ª Turma, *DJE* 06/08/2010; RE 560.930-AgR, Rel. Min. Marco Aurélio, j. 28/10/2008, 1ª Turma, *DJE* 20/02/2009].

São verbas de natureza remuneratória, para fins de contribuição previdenciária: salário, comissões, gratificações, prêmios habituais, abonos, salário *in natura*, adicionais, diárias para viagem em valor maior do que a metade do salário, gorjetas, gueltas, aviso prévio trabalhado, 13º salário etc.

São verbas de natureza indenizatória: férias indenizadas + um terço (pagas na rescisão contratual), diárias para viagem (desde que limitadas a 50% do salário), ajuda de custo, FGTS, indenização de 40% sobre o FGTS, indenização do art. 479 da CLT, multa do art. 477, § 8º, da CLT, multa do art. 467 da CLT, indenização por dano (moral, material, estético, existencial etc.), ressarcimento com despesas resultantes da transferência de localidade (art. 470 da CLT), indenização substitutiva do seguro-desemprego e do PIS, vale-transporte ou auxílio-transporte, utilidades previstas no § 2º do art. 458 da CLT etc.

O **aviso prévio indenizado**, apesar de ser computado como tempo de serviço, inclusive para fins de baixa do contrato na CTPS (OJ 82 da SDI-1), contagem da prescrição bienal (OJ 83 da SDI-1), recolhimento do FGTS (Súmula 305 do TST) e aquisição da estabilidade gestante (art. 391-A da CLT), **não tem natureza remuneratória para fins de contribuição previdenciária e de cálculo da multa de 40% sobre o FGTS** (vide decisões a seguir e o item II da OJ 42 da SDI-1).

> Recurso de revista. Contribuição previdenciária. Aviso prévio indenizado. O aviso prévio indenizado, como demonstra a própria denominação, tem natureza jurídica indenizatória, pelo que não incide a contribuição previdenciária sobre a parcela. Recurso de revista a que se nega provimento (TST, 6ª Turma, RR 124400-18.2009.5.06.0022, Rel. Kátia Magalhães Arruda, *DJ* 17/08/2012).

O STJ consolidou o mesmo entendimento, excluindo o aviso prévio indenizado da base contributiva previdenciária, sendo relevante citar os precedentes:

> STJ, 1ª T., REsp 1.221.665/PR (2010/0211433-0), Rel. Min. Teori Albino Zavascki, *DJe* 23/02/2011.
>
> STJ, 2ª T., REsp 812.871/SC, Rel. Min. Mauro Campbell Marques, *DJe* 25/10/2010.
>
> STJ, 2ª T., REsp 1.198.964/PR, Rel. Min. Mauro Campbell Marques, *DJe* 04/10/2010.

No item II da OJ 42 da SDI-1, o TST deixa claro que o aviso prévio indenizado não serve de base de cálculo para a multa de 40% sobre o FGTS, apesar de servir de alicerce para a contribuição fundiária (Súmula 305, TST). Olha a importância daquela frase: "Uma coisa é uma coisa, outra coisa é outra coisa".

OJ 42 da SDI-1. FGTS. Multa de 40%.

I – É devida a multa do FGTS sobre os saques corrigidos monetariamente ocorridos na vigência do contrato de trabalho. Art. 18, § 1º, da Lei 8.036/1990 e art. 9º, § 1º, do Decreto 99.684/1990.

II – O cálculo da multa de 40% do FGTS deverá ser feito com base no saldo da conta vinculada na data do efetivo pagamento das verbas rescisórias, desconsiderada a projeção do aviso prévio indenizado, por ausência de previsão legal.

Súmula 305 do TST. Fundo de Garantia do Tempo de Serviço. Incidência sobre o aviso prévio. O pagamento relativo ao período de aviso prévio, trabalhado ou não, está sujeito a contribuição para o FGTS.

O STJ tem apreciado diversas ações sobre contribuição previdenciária sobre verbas trabalhistas. A tendência é afastar a incidência da contribuição previdenciária sobre o salário-maternidade pago pelo INSS (tema ainda pendente de uniformização, diante de cautelar incidental apresentada pela Procuradoria da Fazenda Nacional no REsp 1.230.957/RS – *vide* também REsp 1.322.945/DF).

O STJ também entende que não incide a contribuição previdenciária sobre as férias usufruídas.

O empregador, nas duas situações, deve recolher a contribuição, evitando sanções, para depois ajuizar ação na justiça federal, pleiteando a devolução/compensação dos valores.

Recurso especial. Tributário. Contribuição previdenciária. Salário-maternidade e férias usufruídas. Ausência de efetiva prestação de serviço pelo empregado. Natureza jurídica da verba que não pode ser alterada por preceito normativo. Ausência de caráter retributivo. Ausência de incorporação ao salário do trabalhador. Não incidência de contribuição previdenciária. Parecer do MPF pelo parcial provimento do recurso. Recurso especial provido para afastar a incidência de contribuição previdenciária sobre o salário-maternidade e as férias usufruídas. 1. Conforme iterativa jurisprudência das Cortes Superiores, considera-se ilegítima a incidência de contribuição previdenciária sobre verbas indenizatórias ou que não se incorporem à remuneração do trabalhador. 2. O salário-maternidade é um pagamento realizado no período em que a segurada se encontra afastada do trabalho para a fruição de licença-maternidade, possuindo clara natureza de benefício, a cargo e ônus da Previdência Social (arts. 71 e 72 da Lei 8.213/1991), não se enquadrando, portanto, no conceito de remuneração de que trata o art. 22 da Lei 8.212/1991. 3. Afirmar a legitimidade da cobrança da contribuição previdenciária sobre o salário-maternidade seria um estímulo à combatida prática discriminatória, uma vez que a opção pela contratação de um trabalhador masculino será sobremaneira mais barata do que a de uma trabalhadora mulher. 4. A questão deve ser vista dentro da singularidade do trabalho feminino e da proteção da maternidade e do recém-nascido; assim, no caso, a relevância do benefício, na verdade, deve reforçar ainda mais a necessidade de sua exclusão da base de cálculo da contribuição

> previdenciária, não havendo razoabilidade para a exceção estabelecida no art. 28, § 9º, *a*, da Lei 8.212/1991. 5. O Pretório Excelso, quando do julgamento do AgRg no AI727.958/MG, de relatoria do eminente Ministro Eros Grau, *DJe* 27.02.2009, firmou o entendimento de que o terço constitucional de férias tem natureza indenizatória. O terço constitucional constitui verba acessória à remuneração de férias e também não se questiona que a prestação acessória segue a sorte das respectivas prestações principais. Assim, não se pode entender que seja ilegítima a cobrança de contribuição previdenciária sobre o terço constitucional, de caráter acessório, e legítima sobre a remuneração de férias, prestação principal, pervertendo a regra áurea acima apontada. 6. O preceito normativo não pode transmudar a natureza jurídica de uma verba. Tanto no salário-maternidade quanto nas férias usufruídas, independentemente do título que lhes é conferido legalmente, não há efetiva prestação de serviço pelo trabalhador, razão pela qual não há como entender que o pagamento de tais parcelas possui caráter retributivo. Consequentemente, também não é devida a contribuição previdenciária sobre férias usufruídas. 7. Da mesma forma que só se obtém o direito a um benefício previdenciário mediante a prévia contribuição, a contribuição também só se justifica ante a perspectiva da sua retribuição futura em forma de benefício (ADI-MC 2.010, Rel. Min. Celso de Mello); destarte, não há de incidir a contribuição previdenciária sobre tais verbas. 8. Parecer do MPF pelo parcial provimento do recurso para afastar a incidência de contribuição previdenciária sobre o salário-maternidade. 9. Recurso especial provido para afastar a incidência de contribuição previdenciária sobre o salário-maternidade e as férias usufruídas (STJ, REsp 1322945-DF 2012/0097408-8, relator Ministro Napoleão Nunes Maia Filho, Data de Julgamento: 27/02/2013, S1, Primeira Seção, *DJe* 08/03/2013).

Sobre as férias indenizadas (aquelas pagas na rescisão contratual), a Lei 8.212/1991, no seu art. 28, § 9º, *d*, já prevê a não incidência de contribuição previdenciária.

O STJ entende que não incide contribuição previdenciária sobre os valores pagos pelo empregador ao empregado durante os primeiros quinze dias de afastamento por motivo de doença (prazo mantido pela Lei 13.135/2015) (AgRg no REsp 88.704/BA, Rel. Ministro Herman Benjamin, 2ª Turma, *DJE* 22/05/2012).

10.7. HOMOLOGAÇÃO DE ACORDO EXTRAJUDICIAL

Nos arts. 855-B a 855-E da CLT, encontramos o Processo de Jurisdição Voluntária para Homologação de Acordo Extrajudicial. Voluntária pelo fato de não existir lide ou, em outras palavras, pelo fato de o conflito de interesses já ter sido solucionado sem a necessidade de acionar o Poder Judiciário.

Interessante observar que não se aplica o *jus postulandi* à ação de homologação de acordo extrajudicial. O legislador está de parabéns, mas bem que poderia ter acabado de vez com essa anomalia para toda e qualquer ação ou meio de impugnação, ou, pelo menos, restringido a sua aplicação a causas de pequeno valor, como acontece na justiça comum.

O *caput* do art. 855-B da CLT dispõe que é obrigatória a representação das partes por advogado, que pode ser o do sindicado de sua categoria (§ 2º). No entanto, as partes não poderão ser representadas por advogado comum (§ 1º).

A necessidade do patrono imprime maior segurança ao ato processual, cuja petição deve ser assinada pelas partes e por seus advogados e escaneada no PJE. As procurações devem acompanhar a petição, já que não se trata de "ato urgente" (art. 104 do CPC).

Apenas para reforçar, em face da vedação expressa do § 1º do art. 855-B da CLT, as partes não podem ser representadas pelo mesmo advogado ou escritório de advocacia. O profissional deve ficar atento à proibição, preservando-se contra denúncias que podem chegar à OAB.

A ação de homologação de acordo extrajudicial não tem o condão de alijar a incidência das multas previstas na CLT, tampouco de afastar os prazos ali previstos, principalmente aquele pertinente ao pagamento das verbas rescisórias, que é de dez dias - art. 855-C da CLT.

Ajuizada a ação, o juiz poderá homologar o acordo, sem a necessidade da presença das partes e dos advogados, no prazo de quinze dias - art. 855-D da CLT. Trata-se de ato meramente discricionário do magistrado. A decisão de homologação transita em julgado imediatamente (item V da Súmula 100 do TST), sendo, portanto, irrecorrível para as partes (parágrafo único do art. 831 da CLT). Existindo verba de natureza indenizatória na decisão, o juiz intimará a União, que poderá interpor recurso ordinário, à luz dos §§ 4º e 5º do art. 832 da CLT.

Caso o juiz entenda necessário, poderá designar audiência, intimando as partes e os advogados (caso os advogados possuam, nas respectivas procurações, poderes especiais para transigir, renunciar, dar quitação etc. pode o juiz restringir a intimação a eles). Trata-se de mera faculdade do juiz, cuja fundamentação é legal - parte final do art. 855-D da CLT. Realizada a audiência, caso o juiz decida acolher a ação, não proferirá sentença, mas uma mera decisão homologatória de acordo, com trânsito em julgado imediato para as partes e que terá natureza de título executivo judicial. Importante destacar que, durante a audiência, as bases do acordo poderão ser alteradas, com a participação direta do juiz.

O juiz não pode alterar as bases do acordo unilateralmente.

Nos termos da Súmula 418 do TST, sombreada pelo princípio da livre persuasão racional, o juiz não é obrigado a homologar qualquer acordo ou ação de homologação extrajudicial, podendo, portanto, se recusar a chancelar o ato, lançando, necessariamente, a fundamentação (seu convencimento) na decisão de indeferimento (inciso IX do art. 93 da CF e art. 11 do CPC).

Se o juiz indeferir o pedido de homologação, estará proferindo uma sentença de improcedência, decisão esta que desafia recurso ordinário, no prazo de oito dias, à luz do inciso I do art. 895 da CLT. O TRT, apreciando o recurso, poderá homologar o acordo.

Convencendo-se o juiz de que as partes se serviram do processo para praticar ato simulado ou conseguir fim vedado por lei, proferirá sentença terminativa, extinguindo o processo sem resolução meritória, aplicando, de ofício, as penalidades da litigância de má-fé, nos termos do art. 142 do CPC. Também caberá recurso ordinário contra esse tipo de sentença.

O art. 855-E da CLT decreta a suspensão prescricional, a partir do protocolo da petição, quanto ao objeto da ação, cujo prazo voltará a fluir, de onde parou, a partir do dia útil seguinte ao do trânsito em julgado da decisão que negou a homologação do acordo.

A ação de homologação de acordo extrajudicial poderá ser ajuizada na vigência do contrato, visando a sua rescisão ou não. Isso mesmo. Nada impede que as partes, ainda na constância da relação de emprego, busquem na Justiça do Trabalho a homologação de um acordo, para dar quitação a algumas ou a todas as verbas decorrentes daquele pacto, escolhendo se a relação continuará ou findará a partir da homologação.

A ação também poderá ser ajuizada depois da ruptura contratual, com a quitação restrita às verbas especificadas na petição, ou com quitação geral (quitação do contrato de trabalho).

Todos os termos do acordo extrajudicial deverão constar da petição, tais como a forma de pagamento (parcela única ou parcelas sucessivas), o meio de pagamento (depósito judicial; depósito em conta bancária etc.), as obrigações de fazer ou de não fazer, a multa em caso de descumprimento (que pode ser proporcional ao tempo de atraso), os efeitos para o caso de mora de uma parcela (se as demais já vencerão antecipadamente), entre outros pontos. Os advogados das partes poderão usar todo o arsenal de criatividade.

Honorários advocatícios poderão ser acordados e compor a petição, com todos os detalhes cabíveis.

Já disse, mas vou repetir. **O juiz do trabalho não pode alterar unilateralmente os termos e os detalhes do acordo esculpidos na petição**. Caso o magistrado não concorde com um ou alguns pontos, designará audiência, intimando os advogados, exatamente para discuti-los.

QUESTÕES COMENTADAS SOBRE CONCILIAÇÃO

1. **(FGV – VI Exame de Ordem). Numa reclamação trabalhista, o autor teve reconhecido o direito ao pagamento de horas extras, sem qualquer reflexo. Após liquidado o julgado, foi homologado o valor de R$ 15.000,00, iniciando-se a execução. Em seguida, as partes comparecem em juízo pleiteando a homologação de acordo no valor de R$ 10.000,00.**

Com base no narrado acima, é correto afirmar que

(A) o juiz não pode homologar o acordo porque isso significaria violação à coisa julgada.

(B) é possível a homologação do acordo, mas o INSS será recolhido sobre R$ 15.000,00.

(C) a homologação do acordo, no caso, dependeria da concordância do órgão previdenciário, pois inferior ao valor homologado.

(D) é possível a homologação do acordo, e o INSS será recolhido sobre R$ 10.000,00.

Comentário: A letra "D" está correta, pois a homologação de um acordo judicial pode ocorrer a qualquer tempo e em qualquer jurisdição, mesmo que já tenha sido proferida sentença e iniciada a execução (art. 764 da CLT). Feito o acordo, a contribuição previdenciária (acessório) será reduzida proporcionalmente ao novo valor do título (principal), como prevê a OJ 376 da SDI-1 e o § 1º do art. 43 da Lei 8.212/1991 (o § 6º do art. 832 da CLT foi revogado tacitamente pela Lei 11.941/2009).

Resposta: D

2. **(FGV – XII Exame de Ordem). Pedro realizou um acordo em reclamação trabalhista que moveu contra o seu ex-empregador, conferindo quitação quanto ao extinto contrato de trabalho e, em contrapartida, recebeu, no ato da homologação judicial, a quantia de R$ 2.500,00 em espécie. Dez dias após, Pedro arrependeu-se de ter aceitado a transação, entendendo que a quantia recebida seria inferior à que faria jus. Considerando as circunstâncias do caso e de acordo com o entendimento legal e jurisprudencial, assinale a afirmativa correta.**

(A) Pedro poderá ajuizar ação rescisória, no prazo de dois anos, cujo prazo se inicia oito dias após a homologação do acordo.

(B) Pedro poderá ajuizar ação anulatória, buscando o desfazimento do ato jurídico.

(C) Pedro nada poderá fazer, pois houve trânsito em julgado, impedindo recursos, além do que o motivo apresentado não autoriza ação rescisória.

(D) Pedro poderá ajuizar nova ação, postulando outros direitos que não aqueles postulados na ação que redundou no acordo, permitindo a dedução dos R$ 2.500,00 recebidos.

Comentário: Contra termo de conciliação judicial cabe ação rescisória, nos termos da Súmula 259 TST, cujo prazo decadencial de dois anos inicia-se do dia seguinte ao da homologação do termo (dia seguinte ao trânsito em julgado do termo de conciliação – o trânsito em julgado ocorre com a homologação) – *vide* parágrafo único do art. 831 CLT e Súmula 100, I e V, TST. O detalhe fulmina a letra "A". A letra "B" também está errada, não cabendo ação anulatória, pois, uma vez homologado o termo de acordo, nasce uma coisa julgada. De outra banda, só quem pode recorrer de termo de conciliação judicial é a União Federal, para discutir matéria previdenciária pertinente à discriminação das verbas, desde que haja título de natureza indenizatória no termo de acordo (parágrafo único do art. 831, e §§ 4º e 5º do art. 832 da CLT). Caso o obreiro ajuíze nova reclamação trabalhista, o juiz proferirá decisão sem resolução meritória, pois ocorreu a "quitação do contrato de trabalho" - *vide* OJ 132 SDI-2 e art. 485, V, do CPC. A letra "D" está errada. A letra "C" é a alternativa correta, pois o "arrependimento", de fato, não justifica o corte rescisório (*vide* o rol do art. 966 do CPC).

Resposta: C

3. (FGV – XIII Exame de Ordem). Paulo ajuizou ação em face de sua ex-empregadora, a empresa Peças ABC Ltda. Na audiência, o juiz propôs a conciliação, que foi aceita pelas partes, nada tendo sido discutido sobre custas. Sobre o caso, assinale a opção que indica a hipótese correta para a fixação das custas.

(A) O valor das custas ficará sempre a cargo da empresa, razão pela qual não haverá dispensa das mesmas, pois não há gratuidade de justiça para pessoa jurídica.

(B) O valor das custas, não tendo sido convencionado pelas partes, caberá em partes iguais ao autor e à ré, podendo o autor ser dispensado de sua parte pelo juiz.

(C) O valor das custas ficará a cargo do autor, pois este está recebendo o valor acordado.

(D) Tendo em vista o acordo, não há que se falar em custas.

Comentário: A questão versa sobre um termo de conciliação judicial, homologado pelo juiz do trabalho, "omisso" quanto à responsabilidade pelo recolhimento (pagamento) das custas. As custas, no processo trabalhista, estão previstas nos arts. 789 a 790-A da CLT. No caso de acordo, as custas, calculadas à razão de 2% sobre o valor do acordo, serão de responsabilidade da parte indicada como tal no termo de conciliação. Se não houver indicação, serão rateadas em partes iguais pelos litigantes – *vide* art. 789, I e § 3º, CLT. A letra "B" está correta, mas sempre é bom destacar que a "dispensa" do recolhimento das custas, mediante a concessão dos benefícios da justiça gratuita, não é um privilégio do trabalhador, já que os §§ 3º e 4º do art. 790 da CLT não fazem qualquer restrição nesse sentido (*Ubi lex non distinguit nec nos distinguere debemus*: "Onde a lei não distingue, não pode o intérprete distinguir").

Resposta: B

4. (FGV – XIX Exame de Ordem). Na fase de execução de uma reclamação trabalhista, as partes se apresentaram ao juiz da causa postulando a homologação de acordo que envolveria 80% do valor que estava sendo executado.

Diante dessa situação, de acordo com a CLT e o entendimento consolidado do TST, assinale a afirmativa correta.

(A) O juiz não pode homologar o acordo porque estará violando a coisa julgada, pois o pagamento estará sendo feito em valor inferior àquele determinado pela Justiça.

(B) O juiz tem a obrigação de homologar o acordo, se essa é a legítima vontade das partes, sem vícios ou dúvidas.

(C) O acordo, uma vez homologado, faz coisa julgada material para todos, sem exceção, somente podendo ser desconstituído por ação anulatória.

(D) É possível a homologação do acordo, que pode ser realizado a qualquer momento, mas ficará a critério do juiz fazê-lo à luz do caso concreto.

Comentário: O juiz poderá, sim, homologar o acordo, pois a conciliação é atemporal, sendo possível em qualquer instância e em qualquer estágio do processo (art. 764 da CLT). Na execução, a conciliação pode ser feita em valor abaixo da quantia da dívida, pois não há lei que proíba a redução (art. 5º, II, da CF). O juiz do trabalho, nos termos da Súmula 418 do TST, não é obrigado a homologar o acordo, incidindo, no caso, o princípio da livre persuasão racional do magistrado, mas deve sempre fundamentar as suas decisões. O remédio cabível contra termo de conciliação judicial homologado por juiz do trabalho é a ação rescisória (Súmulas 259 e 100 do TST). A letra "D" é a correta.

Resposta: D

11

DEFESA

O reclamado dispõe de 20 minutos para ofertar oralmente a sua defesa durante a audiência, depois de frustrada a tentativa de conciliação (*caput* do art. 847 da CLT). Não havia previsão na CLT sobre outra forma de apresentação da defesa, mas, na prática, esta já vinha sendo ofertada por escrito, prestigiando a celeridade. A defesa, tecnicamente, é composta da contestação e da exceção de incompetência territorial, sendo certo que a reconvenção, que tem natureza de ação (ação reconvencional), continua viva, mas deixou de ser uma peça apartada, passando a corporificar a própria contestação.

A Reforma Trabalhista, corporificada na Lei 13.467/2017, atualizou a legislação, inserindo o parágrafo único ao art. 847 da CLT, "permitindo" ao reclamado a apresentação de defesa escrita pelo sistema de processo judicial eletrônico (PJE) até a audiência, rotina que já era comum no dia a dia da Justiça do Trabalho.

A juntada de defesa escrita, contudo, nada mais é do que uma faculdade do advogado do réu, pois o *caput* do art. 847 da CLT não foi alterado, permanecendo intacto, por conseguinte, o direito de o advogado do demandado ofertar defesa na própria audiência, inclusive oralmente.

Pode parecer que nada mudou com a Reforma Trabalhista e que o legislador apenas regulamentou aquilo que já ocorria na prática. Ledo engano.

Antes da Reforma, a instalação da *litiscontestatio* e, consequentemente, a estabilização do processo, ocorria necessariamente na audiência, depois da tentativa de conciliação, mesmo que a defesa já tivesse sido juntada aos autos, com ou sem sigilo. Isso mudou. A partir de 11/11/2017, **o advogado do reclamado pode instalar a *litiscontestatio* antes da audiência**, estabilizando o processo e, com isso, impedindo a desistência, total ou parcial, da ação pelo reclamante, de forma unilateral (§ 3º do art. 841 da CLT) e o aditamento da petição inicial. Para tanto, **basta juntar a contestação antes da audiência, sem sigilo**.

O reclamado, por conseguinte, tem agora três opções:

1. Apresentar contestação **sem sigilo** antes da audiência, mediante a sua juntada aos autos do PJE, instalando a *litiscontestatio* e estancando, a partir daí, a possibilidade de aditamento da petição inicial, e condicionando a desistência, total ou parcial, da ação à sua concordância (§ 3º do art. 841 da CLT).
2. Apresentar contestação **em sigilo** antes da audiência, mediante a sua juntada aos autos do PJE, ato que não instalará a *litiscontestatio* e não estabilizará o processo, pois o sigilo da peça revela a intenção de o réu só exalar o seu conteúdo na própria audiência, tornando possível o aditamento da inicial e/ou a desistência unilateral da ação logo depois de findada a tentativa de acordo, **salvo se o advogado do reclamado solicitar ao juiz, antes da audiência, a retirada do sigilo** (*caput* do art. 847 da CLT c/c o § 4º do art. 27 da Resolução 185/2013 do CNJ).
3. Apresentar contestação **na audiência**, oralmente, por escrito ou por meio digital, tornando possível ao reclamante aditar a inicial e/ou desistir unilateralmente da ação logo depois da tentativa de conciliação (*caput* do art. 847 da CLT).

A estabilização do processo, entretanto, também atingirá o reclamado. Vamos explicar. Caso a contestação seja apresentada no PJE antes da audiência e sem sigilo, operar-se-á a preclusão consumativa do ato contestatório, ou seja, o réu não mais poderá aditar ou complementar a contestação, como prevê o art. 342 do CPC, salvo no caso de fato novo ou matéria de ordem pública.

Sabemos que o CPC unificou toda a antiga "resposta" do réu na **contestação** – arts. 65, 337, I, e 343, soterrando, como peças autônomas, a exceção de incompetência territorial e a reconvenção. No processo do trabalho, a reconvenção, por não estar prevista na legislação processual trabalhista, seguiu o caminho traçado pelo CPC, passando a corporificar a contestação, perdendo, com isso, a qualidade de peça autônoma. A Exceção de Incompetência Territorial, entretanto, continua viva, como peça específica (apartada; autônoma), no nosso processo, ratificada, inclusive, pela nova redação do art. 800 da CLT, dada pela Lei 13.467/2017. Sendo assim, não há que se pensar na aplicação da parte final do inciso II do art. 337 do CPC ao processo laboral.

No processo do trabalho, portanto, temos duas peças de defesa. A contestação ("pura" ou "com reconvenção") e a exceção de incompetência territorial.

Normas internas, prevendo que a defesa deve ser juntada no PJE até 24 horas antes do início da audiência, são inconstitucionais, pois os tribunais não podem revogar legislação processual trabalhista, nem modificar procedimentos previstos expressamente em lei (arts. 22 e 96, I, "a", da CF). Nesse sentido, inclusive, o § 3º do art. 22 da Resolução 185/2013 do CNJ, amparada pelo art. 196 do CPC.

A concessão, a requerimento do reclamado ou do seu advogado, do prazo para apresentação de defesa oral gera preclusão consumativa para a apresentação da defesa escrita. Digamos que o reclamado, tal como no exemplo anterior, diante da ausência do seu advogado, requeira a oportunidade para apresentar defesa oral. Concedido o prazo de 20 minutos, se porventura aparecer no sistema uma contestação escrita, enviada pela internet, ela deverá ser desentranhada, pois ninguém é capaz de garantir que o seu conteúdo comportaria o prazo máximo para a defesa oral. Ademais, a preclusão, quanto à contestação escrita, já se operou. O mesmo acontecerá se o advogado do reclamado entrar na sala de audiências no decorrer do prazo da defesa oral. Poderá o profissional, a partir dali, tomar a palavra para ofertar ou continuar a contestação verbal, não sendo admitida, entretanto, a juntada de defesa escrita.

Para finalizar esta introdução, faço questão de reforçar que a juntada de defesa escrita e sem sigilo, nos autos do PJE, antes da audiência, como prevê o parágrafo único do art. 847 da CLT, atrairá a preclusão consumativa sobre o ato contestatório, nos termos do art. 342 do CPC, impedindo o advogado do réu de complementar a defesa, inclusive em audiência, só podendo aditar a contestação no caso de: I – direito ou fato superveniente; II – matéria de ordem pública (aquela que o juiz deve apreciar de ofício); III – matéria que, por expressa autorização legal, puder ser formulada em qualquer tempo e grau de jurisdição.

A preclusão consumativa atingirá a contestação no seu todo, incluindo a reconvenção. Podemos dizer que a preclusão consumativa gerada pela oferta de contestação sem reconvenção (sem sigilo), deságua na preclusão temporal da ação reconvencional, ou seja, na perda da oportunidade de praticar um ato processual (reconvir), já que este deveria corporificar a contestação (art. 334 do CPC). Caso o reclamado junte reconvenção depois de apresentada, sem sigilo, a contestação, aquela será excluída dos autos, de ofício ou a requerimento do advogado do reclamante.

11.1. CONTESTAÇÃO

Compete ao reclamado, na contestação, impugnar, rechaçar, enfrentar todos os fatos descritos pelo reclamante em sua petição inicial. Eis a verdadeira missão do advogado de defesa. Não adianta "colorir" a contestação com preliminares infindáveis, até mesmo porque as questões preliminares são de ordem pública (salvo a convenção de arbitragem – § 5º do art. 337 do CPC). O que importa é o **enfrentamento fático**, pois ele **precluirá se não for realizado na contestação**. O profissional da advocacia tem que ter em mente que "fato não contestado é fato incontroverso"; "fato não contestado é fato admitido como verdadeiro"; "fato não contestado é fato **confessado**". Isso está no art. 341 do CPC. Consumada a "apresentação da contestação", a sombra da preclusão passa a cobrir o réu. O art. 342 do CPC decreta que "depois da contestação" só é possível ao reclamado deduzir novas alegações quando "*relativas a direito ou a fato superveniente*" (vide também o art. 493 do CPC e a Súmula 394 do TST), quando "*competir ao juiz conhecê-las de ofício*" (matérias de ordem pública), ou quando, "*por expressa previsão legal, puderem ser formuladas em qualquer tempo e grau de jurisdição*".

Não custa lembrar que a defesa no processo do trabalho pode ser ofertada após a frustração da tentativa de conciliação, inclusive oralmente, nos termos do *caput* do art. 847 da CLT.

Com a Reforma Trabalhista, a partir de 11/11/2017 (início da vigência da Lei 13.467/2017), se a contestação for apresentada **sem sigilo**, antes da audiência, o processo, a partir da sua juntada, estará estabilizado, não podendo mais o reclamado complementar ou aditar a sua peça contestatória, salvo nos casos previstos nos incisos do art. 342 do CPC.

Presumir-se-á verdadeiro o fato não "contestado" pelo reclamado. A lacuna contestatória corresponde à confissão ficta, tornando incontroverso o fato – argúcia do art. 374 do CPC.

11.1.1. Das questões preliminares

As questões preliminares, como a própria denominação demonstra, são matérias que, por respeito à lógica, devem ser arguidas/enfrentadas antes das demais. A incompetência absoluta da Justiça do Trabalho é um exemplo clássico, assim como a ilegitimidade da parte. Elas representam algum "defeito" na ação ou no processo, ou seja, não estão inseridas no mérito. São consideradas matérias de ordem pública, devendo ser enfrentadas, de ofício ou a requerimento do réu, pelo órgão julgador, mesmo depois da apresentação da contestação, como prevê o § 5º do art. 337 do CPC. Temos, porém, duas ressalvas, à luz do § 5º ora citado: a incompetência territorial e a convenção de arbitragem. Essas duas objeções não podem ser analisadas de ofício, logo, se não arguidas no prazo de defesa, precluirá o direito de o réu discuti-las.

As questões preliminares, também chamadas de objeções, podem ser encontradas no art. 337 do CPC, valendo ressaltar que a incompetência territorial, no processo trabalhista, não integra o rol de preliminares da contestação, devendo ser arguida em peça própria (art. 800 da CLT).

11.1.1.1. Inexistência ou nulidade da citação

No processo trabalhista, o reclamado é citado para comparecer à audiência e, ali, apresentar a sua "defesa". Com a Reforma Trabalhista (Lei 13.467/2017), vimos que a apresentação da contestação, antes da audiência, mediante a sua juntada pelo PJE, sem sigilo, instalará a imediatamente a *litiscontestatio*, estabilizando o processo (§ 3º do art. 841 da CLT).

Entre a citação e a audiência, desde que o reclamado ainda não tenha juntado **sem sigilo** a contestação, o prazo mínimo de cinco dias deve ser respeitado, à luz do art. 841 da CLT. Significa que, para a elaboração de sua defesa, o reclamado tem direito a, no mínimo, cinco dias.

Digamos que o reclamado foi citado numa sexta-feira (12/09) para comparecer a uma audiência na sexta-feira seguinte (19/09). O início do prazo ocorreu na sexta (12/09), mas o início da contagem só se deu na segunda-feira (15/09) - arts. 774 e 775 da CLT c/c a Súmula 1 do TST. A audiência, no caso, não poderá ser realizada na sexta-feira (19/09), já que ela corresponde exatamente ao quinto dia. O juiz do trabalho deve respeitar o prazo mínimo de cinco dias, ou seja, **a audiência só pode ser realizada do sexto dia em diante**. Nesse caso, a audiência deve ser adiada e, consequentemente, o prazo de defesa será devolvido ao reclamado.

O art. 219 do CPC inovou na contagem dos prazos processuais, consagrando a sua incidência apenas nos dias úteis. O TST, à época, posicionou-se sobre o tema, decretando que o referido artigo do Novo CPC não se aplicava ao processo trabalhista (art. 2º, III, da IN 39/2016 do TST). A posição do TST foi consumida pela Lei 13.467/2017, que alterou o art. 775 da CLT, **passando a consagrar, para o processo trabalhista, a mesma regra do CPC, pertinente à contagem dos prazos processuais apenas em dias úteis.**

O art. 183 do CPC acabou com o prazo em quádruplo para a apresentação de defesa pelas pessoas jurídicas de direito público, uniformizando, para estas, "o prazo em dobro" para a prática de todos os atos processuais (defesa, recurso etc.). O TST, na IN 39/2016, silenciou sobre a aplicabilidade da inovação ao processo trabalhista. Entendo que não há lacuna para o fim do prazo em quádruplo para a defesa da Fazenda Pública e dos Correios (art. 12 do Decreto-lei 509/1969), por força da previsão contida no art. 1º, II, do Decreto-lei 779/1969, norma processual trabalhista específica, que impede a aplicação do art. 183 do CPC, como prevê o art. 769 da CLT. Sendo assim, tratando-se de processo cujo reclamado seja uma pessoa jurídica de direito público ou os Correios, o juiz deverá respeitar o prazo mínimo de 20 dias entre a citação e a realização da audiência, salvo se a contestação já tiver sido juntada pelo PJE sem sigilo.

11.1.1.2. Incompetência absoluta

A Justiça do Trabalho é competente para processar e julgar as ações decorrentes das relações de trabalho - art. 114, I, da CF. Mas há situações especiais que, por representarem casos de incompetência absoluta, merecem atenção redobrada.

A competência da Justiça do Trabalho não alcança os servidores públicos que mantêm relação estatutária com os órgãos públicos – liminar do STF na ADI 3.395.

A Justiça do Trabalho também não tem competência para processar e julgar ação decorrente da relação mantida entre profissional liberal e cliente. O STJ entende que esse tipo de relação é de consumo, logo, de competência da justiça estadual – Súmula 363 do STJ.

A referida súmula é fruto do julgamento pelo STJ de inúmeros conflitos de competência envolvendo juízes do trabalho e juízes de direito. Importante ressaltar que a incompetência da justiça obreira se restringe à relação mantida pelo profissional liberal diretamente com o cliente (destinatário final da prestação de serviços = consumidor).

Digamos que um cliente não tenha quitado os honorários advocatícios acordados com seu advogado. Caso deseje cobrar judicialmente a dívida, o advogado terá de fazê-lo na justiça estadual.

Diferente será a situação de um empregado que tenha procurado um escritório de advocacia, contratando-o para determinada causa. Os sócios do escritório, diante da complexidade da matéria, contrataram um advogado especialista (autônomo). A relação entre o cliente e o escritório é uma relação de consumo (competência da justiça estadual). A relação mantida entre o advogado autônomo e o escritório é uma típica relação de trabalho (prestação de serviços – *locatio operarum*), de competência da Justiça do Trabalho (art. 114, I, da CF).

O art. 114, VII, da CF dispõe que a Justiça do Trabalho é competente para processar e julgar as ações decorrentes das penalidades administrativas aplicadas pela fiscalização trabalhista. Estou falando das ações decorrentes das multas aplicadas pelos auditores-fiscais do trabalho. Entendam: aplicada a multa, qualquer ação oriunda do fato, seja de conhecimento, seja de execução, será processada na Justiça do Trabalho (ação anulatória, mandado de segurança, ação de execução fiscal com base em certidão de dívida ativa etc.). A Justiça do Trabalho, entretanto, não tem competência para aplicar as multas administrativas previstas em lei, inclusive aquelas esculpidas na CLT.

O art. 114, VIII, da CF reza que compete à Justiça do Trabalho executar, de ofício, as contribuições previdenciárias decorrentes de suas decisões. Observem que a competência se restringe à fase de execução. A Justiça do Trabalho, portanto, não tem competência para processar e julgar ação de cobrança de recolhimentos previdenciários (Súmula Vinculante 53).

A competência previdenciária da justiça laboral é uma competência meramente acessória.

Digamos que o empregado descobriu que seu empregador não vem recolhendo as contribuições previdenciárias. Caso ajuíze reclamação trabalhista, pleiteando a condenação do reclamado nos referidos recolhimentos, o juiz, de ofício ou mediante preliminar de contestação, decretará a incompetência absoluta, citando o art. 114, VIII, da CF, a Súmula 368 do TST e a Súmula Vinculante 53.

Diferente é o caso de o empregado ajuizar reclamação pleiteando, por exemplo, diferenças salariais por desvio de função (verba de natureza remuneratória). Se o reclamado for condenado a pagar o título, o juiz do trabalho, além de executar as diferenças salariais, cobrará também "o crédito previdenciário decorrente daquela condenação". Mas se o pedido fosse de indenização por dano moral, por exemplo, caso o juiz condenasse a empresa, nenhuma contribuição previdenciária seria cobrada, pois o título condenatório não é fato gerador da referida contribuição (ela incide apenas sobre verbas de natureza remuneratória).

O item II da Súmula 368 do TST prevê que o imposto de renda e as contribuições previdenciárias devem ser recolhidos pelo empregador, mas que ambas as partes arcarão cada qual com seu quinhão. Destarte, depois da comprovação do recolhimento pelo empregador, o juiz, mediante a retenção sobre o crédito devido ao obreiro, devolverá ao empregador os valores do imposto e das contribuições previdenciárias devidas pelo obreiro.

Por fim, sempre é bom relembrar que a Justiça do Trabalho não tem competência para averbar tempo de serviço para fins de aposentadoria (OJ 57 da SDI-2).

A Justiça do Trabalho não tem competência criminal. O STF já pacificou o tema. Caso o reclamante requeira a condenação criminal do reclamado (crimes contra a organização do trabalho, por exemplo), o advogado deve suscitar a preliminar de incompetência absoluta.

> Competência criminal. Justiça do Trabalho. Ações penais. Processo e julgamento. Jurisdição penal genérica. Inexistência. Interpretação conforme dada ao art. 114, I, IV e IX, da CF, acrescidos pela EC 45/2004. Ação direta de inconstitucionalidade. Liminar deferida com efeito *ex tunc*. O disposto no art. 114, I, IV e IX, da CF, acrescidos pela EC 45, não atribui à Justiça do Trabalho competência para processar e julgar ações penais (ADI 3.684-MC, Rel. Min. Cezar Peluso, j. 1º/02/2007, Plenário, *DJ* 03/08/2007).

Estudamos que a Justiça do Trabalho, quanto ao contrato de empreitada, tem sua competência condicionada à pessoa do empreiteiro. Sendo o empreiteiro um operário ou artífice, a competência será da Justiça do Trabalho – art. 652, *a*, III, da CLT. Na relação de representação comercial deve ser aplicada a mesma regra pertinente ao contrato de empreitada, ou seja, prevalecerá a competência em razão da pessoa. Após a promulgação da EC 45, entrou em pauta no Congresso Nacional o Projeto de Lei 6.542/2006, regulamentando a competência da Justiça do Trabalho. À luz desse projeto de lei, a Justiça do Trabalho é competente para processar e julgar as ações de cobrança de crédito resultante de comissões de representante comercial ou de contrato de agenciamento e distribuição, quando o representante, agente ou distribuidor for pessoa física. Caso o representante comercial não seja pessoa física, a competência continuará sendo da justiça estadual, nos termos do art. 39 da Lei 4.886/1965.

O STF, no dia 20/02/2013, julgando os Recursos Extraordinários 586.453 e 583.050, decidiu que a Justiça do Trabalho é incompetente para processar e julgar as ações decorrentes de planos de previdência complementar privada, pois a relação entre o fundo fechado de previdência complementar e o beneficiário não tem natureza trabalhista. O Plenário do STF também decidiu modular o efeito da decisão, nos termos do art. 27 da Lei 9.868/1999: a) permanecerão na Justiça do Trabalho os processos que já tiveram sentença de mérito proferida até 20/02/2013; b) os demais processos que tramitam na justiça trabalhista deverão ser remetidos à justiça comum.

11.1.1.3. Inépcia

Inépcia significa "falta de aptidão", "absurdo", "inabilidade", "incapacidade" etc. Petição inicial inepta é petição que não se encontra apta a ser analisada, defeituosa, cujo conteúdo conduz ao absurdo.

A inépcia é fato gerador do indeferimento da petição inicial (arts. 330 e 331 do CPC). Nos termos do art. 330 do CPC, a petição inicial será indeferida quando:

- for inepta;
- a parte for manifestamente ilegítima;
- o autor carecer de interesse processual;
- não forem atendidas as prescrições do art. 106 (advogado postulando em causa própria);
- o autor, no prazo de quinze dias concedido pelo juiz, não preencher os requisitos exigidos por lei ou não sanar os defeitos e irregularidades presentes na petição inicial.

O CPC, no art. 321, prevê que, ao verificar que a petição inicial não preenche os requisitos exigidos nos arts. 319 e 320, ou que apresenta defeitos e irregularidades capazes de dificultar o julgamento de mérito, o juiz determinará que o autor a emende ou a complete, no prazo de quinze dias, indicando com precisão o que deve ser corrigido ou completado. Caso o reclamante não cumpra a diligência, o juiz **indeferirá a petição inicial**, extinguindo o processo sem resolução meritória (art. 485, I, do CPC). Essa previsão deve ser observada também pelo juiz do trabalho, como dispõe a Súmula 263 do TST, salvo nos casos previstos no § 1º do art. 330 do CPC, abaixo esculpido.

Quando se fala em inépcia, o art. 330, § 1º, do CPC surge como a base jurídica mais importante.

Atenção:

Nos termos do § 1º do art. 330 do CPC, considera-se inepta a petição inicial:

- sem pedido;
- sem causa de pedir;
- quando o pedido for indeterminado, ressalvadas as hipóteses legais em que se permite o pedido genérico;
- quando da narração dos fatos não decorrer logicamente a conclusão;
- quando contiver pedidos incompatíveis entre si.

Indeferida a petição inicial, o autor poderá interpor, no prazo de oito dias, recurso ordinário, podendo o juiz se retratar em cinco dias – art. 331 do CPC e art. 895, I, da CLT (o juízo de retratação se aplica ao processo trabalhista, como preveem o § 7º do art. 485 do CPC e o art. 3º, VIII, da IN 39/2016).

Não havendo retratação, o juiz intimará o réu para ofertar contrarrazões, no prazo de oito dias (§ 1º do art. 331 do CPC e art. 900 da CLT).

Sendo anulada a sentença pelo TRT, os autos retornarão à primeira instância, para inclusão em pauta. Marcada a audiência, o autor será intimado e o reclamado será citado.

11.1.1.4. Perempção trabalhista

No processo do trabalho não se aplica a perempção prevista no Código de Processo Civil. Neste, o fato de o autor deixar de promover atos e diligências que deveria ter realizado, abandonando a causa por mais de trinta dias, gera a extinção do processo sem resolução do mérito, conforme previsto no art. 485, III, do CPC. Isso não impede, entretanto, que o autor ajuíze ação idêntica à anterior. Caso a inércia do autor se repita por três vezes, ou seja, por três vezes o processo foi extinto sem resolução do mérito, devido ao abandono da causa por mais de trinta dias, incidirá a perempção, impedindo a propositura de uma quarta ação idêntica contra o réu – argúcia do § 3º do art. 486 do CPC. Nada disso se aplica ao processo trabalhista.

No processo trabalhista, há duas situações que, uma vez ocorrendo, impedirão o reclamante de ajuizar reclamação trabalhista idêntica, contra o mesmo reclamado, por **seis meses** (daí o epíteto "perempção temporária").

A proibição não é definitiva, e, por conseguinte, não se confunde com a perempção do processo civil.

Trata-se, na verdade, de um "castigo temporário", aplicado contra reclamante relapso. A duração do "castigo" terminou levando uma parcela considerável da doutrina a denominar o fato "perempção temporária". Muitos também a chamam de "perempção trabalhista".

Eis os dois casos de perempção trabalhista:

a) Arquivamento de duas reclamações consecutivas, pelo não comparecimento do reclamante à audiência – art. 732 c/c o art. 844 da CLT. Observem que o "arquivamento" tem de atingir "duas reclamações consecutivas" e ter o mesmo fato gerador: "não comparecimento do reclamante à audiência" (eis a "fórmula" = 2 reclamações + consecutivas + arquivadas pelo não comparecimento do reclamante à audiência).

b) Propositura de reclamação verbal no setor de distribuição e o não comparecimento do reclamante à vara do trabalho para a qual foi distribuída a demanda, dentro de cinco dias, para redução a termo – parágrafo único do art. 786 c/c o art. 731 da CLT. Observem que a redução a termo de uma reclamação verbal jamais é feita pelo distribuidor. Reclamação verbal, apresentada no setor de distribuição, será distribuída para uma das varas do trabalho, antes de sua redução a termo.

11.1.1.5. Litispendência e coisa julgada

Tanto a litispendência como a coisa julgada são objeções que requerem "identidade de ações".

Uma ação é idêntica a outra quando ambas têm as mesmas partes, a mesma causa de pedir e o mesmo pedido (os mesmos elementos da ação) – § 2º do art. 337 do CPC.

Há litispendência quando se repete ação que está em curso. Há coisa julgada quando se repete ação que já foi decidida por decisão transitada em julgado – §§ 3º e 4º do art. 337 do CPC.

Cabe relembrar, neste ponto do estudo, que o termo de conciliação judicial, no momento de sua homologação pelo juiz do trabalho, transita em julgado para as partes, nos termos do parágrafo único do art. 831 da CLT e das Súmulas 259 e 100, V, do TST. Merece destaque a OJ 132 da SDI-2.

11.1.1.6. Convenção de Arbitragem

O art. 507-A da CLT, incluído pela Lei 13.467/2017, dispõe que, nos contratos individuais de trabalho, cuja remuneração do empregado seja superior a duas vezes o limite máximo estabelecido para os benefícios do Regime Geral de Previdência Social, as partes poderão inserir uma "cláusula compromissória de arbitragem", desde que por iniciativa do empregado ou mediante a sua concordância expressa, nos termos da Lei 9.307/1996.

O compromisso arbitral representa a **renúncia ao Poder Judiciário**. Isso mesmo.

Quando os sujeitos de um contrato acordam que os litígios gerados pelo pacto serão dirimidos por um árbitro (escolhido por eles), estão, na verdade, abrindo mão de levar as suas pretensões ao Judiciário (inciso VII do art. 485 do CPC e inciso X do art. 337 do CPC).

A cláusula compromissória arbitral deve ser estipulada por escrito, como exige o § 1º do art. 4º da Lei 9.307/1996, podendo estar inserta no próprio contrato ou em documento apartado que a ele se refira.

Tratando-se de **contrato de adesão**, a cláusula arbitral deve, por cautela, constar de documento anexo, à luz da previsão contida no § 2º do art. 4º da Lei 9.307/1996.

Com a Reforma Trabalhista, a CLT passou a reconhecer a validade do compromisso arbitral firmado por empregado que possuir **remuneração mensal específica**, sem exigir, contudo, como o fez no parágrafo único do art. 444 da CLT, nível educacional diferenciado do obreiro (diploma de nível superior). Surpreendente a previsão do art. 507-A da CLT, exatamente pela ausência deste último requisito, que considero mais relevante do que a quantia remuneratória.

Poderíamos facilmente concluir, de forma simplória, em interpretação literal, que o legislador, quando quis exigir os dois requisitos, especificamente no parágrafo único do art. 444 da CLT, fê-lo, e dizer que, para fins de validade do compromisso arbitral, o único requisito "trabalhista" seria o valor "especial" da remuneração mensal do obreiro (dobro do teto dos benefícios previdenciários), o qual não precisaria ser o "empregado hipersuficiente", nos estritos limites do parágrafo único do art. 444 da CLT. Essa conclusão, para uma prova objetiva, é a recomendável. E com um alerta: o parágrafo único do art. 444 da CLT, ao tratar do empregado hipersuficiente, exige **"salário"** igual ou superior ao dobro do teto previdenciário, enquanto o art. 507-A da CLT, ao tratar do empregado que pode firmar compromisso arbitral, exigiu **"remuneração"** mensal igual ou superior ao dobro do teto previdenciário. Olho vivo!

Numa questão discursiva seria essa a orientação a ser seguida?

Definitivamente, não!

Entendo, humildemente, que a definição do "empregado hipersuficiente", esculpida no parágrafo único do art. 444 da CLT, também deve ser observada para fins de firmamento de um compromisso arbitral, pois este representa a renúncia prévia ao Poder Judiciário, cujos efeitos são bem mais contundentes do que a renúncia à tutela sindical numa negociação (efeitos previstos no parágrafo único do art. 444 da CLT).

Eis a minha singela interpretação sistêmica do art. 507-A da CLT – quem pode o mais pode o menos; mas quem pode o menos não pode o mais.

Bom, além dos requisitos "trabalhistas" (remuneração diferenciada e diploma de curso superior), a convenção de arbitragem deve observar os requisitos formais esculpidos na Lei 9.307/1996, por exemplo, a não inclusão da cláusula compromissória no bojo do próprio contrato de trabalho, já que este notoriamente é um contrato de adesão.

Na relação de emprego, o pacto firmado entre empregado e empregador é um típico contrato de adesão. Para esse tipo de contrato, a cláusula compromissória só terá eficácia se o aderente (empregado) tomar a iniciativa de instituir a arbitragem ou concordar, expressamente, com a sua instituição, desde que por **escrito** "*em documento anexo ou em negrito*", com a assinatura ou visto especialmente para essa cláusula, nos termos do § 2º do art. 4º da Lei 9.307/1996, sem esquecer a necessidade de o acordo ser também **assinado por duas testemunhas**, nos moldes do § 2º do art. 9º da Lei 9.307/1996 (se o instrumento for público, não haverá necessidade de testemunhas).

Existindo cláusula compromissória arbitral no contrato de trabalho, o reclamado tem que lembrar que a objeção (preliminar de mérito) **não poderá ser conhecida de ofício pelo juiz**, à luz do § 5º do art. 337 do CPC, sendo, portanto, passível de preclusão, já que não é considerada matéria de ordem pública. Sendo assim, quando da confecção da contestação, todo cuidado é pouco, até mesmo pela incidência da preclusão consumativa quando da juntada da peça contestatória aos autos do PJE sem sigilo, conforme estudamos, tornando inócua a tentativa de complementação oral da defesa em audiência. Nesse sentido, o art. 342 do CPC.

11.1.1.7. Observações finais

Pedido ilíquido ou endereço e/ou nome incompleto/errado do reclamado, no rito sumaríssimo, são defeitos da petição inicial, capazes de levar o processo à extinção sem resolução do mérito – art. 852-B, I e § 1º, da CLT. A ausência de liquidação também pode gerar a inépcia no rito ordinário, nos termos do art. 840, § 3º, da CLT, observando-se, para todos os fins, a Súmula 263 do TST, que dispõe sobre a necessidade de concessão de prazo de 15 dias ao advogado do reclamante para a correção do vício. Lembrando-se de que se entende por liquidação o mero arbitramento de valores por amostragem.

A "famosa" e hoje superada preliminar de "não submissão da demanda à comissão de conciliação prévia" representa um "mico" para qualquer advogado de defesa. O STF, mediante liminar, suspendeu a eficácia do art. 625-D da CLT (Medida Cautelar nas Ações Diretas de Inconstitucionalidade 2.139-7 e 2.160-5, de 13/05/2009). Com isso, a ida do trabalhador à comissão de conciliação prévia tornou-se meramente facultativa. Antes da liminar do STF, era comum ao advogado de defesa, caso existisse, no âmbito da categoria, comissão de conciliação prévia, requerer em preliminar de contestação a extinção do feito sem resolução do mérito. Isso acabou! Não existe mais esse tipo de preliminar!

11.1.2. Mérito

O enfrentamento do mérito é chamado "defesa direta". Diferente, portanto, das questões preliminares, que compõem a "defesa indireta".

Contestar o mérito, nos termos do art. 341 do CPC, é "enfrentar todos os fatos descritos na petição inicial".

O reclamado tem o ônus de se manifestar precisamente, ou seja, especificamente, sobre os fatos narrados na petição inicial (causa de pedir), sob pena de confissão (presunção de veracidade dos fatos contidos na exordial). Se o fato não for enfrentado na contestação, precluirá o direito de defesa quanto a ele. Assim reza o art. 342 do CPC, com as naturais ressalvas.

> Depois da contestação, só é lícito ao réu deduzir novas alegações quando:
>
> I – relativas a direito superveniente;
>
> II – competir ao juiz conhecer delas de ofício;
>
> III – por expressa autorização legal, puderem ser formuladas em qualquer tempo e grau de jurisdição.

Direito superveniente nos remete ao art. 493 do CPC, aplicável ao processo trabalhista (vide Súmula 394 do TST).

No inciso I, o art. 342 do CPC, *data venia*, deveria ter usado apenas a expressão "fato superveniente". Ora, se um fato superveniente, capaz de influenciar na solução da lide, ocorrer, não só o reclamado poderá "complementar a sua defesa", como o próprio reclamante terá também a oportunidade de se manifestar. Afinal, o fato superveniente pode ser favorável ou desfavorável a quaisquer das partes.

Quando o juiz constatar de ofício o fato novo, ouvirá as partes sobre ele antes de decidir, como prevê o parágrafo único do art. 493 do CPC (novidade em relação ao antigo art. 462 do CPC/1973). O princípio do contraditório, indubitavelmente, ganhou ainda mais força com o CPC/2015.

Os incisos II e III do art. 342 do CPC são redundantes, *data maxima venia*. Tratam das matérias de ordem pública, à luz do que prevê o § 5º do art. 337, também do CPC.

11.1.2.1. Das questões prejudiciais de mérito

A "defesa direta" é aquela direcionada ao mérito da causa. O enfrentamento meritório sempre constituiu a principal missão do advogado de defesa, responsabilidade que se tornou ainda mais impactante com o CPC, cujas normas intencionalmente espancaram o "culto ao formalismo", criando, em suas linhas, vias que preferencialmente conduzem o magistrado à decisão de mérito.

Com os dias contados as cansativas contestações, recheadas de incontáveis e desconexas "objeções" ("preliminares"), que paulatinamente serão deletadas dos arquivos de computadores, pelos advogados.

O art. 339 do CPC demonstra que a "impunidade" do ato de "atirar para todos os lados", com o escopo de "tumultuar o andamento do feito" e "confundir adversário e juiz", está em processo de banimento: "Quando alegar sua ilegitimidade, incumbe ao réu indicar o sujeito passivo da relação jurídica discutida sempre que tiver conhecimento, sob pena de arcar com as despesas processuais e de indenizar o autor pelos prejuízos decorrentes da falta de indicação".

No mérito, ou seja, depois das "preliminares", por questão de lógica, alguns fatos devem ser enfrentados antes dos outros. Estou falando de "determinadas matérias" capazes de levar o juiz a proferir decisão de mérito sem analisar a "pretensão de fundo" ou, se for o caso, o "restante" da pretensão. Essas matérias são capazes de prejudicar a análise das demais. Daí o nome: "prejudiciais".

A "negativa de vínculo empregatício" é um bom exemplo de questão "prejudicial de mérito", pois, caso o juiz se convença da tese de defesa, decidirá meritoriamente o processo, rejeitando os pedidos formulados pelo reclamante (art. 487, I, do CPC).

Ora, se o juiz declara que o reclamante jamais manteve relação de emprego com o reclamado, os pedidos de assinatura da carteira de trabalho, pagamento de verbas rescisórias, pagamento de horas extras, recolhimento do FGTS etc. sucumbirão, acompanhados da reluzente lucidez da lógica.

As "questões prejudiciais" estão, portanto, inseridas no mérito. Elas não se confundem com as "questões preliminares".

A prescrição bienal é outra típica prejudicial de mérito. O mesmo se diga da decadência.

O art. 487, II, do CPC dispõe que haverá resolução de mérito quando o juiz decidir sobre a ocorrência de decadência ou prescrição.

Digamos que o empregado, demitido sem justa causa em janeiro de 2015, ajuíze, em julho de 2017, reclamação trabalhista perante seu ex-empregador, pleiteando o pagamento de diversas verbas. Antes de enfrentar os inúmeros fatos descritos na petição inicial, o advogado de defesa deve requerer a aplicação da prescrição bienal, à luz do art. 7º, XXIX, da CF, mostrando ao juiz que a reclamação foi proposta depois de dois anos da extinção contratual. Caso o juiz acolha o requerimento, reconhecendo a ocorrência da bienal prescrição, fulminará meritoriamente toda a pretensão, fato que "prejudicará" a análise dos demais pedidos.

Importante destacar que o juiz, nos termos do parágrafo único do art. 487 do CPC, só poderá decidir sobre a incidência ou não da prescrição e da decadência depois de ouvir o reclamante (princípios do contraditório e da ampla defesa), salvo nas causas que dispensem, por sua natureza, a fase instrutória, justificando-se então a "improcedência liminar dos pedidos", quando constatada a **decadência** (art. 332, § 1º, do CPC e parágrafo único do art. 7º da IN 39/2016 do TST). Observem que o TST, na IN 39/2016, excluiu a prescrição das hipóteses de "improcedência liminar dos pedidos", já que impera, nos seus precedentes, o entendimento de que a prescrição contra o empregado não pode ser aplicada *ex officio*. Destarte, a improcedência liminar dos pedidos não se aplica, no processo trabalhista, para a prescrição envolvendo direitos trabalhistas dos empregados, em respeito ao princípio da indisponibilidade daqueles (parágrafo único do art. 8º da CLT, c/c o parágrafo único do art. 7º da IN 39/2016 do TST).

Por mais contundente que seja a prejudicial meritória, o previdente advogado de defesa jamais abandonará o princípio da eventualidade. Significa dizer que, depois de suscitar preliminares e prejudiciais, ele tem por obrigação enfrentar todos os fatos narrados na inicial.

Isso me faz lembrar um caso concreto. O reclamante, dispensado sem justa causa, ajuizou pela primeira vez reclamação trabalhista quatro anos depois da extinção do contrato, nada falando a respeito do fato. Particularmente, sigo a orientação do TST de que a prescrição não deve ser aplicada de ofício contra pretensão obreira envolvendo direitos trabalhistas (princípio da irrenunciabilidade dos direitos trabalhistas pelo empregado, o qual, à luz do parágrafo único do art. 8º, da CLT, afasta a incidência, no direito laboral e no direito processual trabalhista, da revogação do art. 194 do CCB e de fração do inciso II do art. 487 do CPC/2015). Quando da audiência, o reclamado ofertou contestação suscitando unicamente a incidência da bienal prescrição. Nada mais falou. Não se manifestou sobre os fatos. Restringiu sua defesa apenas a uma "prejudicial meritória" (prescrição). Recebi a contestação e questionei o advogado do reclamante sobre o fato de a reclamação ter sido ajuizada fora do biênio imprescrito. O advogado do reclamante, profissional tarimbado, contendo toda sua alegria, tirou o ás da manga, dizendo: "Excelência, o meu cliente, dois meses depois da extinção contratual, passou a ocupar um cargo comissionado na União, laborando, durante os três anos subsequentes, na Embaixada do Brasil em Paris. Diante disso, douto julgador, não há pensar em bienal prescrição, visto que, à luz do art. 198, II, do Código Civil, a prescrição não corre contra os ausentes do país em serviço público da União, dos estados ou dos municípios. Para tanto, requer a juntada de xxx laudas de documentos, declarando, desde já, que as cópias conferem com os originais, nos moldes do art. 830 da CLT, capazes de comprovar o alegado. Por fim, requer que se digne Vossa Excelência a rejeitar a arguição de aplicação da prescrição e, diante da ausência de manifestação sobre os fatos, julgar procedente a totalidade da pretensão. Pede deferimento." O advogado do reclamado ficou pálido. A sua imagem era o retrato de quem atua movido pela empáfia. Recebi os documentos, na forma do art. 845 da CLT, abrindo prazo para impugnação pelo reclamado (art. 411, III, do CPC). O advogado do reclamado, evidentemente, escreveu, escreveu e escreveu muito, em sua impugnação aos documentos, no livre exercício do que chamamos de *jus sperniandi* (expressão latina que não existe). Mas tudo não passava de "palavras ao vento". De fato, o reclamante tinha razão. Nos três anos em que esteve na linda Paris, a prescrição ficou suspensa (art. 198, II, do CCB). Resultado: não apliquei a prescrição bienal e julguei procedentes todos os pedidos contidos na petição inicial. O advogado do reclamado brindou o reclamante com a revelia (ausência de defesa).

Atenção:

São questões prejudiciais:

- Prescrição bienal (ou extintiva).
- Prescrição total (ou "prescrição do ato único"), prevista no § 2º do art. 11 da CLT e na Súmula 294 do TST.
- Decadência.
- Negativa de vínculo empregatício (quando o reclamado não reconhece a qualidade de empregado do reclamante).
- Negativa da natureza do vínculo empregatício (quando o reclamado, apesar de reconhecer o reclamante como empregado, nega o tipo de vínculo informado na petição inicial – o reclamante alega que era celetista, mas o reclamado diz que ele sempre foi doméstico).

A prescrição parcial, também chamada "quinquenal", não é considerada tecnicamente uma questão prejudicial de mérito, porque, uma vez aplicada, não prejudica a análise dos pedidos, apenas limita a pretensão no tempo. A prescrição parcial, portanto, apenas impõe um limite temporal à condenação. Processualmente, o correto seria suscitá-la no final da contestação, "por cautela", à luz do princípio da eventualidade. Mas não há problema algum na arguição da parcial prescrição logo no início da defesa de mérito.

A decadência, a exemplo da prescrição bienal, é uma típica questão prejudicial de mérito, capaz de levar o processo a ser extinto com resolução meritória.

Um caso típico de decadência é aquele evolvendo o inquérito judicial para apuração de falta grave (Súmula 403 do STF e art. 853 da CLT). Digamos que um dirigente sindical, flagrado praticando falta grave, foi suspenso preventivamente na forma do art. 494 da CLT. A empresa ajuizou, quarenta dias depois do início da suspensão, inquérito judicial para apuração de falta grave. O advogado do dirigente sindical, em contestação, deve requerer a mortal incidência da decadência, tendo em vista o ajuizamento fora do prazo de trinta dias, previsto no art. 853 da CLT.

Creio que seja conveniente, neste momento, aprofundarmos o estudo sobre a negativa de vínculo empregatício, a prescrição e a decadência.

11.1.2.1.1. Da negativa de vínculo empregatício

Costumo dividir a negativa de vínculo empregatício em três espécies:

- Negativa pura.
- Negativa qualificada pela resistência à natureza da relação de trabalho.
- Negativa qualificada pela resistência à natureza da relação de emprego.

• **Negativa Pura**

A negativa pura deixa sobre os ombros do reclamante todo o ônus da prova, à luz da distribuição estática do fardo probante, prevista nos incisos I e II do art. 818 da CLT e nos incisos I e II do art. 373 do CPC, porquanto o reclamado, na contestação, diz simplesmente que o reclamante jamais trabalhou para ele, em circunstância alguma, nem como empregado nem na qualidade de prestador de serviços, trabalhador autônomo etc.

Na negativa pura, o reclamado chega a dizer que desconhece a figura do reclamante.

Trata-se de uma via de defesa que deve ser muito bem avaliada pelo advogado do reclamado, pois, ao escolhê-la, estará afirmando em nome do seu cliente que o reclamante é de fato um grande mentiroso, e naturalmente está litigando de má-fé.

Ora, se o reclamante diz que foi contratado pelo reclamado em determinada data, para exercer uma função, trabalhando mediante subordinação, pessoalidade, habitualidade e onerosidade, e o reclamado, na defesa, diz que não conhece o reclamante, i.e., que ele jamais foi seu empregado ou prestador de serviços, um dos dois, logicamente, está mentindo descaradamente.

O ônus da prova fica, *a priori*, sobre os ombros do reclamante (prova constitutiva do seu direito), já que o reclamado está simplesmente negando o fato (existência de prestação de serviços). É o que exala do inciso I do art. 818 da CLT e do inciso I do art. 373 do CPC.

A depender das "peculiaridades da causa relacionadas à impossibilidade ou à excessiva dificuldade de cumprir o encargo probatório" ou "à maior facilidade de obtenção da prova do fato contrário", poderá o juiz do trabalho, numa tese de negativa pura de vínculo empregatício, atribuir o ônus da prova de modo diverso, ou seja, **ao reclamado**, desde que o faça por decisão fundamentada, caso em que deverá dar à parte a oportunidade de se desincumbir do ônus que lhe foi atribuído. Estamos falando da distribuição dinâmica do ônus da prova, agora também prevista na CLT (§§ 1º a 3º do art. 818). A decisão de distribuição dinâmica do ônus da prova, à luz do § 3º do art. 818 da CLT, "não pode gerar situação em que a desincumbência do encargo pela parte seja impossível ou excessivamente difícil".

Diante do exposto, considero temerária a distribuição dinâmica numa negativa pura de vínculo empregatício, porque o juiz estaria, se assim designasse, exigindo do reclamado a prova de um fato negativo (prova diabólica). A distribuição estática do ônus da prova é a regra, sendo a distribuição dinâmica a exceção, e, como tal, só deve ser aplicada em casos excepcionais – "*Odiosa restringenda, favorabilia amplianda*" – Restrinja-se o odioso; amplie-se o favorável.

• **Negativa qualificada pela resistência à natureza da relação de trabalho**

A negativa qualificada pela resistência à relação de trabalho transfere, para o "colo do reclamado", o *onus probandi*.

O reclamado, em sua contestação, **admite a prestação de serviços do reclamante**, mas não na qualidade de empregado. Diz que o reclamante foi contratado e trabalhou como autônomo; ou estagiário; ou pequeno empreiteiro etc.

Não há uma negativa pura, mas qualificada. Diz o advogado do reclamado: "Excelência, o reclamante foi estagiário na empresa reclamada, jamais atuando como empregado".

O reclamado, ao dizer isso, levanta um fato impeditivo e modificativo do direito do autor, assumindo a partir daí o ônus da prova – inteligência do art. 818, II, da CLT e do art. 373, II, do CPC. A distribuição estática do ônus, que é a regra, resolve a situação.

O juiz responderá: "Pois não, doutor. Já que o reclamante era estagiário, mostre-me o 'termo de estágio', exigido por lei".

E se o reclamado não possuir esse termo?

Sem o termo de estágio, prova documental insubstituível, a sucumbência o aguardará em toda a sua crueldade.

Determinados fatos exigem, por força de lei, prova documental.

É o caso, por exemplo, da relação de estágio, a qual jamais pode surgir de um pacto tácito ou verbal.

A "negativa de vínculo pura" e a "negativa de vínculo qualificada pela resistência à natureza da relação de trabalho" **sobrepõem-se à análise da prescrição.**

A "negativa de vínculo pura" e a "negativa de vínculo qualificada pela resistência à natureza da relação de trabalho" são questões prejudiciais à prescrição, ou seja, devem ser arguidas antes desta.

O juiz não poderá aplicar qualquer prescrição trabalhista antes de definir se havia ou não relação de emprego entre as partes.

Sendo assim, o magistrado, antes de se posicionar a respeito dos requerimentos de incidência da prescrição, deve definir se as partes mantiveram ou não relação empregatícia. O magistrado, ao assim agir, respeitará a lógica, livrando a sentença da ignomínia da incongruência.

O advogado do reclamado, caso a tese seja de negativa pura ou de negativa qualificada pela resistência à natureza da relação de trabalho, não deve suscitar a preliminar de ilegitimidade passiva *ad causam*, pois a questão discutida se insere no mérito, não sendo capaz de levar o magistrado a extinguir o processo prematuramente.

- **Negativa qualificada pela resistência ao tipo de relação de emprego**

A negativa de vínculo qualificada pela resistência ao tipo de relação de emprego se dá quando o reclamado não reconhece o reclamante, por exemplo, como empregado celetista, mas como empregado doméstico; ou quando não o reconhece como empregado comum, mas como empregado submetido a regime de tempo parcial; ou quando afirma que o reclamante era um "empregado aprendiz" etc.

Em momento algum o reclamado se insurge contra a existência de relação de emprego, mas apenas contra a "natureza da relação de emprego". E isso faz diferença: o FGTS do empregado comum, por exemplo, é de 8% ao mês, enquanto o do aprendiz é de apenas 2% ao mês (art. 15, § 7º, da Lei 8.036/1990), e do doméstico, de 11,2% ao mês (LC 150/2015 e Simples Doméstico). A jornada do empregado comum é de oito horas (art. 7º, XIII, da CF), enquanto a jornada do aprendiz é de apenas seis horas (art. 432 da CLT). O empregado doméstico, que vem conquistando diversos direitos ao longo do tempo, culminando com as relevantes conquistas advindas da EC 72/2013 e da LC 150/2015, ainda não tem "todos os direitos" garantidos ao empregado celetista, e, em algumas situações, possui até vantagens exclusivas (adicional de viagem, independentemente da obrigatoriedade na mudança de seu domicílio; estabilidade acidentária a partir do primeiro dia do afastamento médico, já que tem direito ao auxílio-doença acidentário a contar do início da licença médica).

Com o surgimento do teletrabalho e do trabalho intermitente, essa prejudicial ganha força, lembrando que esses contratos devem ser firmados por escrito, não restando ao reclamado outra saída a não ser a juntada da minuta contratual aos autos para alicerçar a sua tese.

11.1.2.1.2. Prescrição

A prescrição trabalhista vem definida nos arts. 11 e 11-A da CLT e 7º, XXIX, da CF, complementados pela Súmula 308 do TST. Ela é de cinco anos, ou seja, o credor trabalhista pode recuperar os créditos dos últimos cinco anos, a contar da data da propositura da reclamação. No caso do FGTS, como veremos mais a seguir, a prescrição passou a ser de cinco anos, mas a prescrição trintenária ainda continua incidindo, pois o STF modulou a sua decisão, postergando os efeitos para 13/11/2019.

Esse "vício" de falar em "data da propositura da ação" vem do corriqueiro fato de o empregado ajuizar reclamação apenas depois da extinção contratual. Não deixa de ser um reflexo, no mundo das ideias, do costume que semeia o mundo real.

Afastando o ajuizamento da ação do estudo da prescrição, encontraremos situações capazes de fortalecer o conhecimento sobre o tema.

Digamos que um empregado trabalha há vinte anos em determinada empresa, e que, durante todo esse tempo, sempre laborou em jornada noturna, sem receber, no entanto, qualquer pagamento a título de adicional noturno, tampouco viu incidir sobre a jornada a redução da hora noturna (art. 73, §§ 1º e 4º, da CLT). Resolveu, mesmo ainda trabalhando, ajuizar reclamação trabalhista. Falou com um advogado e obteve a informação de que só recuperará os últimos cinco anos, visto que a empresa reclamada irá suscitar, provavelmente, a parcial prescrição. Esse limite de cinco anos já está presente, mesmo antes da "propositura da reclamação".

Quando o objeto da lide for direitos trabalhistas do empregado, **o juiz não poderá aplicar de ofício a prescrição**, não incidindo no processo trabalhista, nesse caso, o § 1º do art. 332 do CPC (a IN 39/2016, no parágrafo único do art. 7º, restringe o julgamento liminarmente improcedente à decadência).

11.1.2.1.2.1. Prescrição parcial e prescrição bienal

A prescrição quinquenal é conhecida como prescrição parcial. Além da prescrição parcial, a Constituição Federal estipula um prazo para a propositura da reclamação trabalhista. Este prazo é de dois anos. Trata-se de outra prescrição, conhecida como bienal (extintiva ou fatal).

Exemplo:

Fulano laborou quinze anos para a empresa Calote Ltda., deixando de receber, ao longo de todo o contrato, o pagamento das horas extras. Dispensado sem justa causa no dia 02/08/2014, depois de cumprir aviso prévio de trinta dias, o obreiro, por força do art. 11 da CLT e do art. 7º, XXIX, da CF, tem até o dia 02/08/2016 para ajuizar reclamação trabalhista, ou seja, até dois anos depois da rescisão do contrato (prescrição bienal). Digamos que Fulano propôs reclamação trabalhista no dia 15/02/2015. Operar-se-á, neste dia, a interrupção da prescrição, nos termos do § 3º do art. 11 da CLT, ou seja, o empregado, caso a reclamada suscite a incidência da prescrição parcial, receberá, no caso de procedência do pedido, o pagamento das horas extras de 15/02/2010 até 02/08/2014 (limitação da pretensão pela prescrição parcial aos últimos cinco anos, a contar da data da propositura da ação - Súmula 308 do TST).

Se a reclamação, não importa o motivo, for arquivada (processo extinto sem resolução do mérito), a interrupção do fluxo prescricional, derivada da mera propositura, continua imperando, restrita, obviamente, ao objeto (pedidos) daquela (*vide* § 3º do art. 11 da CLT). A interrupção da prescrição significa que a "prescrição zera", volta à estaca zero.

O **FGTS** era a única verba que possuía prescrição diferenciada: trinta anos - Lei 8.036/1990, art. 23, § 5º. Porém, o STF decretou a inconstitucionalidade da citada norma, passando a entender que a prescrição fundiária é a mesma das demais verbas trabalhistas, ou seja, quinquenal (art. 7º, XXIX, da CF). A decisão, entretanto, **foi modulada**. Para aqueles casos cujo termo inicial da prescrição - ou seja, a ausência de depósito no FGTS (lesão = *actio nata* - art. 189 do CCB) - tiver ocorrido após a data da publicação do julgamento do Recurso Extraordinário com Agravo (ARE)

709.212 (13/11/2014), aplica-se, desde logo, o prazo de cinco anos. Por outro lado, para os casos em que o prazo prescricional já estiver em curso (já havia ausência de depósito fundiário antes da publicação da decisão do STF, ou seja, já havia lesão), aplica-se o que ocorrer primeiro: a) prescrição de trinta anos, a contar da lesão (termo inicial); ou b) prescrição de cinco anos, a partir deste julgamento. O TST, forçado pela decisão do STF, alterou, em junho de 2015, a redação da Súmula 362. O importante é observar que só vamos sentir a quinquenal prescrição do FGTS a partir de 13/11/2019 (cinco anos depois da decisão do STF).

> Súmula 362 do TST. FGTS. Prescrição. (Nova redação). Res. 198/2015, republicada em razão de erro material - *DEJT* divulgado em 12, 15 e 16.06.2015.
>
> I - Para os casos em que a ciência da lesão ocorreu a partir de 13.11.2014, é quinquenal a prescrição do direito de reclamar contra o não recolhimento de contribuição para o FGTS, observado o prazo de dois anos após o término do contrato;
>
> II - Para os casos em que o prazo prescricional já estava em curso em 13.11.2014, aplica-se o prazo prescricional que se consumar primeiro: trinta anos, contados do termo inicial, ou cinco anos, a partir de 13.11.2014 (STF, ARE 709.212/DF).

Exemplos:

- 1º exemplo - João foi contratado no início de novembro de 2014, constatando, em dezembro de 2014, que o empregador não recolheu o FGTS (o depósito deve ser feito até o dia 7 do mês subsequente). João, portanto, em dezembro de 2014, ou seja, depois da publicação da decisão do STF, constatou lesão fundiária (nasceu a *actio nata* - art. 189 do CCB). A prescrição para João, quanto ao FGTS, é quinquenal (item I da Súmula 362 do TST). Digamos que no dia 22/05/2023 ele venha a ajuizar reclamação, pleiteando o recolhimento ou a indenização de todo o FGTS. Caso o empregador suscite a aplicação da prescrição, sua pretensão fundiária ficará limitada a 22/05/2018 (últimos cinco anos a contar da data da propositura da reclamação).
- 2º exemplo - Marcos foi contratado em 01/09/1987, sendo certo que a empresa jamais recolheu seu FGTS (ele foi optante, desde sua contratação - condição exigida na época). Ele continua trabalhando. Temos 27 anos e alguns meses entre a lesão (08/10/1987 - primeiro dia da mora patronal, pois o recolhimento tem de ser feito até o dia 7 do mês subsequente) e a publicação da decisão do STF (1987 a 2014). A prescrição trintenária há de ser observada. Se o obreiro ajuizar ação até o dia 08/10/2017, ele recuperará trinta anos integrais de FGTS. Se ajuizar depois disso, recuperará os últimos trinta anos. Observem que a prescrição trintenária "ocorreu primeiro", quando da publicação da decisão do STF (basta uma simples operação matemática = 27 anos e alguns meses para trinta anos).
- 3º exemplo - Givanildo foi contratado em 02/08/1991, sendo certo que a empresa jamais recolheu seu FGTS. Ele continua trabalhando. Temos 23 anos e alguns meses entre a lesão (08/09/1991 - primeiro dia da mora patronal) e a publicação

da decisão do STF (1991 a 2014). Nesse caso, deve ser aplicada a prescrição quinquenal, a contar da data da publicação da decisão do STF (13/11/2014), ou seja, o obreiro terá a oportunidade de recuperar 28 anos e alguns meses do FGTS (23 anos e alguns meses + 5 anos), desde que o ajuizamento da reclamação ocorra até 13/11/2019. Depois disso, recuperará apenas os últimos cinco anos.

- 4º exemplo – Maria foi contratada em 20/01/2000 e dispensada no dia 08/09/2016. A rescisão contratual ocorreu antes da publicação da decisão do STF. Maria poderá recuperar todo o seu FGTS, desde que ajuíze reclamação até 08/09/2018 (prescrição bienal).

Observem que a prescrição quinquenal do FGTS só vai ser sentida a partir de 13/11/2019 (cinco anos depois da decisão do STF) e não atingirá aquele que já tenha completado trinta anos de "lesão" na referida data.

A diferenciada prescrição fundiária, ainda presente, por conta da modulação da decisão do STF, só se aplica quando o FGTS constar como principal pretensão da ação. No caso de o FGTS aparecer na ação como parcela "acessória", sua prescrição será a mesma da parcela principal, ou seja, quinquenal. Estou falando da repercussão do FGTS sobre as verbas trabalhistas de natureza salarial.

Digamos que a reclamação tenha por objeto principal o pedido de horas extras, e como objeto acessório o pedido de repercussão das horas extras sobre diversas verbas, inclusive o FGTS. Estudamos que é cabível a repercussão/reflexo/integração de uma parcela de natureza salarial sobre outros títulos. Pois bem. Caso o pedido de horas extras seja acolhido, a repercussão também será, mas a prescrição da repercussão será idêntica àquela das horas extras, ou seja, quinquenal. A repercussão do FGTS sobre as horas extras, por conseguinte, estará limitada pela prescrição quinquenal. O TST, nesse ponto, publicou a Súmula 206, *verbis*:

> Súmula 206 do TST. FGTS. Incidência sobre parcelas prescritas. A prescrição da pretensão relativa às parcelas remuneratórias alcança o respectivo recolhimento da contribuição para o FGTS.

Bem, deixando para trás a prescrição fundiária, sempre é bom lembrar que o início do cômputo da prescrição parcial ocorre com a lesão ao direito, o que os romanos chamavam de *actio nata* (nascimento da ação ou, numa tradução processual, "nascimento do interesse de agir"), como bem define o Código Civil, no art. 189: "Violado o direito, nasce para o titular a pretensão, a qual se extingue, pela prescrição [...]".

O início da contagem da prescrição bienal, contudo, foge à regra, considerando que não tem relação com a "lesão", mas com o término do contrato de trabalho. Trata-se, na verdade, de um "prazo para o ajuizamento da reclamação", seja pelo empregado, seja pelo empregador.

Existindo aviso prévio (trabalhado ou indenizado), a prescrição bienal só começará no final do respectivo prazo, como prevê a OJ 83 da SDI-1.

Se o direito ao aviso prévio for controvertido, ele não servirá para prorrogar o cutelo prescricional.

Complicado? Então vamos exemplificar.

Digamos que José tenha sido demitido por justa causa no dia 21/01/2013 (segunda-feira), quando contava com sete meses de contrato, ajuizando reclamação trabalhista no dia 28/01/2015 (quarta-feira). O objeto principal da reclamação é o pedido de nulidade da demissão por justa causa, pois o obreiro alega que jamais praticou falta grave, pleiteando, consequentemente, a condenação do reclamado no pagamento das verbas rescisórias típicas de uma dispensa sem justa causa, incluindo o aviso prévio indenizado de trinta dias. Caso o reclamado requeira a aplicação da prescrição bienal, o juiz deverá acolher o requerimento. Existe uma controvérsia acerca do motivo da rescisão contratual, ou seja, o aviso prévio está condicionado à análise meritória (instrução processual). Ocorre que a bienal prescrição é uma típica prejudicial de mérito (matéria meritória que deve ser analisada antes das demais questões de mérito), motivo pelo qual o juiz a aplicará antes da instrução, tornando inócua, para fins prescricionais, a frágil névoa do aviso prévio indenizado. Em assim sendo, a OJ 83 da SDI-1 apenas incidirá quando o aviso prévio for inconcusso (indiscutível).

> Prescrição. Início do prazo. Integração do aviso prévio indenizado. Dúvida quanto à existência do vínculo. O prazo para o trabalhador vir a juízo pleitear o reconhecimento da relação de emprego e consequentes, entre esses, naturalmente, o direito ao aviso prévio, flui a partir da data do término da relação de trabalho, ou seja, da prestação de serviços. Por isso é que não se pode pretender, nessas circunstâncias, que o prazo prescricional tenha início computando-se o prazo de um direito eventual, no caso o aviso prévio indenizado, que somente poderá vir a ser reconhecido após julgada a ação (TST, RR 109900-25.2002.5.02.0079, 2ª Turma, Relator: Ministro Vantuil Abdala. 07/04/2009).

> OJ 83 da SDI-1. Aviso prévio. Indenizado. Prescrição. A prescrição começa a fluir no final da data do término do aviso prévio. Art. 487, § 1º, CLT.

11.1.2.1.2.2. Ajuizamento de reclamação trabalhista e interrupção da prescrição

O principal efeito do ajuizamento da reclamação trabalhista é a **interrupção da prescrição** (a interrupção "zera" a prescrição).

No processo trabalhista, a interrupção prescricional ocorre exatamente quando a petição inicial é protocolada, independentemente da realização ou não da citação. Esse mesmo momento (protocolo da petição inicial) é usado para fins de prevenção do juízo.

Mesmo que a reclamação seja futuramente arquivada (extinção do processo sem resolução do mérito), irreversível será a interrupção do fluxo prescricional, restrita, no entanto, apenas ao seu objeto – inteligência do § 3º do art. 11 da CLT, da Súmula 268 do TST e da OJ 359 da SDI-1.

A interrupção leva o prazo prescricional a ser "zerado". **A interrupção da prescrição, entretanto, só poderá ocorrer uma única vez – argúcia do art. 202, *caput*, do CCB.**

Exemplos:

- 1º exemplo

Digamos que o reclamante tenha sido dispensado em janeiro de 2010 e ajuizado reclamação em julho de 2011, pedindo a condenação do reclamado no pagamento de adicional noturno.

A reclamação foi arquivada (não importa o motivo) no dia 12/03/2012 (segunda-feira).

Não foi interposto recurso ordinário contra a decisão que arquivou a reclamação (sentença terminativa), que, no dia 21/03/2012 (quarta-feira), transitou em julgado (coisa julgada formal).

O mesmo reclamante voltou a ajuizar reclamação em janeiro de 2013, pleiteando, além do pagamento de adicional noturno, o pagamento da multa prevista no art. 477, § 8º, da CLT.

O advogado do reclamado, na contestação, deverá requerer a aplicação da prescrição bienal sobre a pretensão de pagamento da multa do art. 477, § 8º, da CLT, argumentando que a interrupção da prescrição, operada pela propositura da primeira reclamação, atingiu apenas a pretensão de pagamento do adicional noturno, como prevê a Súmula 268 do TST.

A primeira vez em que o reclamante pediu o pagamento da multa do art. 477, § 8º, da CLT foi na segunda reclamação, ajuizada três anos depois da extinção contratual.

Esta pretensão, por conseguinte, está soterrada pela prescrição bienal.

Quanto ao adicional noturno, o ajuizamento da primeira reclamação zerou (interrompeu) a prescrição.

Arquivada a primeira reclamação, o prazo prescricional, para o adicional noturno, iniciou novamente a sua contagem a partir de 21/03/2012.

Sendo assim, o reclamante, quanto ao adicional noturno, poderá ajuizar reclamação até 21/03/2014 (sexta-feira).

- 2º exemplo

Digamos que um empregado, dispensado no dia 28/01/2008 (segunda-feira), tenha ajuizado reclamação trabalhista no dia 28/01/2010 (quinta-feira), pleiteando o pagamento de horas extras (o ajuizamento se deu no último dia da prescrição bienal).

A reclamação foi arquivada (não importa o motivo) no dia 15/03/2010 (segunda-feira).

A sentença terminativa (decisão de arquivamento) transitou em julgado (coisa julgada formal) no dia 24/03/2010 (quarta-feira), iniciando-se a contagem do novo biênio.

No dia 02/07/2011, o obreiro ajuizou uma nova reclamação com o mesmo pedido.

A segunda reclamação foi arquivada (não importa o motivo) no dia 12/09/2011 (segunda-feira), tendo a sentença terminativa (decisão de arquivamento) transitado em julgado no dia 21/09/2011 (quarta-feira).

O empregado, no dia 29/03/2012 (quinta-feira), ajuizou uma terceira reclamação trabalhista, com o mesmo pedido.

O advogado do reclamado, com fulcro no art. 202 do CCB, c/c o art. 7º, XXIX, da CF, deverá requerer, na contestação, a aplicação da bienal prescrição.

A prescrição será aplicada pelo magistrado, pois a sua interrupção só pode ocorrer uma única vez (art. 202 do CCB).

No caso, a interrupção ocorreu quando da propositura da primeira reclamação, tendo a prescrição bienal iniciado nova contagem a partir de 24/03/2010 (quarta-feira).

O obreiro, destarte, teria até o dia 24/03/2012 (sábado) para ajuizar reclamação trabalhista.

O último dia do prazo, ao recair em dia não útil, é automaticamente postergado para o dia útil imediatamente subsequente. Com isso, a reclamação teria de ser protocolada até o dia 26/03/2012 (segunda-feira).

Como a terceira reclamação só foi ajuizada no dia 28/03/2012 (quarta-feira), a pretensão foi totalmente corroída pela prescrição.

A decisão de "arquivamento" da reclamação tem natureza de sentença terminativa, já que o juiz, ao proferi-la, extingue o processo sem resolução do mérito. Nos termos do art. 895, I, da CLT, cabe recurso ordinário, no prazo de oito dias, contra sentença definitiva ou terminativa.

Ocorrendo a interrupção da bienal prescrição, com a propositura da reclamação trabalhista, a contagem do **novo biênio** tem início a partir do **término da condição interruptiva**, que ocorre com o trânsito em julgado (coisa julgada formal) da decisão que determinou o arquivamento da primeira reclamação (sentença terminativa do feito).

Na OJ 359 da SDI-1, o TST esclarece que a interrupção prescricional também incidirá nas reclamações propostas pelo sindicato como substituto processual (legitimação extraordinária consagrada no art. 8º, III, da CF), mesmo se considerado parte ilegítima.

Filio-me à corrente doutrinária e jurisprudencial que não faz distinção, quanto ao efeito interruptivo, entre prescrição bienal e parcial.

Ajuizada a reclamação trabalhista, as duas são interrompidas quanto ao objeto da ação.

- No caso da prescrição bienal, o início da contagem do novo biênio ocorre com trânsito em julgado da sentença terminativa (coisa julgada formal).
- No caso da prescrição parcial, a interrupção retroagirá à data do ajuizamento da reclamação, nos termos do art. 240, § 1º, do CPC/2015.

Seguem algumas decisões do TST que ratificam a tese:

> Recurso de revista. Prescrição. Interrupção. Contagem. **O ajuizamento da reclamação trabalhista interrompe a prescrição, seja bienal ou quinquenal**. A contagem do biênio recomeça a partir do término da condição interruptiva, pois, nos termos do art. 202, parágrafo único, da Lei Adjetiva Civil, conclui-se que o termo *a quo* do prazo prescricional bienal inicia-se no dia subsequente do último ato do processo para a interromper. Logo, o cômputo do biênio é reiniciado a partir do término da condição interruptiva, qual seja o trânsito em julgado da decisão proferida. Precedentes. Incidência da Súmula 333 do TST e do § 4º do art. 896 da CLT. Não conhecido. Prescrição. Interrupção. Ajuizamento de ação anterior. Início da contagem do prazo quinquenal. **O efeito interruptivo do prazo prescricional, mediante a propositura de ação trabalhista anterior, não se opera tão só em relação à prescrição extintiva, mas também quanto à prescrição quinquenal, por absoluta falta de impedimento legal** (Precedentes desta Corte). Não conhecido. Vínculo de emprego. Decisão baseada na prova. Súmula 126 do TST. Não se admite recurso de revista em que, sob a alegação de ofensa ao art. 3º da CLT, se pretende o reexame dos fatos e da prova produzida que fundamentaram o entendimento no sentido de que preenchidos os requisitos necessários ao reconhecimento do vínculo empregatício entre as partes (Súmula 126 do TST). Recurso de revista não conhecido (TST, 5ª Turma, RR 947/2005-513-09-00.1, Relator Emmanoel Pereira, *DJ* de 13/11/2009) (sem grifos no original).
>
> Recurso de revista. Prescrição bienal. Interrupção do prazo. **A reclamação trabalhista interrompe a prescrição bienal e a quinquenal**. Logo, o cômputo do biênio é reiniciado a partir do término da condição interruptiva, qual seja, o trânsito em julgado da decisão proferida na primeira ação, enquanto a prescrição quinquenal conta-se do primeiro ato de interrupção, isto é, a propositura da primeira reclamação trabalhista, na forma dos arts. 219, I, do CPC e 202, parágrafo único, do Código Civil de 2002. Recurso de revista não conhecido. Responsabilidade subsidiária. Contrato de concessão de serviço público. Inaplicabilidade da Súmula 331, inciso IV, do TST. Incidência da Orientação Jurisprudencial Transitória 66 da SBDI-I. A atividade da São Paulo Transportes S.A. (SPTrans) de gerenciamento e fiscalização dos serviços prestados pelas concessionárias de transporte público, atividade descentralizada da Administração Pública, não se confunde com a terceirização de mão de obra, não se configurando a responsabilidade subsidiária. Recurso de revista conhecido e provido (TST, 2ª Turma, RR 27/2006-013-02-00.1, Relator Renato de Lacerda Paiva, *DJ* de 20/11/2009) (sem grifos no original).

> Arquivamento. Interrupção do prazo prescricional. A reclamação trabalhista interrompe a prescrição bienal e a quinquenal. Logo, o cômputo do biênio é reiniciado a partir do término da condição interruptiva, qual seja, o trânsito em julgado da decisão proferida na primeira ação, enquanto a prescrição quinquenal conta-se do primeiro ato de interrupção, isto é, a propositura da primeira reclamação trabalhista, na forma dos arts. 219, § 1º, do CPC e 202, parágrafo único, do Código Civil de 2002. Recurso conhecido e provido (TST, 2ª Turma, RR 215000-58.2003.5.15.0018, Relator: José Simpliciano Fontes de F. Fernandes, *DJ* 16/05/2008).

O § 3º do art. 11 da CLT, a Súmula 268 do TST e a OJ 359 da SDI-1, bem como o próprio art. 202 do CCB, não fazem qualquer restrição ao tipo de prescrição. Ora, se a fonte formal não restringe, não cabe ao intérprete fazê-lo. Trata-se de regra de hermenêutica: "Onde o legislador não distingue, não cabe ao intérprete fazê-lo, muito menos para adotar óptica que acabe por prejudicar aquele a quem o preceito visa a proteger".

11.1.2.1.2.3. Benefício previdenciário e aposentadoria por invalidez – prescrição

Para o TST, o fato de o empregado se encontrar recebendo benefício previdenciário, inclusive proveniente de aposentadoria por invalidez, por si só, não interrompe a contagem da prescrição quinquenal. O fluxo só será interrompido se comprovada a real impossibilidade de acesso à justiça. Eis a OJ 375 da SDI-1:

> OJ 375 da SDI-1. Auxílio-doença. Aposentadoria por invalidez. Suspensão do contrato de trabalho. Prescrição. Contagem. A suspensão do contrato de trabalho, em virtude da percepção do auxílio-doença ou da aposentadoria por invalidez, não impede a fluência da prescrição quinquenal, ressalvada a hipótese de absoluta impossibilidade de acesso ao Judiciário.

Costumo dizer que a prescrição é uma "punição pelo não agir". Frase inspirada no adágio: "o direito não protege aqueles que dormem". O tempo não perdoa aquele que permanece inerte. Essa é a regra prescricional.

Há exceções. Para a CLT, o simples fato de o empregado contar com menos de 18 anos já o livra do rolo compressor prescricional. Outra exceção vem exatamente da OJ 375 da SDI-1, tratando de empregado que se encontra em benefício previdenciário numa situação que o impede, de forma absoluta, de agir (buscar o Judiciário).

Digamos que dois empregados de determinada empresa sofreram acidente do trabalho, quando um equipamento pesado caiu sobre eles. Ambos foram encaminhados ao hospital. Um deles, atingido na cabeça, ficou em coma por três anos. O outro sofreu uma fratura exposta no braço direito, ficando, por conta disso, dois anos afastado do serviço, em benefício previdenciário. A prescrição do primeiro ficará suspensa durante todo o período em que ele estiver naquele estado, pois se trata de uma "hipótese de absoluta impossibilidade de acesso ao Judiciário". O segundo, no entanto, não pode ser beneficiado por qualquer suspensão prescricional, porquanto, apesar da fratura exposta no braço, poderia ajuizar, mediante advogado, reclamação trabalhista.

A suspensão prevista na OJ 375 da SDI-1 atinge a prescrição parcial, porque, como o contrato ainda está ativo (suspenso), não há fato gerador para a incidência da prescrição bienal (extinção do contrato).

11.1.2.1.2.4. Protesto judicial

O protesto judicial (tutela provisória de urgência de natureza cautelar, prevista no art. 726, § 2º, do CPC/2015) interrompe a prescrição a partir do seu ajuizamento, conforme consagra a OJ 392 da SDI-1, *verbis*:

> OJ 392 da SDI-1. Prescrição. Interrupção. Ajuizamento de protesto judicial. Marco inicial (atualizada em decorrência do CPC de 2015) (republicada em razão de erro material). Res. 209/2016, *DEJT* divulgado em 01, 02 e 03.06.2016. O protesto judicial é medida aplicável no processo do trabalho, por força do art. 769 da CLT e do art. 15 do CPC de 2015. O ajuizamento da ação, por si só, interrompe o prazo prescricional, em razão da inaplicabilidade do § 2º do art. 240 do CPC de 2015 (§ 2º do art. 219 do CPC de 1973), incompatível com o disposto no art. 841 da CLT.

Mantenho a mesma opinião quanto à interrupção da prescrição decorrente do ajuizamento de reclamação trabalhista, ou seja, a interrupção gerada pelo protesto judicial abarca tanto a prescrição bienal quanto a prescrição parcial. Nesse sentido, recente decisão do TST:

> Agravo de instrumento. Recurso de revista. Protesto judicial. Prescrição quinquenal. Interrupção. A pretensão do reclamado encontra óbice no art. 896, § 4º, da CLT e na Súmula 333/TST, uma vez que a atual e iterativa jurisprudência do Tribunal Superior do Trabalho é no sentido de que o ajuizamento de protesto judicial interrompe também a prescrição quinquenal, e não somente a bienal. Horas extras. Gratificação de função. Compensação. Súmula 109/TST. 1. A decisão recorrida, ao indeferir o pedido de compensação do valor da gratificação de função com o das horas extras deferidas ao autor, foi proferida em conformidade com a Súmula 109/TST, no sentido de que o bancário não enquadrado no § 2º do art. 224 da CLT, que receba gratificação de função, não pode ter o salário relativo a horas extraordinárias compensado com o valor daquela vantagem. 2. Não se depreende, das premissas retratadas na decisão recorrida, que a situação dos autos se amolda àquela prevista na Orientação Jurisprudencial Transitória

70 da SDI-I desta Casa ou em decisões relativas à Caixa Econômica Federal, na qual o empregado opta pela jornada de oito horas e, posteriormente, tal opção é considerada inválida. 3. Incidência do art. 896, § 4º, da CLT e aplicação da Súmula 333/TST a obstaculizar o seguimento do recurso de revista. Gratificação semestral. Pagamento mensal. Integração à base de cálculo das horas extras. Paga a gratificação de forma mensal, não há falar em aplicação da Súmula 253, TST. Percebida mensalmente, a gratificação tem natureza salarial, segundo o disposto no art. 457, § 1º, da CLT, integrando a base de cálculo das horas extras, conforme entendimento cristalizado na Súmula 264/TST. Precedentes. Óbice da Súmula 333/TST e do art. 896, § 4º, da CLT. Horas extras. Condenação em períodos futuros. Registrado no acórdão recorrido que o reclamante continua a prestar serviços para o banco reclamado em sobrejornada e nas mesmas condições descritas na inicial, tem-se que a decisão regional refere a relação jurídica sob condição resolutiva ainda não verificada, qual seja, a cessação do trabalho em sobrejornada. Nesse contexto, a condenação ao pagamento de horas extras, enquanto perdurar o trabalho além da jornada prevista no art. 224, *caput*, da CLT, não afronta ao parágrafo único do art. 460 do CPC. Precedentes. Agravo de instrumento conhecido e não provido (TST, 1ª Turma, AIRR 640-16.2011.5.10.0001, Relator Hugo Carlos Scheuermann, *DEJT* 03/05/2013).

11.1.2.1.2.5. Imprescritibilidade das ações declaratórias

As ações meramente declaratórias não têm, como pano de fundo, lesão alguma; logo, sobre elas não paira a *actio nata*.

Sintetizando:

As ações meramente declaratórias são imprescritíveis.

A própria CLT, no seu art. 11, § 1º, consagra o entendimento, ao decretar a imprescritibilidade da pretensão de declaração de existência de vínculo empregatício e anotação da CTPS.

Diante disso, um trabalhador pode buscar na Justiça do Trabalho, mediante reclamação trabalhista, a declaração da existência de um vínculo empregatício mantido, por exemplo, na década de 1990 com determinada empresa, sem o risco de ter sua pretensão soterrada pela prescrição.

A imprescritibilidade protege tão somente o reconhecimento do vínculo e o consequente registro do pacto na CTPS (que pode ser feito, até, pelo próprio Judiciário – art. 39, § 2º, da CLT).

11.1.2.1.2.6. Prescrição do "ato único" (prescrição total)

A polêmica Súmula 294 do TST prevê uma situação interessante, concernente à aplicação da prescrição nas lesões oriundas de **alterações contratuais** envolvendo prestações sucessivas. Ela deixou de ser "polêmica", com a Reforma Trabalhista, pois a Lei 13.467/2017 incluiu a prescrição total no § 2º do art. 11 da CLT, fazendo com que a previsão deixasse de ser apenas um precedente jurisprudencial. E não foi só isso. Como veremos mais adiante, o § 2º do art. 11 da CLT inseriu um novo fato gerador, já que a Súmula 294 do TST falava apenas em "alteração" do pacto, mas a CLT agora trata de "alteração" ou "descumprimento" do contrato.

Por ser mais abrangente do que a Súmula 294 do TST, vou esquecer este precedente, a partir de agora, e citar apenas o § 2º do art. 11 da CLT.

A prescrição total, na verdade, não é uma "nova espécie" de prescrição. Trata-se da prescrição quinquenal já estudada, mas que concentra a sua aplicação às situações em que as alterações contratuais ou o descumprimento de cláusula contratual provocam lesão em prestações sucessivas.

Uma coisa é dizer: João trabalhou além do horário durante os últimos dez anos, sem receber ou compensar as horas extras. A lesão é latente, pois o obreiro deixou de receber, ao longo de anos, uma verba que lhe era devida. Ajuizando reclamação, o reclamado, por cautela, suscitará a parcial prescrição. Caso o pedido de pagamento de horas extras seja julgado procedente, o juiz limitará a condenação aos últimos cinco anos, a contar da data da propositura da ação (Súmula 308 do TST). Observem que a verba (hora extra) é assegurada por preceito de lei.

Diferente é dizer: Manoel foi contratado para receber salário fixo + comissões sobre as vendas, laborando durante os dois primeiros anos de contrato com a respectiva remuneração mista, quando, surpreendentemente, o empregador, de forma unilateral e arbitrária, "cortou" (suprimiu) as comissões, passando a pagar apenas o salário fixo. O obreiro continuou trabalhando por mais dez anos, mesmo sem receber comissões. Foi vítima de uma "alteração ilícita" do contrato. Trata-se de um ato nulo (art. 468, *caput*, da CLT). O trabalhador sofreu uma lesão, fruto de alteração contratual, mas não agiu. O § 2º do art. 11 da CLT incidirá, impiedosamente, no caso, pois a verba atingida pela alteração (comissões) NÃO é uma "verba assegurada por preceito de lei", e, em razão disso, operar-se-á a "prescrição total". Manoel, segundo o TST, deveria ter buscado a Justiça do Trabalho dentro de cinco anos, a contar do pagamento do primeiro salário sem as comissões (data da lesão). Não o fazendo, viu sucumbir toda a sua pretensão. Essa lesão, pelo fato de a parcela não ser garantida por preceito de lei, não se renova mês a mês – vide OJ 175 da SDI-1.

Vamos substituir as comissões (verba não garantida por preceito de lei) pelo adicional de periculosidade (verba garantida por preceito de lei – art. 193 da CLT).

Digamos que Everaldo, desde a sua contratação, sempre recebeu salário fixo + adicional de periculosidade. Depois de três anos, o empregador, sem qualquer justificativa, suprimiu o pagamento do adicional. Ocorreu uma lesão, fruto de alteração do pactuado (art. 468 da CLT). O obreiro continua a trabalhar e dez anos depois, em face de sua dispensa, ajuizou reclamação trabalhista, pleiteando o pagamento do adicional de periculosidade injustamente suprimido. O reclamado, na contestação, suscitará e o juiz aplicará a prescrição parcial, limitando a pretensão aos últimos cinco anos, a contar da data da propositura da ação (Súmula 308 do TST). Observem que Everaldo receberá o adicional de periculosidade "parcialmente", não se aplicando, ao caso, a prescrição total, exatamente pelo fato de a parcela, objeto da reclamação, se encontrar garantida por preceito de lei (art. 193 da CLT). Por conta disso, o TST considera que a lesão foi renovada mês a mês, nascendo, em cada mês, uma nova prescrição (art. 189 do CCB).

A lesão é o fato gerador da fluência da prescrição total e parcial. Diferente da prescrição bienal, cujo fluxo começa na rescisão contratual, sempre observando-se o cômputo do aviso prévio trabalhado ou indenizado (OJ 83 da SDI-1).

Conforme informei no início da abordagem, o § 2º do art. 11 da CLT adicionou outro fato gerador à prescrição total. Na Súmula 294 do TST, tínhamos apenas uma base para a sua incidência, que era o "pedido de prestações sucessivas decorrente de **alteração do pactuado** sobre verba não assegurada por preceito de lei". No § 2º do art. 11 da CLT temos, como **bases** para a incidência da prescrição total, o "pedido de prestações sucessivas decorrente de **alteração ou descumprimento do pactuado** sobre verba não assegurada por preceito de lei".

Digamos que Joaquim tenha firmado contrato de trabalho, mediante, inclusive, minuta contratual, para exercer determinada função, com previsão de salário fixo + gratificação + *ticket* alimentação. Terminado o primeiro mês de labor, o obreiro, ao receber a sua remuneração, estranhou a "ausência" do *ticket* alimentação. Falou com o seu gerente, mas de nada adiantou. Ao longo do contrato, mesmo estando a referida verba indenizatória (natureza indenizatória prevista no § 2º do art. 457 da CLT, que fulminou, com efeitos *ex nunc*, a Súmula 241 do TST; importante dizer que o *ticket* alimentação não pode ser pago em dinheiro), prevista no contrato, Joaquim jamais recebeu o *ticket* alimentação. Depois de seis anos de contrato, sem nunca ter recebido *ticket*, o empregado foi demitido. Caso ele ajuíze reclamação trabalhista, pleiteando o pagamento de uma indenização pela não concessão da verba, o advogado do reclamado, em prejudicial meritória, arguirá a prescrição total, com fulcro no § 2º do art. 11 da CLT, usando o novo fato gerador – "descumprimento do pactuado que atingiu verba não assegurada por preceito de lei". Não há lei que obrigue o empregador a conceder *ticket* alimentação ou vale-refeição etc.

No caso de **alteração ou descumprimento do contrato de trabalho**, o advogado deve observar a **natureza** da parcela atingida. Não sendo a verba garantida por preceito de lei, a alteração será fruto de um "ato único", ou seja, a lesão não se renovará mês a mês, fazendo com que o prazo de cinco anos comece a fluir imediatamente (a partir da alteração ou do descumprimento). Sendo a verba garantida por preceito de lei, a lesão não ocorrerá uma única vez, mas em cada mês que o obreiro deixar de receber o título suprimido, renovando-se, portanto, mês a mês, resguardando parcialmente a pretensão.

No caso das comissões, há uma corrente que faz a distinção entre "supressão" e "diminuição". No primeiro caso (supressão), a prescrição total incidiria, inapelavelmente, caso o obreiro deixe fluir, inerte, o prazo de cinco anos, a contar da lesão (supressão das comissões). No segundo caso (diminuição do percentual de comissões), como o empregado continuou a receber a verba (em percentual menor), a lesão seria considerada sucessiva, e, como tal, a prescrição seria meramente parcial. A OJ 175 da SDI-1, entretanto, não contempla a doutrinária tese, consagrando a prescrição total para as duas situações. O precedente foi prestigiado pelo § 2º do art. 11 da CLT.

Seguem alguns precedentes sobre o tema.

> OJ 76 da SDI-1. Substituição dos avanços trienais por quinquênios. Alteração do contrato de trabalho. Prescrição total. CEEE. A alteração contratual consubstanciada na substituição dos avanços trienais por quinquênios decorre de ato único do empregador, momento em que começa a fluir o prazo fatal de prescrição.

> OJ 175 da SDI-1. Comissões. Alteração ou supressão. Prescrição total. A supressão das comissões, ou a alteração quanto à forma ou ao percentual, em prejuízo do empregado, é suscetível de operar a prescrição total da ação, nos termos da Súmula 294 do TST, em virtude de cuidar-se de parcela não assegurada por preceito de lei.

> OJ 242 da SDI-1. Prescrição total. Horas extras. Adicional. Incorporação. Embora haja previsão legal para o direito à hora extra, inexiste previsão para a incorporação ao salário do respectivo adicional, razão pela qual deve incidir a prescrição total.

> Súmula 326 do TST. Complementação de aposentadoria. Prescrição total. A pretensão à complementação de aposentadoria jamais recebida prescreve em dois anos contados da cessação do contrato de trabalho.

> Súmula 327 do TST. Complementação de aposentadoria. Diferenças. Prescrição parcial. A pretensão a diferenças de complementação de aposentadoria sujeita-se à prescrição parcial e quinquenal, salvo se o pretenso direito decorrer de verbas não recebidas no curso da relação de emprego e já alcançadas pela prescrição, à época da propositura da ação.

11.1.2.1.2.7. Prescrição no caso de dano moral/material/estético

No caso de indenização por dano material/moral/estético decorrente de acidente do trabalho, por se tratar de verba de natureza civil, decorrente de típica responsabilização civil (arts. 186 e 927 do CCB), alguns juristas entendem aplicável a prescrição prevista no Código Civil, em detrimento da prescrição trabalhista.

A diferença é grande, pois a prescrição para pretensões de dano (responsabilidade civil) é de apenas três anos – art. 206, § 3º, V, do CCB. Para o TST, entretanto, a prescrição a ser aplicada, trabalhista ou civil, vai depender da "data da lesão".

São três situações (a posição do TST pode ser encontrada em sua íntegra na decisão do RR-9951400-04.2006.5.09.0513):

- Lesão que ocorreu ainda na vigência do antigo Código Civil, ou seja, antes de janeiro de 2003 = Aplica-se a prescrição do civil, que pode ser a do antigo Código ou a do novo, levando-se em conta a regra de transição prevista no art. 2.028 do Novo Código Civil.
- Lesão que ocorreu depois da EC 45, ou seja, depois de janeiro de 2005 = Aplica-se a prescrição trabalhista.
- Lesão que ocorreu depois da entrada em vigor do novo Código Civil, mas antes da EC 45, ou seja, entre janeiro de 2003 e janeiro de 2005 = Aplica-se a prescrição do Novo Código Civil, que é de três anos.

Digamos que o empregado sofreu acidente do trabalho em junho de 1990, resolvendo ajuizar reclamação trabalhista em março de 2010. O empregador, na contestação, arguiu a prescrição parcial, argumentando que os créditos trabalhistas ficam limitados aos últimos cinco anos. O juiz repudiará os argumentos contestatórios, afastando a prescrição. Dirá, em sua decisão, que a lesão ocorreu na vigência do antigo Código Civil e, quando da entrada em vigor do novo Código Civil (janeiro de 2003), já tinha decorrido mais da metade do tempo estabelecido no antigo Código (a prescrição era de vinte anos; a lesão ocorreu em 1990; de 1990 para 2003 decorreram mais de dez anos, ou seja, mais da metade do tempo prescricional do antigo Código Civil). Logo, a prescrição a ser aplicada é a de vinte anos. Como a lesão ocorreu em junho de 1990 e a reclamação foi proposta em março de 2010, o ajuizamento se deu dentro dos vinte anos, não estando, portanto, prescrita a pretensão.

11.1.2.1.2.8. Prescrição na morte do empregado cujo sucessor é menor de 18 anos

O falecimento do empregado provoca a natural extinção do contrato de trabalho. Os créditos trabalhistas são transferidos ao patrimônio dos sucessores. A abertura da sucessão não afeta a natureza do crédito, que continua "trabalhista" (alimentar).

Digamos que o empregado falecido tenha deixado como sucessor um filho de 12 anos de idade. Pergunta-se: a prescrição continuará fluindo ou a partir dali cessará?

Resposta: a prescrição cessará o seu fluxo, porém, segundo o TST, a suspensão não decorre do art. 440 da CLT, mas do art. 198, inciso I, c/c o art. 3º do Código Civil.

Sendo assim, a prescrição voltará a correr quando o herdeiro completar 16 anos de idade (art. 198, inciso I, c/c o art. 3º do Código Civil) e não 18 anos de idade (art. 440 da CLT).

Para o TST, o art. 440 da CLT ("Contra os menores de 18 anos não corre nenhum prazo de prescrição") só se aplica ao menor empregado, não se irradiando ao herdeiro menor de empregado falecido.

> Recurso de revista. Prescrição. Ação proposta por menor na condição de sucessor de empregado falecido. A exegese do v. acórdão do tribunal regional sobre a matéria, entendendo tratar-se do instituto da decadência, à luz do art. 7º, inciso XXIX, da CF/1988, considerando os aspectos específicos da situação dos autos, não viola a literalidade do art. 440 da CLT. Esse dispositivo, incluído no capítulo IV da Consolidação das Leis do Trabalho, que disciplina a "Proteção do Trabalho do Menor", apenas regula a prescrição a ser observada para o menor trabalhador, e não a hipótese em que o menor ajuíza ação como sucessor do empregado falecido. De outra parte, os arestos trazidos à colação desservem ao fim colimado, nos termos dos Enunciados 23 e 296 do TST. Recurso de revista não conhecido (TST, 5ª Turma, RR 508213-70.1998.5.12.5555, Rel. Rosita de Nazaré, Sidrim Nassar, *DJ* 14/03/2003).

> No julgamento do RR 61349/2002, em setembro de 2005, a 4ª Turma do TST rejeitou recurso do MPT para a suspensão da prescrição de direitos trabalhistas em um processo em que figuravam como parte os herdeiros do trabalhador, viúva e três filhos, entre os quais uma menor de idade. Prevaleceu decisão anterior que rejeitou a aplicação do art. 440 da CLT, por não se tratar de direito de menor como empregado, mas sim como herdeiro, que se encontra representado pela mãe (inventariante). (notícia divulgada no *site* www.tst.jus.br).

Em dezembro de 2013, o TST voltou a ratificar a tese, *verbis*:

> Prescrição. Herdeira menor de empregado falecido. A disposição contida no art. 440 da CLT, segundo o qual não corre a prescrição em relação aos menores de 18 anos, refere-se exclusivamente aos menores empregados, hipótese completamente diversa da ora em discussão, em que a menor em questão figura nos autos tão somente na condição de herdeira, sucessora civil de seu pai, empregado falecido. A questão prescricional, portanto, no caso, é regida pela legislação civil (arts. 197 e 198 do Código Civil brasileiro). Depreende-se do acórdão regional que o falecimento do empregado se deu em 2003, e a sua filha completou 16 anos em 05/04/2004, quando passou a ostentar a condição de relativamente incapaz. A jurisprudência que se firmou no âmbito desta Corte foi no sentido de não ser aplicável ao caso o teor do art. 440 da CLT, por se referir apenas aos menores empregados – hipótese diversa da dos autos –, mas do ordenamento jurídico civil – art. 198, inciso I, c/c o art. 3º do Código Civil, segundo o qual a prescrição não

corre tão somente em relação ao menor absolutamente incapaz, ou seja, aos menores de 16 anos. Dessa forma, tendo em vista que a então reclamante completou 16 anos em 05/04/2004, de então fluindo o prazo prescricional, cujo término se deu em 05/04/2006, nos termos do art. 7º, inciso XXIX, da CF/1988, encontra-se prescrita a ação ajuizada após esse prazo, em 13/09/2007. Registre-se que o fato de a ação em apreço ter sido proposta pela herdeira menor, relativamente incapaz, e de, à época da interposição de recurso ordinário contra a sentença, a parte ter passado a ser o espólio, representado por Ingrid Oliveira Kohler e por sua mãe, Elaine Moreira de Oliveira, em nada muda a prescrição já consolidada. Recurso de revista não conhecido (TST, 2ª Turma, RR 154400-79.2007.5.15.0067, Relator Ministro José Roberto Freire Pimenta, *DJ* 29/11/2013).

11.1.2.1.2.9. Comentários à OJ 401 da SDI-1

Pode acontecer de uma condenação (sentença condenatória) se encontrar condicionada a uma declaração (sentença declaratória). É o caso, por exemplo, da condenação de uma empresa, no pagamento de verbas trabalhistas, quando existir controvérsia acerca da existência de vínculo empregatício. Também é o caso da condenação no pagamento de uma indenização pelo período de estabilidade, quando existir dúvida sobre a existência ou não da própria estabilidade. Para o reclamado ser condenado é preciso que seja declarada a existência de relação de emprego, no primeiro caso, ou a existência da estabilidade, no segundo. Essa "declaração" de existência ou não de uma relação ou de um determinado direito vai influenciar diretamente na análise dos demais pedidos.

Tenho de retornar àquela afirmação de que a prescrição é uma punição pelo "não agir", uma sanção que tem como fato gerador a letargia do credor; afinal, o direito não protege aqueles que dormem. Maria agiu. Foi à Justiça do Trabalho em busca do reconhecimento do vínculo empregatício, que, como já estudamos, é questão de mérito (prejudicial). O pagamento das verbas decorrentes da relação de emprego está juridicamente condicionado àquela prejudicial meritória.

Exemplo:

Digamos que Maria tenha trabalhado para a Empresa W durante três anos, sem carteira assinada. No último ano de trabalho, ajuizou reclamação trabalhista, objetivando o reconhecimento do vínculo empregatício e o registro de sua carteira de trabalho. O empregador, ao tomar conhecimento da ação, demitiu Maria. A sentença foi de procedência dos pedidos, transitando em julgado dez anos depois da propositura da ação, tendo o juiz declarado a existência do vínculo empregatício e determinado o registro em carteira. Maria, ao tomar conhecimento da decisão, pretende propor nova reclamação, pleiteando diferenças salariais, férias, 13º salário, aviso prévio, FGTS e demais verbas.

Será que já prescreveu a pretensão?

Como pode Maria propor reclamação se o contrato foi extinto há mais de dez anos?

Para o TST, não deve incidir, no caso, qualquer prescrição, pois a primeira reclamação, de natureza tipicamente declaratória, interrompeu a prescrição, inclusive de pretensões exclusivamente condenatórias, ante a identidade de causa de pedir remota. Em resumo: a prescrição (bienal e quinquenal), quanto à pretensão contida na segunda reclamação, só começou a fluir "do trânsito em julgado da sentença prolatada na primeira demanda".

Eis o teor da OJ 401 da SDI-1.

> OJ 401 da SDI-1. Prescrição. Marco inicial. Ação condenatória. Trânsito em julgado da ação declaratória com mesma causa de pedir remota ajuizada antes da extinção do contrato de trabalho. O marco inicial da contagem do prazo prescricional para o ajuizamento de ação condenatória, quando advém a dispensa do empregado no curso de ação declaratória que possua a mesma causa de pedir remota, é o trânsito em julgado da decisão proferida na ação declaratória, e não a data da extinção do contrato de trabalho.

Sintetizando:

A prescrição da pretensão condenatória não pode fluir enquanto não for decidida a prejudicial.

11.1.2.1.2.10. Aviso prévio – início da bienal prescrição

O aviso prévio, mesmo que indenizado, é computado como tempo de serviço, inclusive para fins de cômputo prescricional. Logo, se o empregado foi demitido e recebeu o aviso prévio indenizado, a contagem da prescrição bienal não terá início na data de sua efetiva saída da empresa, mas no dia do final do prazo de aviso prévio – OJ 83, c/c a OJ 82 da SDI-1.

Conforme estudamos, **se o direito ao aviso prévio for controvertido**, ele **não servirá** para prorrogar o cutelo prescricional.

A OJ 83 da SDI-1 apenas incidirá quando o aviso prévio for inconcusso (fato incontroverso).

Digamos que José tenha sido demitido por justa causa no dia 21/01/2013 (segunda-feira), quando contava com sete meses de contrato, ajuizando reclamação trabalhista no dia 28/01/2015 (quarta-feira). O objeto principal da reclamação é o pedido de nulidade da demissão por justa causa, pois o obreiro alega que jamais praticou falta grave, pleiteando, consequentemente, a condenação do reclamado no pagamento das verbas rescisórias típicas de uma dispensa sem justa causa, incluindo o aviso prévio indenizado de trinta dias. Caso o reclamado requeira a aplicação da prescrição bienal, o juiz deverá acolher o requerimento. Existe uma controvérsia acerca do motivo da rescisão contratual, ou seja, o aviso prévio está condicionado à análise meritória (instrução processual). Ocorre que a bienal prescrição é uma típica prejudicial de mérito (matéria meritória que deve ser analisada antes das demais questões de mérito), motivo pelo qual o juiz a aplicará antes da instrução, tornando inócua, para fins prescricionais, a frágil névoa do aviso prévio indenizado.

> Prescrição. Início do prazo. Integração do aviso prévio indenizado. Dúvida quanto à existência do vínculo. O prazo para o trabalhador vir a juízo pleitear o reconhecimento da relação de emprego e consequentes, entre esses, naturalmente, o direito ao aviso prévio, flui a partir da data do término da relação de trabalho, ou seja, da prestação de serviços. Por isso é que não se pode pretender, nessas circunstâncias, que o prazo prescricional tenha início computando-se o prazo de um direito eventual, no caso o aviso prévio indenizado, que somente poderá vir a ser reconhecido após julgada a ação (TST, RR 109900-25.2002.5.02.0079, 2ª Turma. Relator Ministro Vantuil Abdala. *DEJT* 07/04/2009).

> OJ 82 da SDI-1. Aviso prévio. Baixa na CTPS. A data de saída a ser anotada na CTPS deve corresponder à do término do prazo do aviso prévio, ainda que indenizado.

> OJ 83 da SDI-1. Aviso prévio. Indenizado. Prescrição. A prescrição começa a fluir no final da data do término do aviso prévio. Art. 487, § 1º, CLT.

11.1.2.1.2.11. Momento em que a prescrição deve ser arguida

Já estudamos que a prescrição deve ser suscitada na contestação. Tecnicamente, a bienal deve ser levantada antes das demais questões meritórias, por ter natureza prejudicial, enquanto a parcial, por sua aura cautelar, pode ser requerida no final da contestação. Costumeiramente, entretanto, sem prejuízo algum, o advogado de defesa prefere levantar a prescrição, seja ela qual for, como matéria prejudicial. Os juízes, inclusive, já se habituaram a procurar o requerimento prescricional logo no início da peça de defesa.

Mas se acontecer de o advogado de defesa não suscitar a incidência da prescrição na contestação? Como fica o fantasma da preclusão?

Na Súmula 153, o TST consagrou o entendimento de que a prescrição, quando não arguida na defesa, não provoca a preclusão.

Preclusão temporal é a perda da oportunidade de praticar um ato processual pelo decurso do tempo. Caso o reclamado não requeira a incidência da prescrição na contestação, poderá fazê-lo durante a audiência inicial, durante a audiência de instrução, nas razões finais, nos embargos de declaração, no recurso ordinário (mesmo adesivo) e, inclusive, nas contrarrazões de recurso ordinário, se for o caso. A prescrição, à luz de sólidos precedentes jurisprudenciais, pode ser arguida em toda a instância ordinária, que termina precisamente com o recurso ordinário.

Arguir a prescrição apenas na "sustentação oral" do recurso ordinário, no entanto, é inadmissível.

Não há também que se pensar em arguição da prescrição na instância extraordinária, que, no processo trabalhista, começa com a interposição do recurso de revista. O recurso de revista, como todo e qualquer recurso de natureza extraordinária, não admite reexame de fatos e provas, tendo seu objeto restrito às matérias taxativamente previstas em lei. Uma das características do recurso de revista (e todos os recursos de natureza extraordinária) é a presença de um pressuposto extrínseco exclusivo de admissibilidade: o pré-questionamento.

O prequestionamento é um pressuposto criado pelos tribunais, ou seja, tem origem jurisprudencial, e não legal. O CPC cita o prequestionamento no art. 941, § 3º, e no art. 1.025; a CLT o cita no § 1º-A, I, do art. 896. No processo do trabalho ele está previsto na Súmula 297 do TST.

Tem-se por prequestionada a matéria quando o TRT (no caso de recurso de revista) tiver adotado tese explícita a respeito. Ora, se o reclamado não discutiu prescrição no recurso ordinário, evidentemente o TRT não adotou qualquer tese sobre o tema. Assim, a prescrição não foi prequestionada. Caso fosse arguida, pela primeira vez, no recurso de revista, este não seria conhecido, exatamente pela ausência do referido pressuposto de admissibilidade.

Juiz do trabalho não deve aplicar, em demandas envolvendo direitos trabalhistas de empregado, de ofício, a prescrição. Mesmo diante da previsão contida nas normas de direito comum, o juiz deve abster-se do comando.

Sempre é bom lembrar que o direito comum só pode ser aplicado à relação empregatícia quando estiver em harmonia com os princípios do direito do trabalho. É o que prevê o parágrafo único do art. 8º da CLT. A prescrição *ex officio* não está em consonância com os princípios da proteção ao hipossuficiente, da indisponibilidade e da irrenunciabilidade dos direitos trabalhistas pelo obreiro.

A prescrição não será aplicada de ofício em relação às verbas trabalhistas (salariais e não salariais). No caso de verba "não trabalhista", por exemplo, uma indenização por dano moral decorrente de assédio moral, acidente do trabalho etc., entendo que o juiz deverá aplicar de ofício a prescrição (bienal e parcial), pois não encontraria incompatibilidade com os princípios do direito do trabalho, já que o princípio da indisponibilidade protege apenas os títulos de natureza alimentar. Caberia, quanto à bienal prescrição ou à prescrição total, o julgamento liminarmente improcedente dos pedidos, previsto no § 1º do art. 332 do CPC/2015.

Caso o reclamante seja o empregador, o juiz do trabalho também deverá aplicar de ofício a prescrição (bienal e parcial). Diante de uma relação de trabalho que não seja relação de emprego, o juiz também deve aplicar de ofício a prescrição (prescrição trabalhista, no caso do trabalhador avulso; prescrição civil, nas demais relações de trabalho). Prevalecerá, no caso, o regramento civilista. Também caberia, no caso, o julgamento liminarmente improcedente dos pedidos, quanto à bienal prescrição, previsto no § 1º do art. 332 do CPC/2015.

11.1.2.1.2.12. Suspensão da prescrição no caso de comissão de conciliação prévia

A criação de comissões de conciliação prévia, seja no âmbito empresarial, seja no âmbito sindical, é mera faculdade (arts. 625-A a 625-H da CLT). A ida do empregado à comissão também é facultativa, diante da liminar do STF que suspendeu a eficácia do art. 625-D da CLT; logo, se desejar, o empregado pode ajuizar reclamação trabalhista na Justiça do Trabalho sem passar pela comissão, não precisando nada justificar. Caso o empregado decida ir à comissão, durante todo o período em que a demanda estiver sendo processada, a prescrição ficará suspensa (art. 625-G da CLT).

Não se confunde suspensão com interrupção. Na interrupção, a prescrição zera. Na suspensão, a prescrição para de correr e, quando findar a suspensão, a prescrição voltará a correr de onde parou.

11.1.2.1.3. Decadência

A decadência também está presente na seara trabalhista. O prazo fixado pelo empregador para adesão do empregado ao Plano de Demissão Voluntária (PDV) é um prazo tipicamente decadencial. Também é decadencial o prazo previsto no artigo 853 da CLT, concernente ao ajuizamento de inquérito judicial para apuração de falta grave. Observem a Súmula 403 do STF.

> Súmula 403 do STF. É de decadência o prazo de trinta dias para instauração do inquérito judicial, a contar da suspensão, por falta grave, de empregado estável.

Os prazos para impetração de mandado de segurança (120 dias), ajuizamento de ação rescisória (dois anos) e oposição de embargos à execução (cinco dias) têm natureza decadencial.

Na decadência, diferente da prescrição, não há lesão, ou seja, não existe *actio nata*.

A prescrição limita a pretensão no tempo. A decadência pune aquele que, para exercer/adquirir um direito, não observou o prazo fixado na lei ou no contrato.

A decadência afasta a possibilidade do exercício de um direito. Evita a aquisição de um direito.

A prescrição, por sua vez, não evita a aquisição de um direito, pois na prescrição o direito já existe e foi violado. Com a violação, surge a *actio nata* (o interesse de agir); essa pretensão encontra-se limitada pela prescrição.

A prescrição evita que a pretensão se eternize, prestigiando a segurança jurídica.

Ao contrário da prescrição, a decadência fulmina o próprio direito. É comum a expressão "o direito caducou", quando da incidência da guilhotina decadencial.

Eis os casos mais importantes.

Prazo decadencial para aderir a um Plano de Demissão Voluntária (PDV) instituído pelo empregador. Trata-se de um típico lapso decadencial aquele fixado para os empregados optarem pela adesão. Importante lembrar que os valores recebidos, mediante a adesão ao PDV, não podem ser "compensados" em futura condenação do empregador na Justiça do Trabalho, como já pacificou o TST na OJ 356 da SDI-1. Também não custa reforçar que a quitação realizada no PDV abrange exclusivamente as parcelas e os valores constantes do recibo, não impedindo, portanto, o ajuizamento de reclamação trabalhista depois da extinção do contrato, como dispõe a OJ 270 da SDI-1. O STF, entretanto, no ano de 2015, quando do julgamento do Recurso Extraordinário (RE) 590415, considerou válida a quitação geral e irrevogável de todas as verbas decorrentes do contrato, à luz de cláusula prevista no termo de PDV assinado por empregado e empregador, **desde que exista previsão neste sentido em acordo coletivo ou convenção coletiva de trabalho**. A decisão do STF foi prestigiada pela Reforma Trabalhista, mediante a inclusão do **art. 477-B na CLT**.

O prazo de trinta dias para ajuizamento do inquérito judicial para apuração de falta grave também tem natureza decadencial - vide Súmula 403 do STF. Esse prazo não se inicia do momento em que o empregador toma ciência da prática da falta grave, tampouco do flagrante, se existir. Ele começa a correr da suspensão preventiva do obreiro. O art. 494 da CLT diz que o empregador, para fins de ajuizamento do inquérito, poderá suspender o empregado acusado de ter praticado falta grave. O art. 853 da CLT dispõe que, a partir da suspensão, o empregador terá trinta dias para ajuizar o inquérito. Observem que a suspensão preventiva dura até a conclusão do processo - art. 494 da CLT. Ela não se confunde com a "suspensão disciplinar", prevista no art. 474 da CLT, a qual tem natureza de sanção e, como tal, não pode ultrapassar trinta dias.

O prazo de cinco dias para oposição de embargos à execução é tipicamente decadencial (art. 884 da CLT), lembrando que no caso de execução contra a Fazenda Pública e Correios, o prazo para embargos à execução é de trinta dias (art. 183, c/c os arts. 915 e 910 do CPC). Observem que o prazo decadencial não é processual. Logo, a contagem ocorre em dias corridos, não se aplicando o art. 775 da CLT.

O prazo de 120 dias para impetrar mandado de segurança também tem natureza decadencial. Está previsto no art. 23 da Lei 12.016/2009, sendo contado da ciência, pelo interessado, do ato a ser impugnado (ato ilegal/arbitrário praticado por autoridade pública). Há um detalhe muito importante que merece atenção especial. Em se tratando de ato administrativo, o art. 5º, I, da Lei 12.016/2009 dispõe que não cabe mandado de segurança quando existir recurso administrativo com efeito suspensivo. Exemplifiquemos: "Auditor-fiscal do trabalho, realizando a primeira fiscalização em uma empresa recentemente inaugurada, aplicou multa administrativa, por força de algumas irregularidades detectadas. A multa, convenhamos, traduz total ilegalidade, pois as empresas recém-inauguradas têm direito ao critério da 'dupla visita', ou seja, não podem ser multadas na primeira fiscalização – vide art. 627, *b*, da CLT. O advogado da empresa sabe que não poderá, naquele momento, impetrar mandado de segurança, pois cabe contra o ato recurso administrativo dotado de efeito suspensivo. O efeito suspensivo deriva da Súmula Vinculante 21, que considera inconstitucional a exigência de depósito prévio como pressuposto de admissibilidade de recurso administrativo. Ora, se a empresa pode recorrer sem nada depositar, esse recurso administrativo goza naturalmente de efeito suspensivo. Conclusão: o prazo decadencial de 120 dias não seguirá o comando do art. 23 da Lei 12.016/2009, i.e., o seu início não se dará 'da ciência do ato', mas do momento em que a instância administrativa for esgotada, pois só a partir daí é que a empresa poderá 'agir' (impetrar mandado de segurança). Seria surreal imaginar a fluência do prazo em período no qual o legislador não permite a impetração do *mandamus*".

O prazo de dois anos para ajuizamento de ação rescisória também tem natureza decadencial, sendo contado do dia imediatamente subsequente ao trânsito em julgado da última decisão proferida na causa, seja de mérito ou não, como bem define a Súmula 100, I, do TST. Cuidado! O prazo não é contado do dia do trânsito em julgado, mas do dia imediatamente subsequente! Na hipótese de colusão das partes, o prazo decadencial da ação rescisória somente começa a fluir para o Ministério Público do Trabalho, que não interveio no processo principal, a partir do momento em que tem ciência da fraude – Súmula 100, VI, do TST.

O prazo decadencial não é prazo processual, mas de direito material, tanto assim que a decadência está prevista no Código Civil (arts. 207 a 211). Isso é muito importante, pois sobre o prazo decadencial não se aplica a previsão do art. 775 da CLT (contagem apenas em dias úteis). Também não se aplica à decadência o item II da Súmula 262 do TST, que prevê a suspensão dos prazos processuais durante o recesso forense. O prazo decadencial, como não é um prazo processual, não sofre qualquer suspensão por conta do recesso. O mesmo se diga da prescrição.

Flagrado acessando *sites* pornográficos durante o expediente, o empregado, então dirigente sindical, foi preventivamente suspenso, à luz do art. 494 da CLT, no dia 01/12/2012. A partir do dia 02/12/2012, a contagem do prazo de trinta dias para ajuizamento do inquérito foi iniciada. Ocorre que no dia 20/12/2012 a Justiça do Trabalho fechou. Quando do início do recesso, o empregador ainda dispunha de doze dias para ajuizar o inquérito.

Ele vai receber esse "saldo" de doze dias quando da reabertura da justiça?

No dia 07/01/2013 ele receberá de volta o "saldo" de doze dias?

Resposta: NÃO!

O prazo não foi suspenso, lembram?

Para que seu direito não caduque, o empregador terá de ajuizar o inquérito no primeiro dia de funcionamento da Justiça do Trabalho em 2013.

Essa previsão está na Súmula 100, IX, do TST ("Prorroga-se até o primeiro dia útil, imediatamente subsequente, o prazo decadencial para ajuizamento de ação rescisória quando expira em férias forenses, feriados, finais de semana ou em dia em que não houver expediente forense"). Apesar de a Súmula tratar de ação rescisória, a interpretação se aplica a todos os casos de prazo decadencial (prazo prescricional também).

Mesma previsão pode ser encontrada no **§ 1º do art. 975 do CPC**, que trata do prazo decadencial da ação rescisória ("*Prorroga-se até o primeiro dia útil imediatamente subsequente o prazo a que se refere o caput, quando expirar durante férias forenses, recesso, feriados ou em dia em que não houver expediente forense*").

Caso o juiz detecte, de plano, a presença de suporte fático capaz de atrair a aplicação da decadência, poderá, de ofício, sem ouvir as partes, julgar liminarmente improcedentes os pedidos, nas causas que dispensem a fase instrutória, resolvendo o mérito da causa – § 1º do art. 332 e inciso II do art. 487 do CPC, c/c o parágrafo único do art. 7º da IN 39/2016 do TST.

Se a causa necessitar de fase instrutória, o juiz só poderá aplicar a decadência depois de abrir a oportunidade para que as partes se pronunciem sobre o tema – parágrafo único do art. 487 do CPC.

11.1.2.2. Demais questões de mérito

Depois das preliminares, e, já no mérito, das questões prejudiciais, cabe ao advogado, iluminado pelo princípio da eventualidade, passar a atacar as demais questões meritórias, ato marcado pela cautela, que deve sempre guiar a trajetória do bom advogado de defesa.

Cabe ao advogado do reclamado se insurgir contra todos os fatos narrados, um a um, atacando todos os pedidos.

Uma forma clássica de contestação é a negativa do fato. Quando o reclamado, na contestação, nega o fato, mantém o ônus da prova com o reclamante (salvo se o juiz inverter o ônus, nos termos da distribuição dinâmica do fardo probante, prevista nos §§ 1º a 3º do art. 818 da CLT e nos §§ 1º e 2º do art. 373 do CPC).

Outra forma de contestar é levantar um fato impeditivo, modificativo ou extintivo do direito do autor.

Diferentemente da mera negativa, o reclamado, ao levantar um fato capaz de impedir, modificar ou extinguir o direito do reclamante, atrai para si o ônus da prova do respectivo fato – art. 818, II, da CLT e art. 373, II, do CPC.

Digamos que o reclamante, em sua petição inicial, tenha dito que, durante o contrato de trabalho, não usufruía intervalo intrajornada mínimo de uma hora, previsto no art. 71 da CLT, e por conta disso esteja pleiteando o pagamento da indenização, acrescida de 50%, estipulada no § 4º do art. 71 da CLT. Caso o reclamado negue o fato, dizendo que o obreiro usufruía intervalo mínimo de uma hora, o ônus da prova será do reclamante. Caso o reclamado não negue o fato, admitindo a concessão parcial do intervalo, "mediante previsão em acordo coletivo ou convenção coletiva de trabalho" (art. 611-A da CLT), ele terá de provar o fato impeditivo do direito do reclamante, juntando a norma coletiva aos autos.

Típico fato impeditivo pode ser encontrado no art. 62 da CLT. Trata-se de fato impeditivo ao pagamento de horas extras (trabalhador externo, alto empregado e regime de teletrabalho).

O fato extintivo mais comum é o "pagamento". O pagamento extingue a obrigação. Digamos que o reclamante esteja pleiteando o pagamento do 13º salário do ano de 2012. Caso o empregador, na contestação, afirme que pagou a verba, terá obviamente de provar o fato extintivo (juntando o respectivo recibo).

A ausência de contestação específica faz que o juiz presuma verdadeiro o fato não contestado. A presunção de que o fato descrito na petição inicial é verdadeiro deriva da famosa "confissão ficta". A confissão ficta, ou confissão presumida, nasce do silêncio. Diferente, portanto, da confissão real (ou confissão expressa).

11.1.3. Compensação

A compensação, se não arguida na contestação, é passível de preclusão – art. 767 da CLT, c/c a Súmula 48 do TST. Daí a importância da matéria para o advogado de defesa.

À luz do art. 368 do CCB, compensação é o encontro ou absorção de créditos entre partes que são reciprocamente credoras.

Digamos que o reclamante está pleiteando adicional noturno, porém, quando da vigência do contrato, recebeu adiantamentos salariais que não foram descontados das verbas rescisórias. O reclamante, portanto, se considera credor do adicional noturno e o reclamado, por sua vez, se considera credor dos adiantamentos salariais. Temos uma "reciprocidade de créditos" e as verbas envolvidas têm natureza trabalhista (Súmula 18 do TST). Em caso de condenação no pagamento de adicional noturno, os salários adiantados podem ser compensados, caso o advogado de defesa requeira na contestação e comprove durante a instrução.

A compensação, na Justiça do Trabalho, está restrita a dívidas de natureza trabalhista – Súmula 18 do TST.

Tomando por base o mesmo exemplo, caso o empregado, na época do contrato de trabalho, tivesse causado um grande prejuízo ao patrimônio da empresa (quebrou determinada máquina), a compensação não seria possível, porquanto o empregador é credor de uma verba de natureza não trabalhista (indenização por dano material), que não pode ser compensada do adicional noturno (verba trabalhista). Nesse caso, o empregador deverá, uma vez citado, ofertar, além de contestação, reconvenção (de acordo com o CPC, a reconvenção passou a integrar o corpo da contestação - art. 343).

> Súmula 18 TST. Compensação. A compensação, na Justiça do Trabalho, está restrita a dívidas de natureza trabalhista.
>
> Súmula 48 TST. Compensação. A compensação só poderá ser arguida com a contestação.

11.1.4. Dedução

A compensação não se confunde com a mera dedução, que é a subtração do que já foi pago sob a mesma rubrica.

Digamos que o reclamante esteja pleiteando o pagamento de quatro horas extras por dia. O empregador admite a realização de trabalho extraordinário, mas nega a quantidade apontada pelo reclamante, afirmando que "todas as horas extras foram pagas". O advogado de defesa apresenta a contestação e os contracheques, que comprovam a quitação de várias horas extras. E se o juiz reconhecer a procedência do pedido, condenando o reclamado no pagamento de quatro horas extras por dia? Como ficariam as horas extras pagas ao longo do contrato, constantes dos contracheques?

O juiz do trabalho, com base em sólido entendimento doutrinário e jurisprudencial, deve **deduzir** os valores comprovadamente pagos, sob o mesmo título, evitando o enriquecimento sem causa - princípio do *non bis in idem*. A tese de que a dedução deve ser realizada de ofício pelo juiz ganhou força com a edição da OJ 415 da SDI-1:

> OJ 415 da SDI-1. Horas extras. Reconhecimento em juízo. Critério de dedução/abatimento dos valores comprovadamente pagos no curso do contrato de trabalho. A dedução das horas extras comprovadamente pagas daquelas reconhecidas em juízo não pode ser limitada ao mês de apuração, devendo ser integral e aferida pelo total das horas extraordinárias quitadas durante o período imprescrito do contrato de trabalho.

Para a compensação, basta que as verbas, marcadas pela reciprocidade de créditos, tenham natureza trabalhista, do contrário o reclamado terá de reconvir.

Para a dedução, as verbas têm de ser idênticas.

11.1.5. Retenção

Diz respeito ao imposto de renda e às contribuições previdenciárias e tem como base o item II da Súmula 368 do TST. É comum ao advogado do reclamante pedir que o reclamado, "causador das lesões", seja condenado a arcar com todas as contribuições previdenciárias e também com o imposto de renda. O advogado, na contestação, tem de repelir esse pedido.

> Item II da Súmula 368 do TST – É do empregador a responsabilidade pelo recolhimento das contribuições previdenciárias e fiscais, resultantes de crédito do empregado oriundo de condenação judicial. A culpa do empregador pelo inadimplemento das verbas remuneratórias, contudo, não exime a responsabilidade do empregado pelos pagamentos do imposto de renda devido e da contribuição previdenciária que recaia sobre sua quota-parte (ex-OJ nº 363 da SBDI-1, parte final).

11.2. EXCEÇÃO DE INCOMPETÊNCIA TERRITORIAL

A exceção de incompetência territorial está prevista no art. 800 da CLT, enquanto as normas de competência territorial encontram-se no art. 651 da CLT. É uma competência relativa, ou seja, não é matéria de ordem pública. Trata-se, portanto, de objeção que não pode ser conhecida de ofício pelo magistrado – § 5º do art. 337 do CPC.

O CPC de 2015 acabou com a peça intitulada "Exceção de Incompetência em Razão do Lugar", incluindo a objeção no rol das preliminares de contestação – inciso II do art. 332 do CPC. Essa alteração não afetou o processo trabalhista, já que há norma específica na CLT sobre o tema (art. 800).

Bom, a reclamação trabalhista, em regra, deve ser ajuizada no **local da prestação de serviços**, independentemente de onde ocorreu a contratação.

Há, no entanto, três situações especiais:

1. <u>Empregado agente ou viajante comercial</u> – A reclamação deve ser ajuizada no local onde estiver situada a filial da empresa. Em caso de inexistência de filial, o ajuizamento se dará no local do domicílio do empregado – art. 651, § 1º, da CLT.
2. <u>Empregado brasileiro que labora no exterior</u> pode propor reclamação no Brasil, desde que não exista norma internacional prevendo o contrário – art. 651, § 2º, da CLT.
3. <u>Empregado que labora em empresa que atua em localidades diversas daquela onde ocorreu a contratação</u> – A reclamação pode ser ajuizada tanto no local da contratação como em qualquer local no qual o obreiro tenha prestado serviços – art. 651, § 3º, da CLT.

A primeira situação (§ 1º do art. 651 da CLT) aplica-se exclusivamente a um tipo de empregado: aquele que trabalha no **comércio e viajando**. A reclamação deve ser ajuizada no local onde estiver situada a filial da empresa. O local da sede é irrelevante. O que vale é o local da filial (agência; sucursal). Não existindo filial, a reclamação será ajuizada no local do domicílio do empregado. Se existir filial, mas o empregado não estiver subordinado a ela (sua subordinação é diretamente com a matriz), para esse empregado não existirá filial e, por conta disso, a reclamação deverá ser ajuizada no local do domicílio do empregado.

A segunda situação (§ 2º do art. 651 da CLT) remete-nos à Lei 7.064/1982, que dispõe sobre a situação de trabalhadores contratados ou transferidos para prestar serviços no exterior. Para o ajuizamento da ação no Brasil, bastam dois requisitos: empregado ser brasileiro + inexistir norma internacional dispondo o contrário.

A terceira situação (§ 3º do art. 651 CLT) aplica-se às empresas que se deslocam, tais como as companhias circenses, as companhias teatrais, os clubes de futebol, as companhias aéreas quanto aos aeronautas, empresas de ônibus que realizam viagens intermunicipais ou interestaduais etc.

No § 1º, quem se desloca é o empregado (agente ou viajante comercial). No § 3º, o deslocamento fica por conta da empresa (empregador).

O empregado que labora ou tenha laborado para uma empresa que mantém atividades fora do lugar do contrato de trabalho pode ajuizar reclamação tanto no local da contratação, quanto no local da prestação de serviços. O § 3º do art. 651 da CLT, contudo, merece interpretação ampliativa, por representar, majoritariamente, verdadeira norma de proteção à parte mais fraca da relação de emprego. O empregado, atingido pela rotina de deslocamento do seu empregador, termina protegido pela opção quanto ao local de ajuizamento da ação. Essa previsão também se aplica àqueles empregados que laboram em vários estabelecimentos do seu empregador. Foi contratado em São Paulo, depois transferido para Santos e depois transferido para o Rio de Janeiro. A constante transferência é um suporte fático para a incidência do § 3º do art. 651 da CLT, permitindo que o empregado escolha o local da contratação ou um dos locais da prestação de serviços. Discordo, veementemente, da corrente doutrinária que tenta restringir a competência, para casos desse tipo, ao local de contratação ou ao último local da prestação de serviços.

Digamos que o empregado tenha sido contratado em São Paulo e, um mês depois, transferido para Salvador, onde laborou por dez anos, quando, então, foi transferido para Manaus, sendo surpreendido, dois meses depois desta última transferência, com a rescisão contratual. Caso adotada a restrição defendida por alguns autores, o referido empregado teria que optar por São Paulo (local da contratação) ou por Manaus (último local de trabalho), quando notoriamente o melhor local para o ajuizamento da reclamação seria Salvador (local onde laborou por mais tempo).

Não custa lembrar que o *caput* do art. 651 da CLT, que é a regra geral da competência territorial, ao fixar o local da prestação de serviços como o competente, assim agiu por entender que ali as partes teriam maior facilidade para obter as provas necessárias.

O princípio protetivo também paira sobre o direito processual do trabalho, com menor frequência, naturalmente, quando comparado com o direito do trabalho. Não está nas mãos do juiz, mas nas expressas previsões do regramento instrumental. Entendo, por conta disso, que o empregado, ao laborar em localidades diversas, não sendo, evidentemente, um agente ou viajante comercial (§ 1º), poderá optar pelo ajuizamento da ação no local da contratação ou em qualquer local onde tenha trabalhado (§ 3º).

Pois bem.

O art. 800 da CLT foi muito bem alterado pela Reforma Trabalhista, prevenindo deslocamentos inúteis de reclamados que desejem, preliminarmente, discutir a competência territorial. A nova regra, entretanto, não alterou a previsão contida no *caput* do art. 847 da CLT, ou seja, o reclamado continua podendo opor exceção de incompetência territorial na audiência, inclusive oralmente.

Caso o reclamado queira discutir a questão "a distância", sem se deslocar ao local de tramitação do processo, seu advogado precisará observar o prazo preclusivo para a apresentação da exceção de incompetência territorial, que é de cinco dias, a contar do dia útil imediatamente subsequente ao recebimento da citação. Trata-se de prazo processual, logo, será contado apenas em dias úteis. Esse prazo "não é preclusivo para a apresentação da exceção". Ele é preclusivo para "a discussão da matéria sem a necessidade de deslocamento do excipiente".

Juntada aos autos, **sem sigilo**, exceção de incompetência territorial, no prazo de até cinco dias, a contar do dia útil imediatamente subsequente ao da citação, o excipiente (reclamado) não precisará se deslocar, pois o **processo será suspenso** e a **audiência adiada**, nos termos do § 1º do art. 800 da CLT.

Suspenso o processo e adiada a audiência, os autos serão conclusos ao juiz, que intimará o excepto (reclamante) para manifestação (impugnação) no prazo de cinco dias – § 2º do art. 800 da CLT. O silêncio do excepto resultará na sua ficta confissão dos fatos narrados na exceção.

Caso o juízo entenda necessária a produção de prova oral, será designada audiência específica para esse fim, **com a garantia de o excipiente e de suas testemunhas serem ouvidos por carta precatória, no juízo indicado como competente na exceção** – § 3º do art. 800 da CLT.

O novo procedimento de instrução "a distância" da exceção de incompetência territorial deve ser aplicado a todos os ritos processuais (ordinário, sumaríssimo, sumário, inquérito judicial para apuração de falta grave, consignação em pagamento etc.). O art. 852-G da CLT continua vivo, mas deixa de ser absoluto quanto a essa objeção.

No caso de a exceção de incompetência territorial não ter sido ofertada dentro do prazo de cinco dias, o reclamado terá que comparecer à audiência, pois esta não será adiada, podendo o seu advogado juntar a exceção aos autos antes da audiência, com ou sem sigilo, ou até apresentá-la na própria sessão, oralmente, por escrito ou por meio digital.

O art. 800 da CLT, antes da Reforma Trabalhista, fixava prazo de 24 horas para o excepto impugnar a exceção. Esse prazo desapareceu e o legislador "esqueceu" de fixar um novo. Considerando a mudez legal, o prazo passou a ser judicial, ou seja, será "fixado pelo juiz". Destarte, apresentada a exceção de incompetência territorial depois dos cinco dias previstos no *caput* do art. 800 da CLT, o magistrado fixará livremente o prazo para o excepto impugnar a defesa indireta. No caso de rito sumaríssimo, incidirá o art. 852-G da CLT, cabendo ao advogado do excepto impugnar a exceção de plano, na própria sessão.

Aplica-se o § 5º do art. 844 da CLT à exceção de incompetência territorial, já que ela integra o complexo defensório do réu. Sendo assim, ainda que ausente o excipiente (reclamado), se o seu advogado estiver presente à audiência, será aceita a exceção e todos os documentos eventualmente apresentados. Se da citação tiver constado a advertência quanto à cominação da ficta confissão fática, nos termos do § 1º do art. 385 do CPC, a presença do advogado, diante da ausência do excipiente, não será capaz de elidir a dita confissão, tornando inócua a aceitação da exceção, quando então prevalecerão os fatos narrados pelo excepto em sua manifestação. O magistrado, entrementes, na formação do seu convencimento, não se torna "escravo" da confissão ficta, devendo levar em conta todos os elementos que habitam os autos – itens II e III da Súmula 74 do TST.

A decisão que acolhe ou rejeita a exceção de incompetência territorial tem natureza de decisão interlocutória, irrecorrível, portanto, de imediato, como dispõe o § 1º do art. 893 da CLT, salvo se o acolhimento da exceção gerar a ordem de remessa dos autos a uma vara do trabalho de TRT diferente, quando, então, o excepto poderá interpor de imediato recurso ordinário, cujo prazo é de oito dias, à luz da consagrada ressalva esculpida na alínea "c" da Súmula 214 do TST.

> SÚMULA 214 DO TST. DECISÃO INTERLOCUTÓRIA. IRRECORRIBILIDADE. Na Justiça do Trabalho, nos termos do art. 893, § 1º, da CLT, as decisões interlocutórias não ensejam recurso imediato, salvo nas hipóteses de decisão: a) de Tribunal Regional do Trabalho contrária à Súmula ou Orientação Jurisprudencial do Tribunal Superior do Trabalho; b) suscetível de impugnação mediante recurso para o mesmo Tribunal; *c) que acolhe exceção de incompetência territorial, com a remessa dos autos para* ***Tribunal Regional distinto*** *daquele a que se vincula o juízo excepcionado, consoante o disposto no art. 799, § 2º, da CLT* (sem grifos no original).

A competência territorial é uma competência relativa, não podendo ser analisada de ofício pelo órgão jurisdicional. Logo, se o reclamado não opuser exceção de incompetência no prazo do *caput* do art. 847 da CLT, precluirá o seu direito de discutir essa questão – § 5º do art. 337 do CPC.

11.3. ARGUIÇÃO DE SUSPEIÇÃO E IMPEDIMENTO

Apesar de tratar de suspeição e de impedimento no tópico da resposta do reclamado, sempre é bom destacar que tais objeções, cujo alvo é o "órgão julgador", não são exclusivas do reclamado, podendo ser manejadas também pelo reclamante.

No que concerne à suspeição do magistrado, o art. 801 da CLT diz que o juiz é obrigado a dar-se por suspeito, e pode ser recusado por alguns dos seguintes motivos, em relação à pessoa dos litigantes:

- Inimizade pessoal.
- Amizade íntima.
- Parentesco por consanguinidade ou afinidade até o terceiro grau civil.
- Interesse particular na causa.

A CLT é de 1943, e, naquela época, estava em vigor o CPC de 1939, que não fazia a distinção entre suspeição e impedimento. No CPC de 1973, as questões passaram a ter tratamento diferenciado (arts. 134 e 135), que foi mantido, naturalmente, pelo CPC (arts. 144 e 145).

A diferença entre suspeição e impedimento deve ser prestigiada no processo trabalhista, à luz do art. 769 da CLT.

O advogado deve priorizar a boa técnica processual, separando o "joio do trigo". Afinal, o impedimento tem por base um fato objetivo, com desdobramentos que vão além da própria objeção (vide art. 966, II, do CPC).

Impedimento é a situação de caráter objetivo (extrínseco) que gera verdadeira presunção *juris et de jure* (absoluta) de parcialidade do juiz. É um vício tão grave que pode afetar a própria coisa julgada, já que cabe ação rescisória contra sentença proferida por juiz impedido – art. 966, II, do CPC.

A suspeição, por sua vez, é uma conjuntura de caráter subjetivo (intrínseco) que gera desconfiança (dúvida; receio) de que o juiz seja parcial. O fato gera mera presunção *juris tantum* (relativa) de parcialidade.

Não há preclusão para a arguição do impedimento, pois se trata de matéria de ordem pública. A preclusão, no entanto, paira sobre a arguição de suspeição (parágrafo único do art. 801 da CLT e § 2º, II, do art. 145 do CPC).

O CPC, no art. 146, tratando situações diferentes de forma igual (o que é um absurdo), fixa em quinze dias o prazo para a apresentação da petição de arguição. Ora, *data maxima venia*, o impedimento do magistrado pode ser arguido em qualquer grau de jurisdição, a qualquer tempo, inclusive em ação rescisória. É matéria de ordem pública.

Nos casos de suspeição, por outro lado, o oferecimento da petição, no tempo certo, é imprescindível para que não se opere a preclusão.

A alegação de suspeição ou de impedimento do magistrado, como já dito, não é um privilégio do reclamado. O reclamante também pode se opor ao órgão julgador.

Aspecto importante é o da competência funcional para julgar a arguição.

O art. 802 da CLT, construído sob a égide da representação classista (que acabou), diz que *a exceção será julgada pelo próprio excepto* (órgão apontado como impedido ou suspeito). Não há mais espaço, porém, para a aplicabilidade da CLT. **O TST já definiu que a competência para julgar arguição de impedimento ou de suspeição contra juiz do trabalho é do TRT**. A petição, no entanto, deve ser dirigida ao juiz apontado como suspeito ou impedido. A partir daí o magistrado pode reconhecer o fato, afastando-se do processo. Caso contrário, o juiz encaminhará a petição ao TRT, após apresentar sua impugnação (resposta). Para o TST, portanto, uma vez arguida a suspeição ou o impedimento do juiz do trabalho, será aplicado o art. 146 do CPC, *verbis*:

> Art. 146. No prazo de quinze dias, a contar do conhecimento do fato, a parte alegará o impedimento ou a suspeição, em petição específica dirigida ao juiz do processo, na qual indicará o fundamento da recusa, podendo instruí-la com documentos em que se fundar a alegação e com rol de testemunhas.
>
> § 1º Se reconhecer o impedimento ou a suspeição ao receber a petição, o juiz ordenará imediatamente a remessa dos autos a seu substituto legal, caso contrário, determinará a autuação em apartado da petição e, no prazo de quinze dias, apresentará suas razões, acompanhadas de documentos e de rol de testemunhas, se houver, ordenando a remessa do incidente ao tribunal.
>
> § 2º Distribuído o incidente, o relator deverá declarar os seus efeitos, sendo que, se o incidente for recebido:
>
> I – sem efeito suspensivo, o processo voltará a correr;
>
> II – com efeito suspensivo, o processo permanecerá suspenso até o julgamento do incidente.
>
> § 3º Enquanto não for declarado o efeito em que é recebido o incidente ou quando este for recebido com efeito suspensivo, a tutela de urgência será requerida ao substituto legal.
>
> § 4º Verificando que a alegação de impedimento ou de suspeição é improcedente, o tribunal rejeitá-la-á.
>
> § 5º Acolhida a alegação, tratando-se de impedimento ou de manifesta suspeição, o tribunal condenará o juiz nas custas e remeterá os autos ao seu substituto legal, podendo o juiz recorrer da decisão.
>
> § 6º Reconhecido o impedimento ou a suspeição, o tribunal fixará o momento a partir do qual o juiz não poderia ter atuado.
>
> § 7º O tribunal decretará a nulidade dos atos do juiz, se praticados quando já presente o motivo de impedimento ou de suspeição.

O art. 144 do CPC define os casos de **impedimento**. É vedado ao juiz exercer suas funções no processo:

- em que interveio como mandatário da parte, oficiou como perito, funcionou como membro do Ministério Público ou prestou depoimento como testemunha.
- de que conheceu em outro grau de jurisdição, tendo proferido decisão.

- quando nele estiver postulando, como defensor público, advogado ou membro do Ministério Público, seu cônjuge ou companheiro, ou qualquer parente, consanguíneo ou afim, em linha reta ou colateral, até o terceiro grau, inclusive.
- quando for parte no processo ele próprio, seu cônjuge ou companheiro, ou parente, consanguíneo ou afim, em linha reta ou colateral, até o terceiro grau, inclusive.
- quando for sócio ou membro de direção ou de administração de pessoa jurídica parte no processo.
- quando for herdeiro presuntivo, donatário ou empregador de qualquer das partes.
- em que figure como parte instituição de ensino com a qual tenha relação de emprego ou decorrente de contrato de prestação de serviços.
- em que figure como parte cliente do escritório de advocacia de seu cônjuge, companheiro ou parente, consanguíneo ou afim, em linha reta ou colateral, até o terceiro grau, inclusive, mesmo que patrocinado por advogado de outro escritório.
- Quando promover ação contra a parte ou seu advogado.

O art. 145 do CPC dispõe que há **suspeição** do juiz:

- amigo íntimo ou inimigo de qualquer das partes ou de seus advogados.
- que receber presentes de pessoas que tiverem interesse na causa antes ou depois de iniciado o processo, que aconselhar alguma das partes acerca do objeto da causa ou que subministrar meios para atender às despesas do litígio.
- quando qualquer das partes for sua credora ou devedora, de seu cônjuge ou companheiro ou de parentes destes, em linha reta até o terceiro grau, inclusive.
- interessado no julgamento do processo em favor de qualquer das partes.

Poderá o juiz declarar-se suspeito por motivo de foro íntimo, sem necessidade de declarar suas razões.

Aplicam-se também os motivos de impedimento e de suspeição ao membro do Ministério Público, aos auxiliares da justiça e aos demais sujeitos imparciais do processo (art. 148 do CPC), por exemplo, o perito.

11.4. RECONVENÇÃO

A reconvenção não foi extinta pelo CPC. Ela continua viva e com a mesma natureza de ação (ação reconvencional), consagrada no antigo Código. A reconvenção deixou apenas de ser uma "peça apartada", passando a integrar o corpo da contestação. O reclamado, por conseguinte, caso deseje reconvir, fá-lo-á na própria contestação. Isso vale também para o processo do trabalho.

A reconvenção está prevista no art. 343 do CPC, sendo pacífico o entendimento sobre a sua compatibilidade com o processo trabalhista, em que pese a forte resistência de parcela da doutrina e da jurisprudência quanto ao seu uso nos ritos sumário e sumaríssimo, principalmente quando o julgador busca a analogia com a Lei 9.099/1995 (Juizados Especiais).

Sempre vi com bons olhos a reconvenção, sem distinção entre procedimentos, pois, em sentença única, o juiz poderá decidir pretensões recíprocas. Para o réu, inclusive, a reconvenção serve também como um meio legal de "intimidação" do autor, mostrando que este também corre o risco de ser condenado.

A reconvenção, apesar de inserida no corpo da contestação, não é um meio de "defesa" do réu, porquanto possui "pretensão própria", tendo natureza de ação (ou, se preferir, pedido contraposto, como dispõe a Lei 9.099/1995), tanto que a desistência da reclamação ou a ocorrência de causa extintiva que impeça o exame de seu mérito não obsta o prosseguimento do processo quanto à reconvenção – § 2º do art. 343 do CPC.

O requisito para a admissibilidade da reconvenção está no *caput* do art. 343 do CPC, que reza ser lícito ao réu "propor reconvenção" para manifestar "pretensão própria", conexa com a ação principal ou com o fundamento da defesa.

A conexão é o requisito principal da ação reconvencional, podendo ser com relação à ação principal ou no tocante à defesa.

A conexão entre a ação principal e a reconvenção remete-nos ao art. 55 do CPC, o qual define que duas ou mais ações são conexas quando lhes for comum o pedido ou a causa de pedir. A conexão entre a reconvenção e um dos fundamentos da defesa, de outra banda, deve ser interpretada como a pretensão que está "vinculada", "interligada", "conectada" com a própria defesa.

Digamos que um empregado foi demitido por justa causa e tenha ajuizado reclamação trabalhista pleiteando a nulidade da demissão e a sua conversão em dispensa imotivada, além do pagamento de verbas rescisórias, horas extras e diferença salarial por acúmulo de funções. Na defesa, a empresa alega que a demissão por justa causa decorreu de prejuízo causado dolosamente pelo obreiro, que teria danificado um equipamento durante o serviço. Nada mais natural ao empregador do que, além de se defender, reconvir, pleiteando ao juiz a condenação do reclamante (reconvindo) no pagamento de indenização por dano material. Há, no caso, conexão entre a reconvenção e um dos fundamentos da defesa.

A conexão, como pressuposto da reconvenção, seja quanto à ação principal, seja com relação à defesa, sempre foi mitigada na Justiça do Trabalho.

A contestação, no processo do trabalho, pode ser apresentada na audiência (*caput* do art. 847 da CLT), logo, a reconvenção também poderá ser ofertada, no corpo da contestação, na mesma audiência, oportunidade em que o juiz suspenderá os trabalhos e marcará nova data, exatamente para que o reclamante, na qualidade de reconvindo, apresente contestação à reconvenção, observando o prazo mínimo de defesa (cinco dias – art. 841 da CLT).

O reclamado pode propor reconvenção independentemente de oferecer contestação, como dispõe o § 6º do art. 343 do CPC. Isso nos leva a refletir sobre a preclusão consumativa do ato contestatório, prevista no art. 342 do CPC, e que se tornou aplicável ao processo trabalhista, quando a contestação for apresentada pelo PJE, sem sigilo, antes da audiência, nos termos do parágrafo único do art. 847 e do § 3º do art. 841 da CLT. Se o reclamado ofertar contestação sem sigilo antes da audiência, não poderá mais, a partir dali, "deduzir novas alegações", salvo aquelas restritas questões elencadas nos três incisos do art. 342 do CPC.

Digamos que o reclamado junte aos autos, pelo PJE, sem sigilo, contestação "pura", ou seja, sem reconvenção, quatro meses antes da data da audiência. Fazendo isso, ele estará instalando a *litiscontestatio*, mediante a estabilização do processo, impedindo a desistência unilateral da ação pelo reclamante e bloqueando a possibilidade de aditamento à petição inicial. No entanto, o ato também refletirá no réu, pois, com a apresentação da contestação, operar-se-á a preclusão consumativa do ato contestatório. Poderia, então, depois de apresentada a contestação no PJE, sem sigilo, o reclamado reconvir?

Entendo que não!

A reconvenção não está prevista na legislação processual trabalhista, aplicando-se, consequentemente, o art. 343 do CPC, cujo *caput* diz: "*Na contestação, é lícito ao réu propor reconvenção para manifestar pretensão própria, conexa com a ação principal ou com o fundamento da defesa*". Sendo assim, a melhor interpretação é a de que a preclusão consumativa incidirá sobre toda a "contestação", ou seja, "sobre todas as alegações que poderiam ser feitas na contestação". E "novas alegações" não poderão ser "deduzidas" depois da juntada, sem sigilo, da contestação aos autos do PJE – argúcia do *caput* do art. 342 do CPC c/c o art. 769 da CLT.

O § 3º do art. 841 da CLT reforça a conclusão, quando usa o termo "contestação", exatamente para se referir à estabilização do processo. Observem que o legislador, no *caput* do art. 847 da CLT, quando faculta ao réu a prática do ato antes da audiência, já fala em "defesa", que, tecnicamente, no processo trabalhista, diz respeito à contestação ("pura" ou "com reconvenção") e à exceção de incompetência territorial.

O § 6º do art. 343 do CPC, mencionado no início da presente abordagem, ratifica a tese de preclusão consumativa, pois diz que o réu pode propor reconvenção independentemente de oferecer contestação (opção 01), e, naturalmente, pode ofertar contestação sem reconvenção (opção 02), assim como pode apresentar contestação com reconvenção (opção 03). Feita a opção pelo réu, estará precluso o ato contestatório no sentido lato.

Isso não se aplica, conforme já estudamos, à exceção de incompetência territorial, pois tal objeção é um meio de "defesa" do réu e que possui "peça específica", ou seja, não está inserida na "contestação" (no processo civil, está – inciso II do art. 337 do CPC; no processo do trabalho, não está – art. 800 da CLT). Logo, mesmo já apresentada, sem sigilo, contestação, não precluirá o direito de o reclamado opor exceção de incompetência territorial, ato que poderá ser praticado até mesmo na própria audiência.

A preclusão consumativa atingirá a contestação no seu todo, incluindo a reconvenção. Podemos dizer que a preclusão consumativa gerada pela oferta de contestação sem reconvenção (sem sigilo) deságua na preclusão temporal da ação reconvencional, ou seja, na perda da oportunidade de praticar um ato processual (reconvir), já que este deveria corporificar a contestação (art. 334 do CPC). Caso o reclamado junte reconvenção depois de apresentada, sem sigilo, a contestação, aquela peça será excluída dos autos, de ofício ou a requerimento do advogado do reclamante.

O advogado do reclamado tem que ficar atento, pois a preclusão consumativa gerada pela apresentação da contestação sem sigilo pelo PJE resultará na preclusão temporal da reconvenção. Significa que, se a reconvenção não estiver inserida no corpo da contestação, não será admitida a sua apresentação depois de praticado o ato contestatório.

Nas ações dúplices, a reconvenção é compatível, mesmo existindo posições conservadoras que a inadmitem. Comum, na Justiça do Trabalho, a reconvenção em ação de consignação em pagamento, mesmo sendo esta uma ação meramente declaratória e dúplice. Possível também a reconvenção em sede de Inquérito para Apuração de Falta Grave não para requerer o retorno ao labor e o pagamento dos salários retroativos, já que essas obrigações derivam de ato *ex officio* do juiz do trabalho, quando da improcedência do inquérito (art. 495 da CLT), mas, por exemplo, para o requerimento de pagamento de indenização por dano moral e/ou material em face da acusação sofrida.

Digamos que o empregador, na petição inicial da ação consignatória, tenha afirmado que o empregado foi demitido por justa causa e se recusou a receber as verbas rescisórias. O empregado, na contestação, pode dizer, inicialmente, que não cometeu falta grave, motivo pelo qual se recusou a receber as verbas, asseverando, já no tópico da reconvenção, que foi acusado injustamente de ter praticado determinado ato, requerendo, por conseguinte, a nulidade da demissão por justa causa e o pagamento de todas as verbas rescisórias, além do pagamento de horas extras, o pagamento de uma indenização por dano moral, entre outros títulos.

O juiz, nesse tipo de caso, liberará em favor do empregado (consignatário/reconvinte) o valor confessado pelo empregador na consignação, a título de "quitação das verbas rescisórias incontroversas" (fato capaz de afastar a aplicação da multa do art. 467 da CLT), continuando o processo em razão da reconvenção. A audiência será adiada para que a empresa (consignante/reconvinda) apresente contestação à reconvenção.

Eis um segundo exemplo.

Empregado propõe reclamação trabalhista em desfavor do empregador, pleiteando, por exemplo, o pagamento de horas extras. O empregador, uma vez citado, comparece à audiência e oferta contestação, rebatendo a pretensão de horas extras, apresentando, no corpo da contestação, reconvenção, cobrando uma indenização pelos danos causados pelo empregado (o empregado destruiu um veículo da empresa). Observem que não há conexão entre a ação principal e a reconvenção. Também não há conexão entre a reconvenção e o fundamento da defesa. Mas é comum o juiz do trabalho admitir a reconvenção, por medida de celeridade e economia (não admitida, a empresa no mesmo dia ajuizaria reclamação em desfavor do obreiro).

Há similaridade entre a "compensação" e a "reconvenção", mas os institutos não se confundem. A compensação fica restrita a verbas de natureza trabalhista (Súmula 18 do TST), não podendo ultrapassar o valor da condenação. A reconvenção não fica restrita a verbas de natureza trabalhista, podendo ultrapassar o valor da condenação da ação principal.

QUESTÕES COMENTADAS SOBRE DEFESA

1. **(FGV – VI Exame de Ordem). No processo trabalhista, a compensação ou retenção:**

(A) só poderá ser arguida como matéria de defesa.

(B) poderá ser arguida em qualquer fase do processo, mesmo na execução definitiva da sentença.

(C) poderá ser arguida em qualquer momento, até que a sentença seja proferida pelo juiz de 1ª instância.

(D) poderá ser arguida em qualquer momento, até que a sentença tenha transitado em julgado.

Comentário: A letra "A" está correta, traduzindo a literal disposição contida no art. 767 CLT, assim como a previsão da Súmula 48 TST. As demais assertivas, consequentemente, estão erradas, pois baseadas na arguição da compensação "em qualquer fase do processo" e "em qualquer momento".

Resposta: A

2. **(FGV – IX Exame de Ordem). Uma das espécies de resposta é a reconvenção, que vem a ser a ação do réu contra o autor no mesmo feito e juízo em que é demandado. Malgrado não estar formalmente previsto na CLT, é pacífico o cabimento da reconvenção nas lides trabalhistas. Das hipóteses abaixo listadas, assinale aquela em que, pela natureza da pretensão deduzida, seria inviável a apresentação de reconvenção na Justiça do Trabalho.**

(A) Quando a empresa pretender a condenação do empregado no valor do aviso prévio por ele não concedido, ao pedir demissão.

(B) Quando a empresa pretender o ressarcimento por dano causado pelo empregado no decorrer do contrato de trabalho.

(C) Quando a empresa pretender a devolução do valor de um curso pago em benefício do empregado e pelo qual o obreiro comprometeu-se a não pedir demissão durante determinado período, o que depois foi descumprido pelo trabalhador.

(D) Quando a empresa pretender a devolução de valor pago pela compra de um bem do seu empregado que, após, verificou possuir vício redibitório.

Comentário: O CPC não acabou com a reconvenção. Ele apenas incorporou a ação reconvencional à contestação. Logo, a reconvenção deixou de ser uma peça apartada. Quando o empregado pede demissão, tem três opções quanto ao aviso prévio: pedir dispensa do seu cumprimento; cumpri-lo trabalhando, caso o empregador não o dispense; simplesmente não cumprir, quando então o empregador poderá descontar o valor do aviso prévio das verbas rescisórias (art. 487, § 2º, CLT). Nesse caso, o aviso prévio se transforma numa verba devida pelo empregado ao empregador, sendo possível, numa demanda trabalhista, a compensação (art. 767 CLT e Súmulas 18 e 48 TST) ou a reconvenção, a depender da situação. A letra "A" apresenta, portanto, uma situação viável ao uso da reconvenção. O mesmo se diga da letra "B", que traduz um típico caso de reconvenção, quando o empregador, na qualidade de reclamado, oferta contestação com reconvenção, buscando o ressarcimento dos prejuízos causados pelo empregado (arts. 186 e 927 CCB). Esse ressarcimento não pode ocorrer por mera compensação, como prevê a Súmula 18 do TST, já que a dívida do obreiro não tem natureza de verba trabalhista. Idêntico argumento serve para justificar a compatibilidade da letra "C". Por conseguinte, a letra "D" é o item a ser assinalado, pois a lide não é de competência da Justiça do Trabalho, mas da justiça estadual.

Resposta: D

3. **(FGV – XI Exame de Ordem). Um determinado trabalhador ajuizou uma reclamação trabalhista e, na data designada, faltou injustificadamente à audiência. Seu advogado requereu o desentranhamento dos documentos, no que foi atendido. Dois meses depois, apresentou a mesma reclamação, mas posteriormente resolve desistir dela em mesa de audiência, o que foi homologado pelo magistrado, sendo extinto o processo sem resolução do mérito. Caso queira ajuizar uma nova ação, o trabalhador**

(A) terá de aguardar o prazo de seis meses, pois contra ele será aplicada a pena de perempção.

(B) poderá ajuizar a nova ação de imediato, contanto que pague o valor de uma multa que será arbitrada pelo juiz.

(C) não precisará aguardar nenhum prazo para ajuizar nova ação.

(D) deverá aguardar seis meses para ajuizar ação contra aquele empregador, mas não para outros que porventura venha a ter.

Comentário: A primeira reclamação foi arquivada pelo não comparecimento do reclamante à audiência (art. 844 da CLT). A segunda foi arquivada pela desistência do autor (parágrafo único do art. 200 e art. 485, VIII e §§ 4º e 5º, do CPC). No art. 732 da CLT, encontramos um dos dois casos de perempção trabalhista, incidente quando o reclamante deixar duas reclamações serem arquivadas **consecutivamente pelo não comparecimento à audiência**. A perempção trabalhista nada mais é do que a proibição de reclamar, contra o mesmo reclamado, pelo período de seis meses. No caso, não há fato gerador para a perempção trabalhista, motivo pelo qual a letra "C" está correta. Vale destacar que a desistência da ação, caso o reclamado já tenha juntado defesa sem sigilo nos autos do PJE, como permite o parágrafo único do art. 847 da CLT, ficará condicionada à sua anuência, nos termos do § 3º do art. 841 da CLT.

Resposta: C

4. **(FGV – XVII Exame de Ordem). José é empregado da sociedade empresária Bicicletas Ltda. Necessitando de dinheiro, ele vendeu seu automóvel para seu patrão, sócio da sociedade empresária. Para sua surpresa, foi dispensado imotivadamente quatro meses depois. Para garantir o pagamento de horas extras trabalhadas e não pagas, Jonas ajuizou ação trabalhista contra a sociedade empresária Bicicletas Ltda. A defesa da ré aduziu que não devia nenhuma hora extra a Jonas, pois o automóvel vendido ao sócio da ré apresentou defeito no motor, o que gerou prejuízo enorme para ele, razão pela qual tudo deveria ser compensado. Diante disso, assinale a afirmativa correta.**

(A) Descabe a condenação em horas extras, dado o prejuízo causado, tendo em vista a vedação ao enriquecimento sem causa.

(B) Descabe a arguição de compensação de qualquer natureza na Justiça do Trabalho, pois contrária ao princípio de proteção ao hipossuficiente.

(C) Descabe a compensação, porque a dívida imputada a José não é trabalhista, devidas assim as horas extras na integralidade.

(D) Cabe a compensação, desde que arguida em ação própria.

Comentário: A questão foi anulada pela FGV, pois a letra "C", apontada como correta no gabarito preliminar, apresenta vício insanável em sua parte final, quando diz que "as horas extras serão devidas em sua integralidade", ignorando o fato de o empregador ter negado, na contestação, a existência de hora extra a ser paga. Fora isso, a letra "C" de fato está correta, traduzindo a previsão contida na Súmula 18 TST: "A compensação, na Justiça do Trabalho, está restrita a dívidas de natureza trabalhista." *Vide* também o art. 767 CLT e a Súmula 48 TST. Os prejuízos decorrentes do contrato de compra e venda firmado entre empregado e empregador também não poderiam ser objeto de reconvenção, por absoluta incompetência da Justiça do Trabalho.

Resposta: questão anulada pela banca examinadora.

12

INSTRUÇÃO

Na instrução, as provas serão apresentadas pelas partes e livremente avaliadas pelo magistrado (art. 371 do CPC), independentemente de quem as tiver produzido. As provas, por conseguinte, são **comuns** e **indivisíveis**.

O conjunto probatório deve ser avaliado sob a luz dos princípios da comunhão e da indivisibilidade das provas, pois elas pertencem ao Estado-Juiz, seu único destinatário.

Os advogados, portanto, antes de requererem a produção de uma determinada prova, devem avaliar que, depois de produzida, ela passará a habitar os autos, tornando-se ingênua a ideia de que o juiz só levará em conta o fragmento que venha a favorecer o seu cliente.

O juiz é o destinatário das provas, utilizando-as para alcançar a sua persuasão (convencimento).

O juiz também pode "produzir" provas, afinal ele tem ampla liberdade na condução do processo, podendo determinar a realização de qualquer diligência necessária ao esclarecimento dos fatos. Ao juiz cabe também indeferir requerimento de produção probatória que considere desnecessária (oitiva das partes, de testemunhas, realização de perícia etc.), mediante clara e precisa fundamentação, conforme dispõem os arts. 765 e 852-D da CLT c/c os arts. 370 e 11 do CPC e 93, IX, da CF.

A atuação do magistrado, na condução do processo, fica restrita **aos limites da lide** – arts. 141 e 492 do CPC.

No processo trabalhista, feito o pregão e comparecendo as partes, o juiz tentará conciliar o litígio, como prevê o art. 846 da CLT. Não sendo possível a conciliação, o reclamado apresentará a sua defesa, como dispõe o *caput* do art. 847 da CLT. Caso a defesa já conste dos autos, **sem sigilo**, a *litiscontestatio* já terá sido instalada desde a sua juntada. Terminada a defesa, seguir-se-á a instrução processual, nos termos do art. 848 da CLT.

A CLT, como já estudamos, foi construída sob a égide da audiência una. O citado art. 848 da CLT decreta: "Terminada a defesa, seguir-se-á a instrução do processo, podendo o presidente, *ex officio* ou a requerimento de qualquer juiz temporário, interrogar os litigantes".

Observem que a redação ainda se reporta à antiga constituição da primeira instância, chamada de "Junta de Conciliação e Julgamento". A "Junta" era constituída de três juízes, um concursado, chamado de "togado", e dois "classistas", que eram "temporários". Com o fim da representação classista, no ano de 1999, mediante a EC 24, o juiz do trabalho passou a atuar monocraticamente, razão pela qual as "Juntas" deram lugar às "Varas do Trabalho". Não se fala mais, portanto, em "presidente", mas em juiz titular ou juiz substituto.

A CLT não prevê, portanto, a suspensão dos trabalhos e a remarcação da audiência. Ela não trabalha com a clássica divisão da "audiência inicial" e da "audiência de instrução". Essa fragmentação, porém, como já analisamos, é comum no rito ordinário. Tornou-se tão corriqueira a ponto de o TST publicar as Súmulas 9 e 74, *verbis*:

> SÚMULA 9 do TST. AUSÊNCIA DO RECLAMANTE. A ausência do reclamante, quando adiada a instrução após contestada a ação em audiência, não importa arquivamento do processo.
>
> SÚMULA 74 do TST. CONFISSÃO.
>
> I - Aplica-se a confissão à parte que, expressamente intimada com aquela cominação, não comparecer à audiência em prosseguimento, na qual deveria depor.
>
> II - A prova pré-constituída nos autos pode ser levada em conta para confronto com a confissão ficta (arts. 442 e 443, do CPC de 2015 - art. 400, I, do CPC de 1973), não implicando cerceamento de defesa o indeferimento de provas posteriores.
>
> III - A vedação à produção de prova posterior pela parte confessa somente a ela se aplica, não afetando o exercício, pelo magistrado, do poder/dever de conduzir o processo.

O art. 848 da CLT deixa a entender que o interrogatório das partes é uma mera faculdade do magistrado, bem diferente da previsão do art. 385 do CPC, que espelha norma mais moderna, facultando ao litigante o requerimento para que seja colhido o depoimento pessoal do outro. Essa diferença, evidentemente, gera uma acirrada discussão, pois há quem diga que a CLT deve ser prestigiada, sob o fundamento de inexistência de omissão (art. 769 da CLT), assim como há quem prestigie a previsão do processo comum, por considerar o depoimento pessoal como típico meio probante.

Sigo esta última corrente, reconhecendo a força do interrogatório, que pode gerar a rainha das provas (confissão expressa) ou a princesa das provas (confissão ficta). Não por acaso, o CPC inseriu o depoimento pessoal no Capítulo das Provas, cuidando, logo em seguida, da confissão (Capítulo XIII - Seção IV e Seção V).

Observem que não estamos discutindo se o juiz é obrigado ou não a colher os depoimentos de reclamante e reclamado. Não se trata disso, já que o juiz é livre para, mediante decisão fundamentada, especificar as provas necessárias para o julgamento da demanda. Discute-se apenas o direito de o advogado requerer ou não a oitiva da parte contrária. Só isso.

Bom, já estudamos que a ausência do reclamante à audiência gera o arquivamento da reclamação, enquanto a ausência do reclamado gera a revelia e a confissão ficta quanto à matéria fática – art. 844 da CLT. Esses efeitos são aplicados à audiência una e à "audiência inicial".

A ausência das partes à "audiência de instrução", nas varas que trabalham com o fracionamento da sessão, não vai gerar o arquivamento, nem a revelia. O efeito, no caso, será o mesmo para ambas as partes: "confissão ficta quanto à matéria de fato".

A ausência de uma das partes à "audiência de instrução" traduz a sua recusa em prestar depoimento pessoal, atraindo, assim, a incidência do art. 385, § 1º, do CPC. O TST cuida do assunto na Súmula 74. Aplica-se a confissão à parte que, *expressamente intimada com aquela cominação*, não comparecer à audiência de instrução – item I da Súmula 74 do TST c/c o § 1º do art. 385 do CPC.

A confissão ficta, portanto, incidirá tanto sobre o reclamante como sobre o reclamado. Ambos sofrerão a mesma "pena". Para que isso ocorra, é imprescindível que a parte tenha sido intimada (avisada, alertada) de que a sua injustificada ausência geraria a aplicação da "pena". Sem a intimação prévia (aviso, alerta), não há como o juiz aplicar a "sanção".

Se ambas as partes não comparecerem à "audiência de instrução", tornar-se-ão confessas quanto à matéria fática. Significa que o reclamante estará confessando que os fatos narrados pelo reclamado, na contestação, são verdadeiros e que, concomitantemente, o reclamado também estará confessando que os fatos narrados pelo reclamante, na petição inicial, são verdadeiros. Como poderá o juiz decidir, já que os litigantes, mutuamente, confessaram? Simples. O magistrado utilizará, para o seu veredicto, a teoria do ônus da prova, tão bem definida no art. 818 da CLT e no art. 373 do CPC. Caso o ônus da prova seja do reclamante, sua será a sucumbência. Caso o ônus da prova seja do reclamado, a derrota o abraçará.

O CPC inovou em matéria de ônus da prova, trazendo à baila a "distribuição equitativa e coerente do fardo probante" (distribuição dinâmica), como pode ser observado no § 1º do art. 373. Com a Reforma Trabalhista, a distribuição dinâmica do ônus da prova passou a esculpir as linhas da CLT, especificamente no § 1º do art. 818.

Nos casos previstos em lei ou **diante de peculiaridades da causa relacionadas à impossibilidade ou à *excessiva dificuldade* de cumprir o encargo probatório ou à maior facilidade de obtenção da prova do fato contrário**, poderá o juiz atribuir o ônus da prova de modo diverso, desde que o faça por **decisão fundamentada**, caso em que deverá dar à parte a oportunidade de se desincumbir do ônus que lhe foi atribuído.

As lides envolvendo vínculo doméstico de emprego encaixam-se muito bem na distribuição dinâmica do ônus da prova, pois, notoriamente, o empregado doméstico tem excessiva dificuldade de cumprir determinado encargo probante.

A terceirização envolvendo órgão público, na qualidade de contratante, é outro bom exemplo, pois o item V da Súmula 331 do TST só admite a sua responsabilização subsidiária mediante comprovação de sua conduta culposa para a inadimplência do fornecedor.

A priori, o ônus da prova é do reclamante (art. 818, I, da CLT e art. 373, I, do CPC). Ele é quem está "acusando" o reclamado de "fazer", de "não fazer" ou de "não pagar". Aprioristicamente, portanto, vai imperar a presunção de inocência, que é um princípio constitucional. Não me venham falar do fantasioso princípio "*in dubio pro operario*", criação daqueles que "misturam" direito do trabalho com direito processual do trabalho. Existirá sempre o "*in dubio pro litigante que não carrega o fardo probante*". Eis como deve desaguar a incerteza, depois de esgotada a instrução processual.

O alardeado "princípio" do "*in dubio pro operario*" desaba diante do sopro da boa técnica da teoria que distribui o fardo probante, até mesmo pelo fato de, hodiernamente, reclamante e reclamado contarem com assistência de advogados.

Caso perdure, na mente do juiz do trabalho, no final da instrução, alguma dúvida, a sucumbência rastejará pelo caminho da parte a quem cabia convencer o magistrado daquele "fato", ou seja, "da parte a quem cabia o ônus da prova", seja trabalhador, seja empresa.

O CPC prevê que a distribuição do ônus da prova pode ser convencionada entre as partes (§§ 3º e 4º do art. 373). Essa previsão, à luz do inciso VII do art. 2º da IN 39/2016 do TST, não pode ser aplicada ao processo do trabalho. Mais uma vez, *data venia*, o TST precipitou-se, transformando todo e qualquer trabalhador em pessoa "hipossuficiente", igualando desiguais, alijando, com isso, os princípios da razoabilidade, da proporcionalidade e da isonomia. Eis o nosso caminhar, com passos marcados pela fácil exclusão de novidades e mantença de padrões doutrinários mumificados. Com a Reforma Trabalhista, vale destacar, surgiu, legalmente, a figura do empregado hipersuficiente – parágrafo único do art. 444 da CLT.

A prova emprestada passou a ser prevista expressamente no regramento processual. Eis o que dispõe o art. 372 do CPC: "*O juiz poderá admitir a utilização de prova produzida em outro processo, atribuindo-lhe o valor que considerar adequado, observado o contraditório*".

Um laudo pericial pode ser apresentado como prova emprestada. Uma ata de audiência também. Contudo, é necessário que o juiz conceda a oportunidade para a parte contrária impugnar a prova.

Os advogados podem **gravar a audiência**, em áudio e/ou em vídeo, independentemente de autorização judicial, afinal trata-se de ato público (salvo no caso de segredo de justiça).

§ 5º do art. 367 do CPC/2015 – "A audiência poderá ser **integralmente gravada em imagem e em áudio, em meio digital ou analógico**, desde que assegure o rápido acesso das partes e dos órgãos julgadores, observada a legislação específica".

§ 6º do art. 367 do CPC/2015 – "**A gravação a que se refere o § 5º também pode ser realizada diretamente por qualquer das partes, independentemente de autorização judicial**" (sem grifos no original).

12.1. DEPOIMENTO PESSOAL

O "interrogatório" das partes está previsto no art. 848 da CLT, cuja redação, como vimos, induz à equivocada conclusão de que a oitiva dos litigantes é um ato privativo e facultativo do magistrado.

A CLT enxerga o "interrogatório" como uma mera faculdade do juiz. *Data venia*, esse não é o caminho hermenêutico aconselhável a ser trilhado por um intérprete cauto, equilibrado o suficiente para não abandonar um arremate coerente: **o depoimento pessoal é, indubitavelmente, um meio de prova**.

Trata-se de um meio de prova **especial**, hábil a ponto de fazer brotar a confissão, seja ficta, seja expressa.

Justificável, portanto, a aplicação de norma mais moderna, contida no art. 385 do CPC: "*Cabe à parte requerer o depoimento pessoal da outra parte, a fim de que esta seja interrogada na audiência de instrução e julgamento, sem prejuízo do poder do juiz de ordená-lo de ofício*".

Realizado o requerimento, o juiz, caso o indefira, terá que fundamentar a decisão, como exigem o art. 93, IX, da CF e o art. 11 do CPC. O advogado requerente, diante do indeferimento, deve, por extrema cautela, protestar – argúcia do art. 795 da CLT. Além disso, deve pleitear a exposição, em ata de audiência, da fundamentação judicial para a exoneração do interrogatório.

Sempre é bom destacar a ampla liberdade do juiz na condução do processo, prevista nos arts. 765 e 852-D da CLT e no *caput* do art. 370 do CPC.

Logo, o advogado tem que estar ciente de que a decisão final, não só quanto à oitiva das partes, mas em relação à produção probatória em geral, integra o poder de direção do magistrado, respaldado na legislação processual.

De outra banda, como já ressaltado, nunca é demais advertir que o magistrado tem o *dever de expor os fundamentos de suas decisões* (as razões que o levaram a decidir daquela forma) – art. 93, IX, da CF e art. 11 do CPC. No caso de exoneração de provas, observem o que diz o parágrafo único do art. 370 do CPC: "*O juiz indeferirá, **em decisão fundamentada**, as diligências inúteis ou meramente protelatórias*".

Com relação aos depoimentos pessoais, é vedado a quem ainda não depôs assistir ao interrogatório da outra parte, nos termos do § 2º do art. 385 do CPC.

Na edição anterior desta obra, disse: *Não há rigidez na ordem do interrogatório, cabendo ao juiz decidir quem deporá primeiro, apesar da previsão do art. 361, II, do*

CPC/2015. Simpatizo com a ideia de que a ordem deve priorizar a distribuição do ônus da prova. Logo, o primeiro depoimento deve ser da parte que carrega o fardo probante da principal pretensão da ação.

Recompensado foi o nosso livro, com a Reforma Trabalhista, que insculpiu o § 2º ao art. 775 da CLT, dispondo exatamente sobre isso, ao asseverar que ao juiz incumbe dilatar os prazos processuais e **alterar a ordem de produção dos meios de prova**, adequando-os às necessidades do conflito de modo a conferir maior efetividade à tutela do direito.

A CLT, como se desconhecesse a prática processual, no art. 848, § 1º, diz que as partes poderão se retirar da sala de audiências após o interrogatório.

Jamais o juiz permitirá a saída das partes, porque isso pode "contaminar" as testemunhas que ainda se encontram fora da sala de audiências, aguardando convocação. Para o juiz aplicar a previsão contida no § 1º do art. 848 da CLT, teria que isolar as testemunhas, em local que geralmente não existe nos prédios onde funcionam as varas do trabalho.

12.2. TESTEMUNHAS

Nas aulas de direito do trabalho, chamo sempre a atenção para a influência dos arts. 442 e 456 da CLT sobre o processo trabalhista. O princípio da primazia da realidade (princípio do direito do trabalho), amparado no fato de o contrato de trabalho ser, na definição do incomparável Orlando Gomes, um "contrato-realidade", cuja forma não é um elemento essencial para a sua existência, catapulta a prova oral a um patamar inimaginável, quando comparada com o processo comum.

O art. 442 da CLT diz que "o contrato individual de trabalho é o acordo tácito ou expresso [verbal ou escrito] correspondente à relação de emprego". O art. 456 da CLT dispõe que a existência de uma relação de emprego pode ser comprovada por qualquer meio de prova em direito admitido.

Dito isso, fica fácil compreender a força do princípio da concentração dos atos processuais em audiência no processo laboral.

A tímida previsão contida no art. 443 do CPC, colocando a prova testemunhal em "segundo plano", é prova viva do abismo que, neste ponto, separa o processo trabalhista do processo civil. Para não ser injusto com o CPC, trago, à coreografia da nossa discussão, o seu belíssimo art. 446, este sim em total consonância com o processo trabalhista, *verbis*:

> Art. 446 do CPC. É lícito à parte provar com testemunhas:
>
> I – nos contratos simulados, a divergência entre a vontade real e a vontade declarada;
>
> II – nos contratos em geral, os vícios de consentimento.

A CLT, bem à frente do seu tempo, quando, acertadamente, desvinculou a existência do contrato de trabalho a qualquer "folha de papel", foi inspirada no princípio da proteção ao hipossuficiente, na sapiência de que o contrato de trabalho, em regra, é um contrato de adesão, e, como tal, diante do manifesto poderio patronal, está mais propício a ser um alvo fácil da divergência entre a vontade real e a vontade formal, desacordo intitulado "vício de vontade" ou "vício de consentimento".

O Código Civil, em seu art. 112, arremata: "Nas declarações de vontade se atenderá mais à intenção nelas consubstanciada do que ao sentido literal da linguagem".

Difícil, depois disso, ignorar a importância das testemunhas no processo trabalhista.

O CPC, apesar de ter mantido a exigência da juntada de rol de testemunhas (arts. 450 a 452), criou uma novidade para o processo civil, inspirada no processo do trabalho: **a intimação das testemunhas pelas próprias partes**.

Desde 1943 a CLT já diz isso, no seu art. 825: "*As testemunhas comparecerão à audiência independentemente de notificação ou intimação*".

Com essa visionária previsão, a CLT repeliu, implicitamente, a prévia juntada de rol de testemunhas.

Quando a CLT diz "independentemente de notificação ou intimação", ela está simplesmente repassando o encargo às partes, dando mais celeridade ao feito. No processo trabalhista costumamos dizer que as testemunhas serão "convidadas" pelas partes, comparecendo "espontaneamente" à audiência.

Qual a forma que deve ser utilizada pelas partes para a realização do convite?

A CLT não especifica. A sua mudez atrai a incidência daquela regra de hermenêutica que diz: onde o legislador não restringe, não cabe ao intérprete fazê-lo. O silêncio da velha Consolidação fala mais do que mil palavras, fazendo desabrochar a conclusão de que não há forma prescrita ou defesa em lei para a realização, pelas partes, do convite às testemunhas.

No processo civil não há essa leveza. O ranço burocrático continuou encravado em suas entranhas, mesmo com a chegada do Novo CPC, cabendo ao advogado da parte, depois da juntada de rol de testemunhas, informar ou intimar a testemunha do dia, da hora e do local da audiência, ato que deverá ser realizado por carta com aviso de recebimento, cumprindo ao pobre do advogado juntar aos autos, com antecedência mínima de três dias da data da audiência, cópia da correspondência e do comprovante de recebimento. A prova testemunhal, à luz do CPC/2015, retrata uma *Via Crucis* a ser percorrida pelo profissional da advocacia.

Triste é assistir ao nascimento de um Código no ano de 2015 ainda falando em "carta com aviso de recebimento", desprezando os meios telemáticos e as redes sociais. Lamentável.

Esse emaranhado burocrático esculpido no CPC **não se aplica ao processo trabalhista**, a uma pelo fato de inexistir lacuna no regramento processual laboral (art. 769 da CLT), a duas pela incompatibilidade com os princípios da celeridade, da oralidade e da simplicidade (art. 769 da CLT) e a três por representar uma macambúzia e distorcida cópia do que o processo do trabalho já consagra há mais de 70 anos.

Não existe, portanto, no processo trabalhista, rol de testemunhas.

As testemunhas, no processo trabalhista, serão convidadas pelos advogados ou pelas partes, por qualquer meio, podendo o convite ser meramente verbal (no rito sumaríssimo, por conta do § 3º do art. 852-H da CLT, o advogado tem que ter mais cuidado, prevenindo-se contra incidentes desnecessários, como mostraremos mais adiante).

No processo do trabalho as testemunhas comparecerão espontaneamente à audiência.

O juiz do trabalho não pode atropelar a CLT e, arbitrariamente, exigir das partes ou dos advogados a prévia juntada de rol de testemunhas, principalmente agora, com o CPC, que consagrou a intimação pelos patronos.

O juiz do trabalho também não pode soterrar a CLT e "burocratizar" o processo trabalhista, passando a exigir a "comprovação prévia da intimação à testemunha", prevista no § 1º do art. 455 do CPC, desautorizado que está pela CLT (art. 825 da CLT, art. 852-H da CLT, art. 769 da CLT e parágrafo único do art. 8º da CLT) e pela Constituição Federal (art. 5º, II, da CF).

O juiz do trabalho pode sim "facultar" a apresentação de rol de testemunhas, fixando prazo para a prática do ato.

No **rito ordinário, no inquérito para apuração de falta grave** e no **rito sumário**, quando uma testemunha não comparece à audiência, basta o advogado levar o fato ao conhecimento do juiz. Este, de ofício ou a requerimento, intimará a testemunha. É simples. Nada precisará ser comprovado. Não é recomendável, inclusive, o protesto pelo advogado da parte adversa, já que o juiz está simplesmente cumprindo a regra corporificada no parágrafo único do art. 825 da CLT. Não deixa de ser deselegante protestar contra um ato notoriamente legal.

No **rito sumaríssimo** é diferente. No caso de ausência da testemunha, o advogado da parte interessada, além de levar ao conhecimento do juiz o fato, ***terá que comprovar que o seu cliente convidou a testemunha***. A exigência da **comprovação do convite** encontra-se na primeira parte do § 3º do art. 852-H da CLT: "Só será deferida intimação de testemunha que, *comprovadamente convidada*, deixar de comparecer".

Interessante observar que o legislador **não detalhou a espécie de prova a ser produzida**: se documental ou testemunhal. Andou mal, pois, à luz de regra básica da hermenêutica jurídica, já citada anteriormente, "onde o legislador não restringe, não cabe ao intérprete fazê-lo". Conclusão: **No procedimento sumaríssimo, a parte poderá utilizar-se de qualquer meio de prova em direito admitido para comprovar a realização do convite à testemunha ausente.**

Para prestigiar o espírito do rito sumaríssimo, o legislador deveria ter restringido o meio probante apenas à prova documental. Não o fez. Se a lei não especificou, não pode o juiz restringir. Paciência.

Intimada por via postal, caso a testemunha volte a não comparecer à audiência, não estará mais simplesmente ignorando o "convite" da parte, mas descumprindo ordem judicial, razão pela qual o juiz do trabalho determinará a expedição de mandado de condução coercitiva, a ser cumprido por oficial de justiça, sem prejuízo da multa a ser fixada pelo magistrado, o qual deve desprezar, na fixação da pena pecuniária, qualquer vinculação ao salário mínimo, em respeito à Lei Maior (parágrafo único do art. 825 da CLT e § 5º do art. 455 do CPC).

No rito ordinário e no rito sumário, cada parte pode apresentar até três testemunhas, enquanto no inquérito judicial para apuração de falta grave esse número aumenta para até seis testemunhas para cada litigante (art. 821 CLT). No sumaríssimo, cada parte só pode apresentar até duas testemunhas (art. 852-H, § 2º, CLT). No caso de litisconsórcio, ativo ou passivo, cada litisconsorte é considerado como parte.

Observem que as partes podem convidar quantas testemunhas quiserem. O advogado do reclamante, por exemplo, pode dizer ao juiz, caso questionado, que estão presentes dez testemunhas convidadas pelo seu cliente e que definirá, ao longo da instrução, quais as três que serão ouvidas.

O depoimento das partes e testemunhas que não souberem falar a língua nacional será feito por meio de intérprete nomeado pelo juiz, o mesmo ocorrendo quando se tratar de surdo-mudo, ou de mudo que não saiba escrever. Essa previsão encontra-se no art. 819 da CLT, cujo § 2º foi recentemente alterado pela Lei 13.660/2018. A mudança diz respeito ao pagamento das despesas decorrentes do intérprete, as quais correrão por conta da parte a que interessar o depoimento, "salvo se beneficiária de justiça gratuita". Eis a novidade trazida pela referida Lei 13.660/2018: **o beneficiário da justiça gratuita fica isento desse tipo de despesa.**

INCONSTITUCIONALIDADE DO ART. 793-D DA CLT – Ele prevê a possibilidade de o juiz do trabalho aplicar a multa esculpida no art. 793-C da CLT "à testemunha que intencionalmente alterar a verdade dos fatos ou omitir fatos essenciais ao julgamento da causa". A anomalia da regra é tão latente que chega a provocar ânsia de vômito ao jurista abençoado por um mínimo de bom senso. Ora, sabemos que a testemunha que mente em juízo comete um crime, previsto no art. 342 do Código Penal. Pois bem. Eis a premissa maior. De outra banda, sabemos que a Justiça do Trabalho, como já pacificou o STF, não tem competência criminal. Pois bem. Eis a premissa menor. Diante dessas duas premissas, a única conclusão possível é a seguinte: "o juiz do trabalho não pode punir testemunhas". Só isso. Apenas isso. Nada mais do que isso. A aplicação, pelo juiz do trabalho, de multa à testemunha **viola o inciso LV do art. 5º da CF**, que garante, a qualquer acusado, o direito ao contraditório e à ampla defesa; **viola o inciso XXXVII do art. 5º da CF**, pois cria um juízo de exceção, já que a justiça laboral não tem competência para "julgar e condenar testemunhas"; **viola o inciso LIII do art. 5º da CF**, que garante que ninguém será processado nem sentenciado senão pela autoridade competente; e **viola o inciso LIV do art. 5º da CF**, que assegura que ninguém será privado dos seus bens sem o devido processo legal.

12.2.1. Contradita – Testemunha Incapaz, Impedida ou Suspeita

A ausência de rol de testemunhas dificulta a vida do advogado quanto à contradita da testemunha.

Contraditar uma testemunha é levantar contra ela um motivo de incapacidade, de suspeição ou de impedimento. A CLT não faz a distinção entre testemunha incapaz, suspeita e impedida, pelo fato de ter sido publicada na época do CPC de 1939 (art. 829 da CLT), que também não distinguia. Vital, por conseguinte, a aplicação subsidiária do CPC/2015.

O art. 447 do CPC elenca os casos de **incapacidade**, **impedimento** e **suspeição**, *verbis*:

> Podem depor como testemunhas todas as pessoas, exceto as incapazes, impedidas ou suspeitas.
>
> § 1º *São incapazes*:
>
> I – o interdito por enfermidade ou deficiência mental;
>
> II – o que, acometido por enfermidade ou retardamento mental, ao tempo em que ocorreram os fatos, não podia discerni-los; ou, ao tempo em que deve depor, não está habilitado a transmitir as percepções;
>
> III – o que tiver menos de 16 (dezesseis) anos;
>
> IV – o cego e o surdo, quando a ciência do fato depender dos sentidos que lhes faltam.
>
> § 2º *São impedidos*:
>
> I – o cônjuge, o companheiro, o ascendente e o descendente em qualquer grau e o colateral, até o terceiro grau, de alguma das partes, por consanguinidade ou afinidade, salvo se o exigir o interesse público ou, tratando-se de causa relativa ao estado da pessoa, não se puder obter de outro modo a prova que o juiz repute necessária ao julgamento do mérito;
>
> II – o que é parte na causa;
>
> III – o que intervém em nome de uma parte, como o tutor, o representante legal da pessoa jurídica, o juiz, o advogado e outros que assistam ou tenham assistido as partes.
>
> § 3º *São suspeitos*:
>
> I – o inimigo da parte ou o seu amigo íntimo;
>
> II – o que tiver interesse no litígio.
>
> § 4º Sendo necessário, pode o juiz admitir o depoimento das testemunhas menores, impedidas ou suspeitas.
>
> § 5º Os depoimentos referidos no § 4º serão prestados independentemente de compromisso, e o juiz lhes atribuirá o valor que possam merecer.

Suspeição é um fator intrínseco (subjetivo) *capaz de afetar* a isenção (imparcialidade) da testemunha. **Impedimento** é um fator extrínseco (objetivo) *que* *afeta*, por si só, a isenção da testemunha. **Incapacidade** é um fator extrínseco *que impossibilita* uma pessoa de testemunhar.

Parece lógica a assertiva, presente na boa doutrina, de que a **contradita** deve ser apresentada ***depois*** da qualificação da testemunha (nome, estado civil, profissão, endereço etc.), prevista no *caput* do art. 457 do CPC, e ***antes*** de a testemunha prestar o compromisso de dizer a verdade – art. 458 do CPC.

A ordenação dos artigos do CPC ratifica o entendimento, pois a contradita está prevista exatamente nos §§ 1º e 2º do art. 457 do CPC.

No entanto, o direito não é uma ciência exata. E se o advogado da parte adversa não contraditar a testemunha no momento oportuno, operar-se-á a preclusão?

Ninguém, em sua sã consciência, pode, de forma açodada, responder que sim ou não. Precisamos refletir.

A contradita pode ter três fundamentos: incapacidade, impedimento e suspeição. Sobre os dois primeiros, seria um absurdo pensar em preclusão, por representarem fatores objetivos, não podendo o juiz ignorá-los, mesmo que suscitados ou descobertos depois do compromisso, até mesmo durante o depoimento ou depois de sua conclusão.

Digamos que uma determinada testemunha tenha prestado compromisso e respondido a todas as perguntas feitas pelo juiz. A sentença, inclusive, já se encontra com data marcada, quando, surpreendentemente, o advogado da parte contrária junta aos autos um documento de "interdição judicial" daquela testemunha, comprovando que, no momento do seu relato, encontrava-se "interditada por deficiência mental" e, como tal, era incapaz de depor (art. 447, § 1º, I, do CPC/2015).

O juiz não poderá ignorar o incidente. Para evitar a "decisão-surpresa" e em respeito ao princípio do contraditório, o magistrado deve notificar o advogado da outra parte, dando-lhe ciência do fato. Decorrido o prazo de "resposta", tenha ela sido ou não apresentada, caberá ao juiz decidir se anula ou não o depoimento testemunhal. A disposição legal esculpida no art. 493 do CPC, que já se encontrava no art. 462 do CPC/1973, deve ser aplicada.

Se, depois da propositura da ação, algum fato constitutivo, modificativo ou extintivo do direito influir no julgamento do mérito, caberá ao juiz tomá-lo em consideração, de ofício ou a requerimento da parte, no momento de proferir a decisão.

Parágrafo único. Se constatar de ofício o fato novo, o juiz ouvirá as partes sobre ele antes de decidir.

No exemplo, a pessoa ouvida, na qualidade de testemunha, não tinha capacidade. Seu relato não poderá ser aproveitado, nem mesmo como um "relato de informante", visto que essa possibilidade se restringe aos casos de impedimento e suspeição, e, no caso de incapacidade, ao menor de 16 anos – inteligência do art. 447, § 4º, do CPC e do art. 829 da CLT.

O TST, mediante a Súmula 394, considera compatível com o processo trabalhista a previsão do art. 493 do CPC:

> SÚMULA 394 DO TST. FATO SUPERVENIENTE. ART. 493 do CPC de 2015. ART. 462 DO CPC de 1973 (atualizada em decorrência do CPC de 2015) - Res. 208/2016. O art. 493 do CPC de 2015 (art. 462 do CPC de 1973), que admite a invocação de fato constitutivo, modificativo ou extintivo do direito, superveniente à propositura da ação, é aplicável de ofício aos processos em curso em qualquer instância trabalhista. Cumpre ao juiz ou tribunal ouvir as partes sobre o fato novo antes de decidir.

O mesmo raciocínio deve prevalecer para o caso de impedimento, por também envolver fator objetivo (extrínseco).

No caso de suspeição da testemunha, cujas hipóteses estão relacionadas no § 3º do art. 447 do CPC, duas situações distintas merecem reflexão.

Na primeira, o advogado da parte adversa, antes de a testemunha prestar compromisso, já tinha conhecimento de um fato capaz de torná-la suspeita. Resolveu, entretanto, esperar o início do depoimento, pensando que poderia tirar proveito da situação. Com o andar do relato, ao descobrir que a testemunha contrariava os interesses do seu cliente, o advogado levanta a mão e, pela ordem, requer a palavra, para, então, contraditar a testemunha.

Na minha visão, aplicando analogicamente o art. 801, parágrafo único, da CLT, o juiz deve rejeitar o requerimento, sob o fundamento de que a preclusão soterrou a oportunidade de o advogado praticar o ato processual (contradita).

O art. 801 trata da suspeição do juiz, sendo esclarecedor o seu parágrafo único:

Art. 801, parágrafo único, da CLT. Se o recusante houver praticado algum ato pelo qual haja consentido na pessoa do juiz, não mais poderá alegar exceção de suspeição, *salvo sobrevindo novo motivo*. A suspeição não será também admitida, se do processo constar que o recusante deixou de alegá-la anteriormente, quando já a conhecia, ou que, depois de conhecida, aceitou o juiz recusado ou, finalmente, se procurou de propósito o motivo de que ela se originou.

Observem a decisão a seguir transcrita:

> SUSPEIÇÃO DE TESTEMUNHA. AUSÊNCIA DE CONTRADITA. PRECLUSÃO. A *suspeição* da testemunha deve ser arguida por meio de contradita, ato a ser praticado *no interregno entre a qualificação e o compromisso da testemunha. Não tendo sido apresentada a contradita no momento oportuno, inviável a arguição de suspeição em sede de recurso ordinário, eis que incide a preclusão.* (TRT, 18ª Região, RO 01005-2012-171-18-00-9, Relator: Desembargador Federal do Trabalho Breno Medeiros, *DEJT* 27.07.2012).

Diferente é o caso da testemunha sobre a qual não pairava, no momento do compromisso, qualquer centelha de suspeição. No transcorrer do depoimento, entretanto, a testemunha começou a demonstrar um sentimento de ódio mortal ou fraterna amizade contra ou a favor de uma das partes. Eis um bom exemplo do "motivo novo", citado no parágrafo único do art. 801 da CLT, aplicado analogicamente. Caberia ao próprio juiz, de ofício, tomar as rédeas da situação, desqualificando a testemunha e, se estritamente necessário, continuar a ouvi-la como mero informante.

Como não há, no processo trabalhista, rol de testemunhas, perde força a previsão contida no § 1º do art. 457 do CPC, no sentido de que o fato gerador da contradita tem que ser comprovado no ato de sua arguição, afinal os advogados só conheceram as testemunhas da parte adversa na própria audiência.

O fato ensejador da contradita pode ser comprovado por qualquer meio de prova admitido no direito, podendo gerar, inclusive, o adiamento da audiência e a marcação de uma assentada exclusiva para a instrução da própria contradita.

Decidido o incidente, o advogado da parte "sucumbente", caso discorde dos fundamentos lançados pelo juiz, deve protestar. Já estudamos que o protesto não é apenas um ato antipreclusivo, mas a manifestação do profissional de que não concorda com a decisão judicial. A irrecorribilidade, apenas lembrando, é apenas "imediata", pois a questão poderá ser debatida no recurso ordinário, sendo capaz de gerar, inclusive, a nulidade da sentença, por *error in procedendo* (a sentença seria o fruto de uma árvore envenenada).

12.2.2. Súmula 357 TST – "Troca de Favores" – Análise Crítica

Na Súmula 357, o TST decreta que "não se pode presumir a suspeição" de uma testemunha pelo simples fato de ela também ter ajuizado reclamação trabalhista contra o mesmo empregador.

Digamos que José e Manoel ajuizaram reclamações trabalhistas em face de uma mesma empresa, na qual trabalharam por alguns anos. A audiência de instrução de José foi marcada para uma data anterior à de Manoel. No dia da audiência, José comparece acompanhado de apenas uma testemunha: Manoel.

O TST, mediante a Súmula 357, não enxerga, *a priori*, qualquer obstáculo à serventia de Manoel como testemunha convidada por José.

> TESTEMUNHA. AÇÃO CONTRA A MESMA RECLAMADA. SUSPEIÇÃO. Não torna suspeita a testemunha o simples fato de estar litigando ou de ter litigado contra o mesmo empregador.

Para o TST, portanto, "o simples fato" de a testemunha possuir ou ter possuído reclamação contra o mesmo reclamado não a torna suspeita.

Interpreto o "simples fato" como uma expressão que guarda sinonímia com o termo "por si só".

Vejamos como ficaria a Súmula 357 do TST com a substituição de uma expressão pela outra: "O fato de a testemunha estar litigando ou ter litigado contra o mesmo reclamado não a torna, **por si só**, suspeita".

"Por si só" significa "apenas por esse motivo".

O "motivo", não obstante, pode ser um **indício** para que o juiz aprofunde a investigação e, ao final, conclua que, de fato, a testemunha não tem isenção suficiente para depor.

A Súmula 357 do TST, por conseguinte, não fecha, definitivamente, a porta para a acolhida da contradita arguida pelo advogado do reclamado.

A Súmula 357 do TST não afasta, peremptoriamente, a suspeição da testemunha que também litiga com o mesmo reclamado.

A Súmula 357 do TST simplesmente diz que o juiz não deve acolher a contradita sob o único fundamento de que "a testemunha também possui ou já possuiu reclamação trabalhista contra o mesmo reclamado". É só isso!

O advogado do reclamado, numa situação desse tipo, pode sim contraditar a testemunha, levando ao conhecimento do juiz o fato. O juiz, diante da contradita, não pode simplesmente dizer que a Súmula 357 do TST o autoriza a ouvir a testemunha, rejeitando, **apenas por esse fundamento**, a contradita. Não é assim tão simples. O fato de a testemunha litigar ou ter litigado contra o mesmo reclamado tem a sua relevância, mesmo que, por si só, não sirva como base para o acolhimento da contradita.

O magistrado, nesse caso, deve conversar com a testemunha contraditada, procurando saber se ela trocou informações com o reclamante, se eles combinaram algo etc. Na presença do juiz, a testemunha, por mais forte que seja, pode perder a "ginga", expondo sentimentos que convençam o magistrado de que a contradita tem baseamento.

Não há como negar, entretanto, a força que exala da Súmula 357 do TST, expondo, aprioristicamente, presunção *juris tantum* de inexistência de suspeição da testemunha que também litiga ou tenha litigado contra o mesmo empregador.

Para o TST, o juiz deve partir da premissa de que a testemunha "não é suspeita". Na teoria do ônus da prova, caberia àquele que levantou a contradita comprovar, robustamente, a presença da escura névoa da suspeição.

Em setembro de 2012, no julgamento do RR 197040-64.2002.5.02.0381, a SDI-1 voltou a respaldar a Súmula 357 do TST, numa situação ainda mais contundente do que a usual, pois tratava-se de testemunha que, além de ter ajuizado reclamação em desfavor do mesmo reclamado, utilizou o reclamante como testemunha, no que se costuma chamar de "troca de favores". Eis um fragmento da notícia que consta do *site* do TST e, em seguida, a ementa da decisão:

> Para a SDI-1, o fato de um trabalhador ter arrolado como testemunha ex-colega, *para o qual tenha testemunhado em outro processo contra o mesmo empregador*, não configura, *por si só*, o favorecimento apto a tornar suspeito o depoimento

pretendido. O juiz do trabalho indeferiu os depoimentos das testemunhas indicadas pelo trabalhador, acolhendo contradita da empresa. A decisão foi mantida no TRT, para o qual a troca de favores entre o reclamante e as testemunhas ficou evidente, na medida em que "o reclamante depôs nas ações das testemunhas". Os autos chegaram ao TST e, após análise da Oitava Turma, o recurso de revista não foi conhecido, razão pela qual o autor interpôs recurso de embargos para a SDI-1. Na SDI-1, o ministro José Roberto Freire Pimenta proferiu seu voto no sentido de reformar a decisão do Regional. O relator destacou que "*o TST tem entendimento consolidado no sentido de que o só fato de a testemunha postular judicialmente contra o mesmo demandado, mesmo com pleitos idênticos, por si só, não acarreta a sua suspeição, tampouco torna seus depoimentos carentes de valor probante, tudo em consonância com o entendimento sedimentado na Súmula nº 357 do TST". Para o ministro, a repudiada troca de favores não deve ser presumida e, sim, devidamente comprovada, circunstância efetivamente não configurada nos autos.* O ministro relator pontuou, ainda, que essa modalidade de prova não pode ser inviabilizada em vista da notória dificuldade de empregados se disporem a depor em ação ajuizada por colega quando ainda vigente o contrato de trabalho, aliado ao fato de que, por vezes, as testemunhas tiveram ou ainda se vinculam à parte com quem estão em litígio (Decisão de 06/09/2012, RR 197040-64.2002.5.02.0381) (sem grifos no original).

EMBARGOS REGIDOS PELA LEI Nº 11.496/2007. CONTRADITA DE TESTEMUNHA. RECLAMANTE ARROLADO PARA DEPOR EM AÇÃO TRABALHISTA AJUIZADA PELA TESTEMUNHA CONTRA O MESMO EMPREGADOR. TROCA DE FAVORES. NÃO COMPROVAÇÃO. É entendimento desta Corte de que a troca de favores, apta a tornar suspeita a testemunha, deve ser comprovada, circunstância, no entanto, não divisada nos autos, já que a decisão regional, transcrita pela decisão recorrida, não registrou prova nesse sentido, não sendo suficiente, para tanto, a simples constatação de o reclamante ter sido arrolado para testemunhar na ação trabalhista ajuizada pela testemunha contra o mesmo empregador. Isso porque se estaria, em última consequência, inviabilizando essa modalidade de prova, já que a realidade revela não só a dificuldade de colegas de trabalho, ainda empregados da empresa, deporem contra a empregadora, mas também que, geralmente, as pessoas chamadas a depor tiveram ou mantêm alguma relação com os litigantes. Recurso de embargos conhecido e provido (TST, SDI-I, E-ED-RR: 197040-64.2002.5.02.0381, Rel. José Roberto Freire Pimenta, *DJ* 06/09/2012).

Em maio de 2014, o TST voltou a decidir da mesma forma:

RECURSO DE REVISTA. PROCESSO ELETRÔNICO. NULIDADE DA SENTENÇA POR CERCEAMENTO DO DIREITO DE DEFESA. CONTRADITA DE TESTEMUNHA. SUSPEIÇÃO. AÇÃO CONTRA A MESMA RECLAMADA. PRESUNÇÃO DE TROCA DE FAVORES. IMPOSSIBILIDADE. Nos termos da Súmula 357 do TST, não torna suspeita a testemunha o simples fato de estar litigando ou de ter litigado contra o mesmo empregador. Precedentes. Recurso de revista conhecido e provido (TST, RR 1032-02.2012.5.03.0102, 8ª Turma, Rel. Min. Márcio Eurico Vitral Amaro, Data de Publicação 16/05/2014).

Há uma presunção de inexistência de suspeição sobre a testemunha, mesmo que a parte, anteriormente, tenha sido também testemunha em seu processo. Sendo assim, caberá à parte adversa (aquela que suscitou a contradita) provar, cabalmente, a ausência de imparcialidade da testemunha contraditada.

12.2.3. Depoimento, Inversão das Testemunhas e Gravação dos Depoimentos

O art. 820 da CLT reza que as partes e as testemunhas serão inquiridas pelo juiz, cravando que as perguntas formuladas pelos advogados serão repassadas "por seu intermédio". **Significa que a CLT não permite que as partes façam perguntas diretamente à testemunha.** Elas devem ser dirigidas ao juiz. O CPC/1973, no art. 416, também previa o mesmo procedimento, determinando, no seu § 2º, que as perguntas indeferidas pelo juiz fossem obrigatoriamente transcritas na ata de audiência, caso requerido pelo advogado.

O CPC de 2015 trouxe uma novidade elogiável, especificamente no art. 459, consagrando a realização de perguntas, formuladas pelos advogados, diretamente à testemunha, começando pela parte que a convidou ou arrolou, vedando perguntas indutivas, estranhas à lide e que já tenham sido respondidas, determinando, à luz do antigo CPC, que as perguntas indeferidas pelo juiz sejam transcritas na ata, quando requerido (§ 3º).

Nada mais salutar do que livrar o magistrado da "função" de "papagaio", valorizando, com isso, o advogado.

A CLT foi edificada sobre a frágil premissa do *jus postulandi*, razão pela qual ignora, em regra, o advogado. O art. 820 da CLT é mais uma herança da "falsa premissa".

O TST, unilateralmente, no art. 11 da IN 39/2016, diz que não se aplica ao Processo do Trabalho a norma do art. 459 do CPC, no que permite a inquirição direta das testemunhas pela parte. Apesar de pessoalmente discordar de tal previsão do TST, o leitor, para fins de concursos públicos e Exame de Ordem, deve seguir a orientação contida no art. 11 da citada IN.

De qualquer sorte, a Reforma Trabalhista, corporificada na Lei 13.467/2017, inseriu o novo § 2º ao art. 775 da CLT, que recomenda ao juiz a adoção de **qualquer ato** que seja capaz de conferir **maior efetividade à tutela jurisdicional**. O TST ainda não se posicionou sobre isso, mas, particularmente, defendo que a nova disposição legal soterrou a proibição prevista no art. 11 da IN 39/2016.

Da mesma forma como me posicionei com relação à possibilidade de inversão na ordem dos depoimentos pessoais, idêntica postura vou imprimir para a ordem de oitiva das testemunhas. Vale registrar que a minha posição já havia sido externada nas edições anteriores desta obra. O juiz deve priorizar, quando da produção da prova testemunhal, o ônus da prova, do contrário, correrá o risco de conviver com diligências improfícuas. O parágrafo único do art. 456 do CPC, que condiciona a inversão à "concordância das partes", é incompatível com os princípios que norteiam o processo trabalhista. Nesse sentido, o novo § 2º do art. 775 da CLT, inserido pela Lei 13.467/2017. Mais uma vez o nosso Manual mostrou-se visionário.

As perguntas indeferidas deverão ser transcritas na ata de audiência, caso a parte interessada assim requeira (§ 3º do art. 459 do CPC). O advogado, portanto, deve ficar atento, requerendo a transcrição. Lembrando que os depoimentos podem ser gravados pelos advogados, independentemente de autorização judicial, salvo se o processo estiver correndo em segredo de justiça (art. 460 do CPC).

O fato de o juiz aplicar o art. 459 do CPC, permitindo que os advogados falem diretamente com a testemunha, não retira o seu poder de intervir no interrogatório, indeferindo determinadas perguntas, mediante fundamentação a ser lançada em ata de audiência, com as perguntas rechaçadas, caso assim requeira o advogado.

O juiz poderá inquirir a testemunha tanto antes quanto depois da inquirição feita pelas partes, como prevê o § 1º do art. 459 do CPC. As testemunhas devem ser tratadas com urbanidade, não se lhes fazendo perguntas ou considerações impertinentes, capciosas ou vexatórias (§ 2º do art. 459 do CPC).

Há juízes que solicitam ao advogado que vá anotando as perguntas indeferidas, para, no final do depoimento, transcrevê-las em ata, com a fundamentação. Essa prática é interessante, pois não "quebra" o ritmo do relato. No entanto, o advogado, a depender do caso, pode argumentar que a transcrição, naquele momento específico do indeferimento, é vital, exatamente para vincular a pergunta a determinado estágio do relato.

Os depoimentos, como vimos, podem ser gravados (art. 460 do CPC). A gravação não precisa ser requerida pelo advogado ao juiz, sendo uma "faculdade das partes" (vide também o art. 367, §§ 5º e 6º, do CPC). Faculdade significa "liberdade de agir", ou seja, "direito". O advogado, na qualidade de representante da parte, tem direito potestativo (incondicional) de gravar os depoimentos pessoais e das testemunhas, sendo recomendável que informe ao juiz da gravação para que o fato conste em ata. Se o processo estiver correndo em segredo de justiça, a gravação não será possível.

Os advogados devem acompanhar atentamente a transcrição em ata. Caso esta não corresponda àquilo que foi dito ou esteja fugindo do contexto, cabe ao advogado pedir a palavra e apontar a inconsistência ao juiz, requerendo a retificação, à luz do que dispõe o art. 361, parágrafo único, do CPC. Isso deve ser feito de imediato, para evitar o agravamento do incidente. Eis a importância da gravação, estratégia que deixa o advogado mais seguro.

No caso de PJE, os procedimentos jurisdicionais não mudam. A alteração fica por conta dos meios eletrônicos. Observem, por exemplo, as previsões contidas nos §§ 1º e 2º do art. 209 do CPC.

12.3. PROVA DOCUMENTAL

A CLT, no art. 787, prevê que a reclamação trabalhista deve estar acompanhada dos documentos em que se fundar. Eis mais uma norma sem efetividade. Inócua. Inaplicável.

A prova documental, a exemplo de toda e qualquer prova, pode ser produzida em audiência, como dispõe o art. 845 da CLT: "*O reclamante e o reclamado comparecerão à audiência acompanhados das suas testemunhas, apresentando, nessa ocasião, as demais provas*".

Mesmo no rito sumaríssimo, no qual a unicidade da audiência é realmente observada, os documentos podem ser apresentados durante a sessão, não havendo que pensar em preclusão pela não juntada no momento da propositura da ação.

Entretanto, existe um aparente conflito entre os arts. 787 e 845 da CLT. De fato. Contudo, isso é facilmente resolvido com a **ponderação de valores**, prevalecendo, sem muito esforço, o princípio da ampla defesa, o que torna o primeiro artigo natimorto.

Faço questão de destacar que a chegada do PJE não modificou em nada a previsão do art. 845 da CLT, já que cabe ao PJE adaptar-se às regras processuais, não tendo o condão de revogar as clássicas normas consolidadas. Partindo dessa premissa, um documento físico, apresentado na audiência de um processo eletrônico, deve ser digitalizado pelo servidor público da vara do trabalho. Nesse sentido, o § 3º do art. 22 da Resolução 185/2013 do CNJ (a Resolução 185/2017 do CSJT deve ser ignorada, por conta da expressa previsão do art. 196 do CPC).

No Processo Judicial Eletrônico (PJE), o art. 11 da Lei 11.419/2006 dispõe que os documentos produzidos eletronicamente e juntados aos processos eletrônicos com garantia da origem e de seu signatário serão considerados originais para todos os efeitos legais. Logo, no PJE não há necessidade de o advogado declarar a autenticidade documental.

A arguição de falsidade documental será processada de acordo com as previsões contidas nos arts. 430 a 433 do CPC.

A falsidade deve ser suscitada na contestação, na réplica ou no prazo de 15 dias, contado a partir da intimação da juntada do documento aos autos. Trata-se de questão incidental, salvo se o interesse do autor da ação limitar-se à declaração da autenticidade ou da falsidade de documento (inciso II do art. 19 do CPC). A arguição deve ser motivada, expondo o advogado os meios probantes necessários. O juiz intimará a outra parte (parte que juntou o documento) para que se pronuncie em 15 dias, determinando, depois disso, a realização de perícia, caso necessário. A parte que produziu o documento pode concordar em retirar dos autos o documento, não sendo, com isso, necessária a perícia.

Os documentos originais devem ser preservados pelo seu detentor até o trânsito em julgado da sentença ou, quando admitida, até o final do prazo para interposição de ação rescisória.

Os arts. 411, III, e 412 do CPC são muito importantes. Eles preveem a necessidade de **impugnação** aos documentos juntados pela parte adversa. A ausência de manifestação pode gerar a presunção de veracidade do documento, seja quanto à forma, seja no tocante ao conteúdo. O advogado do reclamante não deve restringir a sua impugnação à chamada "prévia impugnação" lançada na petição inicial, já que não há uma uniformidade quanto à sua eficácia.

No processo trabalhista, o prazo de impugnação é **judicial**, ou seja, fixado, em audiência, pelo juiz. No caso de audiência una (contínua), a impugnação será realizada na própria sessão, oralmente. Ideal seria que as unidades jurisdicionais disponibilizassem teclados para os advogados, evitando aquele enfadonho falatório e digitação pelo assessor de audiência. Com o teclado à sua frente, o próprio advogado ficaria livre para digitar.

Caso o juiz perceba que a quantidade e/ou a complexidade da documentação possa interferir na ampla defesa, poderá, de ofício ou a requerimento, suspender a audiência, mesmo no rito sumaríssimo (§ 1º do art. 852-H da CLT).

A indivisibilidade do documento, presente no parágrafo único do art. 412 do CPC, deriva do **princípio da indivisibilidade das provas**.

Não só a prova documental é indivisível, mas todo e qualquer meio probante, afinal a prova é comum às partes (**princípio da comunhão das provas**).

Quando se fala em prova documental na Justiça do Trabalho, à mente logo vem o controle de jornada de trabalho, previsto no art. 74 da CLT. A anotação dos horários de entrada e saída do obreiro só é obrigatória para os estabelecimentos que contam com mais de dez empregados (§ 2º do art. 74 da CLT), salvo no caso de empregado doméstico, cujo registro é obrigatório independentemente do número de empregados (art. 12 da LC 150/2015). A modalidade de registro poderá ser estipulada em convenção coletiva ou acordo coletivo de trabalho, nos termos do inciso X do art. 611-A da CLT.

Não se pode confundir empresa com estabelecimento.

O estabelecimento é um mero instrumento de exercício da empresa, podendo esta ter vários estabelecimentos. É notório o fato de os grandes bancos possuírem centenas de agências espalhadas pelo país. Para fins de registro de ponto, não se leva em conta o número de empregados da empresa (banco), mas de cada agência (estabelecimento), considerada individualmente.

O TST, no item I da Súmula 338, usa o termo "empregador", e não "estabelecimento", dispondo que "é ônus do empregador que conta com mais de 10 (dez) empregados o registro da jornada de trabalho na forma do art. 74, § 2º, da CLT (...)". Trata-se de equívoco jurisprudencial, que não afeta, evidentemente, a previsão legal.

Para o **empregador doméstico** a situação é bem diferente. A Lei Complementar 150/2015 passou a exigir, a partir de 02/06/2015, o registro de ponto do empregado doméstico, silenciando sobre o número mínimo de trabalhadores (art. 12). Logo, é ônus do empregador doméstico, **independentemente do número de empregados** que laboram em sua residência, juntar aos autos cartões/folhas/registros de ponto. O juiz do trabalho, no entanto, **só pode exigir cartões de ponto do empregador doméstico do período a partir de 02/06/2015** (início da vigência da LC 150/2015).

A Súmula 338 do TST dispõe sobre os efeitos processuais da não juntada, aos autos, dos controles de frequência (registro de ponto) pelo empregador, quando o estabelecimento, em questão, possuir mais de dez empregados (limite inaplicável ao empregador doméstico, a partir de 02/06/2015, em face da previsão contida no art. 12 da LC 150/2015).

A não juntada dos controles de frequência gera a presunção relativa (*juris tantum*) de veracidade da jornada laboral descrita na petição inicial, a qual pode ser elidida por prova em contrário (item I da Súmula 338 do TST). A presunção passa a incidir sobre o empregador doméstico, no período a partir de 02/06/2015.

Observem que a presunção só incidirá no caso de não apresentação *injustificada* dos controles de frequência. Caso o empregador alegue *justo motivo*, terá que prová-lo.

A presunção de veracidade será sempre relativa (**presunção *juris tantum***), mesmo quando estiver prevista em Acordo Coletivo ou Convenção Coletiva de Trabalho – inteligência do item II da Súmula 338 do TST.

O TST, mediante a Súmula em comento, consagrou, na verdade, **a inversão do *onus probandi***, gerada exatamente pela não apresentação dos controles de frequência. Empregador, em cujo estabelecimento exista mais de dez empregados (limite inaplicável, a partir de 02/06/2015, ao empregador doméstico), ao não juntar controles de frequência, assume o fardo probante quanto às pretensões derivadas da jornada de trabalho. O mesmo ocorrerá no caso de juntada de cartões "britânicos", aqueles consignados com horários de entrada e saída uniformes. Esses "controles", também conhecidos como cartões "robóticos", *são inservíveis como meio de prova* – argúcia do item III da Súmula 338 do TST.

A juntada de controles de frequência com horários de entrada e saída uniformes tem o mesmo efeito da "não juntada".

A presunção gerada pela juntada de "cartões britânicos" também é relativa, provocando a inversão do ônus da prova, que passa a ser do empregador.

O empregador, assumindo o ônus da prova, seja pelo fato de não ter juntado controles de frequência, seja por ter acostado "cartões britânicos", tem o direito de produzir outro meio de prova capaz de expungir a presunção de veracidade da jornada de trabalho esculpida na exordial.

Digamos que o reclamante esteja pleiteando a condenação do seu ex-empregador no pagamento de horas extras e reflexos. Os cartões de ponto não foram juntados (ou foram acostados "cartões britânicos"). Caso o juiz inicie maquinalmente a instrução, sem delimitar a controvérsia e direcionar o ônus da prova, deve o advogado do reclamante pedir a palavra para requerer ao magistrado, antes do início dos trabalhos, a aplicação da previsão contida na Súmula 338 do TST. Nesse tipo de situação, o magistrado, aplicando a Súmula 338 do TST, perguntará ao advogado do reclamado se o seu cliente pretende produzir alguma prova. Se o advogado disser que há testemunhas, o juiz deverá ouvi-las, antes mesmo das testemunhas convidadas pelo reclamante (inversão da ordem de oitiva das testemunhas, provocada pela inversão do ônus da prova).

Arbitrária a decisão do juiz que dispensa as testemunhas convidadas pelo reclamado, violando seu direito líquido e certo de tentar elidir, por prova em contrário, a presunção *juris tantum* prevista na Súmula 338 do TST.

Caso o advogado do reclamado, na situação em análise, informe ao juiz que o seu cliente não convidou testemunhas, a instrução deverá ser encerrada, com a exoneração dos depoimentos pessoais e a dispensa das testemunhas convidadas pelo reclamante, prevalecendo, então, a jornada descrita na petição inicial, visto que o empregador não produziu prova em contrário.

A nulidade dos cartões que demonstram horários de entrada e saída uniformes (cartões britânicos) é absoluta (nulidade *pleno iure*), devendo ser decretada *ex officio* pelo juiz, **independentemente de impugnação obreira**.

Digamos que o reclamado juntou "cartões britânicos" e o reclamante também tenha produzido prova documental. O juiz, em respeito aos princípios do contraditório e da ampla defesa, concedeu prazo para impugnação. O reclamante, no prazo consignado, não impugnou os "cartões britânicos". **Entendo que o silêncio do reclamante não afetará a imprestabilidade dos controles de frequência**, prevalecendo o item III da Súmula 338 do TST.

Mesmo não impugnados, os cartões "britânicos" serão considerados imprestáveis como meio de prova.

A presunção de veracidade, decorrente da falta de impugnação documental, não ocorrerá **quando o documento houver sido obtido por erro, dolo ou coação** – vide art. 393 do CPC.

Os termos "erro", "dolo" e "coação" não devem ser interpretados à luz da restritiva previsão do Código Civil (mera anulabilidade). O aplicador do direito deve interpretar os vícios sob a égide do art. 9º da CLT, *verbis*:

Art. 9º da CLT. Serão nulos de pleno direito os atos praticados com o objetivo de desvirtuar, impedir ou fraudar a aplicação dos preceitos contidos na presente Consolidação.

Sob a ótica da teoria geral do direito, os "cartões britânicos", mesmo assinados pelo empregado, representam um **ato jurídico nulo**, nos termos do art. 166, II e VI, do CCB, mormente pelo fato de ser **humanamente impossível** (inciso II do art. 166 do CCB) o empregado chegar e sair em horários sem qualquer variação de minutos, o que exala, por si só, indubitável **fraude** patronal (inciso VI do art. 166 do CCB).

> Art. 166 do CCB. É nulo o negócio jurídico quando:
>
> I – (...)
>
> II – for ilícito, ***impossível*** ou indeterminável o seu objeto;
>
> III – (...)
>
> IV – (...)
>
> V – (...)
>
> VI – tiver por objetivo ***fraudar lei imperativa***;
>
> VII – (...).
>
> (sem grifos no original)

A presunção *juris tantum* de veracidade, quanto à jornada de trabalho insculpida na peça vestibular, prevista na Súmula 338 do TST, gerada pela não juntada injustificada dos controles de frequência ou pela apresentação de controles com horários de entrada e saída uniformes, abarca não só a pretensão de horas extras, mas também as de adicional noturno, de repouso semanal remunerado em dobro e de feriados em dobro.

Não abrange, contudo, a pretensão de indenização *pela não concessão* do intervalo intrajornada, prevista no § 4º do art. 71 da CLT.

O empregador, que conta com mais de dez empregados no estabelecimento, é obrigado a manter o registro **apenas dos horários de entrada e de saída** dos seus empregados (o registro, no caso de empregador doméstico, tornou-se obrigatório a partir de 02/06/2015, independentemente do número de empregados – art. 12 da LC 150/2015).

Quanto ao intervalo intrajornada, ele pode ser **pré-assinalado** (prenotado) – § 2º do art. 74 da CLT.

Há uma exceção. Estou falando do empregado doméstico. A Lei Complementar 150/2015 não exige, *a priori*, o registro diário do intervalo para repouso e alimentação, ou seja, a assinalação, em regra, é facultativa, incidindo o § 2º do art. 74 da CLT (o intervalo pode ser prenotado). O § 1º do art. 13 da referida LC permite o desmembramento (fracionamento) do intervalo intrajornada do empregado doméstico, porém, se isso ocorrer, o intervalo terá que ser anotado no registro diário, **sendo vedada a sua prenotação** (§ 2º da LC 150/2015).

Com a Reforma Trabalhista, as portarias do Ministério do Trabalho, no que diz respeito à modalidade de registro de ponto, minguaram e alcançaram merecida insignificância, pois a forma de registro de ponto passou a ser objeto de negociação coletiva de trabalho, cuja previsão prevalecerá sobre o legislado – inciso X do art. 611-A da CLT.

12.4. PROVA PERICIAL

A prova pericial consiste em exame, vistoria ou avaliação, e está prevista no art. 3º da Lei 5.584/1970 e nos arts. 156 a 158 e 464 a 480 do CPC.

Também chamada de prova técnica, ela é produzida por um *expert* (perito), mediante, em regra, a confecção de um laudo. O laudo pericial materializa a prova técnica, mas ele não é, a depender da natureza do fato e da complexidade da matéria, obrigatório, porquanto a perícia poderá consistir apenas na inquirição, pelo juiz, do perito e, se for o caso, dos assistentes, por ocasião da audiência de instrução, como preveem os §§ 2º a 4º do art. 464 do CPC.

A perícia, no processo trabalhista, é realizada por perito único, designado pelo juiz, como reza o art. 3º da Lei 5.584/1970, sendo facultada a indicação, pelas partes, de assistentes periciais, assim como a apresentação de quesitos a serem respondidos pelo perito oficial.

Diferentemente do art. 465, § 1º, do CPC, que estipula prazo comum de 15 dias para a arguição de impedimento ou suspeição do perito, a indicação de assistente técnico e a apresentação de quesitos, o art. 3º da Lei 5.584/1970 **silencia** sobre o lapso. A mudez da legislação processual trabalhista não deve conduzir o juiz do trabalho a, compulsivamente, aplicar a previsão contida na legislação processual comum. Não há lacuna na nossa legislação. O mutismo do art. 3º da Lei 5.584/1970 expõe expressamente o desejo do legislador de atribuir natureza judicial ao referido prazo (prazo judicial é aquele **livremente** fixado pelo juiz, não se confundindo com prazo legal, que é definido pela lei).

Sendo assim, o prazo de 15 dias, previsto no § 1º do art. 465 do CPC, não precisa ser observado pelo juiz do trabalho, para fins de apresentação de quesitos e indicação de assistentes técnicos pelas partes.

Os quesitos também podem ser elaborados pelo juiz do trabalho – art. 470, II, do CPC.

Em caso de **perícia complexa**, que abranja mais de uma área de conhecimento especializado (médico psiquiatra e médico neurologista, por exemplo), o juiz poderá nomear mais de um perito e, evidentemente, as partes poderão indicar mais de um assistente – vide art. 475 do CPC.

O perito pode escusar-se do encargo, alegando, inclusive, motivo de foro íntimo (ele não é obrigado a expor os motivos que o levaram a declinar da missão). A parte final do *caput* do art. 157 do CPC não deve ser interpretada literalmente. A escusa do perito pode ocorrer a qualquer tempo, apesar de o CPC insistir em fixar um "prazo preclusivo" **de inútil efetividade** (15 dias, a contar da intimação, da suspeição ou do impedimento – § 1º do art. 157 do CPC). O fato gerador da escusa do perito, convenhamos, pode ocorrer depois do "prazo preclusivo" previsto no CPC.

Digamos que, durante a realização da perícia, o gerente da empresa, em conversa particular com o perito, ofereça-lhe dinheiro para que o laudo venha a favorecer o reclamado e que, diante da recusa do *expert*, de morte o ameace. O perito não tem como provar o fato e, depois do ocorrido, não se sente mais em condições de concluir o trabalho. Seria surreal pensar na possibilidade de o perito não poder mais se escusar do encargo, em face da insólita "preclusão" prevista no § 1º do art. 157 do CPC. Mais esdrúxulo ainda seria o juiz exigir que o perito expusesse o motivo da escusa. A aberração já estampava o CPC/1973 e, infelizmente, não foi espancada pelo CPC. O § 1º do art. 157 do CPC (parágrafo único do art. 146 CPC de 1973) atrai a implacável incidência da inesquecível lição de Georges Ripert, citada no início desta obra:

> *"Quando o direito ignora a realidade, a realidade se vinga, ignorando o direito".*

O perito pode ser recusado por uma das partes, submetido que está à imparcialidade. Os motivos de suspeição e impedimento do magistrado, previstos nos arts. 144 a 145 do CPC, são aplicáveis também ao perito, nos termos do art. 148, II, do CPC.

O CPC deixou de usar a expressão "exceção", dispondo que a parte alegará o impedimento ou a suspeição em **"petição específica"** dirigida ao juiz, na qual indicará o fundamento da recusa, podendo instruí-la com documentos em que se fundar a alegação e com rol de testemunhas. Contudo, não há qualquer problema em nominar a peça de "Exceção" ou "Objeção".

As partes (ou os advogados) devem ser notificadas previamente da data e local da realização da perícia, sob pena de nulidade – argúcia dos arts. 474 do CPC e 794 CLT.

Não há, por enquanto, na Justiça do Trabalho, peritos concursados (servidores públicos). Diante disso, o magistrado é livre para designar um profissional de sua confiança (engenheiro, médico, contador etc.), observando as diretrizes contidas no § 1º do art. 156 do CPC: "*Os peritos serão nomeados entre os profissionais legalmente habilitados e os órgãos técnicos ou científicos devidamente inscritos em cadastro mantido pelo tribunal ao qual o juiz está vinculado*".

O juiz, ao designar o perito, fixará o prazo para a entrega do laudo. Trata-se de prazo judicial impróprio (fixado livremente pelo juiz e não passível de preclusão), como consagra o art. 476 do CPC.

O prazo fixado pelo juiz para a entrega do laudo oficial será o mesmo a ser cumprido pelo assistente técnico indicado pela parte, à luz do parágrafo único do art. 3º da Lei 5.584/1970. Inaplicável, portanto, no processo trabalhista, a previsão contida no § 1º do art. 477 do CPC.

Caso o juiz dilate o prazo para a entrega do laudo oficial, a prorrogação também terá que ser garantida ao(s) assistente(s) técnico(s).

No caso de pedido de **adicional de insalubridade ou de periculosidade**, a realização de perícia é **obrigatória**, por conta da previsão do art. 195, § 2º, da CLT, mesmo no caso de revelia. O TST, no entanto, faz algumas ressalvas quanto a essa obrigatoriedade. A OJ 278 da SDI-1, inspirada no inciso III do parágrafo único do art. 420 CPC/1973 (inciso III do § 1º do art. 464 do CPC), dispõe sobre a impossibilidade da realização de perícia, quando o local de trabalho se encontrar desativado. Nesse caso, o juiz utilizar-se-á de outros meios de prova, afinal, no nosso sistema processual, não há espaço para o *non liquet* (*poder de o juiz não julgar por não saber como decidir ou por ser lacunosa a legislação*) – argúcia do art. 140 do CPC.

Não será necessária a perícia, seja no caso de insalubridade, seja no de periculosidade, quando existir, nos autos processuais, *comprovação de pagamento espontâneo do respectivo adicional*, situação que torna incontroverso o fato. Nesse sentido, a Súmula 453 do TST, fruto da conversão da OJ 406 da SDI-1, inspirada no inciso II do parágrafo único do art. 420 do CPC de 1973 (inciso II do § 1º do art. 464 do CPC), que, apesar de tratar apenas do adicional de periculosidade, pode ser aplicada, por analogia, à pretensão de insalubridade.

O inciso I do § 1º do art. 464 do CPC aplica-se facilmente a duas atividades perigosas: **vigilância** e **serviços em motocicleta**. São fatos que podem ser constatados independentemente de conhecimento técnico especial.

A aplicação do inciso II do § 1º do art. 464 do CPC também encontra guarida no caso de **prova emprestada** (art. 372 do CPC), tornando aplicável, ao processo trabalhista, o art. 472 do CPC:

O juiz poderá dispensar prova pericial quando as partes, na inicial e na contestação, apresentarem, sobre as questões de fato, pareceres técnicos ou documentos elucidativos que considerar suficientes. A prova emprestada, portanto, pode levar ao indeferimento da perícia, quando o juiz a considerar suficiente para elucidar a controvérsia.

A prova emprestada (material probatório produzido num processo e conduzido a outro) não pode "atropelar" os princípios do contraditório e da ampla defesa. Caso uma das partes acoste um laudo pericial produzido em outro processo, o juiz tem que dar a oportunidade para que a parte contrária fale sobre o documento (art. 372 do CPC).

O perito não fica escravizado, quando da realização da perícia, aos fatos descritos na petição inicial, podendo detectar agente insalubre ou atividade perigosa diversa daquela exposta pelo reclamante. Nesse sentido, a Súmula 293 do TST.

Para fins de insalubridade, o adicional só incidirá caso a atividade esteja prevista como insalubre no quadro editado pelo Ministério do Trabalho e Emprego – inteligência da Súmula 460 do STF e do item I da Súmula 448 do TST.

No caso de pretensão de indenização por dano material e/ou moral e/ou estético decorrente de acidente do trabalho, o juiz analisará a necessidade de produção da prova pericial. Há um sólido entendimento, contudo, quanto à obrigatoriedade de prova técnica no caso de a pretensão envolver a perda ou a redução da capacidade laborativa.

O fato de o obreiro ainda se encontrar em benefício previdenciário ou tiver retornado ao trabalho com sequelas decorrentes do acidente (estará, no caso, recebendo um benefício previdenciário intitulado "auxílio-acidente" - vide art. 86 da Lei 8.213/1991), a incapacidade ou redução da capacidade laboral aproxima-se da incontrovérsia, principalmente pelo fato de a concessão/prorrogação do benefício decorrer de típico ato administrativo do INSS, dotado, por si só, de presunção de veracidade.

Se o empregado, ao receber alta médica do INSS, retornar com sequelas ao trabalho, impedido de realizar uma ou algumas atividades (empregado readaptado ou reabilitado), já estará presente um forte indício quanto à incontrovérsia da alegação de redução da capacidade laborativa.

Esse empregado, inclusive, passará a receber do INSS o auxílio-acidente, sem prejuízo do salário pago pelo empregador (o salário e o auxílio-acidente são verbas que se cumulam - §§ 2º e 3º e *caput* do art. 86 da Lei 8.213/1991).

Art. 86 da Lei 8.213/1991. O auxílio-acidente será concedido, como indenização, ao segurado quando, após consolidação das lesões decorrentes de acidente de qualquer natureza, *resultarem sequelas que impliquem redução da capacidade para o trabalho que habitualmente exercia.*

Na escolha do perito, o juiz tem ampla liberdade - argúcia da OJ 165 da SDI-1 c/c o art. 765 da CLT. Uma exceção interessante é encontrada no art. 188 da CLT, que trata de inspeções de segurança em caldeiras. Se a perícia envolver caldeiras, equipamentos e recipientes em geral que operam sob pressão, o encargo deve ser atribuído a engenheiro especializado inscrito no Ministério do Trabalho e Emprego.

A perícia envolvendo acidente do trabalho, o que inclui, naturalmente, as doenças profissionais e as doenças do trabalho (espécies de acidente do trabalho), deve necessariamente ser realizada por profissional médico, de preferência na especialidade concernente à enfermidade. A previsão contida no § 5º do art. 156 do CPC tem que ser observada pelo juiz.

O juiz não poderá, mesmo em localidades carentes, designar profissional destituído de qualificação para a realização do ato.

Recentemente, na Justiça do Trabalho, diante da notória dificuldade de encontrar médicos disponíveis a aceitar o encargo de perito judicial, alguns juízes passaram a nomear fisioterapeutas para a realização de perícias envolvendo a perda ou redução da capacidade laborativa, a presença do nexo de causalidade entre a atividade laboral e a doença apontada como profissional, e o impacto do meio ambiente de trabalho na doença indicada como "do trabalho". Muitas perícias foram anuladas pelos Tribunais Regionais do Trabalho, sob o principal fundamento de que a Lei 8.213/1991, em seu art. 21-A, condiciona a concessão do auxílio-doença acidentário (auxílio-doença por acidente do trabalho) à realização de perícia médica. O tema, contudo, está longe de alcançar uniformidade. O TST, em recente decisão, considerou válida a perícia realizada por fisioterapeuta, expondo fundamentação no sentido de que o profissional de fisioterapia pode elaborar laudo pericial no âmbito de sua atuação profissional.

O princípio da livre persuasão racional do magistrado também está presente na análise da prova pericial. Sendo assim, o juiz não está adstrito ao conteúdo do laudo, podendo formar a sua convicção com outros elementos ou fatos provados nos autos. De ofício ou a requerimento, o julgador pode determinar a realização de nova perícia, quando a primeira não lhe satisfizer. A segunda perícia pode ser feita pelo mesmo *expert* ou por outro designado pelo magistrado, sendo certo que não substituirá, necessariamente, a primeira, ou seja, a segunda perícia não leva, obrigatoriamente, à nulidade da primeira, cabendo ao juiz a livre apreciação de cada uma - vide arts. 479 a 480 do CPC.

Juntado o laudo pericial, o juiz concederá prazo para que as partes se pronunciem sobre o seu conteúdo.

No **rito ordinário** e no **rito sumário**, esse prazo é fixado livremente pelo juiz (prazo judicial). Já no **rito sumaríssimo** o prazo será comum e de **cinco dias**, nos termos do art. 852-H, § 6º, da CLT.

A parte que desejar esclarecimento do perito deverá apresentar ao juiz as suas razões, formulando quesitos - art. 477 do CPC. O *expert* será intimado para prestar os esclarecimentos necessários, respondendo aos novos quesitos.

A Lei 13.467/2017, responsável pela Reforma Trabalhista, alterou a redação do art. 790-B da CLT, que trata dos **honorários periciais**. A mudança foi impactante, pois prevê a condenação do beneficiário da justiça gratuita no pagamento da verba. Eis a redação do *caput*: "*A responsabilidade pelo pagamento dos honorários periciais é da parte sucumbente na pretensão objeto da perícia, ainda que beneficiária da justiça gratuita*".

Quanto à responsabilidade pelo pagamento dos honorários periciais, nada mudou. A responsabilidade continua sendo da **parte sucumbente na pretensão objeto da perícia**.

Observem que a responsabilidade pelos honorários periciais do perito oficial não é da parte sucumbente na conclusão (no resultado) do laudo pericial, mas na pretensão objeto da perícia. Logo, **o que vale é a decisão judicial**, e não o resultado da perícia. Exemplificando. Em determinado processo, o juiz designou perícia de insalubridade. O laudo foi favorável ao reclamante, porém condicionou o pagamento do adicional ao fato de a empresa não ter comprovado documentalmente o fornecimento de equipamentos de proteção (luvas e protetor facial). Na instrução, já de posse do laudo, o reclamante foi inquirido pelo juiz, confessando sempre ter recebido os referidos equipamentos, usando-os durante o labor. Na sentença, o juiz julgou improcedente o pedido de pagamento de adicional de insalubridade, em prestígio à "rainha das provas" (confissão expressa). O responsável pelos honorários do perito designado pelo juiz será o reclamante, que foi sucumbente na pretensão objeto da perícia (pedido de pagamento de adicional de insalubridade).

Não temo em afirmar que **a parte final do *caput* do art. 790-B da CLT é flagrantemente inconstitucional**, pois viola os princípios da dignidade da pessoa humana e da isonomia (inciso III do art. 1º e *caput* do art. 5º da CF, respectivamente). Sendo assim, se o sucumbente na pretensão objeto da perícia for beneficiário da justiça gratuita, ficará dispensado do pagamento de honorários periciais ao perito do juízo, cujo encargo será de responsabilidade da União Federal.

Não há justificativa para o legislador processual trabalhista negar a abrangência, sobre os honorários periciais, da gratuidade da justiça, quando o CPC expressamente garante esse alcance (art. 98, VI, do CPC). Aplicável, no caso, a regra de hermenêutica que diz: *Ubi eadem ratio ibi idem jus* – "onde houver o mesmo fundamento haverá o mesmo direito".

Foi ajuizada ADI pela PGR - ADI 5766 de 28/08/2017. O Ministro Barroso, à época, intimou a União para fins de justificação prévia, nos termos da parte final do § 2º do art. 300 do CPC. Até o momento o pedido de concessão de liminar não foi apreciado.

Vale registrar que a inconstitucionalidade da parte final do *caput* do art. 790-B da CLT atinge também o seu § 4º – o acessório segue o principal.

No § 3º do art. 790-B da CLT, que veda a exigência de antecipação/adiantamento de honorários periciais, foi consagrada legalmente a posição jurisprudencial consubstanciada na OJ 98 da SDI-2. Por outro lado, restou fulminado o parágrafo único do art. 6º da IN 27/2005 do TST, agora sem qualquer eficácia (permitia a antecipação de honorários periciais nas relações de trabalho que não fossem relações de emprego).

No § 1º do art. 790-B da CLT, o legislador fixou um teto para os honorários periciais, dispondo que o juiz deverá respeitar o limite máximo estabelecido pelo Conselho Superior da Justiça do Trabalho.

No § 2º do art. 790-B da CLT, o legislador dispôs sobre a possibilidade de parcelamento do pagamento de honorários periciais, cujo requerimento poderá ser feito pelo devedor.

Conforme dito, no caso de a sucumbência na pretensão objeto da perícia recair sobre um litigante beneficiário da justiça gratuita, os honorários serão pagos pela União Federal, mediante o respectivo TRT, à luz da Súmula 457 do TST.

Os honorários do assistente técnico devem ser pagos pela parte que o contratou, *independentemente do resultado da perícia*, nos termos da Súmula 341 do TST.

Os honorários do perito judicial devem ser fixados em sentença, observando-se a previsão contida no § 1º do art. 790-B da CLT, levando em conta a complexidade do trabalho. Por integrarem o título executivo judicial, o perito também será credor na fase de execução.

12.5. INSPEÇÃO JUDICIAL

A inspeção judicial também é um meio de prova, podendo ser realizada de ofício ou a requerimento da parte, em qualquer fase do processo, quando o juiz inspeciona pessoas ou coisas, a fim de esclarecer fatos vitais à sua decisão. Ela está prevista nos arts. 481 a 484 do CPC.

O juiz, ao realizar a inspeção direta, poderá ser assistido por um ou mais peritos, indo ao local onde se encontre a pessoa ou coisa, sendo certo que as partes têm direito a assistir à inspeção, prestando esclarecimentos e fazendo observações que considerem de interesse para a causa.

Concluída a diligência, o juiz determinará a lavratura de auto circunstanciado, mencionando tudo quanto for de útil ao julgamento da causa, podendo ser instruído com desenho, gráfico, fotografia etc.

A inspeção judicial direta é aquela realizada pelo próprio juiz. A indireta, por sua vez, é feita por um ou mais oficiais de justiça.

QUESTÕES COMENTADAS SOBRE INSTRUÇÃO PROCESSUAL

1. **(FGV – Exame de Ordem 2010.2). Com relação às provas no processo do trabalho, assinale a alternativa correta.**

(A) As testemunhas devem ser necessariamente arroladas pelas partes dentro do prazo estabelecido pelo juiz, a fim de que sejam notificadas para comparecimento à audiência.

(B) Cada uma das partes não pode indicar mais de três testemunhas, inclusive nas causas sujeitas ao procedimento sumaríssimo, salvo quando se tratar de inquérito para apuração de falta grave, caso em que este número pode ser elevado a seis.

(C) Na hipótese de deferimento de prova técnica, é vedada às partes a apresentação de peritos assistentes.

(D) Nas causas sujeitas ao procedimento sumaríssimo, somente quando a prova do fato o exigir, ou for legalmente imposta, será deferida prova técnica, incumbindo ao juiz, desde logo, fixar o prazo, o objeto da perícia e nomear perito.

Comentário: Não há rol de testemunhas no processo trabalhista, pois as testemunhas são **convidadas** pelas partes e comparecer **espontaneamente** à audiência (art. 825, CLT, e art. 852-H, §§ 2º e 3º, CLT). A imposição, pelo juiz do trabalho, para a apresentação, em determinado prazo, de rol de testemunhas, "sob pena de preclusão", é ilegal, como já decidiu o TST, pois não há lacuna no processo laboral que autorize a aplicação subsidiária do CPC (art. 769, CLT). O juiz pode "facultar" a apresentação de rol de testemunhas. Caso a testemunha convidada não compareça à audiência, o juiz, de ofício ou a requerimento da parte interessada, adiará a sessão e determinará a intimação, por via postal, da testemunha ausente, fixando multa para o caso de injustificado descumprimento. Se a testemunha intimada por via postal não comparecer, além da incidência da multa, será conduzida coercitivamente (*vide* parágrafo único do art. 825, CLT). No rito sumaríssimo, no caso de ausência de testemunha, a audiência só será adiada, para intimação via postal, se existir comprovação do convite (art. 852-H, § 3º, CLT). A letra "A", portanto, está errada. A letra "B" também está errada, porquanto o número de três testemunhas é aplicado aos ritos ordinário e sumário (art. 821, CLT). No sumaríssimo, cada parte só pode apresentar até duas testemunhas (art. 852-H, § 2º, CLT). Já no inquérito judicial, cada parte pode apresentar até seis testemunhas (art. 821, CLT). A letra "C" está equivocada, pois o art. 3º da Lei 5.584/1970 permite a apresentação de peritos assistentes, cujos honorários serão pagos pela parte assistida, independentemente do resultado da perícia (Súmula 341, TST), devendo apresentar o laudo no mesmo prazo fixado pelo juiz para o perito oficial (designado pelo magistrado), lembrando que os honorários periciais do perito oficial serão pagos pela parte sucumbente no objeto da perícia, salvo se beneficiária da justiça gratuita, quando então caberá à União o referido pagamento (art. 790-B, CLT, e Súmula 457, TST). A letra "D" é cópia literal do § 4º do art. 852-H, CLT, que trata da perícia no rito sumaríssimo, razão pela qual é a alternativa correta.

Resposta: D

2. **(FGV – Exame de Ordem 2010.3). Contratado para trabalhar no município de Boa-Fé pela empresa X, Marcos da Silva, residente no município de Última Instância, estava obrigado a utilizar duas linhas de ônibus para e ir e para voltar do trabalho para casa, ao custo de R$ 16,00 por dia. Em virtude dos gastos com as passagens, Marcos requereu ao seu empregador que lhe fornecesse vale-transporte, ao que lhe foi dito que seria providenciado. Passados oito meses, Marcos foi dispensado sem justa causa, recebendo as verbas resilitórias, sem qualquer menção ao vale-transporte. Inconformado, Marcos ajuizou ação trabalhista pleiteando o pagamento de vale-transporte, pois nunca recebeu essa prestação. Em contestação, o empregador alegou que Marcos nunca fez qualquer requerimento nesse sentido, apesar de morador de outro município da região metropolitana. Em face dessa situação concreta, assinale a alternativa correta relativa à distribuição do ônus da prova.**

(A) Cabe ao empregador apresentar todos os requerimentos de vale-transporte feitos pelos seus empregados, a fim de comprovar que Marcos não efetuou o seu próprio requerimento.

(B) Cabe a Marcos demonstrar que satisfez os requisitos indispensáveis à obtenção do vale-transporte.

(C) Cabe ao juiz determinar de ofício que o empregador apresente todos os requerimentos de vale-transporte feitos pelos seus empregados, a fim de comprovar que Marcos não o efetuou.

(D) Não há mais provas a serem produzidas, devendo o juiz indeferir qualquer requerimento nesse sentido.

Comentário: Na época da aplicação da prova, a OJ 215 SDI-1 ainda vigia, atribuindo ao empregado o ônus da prova quanto à não percepção do vale-transporte ("É do empregado o ônus de comprovar que satisfaz os requisitos indispensáveis à obtenção do vale-transporte"), razão pela qual a letra "B" foi apontada como a correta. Hoje ela estaria errada, por conta da

Súmula 460 do TST, a qual reza que é do empregador o ônus de comprovar que o empregado não satisfaz os requisitos indispensáveis para a concessão do benefício. Atualmente, a letra "A" seria a correta.

Atenção:

A OJ 215 SDI-1 foi cancelada no ano de 2011. No ano de 2016, foi publicada a Súmula 460 do TST, que reza: "É do empregador o ônus de comprovar que o empregado não satisfaz os requisitos indispensáveis para a concessão do vale-transporte ou não pretenda fazer uso do benefício". Sempre é bom destacar a lógica previsão contida no art. 4º do Decreto 95.247/1987: "Está exonerado da obrigatoriedade do vale-transporte o empregador que proporcionar, por meios próprios ou contratados, em veículos adequados ao transporte coletivo, o deslocamento, residência-trabalho e vice-versa, de seus trabalhadores". A Lei 7.418/1985 regula o vale-transporte. Seu regulamento está corporificado no já citado Decreto 95.247/1987.

3. **(FGV – V Exame de Ordem). A respeito da prova testemunhal no processo do trabalho, é correto afirmar que:**

(A) em se tratando de ação trabalhista pelo rito ordinário ou sumaríssimo, as partes poderão ouvir no máximo três testemunhas cada; sendo inquérito, o número é elevado para seis.

(B) apenas as testemunhas arroladas previamente poderão comparecer à audiência a fim de serem ouvidas.

(C) no processo do trabalho sumaríssimo, a simples ausência da testemunha na audiência enseja a sua condução coercitiva.

(D) as testemunhas comparecerão à audiência independentemente de intimação e, no caso de não comparecimento, serão intimadas *ex officio* ou a requerimento da parte.

Comentário: No rito ordinário, cada parte pode apresentar até três testemunhas. No inquérito judicial, até seis. No sumaríssimo, até duas. No sumário, por não existir previsão específica, aplica-se a regra geral (ordinário), ou seja, cada parte pode apresentar até três testemunhas - *vide* arts. 821 e 852-H, § 2º, CLT. A letra "A" está errada. Já estudamos, em comentário exarado anteriormente, que na Justiça do Trabalho não há rol de testemunhas, que devem comparecer espontaneamente à audiência, convidadas pelas partes – *vide* arts. 825 e 852-H, § 3º, CLT. Eis o erro da letra "B". No procedimento sumaríssimo, a ausência de testemunha "comprovadamente convidada" importa o adiamento da audiência e sua intimação por via postal. Caso a testemunha intimada não compareça à sessão, aí sim será conduzida coercitivamente a posterior audiência (art. 852-H, § 3º, CLT). A letra "C" está errada. A letra "D" é a única alternativa correta, espelhando o art. 825, CLT (regra geral = rito ordinário).

Resposta: D

4. **(FGV – VI Exame de Ordem). Cíntia Maria ajuíza reclamação trabalhista em face da empresa Tictac Ltda., postulando o pagamento de horas extraordinárias, aduzindo que sempre labutou no horário das 8 h às 19 h, de segunda a sexta-feira, sem intervalo intrajornada. A empresa ré oferece contestação,**

impugnando o horário indicado na inicial, afirmando que a autora sempre laborou no horário das 8 h às 17 h, com uma hora de pausa alimentar, asseverando ainda que os controles de ponto que acompanham a defesa não indicam a existência de labor extraordinário. À vista da defesa ofertada e dos controles carreados à resposta do réu, a parte autora, por intermédio de seu advogado, impugna os registros de frequência porque não apresentam qualquer variação no registro de entrada e saída, assim como porque não ostentam sequer a pré-assinalação do intervalo intrajornada. Admitindo-se a veracidade das argumentações do patrono da parte autora e com base na posição do TST acerca da matéria, é correto afirmar que:

(A) compete ao empregado o ônus de comprovar o horário de trabalho indicado na inicial, inclusive a supressão do intervalo intrajornada, a teor do disposto no art. 818 da CLT.

(B) diante da impugnação apresentada, inverte-se o ônus probatório, que passa a ser do empregador, prevalecendo o horário da inicial, se dele não se desincumbir por outro meio probatório, inclusive no que se refere à ausência de intervalo intrajornada.

(C) em se tratando de controles de ponto inválidos, ao passo que não demonstram qualquer variação no registro de entrada e saída, não poderá a ré produzir qualquer outra prova capaz de confirmar suas assertivas, porquanto a prova documental é a única capaz de demonstrar a jornada de trabalho cumprida.

(D) diante da impugnação apresentada, inverte-se o ônus probatório, que passa a ser do empregador, prevalecendo o horário da inicial, se dele não se desincumbir, exceto quanto ao intervalo intrajornada, cujo ônus probatório ainda pertence à parte autora.

Comentário: A questão explora os cartões de ponto "britânicos" ou "robóticos", que são aqueles que não apresentam variação de minutos. Nos termos da Súmula 338 do TST, esse tipo de cartão é inválido como meio de prova, invertendo o ônus, que passa a ser do empregador. Já no art. 74 da CLT, o legislador dispensa o registro diário do intervalo para repouso e alimentação (intervalo intrajornada), permitindo sua prenotação (pré-assinalação). O empregador, no caso, ofertou cartões imprestáveis e sem a prenotação do intervalo. Depois da explicação, fica fácil concluir que a letra "B" é a correta, ocorrendo dupla inversão do ônus da prova (jornada de trabalho e não concessão do intervalo intrajornada). Vale destacar que a não concessão do intervalo intrajornada, depois da Reforma Trabalhista, não é mais fato gerador para pagamento de horas extras. Com efeito, o § 4º do art. 71 da CLT prevê o pagamento de uma indenização com acréscimo de 50%, detonando, neste particular, a previsão contida na Súmula 437 do TST. A indenização, inclusive, fica restrita à proporção do intervalo não concedido.

Resposta: B

5. **(FGV – VII Exame de Ordem). Nos processos trabalhistas submetidos ao rito sumaríssimo, é correto afirmar que:**

(A) não cabe a produção de prova pericial.

(B) a citação por edital somente será permitida se efetivamente for comprovado pelo autor que o réu se encontra em local incerto ou desconhecido.

(C) o recurso ordinário terá parecer circunstanciado escrito do Ministério Público do Trabalho nos casos em que o desembargador relator entender estritamente necessário, diante da existência de interesse público a ser tutelado.

(D) se submetem ao rito sumaríssimo as causas cujo valor não exceda a quarenta vezes o salário mínimo vigente na data do ajuizamento da ação.

Comentário: A prova pericial é compatível com o procedimento sumaríssimo (art. 852-H, §§ 4º, 6º e 7º, CLT), o que torna equivocada a letra "A". A citação por edital é proibida, nos termos do inciso II do art. 852-B CLT **(fiz essa observação, para fins de concursos públicos e Exame de Ordem, nos itens 7.2 e 8 desta obra)**. Eis o erro da letra "B". O parecer do MPT, em recurso ordinário no rito sumaríssimo, é meramente facultativo, faculdade esta do próprio Ministério Público, podendo até ser ofertado oralmente na sessão de julgamento (art. 895, § 1º, III, CLT). Eis o erro da letra "C". A letra "D" foi apontada como correta, pois consonância com o art. 852-A CLT ("serão submetidos ao rito sumaríssimo os dissídios individuais cujo valor não exceda a quarenta vezes o salário mínimo vigente na data do ajuizamento da reclamação"). Ela ignora, entretanto, a existência do rito sumário, mantido no edital do Exame de Ordem e prestigiado no PJE (causas cujo valor não exceda a dois salários mínimos – art. 2º, § 3º, da Lei 5.584/1970). Particularmente, defendo o fim do rito sumário, revogado que foi pelo sumaríssimo. Mas meu entendimento é minoritário. Para arrematar, sempre é bom recordar que o rito sumaríssimo não é permitido quando for parte na demanda pessoa jurídica de direito público (parágrafo único do art. 852-A, CLT).

Resposta: D

6. **(FGV – VII Exame de Ordem). Arlindo dos Santos ajuizou ação trabalhista em face do seu antigo empregador, pleiteando adicional de insalubridade e indenização por danos morais. Nas suas alegações contidas na causa de pedir, Arlindo argumentou que trabalhou permanentemente em contato com produtos químicos altamente tóxicos, o que lhe acarretou, inclusive, problemas de saúde. Em contestação, o réu negou veementemente a existência de condições insalubres e, por consequência, a violação do direito fundamental à saúde do empregado, não apenas porque o material utilizado por Arlindo não era tóxico, como também porque ele sempre utilizou equipamento de proteção individual (luvas e máscara). Iniciada a fase instrutória, foi feita prova pericial. Ao examinar o local de trabalho, o perito constatou que o material usado por Arlindo não era tóxico como mencionado por ele na petição inicial. Entretanto, verificou que o autor trabalhou submetido a níveis de ruído muito acima do tolerado e sem a proteção adequada. Assim, por força desse outro agente insalubre não referido na causa de pedir, concluiu que o autor fazia jus ao pagamento do adicional pleiteado com o percentual de 20%. Com base nessa situação concreta, é correto afirmar que o juiz deve julgar:**

(A) improcedente o pedido de pagamento de adicional de insalubridade, uma vez que está vinculado aos fatos constantes da causa de pedir, tal como descritos pelo autor na petição inicial.

(B) procedente em parte o pedido de pagamento de adicional de insalubridade, concedendo apenas metade do percentual sugerido pelo perito, haja vista a existência de agente insalubre distinto daquele mencionado na causa de pedir.

(C) improcedente o pedido de pagamento de adicional de insalubridade, uma vez que a existência de ruído não é agente insalubre.

(D) procedente o pedido de pagamento de adicional de insalubridade, uma vez que a constatação de agente insalubre distinto do mencionado na causa de pedir não prejudica o pedido respectivo.

Comentário: A letra "D" está correta, em consonância com a Súmula 293 TST ("A verificação mediante perícia de prestação de serviços em condições nocivas, considerado agente insalubre diverso do apontado na inicial, não prejudica o pedido de adicional de insalubridade"). Logo, o perito não fica limitado à causa de pedir, podendo analisar livremente o ambiente de trabalho. Eis o erro da letra "A". A letra "B" está errada, pois não há previsão legal ou jurisprudencial para a redução do percentual pertinente a adicionais. O ruído acima do limite de tolerância é um agente físico considerado insalubre, assim como o calor e o frio. A CLT não define quais os agentes insalubres, delegando ao Ministério do Trabalho a missão (art. 190).
Resposta: D

7. **(FGV – VII Exame de Ordem). Josenildo da Silva ajuizou reclamação trabalhista em face da empresa Arca de Noé Ltda., postulando o pagamento de verbas resilitórias, em razão de dispensa imotivada; de horas extraordinárias com adicional de 50%; das repercussões devidas em face da percepção de parcelas salariais não contabilizadas e de diferenças decorrentes de equiparação salarial com paradigma por ele apontado. Na defesa, a reclamada alega que, após discussão havida com colega de trabalho, o reclamante não mais retornou à empresa, tendo sido surpreendida com o ajuizamento da ação; que a empresa não submete seus empregados a jornada extraordinária; que jamais pagou qualquer valor ao reclamante que não tivesse sido contabilizado e que não havia identidade de funções entre o autor e o paradigma indicado. Considerando que a ré possui dez empregados e que não houve a juntada de controles de ponto, assinale a alternativa correta.**

(A) Cabe ao reclamante o ônus de provar a dispensa imotivada.
(B) Cabe à reclamada o ônus da prova quanto à diferença entre as funções do equiparando e do paradigma.
(C) Cabe ao reclamante o ônus de provar o trabalho extraordinário.
(D) Cabe à reclamada o ônus da prova no tocante à ausência de pagamento de salário não contabilizado.

Comentário: A letra "A" está errada, pois a dispensa imotivada se presume (princípio da proteção ao hipossuficiente, princípio da continuidade da relação de emprego e princípio da indisponibilidade dos direitos trabalhistas pelo empregado), cabendo ao reclamado comprovar o fato impeditivo do direito do autor, no caso, o alegado "abandono de emprego" (Súmula 212, TST, c/c art. 818, II, da CLT e art. 373, II, do CPC). A letra "B" está errada, pois o reclamado simplesmente negou o fato de o reclamante desenvolver a mesma função do paradigma, não levantando fato impeditivo, extintivo ou modificativo do direito do autor (item VIII da Súmula 6, TST, c/c art. 818, I, da CLT e art. 373, I, do CPC/2015). **A letra "C" está correta**, pois o reclamado, por possuir apenas dez empregados, não tinha o ônus de juntar aos autos os cartões (registros) de ponto (§ 2º do art. 74 da CLT e item I da Súmula 338, TST). A questão, no item "D", foi omissa quanto à juntada, pelo reclamado, dos recibos salariais. A FGV, ao que parece, exigiu do examinando essa presunção (a FGV se arriscou). Bom, presumindo que os recibos salariais (contracheques ou holerites) foram juntados, o reclamado, com isso, fez prova do fato extintivo (pagamento), sobrando para o reclamante o ônus de provar o fato constitutivo do seu direito, ou seja, que recebia salário "por fora" (não registrado) – *vide* item I do art. 818 da CLT e item I do art. 373 do CPC e também a Súmula 12 do TST.

Resposta: C

8. **(FGV – VIII Exame de Ordem). A respeito do preposto no processo do trabalho, de acordo com a legislação, assinale a afirmativa correta.**

(A) Não precisa ter conhecimento dos fatos, uma vez que tal característica é própria das testemunhas.

(B) Não precisa ter conhecimento dos fatos, já que atua como representante do empregador.

(C) Deve ter conhecimento dos fatos.

(D) Deve ter conhecimento da interpretação do empregador quanto aos fatos ocorridos.

Comentário: O art. 843, no seu § 1º, dispõe ser "facultado ao empregador fazer-se substituir pelo gerente, ou qualquer outro preposto que tenha conhecimento do fato, e cujas declarações obrigarão o proponente". O empregador, portanto, pode se fazer substituir por preposto em audiência. O preposto não representa o empregador. Ele "presenta" o empregador, sendo a sua personificação em audiência. O que foi dito já fulmina as letras "A" e "B". O que se exige da parte, seja reclamante, seja reclamado, é o conhecimento dos fatos, razão pela qual a letra "C" está correta. A Súmula 377 do TST foi soterrada pela Reforma Trabalhista, especificamente pelo novo § 3º do art. 843 da CLT, o qual diz que o preposto não precisa ser empregado da reclamada.

Resposta: C

9. **(FGV – XI Exame de Ordem). Após trabalhar como empregado durante seis meses, Paulo ajuizou reclamação trabalhista em face de sua ex-empregadora, a empresa Alfa Beta Ltda., pretendendo horas extras, nulidade do pedido de demissão por coação, além de adicional de insalubridade. Na primeira audiência o feito foi contestado, negando a ré o trabalho extraordinário, a coação e a atividade insalubre. Foram juntados controles de ponto e carta de próprio punho de Paulo pedindo demissão, documentos estes que foram impugnados pelo autor. Não foi produzida a prova técnica (perícia). Para a audiência de prosseguimento, as partes estavam intimadas pessoalmente para depoimentos pessoais, sob pena de confissão, mas não compareceram, estando presentes apenas os advogados. Declarando as partes que não têm outras provas a produzir, o juiz encerrou a fase de instrução, seguindo o processo concluso para sentença. Com base nestas considerações, analise a distribuição do ônus da prova e assinale a afirmativa correta.**

(A) A ausência das partes gera a confissão ficta recíproca, devendo ser aplicada a regra de que para os fatos constitutivos cabe o ônus da prova ao autor, e para os extintivos, modificativos e impeditivos, o ônus será do réu. Assim, todos os pedidos deverão ser julgados improcedentes.

(B) Não há confissão em razão da presença dos advogados. Mas não havendo outras provas, os pedidos deverão ser julgados improcedentes.

(C) Em razão da confissão, presumem-se verdadeiros os fatos alegados. Tal aliado ao princípio da proteção ao hipossuficiente leva à presunção de que Paulo foi coagido a pedir demissão, trabalhava extraordinariamente e faz jus ao adicional de insalubridade. Logo, os pedidos procedem.

(D) Em razão da confissão, os pedidos de horas extras e nulidade do pedido de demissão procedem. Porém, improcede o de adicional de insalubridade, pois necessária a prova pericial para configurar o grau de insalubridade. Logo, este pleito improcede.

Comentário: A CLT não prevê o fracionamento da audiência, sendo edificada sobre o alicerce da realização de uma única sessão, seja qual for o procedimento (sumário, sumaríssimo, ordinário e inquérito judicial). Na prática, alguns juízes observam a previsão legal, outros não. O fracionamento da audiência é muito comum no rito ordinário e no inquérito judicial. Esse costume (norma processual costumeira), de tão forte fez o TST publicar as Súmulas 9 e 74. Assim dispõe o item I da Súmula 74 TST: "Aplica-se a confissão à parte que, expressamente intimada com aquela cominação, não comparecer à audiência em prosseguimento, na qual deveria depor." O litigante, desde que alertado das consequências, tornar-se-á confesso quanto à matéria fática se não comparecer à audiência "de instrução". A pena de confissão ficta já se encontrava prevista no CPC de 1973 e foi mantida pelo CPC, no § 1º do art. 385: "Se a parte, pessoalmente intimada para prestar depoimento pessoal e advertida da pena de confesso, não comparecer ou, comparecendo, se recusar a depor, o juiz aplicar-lhe-á a pena." A pena de confissão representa a admissão, como verdadeiros, dos fatos narrados pela parte contrária. Isso não significa que o juiz encontrará necessariamente seu convencimento, podendo, mesmo diante da ficta confissão de uma das partes, continuar a instrução (item III da Súmula 74 TST: "A vedação à produção de prova posterior pela parte confessa somente a ela se aplica, não afetando o exercício, pelo magistrado, do poder/dever de conduzir o processo"). A prova que já consta dos autos (pré-constituída) será analisada livremente pelo magistrado. De outra banda, caso a ficta confissão baste para alcançar sua plena persuasão, o juiz poderá dispensar todas as demais provas e encerrar a instrução (item II da Súmula 74 TST: "A prova pré-constituída nos autos pode ser levada em conta para confronto com a confissão ficta, não implicando cerceamento de defesa o indeferimento de provas posteriores") - *vide* também o inciso I do art. 443 do CPC. Bom, na questão as duas partes tornaram-se confessas quanto à matéria fática (o reclamante admitiu como verdadeiros os fatos descritos na contestação e o reclamado admitiu como verdadeiros os fatos descritos na petição inicial). Ocorrendo isso, o juiz aplicará o art. 818 da CLT e o art. 373 do CPC(distribuição do ônus da prova). Julgará improcedente o pedido de pagamento de horas extras, pois o reclamado se desincumbiu do ônus de apresentar os cartões de ponto (Súmula 338 TST), deixando o fardo probante sobre os ombros do reclamante (art. 818, I, da CLT e art. 373, I, do CPC). Julgará improcedente o pleito de nulidade do pedido de demissão, pois o reclamado juntou prova documental do fato (art. 818, II, da CLT c/c art. 373, II, do CPC e Súmula 212, TST), deixando ao reclamante o ônus de provar o vício de consentimento (coação). Isso já basta para caracterizar os equívocos existentes nas letras "B", "C" e "D". A letra "A" é a que se "aproxima" da verdade, apresentando, contudo, um pequeno erro: o juiz não poderia julgar o pedido de pagamento do adicional de insalubridade sem a realização de perícia (art. 195, § 2º, CLT), pois não era o caso de estabelecimento patronal desativado (OJ 278 SDI-1). Ao julgar improcedente o referido pedido, o juiz cometeu erro de procedimento (*error in procedendo*), suficiente para, em sede de recurso ordinário interposto pelo reclamante, gerar a nulidade da sentença e a ordem de retorno dos autos à vara do trabalho para a produção de prova técnica. É isso.

Resposta: A

10. (FGV – XII Exame de Ordem). Carlos Alberto foi caixa numa instituição bancária e ajuizou reclamação trabalhista, postulando o pagamento de horas extras, já que em uma das agências, na qual trabalhou por dois anos, cumpria jornada superior à legal. Em contestação, foram apresentados os controles, que não continham sobrejornada, e por essa razão foram expressamente impugnados

pelo acionante. Na instrução, o banco não produziu prova, mas Carlos Alberto conduziu uma testemunha que com ele trabalhou sete meses na agência em questão e ratificou a jornada mais extensa declarada na petição inicial. Diante desta situação e de acordo com o entendimento consolidado do TST, assinale a afirmativa correta.

(A) Uma vez que a testemunha trabalhou com o autor somente sete meses, este é o limite de tempo que limitará eventual condenação.

(B) Se o juiz se convencer, pela prova testemunhal, que a sobrejornada ocorreu nos dois anos, poderá deferir as horas extras em todo o período.

(C) Uma vez que a testemunha trabalhou com o autor em período inferior à metade do tempo questionado, não poderá ser fator de convencimento acerca da jornada.

(D) Considerando que os controles foram juntados, uma única testemunha não poderia servir de prova da jornada cumprida.

Comentário: A letra "B" é a correta, traduzindo com maestria o princípio da livre persuasão racional do magistrado. O juiz, por conseguinte, não fica limitado ao período em que a testemunha trabalhou para o reclamado, desde que se convença de que o procedimento questionado (fato) superou aquele lapso temporal – *vide* OJ 233 SDI-1.

Resposta: B

11. (FGV – XIV Exame de Ordem). Sandro Vieira ajuizou reclamação trabalhista contra a empresa Trianon Bebidas e Energéticos Ltda. pleiteando o pagamento de horas extras, pois alegou trabalhar de segunda-feira a sábado, das 9 h às 19 h, com intervalo de uma hora para refeição. Em defesa, a ré negou a jornada descrita na petição inicial, mas não juntou os controles de ponto. Em audiência, ao ser interrogado, o preposto informou que a ré possuía dezoito empregados no estabelecimento. Diante da situação retratada, e considerando o entendimento consolidado do TST, assinale a opção correta.

(A) Aplica-se a pena de confissão pela ausência de juntada dos controles, sendo então considerada verdadeira a jornada da petição inicial, na qual o juiz irá se basear na condenação de horas extras.

(B) Haverá inversão do ônus da prova, que passará a ser da empresa, prevalecendo a jornada da inicial se dele não se desincumbir com sucesso.

(C) Diante do impasse, e considerando que, com menos de vinte empregados, a empresa não é obrigada a manter controle escrito dos horários de entrada e saída dos empregados, o juiz decidirá a quem competirá o ônus da prova.

(D) A falta de controle quando a empresa possui mais de dez empregados é situação juridicamente imperdoável, o que autoriza o indeferimento da oitiva das testemunhas da empresa porventura presentes à audiência.

Comentário: Empresa cujo estabelecimento possua mais de dez empregados (art. 74, CLT) tem o ônus de juntar aos autos processuais os controles de ponto. Não o fazendo, o ônus da prova, quanto à jornada laboral, será invertido, passando a ser do empregador, que poderá ofertar outro meio de prova na tentativa de elidir a presunção de veracidade da jornada descrita na petição inicial. É o que prevê a Súmula 338, TST. A letra "B" é a correta.

Resposta: B

12. (FGV – XVIII Exame de Ordem). A empresa XPTO Ltda., necessitando dispensar empregado estável, ajuizou inquérito para apuração de falta grave em face de seu empregado. No dia da audiência, a empresa apresentou seis testemunhas, protestando pela oitiva de todas. O empregado apresentou três testemunhas, afirmando ser este o limite na Justiça do Trabalho. Assinale a alternativa que mostra qual advogado agiu da forma determinada na CLT.

(A) O advogado da empresa agiu corretamente, pois trata-se de inquérito para apuração de falta grave.

(B) O juiz determinou que a empresa dispensasse três das seis testemunhas, pois é necessário o equilíbrio com a outra parte. Logo, ambos os advogados agiram corretamente, levando o número de testemunhas que entendiam cabível.

(C) O advogado do empregado está correto, pois o limite de testemunhas para o processo de rito ordinário é de três para cada parte.

(D) Os dois advogados se equivocaram, pois o limite legal é de três por processo no rito ordinário, sendo as testemunhas do juízo.

Comentário: O art. 821 CLT resolve o assunto, prevendo que no rito ordinário cada parte pode apresentar até três testemunhas e no inquérito judicial, até seis (lembrando que o art. 852-H, § 2º, CLT, dispõe que no sumaríssimo cada parte pode apresentar até duas testemunhas). A letra "A" está correta.

Resposta: A

13. (FGV – XVIII Exame de Ordem). Marcos ajuizou reclamação trabalhista em face de sua ex-empregadora, a sociedade empresária Cardinal Roupas Ltda., afirmando ter sofrido acidente do trabalho (doença profissional). Em razão disso, requereu indenização por danos material e moral. Foi determinada a realização de perícia, que concluiu pela ausência de nexo causal entre o problema sofrido e as condições ambientais. Na audiência de instrução, foram ouvidas cinco testemunhas e colhidos os depoimentos pessoais. Com base na prova oral, o juiz se convenceu de que havia o nexo causal e os demais requisitos para a responsabilidade civil, pelo que deferiu o pedido. Diante da situação retratada, e em relação aos honorários periciais, assinale a afirmativa correta.

(A) O trabalhador sucumbiu no objeto da perícia feita pelo *expert*, de modo que pagará os honorários.

(B) Uma vez que a perícia não identificou o nexo causal, mas o juiz, sim, os honorários serão rateados entre as partes.

(C) A empresa pagará os honorários, pois foi sucumbente na pretensão objeto da perícia.

(D) Não havendo disposição a respeito, ficará a critério do juiz, com liberdade, determinar quem pagará os honorários.

Comentário: Questão complicada, pois o trabalhador foi sucumbente no "resultado da perícia", mas, no final, quando da prolação da sentença, a empresa terminou sendo sucumbente "na pretensão objeto da perícia". O art. 790-B CLT dispõe: "A responsabilidade pelo pagamento dos honorários periciais é da parte **sucumbente na pretensão objeto da perícia**". A letra "C" é a correta.

Resposta: C

14. (FGV – XVIII Exame de Ordem). Em sede de reclamação trabalhista sob o rito sumaríssimo, as testemunhas do autor não compareceram à audiência, apesar de convidadas verbalmente por ele. Na audiência, nada foi comprovado acerca da alegação do convite às testemunhas. Diante disso, assinale a afirmativa correta.

(A) A audiência deverá prosseguir, pois não cabe a intimação das testemunhas, uma vez que não foi comprovado o convite a elas.

(B) As testemunhas deverão ser intimadas porque a busca da verdade real é um princípio que deve sempre prevalecer.

(C) As testemunhas deverão ser conduzidas coercitivamente, porque não se admite que descumpram seu dever de cidadania.

(D) O feito deverá ser adiado para novo comparecimento espontâneo das testemunhas.

Comentário: A letra "A" está correta, traduzindo a previsão contida no art. 852-H, § 3º, CLT. Caso o rito fosse o ordinário, a comprovação do convite não seria necessária (*vide* art. 825, CLT).

Resposta: A

15. (FGV – XIX Exame de Ordem). José ajuizou reclamação trabalhista em face da sociedade empresária ABCD Ltda., requerendo horas extras. A sociedade empresária apresentou contestação negando as horas extras e juntou os cartões de ponto, os quais continham horários variados de entrada e saída, marcados por meio de relógio de ponto. O advogado do autor impugnou a documentação. Com base no caso apresentado, assinale a afirmativa correta.

(A) Na qualidade de advogado do autor, você não precisará produzir qualquer outra prova, pois já impugnou a documentação.

(B) Na qualidade de advogado da ré, você deverá produzir prova testemunhal, já que a documentação foi impugnada.

(C) Na qualidade de advogado do autor, o ônus da prova será do seu cliente, razão pela qual você deverá produzir outros meios de prova em razão da sua impugnação à documentação.

(D) Dada a variação de horários nos documentos, presumem-se os mesmos inválidos diante da impugnação, razão pela qual só caberá o ônus da prova à empresa ré.

Comentário: O reclamado, no caso, se desincumbiu do ônus previsto na Súmula 338 do TST, acostando cartões de ponto válidos (seriam inválidos aqueles sem variação de minutos, chamados de "robóticos" ou "britânicos"). Com isso, o ônus da prova, à luz da distribuição estática, permanece com o autor (art. 818, I, da CLT e art. 373, I, do CPC). A letra "C" é a correta.

Resposta: C

A finalidade de ambas (das partes) é exaurir a defesa e a reconsideração do juiz quanto a determinadas decisões.

No rito sumaríssimo não há razões finais. Os arts. 852-A a 852-I da CLT silenciaram sobre essa "etapa" da audiência, não por omissão, mas pelo desejo do legislador de dar maior celeridade ao procedimento. A tentativa de conciliação, que deve ocorrer após as razões finais, está presente apenas nas normas que regem o

13

RAZÕES FINAIS

No art. 850 da CLT, encontramos as alegações finais, tendo o legislador fixado, para tanto, dez minutos para cada parte. As razões finais serão aduzidas oralmente, na própria audiência. Porém, nada impede que o juiz, de ofício ou a requerimento, conceda prazo para a apresentação de razões finais por escrito (memoriais de razões finais), principalmente nos processos considerados complexos, à luz do § 2º do art. 364 do CPC, a seguir transcrito:

> Quando a causa apresentar questões complexas de fato ou de direito, o debate oral poderá ser substituído por razões finais escritas, que serão apresentadas pelo autor e pelo réu, bem como pelo Ministério Público, se for o caso de sua intervenção, em prazos sucessivos de quinze dias, assegurada vista dos autos.

A previsão quanto à concessão de "prazo sucessivo", diante do PJE, é natimorta.

As razões finais são um direito da parte que em momento algum pode ser abolido pelo juiz. Nelas o advogado do litigante poderá dizer o que quiser, destacando, por exemplo, os pontos positivos, para o seu cliente, dos relatos testemunhais, a importância de determinado documento etc.

Se o advogado, ao longo da audiência, protestou contra alguma decisão interlocutória, salutar se mostra a renovação dos protestos em razões finais, quando o patrono, então, poderá expor as razões do seu descontentamento, requerendo, inclusive, a reconsideração da decisão.

A finalidade mediata dos protestos é exatamente obter a reconsideração do juiz quanto a determinadas decisões.

No rito sumaríssimo não há razões finais. Os arts. 852-A a 852-I da CLT silenciaram sobre essa "etapa" da audiência, não por omissão, mas pelo desejo do legislador de dar maior celeridade ao procedimento. A tentativa de conciliação, que deve ocorrer após as razões finais, está presente apenas nas normas que regem o rito ordinário (art. 850, *in fine*, da CLT). No sumaríssimo, "aberta a sessão, o juiz esclarecerá as partes presentes sobre as vantagens da conciliação e usará os meios adequados de persuasão para a solução conciliatória do litígio, em qualquer fase da audiência" (art. 852-E da CLT).

Há razões finais no rito sumário, oportunidade, ainda, em que qualquer litigante poderá impugnar o valor da causa, exclusivamente quando este tiver sido fixado pelo magistrado (o juiz fixará o valor da causa, para fins de alçada, quando o reclamante, na petição inicial, não o fizer) - argúcia do art. 2º da Lei 5.584/1970.

QUESTÕES COMENTADAS SOBRE RAZÕES FINAIS

1. (FCC - 2009 - TRT da 3ª Região - Analista Judiciário - Área Judiciária). As razões finais do processo do trabalho, segundo o regramento da Consolidação das Leis do Trabalho:

(a) constituem direito da parte, são sempre escritas e podem ser indeferidas pelo juiz.

(B) são faculdade do juiz, nunca poderão ser escritas e as partes têm vinte minutos para aduzi-las, quando orais.

(C) constituem direito das partes; se realizadas em audiência, o tempo reservado para cada uma das partes é de dez minutos.

(D) constituem direito da parte, que podem escolher se as aduzem oralmente ou se as fazem por escrito, independentemente, neste último caso, de deferimento judicial.

(E) realizam-se oralmente, exceto nos casos de instrução por carta precatória, quando podem ser enviadas pelo correio.

Comentário: As razões finais constituem um direito das partes e dos seus advogados, porquanto o legislador, no art. 850 da CLT, consagrou que as partes "poderão aduzir razões finais, em prazo não excedente de dez minutos para cada uma". Juridicamente, o verbo "poder" é sinônimo de "faculdade", de "direito". Logo, o juiz não pode cassar o direito à adução de razões finais. Não há pensar em "indeferimento" pelo juiz. Serão, no processo trabalhista, aduzidas oralmente (o juiz poderá, a requerimento de uma ou de ambas as partes, conceder prazo para a juntada de memoriais de razões finais). Essa pequena explanação já basta para soterrar as letras "a", "b" e "d", ratificando que a letra "c" é a correta. A letra "e" está errada, pois o juiz deprecado não "encerra a instrução", mas apenas colhe depoimentos testemunhais ou realiza diligências solicitadas pelo juízo deprecante, cabendo perante este, no final da instrução processual, a adução de razões finais.

Resposta: C

14

MANDATO, PROCURAÇÃO E HONORÁRIOS ADVOCATÍCIOS

O art. 103 do CPC estipula que a parte será representada em juízo por advogado legalmente habilitado.

O art. 104 do CPC, no seu início, ratifica: "*O advogado não será admitido a postular em juízo sem procuração*".

A regra processual, por conseguinte, é a de que o advogado precisa juntar a procuração no ato da propositura de uma ação. O próprio art. 104 do CPC especifica as exceções, quando arremata que o advogado poderá atuar sem procuração para: "*evitar preclusão, decadência ou prescrição, ou para praticar ato considerado urgente*", situações em que o patrono deverá "*exibir a procuração no prazo de 15 dias, prorrogável por igual período por despacho do juiz*" (§ 1º do art. 104 do CPC). Se a procuração não for juntada no prazo, o ato praticado pelo advogado será considerado ineficaz, respondendo, o profissional, pelas despesas e por perdas e danos (§ 2º do art. 104 do CPC).

No processo trabalhista há uma **norma específica** que, infelizmente, vem sendo ignorada por muitos juízes, gerando diligências inúteis, desnecessárias e que afrontam a simplicidade do nosso processo. Estou falando do § 3º do art. 791 da CLT, cuja redação segue na íntegra transcrita:

> § 3º A constituição de procurador com poderes para o foro em geral poderá ser efetivada, mediante simples registro em ata de audiência, a requerimento verbal do advogado interessado, com anuência da parte representada.

Eis a famosa "procuração *apud acta*" (comporta apenas os poderes para o foro em geral).

Ajuizada reclamação trabalhista por advogado sem procuração, o juiz do trabalho não deve aplicar o art. 104 do CPC, desprezando, como se não existisse ou letra morta fosse, a CLT. Ao ignorar o regramento processual trabalhista, o juiz do trabalho estará violando o art. 769 da CLT e desprestigiando os princípios da celeridade, da economia e da simplicidade.

Reclamação trabalhista ajuizada por advogado sem procuração deve ser processada normalmente, com a citação do reclamado e a realização da audiência, pois, iluminado com o brilho da simplicidade, na própria audiência brotará o instrumento de mandato (procuração *apud acta*), com a incidência do belíssimo § 3º do art. 791 da CLT.

O instrumento de mandato também é chamado de procuração. Como um dia me ensinou o ex-juiz do trabalho e brilhante advogado Ivan Barbosa de Araújo, em preciosas lições que varavam as noites e foram decisivas para minha formação, não existe a infeliz expressão "instrumento de procuração" ou "instrumento procuratório".

O mandato é um contrato previsto no Código Civil. Esse contrato se exterioriza por meio de um instrumento conhecido por "procuração" (instrumento de mandato). Surreal se torna, por conseguinte, a mistura de termos que guardam sinonímia (instrumento de mandato e procuração), para a criação da anomalia "instrumento de procuração" ou "instrumento procuratório".

A Lei 8.906/1994 (Estatuto da Advocacia e da OAB), em seu art. 10, dispõe sobre a inscrição principal do advogado, cravando que esta deve ser feita no conselho seccional em cujo território pretende estabelecer seu domicílio profissional. Além da inscrição principal, o advogado deve promover, nos termos do § 2º do referido artigo, "a inscrição suplementar" nos conselhos seccionais em cujos territórios passar a exercer habitualmente a profissão, considerando-se habitualidade a intervenção judicial que exceder de cinco causas por ano.

O TST entende que a ausência de inscrição suplementar não importa em nulidade dos atos praticados pelo advogado, representando mera infração disciplinar, a ser apurada pela OAB. O entendimento jurisprudencial se encontra consubstanciado na OJ 7 da SDI-1:

> OJ 7 da SDI-1. Advogado. Atuação fora da seção da OAB onde o advogado está inscrito. Ausência de comunicação (Lei 4.215/1963, § 2º, art. 56). Infração disciplinar. Não importa nulidade. A despeito da norma então prevista no artigo 56, § 2º, da Lei 4.215/1963, a falta de comunicação do advogado à OAB para o exercício profissional em seção diversa daquela na qual tem inscrição não importa nulidade dos atos praticados, constituindo apenas infração disciplinar, que cabe àquela instituição analisar.

A OJ 07 da SDI-1 ainda cita a antiga Lei 4.215/1963, revogada pelo novo Estatuto da OAB (Lei 8.906/1994).

O advogado da empresa não precisa apresentar, junto com a procuração, os atos constitutivos do seu cliente. Essa exigência, caso feita pelo juiz, viola o art. 75, VIII, do CPC e contraria a OJ 255 da SDI-1. A apresentação do contrato social ou do estatuto da empresa poderá ser determinada pelo magistrado quando a parte contrária impugnar sua ausência ou quando surgir fundada dúvida acerca dos poderes de representação.

> OJ 255 da SDI-1. Mandato. Contrato social. Desnecessária a juntada. O art. 75, VIII, do CPC de 2015 (art. 12, VI, do CPC de 1973) não determina a exibição dos estatutos da empresa em juízo como condição de validade do instrumento de mandato outorgado ao seu procurador, salvo se houver impugnação da parte contrária.

Um detalhe que pode gerar impugnação pelo advogado da parte contrária é a "ausência dos dados da pessoa física que assinou a procuração", já que o instrumento de mandato emitido por pessoa jurídica tem de conter ao menos o nome da entidade outorgante e do signatário da procuração (pessoa física que tem poderes para tal), como dispõe a Súmula 456 do TST:

> Súmula 456 do TST. Representação. Pessoa jurídica. Procuração. Invalidade. Identificação do outorgante e de seu representante.
>
> I – É inválido o instrumento de mandato firmado em nome de pessoa jurídica que não contenha, pelo menos, o nome do outorgante e do signatário da procuração, pois estes dados constituem elementos que os individualizam.
>
> II – Verificada a irregularidade de representação da parte na instância originária, o juiz designará prazo de 5 (cinco) dias para que seja sanado o vício. Descumprida a determinação, extinguirá o processo, sem resolução de mérito, se a providência couber ao reclamante, ou considerará revel o reclamado, se a providência lhe couber (art. 76, § 1º, do CPC de 2015).
>
> III – Caso a irregularidade de representação da parte seja constatada em fase recursal, o relator designará prazo de 5 (cinco) dias para que seja sanado o vício. Descumprida a determinação, o relator não conhecerá do recurso, se a providência couber ao recorrente, ou determinará o desentranhamento das contrarrazões, se a providência couber ao recorrido (art. 76, § 2º, do CPC de 2015).

A Súmula 456 do TST foi inspirada no § 1º do art. 654 do CCB: "*O instrumento particular deve conter a indicação do lugar onde foi passado, a qualificação do outorgante e do outorgado, a data e o objetivo da outorga com a designação e a extensão dos poderes conferidos*".

O art. 104 do CPC permite que o advogado pratique, em nome da parte, atos sem procuração, desde que esses atos sejam considerados "urgentes", comprometendo-se a exibir o instrumento de mandato em quinze dias, prorrogáveis por mais quinze dias, mediante despacho do juiz. Caso a procuração não seja acostada no prazo, os atos serão reputados inexistentes, respondendo o advogado por perdas e danos, no foro competente, sem prejuízo do processo disciplinar de competência da OAB.

O TST não admitia a juntada tardia de procuração na fase recursal. **Isso mudou com a alteração da redação da Súmula 383, em julho de 2016.** Na fase recursal há uma diferença importantíssima: o prazo para a juntada de procuração não é de quinze dias, mas de apenas **cinco dias**.

Com a guinada, a juntada tardia de procuração passou a ser admitida para qualquer recurso, desde que sua exibição, independentemente de intimação, ocorra no prazo de até cinco dias após a interposição do remédio, prorrogável por igual período mediante despacho do magistrado.

Caso já exista nos autos procuração ou substabelecimento e seja verificada a irregularidade de representação, o magistrado fixará prazo de cinco dias para que o vício seja sanado.

Eis a Súmula 383 do TST, com redação de julho de 2016, em sua íntegra:

> Súmula 383 do TST. Recurso. Mandato. Irregularidade de representação. CPC de 2015, arts. 104 e 76, § 2º.
>
> I – É inadmissível recurso firmado por advogado sem procuração juntada aos autos até o momento da sua interposição, salvo mandato tácito. Em caráter excepcional (art. 104 do CPC de 2015), admite-se que o advogado, independentemente de intimação, exiba a procuração no prazo de cinco dias após a interposição do recurso, prorrogável por igual período mediante despacho do juiz. Caso não a exiba, considera-se ineficaz o ato praticado e não se conhece do recurso.
>
> II – Verificada a irregularidade de representação da parte em fase recursal, em procuração ou substabelecimento já constante dos autos, o relator ou o órgão competente para julgamento do recurso designará prazo de cinco dias para que seja sanado o vício. Descumprida a determinação, o relator não conhecerá do recurso, se a providência couber ao recorrente, ou determinará o desentranhamento das contrarrazões, se a providência couber ao recorrido (art. 76, § 2º, do CPC de 2015).

Sintetizando:

- Para **sanar vício de procuração já juntada**, o órgão jurisdicional designará prazo de cinco dias para a prática do ato (item III da Súmula 456 do TST e item II da Súmula 383 do TST).
- Para a **juntada tardia de procuração**, não haverá designação de prazo, cabendo ao recorrente exibir o documento, **independentemente de intimação**, no prazo de até cinco dias após a interposição do remédio, prorrogável por igual período mediante despacho do órgão judicial competente (item I da Súmula 383 do TST).

O advogado deve priorizar, caso precise ser "substituído temporariamente" por outro, a emissão de um substabelecimento ou de uma nova procuração, com a ressalva de que sua juntada não revoga as anteriores. Digo isso porque a juntada de nova procuração, sem ressalva, revoga as anteriores, como dispõe a OJ 349 da SDI-1:

OJ 349 da SDI-1. Mandato. Juntada de nova procuração. Ausência de ressalva. Efeitos. A juntada de nova procuração aos autos, sem ressalva de poderes conferidos ao antigo patrono, implica revogação tácita do mandato anterior.

Para o advogado substabelecer, o instrumento de mandato não precisa estipular poderes especiais. Significa dizer que, se a procuração silenciar a respeito da questão, o mandato admite o substabelecimento.

O substabelecimento só não será possível no caso de "mandato tácito" (cabe no caso de procuração *apud acta*, como veremos a seguir, em tópico específico), nos termos da OJ 200 da SDI-1, e também quando a procuração expressamente o vedar (item III da Súmula 395 do TST).

OJ 200 da SDI-1. Mandato tácito. Substabelecimento inválido. É inválido o substabelecimento de advogado investido de mandato tácito.

Súmula 395 do TST. Mandato e substabelecimento. Condições de validade.

I – Válido é o instrumento de mandato com prazo determinado que contém cláusula estabelecendo a prevalência dos poderes para atuar até o final da demanda. (§ 4º do art. 105 do CPC de 2015). (ex -OJ nº 312 da SBDI-1 -- DJ 11.08.2003)

II – Se há previsão, no instrumento de mandato, de prazo para sua juntada, o mandato só tem validade se anexado ao processo o respectivo instrumento no aludido prazo. (ex-OJ nº 313 da SBDI-1 -- DJ 11.08.2003)

III – São válidos os atos praticados pelo substabelecido, ainda que não haja, no mandato, poderes expressos para substabelecer (art. 667 e §§, do Código Civil de 2002). (ex-OJ nº 108 da SBDI-1 -- inserida em 01.10.1997)

IV – Configura-se a irregularidade de representação se o substabelecimento é anterior à outorga passada ao substabelecente. (ex-OJ nº 330 da SBDI-1 -- DJ 09.12.2003)

V – Verificada a irregularidade de representação nas hipóteses dos itens II e IV, deve o juiz suspender o processo e designar prazo razoável para que seja sanado o vício, ainda que em instância recursal (art. 76 do CPC de 2015)

Se a procuração vedar expressamente o substabelecimento, os atos praticados pelo substabelecido não obrigam o mandante (processualmente, seriam atos nulos), salvo ratificação expressa, que retroagirá à data do ato (aplicável ao direito processual). É o que reza o § 3º do art. 667 do CCB.

É preciso cautela na aplicação dos arts. 653 a 691 do CCB ao direito processual, como estipula o próprio CCB, no art. 692, *verbis*: "O mandato judicial fica subordinado às normas que lhe dizem respeito, constantes da legislação processual, e, supletivamente, às estabelecidas neste Código."

Exemplo claro da diferença entre o mandato judicial e o contrato de mandato vem do posicionamento do TST quanto à ausência de data de emissão da procuração. O CCB, no § 1º do art. 654, diz que o instrumento particular de mandato deve conter a data de sua outorga, detalhe irrelevante para fins processuais, como prevê a OJ 371 da SDI-1:

> OJ 371 da SDI-1. Irregularidade de representação. Substabelecimento não datado. Inaplicabilidade do art. 654, § 1º, do Código Civil. Não caracteriza irregularidade de representação a ausência da data da outorga de poderes, pois, no mandato judicial, ao contrário do mandato civil, não é condição de validade do negócio jurídico. Assim, a data a ser considerada é aquela em que o instrumento for juntado aos autos, conforme preceitua o art. 409, IV, do CPC de 2015 (art. 370, IV, do CPC de 1973). Inaplicável o art. 654, § 1º, do Código Civil.

A procuração deve conter o nome do advogado e sua inscrição na OAB, além do endereço completo. Se o advogado integrar sociedade de advogados, a procuração também deverá conter o nome, a inscrição na OAB e o endereço da sociedade – vide art. 105, §§ 2º e 3º, do CPC.

Se o advogado estiver postulando em causa própria, os referidos dados deverão ser informados na petição inicial ou na contestação (art. 106 do CPC).

Os procuradores das pessoas jurídicas de direito público estão dispensados da juntada de procuração, como prevê a Súmula 436 do TST:

> Súmula 436 do TST. Representação processual. Procurador da União, estados, municípios e Distrito Federal, suas autarquias e fundações públicas. Juntada de instrumento de mandato.
>
> I – A União, estados, municípios e Distrito Federal, suas autarquias e fundações públicas, quando representadas em juízo, ativa e passivamente, por seus procuradores, estão dispensadas da juntada de instrumento de mandato e de comprovação do ato de nomeação.
>
> II – Para os efeitos do item anterior, é essencial que o signatário ao menos declare-se exercente do cargo de procurador, não bastando a indicação do número de inscrição na Ordem dos Advogados do Brasil.

Atenção:

O advogado, para declarar na petição inicial ou na contestação que o cliente não tem condições de arcar com as despesas do processo (declaração de pobreza ou de hipossuficiência), para fins de concessão dos benefícios da justiça gratuita, precisa de poderes especiais, como dispõe o art. 105 do CPC, responsável pelo cancelamento, em junho de 2016, da OJ 331 da SDI-1.

O advogado não deve restringir a procuração apenas à propositura da reclamação. Essa limitação é perigosa, podendo acarretar graves prejuízos no futuro, quer na fase recursal, quer no manejo de outros meios de impugnação. A OJ 151 da SDI-2 resume bem os drásticos efeitos desse tipo de restrição, mas a sua redação foi suavizada, em face da mudança de entendimento do TST, como já estudamos na Súmula 383.

> OJ 151 da SDI-2. Ação rescisória e mandado de segurança. Procuração. Poderes específicos para ajuizamento de reclamação trabalhista. Irregularidade de representação processual. verificada na Fase recursal. Procuração outorgada com poderes específicos para ajuizamento de reclamação trabalhista. Vício processual sanável.
>
> A procuração outorgada com poderes específicos para ajuizamento de reclamação trabalhista não autoriza a propositura de ação rescisória e mandado de segurança. Constatado, todavia, o defeito de representação processual na fase recursal, cumpre ao relator ou ao tribunal conceder prazo de 5 (cinco) dias para a regularização, nos termos da Súmula nº 383, item II, do TST.

Ratifica o alerta a previsão contida no § 4º do art. 105 do CPC: "*Salvo disposição expressa em sentido contrário constante do próprio instrumento, a procuração outorgada na fase de conhecimento é eficaz para todas as fases do processo, inclusive para o cumprimento de sentença*".

A procuração-geral para o foro é aquela que contém a cláusula *ad judicia*, devendo ser confeccionada sem qualquer restrição a remédios e instrumentos processuais. É a procuração comum, que habilita o advogado, nos termos do art. 105, *caput*, do CPC, a praticar todos os atos do processo, salvo aqueles considerados especiais.

A procuração-geral para o foro pode estender ao advogado um, alguns ou todos os poderes especiais previstos na parte final do art. 105, *caput*, do CPC, desde que isso seja feito expressamente.

Em momento algum o CPC exige qualquer formalidade especial para a eficácia dos poderes especiais, sendo inconstitucional, portanto, a exigência, por exemplo, de reconhecimento de firma em cartório ou de "procuração pública", ato que viola o art. 5º, II, da CF.

São considerados poderes especiais:

- Receber citação inicial.
- Confessar.
- Reconhecer a procedência do pedido.
- Transigir.
- Desistir da ação.
- Renunciar ao direito sobre que se funda a ação.
- Receber e dar quitação a valores.
- Firmar compromisso.
- Assinar declaração de hipossuficiência (necessário no processo laboral, diante do cancelamento da OJ 331 da SDI-1).

A procuração com poderes especiais não se confunde com aquela que contém *cláusula ad judicia et extra.*

Procuração com cláusula *ad judicia et extra* é a que autoriza o advogado a praticar todos os atos judiciais (relativos à procuração para o foro em geral e também com poderes especiais), mais os atos extrajudiciais de defesa e representação perante pessoas jurídicas de direito público ou privado.

No caso de advogados de empresas, é comum o instrumento de mandato que contém uma "pluralidade de procuradores" (procuração dando poderes a mais de um advogado). O advogado que for de fato acompanhar determinada demanda deve requerer, logo no início da petição inicial ou do meio de resposta (contestação e/ou exceção de incompetência em razão do lugar), que todas as intimações e publicações sejam realizadas exclusivamente em seu nome. Eis o que reza a Súmula 427 do TST:

> Súmula 427 do TST. Intimação. Pluralidade de advogados. Publicação em nome de advogado diverso daquele expressamente indicado. Nulidade. Havendo pedido expresso de que as intimações e publicações sejam realizadas exclusivamente em nome de determinado advogado, a comunicação em nome de outro profissional constituído nos autos é nula, salvo se constatada a inexistência de prejuízo.

O advogado poderá a qualquer tempo renunciar ao mandato, provando que cientificou o mandante a fim de que este nomeie substituto. Durante os dez dias seguintes à ciência, o advogado continuará a representar o mandante, desde que necessário para lhe evitar prejuízo – art. 112 do CPC. A contagem desse prazo far-se-á com a exclusão do dia do começo e a inclusão do dia final – inteligência do art. 132 do CCB.

Nos termos do § 2º do art. 112 do CPC, **a comunicação ao cliente não será necessária quando a procuração tiver sido outorgada a vários advogados e a parte continuar representada por outro.**

A parte (mandante) também pode, a qualquer tempo, revogar o mandato outorgado a seu advogado – art. 111 do CPC.

O cliente tem de ser alertado para o fato de a revogação do mandato, por sua iniciativa, não atingir o contrato de honorários advocatícios. Na linguagem popular: "uma coisa é uma coisa, outra coisa é outra coisa".

Os honorários advocatícios sucumbenciais não se confundem com os honorários advocatícios contratuais. Os sucumbenciais integram a sentença (título executivo judicial) e devem ser pagos pelo sucumbente em favor do advogado da parte vencedora. Já os honorários contratuais não constam da sentença e são pagos pelo cliente ao próprio advogado, mediante retenção, como já estudamos.

Os honorários contratuais, por conseguinte, não excluem os honorários sucumbenciais.

Não há lei que obste a cumulatividade, pelo contrário, o *caput* do art. 22 da Lei 8.906/1994 (Estatuto da Advocacia) prevê que: "*A prestação de serviço profissional assegura aos inscritos na OAB o direito aos honorários convencionados, aos fixados por arbitramento judicial e aos de sucumbência*".

Não há *bis in idem*, como alguns dizem, pois as fontes pagadoras (reclamado e cliente) são diferentes e os fatos geradores também (sucumbência e contrato). Sempre é bom lembrar que o princípio do *non bis in idem* existe para evitar o enriquecimento ilícito. A percepção dos dois honorários não caracteriza, de forma alguma, enriquecimento sem causa.

O advogado, por segurança, deve firmar contrato escrito de honorários advocatícios com o cliente. MasNo entanto, a inexistência da minuta não impede a retenção, principalmente quando inexistirem honorários sucumbenciais. Essa retenção não se refere a "honorários contratuais", afinal não há contrato nos autos, mas a uma espécie de "honorários fixados por arbitramento".

Complicado? Então vamos exemplificar.

O advogado, salvo se renunciar aos honorários, não pode trabalhar de graça. Com base nessa premissa, digamos que o patrono não tenha firmado contrato escrito de honorários com o seu cliente (reclamante) e que a sentença tenha julgado procedente o pedido de indenização por dano moral, no valor de R$ 100.000,00, mediante a concessão dos benefícios da justiça gratuita a reclamante e a reclamado. Diante disso, os honorários advocatícios sucumbenciais, devidos pelo réu, ficarão sob condição suspensiva de exigibilidade, nos termos do § 4º do art. 791-A da CLT e do § 3º do art. 98 do CPC. Considerando a inexistência de contrato de honorários nos autos e de honorários sucumbenciais, seria justa a liberação do valor total ao reclamante, sem a retenção da verba honorária?

Entendo que não!

O juiz, nesse caso, deve agir com cautela. Antes da liberação da quantia ao reclamante, seria de bom alvitre intimar o advogado, para que este se pronunciasse sobre o fato (ausência de contrato). Caso o advogado silenciasse (renúncia tácita) ou se manifestasse renunciando à verba (renúncia expressa), a quantia total seria liberada ao reclamante, sem qualquer retenção. Caso o advogado revelasse a sua intenção de receber os honorários, o juiz, lastreado no § 2º do art. 22 da Lei 8.906/1994 (Estatuto da Advocacia), efetuaria a retenção dos "honorários fixados por arbitramento", estipulando (arbitrando) o valor (percentual).

Conclusão – Há três espécies de honorários advocatícios:

a) Honorários advocatícios sucumbenciais.
b) Honorários advocatícios contratuais.
c) Honorários advocatícios fixados por arbitramento.

Os dois primeiros, como vimos, podem ser cumulados. O terceiro, no entanto, só existirá na ausência dos demais. O advogado previdente sempre evitará a terceira "espécie" de honorários, firmando, desde o início, com o cliente, um contrato, ou, se for o caso, juntando aos autos o contrato de honorários antes da liberação do crédito (nos termos do art. 22, § 4º, da Lei 8.906/1994, o contrato de honorários, desde que juntado antes da liberação dos valores, terá plena eficácia)..E os honorários advocatícios têm natureza alimentar?

Claro que sim!

A Súmula Vinculante 47 já tinha colocado uma pá de cal na discussão. O § 14 do art. 85 do CPC apenas ratificou o que o STF consagrara. A norma do CPC dispõe que os honorários constituem direito do advogado e têm natureza alimentar, com os mesmos privilégios dos créditos oriundos da legislação do trabalho, sendo vedada a compensação em caso de sucumbência parcial.

A natureza alimentar da verba honorária serviu de base para a edificação da minha tese sobre a inconstitucionalidade dos percentuais esculpidos no *caput* do art. 791-A da CLT, como veremos mais adiante.

Na hipótese de falecimento ou incapacidade civil do advogado, os honorários de sucumbência serão recebidos por seus sucessores ou representantes legais – § 2º do art. 24 da Lei 8.906/1994.

14.1. HONORÁRIOS ADVOCATÍCIOS SUCUMBENCIAIS – REFORMA TRABALHISTA

O art. 791-A da CLT, inserido pela Lei 13.467/2017, prevê a condenação do sucumbente no pagamento de honorários ao advogado do vencedor, inclusive no caso de sucumbência recíproca. A norma afeta diretamente a Súmula 219 do TST, que restringia a incidência de honorários advocatícios sucumbenciais a algumas situações específicas.

O *caput* do art. 791-A da CLT é flagrantemente inconstitucional, quanto aos percentuais de honorários advocatícios sucumbenciais (entre 5% e 15%), por violação ao princípio da isonomia (*caput* do art. 5º da CF c/c o § 2º do art. 85 do CPC), por violação ao princípio da não discriminação remuneratória (inciso XXX do art. 7º da CF c/c o § 14 do art. 85 do CPC c/c a Súmula Vinculante 47) e por violação ao princípio da dignidade profissional (inciso III do art. 1º da CF).

A diferenciação pretendida, entre advogado civilista/empresarial/tributário etc. e advogado trabalhista é injusta, desequilibrada, desarrazoada, representando, portanto, uma típica e intolerável discriminação (discriminar é diferenciar sem razoabilidade). Cabe ao advogado não se curvar à norma, pleiteando 20% de honorários advocatícios sucumbenciais, à luz do § 2º do art. 85 do CPC.

A verba honorária será calculada sobre o valor da condenação, do proveito econômico obtido ou sobre o valor da causa (*caput* do art. 791-A da CLT e § 2º do art. 85 do CPC). PorémEntretanto, nas causas em que for inestimável ou irrisório o proveito econômico ou, ainda, quando o valor da causa for muito baixo, o juiz fixará o valor dos honorários por **apreciação equitativa**, observando o disposto nos incisos do § 2º do art. 791-A da CLT, que correspondem aos incisos do § 2º do art. 85 do CPC.

Os honorários advocatícios sucumbenciais são devidos nas reclamações trabalhistas, no inquérito judicial para apuração de falta grave, nas ações de consignação em pagamento, na reconvenção, na ação rescisória, em ações cautelares etc. Também são devidos nas ações contra a Fazenda Pública e nas ações em que a parte estiver assistida ou substituída pelo sindicato de sua categoria. Também são devidos ao advogado do reclamado/réu/consignatário etc.

Não são devidos honorários advocatícios sucumbenciais no mandado de segurança, pois não áhá réu nesse tipo de ação, já queporquanto o que se ataca é o ato praticado por autoridade pública ou pessoa a ela equiparada – art. 25 da Lei 12.016/2009.

Também são devidos honorários advocatícios sucumbenciais quando o advogado estiver atuando em causa própria – *caput* do art. 791-A da CLT e § 17 do art. 85 do CPC.

Os critérios para a fixação, pelo juiz, do valor dos honorários, estão previstos no § 2º do art. 791-A da CLT, representando mera cópia dos utilizados pelo CPC (incisos do § 2º do art. 85). Caso o advogado do vencedor não concorde com o percentual/valor fixado pelo juiz, poderá interpor, em nome próprio, recurso ordinário, buscando a sua majoração no TRT. Inafastáveisl a sua legitimidade e o seu interesse recursal, pois ele é o título daquele crédito.

Nas causas em que a Fazenda Pública for parte, a fixação dos honorários sucumbenciais observará, além dos critérios comuns previstos no § 2º do art. 791 da CLT e no § 2º do art. 85 do CPC, os limites e restrições corporificados nos §§ 3º a 7º do art. 85 do CPC.

A redação impositiva do *caput* do art. 791-A da CLT reflete o mesmo poderio da contundente redação do *caput* do art. 85 do CPC, desaguando na conclusão de que **a condenação do vencido no pagamento de honorários advocatícios sucumbenciais ao advogado do vencedor deve ocorrer independentemente da existência ou não de pedido específico neste sentido**, seja na petição inicial, seja na contestação. Em resumo, **o juiz deve condenar o sucumbente no pagamento de honorários advocatícios "de ofício" ou a "requerimento"**.

A condenação *ex officio* no pagamento de honorários sucumbenciais encontra força no § 18 do art. 85 do CPC, que prevê a possibilidade de cobrança da verba mesmo no caso de omissão da sentença já transitada em julgado, ao declarar cabível ação autônoma para sua definição e cobrança. Essa ação será de competência da Justiça do Trabalho, pois não se confunde com aquela ação envolvendo cliente e advogado, em litígio sobre honorários contratuais, prevista na Súmula 363 do STJ.

Como vimos, no caso de condenação, os honorários sucumbenciais serão calculados sobre o respectivo valor. Não ocorrendo condenação, serão calculados sobre o valor da causa. Pode acontecer, entretanto, de o valor da causa ser inestimável, irrisório para fins de proveito econômico ou muito baixo. Nesse caso, o juiz fixará o valor dos honorários por apreciação equitativa, sempre observando os incisos do § 2º do art. 791-A da CLT (que correspondem aos incisos do § 2º do art. 85 do CPC).

Nas ações que tenham como objeto a indenização por lucros cessantes a título de condenação no pagamento de pensão vitalícia (comuns para o caso de perda ou redução na capacidade laborativa do obreiro vitimado por acidente do trabalho, com fulcro nos arts. 402 e 950 do CCB), o percentual de honorários incidirá sobre a soma das prestações vencidas acrescida de 12 prestações vincendas, nos termos do § 9º do art. 85 do CPC.

O advogado pode requerer que o pagamento dos honorários sucumbenciais que lhe caibam seja efetuado em favor da sociedade de advogados que integra na qualidade de sócio, fato que não retirará a natureza alimentar da verba -- § 15 do art. 85 do CPC.

O § 3º do art. 791-A da CLT vem assustando muitos advogados, principalmente aqueles que costumam atuar na representação de trabalhadores.

De fato, os honorários advocatícios irãovão incidir, no caso de sucumbência recíproca, ou seja, ambas as partes serão condenadas a pagar honorários ao advogado da parte adversa, sendo vedada a compensação entre os honorários, como dispõem o § 3º do art. 791-A da CLT e a parte final do § 14 do art. 85 da CLT. Exemplificando. Digamos que o reclamante tenha pleiteado a condenação do reclamado no pagamento de duas verbas, sendo um pedido julgado procedente e o outro improcedente. Ocorreu, no caso, a sucumbência recíproca no sentido lato, alcançando o direito de ambos os litigantes recorrerem e o direito de cada advogado receber os seus honorários sucumbenciais. Constou da sentença a condenação em honorários sucumbenciais de R$ 2.000,00 em favor do advogado do reclamante e em honorários sucumbenciais de R$ 1.000,00 em favor do advogado dor reclamado. Pois bem. **Esses valores não podem ser compensados** (se houvesse compensação, nada seria devido ao advogado do reclamado e o valor do advogado do reclamante cairia para R$ 1.000,00).

Importante, neste ponto do nosso estudo, diferenciar a **sucumbência recíproca para fins recursais**, da **sucumbência recíproca para fins de assunção das despesas processuais** (custas, honorários, emolumentos).

A Súmula 326 do STJ elucida a questão, dizendo que, na ação de indenização por dano moral, a condenação em montante inferior ao postulado na inicial não implica sucumbência recíproca.

A referida Súmula trata da "sucumbência para fins de despesas processuais". Exemplificando.

Se o reclamante pleitear R$ 50.000,00 de indenização por dano moral e o juiz condenar o reclamado a pagar R$ 10.000,00, a sucumbência, para fins recursais, será recíproca, ou seja, as duas partes poderão recorrer (possuem interesse recursal), mas as despesas processuais ficarão a cargo exclusivamentoe do reclamado, que foi a parte sucumbente (ele foi condenado).

Basta aplicar esse entendimento paraa todas as verbas pleiteadas. Exemplificando.

Se o reclamante pedir a condenação do reclamado no pagamento de duas horas extras por dia e o juiz condenar em uma por dia, os dois litigantes poderão recorrer, mas o recolhimento das custas e o pagamento dos honorários ficarão a cargo exclusivamente do reclamado (condenado no pagamento da verba).

Diferente é o caso de múltiplos pedidos procedentes e improcedentes. Exemplificando.

Digamos que o reclamante pediu a condenação do reclamado no pagamento de indenização por dano moral, de indenização por dano estético, de horas extras e de adicional noturno. Na sentença, o juiz julgou procedentes os pedidos de pagamento de indenização por dano moral e de indenização por dano estético, julgando improcedentes os pedidos de pagamento de horas extras e de adicional noturno. Ambas as partes poderão recorrer e ambas as partes serão responsáveis pelo recolhimento das custas e pelo pagamento de honorários advocatícios sucumbenciais, cada qual proporcionalmente à sua sucumbência.

O § 4º do art. 791-A da CLT foi alvo de ADI, ajuizada pela PGR (ADI 5766 de 28/08/2017). O ministro Barroso intimou a União para fins de justificação prévia, nos termos da parte final do § 2º do art. 300 do CPC. Os autos já estão conclusos, mas, até agora, o insigne ministro ainda não apreciou o pedido de concessão de liminar.

A inconstitucionalidade, a meu ver, se restringe-se à expressão "(...) *ainda que em outro processo (...)*".

A CLT, no referido § 4º do art. 791-A da CLT, basicamente copiou o que já constava do § 3º do art. 98 da CLT, com uma diferença benéfica ao trabalhador, emcom relação ao tempo, já que a prescrição intercorrente do CPC é de cinco anos, enquanto a nossa é de apenas dois anos, acelerando, com isso, a extinção da execução honorária.

Considerando a inconstitucionalidade da irradiação da dívida a outros processos, assim ficaria o texto do § 4º do art. 791-A da CLT: "Vencido o beneficiário da justiça gratuita, desde que não tenha obtido, **no próprio processo**, créditos capazes de suportar os honorários sucumbenciais, estes ficarão sob condição suspensiva de exigibilidade e somente poderão ser executados se, nos dois anos subsequentes ao trânsito em julgado da decisão, o credor demonstrar que deixou de existir a situação de insuficiência de recursos que justificou a concessão da gratuidade. Caso o prazo de dois anos flua, sem mudança no cenário de hipossuficiência, extinguir-se-á a execução quanto aos honorários".

14.2. MANDATO TÁCITO E PROCURAÇÃO *APUD ACTA*

Uma dúvida comum na seara trabalhista diz respeito à possibilidade de o advogado, sem procuração, ajuizar reclamação trabalhista em nome do reclamante. A parte final do art. 104 do CPC responde parcialmente ao questionamento, quando diz que o advogado, sem procuração, poderá ajuizar ação com o escopo de evitar preclusão, decadência ou prescrição, ou para praticar ato considerado urgente.

Independentemente da urgência ou não do ato, entendo que o advogado, no processo trabalhista, pode ajuizar reclamação sem procuração, por conta da previsão contida no § 3º do art. 791 CLT (incluído pela Lei 12.437/2011), permitindo a constituição de advogado mediante o registro em ata de audiência (procuração *apud acta*): "A constituição de procurador com poderes para o foro em geral poderá ser efetivada, mediante simples registro em ata de audiência, a requerimento verbal do advogado interessado, com anuência da parte representada."

Ora, se o mandato pode ser firmado na audiência, seu instrumento (procuração) não precisa acompanhar a petição inicial, do contrário o § 3º do art. 791 da CLT se transformaria em "letra morta".

Inaplicável, por conseguinte, ao processo trabalhista, por inexistência de lacuna em nossa legislação processual, o *caput* do art. 287 do CPC – argúcia do art. 769 da CLT.

A procuração *apud acta* brota de um mandato expresso, porquanto o advogado, com anuência do cliente, requer verbalmente o registro do pacto (mandato) em ata de audiência, que passará, a partir dali, a corporificar uma procuração (a manifestação expressa tem duas espécies: manifestação por escrito e manifestação verbal).

Não se confunde com o "mandato tácito" (manifestação não expressa), reconhecido mediante os "atos praticados pelo advogado em nome do cliente, com sua anuência tácita".

A mera presença do advogado, acompanhando o cliente durante a audiência, já atrai a presunção da existência de um mandato (tácito). Estou falando da simples "transcrição" do nome da parte e do seu advogado no "cabeçalho" da ata de audiência.

O TST, bem antes da previsão legal da procuração *apud acta* (o § 3º do art. 791 da CLT foi incluído pela Lei 12.437/2011), já consagrava, mediante inúmeros precedentes, o mandato tácito.

> OJ 286 da SDI-1. Agravo de instrumento. Traslado. Mandato tácito. Ata de audiência. Configuração.
>
> I – A juntada da ata de audiência, em que consignada a presença do advogado, desde que não estivesse atuando com mandato expresso, torna dispensável a procuração deste, porque demonstrada a existência de mandato tácito.
>
> II – Configurada a existência de mandato tácito, fica suprida a irregularidade detectada no mandato expresso.

Ilegal, portanto, a exigência de que a petição inicial esteja necessariamente acompanhada de procuração, ferindo frontalmente a lei (§ 3º do art. 791 da CLT) e contrariando uniforme jurisprudência do TST.

Caso a reclamação seja arquivada por conta disso (ausência de procuração), o remédio específico para atacar a decisão é o recurso ordinário (cabível contra sentença terminativa ou definitiva - art. 895, I, da CLT).

Não há pensar, no caso de arquivamento da reclamação por ausência de procuração, em mandado de segurança, exatamente pelo fato de existir, para o caso, remédio específico capaz de atacar o *decisum* (recurso ordinário).

> Súmula 267 do STF. Não cabe mandado de segurança contra ato judicial passível de recurso ou correição.

O mandato tácito e a procuração *apud acta* são dotados meramente da cláusula *ad judicia* ("poder geral para o foro" - parte inicial do art. 105 do CPC), inexistindo a possibilidade de "inserção de poderes especiais", merecendo ser prestigiada a estrita redação do § 3º do art. 791 da CLT.

O substabelecimento de procuração *apud acta* é válido, por ausência de vedação legal.

Não se admite, entretanto, substabelecimento de mandato tácito, nos termos da OJ 200 SDI-1:

> OJ 200 SDI-1. Mandato tácito. Substabelecimento inválido. É inválido o substabelecimento de advogado investido de mandato tácito.

QUESTÕES COMENTADAS SOBRE MANDATO, PROCURAÇÃO E HONORÁRIOS ADVOCATÍCIOS

1. (TRT da 1ª Região - 2012 - FCC - Juiz do Trabalho Substituto). Quanto ao mandato e ao substabelecimento, de acordo com o entendimento da jurisprudência pacífica do TST, é INCORRETO afirmar:

(A) Configura-se a irregularidade de representação se o substabelecimento é anterior à outorga passada ao substabelecente.

(B) É inválido o substabelecimento de advogado investido de mandato tácito.

(C) Diante da existência de previsão, no mandato, fixando termo para sua juntada, o instrumento de mandato só tem validade se anexado ao processo dentro do aludido prazo.

(D) São válidos os atos praticados pelo substabelecido, ainda que não haja, no mandato, poderes expressos para substabelecer.

(E) Inválido é o instrumento de mandato com prazo determinado que contém cláusula estabelecendo a prevalência dos poderes para atuar até o final da demanda.

Comentário: A letra "A" está correta, em consonância com a previsão contida no item IV da Súmula 395 do TST, pois o substabelecimento deságua de uma procuração, não podendo, por questão de lógica, ser anterior a esta. A letra "B" também está correta, em harmonia com a OJ 200 da SDI-1. De fato, o mandato tácito não admite substabelecimento. Estudamos que a ausência de data na procuração não a invalida (OJ 371 da SDI-1). Porém, se existir na procuração previsão de uma data-limite para sua juntada aos autos, o instrumento de mandato só terá validade se acostado ao processo dentro do referido prazo, como preceitua o item II da Súmula 395 do TST, razão pela qual a letra "C" está correta. A validade do substabelecimento independe de previsão na procuração de poderes para substabelecer, ou seja, não existindo vedação quanto ao substabelecimento, este é válido (item III da Súmula 395 do TST), estando, por este motivo, correta a letra "D". A procuração pode ser emitida com prazo determinado e, ao mesmo tempo, com cláusula estabelecendo a permanência de poderes para que o advogado atue até o final do processo, mesmo se a duração deste ultrapassar o prazo nela fixado. Isso está no item I da Súmula 395 do TST. A letra "E" está errada, sendo a única incorreta.

Resposta: E

2. (TRT da 14ª Região – 2011 – FCC – Analista Judiciário – Área Judiciária). A procuração *apud acta* é o mandato:

(A) com vigência previamente estipulada.
(B) passado a advogado dativo para fins específicos e determinados logo após a intimação da reclamada.
(C) passado em audiência perante o juiz do trabalho.
(D) para fins genéricos com permissão expressa para substabelecer.
(E) para fins genéricos que veda expressamente o substabelecimento.

Comentário: A procuração *apud acta* é aquela que nasce na audiência, perante o juiz do trabalho, como prevê o § 3º do art. 791 da CLT. A letra "C" é a correta. Esse tipo de procuração não admite poderes especiais, mas permite, por ausência de vedação legal, o substabelecimento, cuja proibição atinge apenas o "mandato tácito" (OJ 200 da SDI-1).

Resposta: C

15

DA RESPONSABILIDADE POR DANO PROCESSUAL

A Lei 13.467/2017 inseriu na CLT os arts. 793-A a 793-D, que dispõem sobre a Responsabilidade por Dano Processual. O legislador usou o mesmo título dos arts. 79 a 81 do CPC. Essas normas tratam da litigância de má-fé e das suas sanções.

A Reforma Trabalhista, mais uma vez, copiou a previsão contida no CPC, salvo o art. 793-D da CLT, que, por sinal, é inconstitucional, como será demonstrado ao final deste Capítulo.

A responsabilidade por dano processual não é uma novidade para o processo do trabalho, pois as penas por litigância de má-fé já eram infligidas aos litigantes, mediante a aplicação subsidiária do CPC.

Nos termos do art. 793-B da CLT (ou art. 80 do CPC), considera-se litigante de má-fé aquele que:

> I – Deduzir pretensão ou defesa contra texto expresso de lei ou fato incontroverso;
>
> II – Alterar a verdade dos fatos;
>
> III – Usar do processo para conseguir objetivo ilegal;
>
> IV – Opuser resistência injustificada ao andamento do processo;
>
> V – Proceder de modo temerário em qualquer incidente ou ato do processo;
>
> VI – Provocar incidente manifestamente infundado;
>
> VII – Interpuser recurso com intuito manifestamente protelatório.

Raramente o juiz do trabalho aplicava a multa por litigância de má-fé e quando aplicava geralmente o TRT afastava a sanção quando do julgamento do recurso ordinário. Tratava-se de postura "cultural" da Justiça do Trabalho, talvez "incentivada" pela ausência de previsão específica na legislação processual trabalhista.

A litigância de má-fé, além de ser fato gerador de multa no sentido estrito, também impõe ao apenado a obrigação de indenizar a parte contrária dos prejuízos sofridos e de todas as despesas efetuadas.

Observem que a "mentira", por si só, já atrai a incidência da punição. E ela pode ser desvendada, por exemplo, no depoimento pessoal. Digamos que o juiz tenha perguntado ao reclamante sobre a sua carga horária e este tenha confessado que laborava de segunda a sábado, folgando nos domingos. Na petição inicial, entretanto, o reclamante diz que não tinha folga semanal, requerendo, por conta disso, a condenação do réu no pagamento do repouso semanal em dobro. Findado o interrogatório, deveria o advogado pedir a palavra para renunciar ao referido pedido, demonstrando, com isso, a boa-fé do seu cliente. Isso não acontecia por conta da **impunidade**.

Com a Reforma Trabalhista e a inclusão da responsabilidade por dano processual na CLT, essa postura sofrerá mudanças, principalmente nos tribunais.

A pena por litigância de má-fé pode ser aplicada de ofício ou a requerimento da parte interessada, abarcando multa, que deve ser superior a 1% e inferior a 10% do valor corrigido da causa, além de indenização pelos prejuízos sofridos, pagamento dos honorários advocatícios e de todas as despesas efetuadas, nos termos do art. 793-C da CLT (ou art. 81 do CPC). O crédito será revertido em favor da parte adversa. Quando o valor da causa for irrisório ou inestimável, a multa poderá ser fixada em até duas vezes o limite máximo dos benefícios do Regime Geral de Previdência Social – § 2º do art. 793-C da CLT.

Quando forem dois ou mais os litigantes de má-fé, o juiz poderá condená-los proporcionalmente (regra) ou solidariamente (exceção) – § 1º do art. 793-C da CLT. A responsabilidade será solidária apenas para **aqueles que se coligaram para lesar a parte contrária**. Tem por base o art. 942 do CCB.

A pena de litigância de má-fé só poderá ser aplicada sobre a parte, **não alcançando o seu advogado**.

A apuração da conduta do advogado e sua eventual responsabilização devem ocorrer em ação própria, assegurando ao profissional o direito ao devido processo legal, permitindo-lhe o exercício do contraditório e da ampla defesa. A ação, inclusive, pode ser movida pela parte reputada litigante de má-fé, quando se considerar prejudicada por ato praticado pelo seu patrono (direito de regresso).

Se o advogado for um profissional liberal, a ação regressiva será de competência da justiça estadual – inteligência da Súmula 363 do STJ (a relação entre o advogado autônomo e o cliente é uma relação de consumo).

Caso o advogado responsável seja empregado da parte condenada por litigância de má-fé, a ação regressiva será de competência da Justiça do Trabalho (art. 114, I e VI, da CF c/c a Súmula 392 do TST).

O art. 32, parágrafo único, da Lei 8.906/1994 (Estatuto da Advocacia) prevê que o advogado pode ser responsabilizado solidariamente pelos atos praticados no exercício de sua profissão, mas a apuração deve ocorrer em ação própria, sendo incabível a responsabilização do profissional na própria ação trabalhista na qual constatada a litigância de má-fé.

Em decisões recentes, o TST vem ratificando o entendimento, *verbis*:

> O TST, em 3/10/2012, excluiu a responsabilidade solidária de um advogado pelo pagamento de multa por litigância de má-fé, ratificando posicionamento consolidado da corte, no sentido de que **a condenação de advogado por ato prejudicial à dignidade da justiça deve observar o devido processo legal, com garantia do contraditório e da ampla defesa, nos termos do parágrafo único do artigo 32 da Lei 8.906/94**, sendo indispensável que a apuração da conduta do advogado e a eventual responsabilização solidária com seu cliente ocorram em ação própria, perante o juízo competente. O artigo 32, parágrafo único, da Lei nº 8.906/94 autoriza a responsabilização solidária do advogado por atos que praticar com dolo ou culpa no exercício de sua profissão, no entanto a conduta temerária deverá ser apurada em ação própria, não cabendo ao magistrado impor ao advogado responsabilidade solidária pelo pagamento da multa infligida à parte, mas apenas determinar a extração de peças e a respectiva remessa à Seccional da Ordem dos Advogados do Brasil para as providências cabíveis (RR 211-27.2011.5.15.0028 – notícia extraída do *site* do TST – sem grifos no original)

> Em janeiro de 2013, um advogado conseguiu reverter, na Oitava Turma do TST, decisão que o havia condenado solidariamente ao pagamento de multa e indenização por litigância de má-fé juntamente com um trabalhador que ele representava em juízo. A decisão, porém, manteve a condenação imposta ao trabalhador. Na Turma, a relatora do caso, ministra Dora Maria da Costa, constatou que a decisão regional deveria ser reformada em relação à condenação solidária imposta ao advogado, devendo ser mantida em relação ao autor da ação. Em seu voto a relatora destacou que, **conforme interpretação literal do artigo 32, parágrafo único, do Estatuto da Ordem dos Advogados do Brasil (OAB), para que se apure a prática de litigância de má-fé temerária realizada por advogado deve-se utilizar ação própria**. Em seu voto, a ministra transcreveu precedentes do TST no mesmo sentido (RR 813-76.2011.5.05.0034 – notícia extraída do *site* do TST – sem grifos no original)

> Em 26/06/2013, a 7ª Turma do TST afastou a responsabilidade de uma advogada condenada por litigância de má-fé pelo TRT da 4ª Região (RS) por simulação de lide. Na decisão, o relator, ministro Vieira de Mello Filho, explicou que **a jurisprudência pacífica do TST não admite a condenação de advogado nos próprios autos em que se constata a litigância de má-fé: sua condenação, isolada ou solidariamente, em caso de lide temerária, depende de apuração em ação própria**. Após excluir a condenação por danos morais coletivos por prática de ato atentatório à dignidade da Justiça, os ministros determinaram a expedição de ofício à Ordem dos Advogados do Brasil, para que sejam adotadas as providências cabíveis. A decisão foi unânime (RR 205-43.2011.5.04.0281 – notícia extraída do *site* do TST – sem grifos no original)

Em 25/09/2013, a 5ª Turma do TST reformou decisão do TRT da 18ª Região (GO) que condenou um advogado em litigância de má-fé por alteração dos fatos relativos à doença profissional de seu cliente. Os ministros concordaram que, embora haja previsão para a aplicação da pena, a má conduta do profissional deve ser apurada em ação própria. O relator do recurso, ministro Caputo Bastos, explicou que o artigo 32, parágrafo único, da Lei 8906/1994 prevê que o advogado pode ser responsabilizado solidariamente pelos atos praticados no exercício de sua profissão. **Contudo, a prática de ato reprovável deve ser apurada em ação própria.** Dessa forma, ressaltou, é incabível a responsabilização do profissional pelo pagamento de multa na própria ação trabalhista na qual constatada a litigância de má-fé. Isso porque deve ser assegurado ao acusado o direito ao devido processo legal, em ação específica, que permita o exercício do contraditório e da ampla defesa. A decisão foi unânime (RR 1060-75.2010.5.18.0181 – notícia publicada no *site* do TST – sem grifos no original).

(*) INCONSTITUCIONALIDADE DO ART. 793-D DA CLT

O art. 793-D da CLT dispõe que a multa "por litigância de má-fé" será também aplicada à **testemunha** que intencionalmente mentir ou omitir fatos essenciais ao julgamento da causa. Trata-se, *data maxima venia*, de norma natimorta!

A referida regra nasceu morta e em estado avançado de putrefação, ante a sua **manifesta inconstitucionalidade**. Como visto, o artigo prevê a possibilidade de o juiz do trabalho aplicar a multa esculpida no art. 793-C da CLT "*à testemunha que intencionalmente alterar a verdade dos fatos ou omitir fatos essenciais ao julgamento da causa*". A anomalia da regra é tão latente que chega a provocar ânsia de vômito ao jurista abençoado por um mínimo de bom senso.

Ora, sabemos que a testemunha que mente em juízo comete um crime, previsto no art. 342 do Código Penal. Pois bem. Eis a premissa maior. De outra banda, sabemos que a Justiça do Trabalho, como já pacificou o STF, não tem competência criminal. Pois bem. Eis a premissa menor. Diante dessas duas premissas, a única conclusão possível é a seguinte: **o juiz do trabalho não pode punir testemunhas**.

Seguem os dispositivos constitucionais violados pelo art. 793-D da CLT:

1) A aplicação, pelo juiz do trabalho, de multa à testemunha **viola o inciso LV do art. 5º da CF**, que garante, a qualquer acusado, o direito ao contraditório e à ampla defesa.
2) A aplicação, pelo juiz do trabalho, de multa à testemunha **viola o inciso XXXVII do art. 5º da CF**, pois cria um juízo de exceção, já que a justiça laboral não tem competência para "julgar e condenar testemunhas".
3) A aplicação, pelo juiz do trabalho, de multa à testemunha **viola o inciso LIII do art. 5º da CF**, que garante que ninguém será processado nem sentenciado senão pela autoridade competente.

4) A aplicação, pelo juiz do trabalho, de multa à testemunha **viola o inciso LIV do art. 5º da CF**, que assegura que ninguém será privado dos seus bens sem o devido processo legal.

QUESTÃO COMENTADA SOBRE PENA POR LITIGÂNCIA DE MÁ-FÉ

1. **(TRT da 4ª – 2012 – FCC – Juiz do Trabalho Substituto). Em relação à litigância de má-fé é INCORRETO afirmar que:**

(A) reputa-se litigante de má-fé aquele que proceder de modo temerário em qualquer incidente ou ato do processo.

(B) provocar incidentes manifestamente infundados caracteriza conduta de litigância de má-fé.

(C) se forem dois ou mais os litigantes de má-fé no processo, a condenação dos mesmos se dará de forma solidária.

(D) o juiz ou tribunal, de ofício ou a requerimento, condenará o litigante de má-fé a pagar multa não excedente a 1% sobre o valor da causa e a indenizar a parte contrária dos prejuízos que esta sofreu, mais os honorários advocatícios, quando estes forem cabíveis no processo do trabalho.

E) reputa-se litigante de má-fé aquele que usar do processo para conseguir objetivo ilegal.

Comentário: A letra "A" está correta, traduzindo a previsão contida no inciso V do art. 793-B da CLT. As letras "B" e "E" seguem a mesma linha, pois guardam consonância com os incisos VI e III, respectivamente, do citado art. 793-B da CLT. A letra "D" estava correta na época da aplicação da prova, quando ainda imperava o CPC/1973. Hoje, entretanto, está errada, pois o art. 81 do CPC e o art. 793-C da CLT dispõem que a multa deverá ser **maior do que 1% e menor do que 10%** do valor corrigido da causa. Houve, portanto, um aumento no valor da multa por litigância de má-fé. A letra "C" estava errada e continua equivocada, pois não houve mudança, neste ponto, com a chegada do Novo CPC e com a Reforma Trabalhista. No caso de dois ou mais os litigantes de má-fé, o juiz condenará cada um na proporção do seu respectivo interesse na causa (regra), ou solidariamente aqueles que se coligaram para lesar a parte contrária (exceção) – vide § 1º do art. 81 do CPC e § 1º do art. 793-C da CLT.

Resposta: C

16

INCIDENTE DE RESOLUÇÃO DE DEMANDAS REPETITIVAS (IRDR)

O incidente de resolução de demandas repetitivas (IRDR) **é compatível com o processo trabalhista**, à luz do art. 8º da IN 39/2016 do TST. Ele está previsto nos arts. 976 a 987 do CPC. Transcrevemos, a seguir, as referidas bases jurídicas. Vale frisar que o recurso de revista possui o art. 896-C da CLT como norma específica para o incidente, que tem como alicerce a existência de uma **multiplicidade de recursos de revista fundados em idêntica questão de direito**, quando então essa questão será afetada. A afetação atingirá, na verdade, um ou mais recursos representativos da controvérsia, com o escopo de uniformizar o entendimento da corte.

> Art. 8º da IN 39/2016 do TST. Aplicam-se ao processo do trabalho as normas dos arts. 976 a 986 do CPC que regem o incidente de resolução de demandas repetitivas (IRDR).
>
> § 1º Admitido o incidente, o relator suspenderá o julgamento dos processos pendentes, individuais ou coletivos, que tramitam na região, no tocante ao tema objeto de IRDR, sem prejuízo da instrução integral das causas e do julgamento dos eventuais pedidos distintos e cumulativos igualmente deduzidos em tais processos, inclusive, se for o caso, do julgamento antecipado parcial do mérito.
>
> § 2º Do julgamento do mérito do incidente caberá recurso de revista para o Tribunal Superior do Trabalho, dotado de efeito meramente devolutivo, nos termos dos arts. 896 e 899 da CLT.
>
> § 3º Apreciado o mérito do recurso, a tese jurídica adotada pelo Tribunal Superior do Trabalho será aplicada no território nacional a todos os processos, individuais ou coletivos, que versem sobre idêntica questão de Direito.

> Art. 976 do CPC. É cabível a instauração do incidente de resolução de demandas repetitivas quando houver, simultaneamente:

I – efetiva repetição de processos que contenham controvérsia sobre a mesma questão unicamente de Direito;

II – risco de ofensa à isonomia e à segurança jurídica.

§ 1º A desistência ou o abandono do processo não impede o exame de mérito do incidente.

§ 2º Se não for o requerente, o Ministério Público intervirá obrigatoriamente no incidente e deverá assumir sua titularidade em caso de desistência ou de abandono.

§ 3º A inadmissão do incidente de resolução de demandas repetitivas por ausência de qualquer de seus pressupostos de admissibilidade não impede que, uma vez satisfeito o requisito, seja o incidente novamente suscitado.

§ 4º É incabível o incidente de resolução de demandas repetitivas quando um dos tribunais superiores, no âmbito de sua respectiva competência, já tiver afetado recurso para definição de tese sobre questão de Direito material ou processual repetitiva.

§ 5º Não serão exigidas custas processuais no incidente de resolução de demandas repetitivas.

Art. 977. O pedido de instauração do incidente será dirigido ao presidente de tribunal:

I – pelo juiz ou relator, por ofício;

II – pelas partes, por petição;

III – pelo Ministério Público ou pela Defensoria Pública, por petição.

Parágrafo único. O ofício ou a petição será instruído com os documentos necessários à demonstração do preenchimento dos pressupostos para a instauração do incidente.

Art. 978. O julgamento do incidente caberá ao órgão indicado pelo regimento interno dentre aqueles responsáveis pela uniformização de jurisprudência do tribunal.

Parágrafo único. O órgão colegiado incumbido de julgar o incidente e de fixar a tese jurídica julgará igualmente o recurso, a remessa necessária ou o processo de competência originária de onde se originou o incidente.

Art. 979. A instauração e o julgamento do incidente serão sucedidos da mais ampla e específica divulgação e publicidade, por meio de registro eletrônico no Conselho Nacional de Justiça.

§ 1º Os tribunais manterão banco eletrônico de dados atualizados com informações específicas sobre questões de direito submetidas ao incidente, comunicando-o imediatamente ao Conselho Nacional de Justiça para inclusão no cadastro.

§ 2º Para possibilitar a identificação dos processos abrangidos pela decisão do incidente, o registro eletrônico das teses jurídicas constantes do cadastro conterá, no mínimo, os fundamentos determinantes da decisão e os dispositivos normativos a ela relacionados.

§ 3º Aplica-se o disposto neste artigo ao julgamento de recursos repetitivos e da repercussão geral em recurso extraordinário.

Art. 980. O incidente será julgado no prazo de um ano e terá preferência sobre os demais feitos, ressalvados os que envolvam réu preso e os pedidos de *habeas corpus*.

Parágrafo único. Superado o prazo previsto no *caput*, cessa a suspensão dos processos prevista no art. 982, salvo decisão fundamentada do relator em sentido contrário.

Art. 981. Após a distribuição, o órgão colegiado competente para julgar o incidente procederá ao seu juízo de admissibilidade, considerando a presença dos pressupostos do art. 976.

Art. 982. Admitido o incidente, o relator:

I – suspenderá os processos pendentes, individuais ou coletivos, que tramitam no estado ou na região, conforme o caso;

II – poderá requisitar informações a órgãos em cujo juízo tramita processo no qual se discute o objeto do incidente, que as prestarão no prazo de quinze dias;

III – intimará o Ministério Público para, querendo, manifestar-se no prazo de quinze dias.

§ 1º A suspensão será comunicada aos órgãos jurisdicionais competentes.

§ 2º Durante a suspensão, o pedido de tutela de urgência deverá ser dirigido ao juízo onde tramita o processo suspenso.

§ 3º Visando à garantia da segurança jurídica, qualquer legitimado mencionado no art. 977, incisos II e III, poderá requerer, ao tribunal competente para conhecer do recurso extraordinário ou especial, a suspensão de todos os processos individuais ou coletivos em curso no território nacional que versem sobre a questão objeto do incidente já instaurado.

§ 4º Independentemente dos limites da competência territorial, a parte no processo em curso no qual se discuta a mesma questão objeto do incidente é legitimada para requerer a providência prevista no § 3º deste artigo.

§ 5º Cessa a suspensão a que se refere o inciso I do *caput* deste artigo se não for interposto recurso especial ou recurso extraordinário contra a decisão proferida no incidente.

Art. 983. O relator ouvirá as partes e os demais interessados, inclusive pessoas, órgãos e entidades com interesse na controvérsia, que, no prazo comum de quinze dias, poderão requerer a juntada de documentos, bem como as diligências necessárias para a elucidação da questão de Direito controvertida, e, em seguida, manifestar-se-á o Ministério Público, no mesmo prazo.

§ 1º Para instruir o incidente, o relator poderá designar data para, em audiência pública, ouvir depoimentos de pessoas com experiência e conhecimento na matéria.

§ 2º Concluídas as diligências, o relator solicitará dia para o julgamento do incidente.

Art. 984. No julgamento do incidente, observar-se-á a seguinte ordem:

I – o relator fará a exposição do objeto do incidente;

II – poderão sustentar suas razões, sucessivamente:

a) o autor e o réu do processo originário e o Ministério Público, pelo prazo de trinta minutos;

b) os demais interessados, no prazo de trinta minutos, divididos entre todos, sendo exigida inscrição com dois dias de antecedência.

§ 1º Considerando o número de inscritos, o prazo poderá ser ampliado.

§ 2º O conteúdo do acórdão abrangerá a análise de todos os fundamentos suscitados concernentes à tese jurídica discutida, sejam favoráveis ou contrários.

Art. 985. Julgado o incidente, a tese jurídica será aplicada:

I – a todos os processos individuais ou coletivos que versem sobre idêntica questão de Direito e que tramitem na área de jurisdição do respectivo tribunal, inclusive àqueles que tramitem nos juizados especiais do respectivo estado ou região;

II – aos casos futuros que versem idêntica questão de Direito e que venham a tramitar no território de competência do tribunal, salvo revisão na forma do art. 986.

§ 1º Não observada a tese adotada no incidente, caberá reclamação.

§ 2º Se o incidente tiver por objeto questão relativa a prestação de serviço concedido, permitido ou autorizado, o resultado do julgamento será comunicado ao órgão, ao ente ou à agência reguladora competente para fiscalização da efetiva aplicação, por parte dos entes sujeitos a regulação, da tese adotada.

Art. 986. A revisão da tese jurídica firmada no incidente far-se-á pelo mesmo tribunal, de ofício ou mediante requerimento dos legitimados mencionados no art. 977, inciso III.

Art. 987. Do julgamento do mérito do incidente caberá recurso extraordinário ou especial, conforme o caso.

§ 1º O recurso tem efeito suspensivo, presumindo-se a repercussão geral de questão constitucional eventualmente discutida.

§ 2º Apreciado o mérito do recurso, a tese jurídica adotada pelo Supremo Tribunal Federal ou pelo Superior Tribunal de Justiça será aplicada no território nacional a todos os processos individuais ou coletivos que versem sobre idêntica questão de Direito.

17

RECURSOS TRABALHISTAS

Os recursos são os remédios mais usados para impugnar decisões judiciais, mas não são os únicos, pois existem as ações autônomas de impugnação contra atos decisórios (mandado de segurança, ação rescisória, embargos do devedor, embargos de terceiro etc.).

A sucumbência é o pressuposto maior de um recurso. Significa que o recurso é o instrumento processual que o perdedor (sucumbente) tem à sua disposição para tentar imprimir um novo curso ao processo, seja mediante a anulação da decisão, seja por meio de sua reforma. O prefixo "RE" significa "volta". Logo, o ato de recorrer nada mais é do que a tentativa de fazer com que o processo volte a correr no sentido oposto.

O recurso de embargos de declaração é uma exceção, pois não tem na sucumbência um requisito para a sua oposição. Mesmo não sendo sucumbente, a parte pode embargar uma determinada decisão, visando suprir omissão, espancar contradição ou esclarecer obscuridade. Importante destacar que qualquer decisão pode ser alvo de embargos de declaração, por aplicação supletiva do art. 1.022 do CPC e com base em inúmeros precedentes jurisprudenciais.

Os recursos, no processo trabalhista, estão previstos nos arts. 893 a 901 da CLT, nos §§ 1º e 2º do art. 2º da Lei 5.584/1970, no § 1º do art. 7º da Lei 12.016/2009, no art. 1.021 do CPC/2015 e no inciso III do art. 102 da CF. Para facilitar, optei por resumi-los no rol abaixo.

Sintetizando:

1. **Embargos à SDC** no prazo de oito dias (também chamados de embargos infringentes) – previstos no art. 894, I, *a*, da CLT (a alínea *c* do inciso II do art. 2º da Lei 7.701/1988 não deve ser mais utilizada, pois a CLT está mais completa, diante da nova redação dada pela Lei 11.496/2007 ao art. 894).

2. **Embargos à SDI** no prazo de oito dias (também chamados de embargos de divergência) – previstos do art. 894, II, da CLT (a alínea *b* do inciso III do art. 3º da Lei 7.701/1988 não deve ser mais utilizada, pois a CLT está mais completa, diante da nova redação dada pela Lei 13.015/2014 ao art. 894).
3. **Recurso ordinário** no prazo de oito dias contra decisão terminativa (quando o juiz poderá se retratar no prazo de cinco dias – § 7º do art. 485 do CPC c/c o item VIII do art. 3º da IN 39/2016) ou definitiva proferida por juiz do trabalho ou juiz de direito investido em jurisdição trabalhista – previsto no art. 895, I, da CLT.
4. **Recurso ordinário** no prazo de oito dias contra decisão que julgar liminarmente improcedente o pedido, cabendo, no caso, juízo de retratação no prazo de cinco dias – previsto nos §§ 2º a 4º do art. 332 do CPC e no art. 7º da IN 39/2016 do TST.
5. **Recurso ordinário** no prazo de oito dias contra decisão que julgar antecipada e parcialmente o mérito – previsto no art. 356 do CPC (inaplicável seu § 5º) e no art. 5º da IN 39/2016 do TST.
6. **Recurso ordinário** no prazo de oito dias contra decisão terminativa (quando o órgão julgador poderá se retratar no prazo de cinco dias – § 7º do art. 485 do CPC c/c o item VIII do art. 3º da IN 39/2016) ou definitiva proferida por TRT, em processos de sua competência originária – previsto no art. 895, II, da CLT.
7. **Recurso ordinário** no prazo de oito dias contra decisão que acolhe exceção de incompetência territorial e determina a remessa dos autos a uma vara do trabalho de TRT diferente – previsto na Súmula 214, *c*, do TST c/c o art. 799, § 2º, da CLT.
8. **Recurso de revista** no prazo de oito dias – previsto no art. 896 da CLT.
9. **Agravo de petição** no prazo de oito dias para atacar decisão proferida na fase de execução, incluindo a decisão que apreciar o incidente de desconsideração da personalidade jurídica – previsto no art. 897, *a*, da CLT e no inciso II do § 1º do art. 855-A da CLT.
10. **Agravo de instrumento** no prazo de oito dias para atacar decisão denegatória de seguimento a recurso, salvo o extraordinário – previsto no art. 897, *b*, da CLT.
11. **Agravo inominado** (ou apenas "agravo") no prazo de 15 dias para atacar decisão denegatória de seguimento a recurso extraordinário – previsto no art. 1.042 do CPC, no § 5º do art. 1.003 do CPC e no § 1º do art. 1.030 do CPC.
12. **Agravo de instrumento** no prazo de 15 dias para atacar decisão que concedeu ou denegou liminar em mandado de segurança de competência do juiz do trabalho ou de juiz de direito investido em jurisdição trabalhista – previsto no § 1º do art. 7º da Lei 12.016/2009 e no § 5º do art. 1.003 do CPC.
13. **Agravo interno** (ou agravo regimental) no prazo de oito dias para atacar decisão monocrática de desembargador de TRT ou ministro relator do TST, inclusive no incidente de desconsideração da personalidade jurídica – previsto no art. 1.021 do CPC, no inciso III do § 1º do art. 855-A da CLT e no art. 6º da Lei 5.584/1970.
14. **Agravo interno** (ou agravo regimental) no prazo de cinco dias para atacar decisão monocrática de ministro do STF, incluindo a denegatória de seguimento a recurso extraordinário – previsto no art. 317 do Regimento Interno do STF e na parte final do *caput* do art. 1.021 do CPC.
15. **Embargos de declaração** no prazo de cinco dias – previsto no art. 897-A da CLT e nos arts. 1.022 a 1.026 do CPC.
16. **Pedido de revisão do valor da causa** no prazo de 48 horas exclusivamente para o rito sumário (ou "de alçada") – previsto no § 1º do art. 2º da Lei 5.584/1970.

17.1. PRINCÍPIO DO EFEITO DEVOLUTIVO E PRINCÍPIO DA IRRECORRIBILIDADE IMEDIATA DAS DECISÕES INTERLOCUTÓRIAS

Ao contrário do que ocorre no processo comum, no processo do trabalho os recursos não possuem, em regra, efeito suspensivo. A exceção fica por conta dos recursos em dissídios coletivos (art. 7º, §§ 2º e 6º, e art. 9º da Lei 7.701/1988).

Podemos dizer que a inexistência, como regra, de efeito suspensivo é um princípio do processo trabalhista. Observem a regra do *caput* do art. 899 da CLT: "*Os recursos serão interpostos por simples petição e terão efeito meramente devolutivo, salvo as exceções previstas neste Título, permitida a execução provisória até a penhora*".

No art. 896 da CLT (recurso de revista), o § 1º assim decreta: "*O Recurso de Revista, dotado de efeito apenas devolutivo (...)*".

O art. 897, § 2º, da CLT não deixa por menos: "*O agravo de instrumento interposto contra o despacho que não receber agravo de petição não suspende a execução da sentença*".

Em dissídios individuais, para obter efeito suspensivo a recurso, o recorrente tem que pleitear, nas razões do recurso, a concessão de tutela provisória de urgência de natureza cautelar, demonstrando a necessidade de suspensão dos efeitos da decisão (probabilidade do direito e perigo de dano). Neste sentido o item I da Súmula 414 do TST.

> SÚMULA 414 DO TST. MANDADO DE SEGURANÇA. TUTELA PROVISÓRIA CONCEDIDA ANTES OU NA SENTENÇA (nova redação em decorrência do CPC de 2015) - Res. 217/2017, DEJT divulgado em 20, 24 e 25.04.2017.
>
> I – A tutela provisória concedida na sentença não comporta impugnação pela via do mandado de segurança, por ser impugnável mediante recurso ordinário. É admissível a obtenção de efeito suspensivo ao recurso ordinário mediante requerimento dirigido ao tribunal, ao relator ou ao presidente ou ao vice-presidente do tribunal recorrido, por aplicação subsidiária ao processo do trabalho do artigo 1.029, § 5º, do CPC de 2015.
>
> II – No caso de a tutela provisória haver sido concedida ou indeferida antes da sentença, cabe mandado de segurança, em face da inexistência de recurso próprio.
>
> III – A superveniência da sentença, nos autos originários, faz perder o objeto do mandado de segurança que impugnava a concessão ou o indeferimento da tutela provisória.

Nos dissídios coletivos, a Lei 7.701/1988 (art. 7º, §§ 2º e 6º, e art. 9º) prevê a possibilidade de o presidente do tribunal conceder, mediante requerimento do recorrente, efeito suspensivo a recurso, pelo prazo improrrogável de 120 dias.

A irrecorribilidade imediata das decisões interlocutórias está prevista no § 1º do art. 893 da CLT.

As decisões interlocutórias são aquelas que resolvem questões incidentais (deferimento ou indeferimento de: contradita de testemunhas; requerimento de juntada de "documento novo"; pedido de adiamento da audiência; concessão de tutela provisória de urgência ou medida liminar etc.).

O processo é o instrumento que o Estado-Juiz possui para pacificar (solucionar) os conflitos oriundos das relações jurídicas. Ele é constituído de uma sucessividade de atos (atos processuais). O processo tem um caminho a percorrer e, no seu caminhar, pode encontrar obstáculos, chamados incidentes processuais. Essas "barreiras" encontradas pelo processo, durante sua marcha em direção à "decisão final", são removidas pelas decisões interlocutórias.

No processo trabalhista, as decisões interlocutórias são, em regra, irrecorríveis de imediato, como reza o art. 893, § 1º, da CLT, particularidade responsável pela tão famosa celeridade atribuída ao processo laboral.

O TST, mediante o § 1º do art. 1º da IN 39/2016, diante da chegada do CPC de 2015, ratificou o império, no processo trabalhista, do princípio da irrecorribilidade imediata das decisões interlocutórias.

Na Lei 12.016/2009, que regula o mandado de segurança, encontramos uma exceção, especificamente no § 1º do art. 7º: "*Da decisão do juiz de primeiro grau que conceder ou denegar a liminar caberá agravo de instrumento*". Logo, no caso de mandado de segurança de competência do juiz do trabalho (primeira instância), contra a decisão interlocutória que deferir ou indeferir o pedido de concessão de liminar cabe agravo de instrumento, a ser interposto no juízo de origem (IN 16/1999 do TST), que poderá modificar a decisão (juízo de retratação), mas será julgado pelo TRT (segunda instância), caso o juízo *a quo* não reconsidere a deliberação. Nesse sentido, ainda, a Súmula 20 do TRT da 6ª Região: "*Contra decisão que aprecia liminar em mandado de segurança, ajuizado em primeiro grau, cabe agravo de instrumento, previsto no artigo 7º, § 1º, da Lei 12.016/2009, a ser interposto no juízo de origem*". Entendo que o prazo para esse agravo de instrumento é o do CPC, ou seja, 15 dias, já que não se trata de um agravo de instrumento trabalhista, previsto no art. 897, *b*, da CLT, usado apenas para atacar decisão denegatória de seguimento a recurso, mas sim do agravo de instrumento consagrado no inciso I do art. 1.015 do CPC, voltado contra decisão interlocutória sobre tutela provisória, tornando inaplicáveis também o § 2º do art. 1º da IN 39/2016 e o art. 6º da Lei 5.584/1970. **Na prática, todavia, o advogado não deve correr riscos, aconselhando-se, por extrema cautela, a interposição, se possível, no prazo de oito dias.** Afinal, o profissional, diante de discussões doutrinárias, abraçará sempre a tese que seja capaz de resguardar o direito do seu cliente.

Caso o mandado de segurança seja de competência originária de tribunal (TRT ou TST atuando como órgão de primeira instância), contra a decisão interlocutória que deferir ou indeferir o pedido de concessão de liminar, proferida pelo relator (desembargador ou ministro), cabe de imediato, no prazo de oito dias, agravo interno (ou agravo regimental), que será julgado pelo colegiado (turma ou seção), observando-se as regras do regimento interno do respectivo tribunal quanto a seu processamento (parte final do *caput* do art. 1.021 do CPC). A previsão está no parágrafo único do art. 16 da Lei 12.016/2009: "*Da decisão do relator que conceder ou denegar a medida liminar caberá agravo ao órgão competente do tribunal que integre*". O prazo de oito dias justifica-se em razão do comando contido no próprio art. 1.021 do CPC, de que o agravo interno será processado de acordo com o Regimento Interno do Tribunal, tornando-se, assim, um recurso tipicamente trabalhista – aplicáveis o § 2º do art. 1º da IN 39/2016 e o art. 6º da Lei 5.584/1970.

Muito cuidado com a Súmula 622 do STF, fulminada pelo parágrafo único do art. 16 da Lei 12.016/2009. Ela diz ser incabível agravo regimental (intitulado, pelo CPC, de agravo interno – art. 1.021) contra decisão do relator que concede ou indefere liminar em mandado de segurança. Interessante é que nem o parágrafo único do art. 16 da Lei 12.016/2009 foi capaz de levar o STF a cancelar o citado precedente (a Súmula 622 do STF foi publicada em outubro de 2003, antes, portanto, da entrada em vigor da "nova lei do *mandamus*" - Lei 12.016/2009). Tudo indica que o CPC também não afetará a superada Súmula 622 do STF.

Na Súmula 214 do TST encontramos três exceções ao princípio da irrecorribilidade imediata das decisões interlocutórias. Nas duas primeiras ressalvas ao princípio (alíneas *a* e *b*), o recurso cabível é o agravo interno (ou agravo regimental). Na alínea *c*, entretanto, encontramos uma decisão interlocutória proferida por juiz do trabalho – acolhimento de exceção de incompetência em razão do lugar que gera a ordem de remessa dos autos para vara do trabalho de outro TRT. Cabível, no caso, recurso ordinário, que será julgado pelo TRT do juiz que acolheu a exceção. A citação na alínea *c* da Súmula 214 do TST, do § 2º do art. 799 da CLT, reforça o entendimento daqueles que enxergam nesse tipo de decisão natureza de "decisão terminativa do feito", e não de "decisão interlocutória típica", razão pela qual o recurso ordinário, indubitavelmente, é o remédio cabível, à luz do art. 895, I, da CLT.

A decisão denegatória de seguimento a recurso também é apontada como decisão interlocutória que desafia recurso de imediato. De fato, cabe contra ela agravo de instrumento, à luz do art. 897, *b*, da CLT, quando proferida pelo juízo *a quo* (primeiro juízo de admissibilidade). Caso a decisão denegatória seja da lavra do juízo *ad quem* (segundo juízo de admissibilidade), o recurso cabível será o agravo interno (ou agravo regimental) previsto no art. 1.021 do CPC.

Sempre é bom lembrar que os embargos de declaração também podem ser usados, antes do agravo de instrumento ou do agravo interno, para tentar reverter decisão denegatória de seguimento a recurso, desde que a decisão seja fruto de um manifesto equívoco na análise de pressuposto extrínseco de admissibilidade (parte final do *caput* do art. 897-A da CLT).

O princípio da irrecorribilidade imediata das decisões interlocutórias tem como premissa a celeridade processual, mas não pode violar o princípio da ampla defesa, consagrado no art. 5º, LV, da CF. O pressuposto para sua incidência é o fato de que será prolatada, depois das decisões interlocutórias, decisão final (definitiva ou terminativa), que desafiará recurso específico, em que o recorrente poderá impugnar, até, aquelas decisões que resolveram incidentes processuais (art. 893, § 1º, da CLT). Sendo assim, caso determinada decisão interlocutória seja proferida sem que exista qualquer possibilidade de futuramente ser prolatada outra decisão considerada definitiva ou terminativa, ela desafiará de imediato o recurso. É o que acontece, por exemplo, com o acolhimento pelo juízo da execução de exceção de pré-executividade, cuja decisão pode ser atacada pelo exequente mediante agravo de petição (decisão de natureza terminativa), de imediato, no prazo de oito dias. No entanto, se a exceção de pré-executividade for rejeitada, nenhum recurso será admitido de imediato, porquanto poderá o executado, diante da rejeição e depois de garantida a dívida, opor embargos à execução – art. 884 da CLT. Da decisão que apreciar os embargos aí sim caberá agravo de petição.

O CPC (arts. 133 a 137) regulamentou o procedimento de desconsideração da personalidade jurídica, que deixou de ser exclusividade do processo executório, podendo incidir na fase de conhecimento, até mesmo quando o reclamante, na própria petição inicial, já inclui a pessoa jurídica e seus sócios (pessoas físicas) no polo passivo, formando um litisconsórcio. Com a Reforma Trabalhista, os arts. 133 a 137 do CPC passaram a ser aplicados, em sua integralidade, ao processo do trabalho, mediante previsão contida no art. 855-A da CLT (incluído pela Lei 13.467/2017).

O art. 6º da IN 39/2016 do TST já considerava aplicável ao processo do trabalho o incidente de desconsideração da personalidade jurídica, porém uma previsão da referida IN ruiu com a Reforma Trabalhista. Estou falando da "possibilidade de o juiz do trabalho, na fase de execução, instaurar de ofício o incidente". **Isso acabou**. O art. 855-A da CLT, ao determinar a incidência dos arts. 133 a 137 do CPC sobre o processo laboral, afastou qualquer possibilidade de "desconsideração *ex officio*". Assim sendo, a instauração do incidente, quer na fase de conhecimento, quer na fase de execução, fica condicionada à iniciativa da parte interessada.

Caso ocorra na fase de conhecimento, a decisão que acolher ou rejeitar o incidente de desconsideração da personalidade jurídica será irrecorrível de imediato (inciso I do § 1º do art. 855-A da CLT e § 1º do art. 893 da CLT). Se a decisão for proferida na fase de execução, caberá agravo de petição no prazo de oito dias, independentemente de garantia do juízo (inciso II do § 1º do art. 855-A da CLT). Caso a decisão seja proferida por desembargador (TRT) ou ministro (TST) relator, em incidente instaurado originariamente no tribunal, caberá agravo interno no prazo de oito dias (inciso III do § 1º do art. 855-A da CLT c/c o *caput* do art. 1.021 do CPC e regimentos internos dos tribunais trabalhistas). Todos esses recursos estarão irradiados pela suspensão do processo, provocada pela instauração do incidente, à luz do § 2º do art. 855-A da CLT e do § 3º do art. 134 do CPC. A suspensão não ocorrerá quando a desconsideração for requerida na própria petição inicial, nos termos da parte final do § 3º do art. 134 do CPC c/c o *caput* do art. 855-A da CLT. De qualquer sorte, o § 2º do art. 855-A da CLT assevera que a suspensão não prejudica o pleito específico de concessão da tutela provisória de urgência de natureza cautelar.

Na fase de conhecimento, o art. 332 do CPC prevê a possibilidade de o juiz, antes mesmo da citação ao réu, julgar liminarmente improcedente o pedido. Contra essa decisão cabe recurso ordinário no prazo de oito dias, sendo possível o juízo de retratação no prazo de cinco dias – §§ 2º a 4º do art. 332 do CPC c/c o art. 7º da IN 39/2016 do TST.

Ainda na fase de conhecimento, o CPC brindou-nos com outra novidade. O juiz pode julgar antecipada e parcialmente o mérito da causa. Caberá, contra a decisão, recurso ordinário, no prazo de oito dias – art. 356 do CPC (inaplicável o seu § 5º, que prevê o cabimento de agravo de instrumento) c/c o art. 5º da IN 39/2016 do TST.

No rito sumário, o juiz fixará o valor da causa "quando a petição inicial for omissa" (art. 2º da Lei 5.584/1970). Fixado, pelo juiz, o valor da causa, ante a omissão da exordial, a quantia poderá ser impugnada por uma ou ambas as partes. A impugnação será ofertada oralmente, quando das razões finais – vide § 1º do art. 2º da Lei 5.584/1970. Caso o juiz mantenha o valor, rejeitando a impugnação (ou as impugnações), surge a possibilidade de interposição imediata de recurso (típica exceção ao "princípio da irrecorribilidade imediata das decisões interlocutórias", previsto no § 1º do art. 893 CLT). Trata-se de um recurso exclusivo do rito sumário, chamado de "Pedido de Revisão do Valor da Causa", nos termos dos §§ 1º e 2º do art. 2º da Lei 5.584/1970, com prazo para interposição de 48 horas, diretamente no TRT.

Na execução, uma vez elaborada a conta e tornada líquida a sentença, exequente e executado serão intimados para, no prazo de oito dias, impugnar a decisão de liquidação, nos termos do § 2º do art. 879 da CLT (redação dada pela Lei 13.467/2017). Existindo verba de natureza remuneratória na decisão exequenda, a União também será intimada para, no prazo de dez dias, impugnar os cálculos previdenciários, como dispõe o § 3º do art. 879 da CLT. O juiz, diante das impugnações (ou da impugnação, caso apenas uma parte se manifeste), proferirá decisão tipicamente interlocutória, visto que estará apenas resolvendo uma questão incidental (o epíteto usado na parte final do § 3º do art. 884 da CLT – "sentença de liquidação", desde 1954, é fruto de um grave erro do nosso legislador). Contra essa decisão cabe agravo de petição. A minha conclusão tem por base dois pontos. O primeiro diz respeito à mantença do § 1º do art. 897 da CLT, que exige do agravante, como pressuposto de admissibilidade do agravo, a *delimitação dos valores impugnados*. Ora, se a delimitação dos valores é pressuposto para o processamento do agravo e a discussão sobre cálculos encerra-se na decisão que julgar as impugnações, não há como afastar o imediato cabimento do agravo. O segundo nasce da seguinte pergunta: "Se não admitirmos o agravo de petição de imediato, como ficará o direito de o credor recorrer contra a decisão que julgou as impugnações no caso de o devedor não oferecer embargos à execução, depois de garantir o juízo?". Ora, com a nova redação do § 2º do art. 879 da CLT, não há mais espaço, salvo na execução contra a Fazenda Pública, para discussão sobre cálculos em sede de embargos à execução, fato que torna imprescindível a recorribilidade imediata da decisão de julgamento das impugnações. Assim sendo, a Reforma Trabalhista gerou uma nova exceção ao princípio da irrecorribilidade imediata das decisões interlocutórias e revogou tacitamente o já fragilizado § 3º do art. 884 da CLT.

Para não dizer que não falei das flores, os embargos de declaração podem ser usados para suprir os vícios da omissão, da contradição e/ou da obscuridade de uma típica decisão interlocutória. O Novo CPC merece todos os elogios neste aspecto, pois é enfático ao consagrar o cabimento de embargos de declaração contra qualquer decisão judicial (*caput* do art. 1.022), bem diferente do CPC/1973 e do *caput* do art. 897-A da CLT. Doutrina e jurisprudência já haviam se rebelado contra a injustificável restrição contida no CPC/1973, sendo certo que os precedentes respaldavam o uso dos embargos declaratórios contra qualquer decisão, antes mesmo do início da vigência do Novo CPC. Isso não afasta os merecidos louvores ao *caput* do art. 1.022 do CPC/2015: "*Cabem embargos de declaração contra qualquer decisão judicial para: [...]*". A larga abrangência deve ser observada no processo trabalhista.

Sintetizando:

- No caso de mandado de segurança de competência do juiz do trabalho, contra a decisão interlocutória que deferir ou indeferir o pedido de concessão de liminar cabe agravo de instrumento – art. 7º, § 1º, da Lei 12.016/2009.
- No caso de mandado de segurança de competência originária de tribunal, contra a decisão interlocutória que deferir ou indeferir o pedido de concessão de liminar cabe agravo interno (ou "agravo regimental") – art. 16, parágrafo único, da Lei 12.016/2009.
- Na Súmula 214 do TST encontramos três exceções ao princípio da irrecorribilidade imediata das decisões interlocutórias. Nas duas primeiras ressalvas (alíneas *a* e *b* da referida Súmula), o recurso cabível é o agravo interno (ou "agravo regimental"). Na alínea *c* cabe recurso ordinário.
- A decisão denegatória de seguimento a recurso também é uma decisão interlocutória que desafia recurso de imediato. Cabe contra ela agravo de instrumento, quando proferida pelo juízo *a quo* (primeiro juízo de admissibilidade). Caso a decisão denegatória seja da lavra do juízo *ad quem* (segundo juízo de admissibilidade), o recurso cabível será o agravo interno (ou "agravo regimental"). Os embargos de declaração também podem ser usados, antes do agravo de instrumento ou do agravo interno, para tentar reverter decisão denegatória de seguimento a recurso, "desde que a decisão seja fruto de um manifesto equívoco na análise de pressuposto extrínseco de admissibilidade".

- No acolhimento de exceção de pré-executividade, a decisão interlocutória pode ser atacada pelo exequente mediante agravo de petição. Caso a exceção de pré-executividade seja rejeitada, nenhum recurso será admitido de imediato.
- Da decisão interlocutória que acolher ou rejeitar o incidente de desconsideração da personalidade jurídica na fase de execução cabe agravo de petição, independentemente de garantia do juízo – inciso II do § 1º do art. 855-A da CLT. Caso a decisão ocorra na fase de conhecimento, não cabe recurso de imediato – inciso I do § 1º do art. 855-A da CLT. Se a decisão tiver sido proferida monocraticamente pelo relator (TRT ou TST), em incidente instaurado originariamente no tribunal, cabe agravo interno, independentemente da fase do processo – inciso III do § 1º do art. 855-A da CLT c/c o art. 1.021 do CPC.
- Da decisão interlocutória que julgar as impugnações aos cálculos de liquidação (§§ 2º e 3º do art. 879 da CLT) cabe agravo de petição de imediato.
- Contra decisão de juiz do trabalho que julgar liminarmente improcedente o pedido cabe recurso ordinário de imediato.
- Contra decisão de juiz do trabalho que julgar antecipada e parcialmente o mérito da causa cabe recurso ordinário de imediato.
- Fixado, no rito sumário, pelo juiz, o valor da causa, ante a omissão da exordial, a quantia poderá ser impugnada por uma ou por ambas as partes, em razões finais. Caso o juiz mantenha o valor, cabe o recurso intitulado "Pedido de Revisão do Valor da Causa".
- Qualquer decisão interlocutória pode ser objeto de embargos de declaração para suprir os vícios da omissão, da contradição e/ou da obscuridade – *caput* do art. 1.022 do CPC c/c o art. 9º da IN 39/2016 do TST.

17.2. PRESSUPOSTOS DE ADMISSIBILIDADE

Um recurso, para ser julgado, precisa inicialmente ser admitido (conhecido). Para ser conhecido, o recurso precisa atender a determinados pressupostos, sejam genéricos, sejam específicos.

Os pressupostos genéricos são aqueles exigidos de todo e qualquer recurso. Os pressupostos específicos são exigidos de "alguns recursos".

A tempestividade (protocolar o recurso dentro do prazo definido em lei), por exemplo, é um pressuposto de admissibilidade genérico.

O prequestionamento (tema expressamente abordado/enfrentado na decisão recorrida), por sua vez, é um pressuposto específico de admissibilidade dos recursos de natureza extraordinária (recurso de revista, embargos de divergência e recurso extraordinário).

Os pressupostos também são classificados em subjetivos e objetivos.

17.2.1. Legitimidade (pressuposto intrínseco)

O recurso pode ser interposto por quem é titular da relação jurídica discutida em juízo ou por quem está autorizado expressamente em lei para tanto. É o que reza o art. 996 do CPC. O recurso, portanto, pode ser interposto pelas partes, pelo Ministério Público do Trabalho (na condição de parte ou de fiscal da lei) e até mesmo por um terceiro prejudicado pela decisão.

O chamado "recurso *ex officio*" (remessa necessária), previsto no art. 496 do CPC, não tem natureza recursal, tratando-se de mera condição de eficácia da sentença.

17.2.2. Interesse (pressuposto intrínseco)

O interesse está diretamente ligado à sucumbência. Recorrendo o derrotado imediatamente, evita o trânsito em julgado da decisão, e mediatamente abre a possibilidade de obter a anulação ou a reforma da decisão que não lhe foi favorável. Daí o nome *re + curso* (tentativa de dar novo curso, nova trilha, novo caminho, nova direção ao processo).

A sucumbência pode ser recíproca. Ocorrendo reciprocidade na sucumbência, ambas as partes poderão recorrer. Em caso de sucumbência recíproca, nasce a possibilidade de interposição de recurso na forma adesiva (art. 997, §§ 1º e 2º, do CPC e Súmula 283 do TST). O "recurso adesivo" pode ser interposto quando: 1) ocorrer sucumbência recíproca; e 2) apenas uma das partes tiver recorrido.

> Súmula 283 do TST. Recurso adesivo. Pertinência no processo do trabalho. Correlação de matérias. O recurso adesivo é compatível com o processo do trabalho e cabe, no prazo de oito dias, nas hipóteses de interposição de recurso ordinário, de agravo de petição, de revista e de embargos, sendo desnecessário que a matéria nele veiculada esteja relacionada com a do recurso interposto pela parte contrária.

O TST admite o uso do recurso adesivo em cinco recursos trabalhistas: recurso ordinário; recurso de revista; agravo de petição; embargos de divergência; embargos infringentes (Súmula 283 do TST). Apesar de a Súmula 283 do TST ser omissa, também cabe recurso na forma adesiva em sede de recurso extraordinário (inciso II do § 2º do art. 997 do CPC).

O interesse recursal pode não residir necessariamente na mera sucumbência. É o caso do recurso de embargos de declaração, quando o embargante pretende libertar a decisão dos vícios da omissão e/ou da contradição e/ou da obscuridade, não importando se o embargante foi ou não sucumbente.

17.2.3. Capacidade (pressuposto intrínseco)

A capacidade recursal também é um pressuposto intrínseco de fácil visualização.

A capacidade processual é um pressuposto de validade do processo e o recurso é um desdobramento do direito de ação. Com base nisso, digamos que a reclamação tenha como autor um empregado menor de 18 anos de idade. Nos termos do art. 793 da CLT, esse reclamante, apesar de ter "capacidade de ser parte", não tem capacidade de estar em juízo, ou seja, **não tem capacidade processual**, que é a aptidão para agir em juízo. Daí a necessidade de ele estar assistido por um representante legal e, na falta deste, pelo MPT, pelo sindicato, pelo Ministério Público estadual ou por um curador nomeado em juízo. Observem que a capacidade postulatória do seu advogado, devidamente constituído, não supre a capacidade processual.

17.2.4. "Cabimento" e "adequação" (pressupostos extrínsecos)

Alguns doutrinadores classificam o "cabimento" (ou "recorribilidade do ato") e a "adequação" como pressupostos intrínsecos de admissibilidade. Sigo a corrente contrária, enxergando-os como pressupostos extrínsecos.

Um exemplo clássico do "cabimento" é o das decisões interlocutórias. À luz dos arts. 893, § 1º, e 799, § 2º, da CLT, as decisões interlocutórias são, em regra, irrecorríveis de imediato (algumas exceções foram exploradas no item 2.9 desta obra).

Digamos que o juiz acolheu a contradita suscitada pelo advogado do reclamado, dispensando a oitiva da única testemunha convidada pelo reclamante. Caso o advogado do reclamante interponha recurso ordinário contra aquela decisão, esse recurso evidentemente não será conhecido, exatamente pela ausência do cabimento recursal (possibilidade de recorrer).

Um segundo exemplo do "cabimento" vem do termo de conciliação judicial homologado por juiz do trabalho. Já estudamos que o termo conciliatório transita em julgado, para reclamante e reclamado, no momento de sua homologação, só podendo ser atacado mediante ação rescisória – art. 831, parágrafo único, da CLT, c/c as Súmulas 259 e 100, V, do TST. Caso uma das partes recorra, o recurso não será conhecido, exatamente por ser incabível (ato irrecorrível).

No caso de termo de conciliação judicial, sempre é bom lembrar que a União pode interpor recurso ordinário, exclusivamente para discutir matéria previdenciária, quando existir no acordo parcela de natureza indenizatória – arts. 831, parágrafo único, e 832, §§ 3º a 5º, da CLT.

Também é bom destacar que nos dissídios coletivos de competência originária do TST há uma exceção à irrecorribilidade pelas partes do termo de conciliação. Caso o acordo seja homologado por decisão não unânime (decisão por maioria), cabe recurso de embargos infringentes, também conhecido como "embargos à SDC" – art. 894, I, *a*, da CLT.

No que diz respeito à adequação do recurso (cada decisão atrai um recurso específico), entendo tratar-se de pressuposto extrínseco e não intrínseco. Deixando a cerebrina discussão de lado, é certo que a adequação, depois da influência cada vez maior do "princípio da fungibilidade recursal", deixou de ser um pressuposto absoluto. A fungibilidade, entrementes, não incide quando o erro for "grosseiro" como no caso previsto na OJ 412 da SDI-1. Também não se aplica quando o prazo do recurso adequado for inobservado.

> Súmula 421 do TST. Embargos de declaração. Cabimento. Decisão monocrática do relator calcada no art. 932 do CPC de 2015. Art. 557 do CPC de 1973 (atualizada em decorrência do CPC de 2015). Res. 208/2016, *DEJT* divulgado em 22, 25 e 26.04.2016.
>
> I – Cabem embargos de declaração da decisão monocrática do relator prevista no art. 932 do CPC de 2015 (art. 557 do CPC de 1973), se a parte pretende tão somente juízo integrativo retificador da decisão, e não modificação do julgado.
>
> II – Se a parte postular a revisão no mérito da decisão monocrática, cumpre ao relator converter os embargos de declaração em agravo, em face dos princípios da fungibilidade e celeridade processual, submetendo-o ao pronunciamento do colegiado, após a intimação do recorrente para, no prazo de cinco dias, complementar as razões recursais, de modo a ajustá-las às exigências do art. 1.021, § 1º, do CPC de 2015.

> OJ 412 DA SDI-1. Agravo interno ou agravo regimental. Interposição em face de decisão colegiada. Não cabimento. Erro grosseiro. Inaplicabilidade do princípio da fungibilidade recursal (nova redação em decorrência do CPC de 2015). Res. 209/2016, *DEJT* divulgado em 01, 02 e 03.06.2016. É incabível agravo interno (art. 1.021 do CPC de 2015, art. 557, § 1º, do CPC de 1973) ou agravo regimental (art. 235 do RITST) contra decisão proferida por órgão colegiado. Tais recursos destinam-se, exclusivamente, a impugnar decisão monocrática nas hipóteses previstas. Inaplicável, no caso, o princípio da fungibilidade ante a configuração de erro grosseiro.

17.2.5. Tempestividade

O art. 6º da Lei 5.584/1970 uniformizou em oito dias o prazo recursal no processo trabalhista, padronização chancelada pela já citada Instrução Normativa 39/2016 do TST (editada pela Resolução 203, de 15/03/2016), no § 2º do art. 1º.

A unificação do prazo de oito dias não se aplica aos embargos de declaração (prazo de cinco dias – art. 897-A da CLT), ao recurso extraordinário (prazo de 15 dias – § 5º do art. 1.003 do CPC), ao agravo inominado (ou simplesmente "agravo") para atacar decisão denegatória de seguimento a recurso extraordinário, proferida pelo juízo *a quo* (prazo de 15 dias – § 5º do art. 1.003 do CPC, c/c o art. 1.042 do CPC e o § 1º do art. 1.030 do CPC), ao agravo de instrumento contra decisão de juiz do trabalho que concedeu ou denegou liminar em mandado de segurança (prazo de 15 dias – § 1º do art. 7º da Lei 12.016/2009 e § 5º do art. 1.003 do CPC; minha posição, lastreada na natureza do agravo – inciso I do art. 1.015 do CPC) e ao recurso denominado Pedido de Revisão do Valor da Causa (prazo de 48 horas – §§ 1º e 2º do art. 2º da Lei 5.584/1970).

O agravo interno, no processo trabalhista, terá sempre o prazo de oito dias, pois será processado, nos termos do *caput* do art. 1.021 do CPC, em consonância com as previsões contidas no regimento interno do respectivo tribunal (TRT ou TST), atraindo a incidência também do art. 6º da Lei 5.584/1970 e do § 2º do art. 1º da IN 39/2016.

A situação especial fica por conta do agravo interno (ou regimental) usado para atacar decisão monocrática de ministro do STF, inclusive de denegação de seguimento a recurso extraordinário, pois o Regimento Interno do Supremo reza que o prazo do seu "agravo regimental" (agravo interno) é de apenas cinco dias (art. 317).

Para facilitar, elaborei um resumo das situações especiais.

Sintetizando:

- Primeira exceção: o recurso extraordinário ao STF é cabível no processo trabalhista. Seu prazo é de 15 dias (§ 5º do art. 1.003 do CPC).
- Segunda exceção: o agravo inominado (ou apenas "agravo") contra decisão denegatória de seguimento do recurso extraordinário, em sede de primeiro juízo de admissibilidade, tem prazo de 15 dias (art. 1.042 do CPC, c/c o § 1º do art. 1.030 do CPC e o § 5º do art. 1.003 do CPC).
- Terceira exceção: o agravo interno (agravo regimental) contra decisão de ministro do STF, incluindo a denegatória de seguimento a recurso extraordinário em sede de segundo juízo de admissibilidade, tem prazo de cinco dias (art. 317 do Regimento Interno do STF, c/c a parte final do *caput* do art. 1.021 do CPC).
- Quarta exceção: o recurso de embargos de declaração, previsto no CPC (arts. 1.022 a 1.026) e na CLT (art. 897-A), também possui prazo próprio de cinco dias.
- Quinta exceção: o recurso denominado "pedido de revisão do valor da causa", exclusivo do rito sumário (ou "rito de alçada"), cujo prazo é de 48 horas (§§ 1º e 2º do art. 2º da Lei 5.585/1970).
- Sexta exceção (retrata a minha opinião): o agravo de instrumento, usado contra decisão de juiz do trabalho ou juiz de direito investido em jurisdição trabalhista que deferir ou denegar liminar em mandado de segurança, cujo prazo é de 15 dias (do CPC), já que não se trata de um agravo de instrumento trabalhista, previsto no art. 897, *b*, da CLT, usado apenas para atacar decisão denegatória de seguimento a recurso, mas sim do agravo de instrumento consagrado no inciso I do art. 1.015 do CPC, voltado contra decisão interlocutória sobre tutela provisória. Na prática, todavia, o advogado não deve correr riscos, aconselhando-se, por extrema cautela, a interposição, se possível, no prazo de oito dias.

Importante não confundir o início do prazo com o início da contagem do prazo. O *caput* do art. 775 da CLT dispõe que a contagem do prazo, a qual ocorrerá apenas em dias úteis, iniciar-se-á com a exclusão do dia do começo e a inclusão do dia final. Ocorrendo a intimação da decisão na terça-feira (sendo dia útil), a contagem do prazo recursal terá início na quarta-feira (sendo dia útil). Se a intimação acontecer na sexta-feira (sendo dia útil), a contagem do prazo recursal terá início na segunda-feira (sendo dia útil). Se a intimação se der no sábado, o início do prazo será postergado para segunda-feira (sendo dia útil), ocorrendo o início da contagem na terça-feira (sendo dia útil).

> Súmula 1 do TST. Prazo judicial. Quando a intimação tiver lugar na sexta-feira, ou a publicação com efeito de intimação for feita nesse dia, o prazo judicial será contado da segunda-feira imediata, inclusive, salvo se não houver expediente, caso em que fluirá no dia útil que se seguir.
>
> Súmula 262 do TST. Prazo judicial. Notificação ou intimação em sábado. Recesso forense.
>
> I – Intimada ou notificada a parte no sábado, o início do prazo se dará no primeiro dia útil imediato e a contagem, no subsequente.
>
> II – O recesso forense e as férias coletivas dos Ministros do Tribunal Superior do Trabalho suspendem os prazos recursais.

Durante o recesso forense, que ocorre, segundo o art. 220 do CPC e o art. 775-A da CLT, entre os dias 20/12 a 20/01, os prazos processuais ficam suspensos – inteligência do item II da Súmula 262 TST. A suspensão não "zera" o prazo processual, apenas "paralisa sua contagem", que é retomada, de onde parou, quando findar o motivo ensejador da suspensão.

Digamos que o reclamado foi intimado da sentença na segunda-feira (16/12/2013), sendo condenado no pagamento de horas extras e reflexos. Ele pretende recorrer. A contagem do prazo de oito dias para a interposição de recurso ordinário dar-se-á a partir da terça-feira (17/12/2013). Essa contagem, entretanto, vai até quinta-feira (19/12/2013), último dia de funcionamento da Justiça do Trabalho antes do recesso. O advogado do reclamado sabe que três dias do prazo recursal já fluíram. Em janeiro, quando o recesso findar, o advogado do reclamado terá cinco dias para protocolar o recurso ordinário, cuja contagem ocorrerá a partir do primeiro dia de funcionamento da Justiça do Trabalho.

A contagem dos prazos processuais no processo do trabalho ocorre apenas em dias úteis, nos termos do *caput* do art. 775 da CLT, com redação dada pela Lei 13.467/2017. No mesmo sentido o art. 219 do CPC. Podemos dizer, por conseguinte, que os prazos processuais também ficam suspensos nos finais de semana e feriados.

Digamos que o reclamante tenha sido intimado de uma decisão numa quarta-feira (dia útil) e que pretenda opor embargos de declaração, cujo prazo é de cinco dias, nos termos do art. 897-A da CLT. A contagem começará na quinta-feira (dia útil), fluindo por dois dias (quinta e sexta). Sábado e domingo não serão computados, pois o prazo estará suspenso. O terceiro dia do prazo será a segunda-feira (dia útil), o qual findará na quarta-feira (dia útil). Antes da alteração do *caput* do art. 775 da CLT, pela Lei 13.467/2017, o referido prazo expiraria na segunda-feira (dia útil), já que a contagem era feita em dias corridos.

A informatização do processo judicial encontra-se regulada na Lei 11.419/2006. Na Justiça do Trabalho, o TST publicou, no ano seguinte, a Instrução Normativa 30/2007, regulamentando a matéria na seara trabalhista. Ganham destaque os arts. 15 e 16 da IN 30/2007, dispondo sobre a publicação dos atos processuais no *Diário da Justiça do Trabalho* eletrônico (*DJT*). Essa publicação substitui qualquer outro meio de publicação oficial, para quaisquer efeitos legais, à exceção dos casos que, por lei, exigem intimação ou vista pessoal. Considera-se data da **publicação** o primeiro dia útil seguinte ao da **disponibilização** da informação no *DJT*. Os prazos processuais serão contados, portanto, a partir do primeiro dia útil que se seguir ao considerado a data da **publicação**.

Digamos que na segunda-feira tenha sido **disponibilizada** a decisão no *Diário de Justiça Eletrônico* (*DJE*). A segunda-feira não será considerada a data da publicação. Terça-feira será essa data (início do prazo). A contagem do prazo, por conseguinte, iniciar-se-á na quarta-feira. Digamos que na sexta-feira tenha sido **disponibilizada** a decisão no *DJE*. A próxima segunda-feira será considerada a data da **publicação** (início do prazo), cuja contagem começará na terça-feira.

No *DJE* aparecem as respectivas datas: **disponibilização** e **publicação**.

A previsão foi endossada pelo CPC, nos §§ 2º e 3º do art. 224:

> § 2º Considera-se como data de publicação o primeiro dia útil seguinte ao da disponibilização da informação no *Diário da Justiça Eletrônico.*
>
> § 3º A contagem do prazo terá início no primeiro dia útil que seguir ao da publicação.

Com a chegada do PJE, muitos tribunais passaram a proibir o uso do *fax* para a prática de atos processuais. Cabe ao advogado, dentro do regional de sua atuação, consultar sobre a possibilidade ou não do envio do recurso via *fax*. A Lei 9.800/1999 regula a matéria. O TST, mediante a Súmula 387, destaca com ardor a inaplicabilidade da regra contida no art. 224 do CPC.

> SÚMULA 387 DO TST. RECURSO. FAC-SÍMILE. LEI Nº 9.800/1999 (atualizada em decorrência do CPC de 2015) – Res. 208/2016, DEJT divulgado em 22, 25 e 26.04.2016.
>
> I – A Lei nº 9.800, de 26.05.1999, é aplicável somente a recursos interpostos após o início de sua vigência. (ex-OJ nº 194 da SBDI-I – inserida em 08.11.2000).
>
> II – A contagem do quinquídio para apresentação dos originais de recurso interposto por intermédio de fac-símile começa a fluir do dia subsequente ao término

do prazo recursal, nos termos do art. 2º da Lei nº 9.800, de 26.05.1999, e não do dia seguinte à interposição do recurso, se esta se deu antes do termo final do prazo. (ex-OJ nº 337 da SBDI-I – primeira parte – DJ 04.05.2004).

III – Não se tratando a juntada dos originais de ato que dependa de notificação, pois a parte, ao interpor o recurso, já tem ciência de seu ônus processual, não se aplica a regra do art. 224 do CPC de 2015 (art. 184 do CPC de 1973) quanto ao "dies a quo", podendo coincidir com sábado, domingo ou feriado. (ex-OJ nº 337 da SBDI-I – "in fine" – DJ 04.05.2004).

IV – A autorização para utilização do fac-símile, constante do art. 1º da Lei nº 9.800, de 26.05.1999, somente alcança as hipóteses em que o documento é dirigido diretamente ao órgão jurisdicional, não se aplicando à transmissão ocorrida entre particulares.

Ao enviar um recurso via *fax*, o recorrente tem cinco dias para juntar os originais. Esse prazo começa a fluir depois do final do prazo recursal, mesmo se o *fax* for enviado antes do *dies ad quem*. Digamos que o último dia do prazo recursal seja sexta-feira (13/12/2013) e o recurso foi enviado via *fax* na quarta-feira (11/12/2013). O quinquídio para a juntada dos originais começará no sábado (14/12/2013) e não na quinta-feira (12/12/2013). No sábado? Mas o sábado não é dia útil. O art. 224, § 3º, do CPC diz: "A contagem do prazo terá início no primeiro dia útil que seguir ao da publicação." O CPC expõe a regra, que, porém, no caso do quinquídio para a juntada dos originais de ato praticado por *fax*, não se aplica, como explica o item III da Súmula 387 do TST.

Bom, mudando de assunto, se um **feriado local** for decisivo para a análise da tempestividade do recurso, caberá ao recorrente comprovar, quando de sua interposição, a existência do feriado. Se não o fizer, o juiz deverá conceder prazo de cinco dias para que "o vício seja sanado" (ausência de comprovação do feriado local), sob pena de não conhecimento do recurso. Caso o magistrado não conceda o prazo de cinco dias, inadmitindo, de plano, o processamento do recurso, o advogado do recorrente deverá juntar a prova documental do feriado local no recurso a ser usado contra a decisão denegatória (embargos de declaração; agravo de instrumento; agravo interno). Tratando-se de "feriado forense", o próprio magistrado, ao conhecer do recurso, determinará a certificação nos autos.

SÚMULA 385 DO TST. FERIADO LOCAL OU FORENSE. AUSÊNCIA DE EXPEDIENTE. PRAZO RECURSAL. PRORROGAÇÃO. COMPROVAÇÃO. NECESSIDADE (alterada em decorrência do CPC de 2015) – Res. 220/2017 – DEJT divulgado em 21, 22 e 25.09.2017.

I – Incumbe à parte o ônus de provar, quando da interposição do recurso, a existência de feriado local que autorize a prorrogação do prazo recursal (art. 1.003, § 6º, do CPC de 2015). No caso de o recorrente alegar a existência de feriado local e não o comprovar no momento da interposição do recurso, cumpre ao relator

> conceder o prazo de 5 (cinco) dias para que seja sanado o vício (art. 932, parágrafo único, do CPC de 2015), sob pena de não conhecimento se da comprovação depender a tempestividade recursal;
>
> II – Na hipótese de feriado forense, incumbirá à autoridade que proferir a decisão de admissibilidade certificar o expediente nos autos;
>
> III – Admite-se a reconsideração da análise da tempestividade do recurso, mediante prova documental superveniente, em agravo de instrumento, agravo interno, agravo regimental, ou embargos de declaração, desde que, em momento anterior, não tenha havido a concessão de prazo para a comprovação da ausência de expediente forense.

A Fazenda Pública e o Ministério Público do Trabalho têm prazo em dobro para todas as suas manifestações processuais, prerrogativa que abarca os prazos recursais (arts. 183 e 180 do CPC). A ECT (Correios) tem o mesmo direito, já que goza das prerrogativas processuais das pessoas jurídicas de direito público – inteligência do art. 12 do Decreto-lei 509/1969.

Litisconsortes com procuradores diferentes não têm prazo em dobro no processo trabalhista. O TST entende inaplicável, ao processo laboral, a previsão contida no art. 229 do CPC. O uniforme entendimento está cravado na OJ 310 da SDI-1, e não deixa de ser uma herança do *jus postulandi*.

> OJ 310 da SDI-1. Litisconsortes. Procuradores distintos. Prazo em dobro. Art. 229, *caput* e §§ 1º e 2º, do CPC de 2015. Art. 191 do CPC de 1973. Inaplicável ao processo do trabalho (atualizada em decorrência do CPC de 2015). Res. 208/2016, *DEJT* divulgado em 22, 25 e 26.04.2016. Inaplicável ao processo do trabalho a norma contida no art. 229, *caput* e §§ 1º e 2º, do CPC de 2015 (art. 191 do CPC de 1973), em razão de incompatibilidade com a celeridade que lhe é inerente.

Com relação a recurso interposto antes da publicação da decisão, o TST foi forçado, por decisão do STF, a cancelar a iníqua Súmula 434. O Pretório, julgando agravo regimental no AI 703.269, em março de 2015, alterou radicalmente o seu entendimento, concluindo por unanimidade que o recurso interposto antes do início do prazo é tempestivo. A decisão do STF, da lavra do ilustre Ministro Luiz Fux, concluiu que a interposição antecipada de recurso contribui para a celeridade processual, citando, à época, o Novo CPC, que ainda estava em *vacatio legis*. Com a vigência do CPC/2015, não há mais discussão. Seu art. 218, § 4º, é enfático ao dizer: "*será considerado tempestivo o ato praticado antes do termo inicial do prazo*". O recurso "prematuro", convenhamos, prestigia os princípios da instrumentalidade das formas, da celeridade, da boa-fé processual e da utilização do processo como um instrumento de efetividade do direito material.

17.2.6. Regularidade de representação

O TST não admitia a juntada tardia de procuração na fase recursal. **Isso mudou com a alteração da redação da Súmula 383, em julho de 2016.** Com a guinada, a juntada tardia de procuração passou a ser admitida para qualquer recurso, desde que sua exibição, **independentemente de intimação**, ocorra no **prazo de até cinco dias após a interposição do remédio, prorrogável por igual período mediante despacho do magistrado.**

Caso já exista nos autos procuração ou substabelecimento e seja verificada a irregularidade de representação, o magistrado fixará prazo de cinco dias para que o vício seja sanado.

Eis a Súmula 383 do TST, com redação de julho de 2016, em sua íntegra:

> Súmula 383 do TST. Recurso. Mandato. Irregularidade de representação. CPC de 2015, arts. 104 e 76, § 2º.
>
> I – É inadmissível recurso firmado por advogado sem procuração juntada aos autos até o momento da sua interposição, salvo mandato tácito. Em caráter excepcional (art. 104 do CPC de 2015), admite-se que o advogado, independentemente de intimação, exiba a procuração no prazo de cinco dias após a interposição do recurso, prorrogável por igual período mediante despacho do juiz. Caso não a exiba, considera-se ineficaz o ato praticado e não se conhece do recurso.
>
> II – Verificada a irregularidade de representação da parte em fase recursal, em procuração ou substabelecimento já constante dos autos, o relator ou o órgão competente para julgamento do recurso designará prazo de cinco dias para que seja sanado o vício. Descumprida a determinação, o relator não conhecerá do recurso, se a providência couber ao recorrente, ou determinará o desentranhamento das contrarrazões, se a providência couber ao recorrido (art. 76, § 2º, do CPC de 2015).

No processo trabalhista, o mandato tácito é amplamente admitido, inclusive na instância recursal. A cópia da ata de audiência serve como comprovação da existência do mandato tácito.

> OJ 286 da SDI-1. Agravo de instrumento. Traslado. Mandato tácito. Ata de audiência. Configuração.
>
> I – A juntada da ata de audiência, em que consignada a presença do advogado, desde que não estivesse atuando com mandato expresso, torna dispensável a procuração deste, porque demonstrada a existência de mandato tácito.
>
> II – Configurada a existência de mandato tácito fica suprida a irregularidade detectada no mandato expresso.
>
> OJ 200 da SDI-1. Mandato tácito. Substabelecimento inválido. É inválido o substabelecimento de advogado investido de mandato tácito.

O § 3º do art. 791 da CLT foi inserido em 2011, permitindo a constituição expressa de advogado mediante o simples registro em ata de audiência.

> A constituição de procurador com poderes para o foro em geral poderá ser efetivada, mediante simples registro em ata de audiência, a requerimento verbal do advogado interessado, com anuência da parte representada.

O TST entende que a juntada de uma nova procuração, sem ressalvas, importa na revogação das anteriores. Digamos que o reclamante tenha constituído advogado, mediante procuração, ajuizando reclamação trabalhista. O advogado, não podendo comparecer à audiência de instrução, pediu a um colega que o substituísse. O colega advogado, no dia da audiência, levou uma procuração em seu nome, assinada pelo reclamante e juntada aos autos. Da nova procuração não constou qualquer ressalva (ressalva do tipo: "esta procuração não revoga as anteriores"). Proferida sentença de improcedência dos pedidos, o advogado, inicialmente constituído pelo reclamante, interpôs recurso ordinário. Resultado: o recurso não foi conhecido, por inexistência, já que a procuração tinha sido revogada.

> OJ 349 da SDI-1. Mandato. Juntada de nova procuração. Ausência de ressalva. Efeitos. A juntada de nova procuração aos autos, sem ressalva de poderes conferidos ao antigo patrono, implica revogação tácita do mandato anterior.

17.2.7. Preparo

O preparo, em regra, é constituído do recolhimento das custas processuais e da realização do depósito recursal. Quando da elaboração do recurso, o advogado deve especificar o preparo, informando, separadamente, o recolhimento das custas e a realização do depósito recursal.

Há mais duas "espécies de preparo".

Estou falando da elevação da multa aplicada em decorrência da reiteração de embargos de declaração manifestamente protelatórios, nos termos do § 3º do art. 1.026 do CPC, e da multa aplicada em decorrência de agravo interno manifestamente inadmissível ou improcedente em votação unânime, nos termos dos §§ 4º e 5º do art. 1.021 do CPC.

Custas e depósito recursal serão estudados em tópicos específicos, mais adiante.

Quanto à multa decorrente de embargos de declaração manifestamente protelatórios, sempre é bom esclarecer que os primeiros embargos já podem atrair a sanção, mas esta não será pressuposto de admissibilidade dos demais recursos. Apenas a **elevação da multa**, ocorrida na **reiteração** dos embargos que já tinham sido considerados manifestamente protelatórios, é que assumirá natureza de preparo recursal.

O § 2º do art. 1.026 do CPC dispõe: "*Quando manifestamente protelatórios os embargos de declaração, o juiz ou o tribunal, em decisão fundamentada, condenará o embargante a pagar ao embargado multa não excedente a dois por cento sobre o valor atualizado da causa*". No § 3º do mesmo artigo encontra-se a multa com natureza de preparo: "*Na reiteração de embargos de declaração manifestamente protelatórios, a multa será elevada a até 10% sobre o valor atualizado da causa, e a interposição de qualquer recurso ficará condicionada ao depósito prévio do valor da multa, à exceção da Fazenda Pública e do beneficiário de gratuidade da justiça, que a recolherão ao final*".

Observem que não há uma segunda multa, mas apenas a majoração da primeira. Essa elevação, gerada pela reiteração de embargos de declaração manifestamente protelatórios, é que será considerada espécie do preparo recursal.

Quanto à multa do agravo interno, o § 4º do art. 1.021 dispõe: "*Quando o agravo interno for declarado manifestamente inadmissível ou improcedente em votação unânime, o órgão colegiado, em decisão fundamentada, condenará o agravante a pagar ao agravado multa fixada entre um e cinco por cento do valor atualizado da causa*". No § 5º do mesmo artigo encontra-se a previsão de que a multa integra o preparo recursal: "*A interposição de qualquer outro recurso está condicionada ao depósito prévio do valor da multa prevista no § 4º, à exceção da Fazenda Pública e do beneficiário de gratuidade da justiça, que farão o pagamento ao final*".

No caso de agravo interno, **não há necessidade de reiteração** para que a multa assuma natureza de preparo recursal.

A **isenção de preparo** sofreu alterações com a Reforma Trabalhista, corporificada na Lei 13.467/2017. Temos agora os casos de **isenção total** e os casos de **isenção parcial**. Para facilitar, elaborei um resumo maravilhoso.

Sintetizando:

Há três casos de **isenção total** de preparo:

- Fazenda Pública (pessoas jurídicas de direito público) – art. 1.007, § 1º, do CPC; art. 790-A, I, CLT; e art. 1º, IV, do Decreto-lei 779/1969.
- Correios (ECT) – art. 12 do Decreto-lei 509/1969 c/c o art. 1.007, § 1º, do CPC.
- Beneficiário da justiça gratuita – art. 789 e § 10 do art. 899 da CLT.

Há quatro casos de **isenção parcial** de preparo:

- Ministério Público do Trabalho – art. 1.007, § 1º, do CPC e art. 790-A, II, CLT – A isenção alcança o recolhimento de custas e de depósito recursal, mas não abarca o preparo quanto ao recolhimento das multas previstas no § 3º do art. 1.026 do CPC e nos §§ 4º e 5º do art. 1.021 do CPC.

- Massa Falida – Súmula 86 do TST – A isenção alcança o recolhimento de custas e de depósito recursal, mas não abarca o recolhimento das multas previstas no § 3º do art. 1.026 do CPC e nos §§ 4º e 5º do art. 1.021 do CPC.
- Entidades Filantrópicas – § 10 do art. 899 da CLT – A isenção restringe-se ao depósito recursal, não se estendendo a custas e multas, salvo se a entidade conseguir os benefícios da justiça gratuita, quando então ficará isenta de todo o preparo.
- Empresas em Recuperação Judicial – § 10 do art. 899 da CLT – A isenção restringe-se ao depósito recursal, não se estendendo a custas e multas, salvo se a empresa conseguir os benefícios da justiça gratuita, quando então ficará isenta de todo o preparo.

Além dos casos de isenção, há recursos que **não necessitam de preparo quanto ao recolhimento de custas e de depósito recursal**. Para facilitar, resumi os casos.

Sintetizando:

- Embargos de declaração – art. 897-A da CLT.
- Agravo interno (ou regimental) – recurso previsto nos regimentos internos dos tribunais e no art. 1.021 do CPC (está no Regimento Interno do TST, arts. 239 e 240, e no Regimento Interno do STF, art. 317; também encontra-se no § 12 do art. 896 da CLT, nos termos da nova redação dada pela Lei 13.015/2014, e no art. 3º, II, *a*, e III, *c*, da Lei 7.701/1988).
- Agravo de petição – art. 897, *a*, da CLT.
- Agravo de instrumento, desde que esteja atacando decisão denegatória de seguimento a recurso de revista interposto contra decisão que contraria súmula ou OJ do TST (§ 8º do art. 899 da CLT, inserido pela Lei 13.015/2014).
- Pedido de revisão do valor da causa – §§ 1º e 2º do art. 2º da Lei 5.584/1970.

Não há recolhimento de custas como pressuposto de admissibilidade no agravo de petição, visto que, na fase de execução, as custas devem ser recolhidas apenas no final, pelo executado – art. 789-A da CLT. Também não há depósito recursal. Entretanto, pode ocorrer de o agravado ter sido multado, nos moldes do § 3º do art. 1.026 do CPC ou dos §§ 4º e 5º do art. 1.021 do CPC. Ocorrendo isso, a multa terá que ser recolhida para que o agravo seja conhecido.

Essas multas também podem incidir nos demais recursos isentos de preparo.

Ainda no caso do agravo de petição, é preciso observar a previsão contida no item II da Súmula 128 do TST (que será analisada quando do estudo específico do depósito recursal).

O preparo deve ser realizado "dentro do prazo recursal". Nesse sentido, a Súmula 245 do TST e o art. 789, § 1º, da CLT. Significa que no processo trabalhista o preparo não precisa ser comprovado necessariamente no ato de interposição do recurso, como exige o art. 1.007 do CPC (a IN 39/2016 do TST, no seu art. 10, não prevê a aplicação ao processo trabalhista do *caput* do art. 1.007 do CPC).

Digamos que uma empresa, condenada em pecúnia, seja intimada da sentença e interponha, no quarto dia do prazo recursal, recurso ordinário, sem a comprovação do preparo. Poderá a empresa, à luz da Súmula 245 do TST, até o oitavo dia do prazo (*dies ad quem*), realizar e comprovar o preparo sem que isso caracterize a preclusão consumativa prevista no *caput* do art. 1.007 do CPC.

Existe uma ressalva. O agravo de instrumento.

Para o agravo de instrumento, operar-se-á a preclusão consumativa do preparo se a comprovação do depósito recursal não acompanhar sua interposição. O agravo de instrumento não exige recolhimento de custas, mas pode atrair, nos termos do art. 899, § 7º, da CLT, a necessidade da realização de depósito recursal. No ato de interposição do agravo de instrumento, o depósito recursal corresponderá a 50% do valor do depósito do recurso que se pretende destrancar. A redação do § 7º do art. 899 da CLT é contundente: "no ato de interposição do agravo de instrumento". Isso levou o TST a pacificar o entendimento de que, no caso do agravo de instrumento, o depósito recursal deve ser comprovado "no ato da interposição do recurso", sob pena de deserção, incidindo no caso o *caput* do art. 1.007 do CPC. Nesse sentido, a Instrução Normativa 3/1993, item VIII (incluído pela Resolução 168, de 09/08/2012), *verbis*:

> Item VIII da IN 3/93 – O depósito judicial, realizado na conta do empregado no FGTS ou em estabelecimento bancário oficial, mediante guia à disposição do juízo, será da responsabilidade da parte quanto à exatidão dos valores depositados e deverá ser comprovado, nos autos, pelo recorrente, no prazo do recurso a que se refere, independentemente da sua antecipada interposição, observado o limite do valor vigente na data da efetivação do depósito, bem como o contido no item VI, salvo no que se refere à comprovação do depósito recursal em agravo de instrumento, que observará o disposto no art. 899, § 7º, da CLT, com a redação da Lei 12.275/2010.

A Lei 13.015/2014 inseriu o § 8º ao art. 899 da CLT, cuja previsão traduz uma exceção à exigibilidade de depósito recursal em agravo de instrumento. Se o agravo de instrumento estiver atacando decisão denegatória de seguimento a recurso de revista interposto contra decisão que contraria súmula ou OJ do TST, não será exigido o depósito recursal previsto no § 7º do mesmo artigo, ou seja, o agravo de instrumento não precisará de preparo.

Inaplicável ao processo trabalhista a previsão do § 4º do art. 1.007 do CPC, por conta do art. 10, *caput*, da IN 39/2016 do TST, que trata do "recolhimento em dobro" do preparo.

17.2.7.1. Preparo "a menor"

Preparar um recurso é recolher, tempestiva e corretamente, custas, depósito recursal e multas (ou apenas um deles, a depender do caso), comprovando o recolhimento no prazo do recurso (Súmula 245 do TST) ou, no caso do agravo de instrumento, no ato de interposição do agravo (§ 7º do art. 899 da CLT, c/c o item VIII da IN 3/1993).

O § 2º do art. 1.007 do CPC, sobre o preparo realizado "a menor", assim dispõe: "*A insuficiência no valor do preparo, inclusive porte de remessa e de retorno, implicará deserção se o recorrente, intimado na pessoa de seu advogado, não vier a supri-lo no prazo de cinco dias*".

O TST sempre foi implacável com o preparo insuficiente, porém, no mês de abril de 2017, o bom senso prevaleceu. Mediante a alteração da OJ 140 da SDI-1, o § 2º do art. 1.007 do CPC passou a ser aplicado ao processo trabalhista, na integralidade das verbas do preparo.

> OJ 140 da SDI-1. DEPÓSITO RECURSAL E CUSTAS PROCESSUAIS. RECOLHIMENTO INSUFICIENTE. DESERÇÃO (nova redação em decorrência do CPC de 2015) – Res. 217/2017, DEJT divulgado em 20, 24 e 25.04.2017. Em caso de recolhimento insuficiente das custas processuais ou do depósito recursal, somente haverá deserção do recurso se, concedido o prazo de 5 (cinco) dias previsto no § 2º do art. 1.007 do CPC de 2015, o recorrente não complementar e comprovar o valor devido.

Observem que a intimação só ocorrerá no caso de "insuficiência de preparo". Caso o recorrente não tenha efetuado qualquer preparo, não há que pensar em intimação para "complementação".

Existe outro caso de "intimação para complementação do preparo", previsto no item III da Súmula 25 do TST. No caso de sucumbência recíproca, ambas as partes podem recorrer.

Digamos que o juiz do trabalho, apreciando reclamação com pedido de indenização por dano moral no valor de R$ 300.000,00, tenha julgado procedente o pleito, arbitrando a indenização em R$ 50.000,00 (procedência parcial para fins recursais). Reclamante e reclamado recorreram, tendo este último, uma vez condenado, recolhido custas no valor de R$ 1.000,00 (2% sobre a condenação – art. 789, I, da CLT). O TRT negou provimento ao recurso do reclamado e deu provimento parcial ao recurso do reclamante, acrescendo o valor da condenação. À luz do item III da Súmula 25 do TST, o reclamado, no caso, terá de ser intimado para "complementar o preparo". Observem que o item III da Súmula 25 do TST condiciona a complementação do preparo à "fixação ou cálculo do valor devido a título de custas" e "à intimação da parte para o preparo do recurso". Na ausência de um dos requisitos, o pagamento das custas fica postergado para o final, ou seja, para depois do trânsito em julgado da decisão.

A Súmula 25 do TST, no seu item I, dispõe que cabe à parte vencedora na primeira instância, quando vencida na segunda, efetuar o recolhimento das custas fixadas na sentença originária, independentemente de intimação, caso a parte contrária tenha ficado isenta do referido pagamento.

Digamos que o juiz tenha concedido ao reclamante os benefícios da justiça gratuita, julgando, no final, improcedentes os pedidos, fixando o valor das custas em R$ 200,00 (2% sobre o valor da causa - art. 789, II, da CLT). O reclamante interpôs recurso ordinário sem recolher custas, já que é beneficiário da justiça gratuita. O TRT deu provimento ao recurso, julgando procedentes os pedidos. Na decisão, o TRT fixou o valor da condenação em R$ 10.000,00. O reclamado, vencedor na primeira instância, tornou-se sucumbente na segunda. Caso deseje interpor recurso de revista, terá de efetuar o recolhimento das custas à razão de 2% sobre o valor da condenação, nos termos do art. 789, I, da CLT, ou seja, a quantia será de R$ 200,00. Sendo omisso o acórdão do TRT quanto ao valor da condenação, deve o sucumbente opor embargos de declaração, nos termos do art. 897-A da CLT. Além disso, o reclamado terá que efetuar o depósito recursal, já que foi condenado em pecúnia (Súmula 161 do TST).

Observem que a intimação para a complementação do preparo, no prazo de cinco dias, prevista no § 2º do art. 1.007 do CPC e ratificada pela OJ 140 da SDI-1, não ocorrerá quando o recorrente **não comprovar o preparo**, mas apenas quando comprovar o preparo a menor (o fato gerador da intimação é a "insuficiência do preparo").

Acontecendo o contrário, ou seja, a inversão do ônus da sucumbência em segundo grau, sem alteração do valor já recolhido de custas (o recorrente vencedor já tinha recolhido custas), nenhum recolhimento de custas será exigido para um novo recurso, cabendo ao sucumbente, se perdurar a decisão, reembolsar a outra parte da quantia recolhida, após o trânsito em julgado da decisão - item II da Súmula 25 do TST.

No caso de sucumbência recíproca, ambas as partes podem recorrer.

Digamos que o juiz do trabalho, apreciando reclamação com pedido de indenização por dano moral no valor de R$ 300.000,00, tenha julgado procedente o pleito, arbitrando a indenização em R$ 50.000,00 (procedência parcial). Reclamante e reclamado recorreram, tendo este último, uma vez condenado, recolhido custas no valor de R$ 1.000,00 (2% sobre a condenação - art. 789, I, da CLT). O TRT negou provimento ao recurso do reclamado e deu provimento parcial ao recurso do reclamante, acrescendo o valor da condenação. À luz do item III da Súmula 25 do TST, o reclamado será intimado para "complementar o preparo".

> Súmula 25 do TST. Custas processuais. Inversão do ônus da sucumbência (alterada a súmula e incorporadas as Orientações Jurisprudenciais 104 e 186 da SBDI-1). Res. 197/2015, DEJT divulgado em 14, 15 e 18.05.2015.

I – A parte vencedora na primeira instância, se vencida na segunda, está obrigada, independentemente de intimação, a pagar as custas fixadas na sentença originária, das quais ficará isenta a parte então vencida;

II – No caso de inversão do ônus da sucumbência em segundo grau, sem acréscimo ou atualização do valor das custas e se estas já foram devidamente recolhidas, descabe um novo pagamento pela parte vencida, ao recorrer. Deverá ao final, se sucumbente, reembolsar a quantia; (ex-OJ 186 da SBDI-I)

III – Não caracteriza deserção a hipótese em que, acrescido o valor da condenação, não houve fixação ou cálculo do valor devido a título de custas e tampouco intimação da parte para o preparo do recurso, devendo ser as custas pagas ao final; (ex-OJ 104 da SBDI-I)

IV – O reembolso das custas à parte vencedora faz-se necessário mesmo na hipótese em que a parte vencida for pessoa isenta do seu pagamento, nos termos do art. 790-A, parágrafo único, da CLT.

17.2.7.2. Das custas

As custas processuais estão previstas nos arts. 789 a 790-A da CLT e correspondem a 2% do valor da condenação ou do valor da causa, a depender do caso. Devem ser recolhidas mediante GRU (Guia de Recolhimento da União). O patamar mínimo continua sendo de R$ 10,64. A Lei 13.467/2017, responsável pela Reforma Trabalhista, fixou um teto para o valor das custas, que corresponde a quatro vezes o limite máximo dos benefícios do Regime Geral de Previdência Social. Temos, agora, um limite mínimo e um limite máximo para a quantia das custas – *caput* do art. 789 da CLT.

Quando houver acordo ou condenação, elas serão calculadas sobre o respectivo valor (não sendo líquida a condenação, o juiz arbitrar-lhe-á o valor). No caso de acordo, se de outra forma não for convencionado, o pagamento caberá em partes iguais aos litigantes (difícil acontecer no dia a dia, pois os termos de conciliação já são confeccionados atribuindo o encargo ao reclamado). Ocorrendo a extinção do processo sem resolução do mérito ou julgado totalmente improcedente o pedido, as custas serão calculadas sobre o valor da causa, sendo devidas pelo reclamante. O cálculo também será sobre o valor da causa no caso de procedência do pedido formulado em ação declaratória e em ação constitutiva, quando a responsabilidade pelo recolhimento será do reclamado. Vale frisar que o recolhimento não será necessário se o valor ficar abaixo do mínimo de R$ 10,64; caso o valor ultrapasse o teto, este prevalecerá, como limite máximo – *caput* do art. 789 da CLT.

Tratando-se de empregado que **não tenha** obtido o benefício da justiça gratuita, o sindicato que houver intervindo no processo responderá solidariamente pelo pagamento das custas devidas. (art. 790, § 1º, da CLT)

A Lei 13.467/2017 (Reforma Trabalhista) alterou significativamente o instituto da gratuidade da justiça, seja quanto aos critérios para a sua concessão, seja na sua extensão, com indisfarçável escopo de restringir a sua aura protetora e amedrontar os pretensos reclamantes, não conseguindo disfarçar a intenção de retaliar e punir trabalhadores, objetivando a diminuição no número de reclamações trabalhistas.

Sempre é bom lembrar que a gratuidade da justiça pode ser concedida a reclamante e/ou a reclamado (trabalhador, empregador, empresa etc.). No caso de pessoa física, defendo a aplicação do § 3º do art. 99 do CPC (nesse sentido o item I da Súmula 463 do TST), gozando, portanto, a declaração de hipossuficiência, de presunção de veracidade. No caso de pessoa jurídica, não basta uma mera declaração. É necessária a comprovação de impossibilidade de a parte arcar com as despesas do processo, nos termos do item II da Súmula 463 do TST e da interpretação *a contrario sensu* do § 3º do art. 99 do CPC.

Os benefícios da justiça gratuita podem ser requeridos em qualquer tempo ou grau de jurisdição, desde que, na fase recursal, seja o requerimento formulado **no prazo alusivo ao recurso**. Caso indeferido o requerimento de justiça gratuita, formulado na fase recursal, cumpre ao órgão julgador fixar prazo para que o recorrente efetue o preparo, nos termos do art. 99, § 7º, do CPC de 2015. Essa previsão se encontra na OJ 269 da SDI-1.

No caso de sucumbência recíproca, o recolhimento das custas ficará a cargo das partes, cada qual responsável pelo quinhão pertinente à proporção de sua sucumbência, nos termos do *caput* do art. 86 do CPC. É o que chamamos de "rateio de custas".

O rateio só era admitido nas lides decorrentes de relação de trabalho que não fosse relação de emprego, à luz do § 3º do art. 3º da IN 27/2005. Essa previsão foi soterrada pela Reforma Trabalhista, principalmente pelo § 3º do art. 791-A da CLT, que trata de honorários advocatícios sucumbenciais (os honorários e as custas integram o que o CPC intitula de "verbas de sucumbência").

O advogado deve saber diferenciar a "sucumbência recíproca para fins recursais" da "sucumbência recíproca para fins de rateio das verbas". Esta última é a que interessa na análise do preparo recursal.

No processo de execução são devidas custas, sempre de responsabilidade do executado e **pagas ao final**, nos termos da tabela esculpida no art. 789-A da CLT. Observem que as custas no processo de execução devem ser recolhidas "no final da execução", pelo executado, daí a inexistência de custas no agravo de petição.

17.2.7.3. Do depósito recursal

O depósito recursal está previsto no art. 899, §§ 1º a 11, da CLT. Ele não tem natureza jurídica de taxa de recurso, mas de **garantia do juízo recursal**, que pressupõe decisão condenatória de obrigação de pagamento em pecúnia - Súmula 161 do TST.

No caso de sentença meramente declaratória, por exemplo, não há depósito recursal. O mesmo se diga de uma sentença constitutiva ou de uma sentença condenatória em obrigação de fazer ou não fazer (as *astreintes* não modificam a natureza da decisão).

Deve ser realizado em **conta judicial**, à disposição do juízo, como reza o § 4º do art. 899 da CLT, com redação dada pela Lei 13.467/2017. Observem que a previsão contida na Súmula 426 do TST não tem mais eficácia (ela dispõe sobre o recolhimento em conta vinculada do FGTS do empregado). O erro quanto à guia de depósito ou ao seu preenchimento pode resultar no não conhecimento do recurso, decisão que fica condicionada à intimação do advogado do recorrente para suprir o vício no prazo de cinco dias, nos termos da OJ 140 da SDI-1 e do § 2º do art. 1.007 do CPC, afinal, quem pode o mais pode o menos ("in eo quod plus est semper inest et minus").

O novo § 11 do art. 899 da CLT permite que o depósito recursal seja **substituído por fiança bancária ou seguro garantia judicial.**

Mantenho o mesmo entendimento da época pré-reforma, afirmando que **o trabalhador é isento do depósito recursal**, mesmo que tenha sido condenado em pecúnia. Um dos fundamentos ruiu (aquele pertinente à conta vinculada do FGTS), mas a Lei 13.467/2017 terminou reforçando a tese de isenção obreira, principalmente com os novos §§ 9º e 10 do art. 899 da CLT.

Com efeito, o § 9º do art. 899 da CLT prevê a redução do valor do depósito recursal pela metade para entidades sem fins lucrativos, empregadores domésticos, microempreendedores individuais, microempresas e empresas de pequeno porte, enquanto o § 10 do mesmo artigo isenta do encargo os beneficiários da justiça gratuita, as entidades filantrópicas e as empresas em recuperação judicial (a Súmula 86 do TST isenta a massa falida). E o trabalhador? Quanto a este, o referido artigo continua "mudo". O silêncio do legislador conduz o intérprete a manter a mesma linha hermenêutica. Ademais, na redução pela metade, assim como na isenção, o legislador não deixou qualquer centelha de dúvida a respeito da responsabilidade pelo depósito recursal: **deve ser feito pelo empregador/empresa/entidade/tomador/associação etc. condenado em pecúnia, salvo se for isento, nos termos do § 10 do art. 899 da CLT e da Súmula 86 do TST.**

O TST já havia se manifestado sobre a inexigibilidade de depósito recursal para o trabalhador, e deve continuar a trilhar o mesmo caminho.

> EXIGÊNCIA DE DEPÓSITO RECURSAL POR PARTE DO RECLAMANTE. IMPOSSIBILIDADE. O depósito recursal não tem natureza jurídica de taxa de recurso, mas de garantia do juízo recursal (Instrução Normativa nº 03/93 do TST), ou seja, objetiva garantir o cumprimento da condenação. A medida é voltada exclusivamente para atender o interesse do trabalhador que, embora tendo de aguardar o julgamento do recurso interposto, terá a certeza de que ao menos

> parte do valor da condenação imposta encontra-se reservado para a execução da sentença. Além disso, embora o caput do art. 899 da CLT não declare expressamente que o depósito recursal é exigido apenas do recorrente empregador, tal conclusão é facilmente extraída dos parágrafos §§ 4º e 5º do mencionado dispositivo legal, quando estabelecem que o depósito far-se-á na conta vinculada do trabalhador, que deverá ser aberta em seu nome, se ainda não a tiver. Recurso de revista conhecido e provido. (TST, 5ª Turma, RR 6346548220005105555 634654-82.2000.5.10.5555, Relator: Rider de Brito, *DJ* 26/03/2004).
>
> RECURSO DE REVISTA. RECONVENÇÃO PELO EMPREGADO. RECURSO ORDINÁRIO. DEPÓSITO RECURSAL. INEXIGIBILIDADE. A exigência de depósito recursal, nos termos do artigo 899, § 1º, da CLT, para admissibilidade do recurso ordinário interposto pelo reclamante mesmo que tenha sido, em virtude de reconvenção, condenado ao pagamento de certa quantia, viola o art. 5º, II, da Constituição Federal e os parágrafos 1º e 4º do art. 899 Consolidado. Precedentes. Recurso de revista de que se conhece e a que se dá provimento. (TST, 7ª Turma, RR 1124005620085090662, Relator: Pedro Paulo Manus, DEJT 24/08/2012).

Os valores do teto do depósito recursal são corrigidos anualmente pelo TST, especificamente no mês de agosto. Esses valores servem como limite. São dois valores, um para Recurso Ordinário e outro (dobro do primeiro) para Recurso de Revista, Embargos de Divergência (também chamados de Embargos à SDI), Recurso Extraordinário ao STF e Recurso Ordinário em Ação Rescisória.

Mas há um teto ainda mais relevante para o depósito recursal. Estou falando do valor da condenação.

A natureza do depósito recursal é de garantia do juízo. Logo, seria uma incongruência exigir uma garantia maior do que a própria dívida. Daí a previsão contida na alínea "b" do item II da IN 3/93: *"Depositado o valor total da condenação, nenhum depósito será exigido nos recursos das decisões posteriores, salvo se o valor da condenação vier a ser ampliado"*.

A Súmula 128 do TST ratifica a previsão, especificamente no seu item I, segunda parte (abaixo, em negrito):

> SÚMULA 128 DO TST. DEPÓSITO RECURSAL.
>
> I – É ônus da parte recorrente efetuar o depósito legal, integralmente, em relação a cada novo recurso interposto, sob pena de deserção. ***Atingido o valor da condenação, nenhum depósito mais é exigido para qualquer recurso.***
>
> II – Garantido o juízo, na fase executória, a exigência de depósito para recorrer de qualquer decisão viola os incisos II e LV do art. 5º da CF/1988. Havendo, porém, elevação do valor do débito, exige-se a complementação da garantia do juízo.
>
> III – Havendo condenação solidária de duas ou mais empresas, o depósito recursal efetuado por uma delas aproveita as demais, quando a empresa que efetuou o depósito não pleiteia sua exclusão da lide (sem grifos no original).

Comentários à Súmula 128 TST (utilizei valores fictícios para o teto do depósito recursal: R$ 10.000,00 e R$ 20.000,00).

a) Atingido o valor da condenação, nada mais pode ser exigido a título de depósito recursal. Digamos que determinada empresa foi condenada a pagar R$ 2.000,00 ao reclamante. Para interpor recurso ordinário, terá que efetuar depósito recursal no valor de R$ 2.000,00, já que o valor da condenação é menor do que o teto fixado pelo TST (valor fictício de R$ 10.000,00). Improvido o recurso ordinário, caso a empresa queira interpor recurso de revista, não precisará mais efetuar depósito recursal, porquanto o valor da condenação já foi atingido. Tratando-se de entidades sem fins lucrativos, empregadores domésticos, microempreendedores individuais, microempresas e empresas de pequeno porte, o depósito será reduzido pela metade, nos termos do § 9º do art. 899 da CLT. No caso, portanto, seria de R$ 1.000,00. Improvido o Recurso Ordinário, o recorrente, no Recurso de Revista, teria de depositar a metade do valor devido (valor referente à diferença para o valor da condenação), ou seja, R$ 500,00. O importante é observar que os empregadores do § 9º do art. 899 da CLT têm direito de realizar o depósito recursal pela metade, ou seja, metade do que seria devido por um recorrente comum.

b) Se o valor da condenação ultrapassar o teto fixado pelo TST, prevalecerá o *quantum* do teto. Digamos que a empresa foi condenada a pagar R$ 80.000,00 ao reclamante. Para interpor recurso ordinário, terá que efetuar depósito recursal no valor de R$ 10.000,00 (teto fictício). Improvido o recurso ordinário, caso a empresa queira interpor recurso de revista, precisará desembolsar o valor integral do teto, ou seja, R$ 20.000,00 (teto fictício), em face da previsão contida no item I da Súmula em comento, primeira parte: "*É ônus da parte recorrente efetuar o depósito legal, integralmente, em relação a cada novo recurso interposto, sob pena de deserção*". Enquanto não atingido o valor da condenação, deve ser realizado, para cada novo recurso, um **novo e integral** depósito recursal, observando-se o teto. Para o recorrente enquadrado no § 9º do art. 899 da CLT, o raciocínio é o mesmo, mas cada depósito será feito "pela metade".

c) E se a condenação, por exemplo, fosse de R$ 11.000,00? A empresa, neste caso, faria o depósito do teto para interpor recurso ordinário (teto fictício de R$ 10.000,00), levando em conta o fato de a condenação ultrapassá-lo. Improvido o recurso ordinário, caso a empresa queira interpor recurso de revista, terá que efetuar o depósito recursal da diferença entre o que foi realizado e o valor da condenação, aplicando-se, aí, a segunda parte do item I da Súmula em análise: "*Atingido o valor da condenação, nenhum depósito mais é exigido para qualquer recurso*". O depósito do recurso de revista seria de R$ 1.000,00, resultado da operação R$ 11.000,00 (valor da condenação) menos R$ 10.000,00 (teto fictício já depositado). Os recursos posteriores ao de revista não mais necessitariam de depósito recursal. Para o recorrente enquadrado no § 9º do art. 899 da CLT, o depósito recursal do recurso ordinário, no caso, seria de R$ 5.000,00. Improvido o recurso, o depósito recursal do recurso de revista teria que ser de R$ 6.000,00, pois a soma dos dois não ultrapassa o valor da condenação. O próximo recurso, depois do recurso de revista (embargos de divergência ou recurso extraordinário, a depender da recorribilidade da decisão), não mais precisará de depósito recursal, pois o valor da condenação já foi atingido.

d) Na execução, quando garantido o juízo, o depósito recursal não é devido. A Súmula 128, no seu item II, dispõe que a exigência de depósito, nessa fase, viola os incisos II e LV do art. 5º da CF/1988. A segunda parte do item II da Súmula 128 (que diz "*Havendo, porém, elevação do valor do débito, exige-se a complementação da garantia do juízo*") foi esvaziada pela Reforma Trabalhista. Agora, exequente e executado **deverão** ser intimados para, no prazo de oito dias, impugnar a decisão de liquidação, sob pena de preclusão, como dispõe a nova redação do § 2º do art. 879 da CLT, fruto da Lei 13.467/2017. Assim sendo, o executado, a partir do dia 11/11/2017, passou a ter direito de discutir os cálculos "sem precisar garantir o juízo". Só depois de findada a fase de liquidação, com o julgamento das impugnações e dos recursos, é que o devedor será citado, nos moldes do art. 880 da CLT, oportunidade em que o *quantum debeatur* já não mais estará em discussão (podemos dizer que a Reforma Trabalhista esvaziou os Embargos à Execução, retirando o seu principal objeto). Diante disso, não há mais a possibilidade de elevação da dívida depois de o juízo se encontrar garantido.

e) Havendo condenação solidária de duas ou mais empresas, o depósito recursal efetuado por uma delas aproveita as demais, quando a empresa que efetuou o depósito não pleiteia sua exclusão da lide. Essa previsão se encontra no item III da Súmula em análise, regulando depósito recursal no caso de litisconsórcio passivo. O entendimento também se aplica ao caso de condenação subsidiária, por exemplo, nas lides envolvendo terceirização. Digamos que as empresas Delta e Gama foram condenadas em pecúnia na Justiça do Trabalho e desejam recorrer. Gama vai renovar, no recurso ordinário, a tese de "ilegitimidade passiva *ad causam*", já arguida na defesa e rejeitada pelo juízo de primeiro grau. Se a empresa Gama fizer o depósito recursal, este não aproveitará a empresa Delta, a qual também terá que efetuar depósito. Logo, o ideal é que o depósito recursal seja feito por Delta, desonerando a empresa Gama. Esse tipo de conjuntura pode gerar uma situação inusitada, já que a soma dos depósitos, no caso, poderá ultrapassar o valor da condenação, em clara exceção ao limite previsto no item I da Súmula 128 do TST. Digamos que a condenação das empresas

Delta e Gama tenha sido de R$ 2.000,00. Caso Gama (empresa que está pleiteando a exclusão da lide) se precipite e faça o depósito, que será de R$ 2.000,00, a empresa Delta também terá que efetuar depósito próprio, no mesmo valor. A soma ultrapassará o valor da condenação. Caso o tribunal acolha a tese de exclusão da lide, quando a decisão transitar em julgado, o depósito realizado pela empresa Gama será liberado em favor dela. Para os recorrentes enquadrados no § 9º do art. 899 da CLT, que têm direito de realizar o depósito recursal pela metade, vale dizer que se trata de direito personalíssimo, logo, intransferível. Digamos que as empresas ABC e DEF foram condenadas (solidária ou subsidiariamente). A empresa ABC é uma microempresa. A empresa DEF é uma grande empresa e está pleiteando a sua exclusão da lide. A condenação foi de R$ 3.000,00. As duas querem recorrer. A empresa ABC, na qualidade de microempresa, efetuou depósito recursal de R$ 1.500,00 (metade do valor devido, que é o valor da condenação, já que este é menor do que o teto fictício), nos termos do § 9º do art. 899 da CLT. Seu recurso está preparado (recolheu custas também). O depósito feito pela empresa ABC, nos termos do item III da Súmula 128 do TST, "aproveitará" a empresa DEF, porém, no caso, "em parte". A empresa DEF, para ter o seu recurso conhecido, terá que prepará-lo, efetuando o depósito recursal no valor da outra metade (R$ 1.500,00), pois não é alcançada pela prerrogativa prevista no § 9º do art. 899 da CLT.

f) Havendo acréscimo ou redução da condenação em grau recursal, o juízo prolator da decisão arbitrará novo valor à condenação, quer para a exigibilidade de depósito ou complementação do já depositado, para o caso de recurso subsequente, quer para liberação do valor excedente decorrente da redução da condenação. Digamos que o reclamante tenha ajuizado reclamação trabalhista pleiteando uma indenização por dano moral no valor de R$ 100.000,00. Julgado procedente o pedido, o juiz condenou a empresa a pagar R$ 5.000,00. Ambas as partes recorreram. A reclamada busca, no recurso ordinário, a reforma da sentença, para que seja afastada a condenação, e, como pedido sucessivo, caso seja mantida a condenação, requer a redução do respectivo valor. O reclamante, por sua vez, persegue o aumento do valor da condenação. Se o TRT der provimento parcial ao recurso do reclamante, aumentando a condenação para R$ 8.000,00, a empresa, que já tinha depositado R$ 5.000,00, terá que complementar o depósito recursal em R$ 3.000,00, caso deseje interpor recurso de revista. Se o TRT der provimento parcial ao recurso da empresa, reduzindo o valor da condenação para R$ 2.000,00, a empresa não precisará depositar qualquer valor para fins de recurso de revista e ainda terá direito à liberação do valor de R$ 3.000,00, depois do trânsito em julgado da decisão, caso não seja esta modificada por *decisum* posterior (§ 1º do art.899 da CLT).

17.3. RECURSO ADESIVO E RATEIO DE CUSTAS

O recurso "na forma adesiva" está previsto nos §§ 1º e 2º do art. 997 do CPC. O TST entende que o remédio é compatível com o processo trabalhista, especificamente quanto ao recurso ordinário, o recurso de revista, o agravo de petição e os embargos ao TST. O entendimento está corporificado na Súmula 283 do TST. Também é compatível com o recurso extraordinário ao STF, à luz do inciso II do § 2º do art. 997 do CPC.

Para a interposição de recurso adesivo é preciso que ocorra a sucumbência recíproca e que apenas uma das partes tenha recorrido. A parte que não recorreu poderá, quando intimada para ofertar contrarrazões (art. 900 da CLT), interpor recurso "na forma adesiva", buscando anular ou reformar a decisão (afastar sua sucumbência).

Sintetizando:

REQUISITOS PARA A INTERPOSIÇÃO DE RECURSO ADESIVO = Sucumbência de autor e réu (recíproca) + recurso interposto por apenas uma das partes.

O prazo do recurso adesivo é o prazo das contrarrazões, que corresponde ao mesmo prazo do recurso principal. Não existe tecnicamente a peça "recurso adesivo". O advogado deve qualificá-lo.

Digamos que tenha ocorrido sucumbência recíproca e que apenas o reclamante interpôs recurso ordinário. O reclamado, ao ser intimado para ofertar contrarrazões, resolveu, mediante seu advogado, interpor recurso "adesivo". O nome desse recurso será **RECURSO ORDINÁRIO ADESIVO**.

O recurso adesivo fica subordinado ao recurso principal, sendo-lhe aplicáveis as mesmas regras deste quanto aos requisitos de admissibilidade e julgamento no tribunal. Se o recorrente do recurso principal desistir do seu recurso, soterrado restará também o recurso adesivo.

Importante diferenciar a sucumbência recíproca para fins recursais da sucumbência recíproca para fins de assunção das despesas processuais (custas, honorários, emolumentos).

A Súmula 326 do STJ elucida a questão, dizendo que, na ação de indenização por dano moral, a condenação em montante inferior ao postulado na inicial não implica sucumbência recíproca.

A referida Súmula trata da "sucumbência para fins de despesas processuais". Exemplificando.

Se o reclamante pleitear R$ 50.000,00 de indenização por dano moral e o juiz condenar o reclamado a pagar R$ 10.000,00, a sucumbência, para fins recursais, será recíproca, ou seja, as duas partes poderão recorrer (possuem interesse recursal), mas as despesas processuais ficarão a cargo do reclamado, que foi a parte sucumbente.

Nesse sentido o parágrafo único do art. 86 do CPC.

Basta aplicar esse entendimento a todas as verbas pleiteadas.

Exemplificando.

Se o reclamante pedir a condenação do reclamado no pagamento de duas horas extras por dia e o juiz condenar em uma por dia, os dois litigantes poderão recorrer, mas o recolhimento das custas e o pagamento dos honorários ficarão a cargo exclusivamente do reclamado (o qual também terá que efetuar depósito recursal, caso queira recorrer).

Diferente é o caso de múltiplos pedidos procedentes e improcedentes.

Exemplificando.

Digamos que o reclamante pediu a condenação do reclamado no pagamento de indenização por dano moral, de indenização por dano estético, de horas extras e de adicional noturno. Na sentença, o juiz julgou procedentes os pedidos de pagamento de indenização por dano moral e de indenização por dano estético, julgando improcedentes os pedidos de pagamento de horas extras e de adicional noturno. Ambas as partes poderão recorrer e ambas as partes serão responsáveis pelo recolhimento das custas, cada qual proporcionalmente à sua sucumbência (o depósito recursal só será recolhido pela empresa, pois, no caso, foi condenada em pecúnia).

17.4. REMESSA NECESSÁRIA (RECURSO *EX OFFICIO*)

A remessa necessária, chamada equivocadamente de "recurso *ex officio*", não tem natureza recursal, tratando-se apenas de uma ratificação da decisão de primeiro grau exigida por lei, quando a **sentença**, nos termos do art. 496 do CPC, for **proferida contra** a União, os estados, o Distrito Federal, os municípios e suas respectivas autarquias e fundações de direito público **ou** quando a sentença **julgar procedentes**, no todo ou em parte, os embargos à execução fiscal.

Caso seja interposto recurso pelo órgão público, não há pensar em "remessa necessária".

Não interposto recurso no prazo legal, entretanto, o juiz do trabalho ordenará a remessa dos autos TRT, e, se não o fizer, o presidente do respectivo tribunal avocá-los-á.

A remessa necessária não se aplica quando a condenação ou o proveito econômico obtido na causa for de valor certo e líquido inferior a mil salários mínimos, para a União e as respectivas autarquias e fundações de direito público; quinhentos salários mínimos para os estados, o Distrito Federal, as respectivas autarquias e fundações de direito público e os municípios que constituam capitais dos estados; cem salários mínimos para todos os demais municípios e respectivas autarquias e fundações de direito público.

Também não se aplica a remessa necessária quando a sentença estiver fundada em súmula de tribunal superior **ou** em acórdão proferido pelo STF, STJ ou TST em julgamento de recursos repetitivos **ou** em entendimento firmado em incidente de resolução de demandas repetitivas ou de assunção de competência **ou** em entendimento coincidente com orientação vinculante firmada no âmbito administrativo do próprio ente público, consolidada em manifestação, parecer ou súmula administrativa.

Sobre o tema, eis a Súmula 303 do TST:

> SUMÚMULA 303 DO TST. FAZENDA PÚBLICA. REEXAME NECESSÁRIO (nova redação em decorrência do CPC de 2015) - Res. 211/2016, DEJT divulgado em 24, 25 e 26.08.2016.
>
> I – Em dissídio individual, está sujeita ao reexame necessário, mesmo na vigência da Constituição Federal de 1988, decisão contrária à Fazenda Pública, salvo quando a condenação não ultrapassar o valor correspondente a: a) 1.000 (mil) salários mínimos para a União e as respectivas autarquias e fundações de direito público; b) 500 (quinhentos) salários mínimos para os Estados, o Distrito Federal, as respectivas autarquias e fundações de direito público e os Municípios que constituam capitais dos Estados; c) 100 (cem) salários mínimos para todos os demais Municípios e respectivas autarquias e fundações de direito público.
>
> II – Também não se sujeita ao duplo grau de jurisdição a decisão fundada em:
>
> a) súmula ou orientação jurisprudencial do Tribunal Superior do Trabalho;
>
> b) acórdão proferido pelo Supremo Tribunal Federal ou pelo Tribunal Superior do Trabalho em julgamento de recursos repetitivos;
>
> c) entendimento firmado em incidente de resolução de demandas repetitivas ou de assunção de competência;
>
> d) entendimento coincidente com orientação vinculante firmada no âmbito administrativo do próprio ente público, consolidada em manifestação, parecer ou súmula administrativa.
>
> III – Em ação rescisória, a decisão proferida pelo Tribunal Regional do Trabalho está sujeita ao duplo grau de jurisdição obrigatório quando desfavorável ao ente público, exceto nas hipóteses dos incisos anteriores. (ex-OJ nº 71 da SBDI-1 – inserida em 03.06.1996)
>
> IV – Em mandado de segurança, somente cabe reexame necessário se, na relação processual, figurar pessoa jurídica de direito público como parte prejudicada pela concessão da ordem. Tal situação não ocorre na hipótese de figurar no feito como impetrante e terceiro interessado pessoa de direito privado, ressalvada a hipótese de matéria administrativa. (ex-OJs nºs 72 e 73 da SBDI-1 – inseridas, respectivamente, em 25.11.1996 e 03.06.1996).

QUESTÕES SOBRE PRESSUPOSTOS DE ADMISSIBILIDADE RECURSAL

1. (FGV – Exame de Ordem 2010.2). Com relação às despesas processuais na Justiça do Trabalho, assinale a afirmativa correta.

(A) As entidades fiscalizadoras do exercício profissional, em face de sua natureza autárquica, são isentas do pagamento de custas.

(B) As custas devem ser pagas pelo vencido, após o trânsito em julgado da decisão. No caso de recurso, estas devem ser pagas e comprovado o recolhimento dentro do prazo recursal.

(C) O benefício da gratuidade de justiça não pode ser concedido de ofício pelo juiz, devendo ser necessariamente requerido pela parte interessada.

(D) A responsabilidade pelo pagamento dos honorários periciais é da parte sucumbente na pretensão objeto da perícia, ainda que beneficiária da gratuidade de justiça.

Comentário: A CLT (letra da lei) dispõe que as entidades fiscalizadoras do exercício profissional (OAB, Crea, Cremepe etc.) **não são isentas** de custas (parágrafo único do art. 790-A da CLT), motivo pelo qual a letra "A" está errada. A letra "B" está correta, em consonância com o § 1º do art. 789 da CLT, que inspirou a redação da Súmula 245 do TST (inexistência de preclusão consumativa quando o recurso for protocolado antes do término do prazo sem a comprovação do preparo recursal). De fato, no caso de recurso, as custas e o depósito recursal podem ser efetivados e comprovados "até o final do prazo do recurso", mesmo que este tenha sido interposto antes do *dies ad quem*. Essa regra, prevista de forma explícita na Súmula 245 TST, não se aplica ao agravo de instrumento, por conta da redação do § 7º do art. 899 CLT (não há recolhimento de custas no agravo de instrumento, mas pode haver depósito recursal, cuja comprovação terá de ser feita concomitantemente à interposição do agravo, não se aplicando a Súmula 245 TST). Nesse sentido a Instrução Normativa 3/1993 do TST, item VIII (item incluído pela Resolução 168, de 09/08/2012). A letra "C" está errada, pois a gratuidade da justiça pode ser concedida de ofício ou a requerimento da parte (reclamante e/ou reclamado), nos termos do art. 790, § 3º, da CLT. A letra "D" estava errada, pois o beneficiário da justiça gratuita era isento do pagamento de honorários periciais ao perito oficial (aquele designado pelo juiz). Com a Reforma Trabalhista, o art. 790-B da CLT foi alterado e a isenção não mais existe (considero, particularmente, inconstitucional a nova redação, entendo que ainda cabe à União Federal o encargo (Súmula 457, TST).

Resposta: B

2. (FGV – Exame de Ordem 2010.2). Assinale a alternativa que apresente requisitos intrínsecos genéricos de admissibilidade recursal.

(A) Capacidade, legitimidade e interesse.

(B) Preparo, interesse e representação processual.

(C) Representação processual, preparo e tempestividade.

(D) Legitimidade, tempestividade e preparo.

Comentário: A letra "A" está correta, apresentando os três pressupostos intrínsecos de admissibilidade que não atraem controvérsia doutrinária. O preparo e a "regularidade de representação" (procuração) são pressupostos extrínsecos de admissibilidade recursal, juntamente com a tempestividade, motivo pelo qual as demais alternativas estão erradas.

Resposta: A

3. **(FGV – VI Exame de Ordem). Uma ação é movida contra duas empresas integrantes do mesmo grupo econômico e uma terceira, que alegadamente foi tomadora dos serviços durante parte do contrato. Cada empresa possui um advogado. No caso de interposição de recurso de revista:**

(A) o prazo será computado em dobro porque há litisconsórcio passivo com procuradores diferentes.

(B) o prazo será contado normalmente.

(C) o prazo será de dez dias.

(D) fica a critério do juiz deferir a dilação do prazo para não prejudicar os réus quanto à ampla defesa.

Comentário: O prazo será contado normalmente, como traduz a letra "B", pois no processo trabalhista litisconsortes com procuradores distintos não têm prazo em dobro para a prática dos atos processuais, como prevê a OJ 310 SDI-1. Com o CPC, a posição do TST permanecerá inalterada. Creio que seja bom destacar que o CPC, no art. 229, apenas garante o prazo em dobro para os litisconsortes que tiverem **diferentes procuradores, de escritórios de advocacia distintos**. Essa prerrogativa cessa no caso de apresentação de defesa única ou de defesa por apenas um dos litisconsortes (§ 1º do art. 229 do CPC). No PJE, à luz do § 2º do art. 229 do CPC, não há espaço para a incidência de prazos em dobro ("§ 2º Não se aplica o disposto no *caput* aos processos em autos eletrônicos").

Resposta: B

4. **(FGV – XII Exame de Ordem). A empresa Restaurante M foi condenada em reclamação trabalhista a pagar diversos direitos sonegados a um dos seus ex-empregados. Na sentença, entendendo que o ex-empregador teve um comportamento processual reprovável, o juiz ainda o condenou como litigante de má-fé. De acordo com o entendimento pacificado do TST, caso a empresa pretenda recorrer ordinariamente desta decisão, ela:**

(A) deverá recolher as custas, o depósito recursal e o valor da multa por litigância de má-fé para viabilizar o recurso.

(B) não havendo nenhum normativo a respeito, deverá opor embargos declaratórios, requerendo ao juiz que diga se o depósito da multa é necessário.

(C) em razão da peculiaridade do processo do trabalho, deverá recolher a multa, imediatamente, pela metade e o restante quando do trânsito em julgado, caso mantida.

(D) não precisará recolher o valor da multa, já que tal recolhimento não é pressuposto para interposição dos recursos trabalhistas.

Comentário: O recolhimento da multa por litigância de má-fé não é pressuposto para a admissibilidade do recurso. Logo, quanto ao preparo recursal, a empresa deverá recolher custas e efetuar o depósito recursal (houve condenação em pecúnia - Súmula 161, TST). O entendimento se encontra consagrado na OJ 409 SDI-1, que afastava a aplicação do art. 35 do CPC de 1973 ao processo trabalhista (a multa tinha natureza de custas processuais). Como o art. 96 do CPC "retirou" a natureza de custas da multa por litigância de má-fé, a OJ 409 SDI-1 terminará sendo cancelada pelo TST, em virtude da perda do seu próprio objeto. A letra "D" é a correta, hoje ratificada, como vimos, pelo CPC.

Resposta: D

5. **(FGV – XIII Exame de Ordem). Paulo ajuizou ação em face de sua ex-empregadora, a empresa Peças ABC Ltda. Na audiência, o juiz propôs a conciliação, que foi aceita pelas partes, nada tendo sido discutido sobre custas. Sobre o caso, assinale a opção que indica a hipótese correta para a fixação das custas.**

(A) O valor das custas ficará sempre a cargo da empresa, razão pela qual não haverá dispensa das mesmas, pois não há gratuidade de justiça para pessoa jurídica.

(B) O valor das custas, não tendo sido convencionado pelas partes, caberá em partes iguais ao autor e à ré, podendo o autor ser dispensado de sua parte pelo juiz.

(C) O valor das custas ficará a cargo do autor, pois este está recebendo o valor acordado.

(D) Tendo em vista o acordo, não há que se falar em custas.

Comentário: A questão versa sobre um termo de conciliação judicial, homologado pelo juiz do trabalho, "omisso" quanto à responsabilidade pelo recolhimento (pagamento) das custas. Já estudamos que as custas, no processo trabalhista, estão previstas nos arts. 789 a 790-A da CLT. No caso de acordo, as custas, calculadas à razão de 2% sobre o valor do acordo, serão de responsabilidade da parte indicada como tal no termo de conciliação. Se não houver indicação, serão rateadas em partes iguais pelos litigantes – vide art. 789, I e § 3º, CLT. A letra "B" está correta, mas sempre é bom destacar que a "dispensa" do recolhimento das custas, mediante a concessão dos benefícios da justiça gratuita, não é um privilégio do trabalhador, já que os §§ 3º e 4º do art. 790 CLT não fazem qualquer restrição nesse sentido (*Ubi lex non distinguit nec nos distinguere debemus*: "Onde a lei não distingue, não pode o intérprete distinguir").

Resposta: B

5. **(FGV – XIII Exame de Ordem) Paulo ajuizou ação em face de sua ex-empregadora, a empresa Peças ABC Ltda. Na audiência, o juiz propôs a conciliação, que foi aceita pelas partes, nada tendo sido discutido sobre custas. Sobre o caso, assinale a opção que indica a hipótese correta para a fixação das custas.**

(A) O valor pactuado deverá sempre ficar a cargo da empresa, razão pela qual não haverá dispensa das mesmas, pois não há gratuidade de justiça para a pessoa jurídica.

(B) O valor das custas, não tendo sido convencionado pelas partes, caberá em partes iguais ao autor e à ré, podendo o autor ser dispensado de sua parte pelo juiz.

(C) O valor das custas ficará a cargo do autor, pois este está recebendo o valor acordado.

(D) Tendo em vista o acordo, não há que se falar em custas.

Comentários: A questão versa sobre um termo de conciliação judicial, homologado pelo juiz do trabalho, "omisso" quanto à responsabilidade pelo recolhimento (pagamento) das custas. Já estudamos que as custas, no processo trabalhista, estão previstas nos arts. 789 a 790-A da CLT. No caso de acordo, as custas, calculadas à razão de 2% sobre o valor do acordo, serão de responsabilidade da parte indicada como tal no termo de conciliação; se não houver indicação, serão rateadas em partes iguais pelos litigantes – vide art. 789, § 3º, da CLT. Outra coisa, a assertiva D não se sustenta, posto que a dispensa do pagamento das custas se dá mediante a concessão dos benefícios da justiça gratuita, o que é um direito do trabalhador, já que os §§ 3º e 4º do art. 790 CLT não fazem qualquer restrição nesse sentido. Outro não é o brocardo: "Onde a lei não distingue, não pode o intérprete distinguir".

Resposta: B

18

RECURSOS EM ESPÉCIE

18.1. RECURSO ORDINÁRIO

O recurso ordinário, previsto no art. 895 da CLT, como o próprio nome diz (ordinário = comum), é um remédio amplo, comportando o reexame de fatos, provas e matérias de direito, devolvendo ao juízo *ad quem* toda a matéria impugnada (art. 1.013 do CPC). O advogado do recorrente, por conseguinte, pode atacar as decisões interlocutórias, proferidas pelo juízo *a quo*, inclusive aquelas exaradas em audiência, além de enfrentar os fundamentos da própria decisão definitiva ou terminativa. Todas as questões suscitadas e discutidas no processo, quando do trâmite no primeiro grau, poderão ser objeto de apreciação pelo órgão de segundo grau, desde que relativas ao objeto impugnado (razões do recurso) – § 1º do art. 1.013 do CPC. Significa que o recurso ordinário está sombreado pelo efeito devolutivo em profundidade, à luz do item I da Súmula 393 do TST.

Digamos que a empresa foi condenada a pagar horas extras, mediante sentença proferida por juiz do trabalho. Sendo impugnada a matéria, em recurso ordinário interposto pelo advogado da reclamada (condenação no pagamento de horas extras), o **efeito devolutivo em profundidade** do recurso ordinário transferirá ao TRT a apreciação de todos os fundamentos da petição inicial e da contestação, inclusive aqueles não examinados (não enfrentados) pelo juiz (na sentença), pois tais fundamentos "integram o capítulo impugnado" (condenação no pagamento de horas extras).

> SÚMULA 393 DO TST. RECURSO ORDINÁRIO. EFEITO DEVOLUTIVO EM PRO-FUNDIDADE. ART. 1.013, § 1º, do CPC DE 2015. ART. 515, § 1º, DO CPC de 1973 – (nova redação em decorrência do CPC de 2015) – Res. 208/2016, DEJT divulgado em 22, 25 e 26.04.2016.
>
> I – O efeito devolutivo em profundidade do recurso ordinário, que se extrai do § 1º do art. 1.013 do CPC de 2015 (art. 515, § 1º, do CPC de 1973), transfere ao Tribunal a apreciação dos fundamentos da inicial ou da defesa, não examinados

> pela sentença, ainda que não renovados em contrarrazões, desde que relativos ao capítulo impugnado.
>
> II – Se o processo estiver em condições, o tribunal, ao julgar o recurso ordinário, deverá decidir desde logo o mérito da causa, nos termos do § 3º do art. 1.013 do CPC de 2015, inclusive quando constatar a omissão da sentença no exame de um dos pedidos.

Diante disso, a oposição de embargos de declaração, contra uma decisão maculada pelo vício da omissão, quanto a um fundamento levantado na petição inicial ou na contestação, não é mais considerada indispensável, pois o vácuo pode ser suprido pelo juízo *ad quem*, no julgamento do recurso ordinário. A ausência de embargos, por conseguinte, não atrai a preclusão, diante do efeito devolutivo em profundidade do recurso ordinário.

Cabe recurso ordinário, no prazo de oito dias, contra decisões **definitivas** ou **terminativas** dos juízes do trabalho ou dos juízes de direito investidos em jurisdição trabalhista, dirigido ao próprio juiz que proferiu a decisão (primeiro juízo de admissibilidade), contendo, no seu corpo, as razões recursais, as quais são dirigidas ao TRT (art. 895, I, da CLT c/c o inciso XI do art. 2º da IN 39/2016 do TST).

Típica decisão terminativa é o arquivamento da reclamação pelo não comparecimento do reclamante à audiência (*caput* do art. 844 da CLT). Contra a decisão cabe recurso ordinário no prazo de oito dias. Pode acontecer de um advogado comparecer no dia da audiência para avisar ao juiz que o seu cliente está impossibilitado de participar do ato por motivo relevante, nos termos do § 1º do art. 844 da CLT. O magistrado, ignorando o fato de o advogado representar o reclamante, indefere o pleito de adiamento da audiência, por não ter comparecido uma das pessoas listadas no "jurássico" § 2º do art. 843 da CLT (norma que tem como base o *jus postulandi*). Ora, a presença do advogado já basta para que o juiz defira o requerimento, fixando, se necessário, prazo para a juntada de documento que comprove o relevante motivo. Aquela pode ser a segunda audiência e gerar a incidência da perempção trabalhista (art. 732 da CLT). Caso a intransigência do magistrado persista e a reclamação seja arquivada, caberá recurso ordinário, oportunidade em que o advogado poderá juntar documento comprobatório do fato impeditivo do comparecimento do seu cliente (Súmula 8 do TST).

Também cabe recurso ordinário, no prazo de oito dias, contra decisões **definitivas ou terminativas** dos Tribunais Regionais do Trabalho, atuando em sua **competência originária**, tanto em dissídios individuais como em dissídios coletivos, dirigido ao próprio TRT que proferiu a decisão (primeiro juízo de admissibilidade), contendo, no seu corpo, as razões recursais, as quais são dirigidas ao TST (art. 895, II, da CLT c/c o inciso XI do art. 2º da IN 39/2016 do TST).

Assim sendo, do acórdão de TRT que julgar ação rescisória, por exemplo, cabe recurso ordinário. O mesmo se diga de acórdão de TRT que julgar originariamente mandado de segurança.

No caso de dissídio coletivo, sabe-se que a competência originária é do TRT (alínea "a" do inciso I do art. 678 da CLT), salvo se o conflito estiver abarcando jurisdição de mais de um TRT, quando então será processado e julgado originariamente pelo TST (alínea "a" do inciso I do art. 2º da Lei 7.701/1988).

Existe uma exceção envolvendo o Estado de São Paulo, único que possui dois tribunais regionais. Ela está prevista no art. 12 da Lei 7.520/1986, consagrando a competência do TRT da 2ª Região para julgar dissídio coletivo que envolva a jurisdição dos Tribunais Regionais da 2ª e da 15ª Regiões: "*Compete exclusivamente ao Tribunal Regional do Trabalho da 2ª Região processar, conciliar e julgar os dissídios coletivos nos quais a decisão a ser proferida deva produzir efeitos em área territorial alcançada, em parte, pela jurisdição desse mesmo tribunal e, em outra parte, pela jurisdição do Tribunal Regional do Trabalho da 15ª Região*".

Contra decisão de TRT em dissídio coletivo, portanto, cabe recurso ordinário (art. 895, II, da CLT). Mas contra decisão do TST em dissídio coletivo, atuando em sua competência originária, cabem embargos infringentes (art. 894, I, da CLT), desde que a decisão não tenha sido unânime. Em caso de decisão unânime, ela será considerada decisão em única instância, desafiando recurso extraordinário ao STF (art. 102, III, da CF).

No caso de **decisões terminativas** (aquelas que não resolvem o mérito – *caput* do art. 485 do CPC), o juízo *a quo* poderá se retratar no prazo de cinco dias, revogando a decisão, nos termos do § 7º do art. 485 do CPC e do item VIII do art. 3º da IN 39/2016 do TST.

Quando o juiz julgar **liminarmente improcedente o pedido**, nas causas que dispensem a fase instrutória, observando as hipóteses do art. 332 do CPC, a decisão desafia recurso ordinário, no prazo de oito dias, nos termos dos §§ 2º a 4º do art. 332 do CPC e do art. 7º da IN 39/2016. O mesmo se diga quando o juiz **julgar antecipada e parcialmente o mérito**, à luz do art. 356 do CPC (inaplicável, portanto, o seu § 5º) e do art. 5º da IN 39/2016 do TST.

O art. 332 do CPC, devidamente adaptado ao processo do trabalho, reza que, nas causas que dispensem a fase instrutória, o juiz, independentemente da citação do réu, julgará **liminarmente improcedente** o pedido que contrariar: I – enunciado de súmula do STF ou do TST; II – acórdão proferido pelo STF ou pelo TST em julgamento de recursos repetitivos; III – entendimento firmado em incidente de resolução de demandas repetitivas ou de assunção de competência; IV – enunciado de súmula de TRT sobre direito local, convenção coletiva de trabalho, acordo coletivo de trabalho, sentença normativa ou regulamento empresarial de observância obrigatória em área territorial que não exceda à jurisdição do respectivo tribunal (CLT, art. 896, *b*, *a contrario sensu*). A redação, conforme dito, já se encontra adaptada à IN 39/2016 do TST. O juiz também poderá julgar liminarmente improcedente o pedido se verificar, desde logo, a ocorrência da decadência – art. 332, § 1º, do CPC, adaptado ao parágrafo único do art. 7º da IN 39/2016 do TST.

O CPC, no seu art. 356, prevê que o juiz decidirá **parcialmente o mérito** quando um ou mais pedidos formulados ou parcela deles mostrar-se incontroversa ou estiver em condições de imediato julgamento, nos termos do art. 355 (desnecessidade de produção de outras provas ou o réu for revel e não houver requerimento de prova, na forma do art. 349). A decisão que julgar parcialmente o mérito poderá ser executada, desde logo, independentemente de caução, ainda que haja recurso (princípio do efeito devolutivo). A execução, no caso de existência de recurso, será provisória. Transitando em julgado a decisão, a execução será definitiva. Contra a decisão que julgar parcialmente o mérito cabe recurso ordinário, nos termos do art. 5º da IN 39/2016 do TST, e não agravo de instrumento, como prevê o § 5º do art. 356 do CPC.

Caso interessante e excepcional é aquele pertinente ao acolhimento de exceção de incompetência territorial que gere a remessa dos autos a uma vara do trabalho de **TRT diferente**. Contra a decisão cabe recurso ordinário no prazo de oito dias (alínea *c* da Súmula 214 do TST). Se o excepto não interpuser recurso ordinário, precluirá o seu direito de recorrer da decisão.

A decisão que acolhe ou rejeita exceção de incompetência territorial é de índole interlocutória, não desafiando recurso de imediato, à luz do § 1º do art. 893 e do § 2º do art. 799 da CLT.

A Súmula 214 do TST, em sua alínea *c*, consagra uma ressalva ao princípio da irrecorribilidade imediata das decisões interlocutórias, tanto assim que, no *caput*, a referida Súmula faz questão de reforçar a regra. Rejeitada a exceção de incompetência, não cabe recurso de imediato. Acolhida, com ordem de remessa para uma vara que pertença ao mesmo TRT, também não cabe recurso de imediato.

O fato de a alínea *c* da Súmula 214 do TST, no seu final, citar o art. 799, § 2º, da CLT oferece robustez ao argumento de que, no caso, a decisão não teria natureza "interlocutória", assumindo as vestes de "sentença terminativa do feito". Discordo da conclusão, pois o acolhimento da exceção de incompetência em razão do lugar não retira a competência da Justiça do Trabalho, resolvendo, por conseguinte, mera questão incidental, tendo natureza típica de decisão interlocutória, gere ou não a remessa dos autos a vara do trabalho de outro TRT. A ressalva prevista na alínea *c* da Súmula 214 do TST (recurso de imediato contra decisão interlocutória) apenas confirma a regra (irrecorribilidade imediata) esculpida no art. 893, § 1º, da CLT (*exceptio firmat regulam in casibus non exceptis* – "a exceção confirma a regra nos casos não excetuados"); afinal, "o geral abrange o especial" (*specialia generalibus insunt*).

Para facilitar, elaborei um resumo do cabimento de recurso ordinário.

Sintetizando:

- Recurso ordinário contra decisão terminativa (quando o juiz poderá se retratar no prazo de cinco dias – § 7º do art. 485 do CPC c/c o item VIII do art. 3º da IN 39/2016) ou definitiva proferida por juiz do trabalho ou juiz de direito investido em jurisdição trabalhista – art. 895, I, da CLT.
- Recurso ordinário contra decisão que julgar liminarmente improcedente o pedido, cabendo, no caso, juízo de retratação no prazo de cinco dias – §§ 2º a 4º do art. 332 do CPC c/c o art. 7º da IN 39/2016 do TST.
- Recurso ordinário contra decisão que julgar antecipada e parcialmente o mérito – art. 356 do CPC (inaplicável seu § 5º) c/c o art. 5º da IN 39/2016 do TST.
- Recurso ordinário contra decisão terminativa (quando o órgão julgador poderá se retratar no prazo de cinco dias – § 7º do art. 485 do CPC c/c o item VIII do art. 3º da IN 39/2016) ou definitiva proferida por TRT, em processos de sua competência originária, quer em dissídios individuais, quer em dissídios coletivos – art. 895, II, da CLT.
- Recurso ordinário contra decisão que acolhe exceção de incompetência em razão do lugar e determina a remessa dos autos a uma vara do trabalho de TRT diferente – Súmula 214, *c*, do TST, c/c o art. 799, § 2º, da CLT.

O recurso ordinário é um recurso do tipo próprio, e, como tal, deve ser protocolado no juízo de primeiro grau (inciso XI do art. 2º da IN 39/2016 do TST). Sendo assim, a primeira parte é endereçada ao próprio órgão que proferiu a decisão molestada, chamado de juízo *a quo*, o qual analisará os pressupostos de admissibilidade, decidindo se o recurso será ou não conhecido. Lembrando que, se a decisão, objeto do recurso ordinário, for terminativa do feito, poderá o juízo *a quo* retratar-se, revogando-a e determinando o retorno dos autos à pauta de audiência, para a continuidade do processo (§ 7º do art. 485 do CPC). A segunda parte do recurso ordinário, composta das razões recursais, é dirigida ao órgão jurisdicional de segundo grau, chamado de juízo *ad quem*, o qual, antes de analisar as razões do recurso, também avaliará os pressupostos de admissibilidade.

O CPC, no § 3º do art. 1.010, acabou com o primeiro juízo de admissibilidade da apelação. A novidade, todavia, não se aplica ao processo do trabalho, como dispõe o item XI do art. 2º da IN 39/2016 do TST. Logo, **o duplo juízo de admissibilidade continua valendo para os recursos trabalhistas** do tipo próprio.

Conhecido o recurso pelo juízo *a quo*, o recorrido será intimado para apresentar, no prazo de oito dias, contrarrazões – art. 900 da CLT e § 1º do art. 1.010 do CPC. Depois disso, os autos serão remetidos ao juízo *ad quem*.

Não conhecido o recurso ordinário pelo juízo *a quo*, o recorrente poderá interpor agravo de instrumento, nos termos do art. 897, *b*, da CLT. Se a decisão de não conhecimento estiver maculada por manifesto equívoco na análise de pressuposto extrínseco de admissibilidade, tornam-se cabíveis, antes do agravo de instrumento, embargos de declaração, os quais provocarão a interrupção do prazo do agravo (parte final do *caput* e § 3º do art. 897-A da CLT).

Distribuído o recurso ordinário no TRT, caberá ao relator analisar, em segundo juízo de admissibilidade (art. 2º, XI, da IN 39/2015), os pressupostos recursais, nos termos do art. 932, III, do CPC (adaptado ao processo do trabalho), incumbindo-lhe dirigir e ordenar o processo no tribunal, inclusive com relação à produção de prova (vide Súmula 8 do TST), bem como, quando for o caso, homologar autocomposição das partes (art. 764 da CLT, c/c o inciso I do art. 932 do CPC). Também compete ao desembargador relator apreciar o pedido de tutela provisória (antecipatória e/ou cautelar) presente no recurso, incluindo aquele que busca a **obtenção de efeito suspensivo ao recurso ordinário**, mediante requerimento esculpido nas razões recursais, nos termos do item I da Súmula 414 do TST. Da decisão monocrática, proferida pelo desembargador relator, cabe agravo interno, também chamado de "agravo regimental" (art. 1.021 do CPC).

Os recursos, no processo trabalhista, não são dotados de efeito suspensivo (art. 899 da CLT). Para obtenção deste, cabe ao recorrente pleitear, nas razões recursais, ou seja, na parte dirigida ao juízo *ad quem*, a sua concessão, expondo os fundamentos, à luz do item I da Súmula 414 do TST, inspirado no § 5º do art. 1.029 do CPC. Pode o relator não conhecer de recurso inadmissível, prejudicado ou que não tenha impugnado especificamente os fundamentos da decisão recorrida. Essa decisão (não conhecimento do recurso no segundo juízo de admissibilidade) só poderá ser proferida depois da concessão do prazo de cinco dias ao recorrente, para que seja sanado o vício ou complementada a documentação exigível (vide parágrafo único do art. 932 do CPC e art. 10 da IN 39/2016 do TST) – os princípios do contraditório e da ampla defesa atuando mais uma vez em ferocidade avassaladora. Apenas para reforçar, o TST determinou, no art. 10 da IN 39/2016, a aplicação do parágrafo único do art. 932 do CPC ao processo trabalhista.

Pode o relator, ainda, **negar provimento** a recurso (decisão meritória) que for contrário a: (a) súmula do STF, do STJ, do TST ou do próprio TRT; (b) acórdão proferido pelo STF, pelo STJ ou pelo TST em julgamento de recursos repetitivos; (c) entendimento firmado em incidente de resolução de demandas repetitivas ou de assunção de competência (art. 932, IV, do CPC).

Cabe ainda ao relator, no caso de conhecimento do recurso, **dar provimento** ao remédio se a decisão recorrida for contrária a: (a) súmula do STF, do STJ, do TST ou do próprio TRT; (b) acórdão proferido pelo STF, pelo STJ ou pelo TST em julgamento de recursos repetitivos; (c) entendimento firmado em incidente de resolução de demandas repetitivas ou de assunção de competência (art. 932, V, do CPC).

Proferida **decisão monocrática** pelo relator, contra ela cabe agravo interno, nos termos do art. 1.021 do CPC. Se a decisão for de não conhecimento do recurso e estiver maculada por manifesto equívoco na análise de pressuposto extrínseco de admissibilidade, tornam-se cabíveis, antes do agravo interno, embargos de declaração, que provocarão a interrupção do prazo do agravo (parte final do *caput* e § 3º do art. 897-A da CLT).

Nas reclamações sujeitas ao procedimento sumaríssimo, nos termos do § 1º do art. 895 da CLT, o recurso ordinário possui prioridade de tramitação, logo, será imediatamente distribuído uma vez recebido no tribunal, devendo o relator liberar sua decisão no prazo máximo de dez dias, e ser incluído, depois disso, imediatamente em pauta para julgamento, sem a necessidade de desembargador revisor. O parecer do MPT é meramente facultativo (faculdade do *Parquet*), podendo ser ofertado oralmente na sessão de julgamento. O acórdão é mais "enxuto", constituído unicamente na certidão de julgamento, com a indicação suficiente do processo, da parte dispositiva e das razões de decidir do voto prevalente. Se a sentença molestada pelo recurso ordinário for confirmada pelos seus próprios fundamentos, a certidão de julgamento, registrando tal circunstância, servirá de acórdão, prescindindo de "fundamentos próprios".

A prioridade na distribuição também deve ser aplicada àqueles casos de "tramitação preferencial" (pessoas com idade igual ou superior a 60 anos; pessoas portadoras de doença grave; pessoas portadoras de deficiência; e reclamações contra massa falida).

Já no rito sumário ("de alçada") a sentença, seja terminativa, seja definitiva, tem natureza de "decisão em única instância", desafiando apenas recurso extraordinário. Logo, não cabe, em regra, recurso ordinário contra sentença proferida no rito sumário (art. 2º, § 4º, da Lei 5.584/1970). No entanto, o recurso extraordinário não é o único recurso cabível contra sentença no rito sumário, cabendo, antes dele, embargos de declaração (art. 897-A da CLT).

No rito sumário, há alguma decisão capaz de atrair recurso ordinário?

Entendo que sim!

Aquela prevista na alínea *c* da Súmula 214 TST, já abordada neste tópico. Enxergando o jurista, na decisão, natureza de sentença terminativa (seguindo posição majoritária, que se "agarra" na citação ao § 2º do art. 799 CLT), não caberá contra ela recurso ordinário. Vislumbrando, pelo fato de não ocorrer deslocamento de competência para fora da Justiça do Trabalho, típica decisão interlocutória, por resolver apenas um incidente processual, cabível se torna o recurso ordinário (minha posição).

Incabível recurso ordinário, no rito sumário, da decisão que julgar liminarmente improcedente o pedido (§§ 2º a 4º do art. 332 do CPC/2015, c/c o art. 7º da IN 39/2016 do TST) e daquela que julgar antecipada e parcialmente o mérito (art. 356, §§ 1º a 4º, do CPC/2015, c/c o art. 5º da IN 39/2016 do TST). Nos casos, a regra prevalece, cabendo apenas recurso extraordinário (a exceção fica por conta, evidentemente, dos embargos de declaração).

18.2. RECURSO DE REVISTA

O recurso de revista, a exemplo do recurso de embargos de divergência (ou "embargos à SDI") e do recurso extraordinário ao STF, tem natureza extraordinária, não comportando, por conseguinte, o reexame de fatos e provas, nos termos da Súmula 126 do TST. As matérias de direito que desafiam recurso de revista estão **taxativamente** previstas nas alíneas do art. 896 da CLT.

O recurso de revista, que será julgado por uma **Turma do TST**, só é admitido em **dissídios individuais**, para atacar **decisões proferidas por TRT**, quando este tiver julgado recurso ordinário ou agravo de petição. O TRT, portanto, estará atuando como instância recursal (órgão de segundo grau), em típica competência derivada. Já estudamos que as decisões do TRT, quando proferidas em ações de sua competência originária, desafiam recurso ordinário ao TST (inciso II do art. 895 da CLT).

Contudo, há uma exceção.

Trata-se do agravo de petição contra decisão do TRT, em processo de execução de ação de sua competência originária, o qual será julgado pelo próprio TRT, como prevê o § 3º do art. 897 da CLT. O leitor encontrará mais detalhes no tópico específico do agravo de petição.

O *caput* do art. 896 da CLT é falho em sua redação, pois deixa a entender que o recurso de revista só é cabível na fase de conhecimento, ao dizer: "*Cabe Recurso de Revista para Turma do Tribunal Superior do Trabalho das decisões proferidas em grau de recurso ordinário, em dissídio individual, pelos Tribunais Regionais do Trabalho*". A frase "em grau de recurso ordinário" restringe equivocadamente o alcance do recurso de revista, pois, como veremos, ele também pode ser interposto na execução, especificamente em três casos previstos nos §§ 2º e 10 do art. 896 da CLT.

O § 2º do art. 896 da CLT admite recurso de revista na fase de execução, quando o acórdão do TRT, julgando agravo de petição contra decisão proferida pelo juiz do trabalho, **violar direta e literalmente norma constitucional**. Como se trata de processo de execução, o TRT não estará julgando recurso ordinário, mas agravo de petição.

A admissibilidade do recurso de revista na fase de execução foi ampliada pelo § 10 do art. 896 da CLT, incluído pela Lei 13.015/2014. **Nas execuções fiscais** (art. 114, VII, da CF – execução de certidão de dívida ativa da União gerada pelas penalidades aplicadas aos empregadores pela fiscalização do Ministério do Trabalho) e **nas controvérsias que envolvam a Certidão Negativa de Débitos Trabalhistas (CNDT)**, caberá recurso de revista contra agravo de petição julgado pelo TRT, com base em todas as hipóteses previstas para o rito ordinário na fase de conhecimento (violação da Constituição Federal, violação de lei federal, contrariedade a Súmula do TST, contrariedade a Súmula Vinculante, contrariedade a decisões da SDI e divergência com julgamento de outro TRT).

Esses três casos de recurso de revista na fase executória, acima especificados, previstos nos §§ 2º e 10 do art. 896 da CLT, também se aplicam quando a execução estiver se processando no próprio TRT, em ação de sua competência originária (art. 877 da CLT). Das decisões proferidas pelo TRT, na qualidade de primeira instância da execução, caberá agravo de petição, que será julgado pelo próprio TRT, como dispõe o § 3º do art. 897 da CLT. Observem que esse agravo de petição terá, excepcionalmente, natureza de recurso impróprio, pois será julgado pelo mesmo órgão que proferiu a decisão molestada, observando-se, evidentemente, a divisão interna do tribunal e a sua competência funcional, à luz do respetivo regimento.

Não cabe recurso de revista em dissídios coletivos.

Sabemos que os dissídios coletivos são de competência originária dos tribunais do trabalho, seja um TRT, seja o TST. Esse fato, por si só, já justifica a exclusividade do recurso de revista em dissídios individuais, principalmente porque não há execução em dissídios coletivos, uma vez que, se uma norma coletiva for descumprida, caberá ação de cumprimento, de competência dos juízes do trabalho, à luz do parágrafo único do art. 872 da CLT c/c as Súmulas 246 e 286 do TST.

Para reforçar o estudo, sempre é bom lembrar que os dissídios coletivos serão julgados originariamente pelo respectivo TRT, quando o conflito estiver restrito à área de sua jurisdição (art. 678, I, *a*, da CLT). Quando o conflito coletivo exceder a jurisdição dos Tribunais Regionais, a competência originária será do TST (art. 2º, I, *a*, da Lei 7.701/1988).

Contra sentença normativa (decisão em dissídio coletivo), proferida pelo TRT, cabe recurso ordinário para o TST – art. 895, II, da CLT.

Contra sentença normativa (decisão em dissídio coletivo), proferida pelo TST, cabe recurso de embargos infringentes (ou embargos à SDC), desde que a decisão não tenha sido unânime (decisão por maioria) – art. 894, I, *a*, da CLT.

Quanto ao cabimento do recurso de revista, já aprendemos que ele serve para atacar decisão de TRT, em julgamento de recurso ordinário ou de agravo de petição. A partir daí, surgem cinco situações.

1ª **situação** – No caso de o TRT julgar recurso ordinário, em processo que tramita no **rito ordinário**, caberá recurso de revista se a decisão:

- Violar a Constituição Federal (norma constitucional); e/ou
- Violar lei federal; e/ou
- Contrariar súmula vinculante; e/ou
- Contrariar súmula do TST; e/ou
- Contrariar decisões da SDI (incluindo OJ); e/ou
- Contrariar decisões de outros TRTs.

2ª **situação** – No caso de o TRT julgar recurso ordinário, em processo que tramita no **rito sumaríssimo**, caberá recurso de revista se a decisão (§ 9º do art. 896 da CLT):

- Violar a Constituição Federal (norma constitucional); e/ou
- Contrariar súmula vinculante; e/ou
- Contrariar súmula do TST.

3ª **situação** – No caso de o TRT julgar agravo de petição em **execução fiscal** (art. 114, VII, da CF), caberá recurso de revista se a decisão:

- Violar a Constituição Federal (norma constitucional); e/ou
- Violar lei federal; e/ou
- Contrariar súmula vinculante; e/ou
- Contrariar súmula do TST; e/ou
- Contrariar decisões da SDI (incluindo OJ); e/ou
- Contrariar decisões de outros TRTs.

4ª **situação** – No caso de o TRT julgar agravo de petição em **execução cuja controvérsia envolva o CNDT**, caberá recurso de revista se a decisão:

- Violar a Constituição Federal (norma constitucional); e/ou
- Violar lei federal; e/ou
- Contrariar súmula vinculante; e/ou
- Contrariar súmula do TST; e/ou
- Contrariar decisões da SDI (incluindo OJ); e/ou
- Contrariar decisões de outros TRTs.

5ª **situação** – No caso de o TRT julgar agravo de petição, **ressalvadas as duas situações anteriores**, caberá recurso de revista se a decisão (art. 896, § 2º, da CLT):

- Violar a Constituição Federal (norma constitucional).

Contrariedade é sinônimo de "divergência de interpretação" (alíneas *a* e *b* do art. 896 da CLT).

No caso de contrariedade da decisão do TRT com súmula vinculante, súmula do TST, decisões da SDI ou decisões de outro TRT, a divergência apta a ensejar o recurso de revista deve ser atual, não se considerando como tal a ultrapassada por súmula do Tribunal Superior do Trabalho ou do Supremo Tribunal Federal, ou superada por iterativa e notória jurisprudência do Tribunal Superior do Trabalho. Em linguagem vulgar, o recurso de revista não serve para "desenterrar defunto" – art. 896, § 7º, da CLT.

Na Súmula 218, o TST esclarece que o recurso de revista não é cabível contra decisão de TRT prolatada no julgamento de agravo de instrumento.

> Súmula 218 do TST. Recurso de revista. Acórdão proferido em agravo de instrumento. É incabível recurso de revista interposto de acórdão regional prolatado em agravo de instrumento.

O art. 932 do CPC é aplicável ao recurso de revista, com destaque para os incisos IV e V, que preveem a possibilidade de o ministro relator monocraticamente **negar ou dar provimento ao recurso**, a depender da harmonia ou não do remédio com os precedentes jurisprudenciais (incluindo os incidentes de resolução de demandas repetitivas).

> **Artigo 932 do CPC/2015**
>
> I – dirigir e ordenar o processo no tribunal, inclusive em relação à produção de prova, bem como, quando for o caso, homologar autocomposição das partes;
>
> II – apreciar o pedido de tutela provisória nos recursos e nos processos de competência originária do tribunal;
>
> III – não conhecer de recurso inadmissível, prejudicado ou que não tenha impugnado especificamente os fundamentos da decisão recorrida;
>
> **IV – negar provimento a recurso que for contrário a:**
>
> **a) súmula do Supremo Tribunal Federal, do Superior Tribunal de Justiça ou do próprio tribunal;**
>
> **b) acórdão proferido pelo Supremo Tribunal Federal ou pelo Superior Tribunal de Justiça em julgamento de recursos repetitivos;**
>
> **c) entendimento firmado em incidente de resolução de demandas repetitivas ou de assunção de competência;**
>
> **V – depois de facultada a apresentação de contrarrazões, dar provimento ao recurso se a decisão recorrida for contrária a:**
>
> **a) súmula do Supremo Tribunal Federal, do Superior Tribunal de Justiça ou do próprio tribunal;**
>
> **b) acórdão proferido pelo Supremo Tribunal Federal ou pelo Superior Tribunal de Justiça em julgamento de recursos repetitivos;**
>
> **c) entendimento firmado em incidente de resolução de demandas repetitivas ou de assunção de competência;**
>
> VI – decidir o incidente de desconsideração da personalidade jurídica, quando este for instaurado originariamente perante o tribunal;
>
> VII – determinar a intimação do Ministério Público, quando for o caso;
>
> VIII – exercer outras atribuições estabelecidas no regimento interno do tribunal.

> Parágrafo único. Antes de considerar inadmissível o recurso, o relator concederá o prazo de cinco dias ao recorrente para que seja sanado vício ou complementada a documentação exigível (sem grifos no original).

O relator do recurso de revista também poderá denegar-lhe seguimento, em decisão monocrática, nas hipóteses de intempestividade, deserção, irregularidade de representação ou de ausência de qualquer outro pressuposto extrínseco ou intrínseco de admissibilidade, nos termos do § 14 do art. 896 da CLT.

Poderá o relator, monocraticamente, denegar seguimento ao recurso de revista que não demonstrar **transcendência**, cabendo agravo interno desta decisão para o colegiado, como dispõe o § 2º do art. 896-A da CLT. Estudaremos a transcendência mais adiante.

A matéria, objeto do recurso de revista, deve ser prequestionada no TRT, como dispõe a Súmula 297 do TST, salvo se a divergência ou violação tiver origem na própria decisão regional.

> OJ 119 da SDI-1. Prequestionamento inexigível. Violação nascida na própria decisão recorrida. Súmula 297. Inaplicável. É inexigível o prequestionamento quando a violação indicada houver nascido na própria decisão recorrida. Inaplicável a Súmula 297 do TST.

O prequestionamento é um pressuposto extrínseco específico dos recursos de natureza extraordinária, contando, hoje, com previsão legal.

Com a chegada do CPC de 2015, o TST, mediante o parágrafo único do art. 9º da IN 39, manteve intacta a redação do item III da sua Súmula 297, que regula o "prequestionamento ficto": "Considera-se prequestionada a questão jurídica invocada no recurso principal sobre a qual se omite o tribunal de pronunciar tese, não obstante opostos embargos de declaração".

Neste sentido o parágrafo único do art. 9º da IN 39/2016 do TST: "A omissão para fins do prequestionamento ficto a que alude o art. 1.025 do CPC dá-se no caso de o tribunal regional do trabalho, mesmo instado mediante embargos de declaração, recusar-se a emitir tese sobre questão jurídica pertinente, na forma da Súmula 297, item III, do Tribunal Superior do Trabalho."

> Súmula 297 do TST. Prequestionamento. Oportunidade. Configuração.
>
> I. Diz-se prequestionada a matéria ou questão quando na decisão impugnada haja sido adotada, explicitamente, tese a respeito.
>
> II. Incumbe à parte interessada, desde que a matéria haja sido invocada no recurso principal, opor embargos declaratórios objetivando o pronunciamento sobre o tema, sob pena de preclusão.
>
> III. Considera-se prequestionada a questão jurídica invocada no recurso principal sobre a qual se omite o tribunal de pronunciar tese, não obstante opostos embargos de declaração.

> OJ 118 da SDI-1. Prequestionamento. Tese explícita. Inteligência da Súmula 297. Havendo tese explícita sobre a matéria, na decisão recorrida, desnecessário contenha nela referência expressa do dispositivo legal para ter-se como prequestionado este.

> OJ 62 da SDI-1. Prequestionamento. Pressuposto de admissibilidade em apelo de natureza extraordinária. Necessidade, ainda que se trate de incompetência absoluta. É necessário o prequestionamento como pressuposto de admissibilidade em recurso de natureza extraordinária, ainda que se trate de incompetência absoluta.

> OJ 256 da SDI-1. Prequestionamento. Configuração. Tese explícita. Súmula 297. Para fins do requisito do prequestionamento de que trata a Súmula 297, há necessidade de que haja, no acórdão, de maneira clara, elementos que levem à conclusão de que o regional adotou uma tese contrária à lei ou à súmula.

> Súmula 356 do STF. O ponto omisso da decisão, sobre o qual não foram opostos embargos declaratórios, não pode ser objeto de recurso extraordinário, por faltar o requisito do prequestionamento.

O novo § 1º-A do art. 896 da CLT, incluído pela Lei 13.015/2014, quanto ao prequestionamento, dispõe no seu inciso I que o recorrente deve, sob pena de não conhecimento do recurso de revista, indicar o trecho da decisão recorrida que consubstancia o prequestionamento da controvérsia objeto do recurso de revista. Significa dizer que deve constar do recurso de revista o trecho do acórdão do TRT capaz de comprovar que a matéria foi prequestionada ou os trechos dos embargos de declaração e de sua decisão que, em conjunto, comprovem o prequestionamento ficto.

Também no novo § 1º-A do art. 896 da CLT, incluído pela Lei 13.015/2014, há um pressuposto específico do recurso de revista. O recorrente, segundo a hodierna regra, deve indicar de forma explícita e fundamentada contrariedade ao dispositivo de lei, súmula ou orientação jurisprudencial do Tribunal Superior do Trabalho que conflite com a decisão regional (inciso II). Além disso, deve expor as razões do pedido de reforma, impugnando todos os fundamentos jurídicos da decisão recorrida, inclusive mediante demonstração analítica de cada dispositivo de lei, da Constituição Federal, de súmula ou orientação jurisprudencial cuja contrariedade aponte (inciso III).

Se a tese do recurso de revista for de nulidade de decisão por **negativa de prestação jurisdicional** (ausência de fundamentação – violação ao inciso IX do art. 93 da CF; violação ao *caput* do art. 11 do CPC; violação ao *caput* do art. 832 da CLT; violação ao inciso II do art. 489 do CPC; violação a algum inciso do § 1º do art. 489 do CPC – vide Súmula 459 do TST), o advogado do recorrente terá que transcrever no recurso de revista o trecho dos embargos de declaração em que foi pedido o pronunciamento do TRT sobre a questão veiculada no recurso ordinário ou no agravo de petição e o trecho da decisão do TRT que rejeitou os embargos quanto ao pedido, nos termos do inciso IV do § 1º-A do art. 896 da CLT, incluído pela Lei 13.467/2017 (Reforma Trabalhista).

A Reforma Trabalhista, com a inserção do inciso IV ao § 1º-A do art. 896 da CLT, impôs ao advogado do recorrente, no caso de nulidade da decisão por "negativa de prestação jurisdicional" a ser requerida em recurso de revista, a oposição de embargos de declaração contra a decisão do TRT, exatamente para atacar a omissão do julgado (art. 897-A da CLT). O trecho dos embargos declaratórios opostos no TRT deverá ser transcrito no corpo do recurso de revista. O advogado, além de transcrever o trecho dos embargos, terá que transcrever também o trecho da decisão do TRT que rejeitou os ditos embargos. Tais transcrições são pressupostos de admissibilidade do recurso de revista, essenciais para a verificação, de plano, da omissão que alicerça o remédio.

A Súmula 285 do TST foi **cancelada** em março de 2016. Ela dizia que o fato de o juízo primeiro de admissibilidade do recurso de revista (TRT) entendê-lo cabível apenas quanto a parte das matérias veiculadas não impedia a apreciação integral pela turma do TST, sendo imprópria a interposição de agravo de instrumento "parcial". Isso mudou!

A admissibilidade "parcial" do recurso de revista no TRT passou a desafiar agravo de instrumento, sob pena de preclusão, como hoje dispõe a IN 40/2016 do TST, logo no *caput* do seu art. 1º.

Ocorrendo, no primeiro juízo de admissibilidade (TRT), **omissão** quanto a um ou mais temas, é ônus do recorrente opor embargos de declaração para o órgão prolator da decisão, visando "suprir a omissão", como prevê o § 1º do art. 1º da IN 40/2016 do TST, c/c o § 2º do art. 1.024 do CPC, sob pena de preclusão. Os embargos declaratórios serão julgados monocraticamente pelo relator que proferiu a decisão omissa.

Passou a ser considerada **nula** a decisão do TRT proferida quando do primeiro juízo de admissibilidade do recurso de revista, que for omissa sobre qualquer tema objeto do recurso, mesmo que já tenha sido atacada por embargos de declaração (art. 93, inciso IX, da CF, c/c o § 1º do art. 489 do CPC) – § 2º do art. 1º da IN 40/2016 do TST. Essa **nulidade**, que será decretada pelo TST, lastreada na recusa do TRT a emitir seus fundamentos no juízo de admissibilidade do recurso de revista, está condicionada à oposição de embargos de declaração no TRT pelo recorrente e, após a intimação da decisão dos embargos de declaração, à interposição de agravo de instrumento, sob pena de preclusão, nos termos do § 12 do art. 896 da CLT, c/c os §§ 3º e 4º do art. 1º da IN 40/2016 do TST.

Declarada a nulidade da decisão do TRT, pode o ministro relator do TST, por decisão irrecorrível (§ 5º do art. 896 da CLT, por analogia), devolver o agravo de instrumento ao TRT de origem para que complemente seu primeiro juízo de admissibilidade (essa devolução só ocorrerá se o recorrente tiver oposto, na época própria, embargos de declaração contra a decisão do TRT).

O TST, também em março de 2016, cancelou a OJ 377 da SDI-1, que vedava "a oposição de embargos de declaração contra decisão de admissibilidade do recurso de revista".

Exemplos:

- Digamos que foi interposto recurso de revista no TRT com dois argumentos (violação a norma constitucional e contrariedade a Súmula do TST, por exemplo). O TRT, em primeiro juízo de admissibilidade, conheceu o recurso de revista apenas quanto à violação constitucional, não conhecendo do recurso quanto à alegada contrariedade a súmula do TST. Ocorreu o "conhecimento parcial" do recurso de revista no primeiro juízo de admissibilidade. A antiga Súmula 285 do TST dizia não caber agravo de instrumento, pois o ministro relator no TST poderia, sem ser provocado, conhecer de todas as matérias. Agora é diferente. Diante da "admissibilidade parcial", cabe ao recorrente interpor agravo de instrumento no prazo de oito dias, sob pena de preclusão – art. 1º, *caput*, da IN 40/2016 do TST.
- Digamos que aquele recurso de revista, dotado de dois argumentos (violação a norma constitucional e contrariedade a súmula do TST), quando da análise dos pressupostos de admissibilidade pelo TRT (primeiro juízo), tenha sido conhecido apenas "parcialmente", pois a decisão foi omissa na análise de um dos argumentos (a decisão do TRT silenciou sobre a contrariedade a Súmula do TST apontada pelo recorrente). Nesse caso, é ônus do recorrente opor embargos de declaração, no prazo de cinco dias (art. 897-A da CLT, c/c a parte final do § 2º do art. 1º da IN 39/2016 do TST), ao órgão prolator da decisão no TRT (presidente ou vice-presidente, a depender do regimento interno), visando "suprir a omissão", como prevê o § 1º do art. 1º da IN 40/2016 do TST, c/c o § 2º do art. 1.024 do CPC/2015, sob pena de preclusão. Esses embargos declaratórios serão julgados monocraticamente pelo desembargador (presidente ou vice-presidente do TRT) que proferiu a decisão omissa.
- Caso o TRT (decisão monocrática de seu presidente ou vice, a depender de previsão regimental) permaneça omisso, negando provimento aos embargos de declaração, cabe ao recorrente/embargante, sob pena de preclusão, interpor agravo de instrumento, nos termos do § 12 do art. 896 da CLT, c/c os §§ 3º e 4º do art. 1º da IN 40/2016 do TST. Feito isso, a decisão do TRT poderá ser anulada pelo TST.
- Declarada a nulidade da decisão do TRT, poderá o ministro relator do TST, por decisão irrecorrível (§ 5º do art. 896 da CLT por analogia), devolver o agravo de instrumento ao TRT de origem para que complemente seu primeiro juízo de admissibilidade.

Segue transcrito o art. 1º da IN 40/2016 do TST:

> Art. 1º Admitido apenas parcialmente o recurso de revista, constitui ônus da parte impugnar, mediante agravo de instrumento, o capítulo denegatório da decisão, sob pena de preclusão.

> § 1º Se houver omissão no juízo de admissibilidade do recurso de revista quanto a um ou mais temas, é ônus da parte interpor embargos de declaração para o órgão prolator da decisão embargada supri-la (CPC, art. 1024, § 2º), sob pena de preclusão.
>
> § 2º Incorre em nulidade a decisão regional que se abstiver de exercer controle de admissibilidade sobre qualquer tema objeto de recurso de revista, não obstante interpostos embargos de declaração (CF/1988, art. 93, inciso IX, e § 1º do art. 489 do CPC de 2015).
>
> § 3º No caso do parágrafo anterior, sem prejuízo da nulidade, a recusa do presidente do tribunal regional do trabalho a emitir juízo de admissibilidade sobre qualquer tema equivale à decisão denegatória. É ônus da parte, assim, após a intimação da decisão dos embargos de declaração, impugná-la mediante agravo de instrumento (CLT, art. 896, § 12), sob pena de preclusão.
>
> § 4º Faculta-se ao ministro relator, por decisão irrecorrível (CLT, art. 896, § 5º, por analogia), determinar a restituição do agravo de instrumento ao presidente do tribunal regional do trabalho de origem para que complemente o juízo de admissibilidade, desde que interpostos embargos de declaração.

Importante destacar que não cabe recurso de revista quando a divergência for dentro do próprio TRT (divergência interna). Em caso de divergência interna, cabe o "incidente de uniformização de jurisprudência da CLT", previsto no art. 896, §§ 3º a 6º, da CLT, observando-se o procedimento previsto no Regimento Interno do TRT, conforme prevê o art. 2º da IN 40/2016 do TST.

Nosso "incidente de uniformização de jurisprudência", segundo o TST, não foi revogado pelo CPC.

Seguem transcritos os §§ 3º a 6º do art. 896 da CLT:

> § 3º Os tribunais regionais do trabalho procederão, obrigatoriamente, à uniformização de sua jurisprudência e aplicarão, nas causas da competência da Justiça do Trabalho, no que couber, o incidente de uniformização de jurisprudência previsto no seu regimento interno (*adaptei a redação à previsão contida no art. 2º da IN 40/2016 do TST e à revogação do CPC/1973*).
>
> § 4º Ao constatar, de ofício ou mediante provocação de qualquer das partes ou do Ministério Público do Trabalho, a existência de decisões atuais e conflitantes no âmbito do mesmo tribunal regional do trabalho sobre o tema objeto de recurso de revista, o Tribunal Superior do Trabalho determinará o retorno dos autos à corte de origem, a fim de que proceda à uniformização da jurisprudência.
>
> § 5º A providência a que se refere o § 4º deverá ser determinada pelo presidente do tribunal regional do trabalho, ao emitir juízo de admissibilidade sobre o recurso de revista, ou pelo ministro relator, mediante decisões irrecorríveis.
>
> § 6º Após o julgamento do incidente a que se refere o § 3º, unicamente a súmula regional ou a tese jurídica prevalecente no tribunal regional do trabalho e não

conflitante com súmula ou orientação jurisprudencial do Tribunal Superior do Trabalho servirá como paradigma para viabilizar o conhecimento do recurso de revista, por divergência.

A divergência apta a ensejar o recurso de revista deve ser atual, não considerando como tal a ultrapassada por súmula do Tribunal Superior do Trabalho ou do Supremo Tribunal Federal, ou superada por iterativa e notória jurisprudência do Tribunal Superior do Trabalho. Em linguagem vulgar, o recurso de revista não serve para "desenterrar defunto" - art. 896, § 7º, CLT.

O art. 896-B, incluído pela Lei 13.015/2014, dispõe que se aplicam as normas do Código de Processo Civil relativas ao julgamento dos recursos extraordinários e especial **repetitivos**, no que couber, ao recurso de revista.

A previsão prestigia a segurança jurídica, impedindo que decisões abrangendo questões idênticas conflitem entre si, situação que poderia acontecer quando ações com identidade de matéria eram distribuídas para turmas diferentes (desafiando, até, embargos de divergência - art. 894, II, CLT). O tratamento do CPC aos ditos "recursos repetitivos" trouxe benefícios significativos, diminuindo o número de recursos especiais no STJ e de extraordinários no STF. O escopo da Lei 13.015/2014 foi tornar mais célere o trâmite dos recursos de revista.

(*) TRANSCENDÊNCIA

A transcendência está para o recurso de revista assim como a repercussão geral está para o recurso extraordinário ao STF. Logo, **a transcendência é mais um pressuposto de admissibilidade do recurso de revista**. Esse pressuposto, entretanto, não pode ser analisado pelo TRT, que é o primeiro juízo de admissibilidade do recurso de revista. **A transcendência só pode ser avaliada pelo TST**, como reza o § 6º do art. 896-A da CLT.

A repercussão geral é um pressuposto de admissibilidade específico do recurso extraordinário perante o STF e foi incluído no ordenamento jurídico brasileiro pela EC 45 de 2004, conhecida como a "Reforma do Judiciário". Ela representa a relevância e a transcendência do objeto do recurso, significando que a questão debatida deve ser relevante do ponto de vista econômico, político, social ou jurídico (basta um), além de transcender o interesse subjetivo das partes do caso em concreto.

A Reforma Trabalhista regulamentou a transcendência, firmando, na CLT, os seus indicadores. A presença de um só indicador basta para que o recurso de revista seja, nesse ponto, conhecido.

A transcendência econômica está umbilicalmente ligada ao elevado valor da causa.

A transcendência política tem pertinência com o desrespeito da instância recorrida à jurisprudência sumulada do TST ou do STF.

A transcendência social está na postulação, pelo recorrente, de direito social constitucionalmente assegurado.

A transcendência jurídica diz respeito à existência de questão nova em torno da interpretação da legislação trabalhista.

Caso o recurso de revista não seja conhecido monocraticamente pelo relator, nos termos do § 2º do art. 896-A da CLT, cabe agravo interno ao colegiado, no prazo de oito dias.

Caso o recurso de revista não seja conhecido pelo colegiado, seja por decisão unânime ou por maioria, a decisão é considerada irrecorrível no âmbito do TST, nos termos do § 4º do art. 896 da CLT, admitindo-se a interposição de recurso extraordinário ao STF, por se tratar de decisão em última instância (inciso III do art. 102 da CF).

O § 5º do art. 896-A da CLT diz que é irrecorrível a decisão monocrática do relator que, em agravo de instrumento em recurso de revista, considerar ausente a transcendência da matéria. Vou explicar.

O duplo juízo de admissibilidade recursal continua presente no processo trabalhista, não se aplicando a novidade trazida pelo CPC de 2015. Nesse sentido, o inciso XI da IN 39/2016 do TST, que considera inaplicável, ao processo do trabalho, o art. 1.010, § 3º, do CPC. Logo, se o recurso de revista não for conhecido pelo TRT (1º juízo de admissibilidade), caberá agravo de instrumento para o TST (2º juízo de admissibilidade), nos termos do art. 897, "b", da CLT. A decisão monocrática do ministro relator no TST, mantendo a decisão denegatória de seguimento do recurso de revista, **mediante o fundamento de ausência de transcendência**, será considerada uma decisão em última instância, não atraindo agravo interno para a turma, mas apenas recurso extraordinário ao STF.

Vale reforçar que a análise da transcendência deve ser feita exclusivamente pelo TST, não se admitindo que o TRT, como 1º juízo de admissibilidade do recurso de revista, avalie a existência ou não de transcendência do recurso de revista – § 6º do art. 896-A da CLT.

(*) INCIDENTE DE RECURSO DE REVISTA REPETITIVO – IRR

O **art. 896-C** CLT, também incluído pela Lei 13.015/2014, regula o processamento de recursos de revista repetitivos.

Ocorrendo multiplicidade de recursos de revista fundados em idêntica questão de direito, a questão poderá ser **afetada** à SDI ou ao Tribunal Pleno, por decisão da maioria simples dos seus membros, mediante requerimento de um dos ministros da SDI, considerando a relevância da matéria ou a existência de entendimentos divergentes entre os ministros da SDI ou das turmas do TST.

Afetar a questão é marcar um ou mais recursos (processos) que gravitam sobre a mesma questão, sobrestando (suspendendo) o julgamento de processos que tratam do mesmo tema. Esse processo afetado é conhecido por *leading case* ("caso principal").

Ocorreu recentemente a afetação de recursos no STF, envolvendo a licitude ou não da terceirização de operadores de *telemarketing* por empresas de telefonia, inibindo, a partir dali, o julgamento de ações sobre essa questão (os juízes do trabalho e os tribunais do trabalho vêm adiando as audiências e suspendendo o andamento dos feitos idênticos, no aguardo da decisão do STF, decisão esta que afetará todos os processos).

Quando um processo for afetado (*leading case*) para julgamento mediante rito do recurso repetitivo, o presidente da turma ou da SDI deverá comunicar os demais presidentes de turmas e seções, cabendo ao presidente do TST oficiar os presidentes dos tribunais regionais do trabalho, exatamente para que haja a suspensão dos recursos envolvendo casos idênticos.

Segue o inteiro teor do art. 896-C da CLT.

> Art. 896-C. Quando houver multiplicidade de recursos de revista fundados em idêntica questão de Direito, a questão poderá ser afetada à Seção Especializada em Dissídios Individuais ou ao Tribunal Pleno, por decisão da maioria simples de seus membros, mediante requerimento de um dos ministros que compõem a seção especializada, considerando a relevância da matéria ou a existência de entendimentos divergentes entre os ministros dessa seção ou das turmas do tribunal.
>
> § 1º O presidente da turma ou da seção especializada, por indicação dos relatores, afetará um ou mais recursos representativos da controvérsia, para julgamento pela Seção Especializada em Dissídios Individuais ou pelo Tribunal Pleno, sob o rito dos recursos repetitivos.
>
> § 2º O presidente da turma ou da seção especializada que afetar um processo para julgamento sob rito do recurso repetitivo deverá expedir comunicação aos demais presidentes de turmas ou seção especializada, que poderão afetar outros processos sobre a questão para julgamento conjunto, a fim de conferir ao órgão julgador uma visão global da questão.
>
> § 3º O presidente do Tribunal Superior do Trabalho oficiará os presidentes dos tribunais regionais do trabalho para que suspendam os recursos interpostos em casos idênticos aos afetados como recursos repetitivos, até o pronunciamento definitivo do Tribunal Superior do Trabalho.
>
> § 4º Caberá ao presidente do tribunal de origem admitir um ou mais recursos representativos da controvérsia, os quais serão encaminhados ao Tribunal Superior do Trabalho, ficando suspensos os demais recursos de revista até o pronunciamento definitivo do Tribunal Superior do Trabalho.
>
> § 5º O relator do Tribunal Superior do Trabalho poderá determinar a suspensão dos recursos de revista ou de embargos que tenham como objeto idêntica controvérsia ao do recurso afetado como repetitivo.

§ 6º O recurso repetitivo será distribuído entre um dos ministros membros da seção especializada ou do Tribunal Pleno e a um ministro revisor.

§ 7º O relator poderá solicitar, aos tribunais regionais do trabalho, informações a respeito da controvérsia, a serem prestadas no prazo de quinze dias.

§ 8º O relator poderá admitir manifestação de pessoa, órgão ou entidade com interesse na controvérsia, inclusive como assistente simples, na forma da Lei 5.869, de 11 de janeiro de 1973 – Código de Processo Civil.

§ 9º Recebidas as informações e, se for o caso, após cumprido o disposto no § 7º deste artigo, terá vista o Ministério Público pelo prazo de quinze dias.

§ 10. Transcorrido o prazo para o Ministério Público e remetida cópia do relatório aos demais ministros, o processo será incluído em pauta na seção especializada ou no Tribunal Pleno, devendo ser julgado com preferência sobre os demais feitos.

§ 11. Publicado o acórdão do Tribunal Superior do Trabalho, os recursos de revista sobrestados na origem:

I – terão seguimento denegado na hipótese de o acórdão recorrido coincidir com a orientação a respeito da matéria no Tribunal Superior do Trabalho; ou

II – serão novamente examinados pelo tribunal de origem na hipótese de o acórdão recorrido divergir da orientação do Tribunal Superior do Trabalho a respeito da matéria.

§ 12. Na hipótese prevista no inciso II do § 11 deste artigo, mantida a decisão divergente pelo tribunal de origem, far-se-á o exame de admissibilidade do recurso de revista.

§ 13. Caso a questão afetada e julgada sob o rito dos recursos repetitivos também contenha questão constitucional, a decisão proferida pelo Tribunal Pleno não obstará o conhecimento de eventuais recursos extraordinários sobre a questão constitucional.

§ 14. Aos recursos extraordinários interpostos perante o Tribunal Superior do Trabalho será aplicado o procedimento previsto no art. 543-B da Lei 5.869, de 11 de janeiro de 1973 – Código de Processo Civil, cabendo ao presidente do Tribunal Superior do Trabalho selecionar um ou mais recursos representativos da controvérsia e encaminhá-los ao Supremo Tribunal Federal, sobrestando os demais até o pronunciamento definitivo da Corte, na forma do § 1º do art. 543-B da Lei 5.869, de 11 de janeiro de 1973 – Código de Processo Civil.

§ 15. O presidente do Tribunal Superior do Trabalho poderá oficiar os tribunais regionais do trabalho e os presidentes das turmas e da seção especializada do tribunal para que suspendam os processos idênticos aos selecionados como recursos representativos da controvérsia e encaminhados ao Supremo Tribunal Federal, até o seu pronunciamento definitivo.

§ 16. A decisão firmada em recurso repetitivo não será aplicada aos casos em que se demonstrar que a situação de fato ou de direito é distinta das presentes no processo julgado sob o rito dos recursos repetitivos.

§ 17. Caberá revisão da decisão firmada em julgamento de recursos repetitivos, quando se alterar a situação econômica, social ou jurídica, caso em que será respeitada a segurança jurídica das relações firmadas sob a égide da decisão anterior, podendo o Tribunal Superior do Trabalho modular os efeitos da decisão que a tenha alterado.

18.3. AGRAVO DE PETIÇÃO

O agravo de petição está previsto no art. 897, *a*, §§ 1º, 3º e 8º, da CLT. Trata-se de um recurso de natureza ordinária, admitindo, por conta disso, a devolução de toda a matéria discutida no juízo *a quo*, seja de fato, seja de direito, desde que impugnada no recurso.

Cabe agravo de petição contra decisões terminativas ou definitivas prolatadas na fase de execução.

O julgamento de embargos à execução é um exemplo clássico de cabimento de agravo de petição.

Situação interessante surge quando o juiz decreta a intempestividade dos embargos à execução, proferindo, com isso, típica sentença terminativa do feito. O art. 884 da CLT dispõe que os embargos devem ser opostos no prazo de cinco dias, a partir da garantia do juízo. O embargante, não concordando com a decisão, deverá interpor agravo de petição. Sempre é bom lembrar que o prazo para a oposição de embargos à execução é de natureza decadencial, logo, a sua contagem ocorre de forma contínua, nos termos do art. 132 do CCB. Já o prazo de oito dias para a interposição de agravo de petição é tipicamente processual, ocorrendo a contagem apenas em dias úteis, como dispõe o *caput* do art. 775 da CLT.

Com a Reforma Trabalhista, corporificada na Lei 13.467/2017, os embargos à execução foram esvaziados. Era comum o uso de embargos à execução para impugnação aos cálculos de liquidação, por conta da antiga redação do § 2º do art. 879 da CLT, que **facultava** ao juiz a concessão de prazo às partes para impugnação à decisão de homologação dos cálculos. Eu costumava dividir o juiz da execução em "juiz bonzinho" e "juiz malvado". O primeiro era aquele que concedia o prazo para manifestação sobre os cálculos, pois proporcionava ao devedor o **direito de discutir o valor da dívida sem garantir previamente o juízo**. O segundo era aquele que não concedia o prazo, e, prontamente, depois de proferir a decisão de liquidação, citava o devedor, nos termos do art. 880 da CLT, para, em 48 horas, cumprir a obrigação ou garantir o juízo, sob pena de penhora. Só depois da garantia é que o executado podia impugnar os cálculos, mediante embargos à execução. **Isso acabou.**

A nova redação do § 2º do art. 879 da CLT dispõe que **o juiz deverá** abrir às partes **prazo de oito dias para impugnação fundamentada da decisão de liquidação**, com a indicação dos itens e valores objeto da discordância, **sob pena de preclusão**.

A intimação tornou-se obrigatória e a não impugnação, no prazo de oito dias, gera preclusão temporal. Isso já acontecia com o crédito previdenciário, por conta do § 3º do art. 879 da CLT, mantido pela Reforma Trabalhista, que fixa prazo de dez dias para a União se manifestar sobre o cálculo das contribuições previdenciárias. Dessarte, conforme dito, não há mais espaço para discussão sobre cálculo nos embargos à execução.

A mudança afetou diretamente o § 4º do art. 884 da CLT, que diz: "*Julgar-se-ão na mesma sentença os embargos e as impugnações à liquidação apresentadas pelos credores trabalhista e previdenciário*". Essa norma perdeu toda a sua efetividade, podendo até ser considerada tacitamente revogada.

Elaborada a conta e tornada líquida a sentença, exequente e executado serão intimados para, no prazo de oito dias, impugnar a decisão de liquidação. O juiz, diante das impugnações (ou da impugnação, caso apenas uma parte se manifeste), proferirá decisão tipicamente interlocutória, visto que estará apenas resolvendo uma questão incidental (o epíteto usado na parte final do § 3º do art. 884 da CLT – "sentença de liquidação", desde 1954, é fruto de um grave erro do nosso legislador). Será que cabe agravo de petição de imediato contra essa decisão? Será que não cabe agravo de petição de imediato e o executado, depois da decisão de liquidação, será citado, nos moldes do art. 880 da CLT, e só depois de julgados os embargos à execução é que caberá agravo de petição? E se o reclamado garantir o juízo, cumprindo a citação, e não opuser embargos à execução, como fica a situação do reclamante que impugnou os cálculos e deseja rediscutir a matéria no TRT, mediante agravo de petição?

Enfrentando as perguntas que surgiram após a Reforma Trabalhista, entendo que a primeira merece uma resposta afirmativa. Significa que cabe agravo de petição contra a decisão que julgar as impugnações aos cálculos, mesmo sendo esta uma típica decisão interlocutória. A minha posição tem como base a mantença do § 1º do art. 897 da CLT, que reza: "*O agravo de petição só será recebido quando o agravante delimitar, justificadamente, as matérias e os valores impugnados, permitida a execução imediata da parte remanescente até o final, nos próprios autos ou por carta de sentença*". Considerando o esvaziamento dos embargos à execução, não há por que postergar o "trânsito em julgado" da decisão de liquidação, ato capaz de tumultuar o andamento do feito, principalmente se o juiz tiver que enfrentar a "terceira pergunta" que formulei (o que fazer com o direito de o credor agravar de petição, contra a decisão de liquidação, se o devedor não opuser embargos à execução, depois de garantir o juízo?).

A Reforma Trabalhista gerou uma nova exceção ao princípio da irrecorribilidade imediata das decisões interlocutórias e revogou tacitamente o já fragilizado § 3º do art. 884 da CLT.

Observem que o § 1º do art. 897 da CLT prevê um pressuposto de admissibilidade específico do agravo de petição: "*a delimitação das matérias e dos valores discutidos no recurso*". Se o agravante não cumprir essa determinação, o agravo não será conhecido.

A delimitação dos valores ocorrerá exatamente quando o agravante estiver discutindo a liquidação da sentença (a quantia da dívida = *quantum debeatur*). Nesse caso, é aconselhável a juntada de planilha de cálculos, indicando o(s) motivo(s) da discórdia e impugnando os fundamentos da decisão. Essa delimitação dos valores, antes da Reforma Trabalhista (antes de 11/11/2017), só era exigida quando o agravante fosse o executado, não se aplicando ao credor, por ter como objetivo viabilizar a execução imediata da parte remanescente (incontroversa). Nesse sentido, a Súmula 17 do TRT da 6ª Região. Entendo que a mesma posição poderá ser mantida depois da Reforma Trabalhista, porquanto, de fato, o escopo da delimitação dos valores é fazer nascer uma quantia incontroversa e que propicie a execução definitiva e imediata sobre ela.

Não há recolhimento de custas no agravo de petição, porquanto, na execução, elas são pagas ao final, sempre pelo executado – *caput* e inciso IV do art. 789-A da CLT.

No agravo de petição também não há depósito recursal, quer ele esteja atacando decisão interlocutória (decisão que julgou as impugnações aos cálculos e decisão que acolheu ou rejeitou o incidente de desconsideração da personalidade jurídica), quer ele esteja atacando decisão terminativa ou definitiva em sede de embargos à execução (primeira parte do item II da Súmula 128 do TST), de embargos de terceiro etc. Estudamos que a segunda parte do item II da Súmula 128 do TST perdeu a sua efetividade, diante do esvaziamento dos embargos à execução pertinente à discussão sobre cálculos.

Quando do estudo do princípio da irrecorribilidade imediata das decisões interlocutórias, deixei bem claro que a "irrecorribilidade imediata" tem como premissa a celeridade processual, não podendo violar, entretanto, o princípio da ampla defesa consagrado no art. 5º, LV, da CF. O pressuposto para a sua incidência, por conseguinte, é o fato de que será prolatada, depois daquela decisão interlocutória, decisão final (definitiva ou terminativa), que desafiará recurso específico, em que o recorrente poderá impugnar até as decisões interlocutórias antes proferidas e que solucionaram incidentes processuais (art. 893, § 1º, da CLT).

Caso determinada decisão interlocutória seja proferida, sem a garantia de que futuramente será prolatada outra decisão considerada definitiva ou terminativa, aquela desafiará de imediato recurso.

É o que acontece, por exemplo, com o acolhimento pelo juízo da execução de exceção de pré-executividade, cuja decisão pode ser atacada pelo exequente mediante agravo de petição (decisão de natureza terminativa), de imediato, no prazo de oito dias.

Se, porém, a exceção de pré-executividade for rejeitada, nenhum recurso será admitido de imediato, porquanto poderá o executado, diante da rejeição e depois de garantida a dívida, opor embargos à execução – art. 884 da CLT. Da decisão que apreciar os embargos, aí sim caberá agravo de petição.

Estudamos também que o art. 855-A da CLT, inserido pela Lei 13.467/2017, determina a aplicação dos arts. 133 a 137 do CPC, que tratam do incidente de desconsideração da personalidade jurídica. Nos termos do inciso II do § 1º do art. 855-A da CLT, contra a decisão que acolher ou rejeitar o incidente, proferida na fase de execução, cabe agravo de petição, inclusive em processo executório que seja fruto de ação de competência originária do TRT, quando, então, o agravo será julgado pelo próprio TRT.

Sintetizando:

- Cabe agravo de petição para o TRT, se a decisão de acolhimento ou rejeição do incidente de desconsideração da personalidade jurídica for proferida por juiz do trabalho, nos termos do inciso II do § 1º do art. 855-A da CLT, independentemente de garantia do juízo.
- Caso a decisão de acolhimento ou rejeição do incidente de desconsideração da personalidade jurídica seja proferida monocraticamente por desembargador ou ministro relator, em processo de execução que tramita no juízo de primeiro grau, cabe agravo interno para o colegiado, nos termos do inciso III do § 1º do art. 855-A da CLT c/c o inciso VI do art. 932 e art. 1.021 do CPC, independentemente de garantia do juízo.
- Tratando-se de execução que se processa originariamente no TRT, da decisão proferida pelo colegiado cabe agravo de petição, nos termos do § 3º do art. 897 da CLT, que será julgado pelo próprio TRT, observando-se a competência funcional regimental, independentemente de garantia do juízo.

Sempre é bom lembrar que se a execução se processar em vara do trabalho, o agravo de petição será julgado pelo respectivo TRT. Porém, no caso de execução que se processa originariamente em tribunal (TRT ou TST), o agravo de petição será julgado pelo próprio tribunal, em seção especial, caso exista, ou no pleno – argúcia do § 3º do art. 897 da CLT. A execução, nos termos do art. 877 da CLT, compete ao órgão que tiver conciliado ou julgado originariamente o dissídio. Da decisão do TRT, em sede de agravo de petição, esteja ele atuando como segunda ou primeira instância executória, cabe recurso de revista, nos casos previstos nos §§ 2º e 10 do art. 896 da CLT.

Nos embargos de terceiro encontramos outro bom exemplo de cabimento de agravo de petição. O advogado, entretanto, tem que tomar cuidado e não se deixar iludir pela falsa impressão de que a ação de embargos de terceiro só é cabível na fase executória. Não é verdade.

A ação de embargos de terceiro (arts. 674 a 681 do CPC) é uma espécie de "ação possessória", podendo ser usada na fase de conhecimento ou na fase de execução.

Julgados embargos de terceiro na **fase de conhecimento**, cabe recurso ordinário contra a decisão.

Julgados embargos de terceiro na **fase de execução**, cabe agravo de petição contra a decisão.

Os embargos de terceiro, portanto, não se confundem com os embargos à execução.

Os embargos de terceiro têm como objeto a apreensão de bens de pessoas que **não integram a lide**. Quem opõe embargos à execução é o devedor. Quem opõe embargos de terceiro é o "terceiro senhor e possuidor ou apenas possuidor". Terceiro é aquele que não é parte no processo. O sócio, por exemplo, não tem legitimidade, depois da decisão de acolhimento do incidente de "desconsideração da personalidade jurídica", para opor embargos de terceiro, visto que, com a desconsideração, passou a ocupar, ao lado da pessoa jurídica, o polo passivo da execução.

Os embargos de terceiro são cabíveis no caso de esbulho ou turbação da posse. Esbulho é a perda da posse, enquanto turbação é a ameaça de perda da posse. Cabem, por conseguinte, embargos de terceiro "preventivos", já que o CPC autoriza seu uso tanto no caso de esbulho como no caso de turbação. Entretanto, não é qualquer ato de esbulho ou turbação que justifica o uso dos embargos de terceiro. O ato tem de ser judicial.

18.4. AGRAVO DE INSTRUMENTO E AGRAVO INTERNO (OU AGRAVO REGIMENTAL)

O agravo de instrumento está previsto no art. 897, *b*, §§ 2º, 4º, 5º, 6º e 7º, da CLT. Não se confunde com o agravo de instrumento do processo civil, pois no processo trabalhista as decisões interlocutórias são, em regra, irrecorríveis de imediato.

O nosso agravo de instrumento tem uma única utilidade: atacar decisão denegatória de seguimento a recurso, proferida pelo juízo *a quo*.

Mesmo naquelas três exceções previstas na Súmula 214 do TST (três decisões interlocutórias que desafiam recurso de imediato), o agravo de instrumento não é utilizado (na alínea *c* da Súmula 214 do TST o recurso cabível é o ordinário; nas alíneas *a* e *b*, o recurso cabível é o agravo interno ou "regimental").

O agravo de instrumento, no processo trabalhista, serve apenas para atacar decisão interlocutória, proferida pelo órgão responsável pelo primeiro juízo de admissibilidade, **que não conheceu de recurso**. Numa linguagem vulgar, o recorrente utiliza o agravo de instrumento para tentar "destrancar" o recurso.

Essa "regra" tem uma exceção muito interessante. Estou falando do art. 7º, § 1º, da Lei 12.016/2009, *verbis*: "Da decisão do juiz de primeiro grau que conceder ou denegar a liminar caberá agravo de instrumento, observado o disposto na Lei 5.869, de 11 de janeiro de 1973 – Código de Processo Civil." Eis que surge um "segundo caso" de incidência do agravo de instrumento no processo do trabalho: **"atacar decisão que concede ou denega liminar em mandado de segurança"**. A Súmula 20 do TRT da 6ª Região ratifica o uso do agravo de instrumento contra esse tipo de decisão, *verbis*: "Contra decisão que aprecia liminar em mandado de segurança, ajuizado em primeiro grau, cabe agravo de instrumento, previsto no art. 7º, § 1º, da Lei 12.016/2009, a ser interposto no juízo de origem".

Esse agravo de instrumento, previsto na Lei do Mandado de Segurança (Lei 12.016/2009), não se confunde com aquele previsto no art. 897, *b*, da CLT. Logo, não se trata de recurso trabalhista no sentido estrito, mas do "legítimo" agravo de instrumento esculpido no inciso I do art. 1.015 do CPC/2015, razão pela qual o prazo não é de oito, mas de quinze dias – inaplicáveis o § 2º do art. 1º da IN 39/2016 e o art. 6º da Lei 5.584/1970.

Se a decisão que aprecia liminar em mandado de segurança for proferida no tribunal, pelo relator, o recurso cabível é o agravo interno, antes chamado de "agravo regimental" (art. 1.021 do CPC), a ser julgado pelo colegiado (turma ou seção), **observando-se as regras do regimento interno do respectivo tribunal** quanto a seu processamento (parte final do *caput* do art. 1.021 do CPC). A previsão está no parágrafo único do art. 16 da Lei 12.016/2009: "Da decisão do relator que conceder ou denegar a medida liminar caberá agravo ao órgão competente do tribunal que integre." O prazo do agravo interno, na Justiça do Trabalho, é de oito dias, em harmonia com os regimentos internos do TST e dos tribunais regionais, tornando-se, assim, um recurso tipicamente trabalhista – aplicáveis o § 2º do art. 1º da IN 39/2016 e o art. 6º da Lei 5.584/1970.

Muito cuidado com a Súmula 622 do STF, que diz ser incabível agravo regimental (hoje chamado de agravo interno) contra decisão do relator que concede ou indefere liminar em mandado de segurança. Interessante é que nem o parágrafo único do art. 16 da Lei 12.016/2009 foi capaz de levar o STF a cancelar o citado precedente (a Súmula 622 do STF foi publicada em outubro de 2003, antes, portanto, da entrada em vigor da "nova lei do *mandamus*" – Lei 12.016/2009). Essa Súmula não tem qualquer efetividade, devendo ser ignorada para fins de concursos públicos e Exame de Ordem.

O agravo interno, no processo trabalhista, terá sempre o prazo de oito dias, pois será processado, nos termos do *caput* do art. 1.021 do CPC, em consonância com as previsões contidas no regimento interno do respectivo tribunal (TRT ou TST), atraindo a incidência também do art. 6º da Lei 5.584/1970 e do § 2º do art. 1º da IN 39/2016.

Se o agravo interno (ou regimental) tiver por objetivo atacar decisão monocrática de ministro do STF, inclusive de denegação de seguimento a recurso extraordinário, vale destacar que o Regimento Interno do STF reza que o prazo do seu "agravo regimental" (agravo interno) é de apenas cinco dias (art. 317).

Nos recursos do tipo próprio (a maioria), o juízo de admissibilidade ocorre tanto no órgão *a quo* como no *ad quem*. São juízos de admissibilidade independentes. O duplo juízo de admissibilidade continua aplicável no processo trabalhista, por conta do art. 2º, XI, da IN 39/2016, que repeliu a incidência da previsão contida no § 3º do art. 1.010 do CPC/2015.

Digamos que a empresa tenha sido condenada pelo juiz do trabalho e, diante da sucumbência, interpôs recurso ordinário. Caso o juiz do trabalho denegue seguimento ao recurso ordinário, caberá, contra a decisão, agravo de instrumento. Se o juiz do trabalho conhecer do recurso ordinário, intimará o recorrido para apresentar contrarrazões, remetendo os autos, posteriormente, ao TRT. Caso o desembargador relator não conheça do recurso ordinário, caberá contra a decisão agravo interno, nos termos do art. 1.021 do CPC/2015 (com prazo de oito dias – art. 6º da Lei 5.584/1970 e § 2º do art. 1º da IN 39/2016 do TST).

Sintetizando:

- Recurso denegado no juízo *a quo* = cabe agravo de instrumento contra a decisão, no prazo de oito dias – art. 897, *b*, da CLT.
- Recurso extraordinário denegado no juízo *a quo* = cabe agravo inominado (ou simplesmente "agravo"), no prazo de quinze dias – art. 1.042 do CPC, c/c o § 1º do art. 1.030 do CPC e o § 5º do art. 1.003 do CPC.
- Recurso denegado no juízo *ad quem* = cabe agravo interno (ou regimental) contra a decisão, no prazo de oito dias – Regimentos Internos do TST e dos tribunais regionais do trabalho, c/c a parte final do *caput* do art. 1.021 do CPC, do art. 6º da Lei 5.584/1970 e do § 2º do art. 1º da IN 39/2016 do TST.
- Recurso extraordinário denegado no STF (juízo *ad quem*) = cabe agravo interno (ou regimental) contra a decisão, no prazo de cinco dias – art. 317 do Regimento Interno do STF, c/c a parte final do *caput* do art. 1.021 do CPC.

No processo do trabalho, o agravo de instrumento também é um recurso do tipo "próprio", ou seja, deve ser interposto no juízo *a quo*, que exercerá o primeiro juízo de admissibilidade – vide IN 16/1999 do TST.

Esse "primeiro juízo de admissibilidade", na prática, não é realizado. O agravo de instrumento tende a ser sempre conhecido pelo juízo *a quo*. Há até uma cansativa, inócua e infindável discussão quanto ao remédio processual cabível quando o agravo de instrumento tem seu seguimento denegado no juízo *a quo*.

Digamos que uma empresa interpôs recurso ordinário na 99ª Vara do Trabalho do Município de Confusão. O juiz, ao analisar os pressupostos de admissibilidade do recurso ordinário, não o conheceu. Intimada, a empresa interpõe agravo de instrumento na mesma 99ª Vara do Trabalho de Confusão. O juiz (que adora confusão), ao analisar os pressupostos de admissibilidade do agravo de instrumento, não o conheceu. O advogado da empresa tem agora dois recursos cujo seguimento foi denegado. Surge, então, a enfadonha pergunta: qual o recurso cabível para atacar a decisão denegatória de seguimento do agravo de instrumento proferida pelo juízo de primeiro grau?

Basta uma rápida pesquisa para encontrar diversas respostas. Há quem diga que cabe um novo agravo de instrumento (melhor resposta, na minha humilde opinião). Há quem defenda o uso de embargos de declaração, no caso de manifesto equívoco na análise de pressuposto extrínseco de admissibilidade (boa resposta, fulcrada na parte final do art. 897-A da CLT, desde que, no entanto, exista de fato erro grosseiro na análise de pressuposto extrínseco). Há juristas que vislumbram o cabimento de "correição parcial" ("reclamação correicional"), por considerarem que a decisão, proferida pelo juízo *a quo*, negando seguimento a agravo de instrumento, provoca tumulto ao andamento do processo. Há também defensores do uso do mandado de segurança.

A culpa de toda a celeuma está no manifesto disparate de o agravo de instrumento ter de ser protocolado no órgão jurisdicional que denegou seguimento ao recurso principal.

Bom, na prática, como dito, o órgão jurisdicional *a quo* é orientado a sempre conhecer do agravo de instrumento. Assim agindo, deverá intimar o agravado para apresentar duas contrarrazões, nos termos do § 6º do art. 897 CLT (contrarrazões ao recurso principal e contrarrazões ao próprio agravo de instrumento).

O juízo *a quo* poderá se retratar da decisão denegatória de seguimento do recurso principal, nos termos do art. 2º da Resolução Administrativa TST 1.418/2010, c/c a IN 16 do TST.

A denegação do agravo de instrumento no juízo *ad quem*, por sua vez, não gera contenda. Cabível, no caso, agravo interno ou regimental.

A partir de 2010, o agravo de instrumento passou a integrar o rol dos recursos que desafiam preparo. O art. 899 CLT, que trata do depósito recursal, recebeu um novo parágrafo (§ 7º), mediante a edição da Lei 12.275/2010, passando a exigir depósito recursal também em sede de agravo de instrumento. Só será exigível depósito recursal em sede de agravo de instrumento quando "o recurso denegado também possuir depósito recursal". Eis a redação do novo parágrafo: "No ato de interposição do agravo de instrumento, o depósito recursal corresponderá a 50% do valor do depósito do recurso ao qual se pretende destrancar".

O agravante, caso esteja enquadrado no rol do § 9º do art. 899 da CLT, fará o depósito recursal pela metade. O seu valor do depósito, portanto, será "metade da metade" da quantia pertinente ao depósito recursal do recurso cujo seguimento foi denegado (metade da metade = 25%). Digamos que uma grande empresa foi condenada a pagar R$ 70.000,00 a um ex-empregado, interpondo recurso ordinário, com depósito recursal no valor do teto (R$ 10.000,00, que o nosso "teto fictício").

Caso o recurso ordinário não seja conhecido, o recorrente, para interpor agravo de instrumento, terá que efetuar um novo depósito, agora no valor de R$ 5.000,00 (metade da quantia já depositada). E se a empresa condenada fosse uma microempresa? Aí seria diferente, pois incidiria a prerrogativa prevista no § 9º do art. 899 da CLT. Essa microempresa, no recurso ordinário, teria feito um depósito recursal de 5.000,00 (metade do teto "fictício"). Se precisasse interpor agravo de instrumento, para atacar decisão denegatória de seguimento ao recurso ordinário, depositaria R$ 1.250,00 (metade da metade do valor já depositado). É isso!

O art. 899, § 7º, da CLT, entretanto, deve ser interpretado em consonância com a Súmula 128, I, do TST. Logo, se o depósito recursal do recurso trancado já tiver alcançado o valor da condenação, o agravo de instrumento não precisará de depósito recursal. Nada melhor do que exemplificar.

Exemplos:

- Exemplo 1: Digamos que a empresa tenha sido condenada a pagar R$ 2.000,00. Para interpor recurso ordinário, precisará depositar o valor total da condenação, já que é menor que o teto de R$ 10.000,00 (valor hipotético do teto usado nos exemplos desta obra). Caso o recurso ordinário não seja conhecido, o agravo de instrumento não precisará de preparo, visto que o valor da condenação já foi alcançado pelo depósito do recurso denegado.
- Exemplo 2: Digamos que a empresa tenha sido condenada a pagar R$ 12.000,00. Para interpor recurso ordinário, precisará depositar o valor de R$ 10.000,00 (valor hipotético do teto usado nos exemplos desta obra). Caso o recurso ordinário não seja conhecido, o agravo de instrumento terá preparo no valor de R$ 2.000,00 (diferença entre o valor depositado e o valor da condenação), e não de 50% do valor do depósito do RO (R$ 5.000,00), pois, como bem dispõe a Súmula 128 TST, uma vez atingido o valor da condenação, nada mais será exigido a título de depósito recursal.
- Exemplo 3: Digamos que a empresa tenha sido condenada a pagar R$ 20.000,00. Para interpor recurso ordinário, precisará depositar o valor de R$ 10.000,00 (valor hipotético do teto usado nos exemplos desta obra). Caso o recurso ordinário não seja conhecido, o agravo de instrumento terá preparo de R$ 5.000,00, ou seja, de 50% do valor do depósito do RO, já que a soma dos dois depósitos não alcança o valor da condenação.

Já estudamos que não se aplica a Súmula 245 do TST ao agravo de instrumento. Significa que o depósito recursal do agravo de instrumento tem de ser comprovado no ato de sua interposição, mesmo que esta ocorra antes do final do prazo recursal. Se o agravo for interposto antecipadamente, sem a comprovação do preparo, operar-se-á a preclusão consumativa, e o agravo não será conhecido. Não há como aplicar, no caso, a OJ 140 da SDI-1, pois ela incide apenas no caso de preparo insuficiente.

A previsão contida no § 5º do art. 897 da CLT, que trata da "formação do instrumento", perdeu, com a chegada do PJE, a sua razão de existir, pois todos os documentos já constam dos autos que serão "remetidos" ao órgão *ad quem*, propiciando o imediato julgamento do recurso denegado, no caso de provimento do agravo.

O **agravo interno** já estava previsto, antes do CPC de 2015, nos regimentos dos tribunais e, de forma difusa, na legislação processual, inclusive trabalhista. O Novo CPC andou bem ao dedicar a esse agravo uma norma específica (art. 1.021), definindo a sua denominação, pois ele era chamado (e ainda continua, por força do hábito) de "agravo regimental", "agravinho", "agravo inominado", entre outros apelidos.

Cabe agravo interno, no prazo de oito dias, contra decisão monocrática de relator, seja desembargador de TRT, seja ele ministro do TST ou do STF, cabendo ao colegiado o seu julgamento (turma, seção ou pleno, a depender da organização do tribunal e do ato processual impugnado) - *caput* do art. 1.021 do CPC.

Nos termos do § 2º do art. 1.021 do CPC, o agravo interno deve ser dirigido ao desembargador ou ministro presidente do órgão colegiado competente.

O relator intimará o agravado para manifestar-se sobre o recurso no prazo de oito dias, ao final do qual, não havendo retratação, o relator levá-lo-á a julgamento pelo órgão colegiado, com inclusão em pauta.

Cuidado com o prazo, pois o § 2º do art. 1.021 fala em quinze dias. Tal previsão é "automática", já que essa é a duração do prazo recursal no processo civil, por conta do § 5º do art. 1.003 do CPC (e exceção fica por conta dos embargos de declaração, cujo prazo é de cinco dias - *caput* do art. 1.023 do CPC). Esse prazo não se aplica ao processo trabalhista, pois o nosso prazo recursal padrão é de oito dias (art. 6º da Lei 5.584/1970), com algumas exceções. Ganha destaque a parte final do *caput* do art. 1.021 do CPC, que diz o seguinte: "*(...) observadas, quanto ao processamento, as regras do regimento interno do tribunal*". Sendo assim, o prazo do agravo de instrumento é aquele previsto no regimento do tribunal, sendo certo que nos regimentos dos tribunais regionais e do TST o prazo recursal do "agravo regimental" é de oito dias.

Conforme já estudamos, se o agravo interno for declarado manifestamente inadmissível ou improcedente em **votação unânime**, o órgão colegiado, em decisão fundamentada, condenará o agravante a pagar ao agravado multa fixada entre um e cinco por cento do valor atualizado da causa. Essa multa tem natureza de **pressuposto de admissibilidade** para os demais recursos, salvo se o agravante for beneficiário da justiça gratuita ou órgão da Fazenda Pública (incluindo, no nosso caso, os Correios, por conta do art. 12 do Decreto-lei 509/1969), que farão o pagamento apenas ao final - §§ 4º e 5º do art. 1.021 do CPC.

Não custa lembrar que os embargos de declaração também são usados para atacar decisão denegatória de seguimento a recurso, desde que a decisão esteja

maculada por manifesto equívoco na análise de pressuposto extrínseco de admissibilidade – inteligência da parte final do art. 897-A da CLT.

A previsão não se aplicava quando o recurso denegado era o recurso de revista. Porém, com o **cancelamento da OJ 377 da SDI-1**, não há mais essa ressalva. Estudaremos o tema no tópico a seguir.

18.5. EMBARGOS DE DECLARAÇÃO

No processo trabalhista não há espaço para a tediosa discussão acerca da natureza jurídica dos embargos de declaração, principalmente porque a CLT os incluiu no capítulo que trata dos recursos. O TST, por sua vez, reconhece expressamente a natureza recursal dos embargos de declaração, a ponto de uniformizar o entendimento de que a Fazenda Pública tem prazo em dobro para seu manejo, *verbis*:

> OJ 192 da SDI-1. Embargos declaratórios. Prazo em dobro. Pessoa jurídica de Direito público. Decreto-Lei 779/1969. É em dobro o prazo para a interposição de embargos declaratórios por pessoa jurídica de Direito público.

O prazo em dobro, não custa lembrar, também se aplica aos Correios – inteligência do art. 12 do Decreto-Lei 509/1969.

O CPC ratificou a natureza recursal dos embargos de declaração.

O recurso de embargos de declaração está previsto no art. 897-A da CLT, nos arts. 1.022 a 1.026 do CPC e também na IN 39/2016 do TST. Assim dispõe o art. 9º da citada IN:

> O cabimento dos embargos de declaração no Processo do Trabalho, para impugnar **qualquer decisão** judicial, rege-se pelo art. 897-A da CLT e, supletivamente, pelo Código de Processo Civil (arts. 1.022 a 1.025; §§ 2º, 3º e 4º do art. 1.026), excetuada a garantia de prazo em dobro para litisconsortes (§ 1º do art. 1.023).
>
> Parágrafo único. A omissão para fins do prequestionamento ficto a que alude o art. 1.025 do CPC dá-se no caso de o tribunal regional do trabalho, mesmo instado mediante embargos de declaração, recusar-se a emitir tese sobre questão jurídica pertinente, na forma da Súmula 297, item III, do Tribunal Superior do Trabalho.

Com base na previsão contida no art. 897-A da CLT e aplicando-se supletivamente os arts. 1.022 a 1.025 e §§ 2º, 3º e 4º, do art. 1.026 do CPC, podemos dizer que cabem embargos de declaração **contra qualquer decisão judicial** para:

- esclarecer obscuridade ou eliminar contradição.
- suprir omissão de ponto ou questão sobre a qual devia se pronunciar o juiz de ofício ou a requerimento, inclusive para fins de prequestionamento,

que é um pressuposto específico dos recursos de natureza extraordinária (Súmula 297, III, do TST, c/c o parágrafo único do art. 9º da IN 39/2016 do TST).

- atacar decisão denegatória de seguimento a recurso, quando maculada por manifesto equívoco na análise de pressuposto extrínseco de admissibilidade (parte final do art. 897-A da CLT), incluindo o recurso de revista, ante o cancelamento da OJ 377 da SDI-1.
- corrigir erro material.

O CPC de 2015 merece elogios ao destacar o cabimento de embargos de declaração contra **qualquer decisão judicial**, bem diferente do CPC de 1973, que no art. 535 restringia seu uso contra sentença ou acórdão. Doutrina e jurisprudência já haviam se rebelado contra a injustificável restrição contida no CPC/1973, sendo certo que os precedentes consagravam o uso dos embargos declaratórios contra qualquer decisão, antes mesmo do início da vigência do Novo CPC. Ora, decisões interlocutórias e também determinados despachos também podem apresentar os vícios da omissão, da contradição e da obscuridade, razão que levou o inimitável José Carlos Barbosa Moreira a escrever o seguinte:

> Na realidade, qualquer decisão judicial comporta embargos de declaração; é incabível que fiquem sem remédio a obscuridade, a contradição ou a omissão existente no pronunciamento, não raro a comprometer a possibilidade prática de cumpri-lo. Não tem a mínima relevância que se trate de decisão de grau inferior ou superior, proferida em processo de cognição (de procedimento comum ou especial), de execução ou cautelar. Tampouco importa que a decisão seja definitiva ou não, final ou interlocutória. Ainda quando o texto legal, *expressis verbis*, a qualifique de "irrecorrível", há de entender-se que o faz com a ressalva concernente aos embargos de declaração (José Carlos Barbosa Moreira, *Comentários ao Código de Processo Civil*, vol. V. 6. ed. Rio de Janeiro: Forense, 1994, p. 498).

Os precedentes jurisprudenciais caminhavam pela mesma trilha:

> Processual civil. Embargos de declaração. Oposição contra decisão interlocutória. Cabimento. Interrupção do prazo recursal. É pacífico no âmbito do STJ o entendimento de que os embargos de declaração podem ser opostos contra qualquer decisão judicial, interrompendo o prazo para interposição de outros recursos, salvo se não conhecidos em virtude de intempestividade (q. v., *verbi gratia*: REsp 768.526/RJ, 2ª Turma. Min. Eliana Calmon, *DJ* 11.04.2007; REsp 716.690/SP, 4ª Turma, Min. Aldir Passarinho Junior, *DJ* 29.05.2006; REsp 788.597/MG, 1ª Turma, Min. José Delgado, *DJ* 22.05.2006; REsp 762.384/SP, 1ª Turma, Min. Teori Albino Zavascki, *DJ* 19.12.2005; REsp 653.438/MG, 2ª Turma, Min. Castro Meira, *DJ* 07.11.2005). 2. Recurso especial a que se dá provimento (REsp 1017135/MG, Rel. Min. Carlos Fernando Mathias (Juiz convocado do TRF 1ª Região), 2ª Turma, Data do Julgamento: 17/04/2008, *DJe* 13/05/2008).

> São cabíveis embargos de declaração contra qualquer decisão judicial, seja interlocutória ou final (TRT 1ª Região, AP 00086-1994-003-01-00-3, 1ª Turma, 14/07/2009, Relator Desembargador José Nascimento Araújo Netto).

O *caput* do art. 897-A da CLT deve, pois, ser ignorado, quando restringe o uso dos embargos a "sentenças" a "acórdãos", prevalecendo o *caput* do art. 9º da IN 39/2016 do TST, inspirado no *caput* do art. 1.022 do CPC.

Os embargos de declaração devem ser opostos diretamente no órgão jurisdicional prolator da decisão, que os julgará. Trata-se, pois, de recurso do tipo impróprio (recurso julgado pelo próprio órgão que proferiu a decisão impugnada).

A oposição de embargos de declaração interrompe o prazo dos demais recursos, para ambas as partes. Eis o que dispõe o § 3º do art. 897-A da CLT: "*Os embargos de declaração interrompem o prazo para interposição de outros recursos, por qualquer das partes, salvo quando intempestivos, irregular a representação da parte ou ausente a sua assinatura.*"

A intempestividade dos embargos impede a interrupção do prazo dos demais recursos.

A Lei 13.015/2014 fulminou o item II da OJ 142 da SDI-1, **passando a vincular eventual efeito modificativo dos embargos de declaração à oitiva da parte contrária**, no prazo de cinco dias – argúcia do novo § 2º do art. 897-A da CLT. O TST, com retardo inexplicável, só veio a excluir o item II da OJ 142 da SDI-1 no final do ano de 2016, mediante a Resolução 214/2016. Antes tarde do que nunca.

A exigência, contida no item I da OJ 142 da SDI-1 e no § 2º do art. 897-A da CLT, que prestigia o contraditório e a ampla defesa, foi ratificada pelo CPC de 2015, no § 2º do art. 1.023: "*O juiz intimará o embargado para, querendo, manifestar-se, no prazo de 5 (cinco) dias, sobre os embargos opostos, caso seu eventual acolhimento implique a modificação da decisão embargada*".

O CPC/2015, prestigiando o princípio da fungibilidade recursal, prevê, no § 3º do art. 1.024: "O órgão julgador conhecerá dos embargos de declaração como agravo interno se entender ser este o recurso cabível, desde que determine previamente a intimação do recorrente para, no prazo de cinco dias, complementar as razões recursais, de modo a ajustá-las às exigências do art. 1.021, § 1º." Neste sentido o item II da Súmula 421 do TST:

> Súmula 421 do TST. Embargos de declaração. Cabimento. Decisão monocrática do relator calcada no art. 932 do CPC de 2015. Art. 557 do CPC de 1973 (atualizada em decorrência do CPC de 2015). Res. 208/2016, *DEJT* divulgado em 22, 25 e 26.04.2016.
>
> I – Cabem embargos de declaração da decisão monocrática do relator prevista no art. 932 do CPC de 2015 (art. 557 do CPC de 1973), se a parte pretende tão somente juízo integrativo retificador da decisão e, não, modificação do julgado.

> II – Se a parte postular a revisão no mérito da decisão monocrática, cumpre ao relator converter os embargos de declaração em agravo, em face dos princípios da fungibilidade e celeridade processual, submetendo-o ao pronunciamento do colegiado, após a intimação do recorrente para, no prazo de cinco dias, complementar as razões recursais, de modo a ajustá-las às exigências do art. 1.021, § 1º, do CPC de 2015.

Caso o acolhimento dos embargos de declaração implique modificação da decisão embargada, o embargado que já tiver interposto outro recurso contra a decisão originária tem o direito de complementar ou alterar suas razões, nos exatos limites da modificação, no prazo de oito dias, contado da intimação da decisão dos embargos de declaração (no caso de recurso extraordinário o prazo será de quinze dias). Se os embargos de declaração forem rejeitados ou não alterarem a conclusão do julgamento anterior, o recurso interposto pela outra parte antes da publicação do julgamento dos embargos de declaração será processado e julgado independentemente de ratificação.

Quando manifestamente protelatórios os embargos de declaração, o juiz ou o tribunal, em decisão fundamentada, condenará o embargante a pagar ao embargado multa não excedente a 2% sobre o valor atualizado da causa (§ 2º do art. 1.026 do CPC). Na reiteração de embargos de declaração manifestamente protelatórios, a multa será elevada a até 10% sobre o valor atualizado da causa, **e a interposição de qualquer recurso ficará condicionada ao depósito prévio do valor da multa**, à exceção da Fazenda Pública e do beneficiário de gratuidade da justiça (§ 3º do art. 1.026 do CPC), e também dos Correios (art. 12 do Decreto-lei 509/1969), que a recolherão no final.

A multa pela reiteração de embargos de declaração manifestamente protelatórios substitui a anteriormente aplicada. Não há, portanto, uma cumulação de duas multas (princípio do *non bis in idem*). A elevação, contudo, imprime ao recolhimento da multa natureza de preparo recursal.

Não serão admitidos novos embargos de declaração se os dois anteriores foram considerados protelatórios.

18.6. EMBARGOS INFRINGENTES (À SDC) E EMBARGOS DE DIVERGÊNCIA (À SDI)

O art. 894 da CLT prevê dois recursos de embargos completamente diferentes um do outro, a começar pela natureza do litígio, pois o primeiro serve para dissídios coletivos, enquanto o segundo se aplica aos dissídios individuais. Além disso, o recurso de embargos de divergência integra o rol dos "recursos de natureza extraordinária", não admitindo, por conseguinte, reexame de fatos e provas, exigindo, como regra, por sua natureza, o prequestionamento como pressuposto de admissibilidade. O recurso de embargos infringentes integra o rol dos "recursos comuns (de natureza ordinária)", admitindo o reexame de fatos e provas.

18.6.1. Embargos infringentes

Na alínea *a* do inciso I do art. 894 da CLT encontram-se os **embargos infringentes** (denominação encontrada no art. 2º, II, *c*, da Lei 7.701/1988, cuja previsão hoje está incompleta, quando comparada àquela constante da CLT). Os embargos infringentes também são chamados de "Embargos à SDC".

Os embargos infringentes (ou "embargos à SDC") são usados nos **dissídios coletivos de competência originária do TST**, cabíveis apenas quando a **decisão não for unânime** (decisão por maioria). Têm natureza ordinária, ou seja, o embargante pode recorrer de toda a matéria que foi discutida no processo.

A competência originária do TST, em dissídios coletivos, incide nos conflitos que extrapolem a jurisdição de um TRT. Nos termos das alíneas *a* e *b* do inciso I do art. 2º da Lei 7.701/88, compete à SDC:

- Conciliar e julgar os dissídios coletivos que excedam a jurisdição dos tribunais regionais do trabalho e estender ou rever suas próprias sentenças normativas, nos casos previstos em lei.
- Homologar as conciliações celebradas nos dissídios coletivos de que trata a alínea anterior.

Os embargos infringentes são dirigidos à própria SDC, órgão que julgou o dissídio coletivo. Trata-se, pois, de recurso do tipo impróprio, pois o julgamento compete ao próprio órgão que proferiu a decisão molestada.

A decisão da SDC, em sede de embargos infringentes, ocorre em última instância (alínea *c* do inciso II do art. 2º da Lei 7.701/1988). Logo, contra a decisão cabe recurso extraordinário ao STF (inciso III do art. 102 da CF).

Cabem embargos infringentes também contra termo de conciliação judicial, desde que a homologação não tenha sido por unanimidade (eis uma exceção à regra prevista no parágrafo único do art. 831 CLT e na Súmula 259 TST).

Termo de conciliação judicial em dissídios individuais é irrecorrível para as partes. Já em dissídios coletivos de competência originária do TST, a recorribilidade existe, mediante embargos infringentes, desde que a homologação não tenha sido unânime.

> Art. 894 da CLT. No Tribunal Superior do Trabalho cabem embargos, no prazo de oito dias:
>
> I – de decisão **não unânime** de julgamento que:
>
> a) **conciliar, julgar ou homologar conciliação em dissídios coletivos que excedam a competência territorial dos tribunais regionais do trabalho** e estender ou rever as sentenças normativas do Tribunal Superior do Trabalho, nos casos previstos em lei; (sem grifos no original)

E quando o dissídio coletivo for julgado por um TRT?

Fácil. Basta dar um pulo no art. 895, II, da CLT. Cabe **recurso ordinário** para o TST, das decisões definitivas ou terminativas dos tribunais regionais, em processos de sua competência originária, quer nos dissídios individuais, quer nos dissídios coletivos.

Sintetizando:

- Se o dissídio coletivo for julgado por um TRT, contra a decisão definitiva ou terminativa cabe recurso ordinário (tipo próprio), dirigido, em sua primeira parte, ao próprio TRT e, em sua segunda parte (razões do recurso), ao TST (especificamente à SDC).
- Se o dissídio coletivo for julgado originariamente pelo TST, porque o conflito abrange jurisdição de mais de um TRT, contra a decisão definitiva, terminativa ou homologatória de acordo, desde que não unânime (por maioria), cabem embargos infringentes (tipo impróprio), dirigidos ao próprio órgão que proferiu a decisão (SDC), que terá competência para julgá-los.

Os dissídios coletivos são de competência originária dos tribunais. Significa dizer que jamais um dissídio coletivo será processado e julgado por um juiz do trabalho (primeira instância trabalhista). Estamos tratando de competência funcional, que é absoluta (alínea "a" do inciso I do art. 678 da CLT e alínea "a" do inciso I do art. 2º da Lei 7.701/1988).

O Estado de São Paulo é o único que possui dois tribunais regionais (2ª Região e 15ª Região). Caso o dissídio coletivo alcance a jurisdição dos seus dois TRTs, mas não se irradie a um TRT de outro Estado, a competência para julgá-lo será do TRT da 2ª Região. Trata-se de uma situação especial.

18.6.2. Embargos de divergência

No inciso II do art. 894 da CLT encontramos os embargos de divergência, também chamados "embargos à SDI" ou simplesmente "embargos" (*vide* Súmula 126 do TST).

Os embargos de divergência são usados nos **dissídios individuais**, tendo natureza **extraordinária** (a exemplo do recurso de revista e do recurso extraordinário ao STF). Em assim sendo, **inadmissível se torna o reexame de fatos e provas**.

Como qualquer recurso de natureza extraordinária, os embargos de divergência possuem um rol taxativo de adequação. Vamos a ele!

Cabem embargos de divergência **contra decisão de turma do TST** que (inciso II do art. 894 da CLT):

- Apresentar divergência de interpretação (contrariedade) com decisão de **outra turma do TST**; e/ou
- Apresentar divergência de interpretação (contrariedade) **com decisão da SDI**; e/ou
- Apresentar divergência de interpretação (contrariedade) **com súmula do TST**; e/ou
- Apresentar divergência de interpretação (contrariedade) **com OJ da SDI do TST**; e/ou
- Apresentar divergência de interpretação (contrariedade) **com súmula vinculante**.

Importante observar que a Lei 13.015/2014 alterou a redação do inciso II do art. 894 da CLT, **tornando obsoleta a previsão contida no art. 3º, III, *b*, da Lei 7.701/1988** (Cuidado!).

Nos termos do § 2º do art. 894 da CLT, a divergência (contrariedade) apta a ensejar os embargos de divergência deve ser **atual**, não se considerando tal a ultrapassada por súmula do TST ou do STF, ou superada por iterativa e notória jurisprudência do TST.

No § 3º do art. 894 da CLT encontramos a "cláusula impeditiva de recurso", quando o legislador diz que o ministro relator (da SDI) **denegará seguimento** (não conhecerá) aos embargos se a decisão recorrida estiver em consonância com súmula da jurisprudência do TST ou do STF, ou com iterativa, notória e atual jurisprudência do TST. Contra essa decisão denegatória cabe agravo interno (ou "regimental") – vide § 4º do art. 894 da CLT.

Os embargos de divergência são interpostos diretamente na SDI, que os julgará em última instância. Contra a decisão, portanto, cabe recurso extraordinário ao STF (inciso III do art. 102 da CF).

O **prequestionamento**, evidentemente, é um requisito extrínseco dos embargos de divergência (Súmula 297 do TST).

Estudamos que o rito sumaríssimo restringe a abrangência do recurso de revista (§ 9º do art. 896 da CLT). Essa restrição, contudo, não afeta os embargos de divergência. Nesse sentido, a Súmula 458 do TST.

> SÚMULA 458 DO TST. EMBARGOS. PROCEDIMENTO SUMARÍSSIMO. CONHE-CIMENTO. RECURSO INTERPOSTO APÓS VIGÊNCIA DA LEI Nº 11.496, DE 22.06.2007, QUE CONFERIU NOVA REDAÇÃO AO ART. 894, DA CLT. (conversão da Orientação Jurisprudencial nº 405 da SBDI-I com nova redação) – Res. 194/2014, *DEJT* divulgado em 21, 22 e 23.05.2014. Em causas sujeitas ao procedimento sumaríssimo, em que pese a limitação imposta no art. 896, § 9º, da CLT à interposição de recurso de revista, admitem-se os embargos interpostos na vigência da Lei nº 11.496, de 22.06.2007, que conferiu nova

redação ao art. 894 da CLT, quando demonstrada a divergência jurisprudencial entre Turmas do TST, fundada em interpretações diversas acerca da aplicação de mesmo dispositivo constitucional ou de matéria sumulada.

A decisão de Turma do TST que desafia embargos de divergência é aquela proferida no julgamento de recurso de revista. Não cabem embargos, em regra, quando a Turma tiver julgado agravo, *salvo nas hipóteses taxativamente previstas na Súmula 353 do TST*, abaixo elencadas:

- Da decisão que não conhece de agravo de instrumento ou de agravo interno pela ausência de pressupostos extrínsecos.
- Da decisão que nega provimento a agravo interno contra decisão monocrática do Relator, em que se proclamou a ausência de pressupostos extrínsecos de agravo de instrumento.
- Para revisão dos pressupostos extrínsecos de admissibilidade do recurso de revista, cuja ausência haja sido declarada originariamente pela Turma no julgamento do agravo.
- Para impugnar o conhecimento de agravo de instrumento.
- Para impugnar a imposição de multas previstas nos arts. 1.021, § 4º, do CPC de 2015 ou 1.026, § 2º, do CPC de 2015.
- Contra decisão de Turma proferida em agravo em recurso de revista, nos termos do art. 894, II, da CLT.

18.7. RECURSO EXTRAORDINÁRIO AO STF

Como o nome diz, o recurso extraordinário é um recurso de natureza extraordinária, não admitindo por conta disso reexame de fatos e provas, encontrando-se suas hipóteses de cabimento previstas no art. 102, III, da CF, *verbis*:

> [Cabe ao STF]: julgar, mediante recurso extraordinário, as causas decididas em única ou última instância, quando a decisão recorrida:
>
> a) contrariar dispositivo desta Constituição;
>
> b) declarar a inconstitucionalidade de tratado ou lei federal;
>
> c) julgar válida lei ou ato de governo local contestado em face desta Constituição;
>
> d) julgar válida lei local contestada em face de lei federal.

A decisão judicial que atrai a interposição de recurso extraordinário é aquela proferida em **única ou última instância**.

Decisão clássica em única instância é a sentença proferida por juiz do trabalho em reclamação que tramita no rito sumário ou "de alçada", adotado para causas cujo valor não ultrapasse dois salários mínimos, como prevê o § 4º do art. 2º da Lei 5.584/1970, *verbis*:

> Salvo se versarem sobre matéria constitucional, nenhum recurso caberá das sentenças proferidas nos dissídios da alçada a que se refere o parágrafo anterior, considerado, para esse fim, o valor do salário mínimo à data do ajuizamento da ação.

O STF ratificou a previsão:

> Súmula 640 do STF: É cabível recurso extraordinário contra decisão proferida por juiz de primeiro grau nas causas de alçada, ou por turma recursal de juizado especial cível e criminal.

Outro bom exemplo de decisão em única instância é o julgamento **unânime** de dissídio coletivo originariamente pelo TST, pois só cabem embargos infringentes (embargos à SDC) contra decisão "não unânime" ("por maioria"), à luz do inciso I do art. 894 da CLT.

Caso a decisão da SDC, julgando dissídio coletivo de competência originária do TST, não seja unânime, cabem, no prazo de oito dias, embargos infringentes, que serão julgados, em última instância, pela própria SDC, cabendo, contra a decisão de julgamento dos embargos infringentes, recurso extraordinário (julgamento em última instância).

A decisão da SDI, julgando embargos de divergência (embargos à SDI), previstos no inciso II do art. 894 da CLT, também se dará em última instância, desafiando, por conseguinte, recurso extraordinário.

Do julgamento de uma turma do TST, apreciando recurso de revista, caso a decisão não atraia a interposição de embargos de divergência (embargos à SDI), cujas hipóteses de cabimento se encontram no inciso II do art. 894 da CLT, caberá recurso extraordinário, por se tratar de decisão em última instância.

A primeira hipótese de cabimento do recurso extraordinário é compatível com o processo trabalhista: "decisão, em única ou última instância, que contrariar dispositivo da Constituição Federal". Essa contrariedade (ofensa) deve ser direta. Inadmissível o recurso extraordinário quando a contrariedade for mediata (reflexa, indireta), principalmente no caso de a contrariedade alegada estar condicionada à comprovação de ofensa à legislação infraconstitucional. Eis o que prevê o STF na Súmula 636:

> Súmula 636 do STF: Não cabe recurso extraordinário por contrariedade ao princípio constitucional da legalidade, quando a sua verificação pressuponha rever a interpretação dada a normas infraconstitucionais pela decisão recorrida.

O prazo do recurso extraordinário é de quinze dias, como prevê o § 5º do art. 1.003 do CPC. Será interposto no juízo *a quo* (art. 1.029 do CPC), que exercerá o primeiro juízo de admissibilidade (inciso V do art. 1.030 do CPC, c/c o inciso XI do art. 2º da IN 39/2016 do TST).

Inadmitido, pelo juízo *a quo*, contra a decisão caberá agravo inominado (ou apenas "agravo"), salvo quando fundada na aplicação de entendimento firmado em regime de repercussão geral ou em julgamento de recursos repetitivos (art. 1.042 do CPC, c/c o § 1º do art. 1.030 do CPC), no prazo de quinze dias (§ 5º do art. 1.003 do CPC).

Caso o recurso extraordinário não seja conhecido pelo ministro relator no STF (juízo *ad quem*), contra a decisão monocrática caberá agravo interno (agravo regimental), nos termos do art. 1.021 do CPC, no prazo de cinco dias (art. 317 do Regimento Interno do STF).

O recurso extraordinário não é um "recurso trabalhista". Logo, sobre ele e sobre seus "agravos" não incide o prazo de oito dias previsto no art. 6º da Lei 5.584/1970, à luz da restrita previsão contida no § 2º do art. 1º da IN 39/2016 do TST e da parte final do *caput* do art. 1.021 do CPC.

18.8. PEDIDO DE REVISÃO DO VALOR DA CAUSA (RITO SUMÁRIO)

O recurso intitulado "pedido de revisão do valor da causa" (§§ 1º e 2º do art. 2º da Lei 5.584/1970) serve para atacar decisão interlocutória que rejeitou a impugnação ao valor da causa, fixado pelo juiz do trabalho, ofertada nas razões finais (nos termos do *caput* do art. 2º da Lei 5.584/1970, o magistrado, desde que a quantia não tenha sido informada na petição inicial, fixará livremente o valor da causa, para fins de enquadramento ou não do feito no rito sumário – até dois salários mínimos).

Entendo que esse recurso só é cabível quando o juiz fixar o valor da causa em até dois salários mínimos, atraindo, com isso, o enquadramento no rito sumário (ou de alçada). Diante da fixação da quantia da causa e da incidência, a partir dali, do rito sumário, as partes já sabem que a sentença, uma vez proferida, só poderá ser atacada mediante recurso extraordinário ao STF, por se tratar de decisão em única instância (§ 4º do art. 2º da Lei 5.584/1970). Para evitar que se perpetue o "enquadramento" no rito sumário, poderá qualquer das partes impugnar o valor arbitrado pelo juiz, quando das razões finais (§ 1º do art. 2º da Lei 5.584/1970). Uma vez mantida a quantia (o juiz rejeitou a impugnação), entra em cena o recurso ora analisado (§§ 1º e 2º do art. 2º da Lei 5.584/1970).

O pedido de revisão do valor da causa deve ser ofertado no prazo de 48 horas. O recorrido será então intimado para, no prazo de 48 horas, apresentar contrarrazões (art. 900 da CLT). O recurso será julgado pelo TRT.

QUESTÕES COMENTADAS SOBRE RECURSOS

1. **(FGV – Exame de Ordem 2010.2). Pedro ajuizou ação em face de seu empregador objetivando a satisfação dos pedidos de horas extraordinárias, suas integrações e consectárias. O seu pedido foi julgado improcedente. Recorre ordinariamente, pretendendo a substituição da decisão por outra de diverso teor, tempestivamente. Na análise da primeira admissibilidade recursal há um**

equívoco, e se nega seguimento ao recurso por intempestivo. Desta decisão, tempestivamente, se interpõe o recurso de agravo por instrumento, que tem seu conhecimento negado pelo tribunal regional, por ausência do depósito recursal referente à metade do valor do recurso principal que se pretendia destrancar, nos termos do art. 899, § 7º, da Consolidação das Leis do Trabalho. Quanto à conduta do desembargador relator, é corretor afirmar que:

(A) ela está correta, uma vez que o referido artigo afirma que nos casos de interposição do recurso de agravo por instrumento é necessária a comprovação do depósito recursal de 50% do valor do depósito referente ao recurso que se pretende dar seguimento.

(B) ela está correta, uma vez que o preparo é requisito de admissibilidade recursal e, por isso, não pode estar ausente, sob pena de não conhecimento do recurso.

(C) ela está equivocada, pois, em que pese haver a necessidade do preparo para a interposição do recurso de agravo por instrumento, no problema acima, o pedido foi julgado improcedente sendo recorrente o autor, portanto, dispensável o preparo no que se refere a depósito recursal.

(D) ela está equivocada, pois o recurso de agravo por instrumento, na esfera laboral é o único, juntamente com os embargos por declaração, que não necessita de preparo para a sua interposição.

Comentário: O preparo recursal é composto do recolhimento das custas e do depósito recursal. O depósito recursal só é devido pelo empregador (empresa/tomador de serviços) condenado em pecúnia (Súmula 161, TST). No caso, jamais poderia ser exigido depósito recursal do recorrente, primeiro por não existir condenação em pecúnia (houve improcedência do pedido), segundo pelo fato de ele ser empregado. Equivocada, por conseguinte, a decisão do desembargador relator, cabendo contra ela agravo interno (antes chamado de "regimental") para a turma (colegiado) – *vide* OJ 412 SDI-1 e art. 1.021 do CPC. A letra "C" está correta. Sempre é bom destacar que o agravo de instrumento não exige recolhimento de custas.

Resposta: C

2. **(FGV – Exame de Ordem 2010.3). Determinada turma do Tribunal Superior do Trabalho não conheceu de recurso de revista interposto pela empresa Alfa Empreendimentos Ltda. em razão de a decisão recorrida (proferida por Tribunal Regional do Trabalho em sede de recurso ordinário, em dissídio individual) estar em perfeita consonância com enunciado de súmula de direito material daquela Corte Superior. Transcorrido *in albis* o prazo recursal, essa decisão transitou em julgado. Na condição de advogado contratado pela respectiva empresa, para ajuizamento de ação rescisória, é correto afirmar que a decisão rescindenda será a proferida pelo**

(A) Tribunal Regional do Trabalho, em recurso ordinário, tendo competência originária para o seu julgamento o próprio tribunal regional do trabalho.

(B) Tribunal Superior do Trabalho, que não conheceu do recurso de revista, tendo competência originária uma das turmas do próprio Tribunal Superior do Trabalho.

(C) Tribunal Regional do Trabalho, em recurso ordinário, tendo competência originária para o seu julgamento a Seção Especializada em Dissídios Individuais do Tribunal Superior do Trabalho.

(D) Tribunal Superior do Trabalho, que não conheceu do recurso de revista, tendo competência originária a Seção Especializada em Dissídios Individuais do próprio Tribunal Superior do Trabalho.

Comentário: Em regra, a competência seria do próprio TRT (item I da Súmula 192 TST), considerando ter sido ele a proferir a última decisão meritória. No caso, entretanto, o não conhecimento do recurso de revista teve por base o fato de a decisão recorrida (decisão do TRT) estar em consonância com súmula de direito material do TST, detalhe que, segundo o item II da Súmula 192 TST, torna meritória a decisão, razão pela qual é sua a competência para processar e julgar a ação rescisória. A letra "D" está correta.

Resposta: D

3. **(FGV – IV Exame de Ordem). A respeito do recurso de revista, é correto afirmar que**

(A) é cabível para corrigir injustiças de decisões em recurso ordinário, havendo apreciação das provas produzidas nos autos do processo.

(B) é cabível nas causas sujeitas ao procedimento sumaríssimo, somente por contrariedade à súmula de jurisprudência uniforme do Tribunal Superior do Trabalho e violação direta à Constituição da República.

(C) é cabível em sede de execução, de decisão em embargos à execução, nas mesmas hipóteses de cabimento das decisões decorrentes de recurso ordinário.

(D) não é cabível para reforma de decisão visando à uniformização de jurisprudência e restabelecimento da lei federal violada.

Comentário: O recurso de revista é de natureza extraordinária, ou seja, recurso que não admite reexame de fatos e provas (Súmula 126, TST). A letra "A", com isso, resta soterrada. A letra "B", na época da aplicação da prova, estava correta (antigo § 6º do art. 896, CLT). Hoje, no entanto, estaria incompleta, pois o recurso de revista foi reestruturado pela Lei 13.015/2014, que alterou o art. 896 da CLT. Atualmente, no rito sumaríssimo, cabe recurso de revista em três hipóteses: (a) contrariedade a súmula vinculante; (b) contrariedade a súmula do TST; (c) violação direta da Constituição Federal. A contrariedade a súmula vinculante foi uma das grandes novidades da alteração, aplicando-se também ao rito ordinário. Sempre é bom lembrar que no rito sumário (ou "rito de alçada"), regulado pela Lei 5.584/1970, não cabe recurso de revista, pois a sentença tem natureza de decisão em única instância, desafiando recurso extraordinário ao STF no caso de violação direta da Constituição Federal. Na fase de execução, cabe recurso de revista quando do julgamento de agravo de petição (recurso) pelo TRT e não de "embargos à execução" (ação). De outra banda, na fase de execução, em regra, só cabe recurso de revista no caso de violação direta da Constituição Federal (§ 2º do art. 896 CLT). Temos duas exceções previstas no § 10 do art. 896 CLT: cabe recurso de revista na fase de execução, em todas as hipóteses do rito ordinário (violação da CF; violação de lei federal; contrariedade a súmula vinculante; contrariedade a súmula do TST; contrariedade a decisões da SDI, inclusive a orientações jurisprudenciais; e contrariedade da decisão do TRT com decisões de outros tribunais regionais do trabalho), das decisões do TRT envolvendo execução fiscal ou que envolvam o Cadastro Nacional de Devedores Trabalhistas (CNDT) (*vide* art. 642-A, CLT, e art. 27, IV, c/c o art. 29, V, da Lei 8.666/1993).

Resposta: B (vide observações no comentário)

4. **(FGV – V Exame de Ordem). No dia 22/07/2009 (quarta-feira), foi publicada a sentença de improcedência do pedido. O advogado do autor tomou ciência da decisão, mas, como estava viajando, localizando-se em outro estado da Federação, interpôs recurso ordinário via *fac-símile* no dia 27/07/2009 (segunda--feira). Ao retornar de viagem, o advogado do autor requereu a juntada do**

recurso original no dia 04/08/2009 (terça-feira). Entretanto, após este último ato do advogado do autor, o juiz considerou intempestiva a interposição do recurso ordinário, negando-lhe seguimento. Diante dessa situação concreta, é correto afirmar que o advogado do autor deve

(A) interpor agravo de instrumento, uma vez que atendeu o prazo de oito dias para a interposição do recurso ordinário e o prazo de cinco dias para a juntada do original.

(B) impetrar mandado de segurança, uma vez que o juiz violou o seu direito líquido e certo de interpor recurso ordinário no prazo de oito dias a contar da publicação.

(C) ingressar com uma reclamação correicional, uma vez que o juiz praticou um ato desprovido de amparo legal.

(D) ajuizar uma ação rescisória, uma vez que a sentença judicial se tornou irrecorrível diante da decisão judicial que negou seguimento ao recurso ordinário.

Comentário: A letra "A" está correta, pois o recurso cabível para atacar decisão denegatória de seguimento a recurso, proferida pelo juízo *a quo*, é o agravo de instrumento (art. 897, *b*, CLT). Não houve, no caso, intempestividade, pois o recurso foi enviado, via *fax*, dentro do prazo de oito dias previsto no art. 895 da CLT, sendo os originais juntados no quinto dia, a contar do dia subsequente ao término do prazo recursal, nos termos do art. 2º da Lei 9.800/1999, c/c o item II da Súmula 387 do TST. Não cabe mandado de segurança quando existir um remédio específico para atacar a decisão (OJ 92 SDI-2). Eis o erro da letra "B". Não cabe reclamação correicional pelo mesmo motivo do não cabimento de mandado de segurança. A reclamação correicional, também chamada "correição parcial", nada mais é que uma providência disciplinar camuflada de recurso, dirigindo-se exclusivamente àquelas decisões judiciais que causam tumulto processual, subvertendo a ordem lógica do procedimento. **Não se destina, portanto, a sustar atos para os quais haja recurso ou outro meio impugnativo.** A letra "C" está errada. A decisão denegatória de seguimento a recurso, proferida pelo juízo *a quo*, desafia agravo de instrumento, razão pela qual a letra "D" deve ser fulminada. Caso a denegação do seguimento ocorresse no segundo juízo de admissibilidade (decisão do desembargador relator), o recurso cabível seria o agravo regimental, chamado pelo CPC agravo interno (art. 1.021).

Resposta: A

5. **(FGV – VII Exame de Ordem). Com relação aos recursos no Direito processual do trabalho, é correto afirmar que**

(A) cabe a interposição de recurso de revista em face de acórdão regional proferido em agravo de instrumento.

(B) o recurso adesivo é compatível com o processo do trabalho e cabe, no prazo de oito dias, nas hipóteses de interposição de recurso ordinário, de agravo de petição, de revista e de embargos, sendo necessário que a matéria nele veiculada esteja relacionada com a do recurso interposto pela parte contrária.

(C) são incabíveis embargos de declaração opostos em face de decisão de admissibilidade do recurso de revista, não interrompendo sua interposição qualquer prazo recursal.

(D) na Justiça do Trabalho todas as decisões interlocutórias são irrecorríveis de imediato.

Comentário: Não cabe recurso de revista contra decisão que julgar agravo de instrumento, nos termos da Súmula 218 do TST, razão pela qual a letra "A" está errada. O recurso na forma adesiva é compatível com o processo trabalhista, nas hipóteses de recurso ordinário, de agravo de petição, de recurso de revista e de embargos, **não sendo necessário** que a matéria nele abordada esteja relacionada com a do recurso interposto pela parte contrária (Súmula 283 do TST e art. 997, §§ 1º e 2º, do CPC/2015). Eis o equívoco da letra "B". Os embargos de declaração são cabíveis para atacar decisão denegatória de seguimento a recurso, desde que maculada **por manifesto equívoco na análise de pressuposto extrínseco de admissibilidade**, como prevê a parte final do art. 897-A da CLT, **inclusive no caso de recurso de revista**, em face do recente **cancelamento da OJ 377 SDI-1**. A letra "C" estava correta na época, pois ainda vigorava a OJ 377-SDI-1. **Hoje estaria errada!** A irrecorribilidade imediata das decisões interlocutórias é um princípio do processo trabalhista, retratando, por conseguinte, uma regra, prevista no art. 893, § 1º, CLT. O princípio da irrecorribilidade imediata, porém, não é absoluto, possuindo algumas exceções, como o cabimento de agravo de instrumento das decisões denegatórias de seguimento a recurso e os três casos previstos na Súmula 214 TST (a citada Súmula possui três alíneas; nas alíneas *a* e *b*, o recurso imediato cabível é o agravo regimental, chamado pelo CPC/2015 de "agravo interno" - art. 1.021; na alínea *c*, o recurso cabível de imediato é o "recurso ordinário"). A letra "D" está errada.

Resposta: C (vide observações feitas no comentário)

6. **(FGV – VIII Exame de Ordem). A respeito do procedimento sumaríssimo no processo do trabalho, assinale a afirmativa correta.**

(A) A apreciação da reclamação trabalhista deverá ocorrer no prazo máximo de quinze dias da data de seu ajuizamento.

(B) A citação por edital somente é cabível se esgotadas todas as tentativas de se localizar o reclamado.

(C) As partes devem ser intimadas da sentença por notificação postal.

(D) Não cabe a interposição de recurso de revista.

Comentário: A letra "A" está correta, em consonância com o inciso III do art. 852-B da CLT. A citação por edital é vedada (art. 852-B, II, CLT). Conforme o § 3º do art. 852-I da CLT, as partes serão intimadas da sentença na própria audiência em que for proferida (idêntica previsão se aplica a todos os ritos no processo trabalhista - Súmula 197 do TST; com o PJE, os juízes vêm usando a publicação no *DJE*, método mais seguro). No sumaríssimo cabe recurso de revista em três hipóteses: violação da CF, contrariedade a súmula vinculante ou contrariedade a súmula do TST (§ 9º do art. 896 CLT). Eis os motivos que justificam os erros das demais assertivas.

Resposta: A

7. **(FGV – X Exame de Ordem). Uma reclamação trabalhista é ajuizada em São Paulo (TRT da 2ª Região) e, na audiência designada, a reclamada apresenta resposta escrita sob a forma de contestação e exceção de incompetência relativa em razão do lugar, pois o autor sempre trabalhara em Minas Gerais, que na sua ótica deve ser o local onde tramitará o feito. Após conferida vista ao exceto, na forma do art. 800 da CLT, e confirmada a prestação dos serviços na outra localidade, o juiz acolhe a exceção e determina a remessa dos autos à capital mineira (MG – TRT da 3ª Região). Dessa decisão, de acordo com o entendimento do TST, e independentemente do seu mérito,**

(A) cabe de imediato recurso de agravo de instrumento para o TRT de São Paulo, por tratar-se de decisão interlocutória.

(B) nada há a fazer, pois das decisões interlocutórias, na Justiça do Trabalho, não é possível recurso imediato.

(C) compete à parte deixar consignado o seu protesto e renovar o inconformismo no recurso ordinário que for interposto após a sentença que será proferida em Minas Gerais.

(D) cabe de imediato a interposição de recurso ordinário para o TRT de São Paulo.

Comentário: Da decisão cabe recurso ordinário, no prazo de oito dias, conforme prevê a alínea *c* da Súmula 214 TST, pois gerou a ordem de remessa dos autos para vara de outro TRT (TRT diferente). A competência para o julgamento do recurso ordinário será do TRT da 2ª Região, que poderá manter ou anular a decisão do juiz do trabalho a ele vinculado. A letra correta é a "D". A questão explora uma exceção ao princípio da irrecorribilidade imediata das decisões interlocutórias, que marca o processo trabalhista (art. 893, § 1º, CLT, e art. 799, § 2º, CLT).

Resposta: D

8. (FGV – X Exame de Ordem). Sobre o manejo do recurso adesivo na Justiça do Trabalho, assinale a afirmativa correta.

(A) É cabível e a matéria nele veiculada não precisa estar relacionada ao recurso principal.

(B) É incabível na Justiça do Trabalho porque não há previsão dele na CLT.

(C) É cabível, pressupondo sucumbência recíproca e, caso interposto pela empresa, ela fica isenta de preparo.

(D) É cabível, mas a matéria nele veiculada precisa estar relacionada ao recurso principal.

Comentário: A letra "A" está correta, em consonância com a Súmula 283 TST. Não há que se pensar em isenção de preparo em recurso adesivo, que deve atender a todos os pressupostos de admissibilidade recursal (art. 997, § 2º, do CPC).

Resposta: A

9. (FGV – XIII Exame de Ordem). Em outubro de 2013, Gilberto ajuizou ação contra a empresa CSC Computadores Ltda., na qual ainda trabalha, postulando o pagamento de vale-transporte de dois meses e o ticket-refeição de três meses. O juiz julgou procedente o pedido e, para tanto, valeu-se da Lei 7.418/1985 (Lei do Vale-Transporte) e da análise da norma coletiva da categoria do autor, que, na cláusula 8ª, garante o benefício da alimentação. A sentença foi prolatada de forma líquida, no valor total de R$ 657,00, mesmo valor de alçada arbitrado na audiência. Diante do que prevê a Lei, assinale a afirmativa correta.

(A) Desta sentença não caberá recurso, tendo em vista a matéria discutida, bem como por se tratar de causa de alçada exclusiva da vara.

(B) Caberá recurso de apelação, já que a Constituição Federal garante o duplo grau de jurisdição.

(C) Caberá recurso ordinário, no prazo de oito dias, por qualquer dos litigantes.

(D) Por envolver análise de lei federal, a sentença deve ser submetida ao duplo grau de jurisdição obrigatório.

Comentário: O valor da causa não ultrapassa dois salários mínimos, logo, estamos diante do procedimento sumário (também chamado "procedimento de alçada"), previsto no art. 2º da Lei 5.584/1970. No rito sumário não cabe recurso ordinário, apenas recurso extraordinário ao STF quando ocorrer violação da CF, pois a decisão é considerada de "única instância" (§ 4º do art. 2º da Lei 5.584/1970 e art. 102, III, CF). No caso, o juiz fundamentou sua decisão em lei federal e em norma coletiva, não cabendo, portanto, recurso extraordinário. A letra "A" está correta. Quando se diz que no rito sumário só cabe recurso extraordinário, há na verdade um exagero, pois são cabíveis embargos de declaração, agravo de instrumento (em caso de decisão denegatória de seguimento do recurso extraordinário proferida pelo juiz) e agravo interno.

Resposta: A

10. (FGV – XIV Exame de Ordem). Em ação que tramitou sob o procedimento sumaríssimo, o juiz decidiu determinado pedido de forma contrária ao disposto em orientação jurisprudencial do TST. Em sede de recurso ordinário, com o mesmo fundamento, o TRT manteve a decisão de primeiro grau. Diante disso, a parte entendeu por bem interpor recurso de revista. A partir do caso apresentado, assinale a opção correta.

(A) O recurso de revista não deverá ser admitido, pois o fundamento da decisão não é contrário à Constituição Federal ou a súmula do TST.

(B) É cabível o recurso, pois a decisão é contrária ao entendimento do TST.

(C) O recurso de revista é incabível no procedimento sumaríssimo. Logo, não deverá ser admitido.

(D) Deverá ser admitido o recurso de revista, em razão do princípio do duplo grau de jurisdição obrigatório.

Comentário: No rito sumaríssimo, não cabe recurso de revista por contrariedade a OJ. O § 9º do art. 896 CLT prevê três hipóteses de cabimento de recurso de revista no rito sumaríssimo: (a) violação da CF; (b) contrariedade à súmula vinculante; (c) contrariedade à súmula do TST. A letra "A" é a correta (na época, ainda vigia o antigo § 6º do art. 896 CLT, não existindo a previsão de contrariedade à súmula vinculante).

Resposta: A (vide observações feitas no comentário)

11. (FGV – XV Exame de Ordem). Pedro trabalhou por um ano em Goiânia/GO e quatro anos em Varginha/MG. Ao ser dispensado, retornou para Goiânia, onde ajuizou ação trabalhista em face do ex-empregador. Na audiência, foi apresentada exceção de incompetência em razão do lugar, a qual foi acolhida pelo juiz, que determinou a remessa dos autos para o TRT/GO. Dessa decisão, Pedro

(A) poderá interpor agravo de instrumento, porque a remessa dos autos equivale ao trancamento da ação, dada a hipossuficiência do empregado.

(B) poderá interpor recurso ordinário.

(C) poderá impetrar mandado de segurança.

(D) nada poderá fazer, por se tratar de decisão interlocutória, que é irrecorrível na Justiça do Trabalho.

Comentário: A questão foi anulada por erro material, já que o enunciado equivocadamente diz que o juiz remeteu os autos ao TRT/GO, quando seria o TRT/MG. Se não fosse o manifesto equívoco, a letra "B" seria a correta, pois Pedro poderia interpor recurso ordinário, com base na alínea *c* da Súmula 214 TST, já que a decisão teria gerado remessa dos autos para vara de **TRT diferente**, sendo de competência do TRT/GO o julgamento do recurso (TRT do juízo que acolheu a exceção).

Resposta: questão anulada pela banca examinadora.

12. **(FGV – XV Exame de Ordem). Simone, ré em uma demanda trabalhista ajuizada por sua ex-empregada doméstica, em audiência una requereu ao juiz o adiamento para juntada de documento suplementar, que não conseguiu obter, pois se referia ao depoimento prestado pela ora autora em outro processo como testemunha, no qual confessava nunca haver laborado em horário extraordinário. O documento não foi obtido por Simone, pois, logo após a audiência daquele processo, os autos seguiram para conclusão, sem que fosse permitido a ela o acesso ao depoimento. O juiz da causa ora em audiência indeferiu o adiamento requerido por Simone e, ao sentenciar, condenou-a ao pagamento de horas extras. No prazo de recurso ordinário, Simone finalmente teve acesso ao documento que comprovava a inexistência do labor extraordinário. Diante da situação apresentada, assinale a afirmativa correta.**

(A) Simone poderá juntar o documento no recurso ordinário.

(B) Não cabe juntada do documento em recurso ordinário.

(C) Precluiu a possibilidade de produção da prova documental por Simone.

(D) Simone só poderia juntar o documento em embargos de declaração.

Comentário: A letra "A" está correta, em consonância com a Súmula 8 do TST: "A juntada de documentos na fase recursal só se justifica quando provado o justo impedimento para sua oportuna apresentação ou se referir a fato posterior à sentença." Houve, no caso, "justo impedimento".

Resposta: A

13. **(FGV – XVI Exame de Ordem). O desembargador relator de um recurso ordinário, ao verificar que a matéria posta em debate já era sumulada pelo TRT do qual é integrante, resolveu julgar, monocraticamente, o recurso. Diante do caso e da jurisprudência consolidada do TST, assinale a afirmativa correta.**

(A) A atitude está equivocada, pois, na Justiça do Trabalho, não cabe julgamento monocrático pelo TRT.

(B) O julgamento monocrático está correto e dessa decisão não caberá recurso, com o objetivo de abreviar o trânsito em julgado.

(C) É possível o uso subsidiário do art. 557 do CPC, de modo que a decisão monocrática é válida na hipótese, e caberá recurso contra a decisão.

(D) A única possibilidade de julgamento monocrático válido é aquele feito pelo TST.

Comentário: O art. 932, IV e V, do CPC permite que o relator, monocraticamente, negue ou dê provimento a recurso, levando em conta: (a) súmula do Supremo Tribunal Federal, do Superior Tribunal de Justiça **ou do próprio tribunal**; (b) acórdão proferido pelo Supremo Tribunal Federal ou pelo Superior Tribunal de Justiça em julgamento de recursos repetitivos; (c) entendimento firmado em incidente de resolução de demandas repetitivas ou de assunção de competência (para negar provimento, ele não precisa ouvir a parte contrária; para dar provimento, contudo, ele precisa ouvir a parte contrária – sempre é bom lembrar que o CPC acabou com o duplo juízo de admissibilidade recursal, cabendo tão somente ao tribunal analisar os pressupostos recursais; com isso, a intimação para apresentação e contrarrazões é feita pelo relator no tribunal – essa mudança não afeta o processo trabalhista, pois a CLT possui regra própria – art. 900, CLT). Na Justiça do Trabalho o relator tem os mesmos poderes, sendo o art. 932 do CPC compatível com o processo trabalhista (salvo nos pontos em que ignora o primeiro juízo de admissibilidade, realizado pelo juízo *a quo*). Da decisão monocrática do relator, negando ou dando provimento ao recurso, cabe agravo interno (art. 1.021 do CPC), também chamado "agravo regimental" (prazo de quinze dias no processo civil – § 5º do art. 1.003 do CPC; prazo de oito dias no processo trabalhista – art. 6º do art. 5.584/1970, salvo se previsto prazo diferente no regimento interno do tribunal – vide a parte final do art. 1.021, *caput*, do CPC). A letra "C" está correta, em consonância com as Súmulas 421 e 435 do TST e a OJ 412 SDI-1.

Resposta: C

14. (FGV – XVII Exame de Ordem). A papelaria Monte Fino Ltda. foi condenada numa reclamação trabalhista movida pelo ex-empregado Sérgio Silva. Uma das parcelas reivindicadas e deferidas foi o 13º salário, que a sociedade empresária insistia haver pago, mas não tinha o recibo em mãos porque houve um assalto na sociedade empresária, quando os bandidos levaram o cofre, as matérias-primas e todos os arquivos com a contabilidade e os documentos da sociedade empresária. Recuperados os arquivos pela polícia, agora, no momento do recurso, a Monte Fino Ltda. pretende juntar o recibo provando o pagamento, inclusive porque a sentença nada mencionou acerca da possível dedução de valores pagos sob o mesmo título. De acordo com o caso apresentado e o entendimento jurisprudencial consolidado, assinale a afirmativa correta.

(A) É possível a juntada do documento no caso concreto, porque provado o justo impedimento para sua oportuna apresentação.

(B) O momento de apresentação da prova documental já se esgotou, não sendo possível fazê-lo em sede de recurso.

(C) Pelo princípio da primazia da realidade, qualquer documento pode ser apresentado com sucesso em qualquer grau de jurisdição, inclusive na fase de execução, independentemente de justificativa.

(D) Há preclusão, e o juiz não pode aceitar a produção da prova em razão do princípio da proteção, pois isso diminuiria a condenação.

Comentário: Em face do justo impedimento, possível se torna a juntada do documento na fase recursal, como prevê a Súmula 8 do TST. A letra "A" está correta.

Resposta: A

15. (FGV – XVII Exame de Ordem). No bojo de uma execução trabalhista, a sociedade empresária executada apresentou uma exceção de pré-executividade, alegando não ter sido citada para a fase de conhecimento. Em razão disso, requereu a nulidade de todo o processo, desde a citação inicial. O juiz conferiu vista à parte contrária para manifestação e, em seguida, determinou a conclusão dos autos. Após analisar as razões da parte e as provas produzidas, convenceu-se de que a alegação da sociedade empresária era correta e, assim, anulou todo o feito desde o início. Diante desse quadro, assinale a afirmativa correta.

(A) Contra essa decisão caberá agravo de petição.
(B) Trata-se de decisão interlocutória e, portanto, não passível de recurso imediato.
(C) Caberá a interposição de recurso ordinário.
(D) Caberá a interposição de agravo de instrumento.

Comentário: A natureza da decisão que julga "exceção de pré-executividade" sempre foi marcada por forte polêmica, pois a "exceção", também chamada "objeção", é "remédio" não previsto em lei, mas já consagrado pela doutrina e pela jurisprudência, servindo exatamente para atacar execução mediante a arguição de matéria de ordem pública. Na "exceção de pré-executividade" o devedor não precisa garantir a dívida, pressuposto para a oposição de embargos à execução. Em 2011, na "Jornada Nacional sobre Execução na Justiça do Trabalho", encontro envolvendo juízes e desembargadores de todo o país, foi publicado o Enunciado 47, com a seguinte redação: "Cabe agravo de petição de decisão que acolhe exceção de pré--executividade (CLT, art. 897, *a*). Não cabe, porém, da decisão que a rejeita ou que não a admite, por possuir natureza interlocutória, que não comporta recurso imediato." Também foi publicado o Enunciado 53: "Não cabe agravo de petição de decisão interlocutória, ressalvadas as hipóteses em que estes atos se equiparam à decisão terminativa do feito, com óbice ao prosseguimento da execução, ou quando a pretensão recursal não possa ser manejada posteriormente." Bom, com base nos dois enunciados, a letra "A" está correta (eis a posição da FGV, quer no gabarito preliminar, quer no definitivo). No caso, o juiz do trabalho anulou todos os atos processuais, declarando que o reclamado não foi citado na fase de conhecimento (decisão baseada no art. 794 CLT e no art. 917, VI, do CPC/2015 – O CPC de 1973 possuía norma mais precisa quanto ao fato, no seu art. 741, I, porém condicionava a alegação à revelia na fase cognitiva). Entendo como correto o gabarito. Diante da contundente decisão, seria temerário simplesmente dizer que o juiz proferiu mera decisão interlocutória, irrecorrível, pois, de imediato, pois não há decisão futura que garanta ao exequente a possibilidade de interpor recurso. A irrecorribilidade imediata da decisão interlocutória está condicionada à futura decisão que comporte aquele recurso, nos termos do art. 893, § 1º, CLT. É o caso da decisão que não acolhe exceção de pré-executividade, pois diante da rejeição o executado pode garantir a execução e, em cinco dias, opor embargos à execução, levantando o mesmo tema. Da decisão que julgar os embargos, cabe agravo de petição. É isso.

Resposta: A

19

MANDADO DE SEGURANÇA

A competência da justiça obreira abrange mandados de segurança, *habeas corpus* e *habeas data*, quando o ato questionado envolver matéria sujeita à sua jurisdição - inciso IV do art. 114 da CF, inclusive as ações relativas às penalidades administrativas impostas aos empregadores pelos órgãos de fiscalização das relações de trabalho - inciso VII do art. 114 da CF.

A Constituição de 1988 consagra em seu texto o mandado de segurança, inclusive o coletivo. O *mandamus* é concedido para "proteger direito líquido e certo, não amparado por *habeas corpus* ou *habeas data*, quando o responsável pela ilegalidade ou abuso de poder for autoridade pública ou agente de pessoa jurídica no exercício de atribuições do Poder Público" - art. 5º, LXIX, da CF.

A Lei 12.016/2009 regula o mandado de segurança.

O mandado de segurança tem natureza de ação (ação mandamental). Possui outros epítetos: *mandamus*; remédio heroico; *writ*.

Existe uma regra básica sobre o mandado de segurança: "Quando existir um meio de impugnação específico (remédio) para atacar uma decisão, não cabe mandado de segurança". O TST, mediante a OJ 92 da SDI-2, ratifica a tese: "*Não cabe mandado de segurança contra decisão judicial passível de reforma mediante recurso próprio, ainda que com efeito diferido*".

O item I da Súmula 414 do TST traduz outro bom exemplo da regra jurisprudencial: "*A tutela provisória concedida na sentença não comporta impugnação pela via do mandado de segurança, por ser impugnável mediante recurso ordinário. É admissível a obtenção de efeito suspensivo ao recurso ordinário mediante requerimento dirigido ao tribunal, ao relator ou ao presidente ou ao vice-presidente do tribunal recorrido, por aplicação subsidiária ao processo do trabalho do artigo 1.029, § 5º, do CPC de 2015*".

A OJ 140 da SDI-2 também serve para demonstrar a inaplicabilidade do *mandamus* quando há um remédio específico para impugnar determinada decisão. Ela trata de decisão que defere ou indefere liminar em mandado de segurança. Se a decisão for de juiz do trabalho, cabe agravo de instrumento, como prevê o § 1º do art. 7º a Lei 12.016/2009. Caso a decisão seja proferida pelo relator, monocraticamente, em tribunal, cabe agravo interno (também chamado de "regimental") para o colegiado, à luz do parágrafo único do art. 16 da Lei 12.016/2009 e do art. 1.021 do CPC. Eis a transcrição: "*Não cabe mandado de segurança para impugnar despacho que acolheu ou indeferiu liminar em outro mandado de segurança*".

A Súmula 622 do STF é um precedente morto, indo atualmente de encontro à lei. Ela dispõe sobre a inadmissibilidade de agravo regimental (agravo interno, nos termos do art. 1.021 do CPC) contra decisão que defere ou indefere liminar em mandado de segurança, contrariando expressa previsão legal, especificamente o parágrafo único do art. 16 da Lei 12.016/2009, *verbis*:

> Da decisão do relator que conceder ou denegar a medida liminar caberá agravo ao órgão competente do tribunal que integre.

Cabe ao STF cancelar a Súmula 622, evitando tumultos desnecessários.

Se a decisão de concessão ou denegação da liminar for proferida por juiz do trabalho (primeira instância), cabe agravo de instrumento, nos termos do art. 7º, § 1º, da Lei 12.016/2009.

A sentença transitada em julgado (*res judicata*) possui um meio de impugnação próprio, que é a ação rescisória. Logo, contra ela não cabe mandado de segurança.

> Súmula 33 do TST. Mandado de segurança. Decisão judicial transitada em julgado. Não cabe mandado de segurança de decisão judicial transitada em julgado.

> OJ 99 da SDI-2. Mandado de segurança. Esgotamento de todas as vias processuais disponíveis. Trânsito em julgado formal. Descabimento. Esgotadas as vias recursais existentes, não cabe mandado de segurança.

Também não cabe mandado de segurança contra as decisões monocráticas proferidas por desembargadores ou ministros nos tribunais, pelo fato de serem impugnadas mediante agravo interno (antigo "regimental").

> OJ 69 da SDI-2. Fungibilidade recursal. Indeferimento liminar de ação rescisória ou mandado de segurança. Recurso para o TST. Recebimento como agravo regimental e devolução dos autos ao TRT. Recurso ordinário interposto contra despacho monocrático indeferitório da petição inicial de ação rescisória ou de mandado de segurança pode, pelo princípio de fungibilidade recursal, ser recebido como agravo regimental. Hipótese de não conhecimento do recurso pelo TST e devolução dos autos ao TRT, para que aprecie o apelo como agravo regimental.

> OJ 140 da SDI-2. Mandado de segurança contra liminar, concedida ou denegada em outra segurança. Incabível. Não cabe mandado de segurança para impugnar despacho que acolheu ou indeferiu liminar em outro mandado de segurança.

No art. 5º da Lei 12.016/2009 há outros fatos impeditivos ao cabimento de mandado de segurança. O referido artigo, além de falar de casos já abordados (não cabe mandado de segurança contra decisão judicial da qual caiba recurso com efeito suspensivo e contra decisão judicial transitada em julgado), dispõe sobre o não cabimento de mandado de segurança contra ato do qual caiba recurso administrativo com efeito suspensivo, independentemente de caução.

O mandado de segurança tem como principal característica "acudir" a pessoa que, diante de direito líquido e certo violado por ato arbitrário de autoridade pública, não encontra no ordenamento jurídico um remédio específico capaz de anular (cassar) o ato. Essa lacuna é a "deixa" para a entrada em cena do mandado de segurança.

Isso também ocorre na esfera administrativa (extrajudicial). Se couber, contra o ato administrativo, recurso administrativo com efeito suspensivo, o mandado de segurança não poderá ser utilizado naquele momento, salvo se ocorrer omissão da autoridade administrativa, à luz da Súmula 429 do STF.

A omissão diz respeito ao fato de a autoridade administrativa não ter se manifestado sobre o pleito/requerimento, ocorrendo, por conta disso, um atraso (retardo; demora) injustificável que pode acarretar prejuízo ao pleiteante/requerente. Contra o "não ato" (omissão), o mandado de segurança é admitido pelo STF, sem prejuízo do uso, posteriormente, quando o ato finalmente for praticado, de recurso administrativo com efeito suspensivo.

No âmbito da competência da Justiça do Trabalho, um ato administrativo merece destaque. Estou falando do auto de infração lavrado por auditor-fiscal do trabalho. Para facilitar a compreensão, a lavratura importa na aplicação de penalidade administrativa sobre o empregador, alvo da fiscalização. O art. 114, VII, da CF consagra a competência da Justiça do Trabalho para processar e julgar as ações relativas "às penalidades administrativas impostas aos empregadores pelos órgãos de fiscalização das relações de trabalho".

Exemplo:

- Digamos que uma empresa recém-inaugurada foi autuada durante a primeira fiscalização trabalhista, tendo o auditor-fiscal do trabalho cominado multa no valor de R$ 50.000,00. A penalidade não poderia ter sido aplicada, visto que, à luz do art. 627, *b*, da CLT, à empresa recém-inaugurada deve ser aplicado o critério da dupla visita (a penalidade só pode ser aplicada a partir da segunda visita). O advogado da empresa pensa logo em impetrar mandado de segurança, pois se trata de ato ilegal, praticado por autoridade pública, ferindo direito líquido e certo do empregador (critério da dupla visita). Não cabe, entretanto, *a priori*, mandado de segurança, por existir no Ministério do Trabalho recurso administrativo com efeito suspensivo (art. 5º da Lei 12.016/2009). O efeito suspensivo do recurso administrativo, no caso, deriva da Súmula Vinculante 21, *verbis*: "É inconstitucional a exigência de depósito ou arrolamento prévios de dinheiro ou bens para admissibilidade de recurso administrativo." O TST, no mesmo sentido, publicou a Súmula 424. Ora, se a empresa, para recorrer administrativamente, não precisará recolher previamente o valor da multa, esse recurso evidentemente tem efeito suspensivo. O mandado de segurança, no caso, só poderá ser impetrado depois de esgotada a instância administrativa, que pode acontecer com a interposição dos recursos administrativos, ou simplesmente com o ato de não recorrer, deixando fluir o prazo recursal.

O mandado de segurança, no caso de multa aplicada por fiscal do trabalho, é de competência funcional dos juízes do trabalho (primeira instância trabalhista).

No mandado de segurança não há réu. O que se ataca é um ato ilegal/arbitrário praticado por autoridade pública. Seu objeto é mandamental – "o juiz determina (manda) à autoridade coatora o cumprimento imediato da ordem, caso conceda a segurança perseguida".

Sintetizando:

- No caso de ato praticado por autoridade do Ministério do Trabalho (autoridade administrativa), o mandado de segurança será de competência do juiz do trabalho ou do juiz de direito investido em jurisdição trabalhista.
- No caso de ato praticado por juiz do trabalho, a competência para processar e julgar mandado de segurança será do TRT. Contra a decisão do TRT que julgar mandado de segurança cabe recurso ordinário para o TST (em caso de decisão monocrática de desembargador, como aquela que concede ou denega liminar em mandado de segurança, cabe agravo interno para o colegiado – art. 1.021 do CPC).
- No caso de ato praticado por desembargador ou órgão do TRT, a competência para processar e julgar mandado de segurança será do próprio TRT (OJ 4 do Tribunal Pleno). O mesmo entendimento se aplica ao TST (arts. 2º, I, *d*, e 3º, I, *b*, da Lei 7.701/1988).

Considera-se autoridade coatora aquela que tenha praticado o ato impugnado ou da qual emane a ordem para sua prática. No caso de fiscalização do trabalho, se o auditor-fiscal praticar um ato arbitrário, ferindo direito líquido e certo do empregador, o mandado de segurança deverá apontar o superintendente regional do trabalho como autoridade coatora, já que o fiscal age por delegação, ou seja, a ordem emana daquela autoridade. O mesmo acontece com ato praticado por diretor de secretaria de vara do trabalho, que age por delegação. Sendo assim, caso o diretor de secretaria pratique ato ilegal/arbitrário, ferindo direito líquido e certo de uma das partes, o mandado de segurança apontará o juiz do trabalho como autoridade coatora (o mandado de segurança será de competência funcional do TRT).

Em relação ao prazo de 120 dias, previsto no art. 23 da Lei 12.016/2009, necessário se faz um esclarecimento. O citado artigo diz que "o direito de requerer mandado de segurança extinguir-se-á decorridos 120 dias, contados da ciência, pelo interessado, do ato impugnado". Trazendo à baila o exemplo do empregador que foi multado pela fiscalização trabalhista, a previsão legal não serve em sua literalidade. Ora, o empregador, ao assinar o auto de infração, toma ciência do ato a ser impugnado, porém não pode a partir dali impetrar mandado de segurança, já que para isso tem de esgotar a via administrativa. Digamos que o empregador tenha esgotado os recursos administrativos três meses depois de assinar o auto de infração. O prazo para impetração do mandado de segurança, evidentemente, iniciar-se-á a partir do momento em que nasceu (me perdoem a expressão) a "coisa julgada administrativa", e não do momento em que tomou ciência do ato impugnado, como reza o art. 23 da Lei 12.016/2009. Pensar o contrário, *data maxima venia*, é o mesmo que deportar, do mundo jurídico, a lógica.

Indiscutível, de outra banda, a natureza decadencial do prazo para impetração do mandado de segurança. Logo, a sua contagem não ocorrerá apenas em dias úteis, como prevê o *caput* do art. 775 da CLT, pois ele só se aplica a prazos processuais. A decadência é regulada pelo Código Civil (arts. 207 a 211). No seu art. 132, o referido Diploma Legal dispõe sobre a forma de contagem dos prazos.

O prazo do mandado de segurança é computado em dias, logo, sua contagem deve ocorrer com a exclusão do dia do começo e a inclusão do dia final. A redação do art. 23 da Lei 12.016/2009 é falha também nesse aspecto, quando crava a contagem "a partir da ciência, pelo interessado, do ato impugnado". Não é partir da ciência, mas do primeiro dia útil seguinte à ciência.

Costumo dizer que todo mandado de segurança deve conter o pedido de concessão de liminar; afinal, a alma dessa ação é o "direito líquido e certo violado". Se a liminar depende da fumaça do bom direito (verossimilhança das alegações) e do perigo da demora (perigo de dano irreparável ou de difícil reparação), no *mandamus*, não há fumaça do bom direito, mas "fogo do bom direito".

O examinando, portanto, na petição inicial, não deve deixar de pedir a concessão de medida liminar, baseada no *fumus boni iuris* e no *periculum in mora*.

Por inexistir réu, incabível qualquer condenação em honorários advocatícios sucumbenciais, conforme o art. 25 da Lei 12.016/2009 e a Súmula 512 do STF.

À petição inicial do mandado de segurança não se aplica a previsão do art. 321 do CPC, que permite a concessão de prazo para a *emenda/retificação da exordial, no lapso de quinze dias*. O *mandamus* exige prova pré-constituída, soterrando com isso a aplicação da regra prevista no CPC. A Súmula 415 do TST corrobora o entendimento, *verbis*:

> Súmula 415 do TST. Mandado de segurança. Petição inicial. Art. 321 do CPC de 2015. Art. 284 do CPC de 1973. Inaplicabilidade. Exigindo o mandado de segurança prova documental pré-constituída, inaplicável o art. 321 do CPC de 2015 (art. 284 do CPC de 1973) quando verificada, na petição inicial do *mandamus*, a ausência de documento indispensável ou de sua autenticação.

A irrecorribilidade imediata das decisões interlocutórias no processo trabalhista gera diversas situações que atraem o uso do mandado de segurança.

1ª situação:

Liminar concedida ou indeferida por juiz do trabalho em sede de tutela provisória de urgência de natureza antecipada ou cautelar. A decisão que aprecia o pedido de concessão de liminar é de natureza interlocutória, logo, irrecorrível de imediato. Diante disso, o item II da Súmula 414 do TST, com redação dada pela Resolução 217/2017, dispõe: "*No caso de a tutela provisória haver sido concedida ou indeferida antes da sentença, cabe mandado de segurança, em face da inexistência de recurso próprio*".

Cabe aqui uma advertência. Se a liminar foi concedida ou indeferida em sede de mandado de segurança (o mandado de segurança é a ação que se processa na vara do trabalho), cabe agravo de instrumento contra a decisão, nos termos do art. 7º, § 1º, da Lei 12.016/2009 (vide também a Súmula 20 do TRT da 6ª Região). Esse agravo de instrumento não tem a mesma natureza daquele previsto na CLT (art. 897, *b*). Assim sendo, entendo que o seu prazo não é de oito, mas de 15 dias, fixado no § 5º do art. 1.003 do CPC (inaplicáveis o art. 6º da Lei 5.584/1970 e o § 2º do art. 1º da IN 39/2016 do TST).

O item II da Súmula 414 do TST foi inserido no dia 20 de setembro de 2000 (inicialmente por meio das OJs 50 e 58 da SDI-2) e alterado no dia 25/04/2017. Comparando a sua previsão com as OJs 64, 65 e 67 SDI-2, o jurista pode visualizar uma contradição, mas não há.

> OJ 64 da SDI-2. Mandado de segurança. Reintegração liminarmente concedida. Não fere direito líquido e certo a concessão de tutela antecipada para reintegração de empregado protegido por estabilidade provisória decorrente de lei ou norma coletiva.

> OJ 65 da SDI-2. Mandado de segurança. Reintegração liminarmente concedida. Dirigente sindical. Ressalvada a hipótese do art. 494 CLT, não fere direito líquido e certo a determinação liminar de reintegração no emprego de dirigente sindical, em face da previsão do inciso X do art. 659 da CLT.

> OJ 67 da SDI-2. Mandado de segurança. Transferência. Art. 659, IX, da CLT. Não fere direito líquido e certo a concessão de liminar obstativa de transferência de empregado, em face da previsão do inciso IX do art. 659 da CLT.

De fato, não qualquer contradição entre o item II da Súmula 414 do TST e as respectivas OJs da SDI-2. A Súmula 414 é genérica, e, com isso, mais abrangente, não especificando o "objeto da liminar". Por meio dela, o TST, movido pela irrecorribilidade imediata desse tipo de decisão, simplesmente consagrou o uso do mandado de segurança contra toda e qualquer liminar.

Na OJ 64 da SDI-2, o TST trata da reintegração ao emprego. Esse pedido vem geralmente acompanhado da pretensão de concessão de liminar, inclusive *inaudita altera parte* (antes da citação do reclamado). Caso o juiz defira o pedido de concessão de liminar, determinando a imediata reintegração do reclamante, o empregador poderá impetrar mandado de segurança? Claro que sim! O empregador usará em sua argumentação o item II da Súmula 414 do TST. No entanto, a OJ 64 da SDI-2 é contundente quando diz que nesse tipo de situação a concessão de liminar não fere direito líquido e certo do empregador. Vou explicar.

O item II da Súmula 414 do TST tem que ser interpretado ladeado da expressão "em tese". O jurista vai assim lê-lo: "No caso de a tutela provisória haver sido concedida ou indeferida antes da sentença, cabe, **em tese**, mandado de segurança, em face da inexistência de recurso próprio".

Digamos que um empregado que se encontra aposentado por invalidez ajuizou reclamação pleiteando a manutenção do plano de saúde concedido pelo empregador, tendo em vista ter sido comunicado pelo patrão de que, pelo fato de se encontrar em benefício previdenciário, o plano seria suprimido. Na reclamação, requereu a manutenção do plano de saúde, inclusive com a concessão de liminar *inaudita altera parte*. O juiz, diante da documentação acostada com a petição inicial, convencendo-se da probabilidade do direito e do perigo de dano, deferiu o pedido de tutela provisória de natureza antecipada, mediante a concessão de liminar. Citado, o reclamado, além da contestação, pretende impetrar mandado de segurança para cassar a liminar. Cabe mandado de segurança? Sim, pois, em tese, o *mandamus* é o instrumento processual cabível para atacar a decisão. O mandado de segurança terá boas condições para anular a decisão? Não! O advogado da empresa já sabe que a perspectiva de sucesso do remédio é mínima, principalmente pelo fato de o empregador não possuir direito líquido e certo de cancelar o plano de saúde, conforme prevê a Súmula 440 do TST.

O único remédio disponível para o empregador enfrentar a decisão interlocutória de concessão ou de indeferimento do pedido de liminar é o mandado de segurança, porém, à luz de sólidos precedentes jurisprudenciais, hoje consubstanciados na Súmula 440 do TST, o empregador não terá como demonstrar, de plano, seu "direito líquido e certo", pois, convenhamos, ele não existe. Tampouco, no caso, a decisão do juiz do trabalho será considerada ilegal ou arbitrária. Conclusão: o *mandamus* terá um futuro tenebroso.

O direito, portanto, de impetrar mandado de segurança é garantido, em tese, para o enfrentamento de qualquer decisão que conceda ou indefira liminar em tutela provisória de urgência de natureza antecipada ou cautelar. Contudo, a depender do caso, o *mandamus* já virá ao mundo natimorto!

Da mesma forma que o item II da Súmula 414 do TST merece, em sua leitura, a inserção da expressão "em tese", as OJ 64 e 67 da SDI-2, quando lidas, devem atrair a expressão "em regra".

A OJ 64 da SDI-2 assim deve ser entendida: "Não fere direito líquido e certo, **em regra**, a concessão de tutela antecipada para reintegração de empregado protegido por estabilidade provisória decorrente de lei ou norma coletiva".

Digamos que uma empregada foi demitida por justa causa quando se encontrava no quarto mês de gravidez, ou seja, em pleno usufruto da estabilidade gestante prevista no art. 10, II, *b*, do ADCT. Diante disso, a obreira ajuizou reclamação trabalhista, alegando não ter praticado falta grave alguma, pleiteando, por conseguinte, a nulidade da demissão e a reintegração ao emprego, mediante concessão de liminar. O juiz, antes mesmo da citação, concedeu a liminar de reintegração. O empregador, munido dos autos de processo administrativo disciplinar, instaurado e concluído antes da demissão da reclamante, impetrou mandado de segurança, acostando documentação capaz de comprovar, de plano, o cometimento de falta grave. A concessão de liminar de reintegração, diante da cabal prova da falta grave obreira, feriu ou não direito líquido e certo patronal? O desembargador relator do *mandamus* pode entender que sim, mesmo a OJ 64 SDI-2 dizendo o contrário. O próprio juiz do trabalho que concedeu a liminar, quando for prestar informações no mandado de segurança, poderá se convencer da falta grave e, a requerimento ou de ofício, revogar a liminar (no processo trabalhista não aplicamos a estabilidade dos efeitos da liminar, prevista no *caput* do art. 304 do CPC, exatamente pelo fato de não existir recurso específico para atacar de imediato a decisão). A OJ 67 da SDI-2, por sua vez, quando diz que a concessão de liminar obstativa de transferência de empregado não fere direito líquido e certo patronal, também merece estar acompanhada da expressão "em regra".

O art. 659, IX, da CLT, de fato, prevê a possibilidade de o juiz do trabalho conceder liminar para sustar transferência, desde que esta seja abusiva. Transferência abusiva, nos termos da Súmula 43 do TST, é aquela que não se encontra lastreada em "real necessidade de serviço". Transferência abusiva é "desvio de finalidade", e como tal representa "abuso de autoridade do empregador". É a transferência usada como forma de perseguição, fruto de mero capricho patronal, ou como forma de punição.

Esse ato, evidentemente, deve ser repudiado pelo juiz do trabalho.

Digamos, porém, que o empregado possua cláusula de transferência em seu contrato e que o empregador necessite de fato dos seus serviços em outra localidade. Essa ordem de transferência é abusiva? Claro que não! Recebendo-a, o empregado ajuizou reclamação trabalhista e conseguiu liminar sustando a transferência (obrigação de não fazer). O empregador teve ou não seu direito líquido e certo violado?

Claro que sim! Em que pese a OJ 67 da SDI-2, o *mandamus*, no caso, tem grande chance de sucesso.

A OJ 65 da SDI-2 merece tratamento especial, pois cuida de um empregado diferenciado: **o dirigente sindical.**

O dirigente sindical, mesmo praticando falta grave e o empregador possuindo prova contundente do fato, não pode ser demitido. Seu contrato só pode ser extinto pelo juiz do trabalho, mediante sentença proferida em sede de inquérito judicial para apuração de falta grave (Súmula 379 do TST). Fica fácil, portanto, compreender a estrita redação da OJ 65 da SDI-2. A liminar de reintegração concedida em favor do dirigente sindical é mais do que razoável. É praticamente obrigatória. Na OJ 142 da SDI-2, o TST ratifica a conclusão.

A ressalva fica por conta do art. 494 da CLT, que consagra o direito líquido e certo patronal de suspender preventivamente o empregado até a conclusão do inquérito judicial. O parágrafo único do citado artigo não deixa qualquer sombreamento de dúvida a respeito da duração da suspensão preventiva: "*A suspensão, no caso deste artigo, perdurará até a decisão final do processo*".

Digamos que um dirigente sindical foi flagrado praticando falta grave. Ele não pode ser demitido, mas pode ter o contrato suspenso. Ficará até o final do processo sem trabalhar e sem receber salário. O empregador, durante todo o período de suspensão, estará também desonerado das demais obrigações. Caso o obreiro ajuíze reclamação trabalhista pleiteando "o fim da suspensão e o retorno ao trabalho", mediante a concessão de liminar em sede de antecipação de tutela, se o juiz acolher o pedido e expedir liminar, o empregador poderá impetrar mandado de segurança, visto que a suspensão preventiva, nos termos do art. 494 da CLT, é direito líquido e certo patronal. Nesse sentido, a OJ 137 da SDI-2.

A OJ 65 da SDI-2, *data venia*, deixa a entender que a referida liminar, determinando o fim da suspensão e o retorno do empregado ao emprego, corporifica uma ordem de reintegração. Ora, o contrato não foi extinto, encontrando-se apenas suspenso. Não há que se pensar, portanto, em reintegração ou readmissão (expressão equivocadamente inserida na redação do art. 495 da CLT). A liminar simplesmente exara uma ordem que põe fim à suspensão, fazendo o empregado retornar ao labor.

2ª situação:

Caso a tutela provisória de urgência de natureza antecipada seja concedida na sentença (significa que o juiz indeferiu o pedido de concessão de liminar, só se convencendo da urgência quando da conclusão da instrução), não cabe mandado de segurança, pois contra a decisão existe um remédio específico: recurso ordinário (art. 895, I, da CLT).

Os recursos, no processo trabalhista, não são dotados de efeito suspensivo (art. 899 da CLT), entendendo o TST que o meio processual adequado para a obtenção desse efeito é o requerimento, de natureza cautelar, dirigido ao tribunal, ao relator ou ao presidente ou ao vice-presidente do tribunal recorrido, por aplicação subsidiária ao processo do trabalho do artigo 1.029, § 5º, do CPC de 2015 – inteligência do item I da Súmula 414 do TST.

Diante da inexistência de efeito suspensivo a recurso trabalhista em dissídios individuais (art. 899 da CLT), soa meio estranho para muitos o "ruído" provocado pelo item I da Súmula 414 do TST. Ora, se o juiz do trabalho prolata sentença e o recurso ordinário contra ela interposto é dotado de efeito meramente devolutivo, qual a utilidade de "antecipar os efeitos da tutela na sentença", porquanto toda e qualquer sentença condenatória já consagra, por si só, a antecipação de tutela? Não é tão simples assim.

Digamos que o empregado, portador de estabilidade prevista em norma coletiva, tenha ajuizado reclamação trabalhista pleiteando sua reintegração ao emprego, mas o juiz, em análise apriorística, indeferiu o pedido de concessão de liminar. Citado, o reclamado ofertou contestação e ambas as partes compareceram à audiência. Concluída a instrução, o juiz prolatou sentença deferindo o pedido de reintegração ao emprego. Há magistrados que assim julgam: "Defiro o pedido de reintegração, determinando a expedição do competente mandado no prazo de 48 horas, após o trânsito em julgado da sentença". Com esse tipo de decisão, o juiz concedeu, na própria sentença, efeito suspensivo ao recurso ordinário, pois condicionou o retorno do reclamante ao emprego ao trânsito em julgado do *decisum*. Há magistrados que decidem de forma diferente: "Defiro o pedido de reintegração, determinando a imediata expedição do competente mandado, independentemente do trânsito em julgado da sentença". Eis um bom exemplo de "tutela provisória de urgência de natureza antecipada concedida na sentença".

No processo civil é bem mais fácil compreender o fato, pois o art. 1.012 do CPC reza expressamente que a apelação terá efeito suspensivo. No § 1º, V, do citado artigo, entrementes, o legislador decreta que, caso o juiz confirme, conceda ou revogue a tutela provisória na sentença, já estará de antemão negando o efeito suspensivo ao recurso, quando então o pleito de efeito suspensivo terá de ser feito diretamente ao tribunal (§ 3º do art. 1.012 do CPC).

3ª situação:

O fato de, no processo trabalhista, os recursos serem dotados de efeito meramente devolutivo, propicia o início da "execução provisória", como prevê o art. 899, *caput*, da CLT.

O TST **entendia** que o art. 805 do CPC (art. 620 do CPC/1973), que prestigia o princípio da execução menos gravosa ao devedor, deveria ser aplicado em execução provisória, admitindo o uso de mandado de segurança, quando o juiz, ignorando a existência de outros bens capazes de garantir a execução, penhorasse dinheiro do executado.

Em setembro de 2016, o TST cancelou o item III da Súmula 417 do TST. O cancelamento ocorreu com efeitos *ex tunc*, já que na modulação o TST declarou válidas as penhoras em dinheiro, em execução provisória, ocorridas a partir de 18/03/2016, data de vigência do CPC.

O TRT da 6ª Região já possuía orientação nesse sentido, corporificada na Súmula 10.

Significa que a vedação à penhora em dinheiro, em execução provisória, não é mais um direito líquido e certo do executado que nomeou outros bens. Logo, o simples fato de o juiz penhorar dinheiro não desafia mandado de segurança.

4ª situação:

A Súmula 418 do TST foi alterada pela Resolução 217, de 17/04/2017. Andou bem o TST ao extirpar da referida Súmula a proibição do uso de mandado de segurança contra decisão que indeferia pedido de concessão de liminar. Observem que a exclusão da absurda vedação foi feita pela mesma Resolução que deu nova face ao item II da Súmula 414 do TST, o qual agora "permite" o uso de mandado de segurança contra decisão que **concede ou indefere** requerimento de concessão de liminar.

A Súmula 418 do TST deveria mesmo era ter sido cancelada, já que continua "proibindo" o uso de mandado de segurança contra a negativa do magistrado em homologar acordo, como se existisse um meio específico de impugnação para esse tipo de decisão, e como se o magistrado pudesse simplesmente "negar" a homologação, sem a necessidade de fundamentar o seu ato.

No que diz respeito a essa negativa, volto a dizer, já que essa questão foi objeto de discussão anterior, que as partes e os seus advogados têm direito (constitucionalmente e legalmente garantido – art. 93, IX, da CF e art. 11 do CPC) a que todas as decisões judiciais estejam amparadas por fundamentação específica.

Digamos que as partes e seus advogados procurem o juiz e digam que "fecharam" um acordo. O magistrado, analisando os autos processuais, diz que não homologará o pacto por discordar dos seus termos. Os advogados insistem em saber os motivos da discordância. O juiz simplesmente responde que não homologará o acordo. Os advogados agradecem e se retiram.

As partes exigirão dos advogados uma solução.

Os advogados devem transcrever os termos do acordo em uma petição, a ser assinada por eles e seus clientes, requerendo no final a homologação do acordo ou, se assim não entender o juiz, **a fundamentação precisa e detalhada dos motivos de sua discordância**, sob pena de nulidade da decisão, nos termos do art. 93, IX, da CF e do art. 11 do CPC/2015.

Esse "procedimento", que já constava nas edições anteriores desta obra, saiu fortalecido com a Reforma Trabalhista, em face dos novos arts. 855-B a 855-E da CLT – Homologação de Acordo Extrajudicial.

A Súmula 418 do TST não erra quando diz que o magistrado não é obrigado a homologar um acordo, porquanto, naquele momento, reina soberano o princípio da livre persuasão racional do magistrado.

O juiz, por lei, possui ampla liberdade na condução do processo – arts. 765 e 852-D da CLT e art. 370 do CPC. Com base no art. 142 do CPC, por exemplo, o juiz pode, além de negar a homologação, extinguir o processo sem resolução do mérito, quando vislumbrar que as partes se serviram do feito para praticar ato simulado ou conseguir fim proibido por lei. O magistrado também pode justificar a negativa homologatória na irrenunciabilidade dos direitos trabalhistas pelo obreiro, demonstrando que aquele "acordo" não deságua de uma transação (concessões recíprocas), mas de uma renúncia (concessão unilateral).

Em qualquer caso, entrementes, **o juiz estará obrigado**, por força do art. 93, IX, da CF e do art. 11 do CPC, **a fundamentar a sua decisão**.

5ª situação:

Os honorários periciais, à luz do art. 790-B da CLT, serão pagos pelo sucumbente na "pretensão objeto da perícia".

O pressuposto para o pagamento dos honorários periciais, portanto, é a sucumbência na pretensão objeto da perícia, por isso, para o TST, é ilegal a decisão judicial que determina o depósito prévio desses honorários, cabendo, diante da irrecorribilidade imediata das decisões interlocutórias, mandado de segurança, nos termos da OJ 98 da SDI-2 (havia uma exceção, prevista na IN 27/2005 do TST – relação de trabalho que não fosse relação de emprego).

Esses dois trechos acima já constavam das edições anteriores. No entanto, com a Reforma Trabalhista, a OJ 98 da SDI-2 tornou-se "dispensável", pois agora a vedação à exigência de adiantamento de valores para realização de perícias está prevista no § 3º do art. 790-B da CLT. Trata-se, pois, de **proibição legal**.

A previsão contida no art. 6º da IN 27/2005 do TST foi fulminada.

Caso o juiz profira decisão, não importa a relação jurídica deduzida em juízo, obrigando uma das partes a antecipar honorários periciais, o mandado de segurança será a peça adequada para atacar o "ato ilegal", "praticado por autoridade pública", "ferindo direito líquido e certo do impetrante" (só pagar honorários periciais no final e desde que tenha sido sucumbente na pretensão objeto da perícia).

6ª situação:

O mandado de segurança coletivo, na esfera trabalhista, pode ser impetrado por organização sindical legalmente constituída – art. 5º, inciso LXX, c/c o inciso XXI, *b*, *in fine*, da CF.

Segundo precedentes jurisprudenciais do STF, tratando-se de mandado de segurança coletivo impetrado por sindicato, é indevida a exigência de um ano de constituição e funcionamento, porquanto essa restrição destina-se apenas às associações, nos termos do art. 5º, XXI, *b*, *in fine*, da Lei Maior. O objeto do *mandamus* coletivo deve guardar pertinência temática com os interesses da respectiva categoria, à luz do art. 8º, III, da CF.

Não se deve confundir mandado de segurança coletivo com ação civil pública. Aquele se destina apenas à proteção de direito líquido e certo contra ato ilegal ou abusivo de autoridade, enquanto a ação civil pública protege, perante qualquer pessoa ou entidade, todas as modalidades de interesses ou direitos metaindividuais (difusos, coletivos e individuais homogêneos).

QUESTÕES SOBRE MANDADO DE SEGURANÇA

1. **(FGV – XIII Exame de Ordem). Rômulo impetrou mandado de segurança contra ato praticado por juiz do trabalho que teria violado um direito seu, líquido e certo. Por descuido, Rômulo deixou de juntar os documentos pertinentes, indispensáveis. Verificando o equívoco, o relator deverá, de acordo com a jurisprudência consolidada do TST,**

   (A) conceder prazo improrrogável de dez dias para o impetrante sanar o vício, sob pena de indeferimento da petição inicial.

   (B) prosseguir normalmente no trâmite processual, pois a matéria não pode ser conhecida de ofício.

   (C) indeferir a petição inicial de plano e extinguir o processo sem resolução do mérito.

   (D) solicitar à autoridade coatora que, juntamente com as informações que serão prestadas, envie cópia dos documentos faltantes.

   Comentário: O mandado de segurança é uma ação que requer a comprovação de plano da arbitrariedade praticada pela autoridade apontada como coatora e do direito líquido e certo tido como violado, restando inaplicável a previsão processual de concessão de prazo para emenda à inicial e complementação documental - *vide* Súmula 415 do TST (não se aplica, ao mandado de segurança, o art. 321 do CPC, que prevê a concessão de prazo de quinze dias para o autor emendar e/ou completar/corrigir a inicial). A letra "C" é a correta. A letra "D" merece atenção especial do leitor. Ela está errada, no contexto da questão. Mas a Lei 12.016/2009, no seu art. 6º, prevê a possibilidade de o mandado de segurança ser impetrado sem a documentação necessária, quando ela estiver em poder de órgão público ou autoridade pública que se recuse a fornecê-la (pode, inclusive, ser a própria autoridade coatora), oportunidade em que o advogado, na petição inicial, deverá informar o fato e requerer a intimação do órgão/autoridade para que exiba os documentos, no prazo de dez dias (art. 6º, §§ 1º e 2º, Lei 12.016/2009).

   Resposta: C

2. **(FGV – XIV Exame de Ordem). Plínio, empregado da Padaria Pão Bom Ltda., insatisfeito com o trabalho, procurou seu empregador pedindo para ser mandado embora. O empregador aceitou a proposta, desde que tudo fosse realizado por intermédio de um acordo na Justiça do Trabalho, motivo pelo qual foi elaborada ação trabalhista pedindo verbas rescisórias. No dia da au-**

diência, as partes disseram que se conciliaram, mas o juiz, ao indagar Plínio, compreendeu o que estava ocorrendo e decidiu não homologar o acordo. Para a hipótese, assinale a opção correta.

(A) Plínio deverá impetrar mandado de segurança para obter a homologação do acordo.

(B) A homologação do acordo é faculdade do juiz, que poderá não homologá-lo.

(C) Sendo a conciliação um princípio do processo do trabalho, deverá o processo ser remetido para outra vara para homologação por outro juiz.

(D) Plínio deverá interpor reclamação correicional para obter a homologação do acordo.

Comentário: O juiz detectou a ausência de "interesse de agir" do reclamante, flagrando o que se costuma chamar de "lide simulada". Com base no art. 142 do CPC, o magistrado deve arquivar a reclamação. Eis o que dispõe a citada norma: "Convencendo-se, pelas circunstâncias, de que autor e réu se serviram do processo para praticar ato simulado ou conseguir fim vedado por lei, o juiz proferirá decisão que impeça os objetivos das partes, aplicando, de ofício, as penalidades da litigância de má-fé." A questão, contudo, explora apenas a "recusa" do juiz em homologar o termo de conciliação. Mediante fundamentação (art. 93, IX, CF), o juiz pode se recusar a homologar um acordo, não cabendo, contra o ato, mandado de segurança ou reclamação correicional (tudo isso em tese, vale salientar, pois a recusa pode ser arbitrária, sem fundamento etc.). Com fulcro na Súmula 418 do TST e no princípio da livre persuasão racional do magistrado, a letra "B" é a correta.

Resposta: B

20

AÇÃO RESCISÓRIA

A lição de Liebman define bem a ação rescisória: "Tem corpo de ação, mas alma de recurso".

Mas que fique claro: **a ação rescisória não tem natureza recursal.**

Trata-se de uma **ação especial**, destinada a atacar **decisão de mérito transitada em julgado** (art. 966 do CPC).

O objetivo da ação rescisória é desconstituir a coisa julgada, ou, como preferem alguns, anular a coisa julgada.

Ela está prevista no art. 836 da CLT, porém o CPC é aplicado subsidiaria e supletivamente (arts. 966 a 975 do CPC).

O art. 975 do CPC decreta que o direito à rescisão se extingue em dois anos **contados do trânsito em julgado da última decisão proferida no processo**. Trata-se, pois, de **prazo decadencial**.

O TST, no item I da Súmula 100, diz que o prazo de decadência, na ação rescisória, conta-se do dia imediatamente subsequente ao trânsito em julgado da última decisão proferida na causa, seja de mérito ou não.

Atenção:

- Afinal, o prazo de dois anos começa a ser contado no dia do trânsito em julgado ou no dia seguinte ao trânsito em julgado?

O STJ, em dezembro de 2014, no julgamento do REsp 1112864-MG, esclareceu que a celeuma se encontrava na definição do dia do trânsito em julgado. De fato, a fixação do *dies a quo* do prazo bienal para a ação rescisória passa necessariamente pela fixação do dia em que nasce a coisa julgada.

Denomina-se coisa julgada material a autoridade que torna imutável e indiscutível a decisão de mérito não mais sujeita a recurso. É o que reza o *caput* do art. 502 do CPC.

Logo, **só ocorre o trânsito em julgado quando não mais couber recurso**. Destarte, o trânsito em julgado não ocorre no "último dia do recurso", **mas no dia imediatamente subsequente ao último dia do prazo recursal**.

A redação do art. 975 do CPC, por conseguinte, **é mais precisa**, pois, ao dizer que o prazo de dois anos começará a ser contado do trânsito em julgado, está afirmando que o *dies a quo* corresponde exatamente ao dia subsequente ao derradeiro dia do prazo do recurso. O item I da Súmula 100 do TST torna-se **perigoso**, dando a entender que o autor terá um dia a mais, o que não é verdade.

O § 1º do art. 975 do CPC dispõe que se o último dia para o ajuizamento da ação rescisória (*dies ad quem*) recair em dia não útil (recesso forense, feriados, final de semana etc.), ele será prorrogado até o primeiro dia útil imediatamente subsequente. Nesse aspecto não há polêmica, pois o item IX da Súmula 100 do TST traduz idêntica previsão.

Observem o § 2º do art. 975 do CPC, que trata de uma situação especial para o ajuizamento de ação rescisória, quando esta tiver por base o inciso VII do art. 966 do CPC (*obtiver o autor, posteriormente ao trânsito em julgado, **prova nova cuja existência ignorava** ou **de que não pôde fazer uso**, capaz, por si só, de lhe assegurar pronunciamento favorável*). Nesse caso, o termo inicial do prazo decadencial de dois anos **será a data de descoberta da prova nova**, observado **o prazo máximo de cinco anos**, contado do trânsito em julgado da última decisão proferida no processo. O mais relevante é a previsão de que o prazo máximo, nesse tipo de situação, para o ajuizamento de ação rescisória fundada em prova nova, será de cinco anos do trânsito em julgado da última decisão.

Temos outra situação especial, prevista no § 15 do art. 525 do CPC: "*Se a decisão referida no § 12 for proferida após o trânsito em julgado da decisão exequenda, caberá ação rescisória, cujo prazo será contado do trânsito em julgado da decisão proferida pelo Supremo Tribunal Federal*". Estou falando da declaração da inconstitucionalidade pelo STF de uma norma que serviu de base para a decisão que já havia transitado em julgado. Isso mesmo. O STF terminou "atropelando" a coisa julgada. Ora, seria perverso imaginar que o início do prazo da ação rescisória, para esse tipo de situação, ocorreria a partir do trânsito em julgado da última decisão proferida no processo (que é a regra). Aplicamos o § 15 do art. 525 do CPC, que prevê que o prazo é contado do trânsito em julgado da decisão proferida pelo STF, declarando a inconstitucionalidade da norma, fato gerador este da própria pretensão rescisória.

20.1. DEPÓSITO PRÉVIO

É um requisito específico para a admissibilidade da ação rescisória. No processo trabalhista, o depósito prévio é fixado em 20% sobre o valor da causa (quatro vezes maior que o previsto no art. 968, II, do CPC).

O valor da causa, para fins de cálculo do *quantum* do depósito prévio da ação rescisória, depende da fase processual.

*Na **fase de conhecimento**, há duas situações:*

- Sentença de improcedência, sentença declaratória ou sentença constitutiva (em resumo: sentença em que não ocorreu condenação) – o valor da causa da ação rescisória corresponderá ao valor dado à causa originária, corrigido monetariamente.
- Sentença condenatória – o valor da causa da ação rescisória corresponderá ao valor da condenação, corrigido monetariamente.

*Na **fase de execução***, o valor da causa da ação rescisória é aquele fixado em liquidação de sentença, ou seja, o *quantum debeatur* (quantia da dívida).

Nos termos do § 2º do art. 968 do CPC, o valor do depósito prévio **não pode exceder a mil vezes o salário mínimo**.

Se a ação rescisória for procedente, o tribunal rescindirá a sentença e proferirá, se for o caso, novo julgamento, determinando a restituição do depósito ao autor. Por outro lado, se o tribunal declarar, **por unanimidade de votos**, inadmissível ou julgar improcedente a ação rescisória, a importância do depósito reverterá a favor do réu, sem prejuízo das custas e dos honorários advocatícios - art. 968, II, do CPC.

O TST ratifica a incidência do art. 968, II, do CPC, mediante a IN 31/2007, art. 5º: "O valor depositado será revertido em favor do réu, a título de multa, caso o pedido deduzido na ação rescisória seja julgado, por **unanimidade de votos**, improcedente ou inadmissível".

A reversão do depósito prévio em favor do réu ocorrerá quando o pedido da ação rescisória for julgado, por unanimidade de votos, inadmissível ou improcedente. Em outras palavras, a conversão do depósito prévio em multa, a ser revertida em favor do réu, **pressupõe o julgamento da rescisória pelo colegiado e que este o seja por unanimidade de votos**.

E como fica a isenção do depósito prévio?

Para facilitar, elaborei um resumo, no qual constam as bases jurídicas que estipulam a isenção da caução.

Sintetizando:

São isentos do depósito prévio em ação rescisória:

1. Fazenda Pública - art. 968, § 1º, do CPC.
2. Correios - art. 12 do Decreto-lei 509/1969.
3. Ministério Público do Trabalho - art. 968, § 1º, do CPC.
4. Massa falida - art. 6º da IN 31/2007 (defendo a aplicação da isenção às empresas em recuperação judicial, por analogia; a Reforma Trabalhista não isentou essas empresas do depósito prévio, logo, a minha posição deve ser ignorada em concursos públicos e Exame de Ordem).
5. Beneficiário da justiça gratuita - art. 6º da IN 31/2007, art. 836 da CLT e art. 968, § 1º, do CPC.

20.2. DOS PEDIDOS

Na ação rescisória é possível cumular dois pedidos:

- O pedido de desconstituição da decisão (anulação da decisão) **sempre será feito**, conhecido como "juízo rescindendo" (*judicium rescindens*).
- O pedido de proferimento de nova decisão (nem sempre cabível), conhecido como "juízo rescisório" (*judicium rescissorium*), que poderá, a depender do caso, ser formulado.

20.3. HIPÓTESES DE ADMISSIBILIDADE

O art. 966 do CPC prevê **quinze hipóteses** para o cabimento da ação rescisória, sendo três previstas no inciso I, duas no inciso II, quatro no inciso III e duas no inciso VI. O rol é taxativo em face da interpretação restritiva que naturalmente a ação rescisória atrai, considerando que o seu escopo é a anulação de uma decisão transitada em julgado. Eis a transcrição do referido artigo:

> Art. 966 do CPC. A **decisão de mérito, transitada em julgado**, pode ser **rescindida** quando:
>
> I - se verificar que foi proferida por força de **prevaricação, concussão** ou **corrupção** do juiz;
>
> II - for proferida por juiz **impedido** ou por juízo **absolutamente incompetente**;
>
> III - resultar de **dolo ou coação** da parte vencedora em detrimento da parte vencida ou, ainda, de **simulação ou colusão** entre as partes, a fim de fraudar a lei;
>
> IV - **ofender a coisa julgada;**
>
> V - **violar manifestamente norma jurídica;**
>
> VI - for fundada em **prova cuja falsidade tenha sido apurada em processo criminal** ou venha a ser **demonstrada na própria ação rescisória;**

VII – obtiver o autor, posteriormente ao trânsito em julgado, **prova nova cuja existência ignorava ou de que não pôde fazer uso**, capaz, por si só, de lhe assegurar pronunciamento favorável;

VIII – for fundada em **erro de fato** verificável do exame dos autos.

(sem grifos no original)

Sintetizando:

A ação rescisória poderá ser ajuizada quando a decisão meritória transitada em julgado estiver maculada por:

1. Prevaricação do juiz.
2. Concussão do juiz.
3. Corrupção do juiz.
4. Impedimento do juiz.
5. Incompetência absoluta do juízo.
6. Dolo da parte vencedora em detrimento da vencida.
7. Coação da parte vencedora em detrimento da vencida.
8. Simulação entre as partes.
9. Colusão entre as partes.
10. Ofensa à coisa julgada.
11. Violação manifesta de norma jurídica.
12. Prova cuja falsidade tenha sido apurada em processo criminal.
13. Prova cuja falsidade venha a ser demonstrada na própria ação rescisória.
14. Prova cuja existência o autor ignorava ou que não pôde fazer uso.
15. Erro de fato verificável do exame dos autos.

Prevaricação é o crime cometido por um servidor público que usa o seu cargo e poder para satisfazer interesses pessoais, atrasando ou deixando de praticar as suas funções de ofício ou praticando-as contra disposição expressa de lei, para satisfazer interesse ou sentimento pessoal – art. 319 do CP.

Concussão é o crime praticado por servidor público, em que este **exige**, para si ou para outrem, vantagem indevida, direta ou indiretamente, ainda que fora da função ou até mesmo antes de assumi-la, mas em razão dela – art. 316 do CP.

Corrupção Passiva é o crime cometido por um servidor público, em que este **solicita** ou **aceita promessa** de vantagem indevida, para si ou para outrem, direta ou indiretamente, ainda que fora da função ou até mesmo antes de assumi-la, mas em razão dela – art. 317 do CP.

Corrupção Ativa é o ato de **oferecer ou prometer** vantagem indevida a servidor público, para determiná-lo a praticar, omitir ou retardar ato de ofício - art. 333 do CP.

Os casos de **impedimento do juiz** estão elencados no art. 144 do CPC e são extrínsecos, razão pela qual podem anular a coisa julgada.

A **incompetência absoluta** pode ocorrer em razão da matéria, da pessoa ou do órgão jurisdicional (chamada de funcional ou hierárquica).

Dolo e **Coação** são vícios de vontade (vícios de consentimento). Dolo é o meio empregado para enganar alguém, principalmente quando a vítima é induzida (provocada) por outra pessoa a erro. Coação é o constrangimento a uma determinada pessoa, feita por meio de ameaça, com o intuito de que ela pratique um ato contra a sua vontade, podendo a ameaça ser física (absoluta) ou moral (compulsiva).

Na **colusão**, as partes agem de comum acordo, buscando fraudar a lei ou prejudicar terceiros. Curiosamente, o art. 142 do CPC refere-se ao ato como "simulação".

A **simulação** na Justiça do Trabalho tem o trabalhador como vítima, quando empregador e advogados "simulam" um acordo judicial para prejudicá-lo.

Na **ofensa à coisa julgada**, a segunda decisão, alvo da ação rescisória, não deveria ter sido proferida, exatamente por violar decisão que se formou no primeiro processo.

Há **erro de fato** quando a decisão rescindenda admitir fato inexistente ou quando considerar inexistente fato efetivamente ocorrido, sendo indispensável, em ambos os casos, que o fato não represente ponto controvertido sobre o qual o juiz deveria ter se pronunciado.

Na **manifesta violação à norma jurídica**, o CPC de 2015 ampliou a previsão do antigo CPC, que se reportava apenas à "disposição de lei". Eis a importância do § 5º do art. 966 do CPC, que diz caber ação rescisória, com fundamento no inciso V, contra decisão baseada em enunciado de **súmula ou** acórdão proferido em **julgamento de casos repetitivos** que não tenha considerado a existência de distinção entre a questão discutida no processo e o padrão decisório que lhe deu fundamento.

Observem que o CPC de 2015 não fala mais em "sentença" de mérito, mas em "decisão" de mérito. A alteração espelha precedentes jurisprudenciais que já admitiam, mesmo sob a égide do CPC/1973, ação rescisória contra decisões interlocutórias passíveis de rescisão, por traduzirem julgamento sobre o mérito da causa.

Excepcionalmente, nos termos do § 2º do art. 966 do CPC, a decisão transitada em julgado que, embora não tenha resolvido o mérito, poderá ser atacada por ação rescisória, desde que obstaculize propositura de uma nova ação ou impeça o reexame do mérito. Seria o caso, por exemplo, da decisão terminativa com fulcro na existência de coisa julgada - parte final do item V do art. 485 do CPC.

O termo de conciliação judicial desafia ação rescisória, pois transita em julgado, para as partes, no momento de sua homologação – art. 831, parágrafo único, da CLT, c/c as Súmulas 259 e 100, V, do TST.

A Lei 7.701/1988, no art. 2º, I, alínea *c*, estabelece que "compete à SDC julgar as ações rescisórias propostas contra suas sentenças normativas", ou seja, o legislador consagra que cabe ação rescisória contra sentença normativa. O TST, entretanto, faz uma ressalva, especificamente quanto à decisão proferida em ação de cumprimento, não admitindo ação rescisória calcada em ofensa à coisa julgada perpetrada por decisão proferida em ação de cumprimento, à luz da Súmula 397 TST, *verbis*:

> Ação rescisória. Art. 966, IV, do CPC de 2015. Art. 485, IV, do CPC de 1973. Ação de cumprimento. Ofensa à coisa julgada emanada de sentença normativa modificada em grau de recurso. Inviabilidade. Cabimento de mandado de segurança. Não procede ação rescisória calcada em ofensa à coisa julgada perpetrada por decisão proferida em ação de cumprimento, em face de a sentença normativa, na qual se louvava, ter sido modificada em grau de recurso, porque em dissídio coletivo somente se consubstancia coisa julgada formal. Assim, os meios processuais aptos a atacarem a execução da cláusula reformada são a exceção de pré-executividade e o mandado de segurança, no caso de descumprimento do art. 514 do CPC de 2015 (art. 572 do CPC de 1973).

20.4. COMPETÊNCIA

A ação rescisória jamais será julgada por um juiz do trabalho. A competência será sempre dos tribunais (TRT ou TST).

Sintetizando:

- Decisão definitiva proferida por juiz do trabalho ou por juiz de direito investido em jurisdição trabalhista, que já tenha transitado em julgado – a ação rescisória deve ser proposta no TRT.
- Decisão proferida por TRT, que já tenha transitado em julgado – a ação rescisória deve ser proposta no próprio TRT – item 2, da alínea *c*, do inciso I do art. 678 da CLT.
- Decisão proferida pelo TST, que já tenha transitado em julgado – a ação rescisória deve ser proposta no próprio TST – Lei 7.701/1988, arts. 2º, I, *c*, e 3º, I, *a*.

20.5. PREQUESTIONAMENTO EM AÇÃO RESCISÓRIA

Nos termos da Súmula 298 do TST, a conclusão acerca da ocorrência de violação literal a disposição de lei (na linguagem do CPC: "violar manifestamente norma jurídica" – inciso V do art. 966) **pressupõe pronunciamento explícito, na**

decisão rescindenda, sobre a matéria veiculada. Isso nada mais é do que o famoso prequestionamento, exigível nos recursos de natureza extraordinária, e, como se vê, presente também, mesmo que excepcionalmente, em sede de ação rescisória.

O pronunciamento explícito exigido em ação rescisória diz respeito à **matéria e ao enfoque específico da tese debatida na ação**, e não necessariamente ao dispositivo legal tido por violado. Basta que o **conteúdo** da norma reputada violada haja sido abordado na decisão rescindenda para que se considere preenchido o pressuposto.

Não é absoluta a exigência de pronunciamento explícito na ação rescisória, ainda que esta tenha por fundamento violação de dispositivo de lei (violação manifesta de norma jurídica), ou seja, há exceções, por exemplo, quando o vício nasce no próprio julgamento, como se dá com a sentença *extra*, *citra* e *ultra petita*. O mesmo se diga da arguição de "decisão proferida por juiz absolutamente incompetente", cuja ação rescisória, nos termos da OJ 124 da SDI-2, não exige prequestionamento.

QUESTÕES SOBRE AÇÃO RESCISÓRIA

1. **(FGV – Exame de Ordem 2010.2). Segundo a legislação e a jurisprudência sobre a ação rescisória no processo do trabalho, assinale a afirmativa correta.**

(A) A decisão que extingue o processo sem resolução de mérito, uma vez transitada em julgado, é passível de corte rescisório.

(B) É ajuizada independente de depósito prévio, em razão da previsão específica do processo do trabalho.

(C) Quando for de competência originária de tribunal regional do trabalho, admitirá o recurso de revista para o Tribunal Superior do Trabalho.

(D) A sentença de mérito proferida por prevaricação, concussão ou corrupção do juiz, uma vez transitada em julgado, é passível de corte rescisório.

Comentário: Apenas a decisão de mérito (decisão definitiva) atrai ação rescisória, a partir do seu trânsito em julgado (art. 966 do CPC). Logo, por não caber ação rescisória contra decisão terminativa (aquela que não resolve o mérito), a letra "A" está errada. Lembrando que, excepcionalmente, uma sentença terminativa pode atrair ação rescisória, como prevê o § 2º do art. 966 do CPC, mas a questão tem que se referir expressamente a essa restrita previsão, o que não foi o caso do item "A". Assim como no processo civil, o depósito prévio também é exigido no processo trabalhista. No processo civil ele corresponde a 5% do valor da causa ou da condenação (fase de conhecimento) ou do valor da dívida (fase de execução) – art. 968, II, do CPC. No processo do trabalho ele corresponde a 20% do valor da causa ou da condenação (fase de conhecimento) ou do valor da dívida (fase de execução) – art. 836 da CLT e arts. 2º e 3º da IN 31/2007 TST. À luz do § 2º do art. 968 do CPC, compatível com o processo trabalhista, o depósito prévio em ação rescisória não pode ultrapassar o valor correspondente a mil vezes o salário mínimo. São isentos do depósito prévio: União, estados, municípios, DF, autarquias, fundações públicas, consórcios públicos, MPT, Correios, massa falida e o beneficiário da justiça gratuita (art. 968, § 1º, do CPC; art. 836 da CLT; art. 6º da IN 31/2007 TST; e art. 12 do Decreto-Lei 509/1969). A letra "B" está errada. A ação rescisória, por sua natureza (ação que busca anular a coisa julgada), é de competência originária dos tribunais. Significa dizer que jamais um juiz do trabalho, atuando em vara do trabalho, vai processar e julgar ação rescisória. Sendo julgada por um TRT, cabe recurso ordinário para o TST, nos termos do inciso II do art. 895 da CLT. Eis o erro da letra "C". Restou a letra "D", única assertiva correta, em consonância com o inciso I do art. 966 do CPC. Prevaricação é crime específico de servidor público, consistente em retardar ou deixar de praticar, indevidamente, ato de ofício, ou praticá-lo contra disposição expressa de lei, para satisfazer interesse ou sentimento pessoal. Concussão é o ato, praticado pelo servidor público, de exigir, para si ou para outrem, dinheiro ou vantagem em razão da função, direta ou indiretamente, ainda que fora da função ou antes de assumi-la, mas em razão dela.

Resposta: D

2. **(FGV – Exame de Ordem 2010.3). Determinada turma do Tribunal Superior do Trabalho não conheceu de recurso de revista interposto pela empresa Alfa Empreendimentos Ltda. em razão de a decisão recorrida (proferida por tribunal regional do trabalho em sede de recurso ordinário, em dissídio individual) estar em perfeita consonância com enunciado de súmula de Direito material daquela Corte Superior. Transcorrido *in albis* o prazo recursal, essa decisão transitou em julgado. Na condição de advogado contratado pela respectiva empresa, para ajuizamento de ação rescisória, é correto afirmar que a decisão rescindenda será a proferida pelo:**

(A) Tribunal regional do trabalho, em recurso ordinário, tendo competência originária para o seu julgamento o próprio tribunal regional do trabalho.

(B) Tribunal Superior do Trabalho, que não conheceu do recurso de revista, tendo competência originária uma das turmas do próprio Tribunal Superior do Trabalho.

(C) Tribunal regional do trabalho, em recurso ordinário, tendo competência originária para o seu julgamento a Seção Especializada em Dissídios Individuais do Tribunal Superior do Trabalho.

(D) Tribunal Superior do Trabalho, que não conheceu do recurso de revista, tendo competência originária a Seção Especializada em Dissídios Individuais do próprio Tribunal Superior do Trabalho.

Comentário: Em regra, a competência seria do próprio TRT (item I da Súmula 192 do TST), considerando ter sido ele a proferir a última decisão meritória. No caso, entretanto, o não conhecimento do recurso de revista teve por base o fato de a decisão recorrida (decisão do TRT) estar em consonância com súmula de direito material do TST, detalhe que, segundo o item II da Súmula 192 do TST, torna meritória a decisão, razão pela qual é sua a competência para processar e julgar a ação rescisória. A letra "D" está correta.

Resposta: D

3. **(FGV – IX Exame de Ordem). Na Justiça do Trabalho, segundo o entendimento sumulado pelo TST, é correto afirmar-se que o *jus postulandi***

(A) não se aplica à ação rescisória, à ação cautelar, ao mandado de segurança e aos recursos de competência do TST.

(B) não tem mais aplicação na Justiça do Trabalho desde o advento da Emenda Constitucional 45.

(C) aplica-se em todas as causas cujo valor seja inferior a vinte salários mínimos, porque, a partir deste patamar, o advogado é indispensável.

(D) aplica-se irrestritamente na seara trabalhista, em todas as esferas, instâncias e ações, sendo uma de suas características marcantes.

Comentário: A letra "A" está correta, em consonância com a previsão contida na Súmula 425 do TST. O *jus postulandi* também não se aplica às lides que envolvam relação de trabalho que não seja relação de emprego (só se aplica a empregados e empregadores - *caput* do art. 791 CLT).

Resposta: A

4. **(FGV – XII Exame de Ordem). Pedro realizou um acordo em reclamação trabalhista que moveu contra o seu ex-empregador, conferindo quitação quanto ao extinto contrato de trabalho e, em contrapartida, recebeu, no ato da homologação judicial, a quantia de R$ 2.500,00 em espécie. Dez dias após, Pedro arrependeu-se de ter aceitado a transação, entendendo que a quantia recebida seria inferior à que faria jus. Considerando as circunstâncias do caso e de acordo com o entendimento legal e jurisprudencial, assinale a afirmativa correta.**

(A) Pedro poderá ajuizar ação rescisória, no prazo de dois anos, cujo prazo se inicia oito dias após a homologação do acordo.

(B) Pedro poderá ajuizar ação anulatória, buscando o desfazimento do ato jurídico.

(C) Pedro nada poderá fazer, pois houve trânsito em julgado, impedindo recursos, além do que o motivo apresentado não autoriza ação rescisória.

(D) Pedro poderá ajuizar nova ação, postulando outros direitos que não aqueles postulados na ação que redundou no acordo, permitindo a dedução dos R$ 2.500,00 recebidos.

Comentário: Contra termo de conciliação judicial cabe ação rescisória, nos termos da Súmula 259 TST, cujo prazo decadencial de dois anos inicia-se no dia da homologação do termo (dia do trânsito em julgado do termo de conciliação - o trânsito em julgado ocorre com a homologação) - vide parágrafo único do art. 831 da CLT, *caput* do art. 975 do CPC e Súmula 100, V, do TST. O detalhe fulmina a letra "A". A letra "B" também está errada, não cabendo ação anulatória, pois, uma vez homologado o termo de acordo, nasce uma coisa julgada. De outra banda, só quem pode recorrer de termo de conciliação judicial é a União Federal, para discutir matéria previdenciária pertinente à discriminação das verbas, desde que haja título de natureza indenizatória no termo de acordo (parágrafo único do art. 831 da CLT e §§ 4º e 5º do art. 832 CLT). Caso o obreiro ajuíze nova reclamação trabalhista, o juiz proferirá decisão sem resolução meritória, pois ocorreu a "quitação do contrato de trabalho" - *vide* OJ 132 SDI-2 e art. 485, V, do CPC/2015. A letra "D" está errada. A letra "C" é a alternativa correta, pois o "arrependimento", de fato, não justifica o corte rescisório (vide o rol do art. 966 do CPC).

Resposta: C

21

AÇÕES POSSESSÓRIAS

As ações possessórias estão previstas nos arts. 554 a 568 do CPC. São elas:

- Ação de reintegração de posse.
- Ação de manutenção de posse.
- Interdito proibitório.

A Justiça do Trabalho é **competente para processar e julgar ações possessórias**, desde que o litígio seja oriundo de uma relação de trabalho, individual ou coletiva. Muito comum no meio rural, quando o empregado se recusa a desocupar o imóvel cedido pelo empregador, restando a este o ajuizamento da ação de reintegração de posse. A Súmula Vinculante 23 consagrou a competência da Justiça do Trabalho para processar e julgar ação possessória ajuizada em decorrência do exercício do direito de greve pelos trabalhadores da iniciativa privada. É o caso da iminente ameaça de ocupação do estabelecimento patronal pelos grevistas, quando então o empregado pode ajuizar, na Justiça do Trabalho, a ação de interdito proibitório. A competência será do juiz do trabalho (primeira instância), visto que não se trata de "dissídio coletivo".

No estudo das ações possessórias, a diferença entre turbação e esbulho é muito importante, pois, como reza o art. 560 do CPC: no caso de turbação, o possuidor tem direito a ser mantido na posse (deve usar a ação de manutenção de posse).

No caso de esbulho, o possuidor tem direito a ser reintegrado na posse (deve propor a ação de reintegração de posse).

Tanto a turbação como o esbulho são "perturbações à posse", ou seja, o possuidor esbulhado ou turbado está sofrendo uma "inquietação" em sua posse.

Sintetizando:

- O esbulho provoca a **perda** da posse. Exemplo interessante vem do caso em que o ex-empregado não desocupa o imóvel cedido pelo empregador. O esbulho também pode se caracterizar por uma injusta invasão. Observem que o esbulhado tinha, em determinado momento, a posse do bem, mas diante de alguma circunstância terminou perdendo-a. Daí o nome da ação: reintegração (retorno ao *status quo ante*).
- A turbação é uma **"perturbação"** da posse, sem a perda desta, desafiando a ação de manutenção de posse.

Há uma ação chamada imissão de posse. A imissão de posse só deve ser usada quando o autor pleitear a posse de um bem do qual **jamais foi possuidor**. Digamos que uma pessoa arremata determinado bem imóvel em hasta pública (praça ou leilão), mas o executado se nega a desocupar o imóvel arrematado. A ação a ser proposta pelo arrematante é a ação de imissão de posse.

E o interdito proibitório?

A ação de interdito proibitório está prevista nos arts. 567 e 568 do CPC, tendo natureza de ação preventiva, exatamente para evitar a perda da posse, diante da probabilidade de iminente agressão à posse. Tem natureza de tutela provisória de urgência. O interdito proibitório leva ao requerimento de expedição de um mandado proibitório, exatamente para proibir que o ato (invasão/ocupação) seja praticado pelo réu (obrigação de não fazer, com a fixação de astreintes).

O empregado pode propor uma ação possessória? Claro que sim!

Digamos que um empregado recebeu, no primeiro ano do contrato, como **"prêmio"**, por ocupar um **cargo de chefia**, um veículo. O bem, convenhamos, nunca teve natureza de prêmio, cuja definição encontra-se no § 4º do art. 457 da CLT. O veículo também não era indispensável para o desempenho do serviço (vide o item I da Súmula 367 do TST). Com isso, o referido bem assumiu natureza remuneratória (salário *in natura*), pois foi repassado como típica gratificação de função, nos termos do § 1º do art. 457 da CLT. Caso o empregador esteja turbando ou esbulhando a sua posse em relação àquele bem, poderá o obreiro propor, na Justiça do Trabalho, ação possessória, inclusive de interdito proibitório.

QUESTÃO COMENTADA SOBRE AÇÕES POSSESSÓRIAS

1. (FGV – IV Exame de Ordem). A respeito das ações possessórias, assinale a alternativa correta.

(A) A propositura da ação de reintegração de posse, quando cabível manutenção de posse, torna impossível o acolhimento do pedido, impondo a extinção sem resolução do mérito.

(B) Quando for ordenada a justificação prévia, o prazo para contestar contar-se-á da intimação do despacho que deferir ou não a medida liminar.

(C) É vedada a cumulação de pedidos com o pedido possessório.

(D) O possuidor tem direito a ser mantido na posse em caso de esbulho e reintegrado no de turbação.

Comentário: O art. 554 do CPC, a exemplo do que já previa o antigo CPC, manteve o sempre elogiável princípio da fungibilidade, arrematando que a propositura de uma ação possessória em vez de outra não obstará a que o juiz conheça do pedido e outorgue a proteção legal correspondente àquela cujos pressupostos estejam provados. A letra "A", por conseguinte, está errada. O juiz, diante de uma ação de manutenção ou de reintegração de posse, pode deferir de imediato, sem ouvir o réu (*inaudita altera parte*), a expedição de mandado liminar de manutenção ou de reintegração. Não convencido, naquele momento, da probabilidade do direito e do perigo de dano irreparável ou de difícil reparação, o juiz poderá determinar ao autor que justifique previamente o alegado (justificação prévia), para, depois disso, decidir se concederá ou não a liminar (art. 562 do CPC). Quando for ordenada a justificação prévia, o prazo para contestar será contado da intimação da decisão que deferir ou indeferir a medida liminar (parágrafo único do art. 562 do CPC), eis por que a letra "B" está correta. É lícito ao autor da ação possessória cumular ao pedido possessório o de condenação em perdas e danos e o de indenização dos frutos, razão pela qual a letra "C" está errada. Turbação é uma "perturbação" à posse (uma "ameaça"). Esbulho é a "perda" da posse. Logo, nos termos do art. 560 do CPC, o possuidor tem direito a ser mantido na posse em caso de turbação e reintegrado em caso de esbulho. A letra "wD" está errada, pois inverteu a previsão.

Resposta: B

22

DISSÍDIOS COLETIVOS

Dissídio é sinônimo de conflito, discordância, desavença etc. No processo trabalhista, entretanto, "dissídio coletivo" é uma ação (definido por alguns como um "processo" de pacificação de conflitos coletivos). Os dissídios coletivos estão regulados nos arts. 856 a 875 da CLT.

A previsão contida no art. 856 da CLT, de que a "instância" poderá ser instaurada de ofício pelo presidente do tribunal, não possui mais efetividade, visto que não foi recepcionada pela Constituição Federal.

A petição inicial será necessariamente escrita, contendo as razões do dissídio e, necessariamente, as bases para uma conciliação (propostas das partes) - art. 858 da CLT.

Os dissídios coletivos se dividem em:

- Dissídio coletivo de natureza econômica
- Dissídio coletivo de natureza jurídica
- Dissídio coletivo de greve

No **dissídio coletivo de natureza econômica**, as partes buscam a constituição de uma norma, ou seja, provocam o tribunal trabalhista para que ele atue como legislador, em clara função atípica do Poder Judiciário (Poder Normativo da Justiça do Trabalho). Daí dizer que esse tipo de dissídio tem **natureza constitutiva**. Tem de ser proposto pelas partes, de **comum acordo**, como dispõe o § 2º do art. 114 da CF. Trata-se, portanto, de litisconsorte ativo necessário. Impera o entendimento de que a exigência de "comum acordo" não fere o inciso XXXV do art. 5º da CF, pois o conflito não envolve "lesão ou ameaça a direito", apenas "negociação coletiva frustrada" que não foi submetida à arbitragem (§ 1º do art. 114 da CF). A tentativa prévia de negociação coletiva, também, é condição da ação.

No **dissídio coletivo de natureza jurídica**, previsto no *caput* do art. 1º da Lei 7.701/1988 e nos regimentos internos dos tribunais trabalhistas, o autor busca obter do Judiciário trabalhista uma **interpretação de cláusula de norma coletiva**. Tem natureza de **ação declaratória**, não se exigindo litisconsorte ativo.

No **dissídio coletivo de greve**, o autor, seja o empregador, seja seu sindicato, busca obter a declaração de abusividade do movimento grevista e uma ordem judicial de retorno dos trabalhadores ao labor, podendo o tribunal decidir sobre pontos controvertidos do dissídio. Logo, tem **natureza declaratória**, no julgamento da abusividade ou não da greve, **mas também pode ter natureza condenatória**, mediante obrigação de não fazer (suspender a greve), obrigação de fazer (retorno ao trabalho em prazo fixado na decisão) e obrigação de pagar (*astreintes* - multa por descumprimento de obrigação de fazer e/ou de não fazer). Não exige litisconsorte ativo. Excepcionalmente, poderá o MPT (Ministério Público do Trabalho) propor dissídio coletivo de greve, quando o movimento paredista estiver afetando serviço ou atividade essencial (art. 10 da Lei 7.783/1989), colocando em risco o interesse público, à luz da previsão contida no § 3º do art. 114 da CF.

A **sentença normativa**, decisão proferida no dissídio coletivo de natureza econômica, tem natureza de fonte formal heterônoma do direito do trabalho, podendo viger por até quatro anos, nos termos do parágrafo único do art. 868 da CLT.

> Precedente normativo 120 do TST. Sentença normativa. Duração. Possibilidade e limites. A sentença normativa vigora desde seu termo inicial até que sentença normativa, convenção coletiva de trabalho ou acordo coletivo de trabalho superveniente produza sua revogação, expressa ou tácita, respeitado, porém, o prazo máximo legal de quatro anos de vigência.

Contra sentença normativa ou qualquer decisão definitiva ou terminativa proferida por TRT, em dissídio coletivo, cabe recurso ordinário para o TST, no prazo de oito dias - inciso II do art. 895 da CLT.

Contra sentença normativa ou qualquer decisão definitiva ou terminativa, inclusive homologatória de acordo, proferida pelo TST (quem julga é a SDC), desde que não unânime, cabem embargos infringentes (ou embargos à SDC), para a própria SDC, no prazo de oito dias - alínea *a* do inciso I do art. 894 da CLT, c/c o art. 6º da Lei 5.584/1970.

Nos dissídios coletivos, a Lei 7.701/1988 (arts. 7º, §§ 2º e 6º, e 9º) prevê a possibilidade de o presidente do tribunal conceder, mediante requerimento do recorrente, efeito suspensivo a recurso, pelo prazo improrrogável de 120 dias. Logo, não há necessidade de tutela provisória de urgência de natureza cautelar.

O dissídio coletivo restrito à jurisdição de um TRT por este será processado e julgado, como prevê o art. 678, I, *a*, da CLT. Os dissídios coletivos que abarquem a jurisdição de mais de um TRT (suprarregional) serão processados e julgados pelo

TST, nos termos do art. 2º, I, *a*, da Lei 7.701/1988 (há uma exceção, pertinente ao estado de São Paulo, que possui dois tribunais regionais, o da 2ª Região e o da 15ª Região; ocorrendo dissídio coletivo abarcando todo o estado de São Paulo, mas não se estendendo a outro, a competência não será do TST, mas do TRT da 2ª Região, com sede na capital paulista).

Os juízes do trabalho (primeira instância da Justiça do Trabalho) não têm competência para processar e julgar dissídios coletivos, mas têm competência para processar e julgar ação de cumprimento.

A **ação de cumprimento** é aquela usada no caso de descumprimento de norma coletiva (acordo coletivo, convenção coletiva, sentença arbitral coletiva ou sentença normativa). Ela será processada e julgada nas varas do trabalho – art. 872, parágrafo único, da CLT e Súmula 286 do TST.

QUESTÕES SOBRE DISSÍDIOS COLETIVOS

1. **(FGV – XI Exame de Ordem). No acordo coletivo em vigor firmado pela empresa Pluma Comércio de Óculos Ltda. existe uma cláusula na qual os seus empregados podem adquirir as mercadorias lá produzidas a preço de custo. Emerson, empregado desta firma, pretendia comprar um par de óculos, mas o empregador exigiu que ele pagasse também o valor da margem mínima de lucro do comércio local. Diante do ocorrido, assinale a alternativa que contempla a ação que, de acordo com a CLT, deverá ser ajuizada por Emerson para fazer prevalecer o seu direito.**

(A) Execução de título extrajudicial.
(B) Mandado de segurança.
(C) Ação de cumprimento.
(D) Ação monitória.

Comentário: O empregador, no caso, descumpriu acordo coletivo de trabalho. Quando há o descumprimento de norma coletiva (acordo coletivo, convenção coletiva, sentença arbitral coletiva e sentença normativa), pode o empregado ou o sindicato, na qualidade de substituto processual, ajuizar **ação de cumprimento**, nos termos do parágrafo único do art. 872 da CLT, do art. 7º, § 6º, e do art. 10 da Lei 7.701/1988, das Súmulas 286, 350 e 246 do TST e da OJ 188 SDI-1. A letra "C" é a correta.

Resposta: C

2. **(FGV – XI Exame de Ordem). Tendo em vista a proximidade de realização de grande evento na área de esportes, a cidade de Tribobó do Oeste decidiu reformar seu estádio de futebol. Para tanto, após licitação, contratou a empresa Alfa Ltda. para executar a reforma no prazo de um ano. Faltando dois meses para a conclusão da obra e a realização do megaevento, os operários entraram em greve, paralisando os trabalhos integralmente. Diante desses fatos, assinale a afirmativa que se coaduna com a legitimidade ativa para instauração do dissídio coletivo.**

(A) Tanto a empresa Alfa Ltda. como o sindicato da categoria dos empregados poderá instaurar a instância, sendo o ato privativo das partes litigantes.

(B) Apenas o sindicado dos empregados poderá requerer a instauração do dissídio coletivo, já que se trata do sujeito ativo no caso de greve, sendo a empresa Alfa ré no processo.

(C) Por haver interesse público a legitimidade ativa é exclusiva da empresa e do sindicato, bem como do Ministério Público do Trabalho, em caráter excepcional.

(D) O dissídio poderá ser instaurado pelas partes por representação escrita ao presidente do tribunal; bem como por iniciativa do próprio presidente e, ainda, por requerimento do Ministério Público do Trabalho.

Comentário: Mais uma questão infeliz, traduzindo a superada previsão do art. 856 da CLT, que bate com a letra "D" (apontada como correta no gabarito). Estamos diante do famoso "dissídio coletivo de greve", que não se confunde com o "dissídio coletivo de natureza econômica". O de natureza econômica, nos termos do art. 114, § 2º, da CF, só pode ser ajuizado pelas partes, "de comum acordo" (litisconsórcio ativo necessário – questão que ainda está em discussão no STF, mediante repercussão geral tatuada em agosto de 2015). Já o dissídio coletivo de greve pode ser ajuizado pelo empregador ou por seu sindicato, buscando a declaração de abusividade do movimento paredista e a ordem de retorno ao trabalho. Excepcionalmente, poderá o MPT ajuizar dissídio coletivo de greve, desde que ela esteja afetando serviços considerados essenciais (art. 10 da Lei 7.783/1989), colocando em risco o interesse público (*vide* art. 114, § 3º, CF). A instauração do dissídio coletivo "de ofício", pelo presidente do tribunal, não foi recepcionada pela CF (§ 2º do art. 114 CF, mesmo antes da nova redação dada pela EC 45). A letra "C" está menos "ofensiva" que a letra "D".

Resposta: D (vide observações feitas no comentário)

3. **(FGV – XVI Exame de Ordem). Julgado dissídio coletivo entre uma categoria profissional e a patronal, em que foram concedidas algumas vantagens econômicas à categoria dos empregados, estas não foram cumpridas de imediato pela empresa Alfa Ltda. Diante disso, o sindicato profissional decidiu ajuizar ação de cumprimento em face da empresa. Sobre o caso apresentado, assinale a afirmativa correta.**

(A) Deverá aguardar o trânsito em julgado da decisão, para ajuizar a referida ação.

(B) Poderá ajuizar a ação, pois o trânsito em julgado da sentença normativa é dispensável.

(C) Não juntada a certidão de trânsito em julgado da sentença normativa, o feito será extinto sem resolução de mérito.

(D) Incabível a ação de cumprimento, no caso.

Comentário: Nos termos da Súmula 246 do TST, é dispensável o trânsito em julgado da sentença normativa para a propositura da ação de cumprimento, motivo pelo qual a letra "B" está correta. Como prevê o art. 7º, § 6º, da Lei 7.701/1988, a sentença normativa poderá ser objeto de ação de cumprimento a partir do vigésimo dia subsequente ao do julgamento, fundada no acórdão ou na certidão de julgamento, salvo se concedido efeito suspensivo ao recurso, pelo presidente do Tribunal Superior do Trabalho. No mesmo sentido o art. 10 da Lei 7.701/1988: "Nos dissídios coletivos de natureza econômica ou jurídica de competência originária ou recursal da seção normativa do Tribunal Superior do Trabalho, a sentença poderá ser objeto de ação de cumprimento com a publicação da certidão de julgamento."

Ao contrário dos dissídios individuais, marcados pela inexistência de efeito suspensivo (art. 899, *caput*, CLT), que, para ser obtido, precisa ser objeto de um pedido de concessão de tutela provisória de urgência cautelar, nos dissídios coletivos há previsão legal para a concessão de efeito suspensivo a recurso, que não pode ultrapassar 120 dias (art. 9º da Lei 7.701/1988).

Resposta: B

23

PROCESSO DE EXECUÇÃO

A Reforma Trabalhista, implantada pela Lei 13.467/2017, alterou a redação do *caput* do art. 878 da CLT e revogou expressamente o seu parágrafo único. Com isso, o legislador soterrou o princípio da execução *ex officio*, dispondo, agora, que "*a execução será promovida pelas partes*", ou, melhor dizendo, **por seus advogados**, e não mais pelo próprio juízo.

Importante destacar "a presença do advogado", pois a norma manteve, como exceção, o antigo princípio, ao "**permitir a execução de ofício pelo juízo apenas nos casos em que as partes não estiverem representadas por advogado**".

Afinal, o princípio da execução *ex officio* foi ou não foi exterminado?

Foi sim, pois princípio é regra, e a execução de ofício, depois da Reforma Trabalhista, transformou-se em exceção, deixando, portanto, de ser um princípio do processo trabalhista.

O juiz do trabalho, por conseguinte, não poderá mais iniciar de ofício a execução, **salvo** quando o exequente não possuir advogado (*jus postulandi*; morte do advogado de credor, sem que este o tenha substituído; revogação do mandato etc.).

Com isso, surgiu mais uma "assombração" na vida dos advogados, visto que, a partir do trânsito em julgado da decisão, o advogado do credor terá dois anos para "ajuizar" **ação de execução**, requerendo o início do processo executório. Não o fazendo dentro do referido biênio, incidirá a **prescrição da execução**, capaz de fulminar a pretensão executória, nos termos da Súmula 150 do STF.

A prescrição da execução já era aplicada para os títulos executivos extrajudiciais. Passou a incidir, a partir do dia 11/11/2017, também sobre os títulos executivos judiciais, mediante a incidência do art. 14 do CPC: "*A norma processual não retroagirá e será aplicável imediatamente aos processos em curso, respeitados os atos processuais praticados e as situações jurídicas consolidadas sob a vigência da norma revogada*".

Aplicamos, no nosso sistema processual, a **Teoria do Isolamento dos Atos Processuais**, à luz do art. 1.046 do CPC: "*Ao entrar em vigor este Código, suas* *disposições se aplicarão desde logo aos processos pendentes*". Sendo assim, aos atos processuais ainda não realizados, a Reforma Trabalhista incidirá. Serão respeitados, entretanto, os atos processuais já praticados na regência da lei antiga, significando que a nova legislação é irretroativa, não alcançando os atos processuais efetivados, nem seus efeitos, mas aplicando-se aos atos processuais que ainda serão realizados.

O CPC faz a distinção entre o procedimento executório (satisfativo) dos títulos judiciais e o procedimento executório (satisfativo) dos títulos extrajudiciais. O primeiro é chamado de "cumprimento de sentença" que, na verdade, é o "cumprimento da decisão", incluindo os termos de conciliação homologados pelo órgão jurisdicional e a sentença arbitral. O segundo é nominado processo de execução.

A CLT não faz essa separação, incluindo no processo de execução todos os títulos, judiciais e extrajudiciais.

No processo civil, mesmo no caso de título judicial, o cumprimento da decisão depende de iniciativa do interessado (credor/exequente) – § 1º do art. 513 do CPC. Com a nova redação dada pela Lei 13.467/2017 ao art. 878 da CLT, processo civil e processo trabalhista, nesse aspecto da necessidade de "iniciativa do credor", foram igualados.

O art. 889 da CLT dispõe que, no caso de omissão na legislação processual trabalhista na fase de execução, deve ser aplicada a LEF (Lei 6.830/1980), e, caso persista a lacuna, deve ser aplicado o CPC. Eis a razão pela qual a jurisprudência trabalhista repele a aplicação subsidiária ou supletiva do § 1º do art. 523 do CPC, que prevê a multa de 10% no caso de descumprimento de sentença (vide, por exemplo, a Súmula 26 do TRT da 6ª Região).

23.1. DOS TÍTULOS EXECUTIVOS

A CLT inicia a regulação do processo de execução definindo, no art. 876, os títulos executivos: "*As decisões passadas em julgado ou das quais não tenha havido recurso com efeito suspensivo; os acordos, quando não cumpridos; os termos de ajuste de conduta firmados perante o Ministério Público do Trabalho; e os termos de conciliação firmados perante as Comissões de Conciliação Prévia serão executados pela forma estabelecida neste Capítulo*".

As sentenças e os acórdãos de natureza condenatória, assim como os termos de conciliação homologados na Justiça do Trabalho, são títulos executivos judiciais. Os termos de ajuste de conduta, firmados com o MPT, e os termos de conciliação, pactuados nas comissões de conciliação prévia, são títulos executivos extrajudiciais.

Sempre defendi a tese de que o rol do art. 876 da CLT é meramente exemplificativo, em face da aplicação subsidiária da Lei das Execuções Fiscais (Lei 6.830/1980) e supletiva do CPC (arts. 515 e 784), à luz do art. 889 da CLT e do art. 15 do CPC.

O TST, mesmo que timidamente, passou a admitir a execução de títulos extrajudiciais previstos no CPC. O art. 13 da IN 39/2016 do TST assim dispõe: "*Por aplicação supletiva do art. 784, I (art. 15 do CPC), o* ***cheque*** *e a* ***nota promissória*** *emitidos em reconhecimento de dívida inequivocamente de natureza trabalhista também são títulos extrajudiciais para efeito de execução perante a Justiça do Trabalho, na forma do art. 876 e segs. da CLT*". A redação, *data maxima venia*, mostra-se equivocada, pois a competência de uma Justiça não é balizada pela "natureza da verba que gerou a dívida", e sim pela "natureza da relação jurídica de direito material deduzida em juízo".

A LEF (Lei 6.830/1980), por sua vez, prevê, como título executivo extrajudicial, a **Certidão de Dívida Ativa**. Título também consagrado no inciso IX do art. 784 do CPC. Será que a Justiça do Trabalho tem competência para executar alguma certidão de dívida ativa? A resposta é positiva, com fulcro no inciso VII do art. 114 da CF, que consagra a competência da Justiça do Trabalho para processar e julgar as "*ações relativas às penalidades administrativas impostas aos empregadores pelos órgãos de fiscalização das relações de trabalho*". Essas "ações" podem ser cognitivas (mandado de segurança e ação anulatória, por exemplo), ou executórias (ação de execução de título executivo extrajudicial, no caso, a certidão de dívida ativa da União, oriunda de multa administrativa aplicada pela fiscalização do Ministério do Trabalho, e as ações incidentais, como embargos à execução, por exemplo).

Digamos que um auditor fiscal do trabalho tenha aplicado multa administrativa sobre determinada empresa por descumprimento à legislação trabalhista, lavrando o competente auto de infração. Mediante recursos administrativos, a empresa tentou livrar-se da penalidade, sem sucesso. Buscou anular o ato infracional na Justiça do Trabalho, também sem sucesso. A dívida não foi paga, gerando sua inclusão na dívida ativa da União (a União é a credora da dívida). Nasce a certidão de dívida ativa da União, que será executada pela Procuradoria da Fazenda Nacional na Justiça do Trabalho – inciso VII do art. 114 da CF. Nesse processo específico, o juiz não vai aplicar a legislação trabalhista, mas a LEF (Lei 6.830/1980).

Na edição anterior desta obra, já defendia a homologação de acordo extrajudicial, exatamente para diminuir a quantidade de lides simuladas na Justiça do Trabalho, além da arbitragem, especificamente para empregados diferenciados. A Reforma Trabalhista brindou-nos com os dois institutos, inserindo-os na CLT.

O termo homologatório de acordo extrajudicial, que passou, a partir da Reforma Trabalhista (Lei 13.467/2017), a integrar, definitivamente, a legislação processual trabalhista, à luz dos arts. 855-B a 855-E da CLT, é um título executivo judicial.

A arbitragem, para dissídios individuais, também se concretizou com o advento da Lei 13.467/2017 (Reforma Trabalhista), mediante a inclusão do parágrafo único ao art. 444 da CLT (definição do empregado diferenciado ou "hipersuficiente") e a criação do art. 507-A da CLT, que tornou legalmente viável a inclusão no contrato de trabalho de cláusula compromissória arbitral (convenção de arbitragem). Sendo assim, a sentença arbitral passou a ser um título executivo compatível com o processo trabalhista (curiosamente o CPC inclui a sentença arbitral no rol dos títulos executivos judiciais).

Dessarte, o termo homologatório de acordo extrajudicial (inciso III do art. 515 do CPC) e a sentença arbitral (inciso VII do art. 515 do CPC) passaram a ter, definitivamente, natureza de títulos executivos **judiciais** no processo laboral.

Essa sentença arbitral não se confunde com a "sentença arbitral coletiva", prevista a partir do § 1º do art. 114 da CF, a qual tem natureza de "norma coletiva" e, portanto, não é título executivo, pois o seu descumprimento desafia o ajuizamento de ação de conhecimento, chamada de "ação de cumprimento", prevista no art. 872 da CLT.

A sentença penal condenatória transitada em julgado também tem espaço como título executivo judicial no processo do trabalho (art. 515, VI, do CPC/2015), pois dela pode exalar indenização por dano, como condenação acessória, a ser executada no "juízo cível", que pode ser a Justiça do Trabalho, a depender da **natureza da relação jurídica de direito material deduzida em juízo.**

Quanto aos **títulos executivos extrajudiciais**, a CLT resume-os a dois no art. 876 (termo de ajuste de conduta firmado com o MPT e termo de conciliação firmado perante CCP). O art. 13 da IN 39/2016 do TST adicionou mais dois (cheques e notas promissórias). A LEF prevê mais um (Certidão de Dívida Ativa da União, insculpida no inciso IX do art. 784 do CPC, decorrente de penalidade administrativa aplicada pela fiscalização trabalhista). Eu incluiria ainda, com todo o respeito, o documento particular assinado pelo devedor e por duas testemunhas, previsto no inciso III do art. 784 do CPC (a minha posição, quanto a documento particular, não é recomendável para concursos públicos e Exame de Ordem).

Executar um título extrajudicial significa imprimir celeridade e simplicidade ao processo, traduzindo bem a missão da Justiça do Trabalho.

As normas coletivas (acordo coletivo de trabalho, convenção coletiva de trabalho, sentença arbitral coletiva e sentença normativa) não são títulos executivos judiciais. No caso de descumprimento, cabível o ajuizamento de ação de cumprimento na primeira instância da Justiça do Trabalho (ação de conhecimento), como dispõe o art. 872 da CLT.

Para facilitar o estudo, elaborei um resumo dos títulos executivos.

Sintetizando:

Títulos Executivos Judiciais

- Decisão condenatória proferida por órgão da Justiça do Trabalho.
- Termo de conciliação judicial homologado por juiz do trabalho.
- Termo de conciliação de acordo extrajudicial homologado por juiz do trabalho.
- Sentença arbitral.
- Sentença penal condenatória transitada em julgado.

Títulos Executivos Extrajudiciais

- Termo de conciliação firmado em comissão de conciliação prévia.
- Termo de ajuste de conduta firmado com o MPT.
- Cheque.
- Nota promissória.
- Certidão de dívida ativa da União pertinente a multas aplicadas pelo MTE.

23.2. EXECUÇÃO DAS CONTRIBUIÇÕES PREVIDENCIÁRIAS

A execução, além de abarcar o crédito do exequente e as custas/despesas processuais, também alcança as contribuições previdenciárias calculadas sobre as verbas condenatórias de natureza remuneratória – art. 114, VIII, da CF.

A execução das contribuições previdenciárias dar-se-á de ofício e marca a competência previdenciária meramente acessória da Justiça do Trabalho.

O juiz do trabalho não tem competência cognitiva previdenciária, mas apenas executória. Significa dizer que o juiz não pode condenar o empregador a recolher as contribuições pertinentes a determinado contrato de trabalho. Também não pode averbar tempo de serviço para fins de aposentadoria. Proferida a sentença e existindo verba de natureza remuneratória no seu corpo, será realizada a liquidação, inclusive das contribuições previdenciárias incidentes – art. 879, § 1º-A, da CLT.

Isso fica bem claro quando é realizado um acordo na fase de execução em valor menor que aquele que está sendo cobrado, pois essa redução afetará também o crédito previdenciário, na mesma proporção da redução do principal, atraindo o adágio "o acessório segue o principal" – OJ 376 da SDI-1, c/c o art. 43, § 5º, da Lei 8.212/1991:

> OJ 376 da SDI-1. Contribuição previdenciária. Acordo homologado em juízo após o trânsito em julgado da sentença condenatória. Incidência sobre o valor. É devida a contribuição previdenciária sobre o valor do acordo celebrado e homologado após o trânsito em julgado de decisão judicial, respeitada a proporcionalidade de valores entre as parcelas de natureza salarial e indenizatória deferidas na decisão condenatória e as parcelas objeto do acordo.

> Art. 43, § 5º, da Lei 8.212/1991. Na hipótese de acordo celebrado após ter sido proferida decisão de mérito, a contribuição será calculada com base no valor do acordo.

Sempre é bom lembrar que **o § 6º do art. 832 da CLT foi revogado tacitamente pela Lei 11.941/2009**, que atribuiu a redação atual ao § 5º do art. 43 da Lei 8.212/1991.

O executado poderá efetuar o recolhimento imediato das contribuições previdenciárias que entender cabíveis ao INSS, sem prejuízo da execução de eventuais diferenças consideradas devidas pelo juízo da execução trabalhista e sem que o recolhimento represente confissão de dívida ao trabalhador – art. 878-A da CLT.

As contribuições previdenciárias serão recolhidas em sua totalidade quando da execução definitiva pelo empregador, que, uma vez comprovando o pagamento, terá direito ao ressarcimento do valor correspondente à parte devida pelo empregado, como reza o item II da Súmula 368 do TST.

23.3. DA COMPETÊNCIA FUNCIONAL

A competência funcional, também apelidada de competência hierárquica, diz respeito ao órgão da Justiça do Trabalho competente para executar o título, judicial ou extrajudicial.

O art. 877 da CLT esclarece que a competência para a execução de títulos executivos judiciais será do órgão jurisdicional que tiver conciliado ou julgado **originariamente** o dissídio.

Digamos que o juiz do trabalho da 100ª Vara do Trabalho de João Pessoa/PB tenha proferido sentença condenatória que foi alvo de recurso ordinário. O TRT da 13ª Região negou provimento ao recurso ordinário, sendo interposto contra o acórdão recurso de revista, que não foi provido por uma turma do TST. Contra esta decisão foram interpostos embargos de divergência à SDI. Negado provimento aos embargos, o recorrente interpôs recurso extraordinário, não provido pelo STF. Depois de alguns anos e diversos recursos, finalmente a decisão transitou em julgado na derradeira decisão recursal proferida pelo Supremo Tribunal. A execução definitiva iniciar-se-á, de ofício ou a requerimento, na 100ª Vara do Trabalho de João Pessoa/PE, na qual foi **originariamente** julgada. É isso.

Como estamos estudando direito e não matemática, uma exceção à regra existe e está prevista na Súmula 10 do STJ.

> Súmula 10 do STJ. Instalada a junta de conciliação e julgamento [*hoje é vara do trabalho*], cessa a competência do juiz de Direito em matéria trabalhista, **inclusive para a execução das sentenças por ele proferidas** (sem grifos ou complementos no original).

Nas localidades desprovidas de jurisdição de vara do trabalho, os juízes de direito atuarão como se juízes do trabalho fossem – art. 112 da CF, c/c o art. 668 da CLT. Porém, a partir do momento em que a localidade passar a ser abrangida por jurisdição de vara do trabalho, o juiz de direito perderá toda a sua competência trabalhista, seja para os processos em fase de conhecimento, seja para as execuções em curso.

Em se tratando de título executivo extrajudicial, a competência será fixada mediante os mesmos critérios utilizados no processo de conhecimento – art. 878-A da CLT.

23.4. DA LIQUIDAÇÃO DE SENTENÇA

Nos termos do art. 879 da CLT, sendo ilíquida a sentença exequenda, esta será previamente liquidada, mediante cálculo, ou, se necessário, por arbitramento ou por artigos. A liquidação, por conseguinte, é uma fase pré-executória, ou, se preferir, uma etapa preparatória para execução forçada, já que esta exige um título líquido, certo e exigível.

Muito importante destacar que na liquidação não poderá ocorrer a modificação ou a inovação da sentença, não sendo admissível qualquer discussão acerca da matéria pertinente à causa principal. A liquidação está aprisionada ao comando sentencial – vide § 1º do art. 879 da CLT.

A CLT, no § 1º-B do art. 879, prevê que as partes serão previamente intimadas para a apresentação do cálculo de liquidação, inclusive das contribuições previdenciárias. Algumas unidades jurisdicionais já proferem sentenças líquidas, fato que afasta a necessidade de futuramente a decisão precisar ser liquidada. Outras, depois do trânsito em julgado da decisão, já determinam que a liquidação seja feita pela própria contadoria da vara. Logo, na prática, nem sempre as partes serão intimadas para a apresentação dos cálculos.

A nova redação do § 2º do art. 879 da CLT, dada pela Lei 13.467/2017 (Reforma Trabalhista), dispõe que **o juiz deverá** abrir às partes **prazo de oito dias para impugnação fundamentada da decisão de liquidação**, com a indicação dos itens e valores objeto da discordância, **sob pena de preclusão.**

A intimação das partes, antes meramente facultativa, tornou-se obrigatória e a não impugnação, no prazo de oito dias, gera preclusão temporal. Isso já acontecia com o crédito previdenciário, por conta do § 3º do art. 879 da CLT, mantido pela Reforma Trabalhista, que fixa prazo de dez dias para a União se manifestar sobre o cálculo das contribuições previdenciárias.

A mudança afetou diretamente o § 4º do art. 884 da CLT, que diz: "*Julgar-se-ão na mesma sentença os embargos e as impugnações à liquidação apresentadas pelos credores trabalhista e previdenciário*". Essa norma perdeu toda a sua efetividade, podendo até ser considerada tacitamente revogada.

Elaborada a conta e tornada líquida a sentença, exequente e executado serão intimados para, no prazo de oito dias, impugnar a decisão de liquidação (§ 2º do art. 879 da CLT). Existindo verba de natureza remuneratória, a União também será intimada para se manifestar sobre o cálculo previdenciário, no prazo de dez dias (§ 3º do art. 879 da CLT).

O juiz, diante das impugnações (ou da impugnação, caso apenas uma parte se manifeste), proferirá decisão tipicamente interlocutória, visto que estará apenas resolvendo uma questão incidental (o epíteto usado na parte final do § 3º do art. 884 da CLT – "sentença de liquidação", desde 1954, é fruto de um grave erro do nosso legislador).

Conforme expus no Capítulo 12 da Parte 2 desta obra, cabe agravo de petição contra a decisão que julgar as impugnações aos cálculos, mesmo sendo esta uma típica decisão interlocutória, com base na mantença do § 1º do art. 897 da CLT e no natural esvaziamento dos embargos à execução.

A Reforma Trabalhista, por conseguinte, gerou uma nova exceção ao princípio da irrecorribilidade imediata das decisões interlocutórias e revogou tacitamente o já fragilizado § 3º do art. 884 da CLT.

A liquidação por arbitramento ocorre quando o título executivo judicial não propiciar os elementos necessários ao encontro da quantia da dívida por meros cálculos aritméticos. Está prevista no art. 509, I, do CPC e no § 6º do art. 879 da CLT. Na liquidação por arbitramento será nomeado um perito, que confeccionará o laudo técnico de apuração do valor da dívida, submetendo-o à apreciação do juiz. A partir daí, caso o juiz homologue o *quantum debeatur*, a execução processar-se-á da forma já descrita.

A liquidação por "artigos" está prevista no art. 509, II, do CPC e será processada pelo procedimento comum, incidindo quando houver a necessidade de "alegar e provar fato novo". *Data maxima venia*, não há "fato novo", mormente porque na liquidação não se pode modificar ou inovar a sentença liquidanda, nem discutir matéria pertinente à causa principal (§ 1º do art. 879 da CLT). De novo, o fato nada tem. Trata-se na verdade de fatos insuficientemente investigados no processo de conhecimento, gerando lacunas que se perpetuaram na coisa julgada. Na liquidação por artigos, o juiz "retornará à fase cognitiva", podendo ouvir as partes, as testemunhas etc. Eis por que o CPC diz que ela se processará pelo "procedimento comum".

23.5. DA DESCONSIDERAÇÃO DA PERSONALIDADE JURÍDICA

O incidente de desconsideração da personalidade jurídica está previsto nos arts. 133 a 137 do CPC, aplicáveis, em sua integralidade, ao processo trabalhista, por determinação do novo art.855-A da CLT.

O processo civil exige, para a desconsideração, a iniciativa da parte ou do Ministério Público, quando lhe couber intervir no processo (*caput* do art. 133), podendo ocorrer nas fases de conhecimento ou de execução. Na execução trabalhista, o requerimento do interessado passou a ser necessário, como já o era na fase de conhecimento, sendo certo que o art. 855-A da CLT destruiu a parte final do *caput* do art. 6º da IN 39/2016 do TST, que permitia ao juízo instaurar de ofício o incidente de desconsideração da empresa executada.

Instaurado o incidente de desconsideração da personalidade jurídica, o processo será suspenso, como prevê o § 2º do art. 855-A da CLT, sem prejuízo de concessão da tutela provisória de urgência de natureza cautelar. A suspensão do feito não ocorrerá quando a desconsideração da personalidade jurídica for requerida já na petição inicial (o reclamante ajuizou reclamação perante a pessoa jurídica e seus sócios), situação que não exige a "instauração" do incidente, pois todos os reclamados serão citados – §§ 2º e 3º do art. 134 do CPC.

A desconsideração da personalidade jurídica poderá também ocorrer de forma "inversa", quando o réu for pessoa física e existirem indícios de sua participação em determinada sociedade ou ocultação de patrimônio em nome de pessoa jurídica. A expressão já era consagrada pela doutrina e pela jurisprudência, definindo a busca pela responsabilização da sociedade por dívidas ou aos atos praticados pelos sócios. Hoje ela está consagrada no § 2º do art. 133 do CPC.

Instaurado o incidente e suspenso o processo, o sócio ou a pessoa jurídica (desconsideração reversa e inversa, respectivamente) será **intimado** para manifestar-se e requerer as provas cabíveis no prazo de quinze dias. O art. 135 do CPC fala em "citação", mas, na execução trabalhista, o ato citatório só é realizado em relação ao executado (art. 880 da CLT). Durante o processamento do incidente, o sócio ou a pessoa jurídica ainda não figura no polo passivo da execução, razão pela qual usei a expressão "intimação".

Nos termos do *caput* do art. 136 do CPC, uma vez concluída a instrução, se necessária, o incidente será resolvido por decisão interlocutória.

Importante destacar, neste momento, o art. 10-A da CLT, que limita, no tempo, a possibilidade de o sócio retirante responder pelas dívidas da sociedade. O sócio retirante responde subsidiariamente pelas obrigações trabalhistas da sociedade relativas ao período em que figurou como sócio, somente em ações ajuizadas até dois anos depois de averbada a modificação do contrato. Além disso, o sócio retirante possui um "duplo" benefício de ordem, pois o juiz deve cobrar primeiro a empresa devedora e depois, subsidiariamente, os sócios atuais. Só depois disso é que poderá executar os sócios retirantes. Vale dizer, por fim, que o sócio retirante responderá solidariamente com os demais quando ficar comprovada fraude na alteração societária decorrente da modificação do contrato.

Da decisão que julgar o incidente cabe algum recurso?

Precisamos sintetizar!

Sintetizando:

- Contra a decisão que acolher ou rejeitar o incidente, na **fase de conhecimento**, não cabe recurso de imediato, prevalecendo o princípio da irrecorribilidade imediata das decisões interlocutórias, previsto no § 1º do art. 893 da CLT, como dispõe o inciso I do § 1º do art. 855-A da CLT.
- Contra a decisão que acolher ou rejeitar o incidente, na **fase de execução**, cabe agravo de petição de imediato, no prazo de oito dias, independentemente de garantia do juízo, como dispõe o inciso II do § 1º do art. 855-A da CLT.
- Caso o incidente tenha sido instaurado **originariamente no tribunal (TRT ou TST)**, contra a decisão do relator, que acolhê-lo ou rejeitá-lo, seja na fase cognitiva ou executória, cabe agravo interno para o colegiado, no prazo de oito dias, à luz do inciso III do § 1º do art. 855-A da CLT c/c a parte final do *caput* do art. 1.021 do CPC e parágrafo único do art. 136 do CPC.

23.6. DA CITAÇÃO DO EXECUTADO

No art. 880 da CLT encontramos a previsão do ato citatório na execução trabalhista.

O juiz, na citação do executado, expedirá um mandado, que se fará acompanhar da decisão exequenda ou do termo de conciliação descumprido (§ 1º do art. 880 da CLT). Esse mandado, na prática, é intitulado "mandado de citação e penhora", sendo cumprido por oficial de justiça (§ 2º do art. 880 da CLT).

Se o executado, procurado por duas vezes no espaço de 48 horas, não for localizado, far-se-á, mediante determinação do juiz, a citação por edital – § 3º do art. 880 da CLT. Isso não se aplica quando o executado for a Fazenda Pública ou os Correios (art. 12 do Decreto-lei 509/1969).

Citado, o executado terá 48 horas para cumprir a obrigação ou garantir a execução (art. 880, *caput*, da CLT). O devedor poderá garantir a execução mediante depósito da quantia correspondente, atualizada e acrescida das despesas processuais, apresentação de seguro-garantia judicial ou nomeação de bens à penhora, observada a ordem preferencial estabelecida no art. 655 do CPC, nos termos do art. 882 da CLT, com redação dada pela Lei 13.467/2017.

A prioridade, tratando-se de **execução definitiva ou provisória**, é a penhora em dinheiro – argúcia da nova redação da Súmula 417 do TST, cujo item III foi excluído em setembro de 2016.

Equiparam-se a dinheiro a fiança bancária e o seguro-garantia judicial. A fiança bancária precisa ser em valor não inferior ao do débito, acrescido de 30%, como prevê o § 2º do art. 835 do CPC. Já o seguro-garantia judicial, em face da sua presença no art. 882 da CLT, sem qualquer ressalva ou observação, não necessita do acréscimo de 30%. Observem que a Lei 13.467/2017 imprimiu nova redação ao art. 882 da CLT e, com isso, tornou inaplicável o § 2º do art. 835 do CPC ao seguro-garantia judicial.

Importante destacar o novo art. 883-A da CLT, que dispõe que a decisão judicial transitada em julgado somente poderá ser levada a protesto, gerar inscrição do nome do executado em órgãos de proteção ao crédito ou no Banco Nacional de Devedores Trabalhistas (BNDT) depois de transcorrido o prazo de **quarenta e cinco dias a contar da citação do executado, se não houver garantia do juízo.**

Atenção

- A fiança bancária, no processo trabalhista, precisa ser em valor não inferior ao do débito, acrescido de 30%, como prevê o § 2º do art. 835 do CPC.
- O seguro-garantia judicial, no processo trabalhista, em face da sua presença no art. 882 da CLT, sem qualquer ressalva ou observação, não necessita do acréscimo de 30%.

A Fazenda Pública é citada para ofertar embargos à execução no prazo de 30 dias, visto que seus bens são impenhoráveis (art. 910 do CPC). A prerrogativa também se aplica aos Correios, por força do art. 12 do Decreto-lei 509/1969.

23.7. DOS EMBARGOS À EXECUÇÃO

Os embargos à execução, também chamados "embargos do devedor" e "embargos à penhora", têm natureza de ação incidental ao processo de execução, e estão previstos no art. 884 da CLT e, no caso da Fazenda Pública e dos Correios (art. 12 do Decreto-lei 509/1969), no art. 910 do CPC.

Apesar de o § 1º do art. 884 da CLT chamar de "matéria de defesa" as questões que podem ser discutidas em sede de embargos à execução, em momento algum o jurista pode enxergar nos embargos à execução uma espécie de "contestação" do devedor, pois a fase de conhecimento, em que o reclamado teve preservado seu amplo direito de defesa, já findou, encontrando-se o processo em fase de cobrança da dívida.

Na fase de conhecimento, o juiz vai dos fatos ao direito (*Da mihi factum, dabo tibi jus* - dá-me os fatos que eu te devolverei o direito).

Na fase de execução, o juiz vai do direito (sentença) aos fatos (patrimônio do devedor), pois, *a priori*, não há mais controvérsia. Há, sim, a força da *res judicata* (coisa julgada).

A ação de embargos do devedor, portanto, não tem natureza de defesa ou de recurso. O prazo para sua oposição é de cinco dias, com início a partir da garantia da execução - *caput* do art. 884 da CLT.

No caso de execução contra a Fazenda Pública ou contra os Correios, o prazo para oposição dos embargos à execução será de trinta dias, iniciando-se da citação (não há "garantia do juízo", diante da impenhorabilidade dos bens da Fazenda Pública e dos Correios) - argúcia do art. 910 do CPC.

No caso de **entidades filantrópicas e/ou as pessoas que compõem ou compuseram a sua diretoria**, o prazo para oposição de embargos à execução será de cinco dias, **iniciando-se da citação**, pois o § 6º do art. 884 da CLT, incluído pela Lei 13.467/2017, excluiu-as da exigência de garantia ou penhora.

As entidades filantrópicas são pessoas jurídicas que prestam serviços à sociedade, principalmente às pessoas mais carentes, e que não possuem como finalidade a obtenção de lucro. Nem toda entidade "sem fins lucrativos" é considerada uma entidade filantrópica. Filantropia é o ato praticado com "profundo amor à sociedade", com "desprendimento", com "generosidade para com outrem", que pode ser definido como um "ato de caridade". Essa diferença encontra-se ratificada no art. 899 da CLT, o qual isenta as entidades filantrópicas do depósito recursal (§ 10), mas apenas reduz o valor do depósito recursal pela metade para as entidades sem fins lucrativos (§ 9º).

As entidades filantrópicas não precisam garantir a dívida para embargar a execução – § 6º do art. 844 da CLT. **Observem que os seus bens não são impenhoráveis**. Não podem ser penhorados para fins de garantia do juízo. Não podem ser penhorados durante a controvérsia gerada pelos embargos à execução. No entanto, depois de finalizada a fase dos embargos, mediante o trânsito em julgado da respectiva decisão, o juízo executório poderá sim penhorar os bens da entidade filantrópica devedora e, se for o caso, levá-los à hasta pública, já na fase de expropriação.

Pois bem.

O prazo para oposição de embargos à execução, já que se trata de prazo para o protocolo de uma ação, é de natureza decadencial, como também são decadenciais os prazos para impetrar mandado de segurança, ajuizar ação rescisória e propor inquérito para apuração de falta grave. Sendo típico prazo de decadência, o lapso não pode ser considerado processual, mas de direito material (arts. 207/211 e 132 do CCB). Não sendo, pois, um prazo processual, **a sua contagem será feita em dias contínuos (corridos)**, tornando-se inaplicável o *caput* do art. 775 da CLT.

A garantia da dívida pode ser efetuada espontaneamente pelo devedor, mediante depósito da quantia correspondente em conta judicial, apresentação de seguro garantia judicial ou indicação de bens à penhora (art. 882 da CLT, com redação dada pela Lei 13.467/2017).

Caso o executado, uma vez citado, não pague nem garanta a execução, terá seus bens penhorados (art. 883 da CLT), o que acontece preferencialmente pela via do bloqueio bancário – Sistema BACEN/JUD.

O executado tem de ser intimado da garantia da dívida, seja ela espontânea, seja ela forçada. O *dies a quo* para oposição dos embargos à execução ocorre na intimação, iniciando-se a contagem do prazo a partir do dia útil imediatamente subsequente.

O prazo para oposição de embargos à execução é de natureza decadencial, logo, a sua contagem ocorrerá em dias corridos, tornando-se inaplicável o *caput* do art. 775 da CLT.

Digamos que o devedor, no prazo de 48 horas, deposite espontaneamente o valor da dívida, juntando o comprovante aos autos. Cabe ao juiz convolar a quantia em penhora, dando ciência ao devedor. Ao tomar ciência, nasce o *dies a quo* (início do prazo) dos embargos, cuja contagem desprezar-lhe-á.

Nos embargos à execução não se pode discutir matéria anterior ao trânsito em julgado da decisão, tampouco inovar a própria decisão. A CLT, no art. 884, § 1º, restringe o uso dos embargos às alegações de: (a) cumprimento da decisão ou do acordo; (b) quitação da dívida; (c) prescrição da execução; (d) prescrição intercorrente.

Não há obstáculo para a aplicação supletiva do art. 535 do CPC, **salvo quanto ao "excesso de execução"**. Como veremos a seguir, a discussão sobre liquidação (cálculos) não mais pode ser feita em sede de embargos, por conta da nova redação do § 2º do art. 879 da CLT, fruto da Reforma Trabalhista (Lei 13.467/2017).

Assim sendo, o executado, nos embargos à execução, poderá suscitar:

- Falta ou nulidade da citação se, na fase de conhecimento, o processo correu à revelia.
- Ilegitimidade de parte.

- Cumprimento da decisão ou do acordo.
- Prescrição da execução.
- Prescrição intercorrente.
- Inexequibilidade do título ou inexigibilidade da obrigação.
- Cumulação indevida de execuções.
- Incompetência absoluta ou relativa do juízo da execução.
- Qualquer causa modificativa ou extintiva da obrigação, como pagamento, novação, compensação, transação ou prescrição, desde que supervenientes ao trânsito em julgado da sentença.

Com a Reforma Trabalhista, corporificada na Lei 13.467/2017, os embargos à execução foram esvaziados. Era comum o uso de embargos à execução para impugnação aos cálculos de liquidação, por conta da antiga redação do § 2º do art. 879 da CLT, que **facultava** ao juiz a concessão de prazo às partes para impugnação à decisão de homologação dos cálculos. Eu costumava dividir o juiz da execução em "juiz bonzinho" e "juiz malvado". O primeiro era aquele que concedia o prazo para manifestação sobre os cálculos, pois proporcionava ao devedor o **direito de discutir o valor da dívida sem garantir previamente o juízo**. O segundo era aquele que não concedia o prazo e, prontamente, depois de proferir a decisão de liquidação, citava o devedor, nos termos do art. 880 da CLT, para, em 48 horas, cumprir a obrigação ou garantir o juízo, sob pena de penhora. Só depois da garantia é que o executado podia impugnar os cálculos, mediante embargos à execução. **Isso acabou.**

Agora, a impugnação aos cálculos tem o seu momento processual específico, cuja decisão "transitará em julgado", impedindo a alegação de excesso de execução em sede de embargos à execução, **salvo no caso da Fazenda Pública e dos Correios.**

Contudo, existe um caso interessante capaz de resgatar o poderio dos embargos à execução. Estou falando da desconsideração da personalidade jurídica. Digamos que a fase de liquidação tenha findado, mediante impugnação, pelas partes, à decisão que definiu a quantia da dívida, que transitou em julgado. Depois de um tempo, diante do vazio patrimonial do devedor, o advogado do exequente requereu a instauração do incidente de desconsideração, tendo o juiz acolhido o pleito e incluído no polo passivo da execução um sócio, sendo certo que a decisão transitou em julgado. Vem a pergunta: **Esse sócio, na qualidade de litisconsorte passivo, poderá, em sede de embargos à execução, ou seja, depois de garantir o juízo, impugnar a decisão de liquidação?** E vem a resposta: Claro que sim! A pessoa do sócio, na condição de "novo executado", jamais teve a oportunidade de discutir o *quantum debeatur*. Seria iníquo imaginar que a impugnação ofertada pela empresa gerou preclusão consumativa para ele, já que se trata de pessoas diferentes. É isso.

23.7.1. Prescrição intercorrente

A prescrição intercorrente é aquela que ocorre no curso da execução, como forma de "punição" ao exequente letárgico. Ela agora está prevista no art. 11-A da

CLT, incluído pela Lei 13.467/2017, pelo que restou soterrada a Súmula 114 do TST e prestigiada a Súmula 327 do STF.

A prescrição intercorrente já estava prevista no art. 40 da Lei das Execuções Fiscais (LEF) - Lei 6.830/1980. Ela funciona assim.

O juiz **suspenderá o curso da execução**, enquanto não for localizado o devedor ou encontrados bens sobre os quais possa recair a penhora, e, nesses casos, não correrá o prazo de prescrição, **devendo ser intimado o exequente**. Decorrido o prazo máximo de um ano, sem que seja localizado o devedor ou encontrados bens penhoráveis, o juiz então ordenará o **arquivamento dos autos** (arquivo provisório). Caso sejam encontrados, a qualquer tempo, o devedor ou os bens, serão desarquivados os autos para prosseguimento da execução. Entretanto, se da decisão que ordenar o arquivamento (provisório) **tiver decorrido o prazo prescricional (dois anos**, nos termos do *caput* do art. 11-A da CLT), o juiz, **depois de ouvido o exequente**, poderá, **de ofício ou a requerimento do devedor (§ 2º do art. 11-A da CLT), reconhecer a prescrição intercorrente** e decretá-la de imediato, extinguindo, em definitivo, a execução.

Similar previsão pode ser encontrada nos §§ 1º a 5º do art. 921 do CPC, cuja aplicação ao processo trabalhista havia sido rechaçada pelo inciso VIII do art. 2º da IN 39/2016 do TST. Entretanto, diante do art. 11-A da CLT, o inciso VIII do art. 2º da IN 39/2016 do TST foi completamente destruído.

23.7.2. Prescrição da execução

A prescrição trabalhista, parcial e bienal, prevista no art. 7º, XXIX, da CF, é matéria que só pode ser discutida na fase de conhecimento, e desde que arguida na instância ordinária - argúcia da Súmula 153 do TST.

Na fase de execução, todavia, o executado pode arguir, por mera petição, mediante exceção de pré-executividade ou nos embargos à execução, a prescrição da execução, que não se confunde com a prescrição intercorrente.

A prescrição da execução já era aplicada aos títulos executivos extrajudiciais. Passou a incidir, a partir do dia 11/11/2017, também sobre os títulos executivos judiciais, mediante a aplicação do art. 14 do CPC: "*A norma processual não retroagirá e será aplicável imediatamente aos processos em curso, respeitados os atos processuais praticados e as situações jurídicas consolidadas sob a vigência da norma revogada*".

Aplicamos, no nosso sistema processual, a **Teoria do Isolamento dos Atos Processuais**, à luz do art. 1.046 do CPC: "*Ao entrar em vigor este Código, suas disposições se aplicarão desde logo aos processos pendentes*". Sendo assim, nos atos processuais ainda não realizados, a Reforma Trabalhista incidirá. Serão respeitados, entretanto, os atos processuais já praticados na regência da lei antiga, significando que a nova legislação é irretroativa, não alcançando os atos processuais efetivados, nem seus efeitos, mas aplicando-se aos atos processuais que ainda serão realizados.

A prescrição da execução agora é aplicada aos títulos executivos judiciais por conta da morte do princípio da execução *ex officio*, determinada pela nova redação do art. 878 da CLT. A única ressalva fica por conta do exequente que não possuir advogado.

Nada melhor do que exemplificar.

Exemplos:

1. Digamos que determinada decisão transitou em julgado, sendo certo que o exequente possui advogado. O juiz não mais iniciará de ofício a execução. Caso o advogado do credor não requeira o início da execução, no prazo de dois anos, a pretensão executória estará fulminada pela prescrição, à luz da Súmula 150 do TST c/c o art. 878 da CLT.
2. Digamos que o empregado, diante da extinção do seu contrato, foi à comissão de conciliação prévia e, ali, fez um acordo com o seu ex-empregador, quitando todas as verbas decorrentes da relação empregatícia (a ida à comissão é meramente facultativa – o art. 625-D da CLT está com eficácia suspensa). O acordo foi firmado em dez parcelas mensais. Acontece que apenas as quatro primeiras parcelas foram pagas. A partir daí o ex-empregador não mais efetuou qualquer pagamento. O termo de conciliação está na "gaveta da sala de estar da casa do ex-empregado". Será que ele pode esperar sete, oito, nove anos para só então levar o termo de conciliação à Justiça do Trabalho e iniciar a execução? Claro que não! Aplicável torna-se a bienal prescrição. Destarte, a partir do início da mora patronal, o obreiro terá dois anos para iniciar a execução, sob pena de a prescrição soterrar sua pretensão executória.

23.7.3. Execução por carta precatória – competência

Tratando-se de execução por carta precatória, os embargos deverão ser oferecidos no juízo deprecado e não no deprecante – art. 20 da Lei 6.830/1980. A competência para processar e julgar os embargos do devedor, porém, é do juízo deprecante, salvo se os embargos versarem sobre vícios ou irregularidades de atos do próprio juízo deprecado, que conhecerá apenas dessas matérias – parágrafo único do art. 20 da Lei 6.830/1980.

A aplicação da Lei 6.830/1980 (Lei das Execuções Fiscais) se justifica por conta do art. 889 da CLT.

Inaplicável, portanto, ao processo trabalhista, a parte inicial do § 2º do art. 914 do CPC, que faculta, na execução por carta, o oferecimento dos embargos no juízo deprecante ou no juízo deprecado.

23.7.4. Legitimidade ativa

Legítimo para opor embargos à execução é o devedor (executado), devidamente citado e depois de garantida a dívida (garantia não exigida para a Fazenda Pública, para os Correios e para as Entidades Filantrópicas, conforme já estudado). O sócio ou ex-sócio, depois de julgado o incidente de desconsideração da personalidade jurídica, uma vez citado e garantida a dívida, terá também legitimidade para opor embargos à execução (eles não podem opor embargos de terceiro, pois, uma vez citados, passam a ocupar também o polo passivo da execução).

23.8. DA EXCEÇÃO DE PRÉ-EXECUTIVIDADE

O executado, diante de uma nulidade envolvendo **matéria de ordem pública**, poderá opor imediatamente exceção de pré-executividade, antes mesmo da citação e/ou da garantia do juízo. O remédio não está previsto em lei, mas conta com ampla aceitação jurisprudencial.

A decisão que acolhe ou rejeita a exceção de pré-executividade é de natureza interlocutória.

O princípio da irrecorribilidade imediata das decisões interlocutórias tem como premissa a celeridade processual, mas não pode violar o princípio à ampla defesa, consagrado no art. 5º, LV, da CF.

O pressuposto para a irrecorribilidade imediata é o fato de que será prolatada, depois da decisão interlocutória, decisão final (definitiva ou terminativa), que desafiará recurso específico, em que o recorrente poderá impugnar, inclusive, aquela decisão (art. 893, § 1º, da CLT). Em sendo assim, caso determinada decisão interlocutória seja proferida sem que exista qualquer possibilidade de futuramente ser prolatada outra decisão considerada definitiva ou terminativa, ela desafiará recurso de imediato.

É o que acontece com o acolhimento, pelo juízo da execução, de exceção de pré-executividade, cuja decisão pode ser atacada pelo exequente mediante agravo de petição, no prazo de oito dias.

Porém, se a exceção de pré-executividade for rejeitada, nenhum recurso será admitido de imediato, porquanto poderá o executado, diante da rejeição e depois de garantida a dívida, opor embargos à execução, nos termos do art. 884 da CLT. Da decisão que apreciar os embargos, aí sim caberá agravo de petição.

23.9. DA RELATIVIZAÇÃO DA COISA JULGADA E DA INEXIBILIDADE DO TÍTULO

A relativização da coisa julgada tem os seus efeitos cravados no § 5º do art. 884 da CLT, a seguir transcrito:

> "Considera-se inexigível o título judicial fundado em lei ou ato normativo declarados inconstitucionais pelo Supremo Tribunal Federal ou em aplicação ou interpretação tidas por incompatíveis com a Constituição Federal".

Observem que o título executivo judicial (decisão judicial), baseado em lei ou ato normativo já declarados inconstitucionais pelo STF, tornar-se-á inexigível, podendo ser impugnado pelo executado. Essa inexigibilidade também está prevista no § 12 do art. 525 do CPC.

O segredo da "inexigibilidade" do título está no fato de **a decisão do STF ter sido proferida antes do trânsito em julgado da decisão exequenda**. Eis o brilho do § 14 do art. 525 do CPC: "*A decisão do Supremo Tribunal Federal referida no § 12 deve ser anterior ao trânsito em julgado da decisão exequenda*".

O STF, por conseguinte, já tinha declarado a inconstitucionalidade da lei ou do ato normativo **antes** do trânsito em julgado da decisão, ou seja, antes da exigibilidade do título, sendo certo que a decisão exequenda encontra-se lastreada exatamente na norma inconstitucional. O executado, nesse caso, terá duas opções. Poderá ajuizar ação rescisória, com fundamento no inciso V do art. 966 do CPC, ou poderá "impugnar" a decisão, alegando exatamente a sua inexigibilidade (art. 525, § 12, e art. 884, § 5º, da CLT).

E existe alguma diferença?

Sim, existe!

A "impugnação", que pode ser feita na manifestação à decisão de liquidação, por exceção de pré-executividade ou em sede de embargos à execução, ficará restrita à declaração da inexigibilidade do título, estancando, a partir dali, a execução, ou seja, ela não terá o condão de rescindir (anular) a coisa julgada. Significa que a inexigibilidade, uma vez decretada, não terá efeitos *ex tunc*, permanecendo válidos os atos já praticados, inclusive o pagamento pelo executado de valores constantes da decisão impugnada. Sendo assim, a via da ação rescisória, nesse tipo de situação, é mais eficaz, pois o executado poderá obter a efetiva rescisão da coisa julgada, com lastro no inciso V do art. 966 do CPC.

A distinção, por conseguinte, é vital, pois a impugnação apenas reconhece a inexigibilidade e impede o cumprimento da sentença (*ex nunc*), não tendo o condão de fulminá-la, para permitir, por exemplo, a repetição do que já foi pago voluntariamente. Diante disso, caso o executado pretenda receber de volta o que já pagou voluntariamente, terá de ajuizar ação rescisória.

Diferente é o caso de o STF declarar a inconstitucionalidade de lei o ato normativo **depois** do trânsito em julgado da decisão, ou seja, quando o título executivo já era exigível, mas lastreado exatamente na norma considerada inconstitucional. A coisa julgada, quando do seu nascimento, tinha por base norma constitucional, porém, posteriormente, essa norma tornou-se inconstitucional.

Nesse caso, a ação rescisória será a única via processual para atacar a decisão exequenda, e não terá como fundamento o inciso V do art. 966 do CPC, afinal, quando proferida, ainda não havia pronunciamento do STF sobre a norma, tornando inócuo o fundamento de que ocorreu "manifesta violação à norma jurídica" – *tempus regit actum* (teoria do isolamento dos atos processuais). Dessarte, quando o STF declarar inconstitucional a norma **depois do trânsito em julgado da decisão**, ação rescisória, além de ser o remédio processual cabível, terá por fundamento o § 15 do art. 525 do CPC.

Por conta disso, os bons doutrinadores passaram a defender a tese de que o § 15 do art. 525 do CPC pôs fim à relativização da coisa julgada, exatamente pelo fato de a decretação da inconstitucionalidade pelo STF, posterior ao trânsito em julgado da decisão, **não tornar inexigível o título executivo**. Assim reza o referido § 15: "*Se a decisão referida no § 12 for proferida após o trânsito em julgado da decisão exequenda, caberá ação rescisória, cujo prazo será contado do trânsito em julgado da decisão proferida pelo Supremo Tribunal Federal*".

Observem, portanto, que o inciso V do art. 966 do CPC, que prevê o cabimento de ação rescisória contra decisão que violou manifestamente norma jurídica, não pode ser confundido com o § 15 do art. 525 do CPC. A uma pelo fato de o pressuposto, para o primeiro, encontrar-se no fato de o STF já ter declarado a inconstitucionalidade antes do trânsito em julgado da decisão, diferente do segundo, cuja inconstitucionalidade foi decretada depois. A duas porque no primeiro caso, além de ação rescisória, cabe também a impugnação à decisão por sua inexigibilidade. A três pelo fato de a contagem do prazo ocorrer de forma distinta, pois, na hipótese do inciso V do art. 966 do CPC, o início do prazo da rescisória ocorre a partir do trânsito em julgado da última decisão proferida no processo (que é a regra), enquanto no caso do § 15 do art. 525 do CPC o prazo é contado do trânsito em julgado da decisão proferida pelo STF, declarando a inconstitucionalidade da norma.

QUESTÕES SOBRE EXECUÇÃO TRABALHISTA

1. (FGV – Exame de Ordem 2010.3). Segundo o texto da Consolidação das Leis do Trabalho, é correto afirmar que a Lei de Execução Fiscal

(A) é fonte subsidiária para a aplicação das normas na execução trabalhista.

(B) somente é fonte subsidiária para aplicação das normas na execução trabalhista caso não exista regramento sobre o assunto no Código de Processo Civil, que é a primeira fonte subsidiária da legislação processual do trabalho.

(C) somente é fonte subsidiária do processo do trabalho na execução das contribuições previdenciárias.

(D) somente é fonte subsidiária do processo do trabalho na execução das contribuições previdenciárias e sindicais.

Comentário: A LEF (Lei de Execuções Fiscais – nº 6.830/1980) é a primeira fonte subsidiária do processo de **execução** trabalhista, nos termos do art. 889 da CLT. Caso a lacuna não seja por ela suprida, o aplicador do direito utilizar-se-á do Código de Processo Civil. Eis o motivo de a letra "A" estar correta. O art. 889 da CLT serve, até, como alicerce para a posição do TST quanto à inaplicabilidade, no processo trabalhista, do rito de "cumprimento de sentença" do processo civil, afastando, por conseguinte, a aplicação da multa do § 1º do art. 523 do CPC.

Atenção:

- No processo de conhecimento, a primeira fonte subsidiária é o Código de Processo Civil (art. 769, CLT).

Resposta: A

2. **(FGV – IV Exame de Ordem). Assinale a alternativa correta no que diz respeito à execução trabalhista.**

(A) As partes devem ser previamente intimadas para a apresentação do cálculo de liquidação, exceto da contribuição previdenciária incidente, que ficará a cargo da União.

(B) Tratando-se de prestações sucessivas, por tempo indeterminado, a execução compreenderá inicialmente as prestações devidas até a data do ingresso na execução.

(C) Na execução por carta precatória, os embargos de terceiro serão oferecidos no juízo deprecante ou no juízo deprecado, mas a competência para julgá-los será sempre do juízo deprecante.

(D) Em se tratando de execução provisória, não fere direito líquido e certo do impetrante a determinação de penhora em dinheiro, quando nomeados outros bens à penhora, uma vez que obedece à gradação prevista em lei.

Comentário: De acordo com o § 1º-B do art. 879 da CLT, as partes serão previamente intimadas para a apresentação do cálculo de liquidação, inclusive da contribuição previdenciária. Eis o erro da letra "A". A letra "B" está correta, em consonância com o art. 892 da CLT (prestações sucessivas por tempo **indeterminado**). Nas prestações sucessivas por tempo **determinado**, a execução pelo não pagamento de uma prestação compreenderá as que lhe sucederem (art. 891, CLT). A carta precatória executória é expedida quando a penhora tem de ser realizada fora da jurisdição do juiz da execução, que solicita a prática do ato ao juiz da região onde se encontra o bem. O juiz que expede a carta é o deprecante. O juiz que realizará a penhora é o deprecado. Diz o parágrafo único do art. 676 do CPC: "Nos casos de ato de constrição realizado por carta, os embargos serão oferecidos no juízo deprecado, salvo se indicado pelo juízo deprecante o bem constrito ou se já devolvida a carta." A Súmula 419 do TST, em face do Novo CPC, foi alterada pelo TST, em setembro de 2016, dispondo agora o mesmo que o CPC: "Na execução por carta precatória, os embargos de terceiro serão oferecidos no juízo deprecado, salvo se indicado pelo juízo deprecante o bem constrito ou se já devolvida a carta (art. 676, parágrafo único, do CPC de 2015)". A letra "C" está errada. A letra "D" estava errada à época. Mas hoje estaria correta, em consonância com a nova redação da Súmula 417 do TST.

Resposta: B e D (vide observações feitas no comentário)

3. **(FGV – VI Exame de Ordem). Numa reclamação trabalhista, o autor teve reconhecido o direito ao pagamento de horas extras, sem qualquer reflexo. Após liquidado o julgado, foi homologado o valor de R$ 15.000,00, iniciando-se a execução. Em seguida, as partes comparecem em juízo pleiteando a homologação de acordo no valor de R$ 10.000,00. Com base no narrado acima, é correto afirmar que**

(A) o juiz não pode homologar o acordo porque isso significaria violação à coisa julgada.

(B) é possível a homologação do acordo, mas o INSS será recolhido sobre R$ 15.000,00.

(C) a homologação do acordo, no caso, dependeria da concordância do órgão previdenciário, pois inferior ao valor homologado.

(D) é possível a homologação do acordo, e o INSS será recolhido sobre R$ 10.000,00.

Comentário: A letra "D" está correta, pois a homologação de um acordo judicial pode ocorrer a qualquer tempo e em qualquer jurisdição, mesmo que já tenha sido proferida sentença e iniciado a execução (art. 764, CLT). Feito o acordo, a contribuição previdenciária (acessório) será reduzida proporcionalmente ao novo valor do título (principal), como preveem a OJ 376 SDI-1 e § 1º do art. 43 da Lei 8.212/1991 (o § 6º do art. 832 da CLT foi revogado tacitamente pela Lei 11.941/2009).

Resposta: D

4. **(FGV – VII Exame de Ordem). Relativamente à execução trabalhista, assinale a afirmativa correta.**

(A) Pode ser por título judicial ou extrajudicial. São títulos extrajudiciais os termos de ajuste de conduta firmados perante o Ministério Público do Trabalho, os termos de conciliação firmados perante as comissões de conciliação prévia e os cheques sem fundo passados pelo empregador ao empregado.

(B) Pode ser por título judicial ou extrajudicial. São títulos judiciais unicamente as decisões passadas em julgado com efeito suspensivo e são títulos extrajudiciais os termos de ajuste de conduta firmados perante o Ministério Público do Trabalho e os termos de conciliação firmados perante as comissões de conciliação prévia.

(C) Dependem de prévia liquidação, pelo que só podem ser executados a sentença e o acordo não cumpridos.

(D) Pode ser por título judicial, caso do acordo descumprido, e por título extrajudicial, caso do termo de ajuste de conduta firmado perante o Ministério Público do Trabalho.

Comentário: No art. 876 da CLT estão os títulos executivos judiciais e extrajudiciais. O rol não é taxativo, conforme já estudamos. São judiciais as sentenças, os acórdãos e os termos de conciliação homologados por órgão da Justiça do Trabalho, além de outros (sentença arbitral, sentença criminal, termo de conciliação extrajudicial homologado pelo juiz). São extrajudiciais o termo de conciliação firmado em comissão de conciliação prévia e os termos de ajustamento de conduta firmados perante o MPT (além de cheques, notas promissórias, certidão de dívida ativa da União). A letra "D" está correta, exalando a letra do art. 876 da CLT. Os títulos extrajudiciais não dependem de prévia liquidação (já são apresentados de forma líquida). Os acordos judiciais descumpridos também não dependem de liquidação prévia. A liquidação incide nas sentenças ou acórdãos ilíquidos (art. 879 da CLT). A letra "A" fala em cheque e, atualmente, está em consonância com a IN 39/2016 do TST. Logo, não pode ser considerada errada.

Resposta: A e D (vide observações feitas no comentário)

5. **(FGV – VIII Exame de Ordem). Em 30/07/2008 foi efetuada a penhora de um veículo BMW, modelo X1, por meio de carta precatória executória. Depois de devolvida a carta, o executado Eliezer Filho, proprietário do veículo, opôs embargos à execução em 04/08/2008, dirigindo essa ação incidental ao juízo**

deprecante. Em seus embargos, alegando a existência de um grosseiro vício, o embargante apontou para a irregularidade na avaliação do bem, uma vez que constou do auto da constrição judicial sua avaliação em R$ 15.000,00, montante muito abaixo do valor de mercado. Logo, por força do princípio da execução menos onerosa ao devedor, requereu a reavaliação do bem, sob pena de nulidade da execução. Com base nesse caso concreto, é correto afirmar que o juiz deprecante

(A) deve remeter os autos ao juízo deprecado, uma vez que o ato de avaliação foi por ele praticado, sendo sua a competência para decidir.

(B) deve realizar o julgamento antecipado da lide e acolher os embargos, haja vista o notório erro de avaliação.

(C) deve determinar a realização de perícia, a fim de aferir o correto valor de mercado do bem.

(D) não deve conhecer dos embargos e extinguir o processo sem julgamento do mérito, haja vista a sua intempestividade.

Comentário: Na execução por carta precatória, a CLT é omissa quanto ao ajuizamento da ação incidental de embargos à execução (também chamada de "embargos do devedor" ou "embargos à penhora") - art. 884 da CLT. A omissão nos leva à Lei 6.830/1980 (LEF), por conta da previsão contida no art. 889 da CLT. O art. 20, *caput*, da LEF dispõe: "Na execução por carta, os embargos do executado serão oferecidos no juízo deprecado, que os remeterá ao juízo deprecante, para instrução e julgamento." Seu parágrafo único reza: "Quando os embargos tiverem por objeto vícios ou irregularidades de atos do próprio juízo deprecado, caber-lhe-á unicamente o julgamento dessa matéria." No caso, o embargante se insurge contra o valor da avaliação do bem penhorado, ato praticado pelo juízo deprecado, que será competente para processar e julgar a ação. Os embargos se mostram tempestivos, protocolados que foram no quinto dia a contar do dia seguinte ao da penhora (arts. 884, 774 e 775, CLT), lembrando que esse prazo continua sendo contado em dias corridos, por ter natureza decadencial. Não há a necessidade de perícia, pois o oficial de justiça, servidor que faz a penhora, também é, na Justiça do Trabalho, avaliador (art. 721, CLT). A letra "A" é a correta.

Resposta: A

6. **(FGV – IX Exame de Ordem). De acordo com a Consolidação das Leis do Trabalho, assinale a afirmativa correta.**

(A) não há citação para a execução, uma vez que a fase executiva pode ser iniciada de ofício.

(B) a citação na execução será realizada por via postal.

(C) a citação na execução será realizada por mandado.

(D) a citação na execução será realizada por mandado, mas se o executado não for encontrado após três tentativas, caberá a citação por edital.

Comentário: Mesmo sendo a execução, à época da questão, iniciada de ofício, a citação do executado era e continua sendo vital, nos termos do art. 880 da CLT, sendo realizada por oficial de justiça. Caso o executado não seja encontrado, depois de procurado por **duas vezes** no espaço de 48 horas, far-se-á a citação por edital. A letra "C" é a correta. Vale frisar que a execução *ex officio* deixou de ser regra, mediante a alteração do art. 878 da CLT, só ocorrendo quando o exequente estiver sem advogado.

Resposta: C

7. **(FGV – IX Exame de Ordem). A liquidação tem por objetivo a apuração do *quantum debeatur* nas sentenças proferidas de forma ilíquida e que tenham deferido, ao menos em parte, a pretensão deduzida. De acordo com a CLT, assinale a alternativa que indica as formas possíveis de liquidação da sentença nas obrigações de dar (pagar) e, caso o juiz conceda prazo às partes para manifestação, o número de dias para a impugnação.**

(A) Artigos, cálculo ou arbitramento. Prazo de oito dias.
(B) Cálculo, arbitramento ou artigos. Prazo de dez dias.
(C) Artigos ou arbitramento. Prazo de quinze dias.
(D) Cálculo ou arbitramento. Prazo de cinco dias.

Comentário: A questão explora o art. 879 da CLT. A liquidação pode ser feita por cálculo, arbitramento (quando será nomeado um perito pelo juiz) ou por artigos (necessária para investigar fatos insuficientemente apurados na fase de conhecimento). À luz da nova redação do § 2º do art. 879 da CLT, o juiz **deverá** conceder prazo de **oito dias** para impugnação. A concessão, portanto, deixou de ser meramente facultativa, como dispõe o enunciado da questão, passando a ser obrigatória. A União também **deverá** ser intimada pessoalmente para, no prazo de **dez dias**, impugnar os cálculos das contribuições previdenciárias (§ 3º do art. 879, CLT). A letra correta na época foi a B. Mas hoje é a letra "A".

Resposta: A (vide observações feitas no comentário)

8. **(FGV – X Exame de Ordem). A requerimento do credor e após não localizar bens da pessoa jurídica ex-empregadora, o juiz desconsiderou a personalidade jurídica numa reclamação trabalhista, incluiu um dos sócios no polo passivo e o citou para pagamento. Este sócio, então, depositou a quantia exequenda, mas pretende questionar o valor da execução. Assinale a alternativa que indica a maneira pela qual ele materializará seu inconformismo.**

(A) Ação rescisória.
(B) Embargos de terceiro.
(C) Impugnação de credor.
(D) Embargos à execução.

Comentário: O sócio foi citado (art. 880, CLT) e, como tal, passou a ser executado juntamente com a empresa (litisconsórcio passivo). Garantida a execução, ele, na qualidade de executado, pode, no prazo de cinco dias, opor embargos à execução, inclusive para discutir o *quantum debeatur* (a quantia da dívida), como prevê o art. 884 da CLT (principalmente seu § 3º), já que não teve a oportunidade de impugnar a decisão de liquidação (§ 2º do art. 879 da CLT). É muito comum nesse tipo de situação a oposição de embargos de terceiro, ato considerado por muitos tribunais como "erro grosseiro", pois, de fato, o sócio, depois da desconsideração da personalidade jurídica da empresa executada e da citação, passa a integrar o polo passivo da execução, na qualidade de executado, não se enquadrando, por conseguinte, na definição de terceiro. A letra "D" é a correta.

Resposta: D

9. **(FGV – XI Exame de Ordem). No acordo coletivo em vigor firmado pela empresa Pluma Comércio de Óculos Ltda. existe uma cláusula na qual os seus empregados podem adquirir as mercadorias lá produzidas a preço de custo.**

Emerson, empregado desta firma, pretendia comprar um par de óculos, mas o empregador exigiu que ele pagasse também o valor da margem mínima de lucro do comércio local. Diante do ocorrido, assinale a alternativa que contempla a ação que, de acordo com a CLT, deverá ser ajuizada por Emerson para fazer prevalecer o seu direito.

(A) Execução de título extrajudicial.
(B) Mandado de segurança.
(C) Ação de cumprimento.
(D) Ação monitória.

Comentário: O empregador, no caso, descumpriu acordo coletivo de trabalho. Quando há o descumprimento de norma coletiva (acordo coletivo, convenção coletiva, sentença arbitral coletiva e sentença normativa), pode o empregado ou o sindicato, na qualidade de substituto processual, ajuizar **ação de cumprimento**, nos termos do parágrafo único do art. 872 da CLT, do art. 7º, § 6º, e do art. 10 da Lei 7.701/1988, das Súmulas 286, 350 e 246 do TST e da OJ 188 SDI-1. A letra "C" é a correta.

Resposta: C

10. **(FGV – XV Exame de Ordem). A sociedade empresária "V" Ltda., executada em ação trabalhista, apresentou embargos à execução arrolando testemunhas, o que foi indeferido pelo juiz, ao argumento de que não se tratava de processo de conhecimento. Sobre o caso apresentado, assinale a afirmativa correta.**

(A) Correta a decisão do juiz, pois já fora ultrapassada a fase de conhecimento.
(B) Errada a decisão do juiz, pois era cabível a prova testemunhal em sede de embargos à execução, podendo o juiz indeferir as testemunhas se desnecessários os depoimentos.
(C) Errada a decisão do juiz, sendo cabível a prova testemunhal, não podendo indeferir as testemunhas, cabendo, nesse caso, arguição de nulidade da decisão.
(D) Correta a decisão do juiz, já que a matéria da execução está restrita a valores.

Comentário: O § 2º do art. 884 da CLT, que cuida dos embargos à execução, permite o arrolamento de testemunhas, podendo o juiz, caso julgue necessário, marcar audiência para a produção da prova oral. O executado, portanto, pode apresentar testemunhas, cabendo ao juiz decidir sobre a necessidade ou não de ouvi-las (o juiz é o destinatário das provas – princípio da livre persuasão racional do magistrado). A letra "B" está correta.

Resposta: B

11. **(FGV – XVII Exame de Ordem). A sociedade empresária Beta S.A. teve a falência decretada durante a tramitação de uma reclamação trabalhista, fato devidamente informado ao juízo. Depois de julgado procedente em parte o pedido de diferenças de horas extras e de parcelas rescisórias, nenhuma das partes recorreu da sentença, que transitou em julgado dessa forma. Teve, então, início a execução, com a apresentação dos cálculos pelo autor e posterior homologação pelo juiz. Diante da situação, assinale a afirmativa correta.**

(A) Há equívoco, pois, a partir da decretação da falência, a ação trabalhista passa a ser da competência do juízo falimentar, que deve proferir a sentença.
(B) O pagamento do valor homologado deverá ser feito no juízo da falência, que é universal.

(C) A execução será feita diretamente na Justiça do Trabalho, porque o título executivo foi criado pelo juiz do trabalho.

(D) Essa é a única hipótese de competência concorrente, ou seja, poderá ser executado tanto na Justiça do Trabalho quanto na Justiça comum.

Comentário: A letra correta é a "B". A Justiça do Trabalho, no que diz respeito à massa falida e à recuperação judicial, tem competência restrita à fase de conhecimento (art. 6º, §§ 2º e 5º, da Lei 11.101/2005). Liquidada a sentença, o crédito deve ser habilitado no juízo universal (justiça comum). A discussão doutrinária e jurisprudencial sobre a execução de empresa em recuperação judicial foi soterrada pelo STF, prevalecendo a competência executória do juízo universal.

Resposta: B

12. (FGV – XVII Exame de Ordem). No bojo de uma execução trabalhista, a sociedade empresária executada apresentou uma exceção de pré-executividade, alegando não ter sido citada para a fase de conhecimento. Em razão disso, requereu a nulidade de todo o processo, desde a citação inicial. O juiz conferiu vista à parte contrária para manifestação e, em seguida, determinou a conclusão dos autos. Após analisar as razões da parte e as provas produzidas, convenceu-se de que a alegação da sociedade empresária era correta e, assim, anulou todo o feito desde o início. Diante desse quadro, assinale a afirmativa correta.

(A) Contra essa decisão caberá agravo de petição.

(B) Trata-se de decisão interlocutória e, portanto, não passível de recurso imediato.

(C) Caberá a interposição de recurso ordinário.

(D) Caberá a interposição de agravo de instrumento.

Comentário: A natureza da decisão que julga "exceção de pré-executividade" sempre foi marcada por forte polêmica, pois a "exceção", também chamada de "objeção", é um "remédio" não previsto em lei, mas já consagrado pela doutrina e pela jurisprudência, servindo exatamente para atacar execução mediante a arguição de matéria de ordem pública. Na "exceção de pré-executividade" o devedor não precisa garantir a dívida, pressuposto para a oposição de embargos à execução. Em 2011, na "Jornada Nacional sobre Execução na Justiça do Trabalho", encontro envolvendo juízes e desembargadores de todo o país, foi publicado o Enunciado 47, com a seguinte redação: "Cabe agravo de petição de decisão que acolhe exceção de pré-executividade (CLT, art. 897, *a*). Não cabe, porém, da decisão que a rejeita ou que não a admite, por possuir natureza interlocutória, que não comporta recurso imediato." Também foi publicado o Enunciado 53: "Não cabe agravo de petição de decisão interlocutória, ressalvadas as hipóteses em que estes atos se equiparam à decisão terminativa do feito, com óbice ao prosseguimento da execução, ou quando a pretensão recursal não possa ser manejada posteriormente." Bom, com base nos dois enunciados, a letra "A" está correta (eis a posição da FGV, quer no gabarito preliminar, quer no definitivo). No caso, o juiz do trabalho anulou todos os atos processuais, declarando que o reclamado não foi citado na fase de conhecimento (decisão baseada no art. 794 da CLT e no art. 917, VI, do CPC – O CPC de 1973 possuía norma mais precisa quanto ao fato, no seu art. 741, I, porém condicionava a alegação à revelia na fase cognitiva). Entendo como correto o gabarito. Diante da contundente decisão, seria temerário simplesmente dizer que o juiz proferiu mera decisão interlocutória, irrecorrível, pois, de imediato, já que não há decisão futura que garanta ao exequente a possibilidade de interpor recurso. A irrecorribilidade imediata da decisão interlocutória está condicionada à futura decisão que comporte aquele recurso, nos termos do art. 893, § 1º, da CLT. É o caso da decisão que não acolhe exceção de pré-executividade, pois, diante da rejeição, o executado pode garantir a execução e, em cinco dias, opor embargos à execução, levantando o mesmo tema. Da decisão que julgar os embargos cabe agravo de petição. É isso.

Resposta: A

13. **(FGV – XIX Exame de Ordem). Na fase de execução de uma reclamação trabalhista, as partes se apresentaram ao juiz da causa postulando a homologação de acordo que envolveria 80% do valor que estava sendo executado. Diante dessa situação, de acordo com a CLT e o entendimento consolidado do TST, assinale a afirmativa correta.**

(A) O juiz não pode homologar o acordo porque estará violando a coisa julgada, pois o pagamento estará sendo feito em valor inferior àquele determinado pela Justiça.

(B) O juiz tem a obrigação de homologar o acordo, se essa é a legítima vontade das partes, sem vícios ou dúvidas.

(C) O acordo, uma vez homologado, faz coisa julgada material para todos, sem exceção, somente podendo ser desconstituído por ação anulatória.

(D) É possível a homologação do acordo, que pode ser realizado a qualquer momento, mas ficará a critério do juiz fazê-lo à luz do caso concreto.

Comentário: O juiz poderá, sim, homologar o acordo, pois a conciliação é atemporal, sendo possível em qualquer instância e em qualquer estágio do processo (art. 764 da CLT). Na execução, a conciliação pode ser feita em valor abaixo da quantia da dívida, pois não há lei que proíba a redução (art. 5º, II, da CF). O juiz do trabalho, nos termos da Súmula 418 do TST, não é obrigado a homologar o acordo, incidindo, no caso, o princípio da livre persuasão racional do magistrado, mas deve sempre fundamentar suas decisões. O remédio cabível contra termo de conciliação judicial homologado por juiz do trabalho é a ação rescisória (Súmulas 259 e 100 do TST). A letra "D" é a correta.

Resposta: D

24

EMBARGOS DE TERCEIRO

A ação de **embargos de terceiro**, prevista nos arts. 674 a 681 do CPC, é apontada por muitos como uma espécie de "ação possessória".

Os embargos de terceiro não se confundem com os embargos à execução.

Os embargos à execução, também chamados embargos do devedor ou embargos à penhora, só podem ser opostos pelo executado (legitimidade ativa exclusiva do devedor), ou seja, por aquele que integra o polo passivo da execução (é parte no processo), a partir da garantia do juízo.

Os embargos de terceiro têm como objeto a apreensão de bens de pessoas que não integram a lide. Quem opõe embargos à execução é o devedor. Quem opõe embargos de terceiro é o "terceiro senhor e possuidor ou apenas possuidor". Os embargos de terceiro são compatíveis com os processos de conhecimento e de execução.

> Art. 674 do CPC/2015: Quem, não sendo parte no processo, sofrer constrição ou ameaça de constrição sobre bens que possua ou sobre os quais tenha direito incompatível com o ato constritivo, poderá requerer seu desfazimento ou sua inibição por meio de embargos de terceiro.

Terceiro é aquele que não é parte no processo.

O sócio não tem legitimidade, depois da decisão de "desconsideração da personalidade jurídica", para opor embargos de terceiro, visto que, com a desconsideração, o sócio passa a ocupar também o polo passivo da execução.

Esbulho é a perda da posse, enquanto a turbação é a ameaça de perda da posse.

Cabem embargos de terceiro "preventivos", já que o CPC autoriza seu uso tanto no caso de esbulho como no caso de turbação.

Não é qualquer ato de esbulho ou turbação que justifica o uso dos embargos de terceiro. O ato tem de ser **judicial**.

Podem ser opostos a qualquer tempo na fase de conhecimento, enquanto a sentença não transitar em julgado.

Na fase de execução, porém, poderão ser opostos até cinco dias depois da arrematação, adjudicação ou remição, mas sempre antes da assinatura da respectiva carta.

A distribuição se fará por dependência – art. 675 do CPC.

No caso de **carta precatória executória**, os embargos de terceiro serão oferecidos no juízo deprecado, salvo se indicado pelo juízo deprecante o bem constrito ou se já devolvida a CPE (carta precatória). A previsão se encontra no parágrafo único do art. 676 do CPC, e já foi consagrada pelo TST, mediante a nova redação da Súmula 419.

O embargado será citado para ofertar contestação no prazo de quinze dias, à luz do art. 679 do CPC.